COLECCIÓN
COMERCIO MARÍTIMO

1

EL COMERCIO MARÍTIMO.

NUEVAS PERSPECTIVAS JURÍDICAS Y DE LA PRÁCTICA PROFESIONAL

1

EL COMERCIO MARÍTIMO.

NUEVAS PERSPECTIVAS JURÍDICAS Y DE LA PRÁCTICA PROFESIONAL

Directores:
Miguel Ángel Pendón Meléndez
Blanca Romero Matute

COLEX 2024

Calle Costa Rica, número 5, 3.º B (local comercial)
A Coruña, C.P. 15004
info@colex.es
www.colex.es

I.S.B.N.: 978-84-1194-804-3
Depósito legal: C 1903-2024

SUMARIO

4

LOS BUQUES NO TRIPULADOS Y AUTÓNOMOS. REFLEXIONES PARA SU ANÁLISIS Y REGULACIÓN

Miguel Ángel Pendón Meléndez

P. 149

5

CONSIGNACIÓN DE BUQUES Y NUEVAS TECNOLOGÍAS EN EL MERCADO DE LA AGENCIA MARÍTIMO-PORTUARIA

José Luis García-Pita y Lastres

P. 245

6

EL REASEGURO DE SEGUROS SOBRE INTERESES MARÍTIMOS TRAS LA LEY 14/2014, DE 24 DE JULIO, DE NAVEGACIÓN MARÍTIMA: MARITIMIDAD DEL REASEGURO

Blanca Romero Matute

P. 353

7

EL TRANSITARIO COMO ORGANIZADOR DE TRANSPORTES Y EL RÉGIMEN DE RESPONSABILIDAD POR EXTRAVÍO O PÉRDIDA DE LA MERCANCÍA

María Teresa Gómez Prieto

P. 421

8

LA CLÁUSULA HIMALAYA 2014 (BIMCO/IG P&I CLUBS)

Esperanza Pendón Pérez

P. 447

PRESENTACIÓN

Con la publicación de este volumen se inicia formalmente la colección de «Comercio marítimo», publicada por la editorial COLEX. La premisa de la colección es ofrecer un foro especializado para la investigación en torno a «lo marítimo», concebida esta expresión en términos amplios y funcionales; de modo que se extienda a todas las operaciones que se desarrollan en torno a los puertos, o ligadas o relacionadas con las actividades propias de esos espacios, extendiéndose igualmente a los profesionales que en cualquier medida los toman como referencia para su actuación. En definitiva, la colección se abre a cualesquiera hechos o actividades caracterizados, sea cual sea su medida e intensidad, por el adjetivo «marítimo»; si bien con preferencia por aquellos conectados, total o parcialmente, con la actividad mercantil o privada. Un amplio escenario en el que las distinciones académicas, profesionales o conceptuales no condicionan el interés científico de las aportaciones ni su relación con otras ciencias y, por ello, enriquecen la perspectiva comercial. Si bien la referencia primera es el transporte marítimo, o la navegación marítima, la colección aspira a concitar aspectos y resultados de la investigación que exceden de esos contornos, porque el medio marítimo reclama la participación de profesionales de sectores muy diversos, provenientes del ámbito de las ingenierías naval y náutica, de la actividad económica y turístico/recreativa, del Derecho y de las relaciones entre Estados, etc. De esta manera, el enfoque de la actividad marítima no queda limitado por las fronteras que en ocasiones se supone que existen entre el Derecho y la sociedad, entre el Derecho y la técnica y la tecnología e, incluso, entre las distintas ramas y especialidades del Derecho cuando confluyen (confundiéndose a veces) sobre una misma actuación. Tales lindes son, con frecuencia, difusas por sí mismas y confusas por razón de las distintas perspectivas que suponen los ordenamientos nacionales (en ocasiones, por el mero desorden regulatorio del legislador) frente a la uniformidad que reclama la perspectiva internacional que impone el mar. Si bien no siempre es imprescindible una visión conjunta de todos estos elementos, en ocasiones sí será conveniente revisar la teoría jurídica a la luz de los criterios que aportan otras ciencias, otras jurisdicciones y otras prácticas y modelos internacionales.

Bajo estas premisas, por acuerdo adoptado en la Asamblea de la Asociación Andaluza de Profesores de Derecho Mercantil «Sainz de Andino», en septiembre de 2022, correspondió al Departamento de Derecho mercantil de la Universidad de Cádiz la organización de la ***XXI edición del Congreso anual de la asociación Sainz de Andino.*** La jornada se celebró el día 23 de septiembre de 2023, contando con la Presidencia de Honor del Dr. D. Guillermo J. Jiménez Sánchez, Catedrático de Derecho Mercantil de la Universidad de Sevilla; la actuación del Presidente de la Asociación Sainz de Andino, Dr. D. Alberto Díaz Moreno, Catedrático de Derecho Mercantil de la Universidad de Sevilla; la dirección del Dr. D. Miguel Ángel Pendón Meléndez, Catedrático de Derecho Mercantil de la Universidad de Cádiz y la Dra. D.ª Blanca Romero Matute, Profesora Titular de Derecho Mercantil de la Universidad de Cádiz; y bajo la tutela de un nutrido y especializado comité organizador, asistido por un comité científico. La celebración del acto se realizó en el local cedido para el evento por la Autoridad Portuaria Bahía de Algeciras (el Auditorio Millán Picazo), que además organizó una visita técnica a la terminal portuaria y a «la torre» del puerto (a la vez, Torre de control de la autoridad portuaria y Torre de Salvamento y Capitanía Marítima de Algeciras). Nuevamente, agradecemos expresamente a la Autoridad Portuaria y su personal, a través de su Presidente D. Gerardo Landaluce Calleja, sus inestimables compromiso y apoyo para la celebración de la actividad.

Siendo la tercera ocasión en que se organizaba el evento de la asociación en la Universidad de Cádiz, el lugar elegido para la celebración de la jornada fue el Campus de Algeciras, en el escenario cualificado y único que ofrece el Estrecho de Gibraltar, en el entorno técnico que supone el recinto portuario de la ciudad de Algeciras. El puerto de Algeciras supone un punto estratégico en la confluencia de rutas marítimas de relevancia mundial, en el que converge el tráfico marítimo entre América del norte, África, Asia, y Latinoamérica con Europa; una actividad que le convierte en el principal *hub* en el tráfico de contenedores en el Mediterráneo occidental, ejecutada bajo exigentes criterios de eficiencia reconocidos, entre otras instituciones, por el Banco Mundial. En correspondencia con el perfil especial del entorno, el tema elegido para el Congreso y sus actividades fue **«El comercio marítimo»**.

El comercio marítimo es una parte vital (probablemente, la fundamental) del comercio internacional, en la medida en que el transporte marítimo es el modo más eficiente y económico para organizar el desplazamiento de grandes cantidades de mercancías a largas distancias. La UNCTAD (Conferencia de las Naciones Unidas sobre Comercio y Desarrollo; en la actualidad, ONU comercio y desarrollo) define el comercio marítimo como el movimiento de bienes y servicios entre países a través del transporte marítimo. Esta definición comprende tanto el conjunto de actividades agrupadas en la *Ley de Navegación Marítima* española, de 2014, bajo el Título IV de su régimen, *De los contratos de utilización del buque*, como las que se regulan bajo el (impreciso, por amplio, aunque incompleto) Título V, *De los contratos auxiliares de la navegación;* particularmente, el complejo conjunto de relaciones y contratos que comprendería el concepto de «contrato de manipulación portuaria», que permite su extensión a las relaciones empresariales conectadas con aquella manipulación (otros modos de transporte que ingresan en el puerto, empresarios especializados establecidos en sus instalaciones) o necesarias para su desarrollo (así, el seguro marítimo). El contrato más importante de todos ellos sería la compraventa, cuyas especialidades justifican una doctrina especial a propósito de las *compraventas marítimas*, caracterizadas en otros aspectos por sus connotaciones internacionales y la concurrencia de diversos contratos en cada relación: seguro, transporte, relaciones bancarias..., ha sido obviado por nuestra norma general; olvidando que el comercio (también el marítimo) se basa en la circulación patrimonial a la que el contrato de compraventa provee de vestidura jurídica esencial; y que, en realidad, la compraventa influye de decisivamente en la configuración actual de las principales instituciones del Derecho marítimo (así, por ejemplo, no se desplaza el buque, en particular en el marco de una operación de transporte, con el objetivo del mero traslado, sino generalmente al servicio de los intereses del cargador y el destinatario de la mercancía, normalmente en el marco de un contrato de compraventa).

Desde luego, todos los contratos regulados en nuestra relativamente reciente *Ley de Navegación Marítima* integran el objeto de estudio del Congreso, como también las relaciones que en general se contemplan en los formularios al uso y en la práctica internacional de la contratación marítima: desde cuestiones de jurisdicción y competencia hasta la representación, los pagos, las instituciones y organismos, públicos y privados, vinculados a las actividades marítimas, las cuestiones relativas a la navegación, etc.

Algunos datos pueden ayudar a recordar la relevancia de la actividad marítima en nuestro país. En España, casi 6.000 kilómetros de costa (y una Superficie Zona de Rescate, SAR, de 1.500.000 km^2) delimitan la actuación de 28 autoridades portuarias (que gestionan 46 Puertos). El tráfico de mercancías en nuestro país supuso en 2021 la manipulación de 544,5 millones de toneladas; 18 millones de pasajeros (y, en líneas regulares, 15,8 millones de pasajeros) utilizaron las terminales (datos del Ministerio de Transportes, movilidad y agenda urbana). En el ámbito mundial, tras la contracción del 3,8 % en 2020 (esencialmente, como consecuencia del COVID-19), el comercio marítimo internacional se recuperó en 2021, con un crecimiento aproximado del 3,2 %; alcanzando un total de 11.000 millones de toneladas. Las previsiones de la UNCTAD para 2022 contemplan el crecimiento del comercio marítimo en un 1,4 %; y un 2,1 % anual para el período de 2023-2027.

El informe anual de la UNCTAD, denominado cada año *Informe sobre el Transporte Marítimo* (el último publicado, el de 2024) evidencia la íntima e inescindible conexión entre el transporte marítimo y el comercio marítimo; siendo éste el marco en el que se desarrolla aquella actividad. Y así, el *Informe* expone sus datos sobre el transporte en relación con el comercio marítimo (que integra un amplio número de actividades, relaciones y contratos, como se ha señalado); destacando cómo el comercio marítimo creció un 2,4 % en 2023 (12.292 millones de toneladas) y se espera un «modesto» crecimiento para

2024 (el 2 %, articulado sobre la comercialización de productos básicos a granel —mineral de hierro, carbón, grano...— y de mercancías contenerizadas).

En los próximos años, el comercio marítimo deberá afrontar nuevos retos, que se suman a los «habituales» del sector: crecimiento excesivo de la flota (por encima del crecimiento de la actividad comercial), el incremento y especialización del comercio global, las consecuencias de una pandemia aún no plenamente superada, el amenazante cambio climático (que exige buques cada vez más ecológicos), el riesgo de ataques cibernéticos en los buques e instalaciones portuarias, la automatización y la robótica, las tensiones geopolíticas (guerra en Ucrania y en Oriente Medio...), entre otros.

Con estos retos presentes, el Congreso ofrece un escenario único para reflexionar sobre cualquier cuestión referida a la industria marítima. La ciudad de Algeciras nos aportó el entorno, social y la perspectiva económica para celebrar este encuentro. Y la Autoridad Portuaria Bahía de Algeciras, comprometida con esta visión y contribuyendo con su protagonismo profesional único, nos acogió en sus instalaciones, compartiendo su experiencia en torno al comercio marítimo.

Desde el momento de su concepción, esta edición del congreso de la Asociación Sainz de Andino contó con la referencia académica que para nuestra universidad ha supuesto el Prof. Dr. D. Rafael Padilla González, Catedrático de Derecho Mercantil de la Universidad de Cádiz, responsable directo de la especialización en Derecho marítimo de buena parte de los miembros del Departamento de Derecho Mercantil, pionero de los estudios marítimos en el ámbito académico que representa la Asociación. Esta obra supone un modesto reconocimiento a su labor y su ejemplo, que quedó expresado en la apertura del Congreso, en palabras de la Dra. D.ª María de la Paz Martín Castro, cuya intervención inicia igualmente esta publicación. De esta forma, Congreso y publicación rinden un sentido homenaje al magisterio y al acompañamiento académico que durante muchos años ejerció el Prof. Dr. D. Rafael Padilla González.

El resto de la obra recoge las intervenciones (ponencias) que articularon el desarrollo del Congreso; la comunicación seleccionada para su presentación; y otras aportaciones de discípulas del prof. Padilla González que se sumaron de esta forma al homenaje. Resultando una obra que se ordena como sigue. Las ponencias: *Presentación del Congreso. Los estudios de Derecho Marítimo (de la navegación) en la Universidad de Cádiz (homenaje al profesor Rafael Padilla González)*, a cargo de la Dr.ª María de la Paz Martín Castro; *El papel del Puerto de Algeciras en el comercio marítimo internacional*, presentada por D. Gerardo Landaluce Calleja; *Satisfacción de los créditos marítimos y reconocimiento internacional de la venta judicial de buques*, elaborada por el Dr. D. Pedro Jesús Baena Baena; *Los buques no tripulados y autónomos. Reflexiones para su análisis y regulación,* a cargo del Dr. D. Miguel Ángel Pendón Meléndez; y la clausura del Congreso, con la ponencia *Las nuevas tecnologías en la industria de la consignación de buques*, realizada por el Dr. D. José Luís García-Pita Lastres. Las aportaciones, *El reaseguro de seguros sobre intereses marítimos tras la Ley 14/2014, de 24 de julio, de Navegación Marítima: maritimidad del reaseguro*, por la Dra. D.ª Blanca Romero Matute; y *El transitario como organizador de transportes y el régimen de responsabilidad por extravío o pérdida de la mercancía*, a cargo de la Dra. D.ª María Teresa Gómez Prieto. Finalmente, la comunicación, *La cláusula Himalaya 2014 (BIMCO/IG P&I CLUBS)*, presentada por D.ª Esperanza Pendón Pérez.

La variedad de las aportaciones es consecuente con la finalidad de la colección de Comercio marítimo de la editorial COLEX, y con el objeto del Congreso celebrado. Supone igualmente una presentación (y una invitación) a la publicación de nuevos trabajos que se alineen con esta visión amplia del comercio marítimo. Mientras se consolida esta visión, en nombre de la Asociación Sainz de Andino, de la Universidad de Cádiz y del comité organizador, gracias a todos los que participaron en la jornada de investigación y estudio que supuso el Congreso celebrado en Algeciras el 23 de septiembre de 2023 y gracias por sus aportaciones, que ahora se ponen a disposición de la comunidad científica.

Miguel Ángel Pendón Meléndez
Blanca Romero Matute

Directores del Congreso y de la publicación
Septiembre de 2024

1

LOS ESTUDIOS DE DERECHO MARÍTIMO (NAVEGACIÓN) EN LA UNIVERSIDAD DE CÁDIZ (HOMENAJE AL PROFESOR RAFAEL PADILLA GONZÁLEZ)

M.ª Paz Martín Castro
Profesora Titular de Derecho mercantil
Universidad de Cádiz

Estimado Sr. Presidente de la Autoridad Portuaria de la Bahía de Algeciras, D. Gerardo Landaluce, queridos directores del Congreso, profesora Romero Matute y profesor Pendón Meléndez, queridos compañeros, buenos días a todos.

Me corresponde a mí iniciar el primer panel de ponencias en el seno de esta XXI edición del Congreso de la Asociación Sainz de Andino que, en esta ocasión, actuando mi Universidad como anfitriona, se celebra en el Campus de Algeciras y, concretamente, en las instalaciones generosamente cedidas por la Autoridad Portuaria Bahía de Algeciras. Intervengo así, en primer lugar, atendiendo a la sugerencia realizada por los directores del Congreso y con el propósito de compartir con ustedes a lo largo de mi intervención algunas reflexiones que permitirán dar respuesta a dos cuestiones fundamentales. La primera de ellas gira en torno al porqué de la elección del tema que conduce la celebración de este Congreso, el comercio marítimo. La segunda, se refiere al motivo de dedicarle esta jornada y el evento al profesor Padilla González, mi maestro; Catedrático de Derecho Mercantil en nuestra Universidad, hoy jubilado de sus quehaceres universitarios, más no de los académicos ni de los personales.

Ambas cuestiones presentan una estrecha relación, además de múltiples flecos. A ellas voy a dedicarles los próximos minutos, en los dos casos, de forma muy breve, como está programado y como, justo antes de comenzar, me recuerdan (me insisten) los directores del Congreso.

Para mí es un orgullo asumir estos encargos. En primer lugar, por los estrechísimos lazos que se establecen entre el director de una Tesis y su discípulo. Una relación, como saben, que trasciende a las aulas y a la propia Universidad; porque contribuye a definir la persona, más allá de la personalidad académica. La impronta del profesor Padilla González continúa imborrable en nuestro Departamento de Derecho mercantil. Y, en segundo lugar, porque el paso del profesor Padilla González por la Universidad de Cádiz (una universidad, joven, que él contribuyó a perfilar), sentó las bases de una especialización en el mundo marítimo, que define en buena medida a nuestro Departamento. Eso justifica el tema del Congreso.

Como la mayoría de ustedes saben, cursé mis estudios universitarios de licenciatura en la Universidad de Sevilla. Si la vocación por una profesión vinculada a la Universidad ya se había manifestado desde los primeros años de mi formación universitaria, fue sin duda la docencia directa del profesor Olivencia (querido maestro de mi maestro) la que consolidó la decisión última sobre mi futuro (mi presente) profesional. Y, siguiendo su consejo, y también el del profesor Jiménez Sánchez, por razón de mi propia vecindad (mi gentilicio es «barbateña»), recalé en la Universidad de Cádiz, asumiendo la recomendación del profesor Olivencia de cursar mis estudios de doctorado, bajo la dirección del profesor Padilla, en mi Cádiz natal. La Universidad de Sevilla y la de Cádiz, «hermanas colegiales», siempre ha permitido estos «trasvases». Fue el profesor Lojendio, que acababa de obtener su cátedra en la Universidad de Sevilla, quien con la generosidad y disponibilidad que le caracterizan, propició aquel primer encuentro concertando una cita a tres, en el despacho del profesor Padilla, precisamente el día en el que el Profesor Pendón Meléndez defendía su Tesis doctoral dirigida por el profesor Lojendio Osborne.

No podría determinar con precisión cuándo «lo marítimo» —como verán obvio, por el momento, utilizar una clasificación o denominación de la especialidad— terminó de definir los perfiles de mi vocación. Pero, sin duda, la línea de investigación (como hoy la llamaríamos) a la que decidí adscribirme fue la del Derecho de la navegación.

Unos años antes, en 1988, la denominada «Escuela Olivencia», «Escuela del Sur» o «Escuela sevillana» había emprendido una ambiciosa obra sobre el comercio, sobre el Derecho mercantil. Bajo la dirección y el empuje del profesor Jiménez Sánchez, se inició la redacción de la obra «Derecho mercantil». Un proyecto complejo y completo, ya que la obra básica, un manual de la asignatura, se completaba con un tomo de legislación y otro de documentación. Aquella obra se elaboró, en una edición «0», a modo de ensayo, recurriendo a un medio en la actualidad obsoleto (ya lo era, incluso, en aquella época) aunque eficaz: un sistema de multicopista. Su coste de impresión hacía competitivo el precio como apuntes para los alumnos. Su presentación consistió en ocho «cuadernillos», redactados cada uno de ellos por varios autores y bajo la dirección de un profesor responsable. En el caso del tomo 8.º, denominado «Derecho de la navegación», el responsable y autor único fue el profesor Padilla González.

Ese primer paso consolidó en nuestra Universidad un «ecosistema marítimo» propicio para la especialización de los investigadores en torno al «Derecho marítimo». La mayor parte de las Tesis doctorales que se han elaborado desde entonces en el Departamento de Derecho mercantil han asumido ese perfil maritimista, con frecuencia, bajo la dirección del profesor Padilla González. También integra ese acervo marítimo buena parte de la investigación y la producción doctrinal de nuestro Departamento, donde destacan las referidas a amplios aspectos de los seguros marítimos (nuestro querido y recordado profesor Rodríguez Carrión); al régimen de las terminales de transporte (profesor Morán Bovio); al transporte y las compraventas marítimas (profesor Pendón Meléndez); al contrato de remolque y los aspectos esenciales del Derecho marítimo (profesor Pulido Begines); al contrato de reaseguro (profesora Romero Matute); a los contratos de fletamento y las sociedades de clasificación (profesora Gómez Prieto); al contrato de salvamento (profesora Sáez Álvarez); y, en mi caso particular, al transporte multimodal que, aunque conceptualmente se predique de cualquier yuxtaposición de medios y modos, en realidad, el predominio de la fase marítima resulta innegable (atiéndase, en este sentido, al propio ámbito de aplicación material de las Reglas de Rotterdam)[1].

Con ocasión de la investigación que culminaría con su Tesis Doctoral sobre el contrato de *Time-charter,* el profesor Padilla González conformó en nuestra Universidad un fondo documental y una biblioteca especializada en Derecho marítimo, que se encuentra entre las mejores de todas las instituciones españolas. Especialmente, desde que se incorporaron los fondos de la biblioteca personal y profesional del profesor Rodríguez Carrión. La continuidad del tra-

1 El Convenio de Naciones Unidas sobre sobre el Contrato de Transporte Internacional de Mercancías Total o Parcialmente Marítimo, adoptado por la Asamblea General el 11 de diciembre de 2008, constituye el último hito en la regulación del transporte multimodal internacional de mercancías. Concebido con el doble objetivo de poner fin a la multiplicidad de regímenes de responsabilidad aplicables al transporte marítimo de mercancías, así como de ajustar el Derecho del transporte marítimo a las necesidades y realidades de las prácticas internacionales del sector, el referido Instrumento internacional extiende su ámbito de aplicación a aquellos transportes que, incluyendo una fase marítima —que habrá de ser internacional— discurran además por otros medios (contratos parcialmente marítimos, conocidos, coloquialmente, como transporte multimodal mojado). El Convenio atiende, así, a la generalización en la práctica comercial marítima —especialmente, en el tráfico de contenedores— del modelo *door to door,* en el que el estricto ámbito de la navegación marítima queda superado por una operación de transporte *compleja* integrada por una o varias fases, aun cuando la marítima continúe conservando su protagonismo. Desde esta perspectiva, el Convenio contempla una multimodalidad parcial o limitada en cuanto a la yuxtaposición de modos, cuyo régimen jurídico queda consagrado en su art. 26 —bajo la rúbrica *Transporte precedente o subsiguiente al transporte por mar*—, conforme al cual el Convenio sólo dejará de regir la completa operación de transporte en aquellos supuestos en los que, habiéndose producido el daño *exclusivamente* en una fase distinta a la marítima, exista un Instrumento internacional cuyas disposiciones resulten imperativamente aplicables a aquella fase.

bajo del profesor Padilla González en aquel manual de Derecho mercantil permanece, participando esta Universidad, en todas las colecciones resultantes: en el manual de la asignatura, durante 14 ediciones (dirigidos por Jiménez Sánchez); en el manual básico de la asignatura actual, las *Lecciones de Derecho mercantil* (dirigidas por los profesores Jiménez Sánchez y Díaz Moreno) y, más precisamente, en el tema de los *transportes* (del que en la actualidad son coautores los profesores Pendón Meléndez y Clavero, que también fue profesor de esta Universidad); en el *Tratado de Derecho mercantil*, asumiendo el encargo de los tomos que integraban la parte de Derecho de la navegación; en las *Nociones de Derecho mercantil* (dirigidos por los profesores Jiménez Sánchez y La Casa García), participando igualmente en el tema de transportes; y, en fin, en los diez volúmenes de la obra *Derecho mercantil* (dirigidos por los profesores Jiménez Sánchez y Díaz Moreno), cuyo volumen 8.º se destina al Derecho de los transportes.

La labor académica resultante de aquel primer ensayo a multicopista sigue, pues, vigente, con su máximo desarrollo; asegurando su continuidad los que aprendimos la disciplina bajo el modelo que nos procuraba el profesor Padilla González. Es esta una estupenda ocasión de reconocer públicamente, en su presencia, ese magisterio y su sello en los resultados.

El enfoque básico de estas obras, en la parte que nos correspondía, ha sido el del Derecho de la navegación marítima; si bien por ampliación, por conveniencia académica, se ha extendido, además, a otros medios en los que también se realiza la prestación del transporte, por ejemplo, con ocasión de la navegación aérea. Esta opción llevó, desde sus inicios, a la necesidad de incorporar en las obras citadas el tratamiento de materias ajenas a «lo marítimo»; primero, como se ha dicho, la navegación aérea; y, posteriormente, el resto de los transportes (por lo tanto, los terrestres). De este modo, en las últimas ediciones, se ha ofrecido una visión comprensiva del «contrato de transporte» en su conjunto, quedando así agrupadas las diversas modalidades contractuales bajo la categoría más general de Derecho de los transportes. Conscientes de que resulta posible un tratamiento sistemático unitario de las diferentes clases de transporte, la obra confiere a las diversas modalidades contractuales un tratamiento integrador y armonizado, sin perjuicio de que se atienda, naturalmente, a las especialidades propias de cada regulación contractual[2].

Parecería, pues, que la opción por la navegación supone la elección de un concepto amplio de Derecho marítimo; lo que nos conduce irremediablemente al complejo tema del concepto de «Derecho marítimo» y, con él, al de expresar nuestra concepción sobre su contenido.

Un análisis inicial de la ingente bibliografía que los especialistas, en España y en todo el mundo, han dedicado a la cuestión, evidencia que se

2 *Vid.* PADILLA GONZÁLEZ, R., - PENDÓN MELÉNDEZ, M. A., «El contrato de transporte», en AA. VV., *Transportes mercantiles* (JIMÉNEZ SÁNCHEZ, G. - DÍAZ MORENO, A., coords.), 15.ª ed., Madrid, 2013, pp. 25 a 34.

trata no tanto de un tema sin solución; sino más bien, de una opción de cada autor, en cada momento y al servicio de su propia presentación de la materia. Podríamos denominarlo «la contingencia histórica y de situación» del Derecho marítimo. Así, el profesor García-Pita identifica hasta 7 líneas doctrinales en nuestro país sobre el concepto del Derecho marítimo, a la que añade la propia (ocho, pues, en total). En consecuencia, si se quiere, el debate está servido[3].

Desde un punto de vista estrictamente académico, quizás pueda considerarse que la relevancia de la cuestión es «menor». Actualmente, algunas normas «extravagantes» de «acreditación y calidad», definen los criterios de los títulos universitarios; y, por ello, de sus disciplinas. Como resultado de esta circunstancia, los contenidos del Derecho marítimo no se contemplan dentro de las «competencias» y «habilidades» (no se habla del conocimiento en esos protocolos) que deben adquirir los egresados, ni de la especialización que puede exigirse a los profesionales[4].

---

3 Distingue, así, el profesor García Pita, J. L., *[Arrendamiento de buques y Derecho marítimo (Con especial referencia al Derecho de los formularios),* Valencia, 2005, pp. 41 a 64], una *concepción mínima* de Derecho marítimo —sostenida por Rubio— que identifica a aquél con el Derecho del comercio marítimo frente a la que califica como *concepción restringida* —defendida por Garrigues—, conforme a la cual la referida identificación no resulta posible, por cuanto el Derecho marítimo actual se extiende más allá del puro comercio marítimo. Por su parte, la concepción *semi-restringida* del Derecho marítimo, sostenida por Sánchez Calero, incluiría dentro de su ámbito exclusivamente las disposiciones de naturaleza jurídico-privada. La *concepción semi-amplia* —a la puede adscribirse, entre otros, Gamechogoicoechea—, sostiene que el Derecho marítimo engloba el conjunto de normas públicas y privadas reguladoras no ya de la navegación efectuada por mar, sino de cualquier tipo de navegación acuática —ya sea por vía marítima, fluvial, palustre o lacustre—, con independencia de si persigue o no una finalidad comercial. A diferencia de las anteriores, el contenido del Derecho marítimo, de acuerdo con la *concepción amplia* —mantenida por Arroyo—, trasciende el «propio hecho navegatorio» para extenderse al Derecho público de las actividades marítimas; lo que supone en buena medida una fusión del Derecho marítimo con el Derecho del Mar. Una séptima línea doctrinal, que se sustenta en la identidad del fenómeno técnico de la navegación —la *concepción amplísima,* acogida por Uría—, supone la sustitución del Derecho marítimo por el Derecho de la Navegación marítima y aérea, que quedaría conformado tanto por normas de naturaleza jurídico-públicas como por normas de Derecho privado. Finalmente, la *concepción máxima* que defiende Putzeys, propone la superación del Derecho marítimo por el Derecho de los Transportes, de manera que incluiría en su seno, además del Derecho marítimo y aéreo, el régimen propio del transporte terrestre. Finalmente, y de acuerdo con la propia concepción formulada por García Pita (*op. cit.*, pp. 61 a 64), el Derecho marítimo se hallaría conformado por aquellas normas de Derecho objetivo —interno o internacional— y de Derecho convencional reguladoras de la navegación autárquica y de otros fenómenos análogos, ordenando las relaciones que atienden al medio por el que discurre, así como aquellas otras relaciones producidas como consecuencia o como presupuesto de dicha navegación.

4 En efecto, la normativa aplicable parece hacer dejación de la especialización de la profesión de «abogado maritimista» ya que no exige, a efectos de la superación de la prueba para el ejercicio de la abogacía, acreditar conocimiento alguno sobre el Derecho marítimo.

Los Reales Decretos que regulan el título de «licenciado» en Derecho no se atreven a proponer contenidos de las asignaturas (ni siquiera, atendiendo a los manuales más clásicos); y el Libro Blanco de ANECA sobre Derecho, referente de la calidad de la formación de nuestros universitarios, se limita a citar el Derecho mercantil dentro de la rama del Derecho privado.

En general, en los tiempos actuales, el Derecho marítimo no se explica en las Universidades dentro de sus estudios; y no como antaño, por falta de tiempo en la exposición del programa (nunca se llegaba a los temas finales, donde residía el Derecho marítimo)[5]. Hoy en día responde a una decisión de exclusión o, lo que quizás sea peor, a una cierta displicencia de quienes deberíamos impulsarlo.

Ante esta situación, algunas Universidades (particularmente, aquellas incardinadas en ciudades o regiones cercanas al mar, como, por ejemplo, la Universidad de Cádiz) han recurrido a la flexibilidad que ofrecen las asignaturas optativas y obligatorias. Actualmente, en nuestra Universidad, el Derecho marítimo constituye la mayor parte de la asignatura Derecho Mercantil Internacional Uniforme. Quizás no sea suficiente, pero es bastante.

Esta primera aproximación supone el reconocimiento de que nos inclinamos esencialmente por la concepción del Derecho marítimo como Derecho del comercio marítimo. Se trata, como se ha expuesto, de una concepción de utilidad, no dogmática. Y permite explicar, por ejemplo, el contenido de la asignatura en perfiles tan distintos (y tan próximos) como el jurídico y el de las ingenierías náuticas.

Quizás nuestra Ley de Navegación Marítima, que no formula una propuesta precisa, vaya en esta línea. Una norma que apuesta por atender al fenómeno de la navegación; que regula los aspectos privados de la actividad marítima, sin perjuicio de que olvide algunos de los más relevantes —así, las compraventas marítimas—; y que, además, anuncia su voluntad de integrar, no se sabe bien en qué forma, los aspectos públicos, en los términos de su d.a. 9.[6].

---

5 Así lo recordaba SÁNCHEZ CALERO [«El Derecho Marítimo en las Facultades de Derecho (Consideraciones con motivo de la aparición del *Curso de Derecho Marítimo* del Profesor Arroyo)», *RDM* 2002, núm. 253, pp. 256 y 257], en referencia a las enseñanzas de Derecho marítimo insertas en los programas de Derecho mercantil en el Plan de estudios tradicional de la Licenciatura en Derecho, señalando al respecto que «cuando se llega a la explicación del Derecho marítimo —generalmente ubicado al final del programa de la asignatura de Derecho mercantil de quinto curso— tanto el profesor diligente que ha podido llegar hasta esas lecciones de su programa como el alumno, se encuentran ya cansados; y, continúa el autor, «(s)i a esto añadimos que el Derecho marítimo ofrece ciertas peculiaridades, hemos de convenir la dificultad de una explicación que alcanzara un cierto nivel dentro de los estudios de la Facultad. He recordado en alguna ocasión la frase del maestro Ripert de que «el Derecho marítimo dentro del Derecho mercantil se ahoga».

6 Disposición Adicional 9.ª de la Ley de Navegación marítima «1. Se habilita al Gobierno para que en el plazo de tres años proceda a refundir en un único texto, y bajo el título

La referencia al comercio marítimo como contenido esencial del Derecho marítimo mercantil no se enfrenta a nuestras tradiciones, ni siquiera a las más ancestrales. Las leyes de los Rodios, las más antiguas que se conocen —probablemente, de origen fenicio, como la «trimilenaria» ciudad Cádiz—, regulaban lo que hoy denominamos «echazón» (de ahí su denominación, *Lex Rhodia Iactu*) atendiendo a los intereses del mercader que tuviera «valor» embarcado en la nave y buscara cómo minimizar las perdidas, compartiéndolas.

Las experiencias de los *rodios* resultaron acogidas y ampliadas, quizás revisadas, en el Digesto romano. Tras la invasión de los pueblos germanos, se mantuvo vigente en la península el Código de Alarico (Breviario de Aniano) que no ofrecía a los antiguos ciudadanos (*cives*, que seguían rigiéndose en lo posible por el Derecho de Roma) más que el régimen de la avería común y del préstamo a la gruesa *(pecunia trajecticia)*, pues eran pueblos poco interesados y comprometidos con el comercio por mar.

La invasión árabe supuso en los reinos cristianos normas más atentas al municipio que al comercio; eran las que la autoridad del monarca sancionaba. De ahí que el comercio, particularmente el comercio marítimo, tuviera que buscar sus propios cauces de ordenación y regulación a través de sus propios protagonistas. Nada relevante para el comercio marítimo encontramos en los textos «legales» de la época, ni siquiera, en la que tradicionalmente se considera la primera Ley mercantil del Reino de Castilla, las Partidas de Alfonso X.

Pero en las zonas más alejadas de la frontera de la guerra, la paz había permitido recobrar la actividad comercial marítima. Y en aquellos lugares, no encontrando los mercaderes ni interés ni protección de la corona para sus negocios, surgieron las hermandades de comerciantes *(universidades)*: Valencia, 1283; Barcelona, 1347, donde surge el Código de las Costumbres marítimas de Barcelona (Libro del Consulado del Mar, la obra más importante de la época y de los siglos siguientes); y, en 1737, Bilbao, ciudad que probablemente conocía en sus normas los *Rôles* o Juicios de Olerón[7].

«Código de la Navegación Marítima», las leyes reguladoras de las instituciones marítimas, regularizando, aclarando y armonizando la presente ley con el Texto Refundido de la Ley de Puertos del Estado y de la Marina Mercante».

7 El origen y fecha exacta de elaboración del referido Código marítimo medieval resulta ampliamente discutido por la doctrina, si bien la opinión mayoritaria sitúa su redacción en la segunda mitad del siglo XIII. Hasta la aprobación de las Ordenanzas de la marina francesa de 1681, la referida recopilación de costumbres marítimas, extendió su vigencia desde las costas europeas atlánticas hasta el Mar del Norte e, incluso, el Mar Báltico. La aprobación de las Ordenanzas francesas supuso el inicio del proceso de fragmentación del Derecho marítimo europeo, al quedar sometidas, a partir de entonces, las tres zonas en las que se dividen las costas europeas a su propio derecho nacional. De este modo, en el ámbito mediterráneo regía el Libro del Consulado del Mar, mientras que las costas atlánticas continuaban sometidas a los Rôles de Oleron; y, en fin, en el mundo nórdico

Otras muchas ciudades, en las décadas siguientes, se fueron dotando de sus propias *ordenanzas*, desde Burgos a Sevilla (esta última, de forma inmediata tras su conquista por Alfonso X; cuna, décadas después, de la Casa de Contratación, «al servicio» del comercio marítimo con el nuevo mundo). Las más extensas de las ordenanzas de estas ciudades fueron las de Bilbao[8]; varias versiones (desde Felipe II, en 1563) que comprendieron con extraordinaria amplitud los temas del comercio terrestre y del comercio marítimo (cap. 18, fletamentos; cap. 19, de los naufragios; caps. 20 y 21, averías marítimas; cap. 22, seguros; cap. 23, préstamos a la gruesa; cap. 24, capitanes; caps. 25 y 26, pilotos y prácticos; caps. 27-29, régimen de las rías).

Sin embargo, como es sabido, primero el absolutismo, a través de Colbert y, posteriormente, la codificación, reclamaron la potestad normativa para el Estado. Y así, las Ordenanzas de Bilbao, que reconocieron en sus disposiciones la Ordenanza francesa de 1681[9], prepararon el terreno para la legalización o estatalización del Derecho mercantil en España; un primer

---

adquirieron primacía las Ordenanzas de Visby. *Vid.* al respecto PARDESSUS, *Collection de Lois Maritimes antérieures au siécle*, Paris, 1828, T.I, p. 297.

8 Ordenanzas de la ilustre Universidad y Casa de Contratación de la M. N. y M. L. villa de Bilbao; confirmadas por Felipe V el 2 de diciembre de 1737. Las Ordenanzas bilbaínas, que ofrecen un fidedigno testimonio de la actividad de los Consulados castellano-indianos posteriores a Burgos, constituyen un *hito* en la historia del *ius mercatorum hispánico,* aportando a la codificación mercantil una fuente de extraordinaria relevancia. *Cfr.* PETIT, C., *Historia del Derecho mercantil,* Madrid, 2016, p. 145.

9 La *Ordonnnance de la Marine*, aprobada en el mes de agosto de 1681 en *Fontainebleau,* ha sido calificada como la primera codificación conocida del Derecho marítimo. *Vid.*, por todos, RIPERT, *Droit maritime*, 2.ª ed., T. I, París, 1922, p. 99. Inspirada por uno de los principales ministros de Luis XIV, Jean-Baptiste Colbert, su elaboración fue minuciosamente preparada mediante la realización de investigaciones en los puertos y el estudio de las antiguas recopilaciones de usos y costumbres de mar, recopilando y coordinando varias ordenanzas precedentes, 1517, 1543, 1584 y 1629—. El fruto fue una obra en la que se reúnen todas las reglas relativas al Derecho marítimo. Quizás lo más destacable de la disposición francesa, como señalara GARRIGUES (*Curso..., cit.,* T. II, p. 546), sea el hecho de que en el proceso formativo del Derecho marítimo, la elaboración de la Ordenanza supone el reconocimiento por parte del Estado absoluto francés del particularismo del Derecho marítimo, quedando agrupados en un solo Código todos los preceptos relativos a ese Derecho, ya sean de naturaleza pública (de los oficiales del Almirantazgo y de su jurisdicción, de las gentes de mar y embarcaciones, de la policía de los puertos costeros, radas y ensenadas, marítima, de la de la pesca que se hace en el mar), ya sean de carácter privado (de los contratos marítimos).
A la gran codificación colbertiana del Derecho marítimo, le siguió, también en Francia, la codificación napoleónica mediante la que se integra en un texto único el fenómeno comercial; tanto el terrestre como el marítimo, quedando así sometida toda la actividad comercial al Código de Napoleón de 1807, que sustituyó a las Ordenanzas del Comercio de 1673 y de la Marina de 1681. Pero, además, la nueva codificación limitó su alcance a los aspectos jurídico-privados de las instituciones; lo que supuso una novedad frente a la obra de Colbert que, en lo que al tráfico marítimo se refiere, extendía su ámbito de aplicación a los aspectos públicos y privados.

paso hacia la definitiva legalización del Derecho marítimo[10]. El prestigio de aquellas Ordenanzas las mantuvo vigentes hasta la aprobación del Código de comercio de 1829 que, a decir de muchos, hizo poco más que incorporarlas a su articulado, destinando un libro al *comercio marítimo*. Si el centro de la regulación de estos textos era el fletamento, el seguro y el préstamo a la gruesa, además de otros contratos marítimos, sus disposiciones, fieles a su origen, se orientaban hacia las relaciones que mantenían los *prohombres* que se dedicaban comercio.

Y así, hasta hace pocas fechas, nuestro Código de comercio de 1885 mantuvo en su Libro III la referencia al comercio marítimo, evidenciando la preferencia de nuestros legisladores por esa denominación. Los proyectos actuales de nuevos Códigos de comercio guardan absoluto silencio sobre la cuestión, relegando el comercio marítimo del comercio codificado, que deviene de esta forma más «tristemente» terrestre que nunca.

Hace unos días la prensa daba noticia de que Cádiz era, una vez más, la primera provincia exportadora de Andalucía[11]. Pese a ello, el papel y la Historia del mar en España, se minimiza (se ridiculiza) en los nuevos textos legales.

Por todo ello, lo que sea o pueda ser el Derecho marítimo es una cuestión condicionada al menos por dos parámetros. *Primero*, las circunstancias del momento en el que se formule la definición: es la consideración del Derecho marítimo, como el Derecho mercantil, como categoría histórica[12]. *Segundo*, la oportunidad de quien formule el concepto, su centro de intereses y atención.

---

10 En efecto, la estatalización del Derecho marítimo quedó consolidada tras el fenómeno codificador del siglo XIX, que a su vez trajo consigo el progresivo distanciamiento de las normas codificadas respecto de la realidad comercial marítima. Así, la fragmentariedad internacional que suponían los diferentes modelos nacionales propició la búsqueda por parte de los profesionales de soluciones uniformes a través de sus propias prácticas contractuales y, más precisamente, mediante el recurso a los contratos o formularios-tipo en los que predominaba el modelo contractual anglosajón. A esa petrificación del Derecho marítimo recogido en los Códigos ya se refirió GARRIGUES (*Curso..., cit.*, pág. 595) señalando al respecto «(D)ecir a la vista de todas estas innovaciones jurídicas que el Derecho marítimo se distingue por su estabilidad, vale tanto como confundir el Derecho vivo del tráfico marítimo con el Derecho inerte de los Códigos. Lo único que es verdad es que el Derecho marítimo codificado no es el que corresponde a los nuevos hechos económicos y técnicos de la moderna navegación: ha quedado muy atrás sesteando a la sombra de las viejas instituciones y solo de un modo tardío y perezoso va el legislador procurando colmar, mediante leyes especiales, el abismo que separa el Código de la realidad».

11 La noticia puede consultarse en el siguiente enlace: https://www.diariodecadiz.es/noticias- provincia-cadiz/Cadiz-lidera-exportaciones-Andalucía.

12 «Que el Derecho mercantil sea una «categoría histórica» significa mucho más que negarle su categoría ontológica, su naturaleza esencial, sustancial o permanente; o que atribuirle su carácter mudadizo, variable, fluido como el río de Heráclito en el que no nos bañamos dos veces. Lo histórico es cambiante, sí, pero es algo más: es algo que tiene su razón de existir y de evolucionar en un conjunto de conocimientos, de convicciones, de creencias, de modos de vida que denominamos cultura, que también cambia a lo largo del tiempo,

Esos dos frentes se complementan necesariamente con dos ideas. Así, la uniformidad internacional del Derecho marítimo, quizás una realidad o quizás una mera aspiración, que supone que lo que sea el Derecho marítimo no puede apreciarse a la luz de una «arbitraria» y parcial legislación nacional, sino que exige su tratamiento desde una perspectiva universal. Además, la atención a la práctica profesional, el «Derecho vivo» que reclamaba el maestro GARRIGUES y que en nuestro caso se expresa en los denominados «formularios», en los modelos contractuales y en el *soft law* que emana de ciertos organismos internacionales (la Cámara de Comercio Internacional, el Comité marítimo Internacional o la propia UNCTAD, entre otros)[13].

La primera directriz de mi director de Tesis fue la de que, más allá de los lazos que nos atan a visiones y concepciones temporales, prestara especial atención a la realidad del momento, a los formularios; a ese *Derecho vivido y viviente,* como lo calificaba el maestro GARRIGUES, que se atiene a las fluctuaciones de la cambiante realidad[14]. Tracé, de este modo, no sólo una técnica de investigación, sino más bien la ruta que había de conducir mi formación.

Los formularios constituyen, pues, la base. A pesar de que responden a un «sistema jurídico» conceptualmente alejado del nuestro, satisfacen las necesidades de los empresarios marítimos en todo el mundo y conforman, de este modo, la cualificada expresión del Derecho vivo, capaz de ofrecer respuestas válidas a las inquietudes que verdaderamente laten en la realidad del tráfico. Nuevamente «asociados» en «hermandades» (BIMCO, GAFTA, FONASBA, FIATA, entre otros), los profesionales del comercio marítimo, como los antiguos mercaderes, regulan sus relaciones a través de contratos a los que los Ordenamientos suelen reconocer primacía sobre sus normas[15].

---

pero que en cada época orienta la conducta humana, porque constituye su base, su fundamento». *Cfr.* OLIVENCIA, M., Prólogo a la obra de PETIT, C., *Historia del Derecho mercantil..., cit.,* p. 13.

13 Piénsese, por citar solo algunos ejemplos, en las ICC Reglas y Usos Uniformes Relativos a los Créditos Documentarios, Revisión de 2007 o en las Reglas UNCTAD/CCI relativas a los Documento de Transporte Multimodal (UNCTAD/ICC *Rules for Multimodal Transport Documents;* ICC Pub. núm. 481), cuya extraordinaria difusión en el tráfico ha permitido dotar a los transportes multimodales de la disciplina uniforme que demandan los operadores del tráfico.

14 *Cfr*. GARRIGUES, *Curso,* II, 1.ª ed., Madrid, 1940, p. 591. En el análisis del régimen consagrado en el Código de comercio en relación con el Derecho marítimo y al contrastarlo con el que de manera *espontánea* crean los propios protagonistas del tráfico por su propia actividad, señalaba el maestro: «el *Código contiene el Derecho vivido y ya muerto, los usos son la fuente inagotable de un Derecho vivido y viviente*».

15 *Cfr*. art. 2.º 1 LNM: «1. La presente ley se aplicará en tanto no se oponga a lo dispuesto en los tratados internacionales vigentes en España y en las normas de la Unión Europea que regulen la misma materia.
De forma supletoria se estará a las leyes y reglamentos complementarios y a los usos y costumbres relativos a la navegación marítima. A falta de todo ello y en cuanto no se

La generalización del empleo de contenedores que tuvo lugar en las últimas décadas del pasado siglo[16] contribuyó de forma significativa a la expansión de los puertos, dotándolos de nuevas funciones que se añaden a las clásicas referidas a la manipulación portuaria. A su vez, la difusión del uso de contenedores constituyó un factor determinante no solo en la expansión de la multimodalidad, como nuevo modelo de ejecución del transporte[17], sino, además, en la aparición de modernas estructuras empresariales de organización del servicio —Operadores de Transporte Multimodal, Operadores logísticos, transitarios[18]—. En este nuevo contexto, los puertos han superado su rol clásico, en cuanto que lugar de entrada y salida de mercancías y de atención al buque, para asumir, además, otras funciones —que exceden al propio transporte— vinculadas a la multimodalidad, la logística, la manipulación portuaria o las cadenas de distribución[19]. Nuevas actividades que reclaman

pudiere recurrir a la analogía se aplicará el Derecho común».

16 El fenómeno de la «contenerización» comenzó en los últimos años de la década de los cincuenta. En 1957, PAN-ATLANTIC STEAMSHIP COMPANY y SEA LAND SERVICE INC. adaptaron los primeros buques del tipo convencional *(Victory)* para este tipo de transporte, remodelando las cubiertas de los buques, reforzando la estructura del casco e instalando sistemas especiales en cubierta. En 1966, SEA LAND estableció un servicio semanal de contenedores para el Atlántico Norte, situándose en aquel tiempo la carga transportada en contenedores entre el 25 % y el 30 % del volumen total de mercancías transportadas a través de servicios de línea regular. Posteriormente, tendría lugar una segunda fase en la revolución del transporte contenerizado que significó el desarrollo pleno de este sistema de transporte y la adaptación de los propios contenedores para poder transportar cada vez mayor número de mercancías diferentes.

17 La denominada *revolución del contenedor* trajo consigo profundas transformaciones en el ámbito del transporte de mercancías, al facilitar el manejo y la agrupación de las cargas, incrementar la velocidad de los desplazamientos —con el consiguiente ahorro de tiempo y dinero y las ventajas reportadas para porteadores y usuarios del transporte— y, en suma, contribuyó decisivamente a facilitar la intermodalidad de los transportes, al menos desde la perspectiva técnica y económica del servicio.

18 En el seno de la referida evolución de la estructura empresarial del transporte, la tradicional especialización de los empresarios de trasporte ha dado paso a un proceso de *superespecialización* conforme a la cual los porteadores —*rectius* OTM— asumen frente a sus clientes la responsabilidad por la completa ejecución del traslado independientemente de las fases por las que discurra el trayecto y de los porteadores efectivos que intervengan en la ejecución del traslado. *Vid.* MARTÍN CASTRO, M. P., *El transporte multimodal: concepto y sujetos*, Cádiz, 2001, pp. 113 y ss.

19 Insistiendo en las nuevas funcionalidades asumidas por los puertos, el Documento elaborado por la UNCTAD, *Port Marketing and the challenge of the third generation port* (TD/B/C.4/AC.7/14), señala: «(M)odern ports are no longer passive points or interface between sea and land transport, used by ships and cargo as the natural point of intermodal interchange. Ports arce also no longer run in isolation. Modern ports play an active role in the world transport system: an active role in the marketing sense, in encouraging ships and cargo to use the ports concerned; an active role in shipping and inland transport interests as part of the through transport chain; and an active role in helping to stimulate trade e.g. the development or free port or Free Trade Zone.
In its new role, an important modern port fulfils a number of functions: it provides an

nuevos negocios en el que la internacionalidad de los operadores y de las operaciones supone obviar, a menudo, las legislaciones nacionales[20].

Con todo ello, muy precipitadamente expuesto, cabe concluir que el Derecho marítimo que nos mostraba el profesor Padilla González, el Derecho de la navegación con el que nos enseñaba los fundamentos de la realidad marítima, nos preparó para el comercio marítimo del siglo XXI. Su ejemplo y sus enseñanzas son los que nos trajeron aquí.

Dedicar al profesor Padilla González esta jornada significa reconocer públicamente el valor de sus enseñanzas, la continuidad de su labor por quienes se consideran sus discípulos y le reconocen como maestro.

Más allá de ello, se encuentran, además, los estrechos lazos personales con Rafael Padilla que, forjados en la Universidad, trascienden a la vida cotidiana. Los ejemplos y los sentimientos, en este ámbito, la intensidad con la que se experimentan, son propios de cada uno.

En lo que a mí respecta tales sentimientos evocan, además de profunda admiración y respeto, el más sincero de los agradecimientos no solo por su permanente compromiso con mi formación científica sino, además, por la confianza que hace ya casi tres décadas depositó en su discípula y que aspiro a no defraudar durante esta larga y, a veces, azarosa travesía que constituye la vida universitaria.

Por todo ello, gracias, Rafael.

---

interface for cargo movement between land and sea; it may act as an entreport storage and transshipment port; and it may be the location of an industrial and commercial export processing zone».

20 Pendón, M. A., «Documentos del transporte marítimo (y "multimodal") en los INCOTERMS 2020. Los puertos como punto de entrega», Ponencia presentada en el VII *Congreso Internacional de Estudios Interdisciplinares Portuarios*, en AA. VV., *Puertos. Historia, evolución de la navegación y su reglamentación*, Dykinson, Madrid, 2023, pp. 32 a 34.

2

EL PAPEL DEL PUERTO DE ALGECIRAS EN EL COMERCIO MARÍTIMO INTERNACIONAL

Gerardo Landaluce Calleja
Presidente de la Autoridad Portuaria Bahía de Algeciras

Intervención de Gerardo Landaluce
22 septiembre 2023

El puerto de la Bahía de Algeciras en el comercio marítimo internacional

EL PUERTO DE LA BAHÍA DE ALGECIRAS EN
EL COMERCIO MARÍTIMO INTERNACIONAL
22 SEPTIEMBRE 2023
Puerto de
Algeciras
uca.
DERECHO
MERCANTIL
uca.
FACULTAD
DERECHO

1

Sostenibilidad cadenas logísticas

Los años posteriores a la pandemia del Covid-19 han sido complicados para el sector marítimo debido a un contexto mundial marcado por conflictos bélicos como la invasión de Ucrania, en Europa; las consecuencias del cambio climático, como la sequía que ya afecta a rutas como la del Canal de Panamá; la tramitación del Pacto Verde Europeo; o en el caso del Estrecho de Gibraltar, sucesos como el accidente del buque *Ever Given*, en 2021 en Canal de Suez, tras el que el Puerto de Algeciras demostró estar preparado para atender los barcos que se dirigen hacia Europa a través del Cabo de Buena Esperanza. Por tanto, hoy las cadenas logísticas y los Puertos, en particular, debemos tener 2 atributos: COMPETITIVIDAD Y RESILIENCIA en un marco de SOSTENIBILIDAD.

SOSTENIBILIDAD CADENAS LOGÍSTICAS

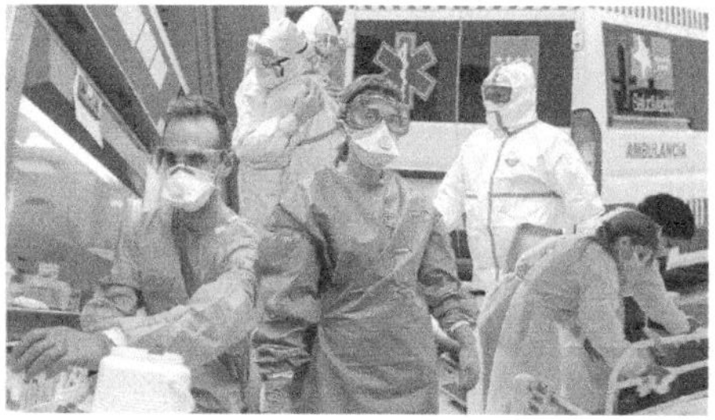

REPORTAJE

Alarma Europa: las terminales "perderán el transbordo"

HOY MAS QUE NUNCA

2

Nodos marítimos globales

El Puerto de Algeciras se encuentra situado en el Estrecho de Gibraltar, uno de los principales nodos marítimos globales junto al Canal de Panamá, Canal de Suez y el Estrecho de Malaca. Lo que le supone estar en la ruta «*round the World*» y poder ofrecer «desviación 0» a los buques que utilizan estas conexiones marítimas mundiales.

NODOS MARÍTIMOS GLOBALES

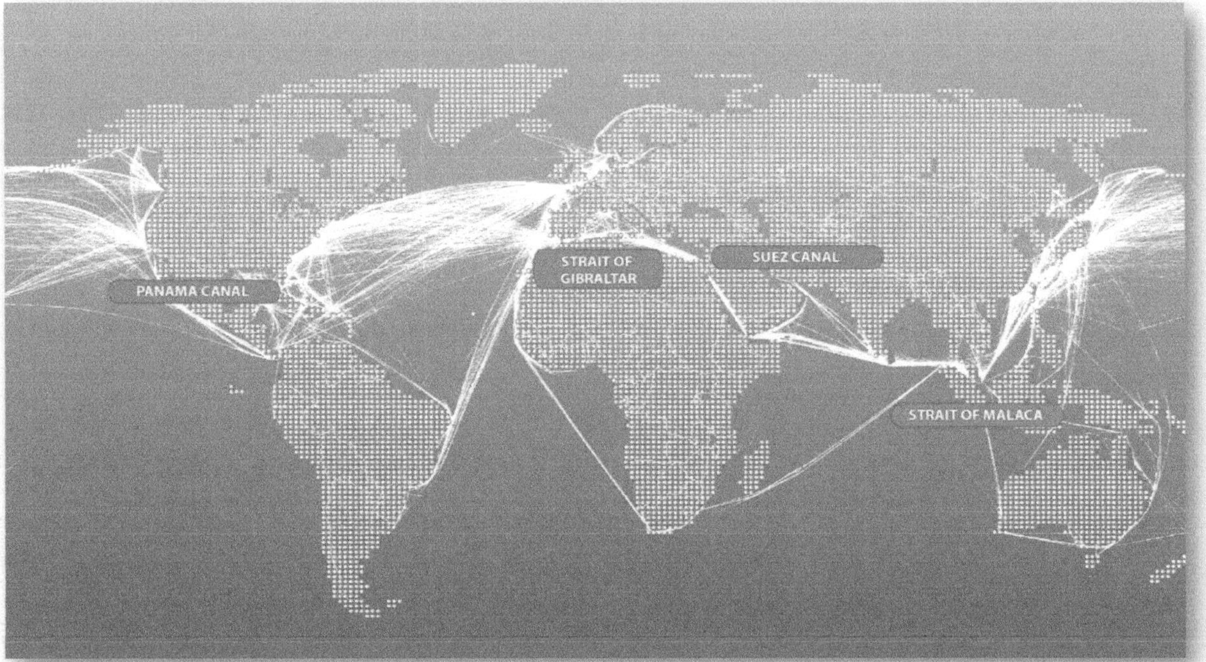

3

Estrecho Gibraltar – Bahía de Algeciras

En concreto, el Estrecho de Gibraltar es la 2.ª ruta marítima mundial con el paso anual de más de 115.000 buques. Situado entre dos continentes, Europa y África, se configura como una zona estratégica para la navegación marítima ya que está incluido en 9 de las 20 principales rutas marítimas globales. Ante esta descripción, no hay dudas de que la geopolítica y la geoeconomía mundial indican claramente y cada vez más que el Puerto de Algeciras es una infraestructura estratégica crítica que necesita una POLÍTICA DE ESTADO, que se traduzca en inversión en ferrocarril, carreteras y viabilidad medioambiental para poder seguir manteniendo sus cifras de actividad.

ESTRECHO DE GIBRALTAR – BAHÍA DE ALGECIRAS

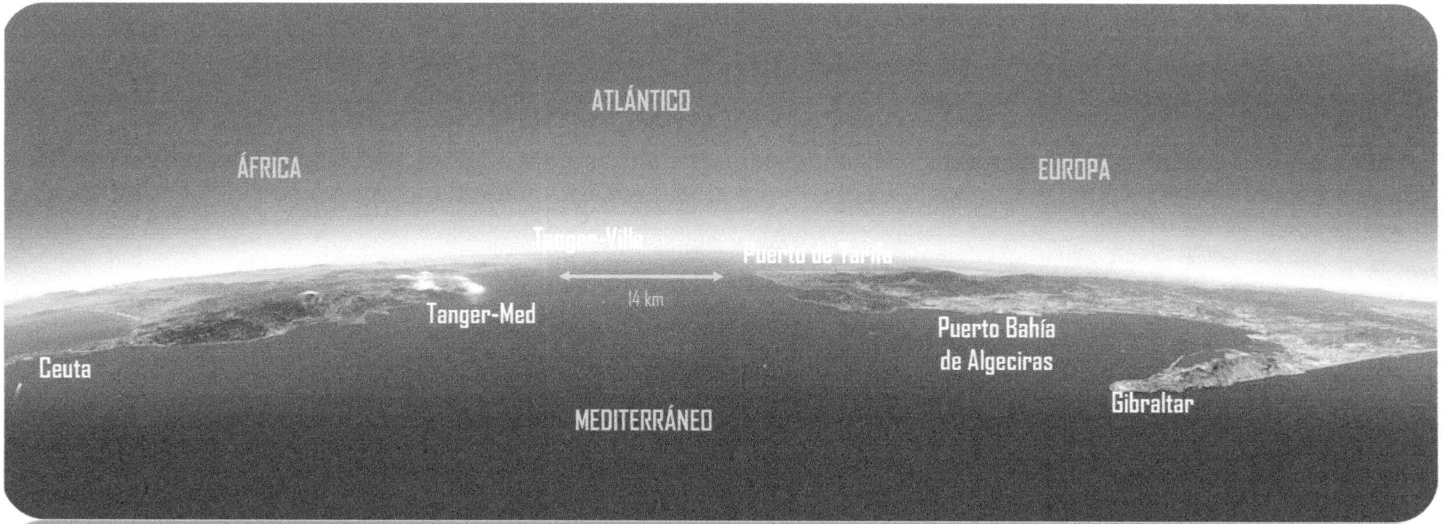

- ZONA ESTRATÉGICA DE NAVEGACIÓN MARÍTIMA – 9/20 PRINCIPALES RUTAS MARÍTIMAS
- 2ª RUTA MARÍTIMA MUNDIAL – MÁS DE 115.000 BUQUES ANUALES
- ESTRECHO DE GIBRALTAR – DESVIACIÓN CERO Y NODO INTERMODAL GLOBAL

4

Drivers - Tendencias del Transporte Marítimo Mundial.

La ubicación se ha convertido en un factor clave en el binomio puerto-naviera; las nuevas generaciones de megabuques sólo realizan escalas en unos pocos puertos, seleccionados principalmente por su ubicación estratégica e infraestructuras, entre ellos el Puerto de Algeciras. Además, estamos ante un escenario de concentración de navieras, mediante alianzas, con una integración cada vez más vertical de la cadena logística, en el que conceptos como «desviación 0» (entre el Canal de Suez y el Estrecho de Gibraltar) cobran mayor importancia para reducir los tiempos de tránsito de las mercancías.

DRIVERS - TENDENCIAS DEL TRANSPORTE MARÍTIMO MUNDIAL

1. GIGANTISMO
2. CONCENTRACIÓN
3. CONSOLIDACIÓN (INTEGRACIÓN VERTICAL)
4. "DESVIACIÓN 0"

5

Gigantismo del sector

Los buques cada vez son más grandes y eso motiva que nos encontremos con una industria a gran escala, pero también exigente e intensiva. Para que los lectores se hagan una idea, los actuales portacontenedores más grandes del mundo —los que llamamos megabuques o *megaships*— miden lo mismo que 4 campos de fútbol y tienen capacidad para transportar hasta más de 24.000 Teus (medida estandarizada para los contenedores de 6 metros), que si los ponemos en fila conectarían la distancia comprendida entre Algeciras y Sevilla.

GIGANTISMO DEL SECTOR

6

Gigantismo del sector

Desde la primera escala de uno de estos gigantes del mar, la del buque *Maersk Mackinney Möller* en noviembre de 2013, el Puerto de Algeciras se ha convertido en puerto de escala habitual de megaships (más de 16.000 teus). Además, continúa invirtiendo en infraestructuras portuarias para dar servicio a la nueva generación de megabuques, capaces de transportar más de 24.000 teus. Como ejemplo de estas operativas, el portacontenedores más grande del mundo, el MSC LORETO, escaló en 2023 por primera vez en el Puerto de Algeciras. Tiene capacidad para más de 24.300 Teus y cuenta con última tecnología para reducir consumo y emisiones. El Puerto de Algeciras cerró 2023 superando por primera vez la cifra de 200 escalas anuales de *megaships*.

GIGANTISMO DEL SECTOR

ALGECIRAS
PUERTO DE ESCALA DE MEGABUQUES

El Puerto de Algeciras continúa invirtiendo en infraestructuras portuarias para dar servicio a la **Futura generación de Megabuques de +24.000 TEUs**

7

Gigantismo del sector

Otro hito importante en este ámbito tuvo lugar en 2020 cuando la naviera HMM nombró «Algeciras» a sus entonces barcos más grandes, serie de megaships que pasó a denominarse «*Algeciras class*». Así, el *HMM Algeciras*, con capacidad superior a 24.000 Teus, es nuestro embajador por los mares del mundo.

GIGANTISMO DEL SECTOR

HMM ALGECIRAS
NUEVO EMBAJADOR

Algeciras Port

+24,000 TEU's

8

Gigantismo del sector

Otra fecha destacada es la del 28 de julio de 2023 cuando recibimos en escala inaugural al buque *One Innovation*, con capacidad para 24.136 Teus, en la terminal de TTI Algeciras. Fue la primera escala de los barcos de este tipo de la naviera asiática dentro del servicio recientemente inaugurado Far East 3, que cubre la ruta entre el Norte de Europa y Asia.

GIGANTISMO DEL SECTOR

ONE INNOVATION
Capacidad: 24.136 TEUS
1ª Escala, 28 de julio 2023

9

Proceso concentración de navieras

En los últimos años hemos asistido a un nuevo escenario de concentración cada vez mayor de navieras del sector a través de alianzas, con el objetivo de unir y compartir recursos, aumentar la cobertura de servicios, con una mínima inversión adicional y una reducción de costes.

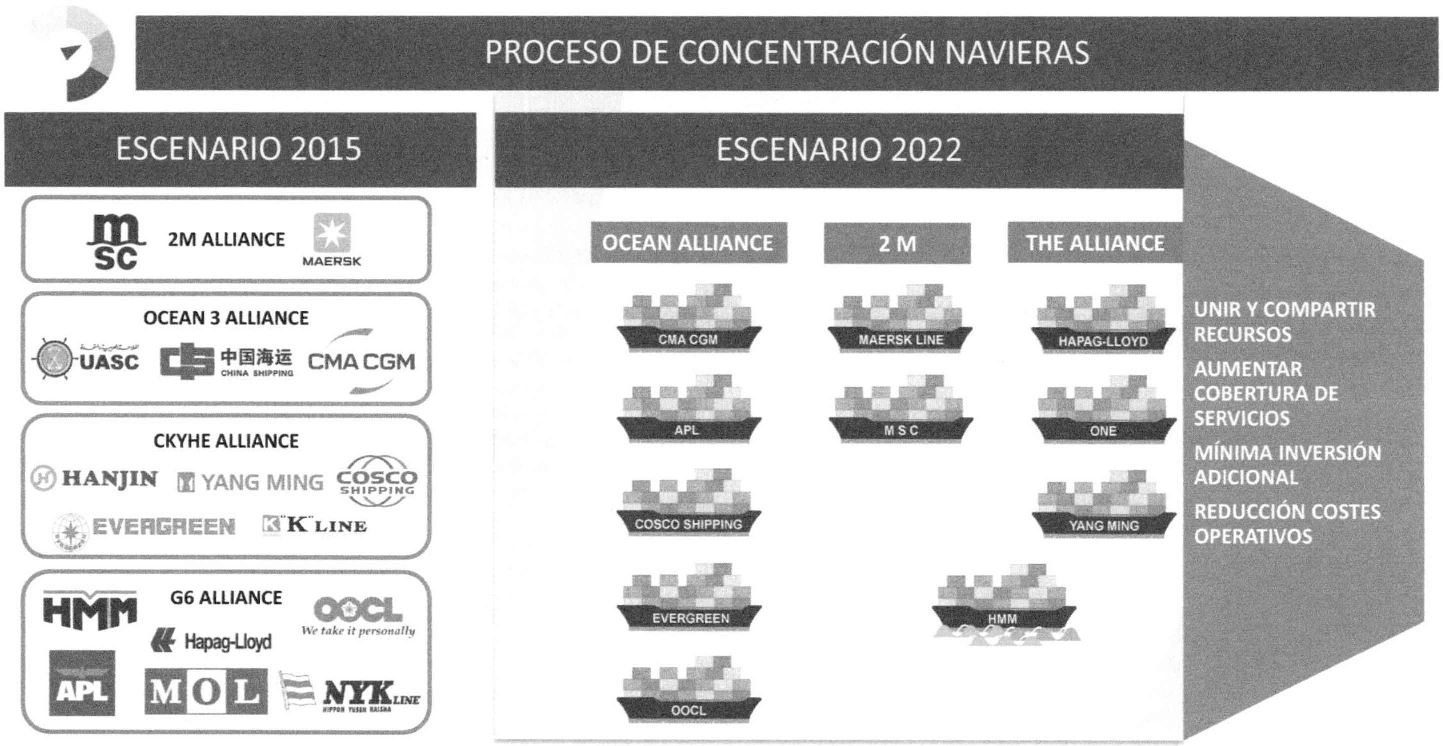

Fuente: ClearFreight.com

10

La Alianza 2M se rompe en el 2025

No obstante, las noticias conocidas en 2023 sobre este escenario de concentración hacen pensar que podamos estar ante el principio de un nuevo modelo. Así, en 2023 las navieras MSC y Maersk anunciaron el fin de la Alianza 2M en 2025. Por otro lado, el 25 de abril de 2024 expirará el CONSORTIA BLOCK EXEMPTION o Reglamento de Exención por categorías para los Consorcios de navieras.

LA ALIANZA 2M SE ROMPE EN EL 2025

MSC y Maersk pondrán fin a la mayor alianza naviera mundial en 2025

El fin del acuerdo para compartir espacio de carga en sus buques permitirá a ambas navieras trazar estrategias de forma individualizada

Fuente: El Mercantil

¿EL PRINCIPIO DEL FIN DE LAS ALIANZAS ENTRE NAVIERAS?

11

Consolidación del sector – Integración vertical

Otra nueva tendencia es la consolidación del sector a través de la integración vertical de la cadena logística. Así vemos cómo los grupos navieros asumen un nuevo rol para optimizar la cadena de suministro. Y lo hacen integrando todo el proceso: tienen sus barcos (la naviera), sus muelles (el operador de la terminal de contenedores) y sus propios operadores logísticos. Es el ejemplo que tenemos en el Puerto de Algeciras con el caso del Grupo AP Möller que cuenta con sus propios barcos a través de la naviera Maersk Line, su terminal de contenedores operada por APM Terminals y su operador logístico a través de Damco.

CONSOLIDACIÓN DEL SECTOR - INTEGRACIÓN VERTICAL

Group	Shipping Activity	Terminal Activity	Logistics
AP Moller	MAERSK LINE	APM TERMINALS	DAMCO (Fully integrated in Maersk Line in 2019)
China Cosco Group	OOCL / COSCO SHIPPING	COSCO SHIPPING 中遠海運港口有限公司 COSCO SHIPPING Ports Limited The Ports For ALL	COSCO SHIPPING Logistics
NYK Group	ONE Merger with MOL and K-Line		Yusen Logistics
MSC	msc	TiL	MEDLOG Rail & Logistics
CMA CGM	CMA CGM	TERMINAL LINK	CEVA LOGISTICS (acquisition completed in April 2019)

© PEMP - Notteboom

Fuente: PEMP - Port Economics Management & Policy

OPTIMIZAR CADENA LOGÍSTICA NAVIERAS

SINCRONIZACIÓN EFICIENTE DE LA CAPACIDAD PORTUARIA CON LA DISTRIBUCIÓN EN EL HINTERLAND

→ **ROL ACTUAL NAVIERAS**

12

Adaptación de la Industria Marítima – Desviación 0

Ante este contexto en el que nos encontramos la industria marítima ha de adaptarse. La ubicación se ha convertido en un factor clave en el binomio puerto-naviera. Las nuevas generaciones de megabuques sólo realizan escalas en unos pocos puertos, seleccionados principalmente por su ubicación estratégica e infraestructuras. Entre ellos destaca en el Mediterráneo y el Sur de Europa, el Puerto de Algeciras, tanto por su ubicación con «desviación 0» de la ruta principal, como por sus infraestructuras capaces de atender a los barcos portacontenedores más grandes del mundo.

ADAPTACIÓN DE LA INDUSTRIA MARÍTIMA - DESVIACIÓN 0

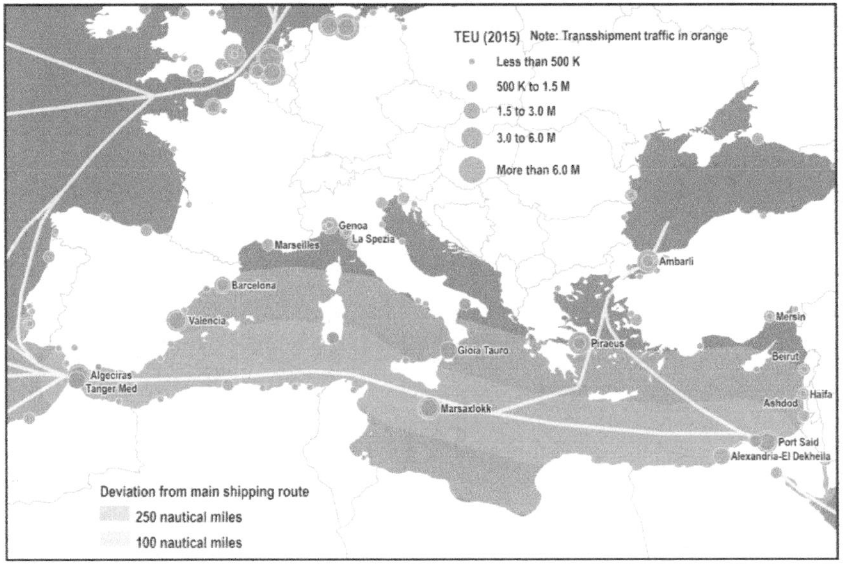

La **ubicación** se ha convertido en un factor clave en el binomio puerto-naviera; las nuevas generaciones de megabuques sólo realizan escalas en unos pocos puertos, seleccionados principalmente por su ubicación estratégica e infraestructuras

13

El Sistema Portuario de Interés General

Para poner en contexto a los lectores, el sistema portuario español está compuesto por 28 autoridades portuarias, que gestionan 46 puertos de interés general bajo el paraguas de Puertos del Estado, que, precisamente en 2023, ha aprobado el nuevo Marco Estratégico del sistema portuario, una guía para la planificación de los puertos españoles de interés general con horizonte en el año 2030.

EL SISTEMA PORTUARIO DE INTERÉS GENERAL

28 Autoridades Portuarias
Puertos del Estado
46 puertos de interés general

Marco Estratégico: 1998/2023

14

Puerto Bahía de Algeciras – 4.º Puerto Europeo

Dentro de ese sistema portuario nacional, el Puerto de Algeciras se alza como el primer puerto español en Tráfico Total de Mercancías, con 107'2 millones de toneladas movidas en 2022. En 2016 superó la barrera de los 100 millones de toneladas y se situó en el Top 4 de los puertos europeos con mayor tráfico de mercancías, sólo superado por los puertos de Róterdam, Amberes y Hamburgo. Los principales tráficos en los que destaca el Puerto de Algeciras son mercancía general contenerizada, con 4'7 millones de Teus (medida estandarizada para los contenedores de 6 metros de longitud); los graneles líquidos, con 27 millones de toneladas, gracias principalmente a los tráficos del Parque Energético de CEPSA; el *bunkering* o suministro de combustible a buques, con 3'8 millones de toneladas, que le llevaron a ser líder del Mediterráneo en 2022; o los tráficos del Estrecho a través de los pasajeros (5'5 millones de viajeros) y el Ro-Ro (464.434 camiones). Toda esta actividad conlleva un impacto económico que se traduce en más de 30.000 puestos de trabajo, suponer el 7 % del Producto Interior Bruto (PIB) de Andalucía y, junto a las empresas del arco de la Bahía de Algeciras, conformar el primer clúster industrial de España.

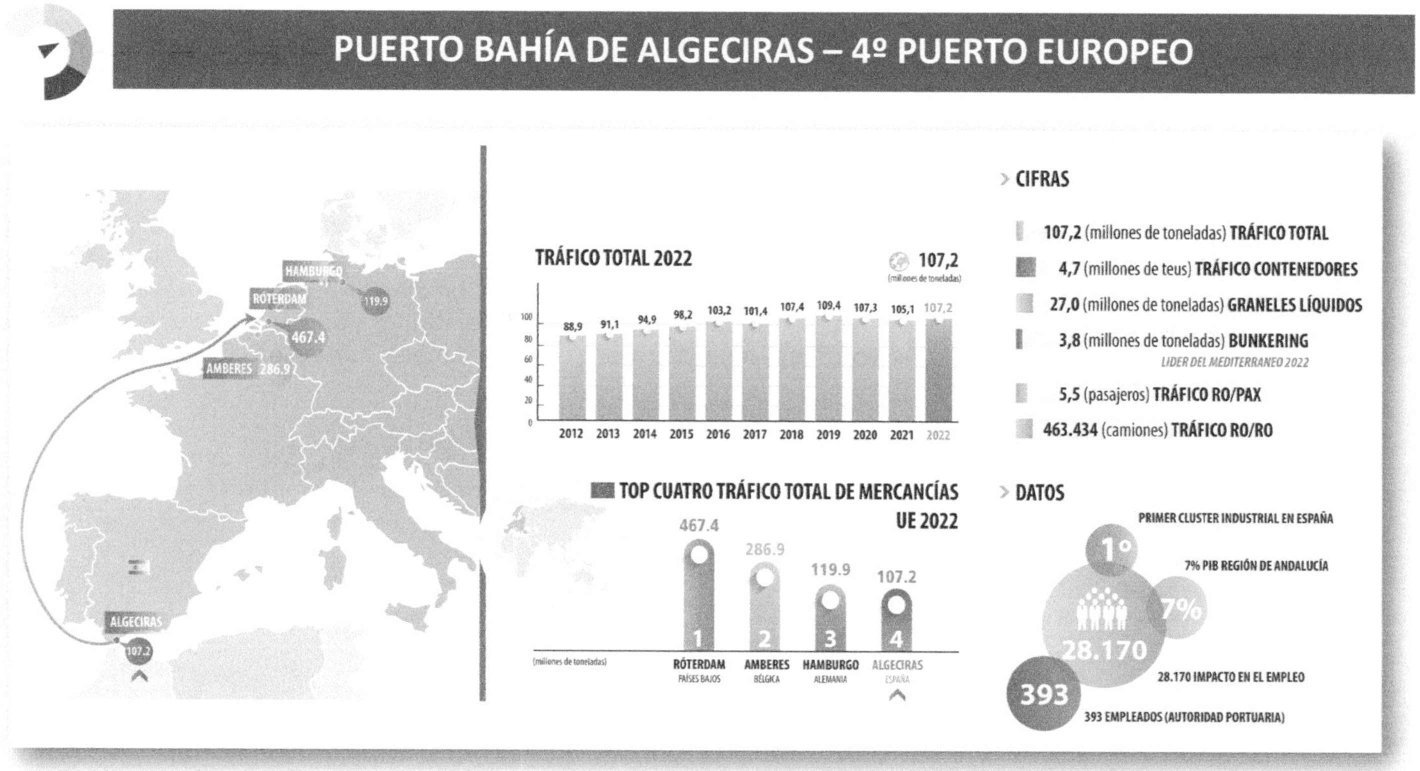
PUERTO BAHÍA DE ALGECIRAS – 4º PUERTO EUROPEO
HAMBURGO
119.9
RÓTERDAM
467.4
AMBERES 286.9
ALGECIRAS
107.2
TRÁFICO TOTAL 2022
107,2
(millones de toneladas)
88,9 91,1 94,9 98,2 103,2 101,4 107,4 109,4 107,3 105,1 107,2
2012 2013 2014 2015 2016 2017 2018 2019 2020 2021 2022
TOP CUATRO TRÁFICO TOTAL DE MERCANCÍAS UE 2022
467.4 286.9 119.9 107.2
(millones de toneladas)
1 RÓTERDAM PAÍSES BAJOS
2 AMBERES BÉLGICA
3 HAMBURGO ALEMANIA
4 ALGECIRAS ESPAÑA
CIFRAS
107,2 (millones de toneladas) TRÁFICO TOTAL
4,7 (millones de teus) TRÁFICO CONTENEDORES
27,0 (millones de toneladas) GRANELES LÍQUIDOS
3,8 (millones de toneladas) BUNKERING
LIDER DEL MEDITERRANEO 2022
5,5 (pasajeros) TRÁFICO RO/PAX
463.434 (camiones) TRÁFICO RO/RO
DATOS
PRIMER CLUSTER INDUSTRIAL EN ESPAÑA
1º
7% PIB REGIÓN DE ANDALUCÍA
7%
28.170
28.170 IMPACTO EN EL EMPLEO
393
393 EMPLEADOS (AUTORIDAD PORTUARIA)

15

Conectividad Marítima Global

El papel del Puerto de Algeciras es clave para canalizar los intercambios en las cadenas logística globales y regionales. En este sentido, una de las principales bazas del Puerto de Algeciras es la amplia conectividad marítima global que ofrece. Cuenta con conexión directa con más de 200 puertos en 70 países gracias a 142 servicios regulares que ofrecen 21 navieras de contenedores. Destaca además que los principales grupos navieros no sólo operan en el Puerto de Algeciras, sino que cuentan con inversión directa en el puerto andaluz.

CONECTIVIDAD MARÍTIMA GLOBAL

21 navieras de contenedores **142** servicios regulares **200** puertos **70** países

Alianzas grupos navieros

2M ALLIANCE
OCEAN ALLIANCE
THE ALLIANCE

↓

Inversión directa en Algeciras

MAERSK · CMA CGM · MSC · ONE · COSCO SHIPPING 中远海运集运(西班牙)有限公司 COSCO SHIPPING Lines (Spain) S.A. · CONTAINERSHIPS · ARKAS Line

EVERGREEN LINE · GSLINES · HAMBURG SÜD · Hapag-Lloyd · HMM · MARGUISA

APL · OOCL · SEALAND · TURKON LINE · YANG MING · X-PRESS FEEDERS · ZIM

16

Impulso a la Intermodalidad: Ramal Central

La conectividad marítima es fundamental para el futuro de los puertos, pero también lo es la conectividad terrestre, tanto por carretera como por ferrocarril. Necesitamos puertos bien conectados con las áreas de distribución para dar respuesta no sólo a las necesidades del mercado, sino también para ser más sostenibles con nuestro entorno. La Unión Europea es consciente de ello y trabaja para el desarrollo de una Red Transeuropea de Transporte que conecte a los principales nodos logísticos y portuarios entre sí. Por nuestra parte, desde Algeciras seguiremos reivindicando una mejora de nuestras conexiones precisamente por ser el kilómetro 0 de dos de los 9 corredores ferroviarios prioritarios establecidos por la UE a través del Ramal Central de los Corredores ferroviarios Atlántico y Mediterráneo. El enlace ferroviario al Puerto de la Bahía de Algeciras a través de la línea ferroviaria Algeciras-Bobadilla-Madrid es doblemente prioritario para la Red Transeuropea de Transporte de la Comisión Europea y el Parlamento de la UE (UE n.° 1316/2013).

IMPULSO A LA INTERMODALIDAD: RAMAL CENTRAL

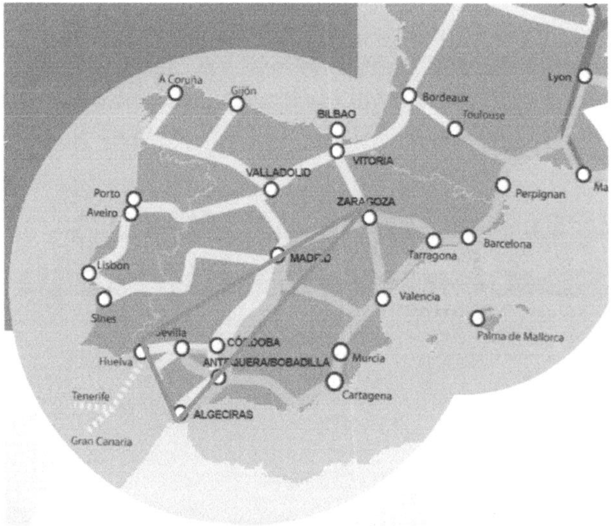

RAMAL CENTRAL DE LOS CORREDORES
FERROVIARIOS ATLÁNTICO Y MEDITERRÁNEO DE LA PENÍNSULA

Algeciras como "core port" (**puerto principal de los corredores del Mediterráneo y el Atlántico**) es el único puerto español donde nacen dos de los nueve corredores prioritarios de la UE.

El **enlace ferroviario al Puerto de la Bahía de Algeciras** a través de la línea ferroviaria Algeciras-Bobadilla-Madrid ha sido declarado una **doble prioridad** por la Comisión Europea y el Parlamento de la UE (UE Nº 1316/2013)

17

Actuaciones y mejoras del Ramal Central Corredor Mediterráneo y Atlántico

El principal escollo de la conexión ferroviaria Algeciras-Bobadilla es que es una línea convencional, sin electrificar, con un trazado que discurre por zonas de altas pendientes. Desde la APBA (Autoridad Portuaria Bahía de Algeciras) consideramos que es necesario acelerar el ritmo para ejecutar la modernización de este tramo para ofertar una conexión ferroviaria competitiva tanto para las mercancías como para los pasajeros que utilizan el Puerto de Algeciras.

ACTUACIONES Y MEJORAS DEL RAMAL CENTRAL
CORREDOR MEDITERRÁNEO Y ATLÁNTICO
European Commission
MEDITERRANEAN RAIL FREIGHT CORRIDOR
ATLANTIC CORRIDOR
Francia
Mar Cantábrico
Irún
Alsasua
Vitoria
Noain
Zaragoza
Figueras
Barcelona
ESPAÑA
Portugal
Madrid
Córdoba
Bobadilla
Algeciras
Océano Atlántico
Mar Mediterráneo
Argelia
Marruecos
Puerto Bahía de Algeciras
Autoridad Portuaria de la Bahía de Algeciras
TERMINAL FERROVIARIA DE ISLA VERDE EXTERIOR
Km. 0
del "Proyecto 3. Corredor Mediterráneo" de la Red Transeuropea de Transportes
Algeciras, julio de 2012
adif
Algeciras Port

18

Estrecho de Gibraltar – Epicentro cadena regional de valor

Como ya hemos comentado, el Estrecho de Gibraltar se configura como un lugar único en el mundo en el que confluyen dos continentes (Europa y África) y dos mares (océano Atlántico y Mar Mediterráneo). Ya hemos hablado de la importancia de los tráficos Este-Oeste, pero no hay que olvidar destacar el volumen cada vez mayor que representa el tráfico Norte-Sur con un Norte de Marruecos cada vez más desarrollado e industrializado. 5 compañías navieras unen ambas orillas del Estrecho a través de las líneas marítimas Algeciras-Ceuta, Algeciras-Tánger Med y Tarifa-Tánger Ciudad, con una media de 23 rotaciones diarias, que en el periodo de la Operación Paso del Estrecho (OPE) pasa a más de 30 rotaciones de buques al día al servicio tanto del tráfico de pasajeros y sus vehículos, como para la mercancía a través del tráfico de camiones.

ESTRECHO DE GIBRALTAR - EPICENTRO CADENA REGIONAL DE VALOR

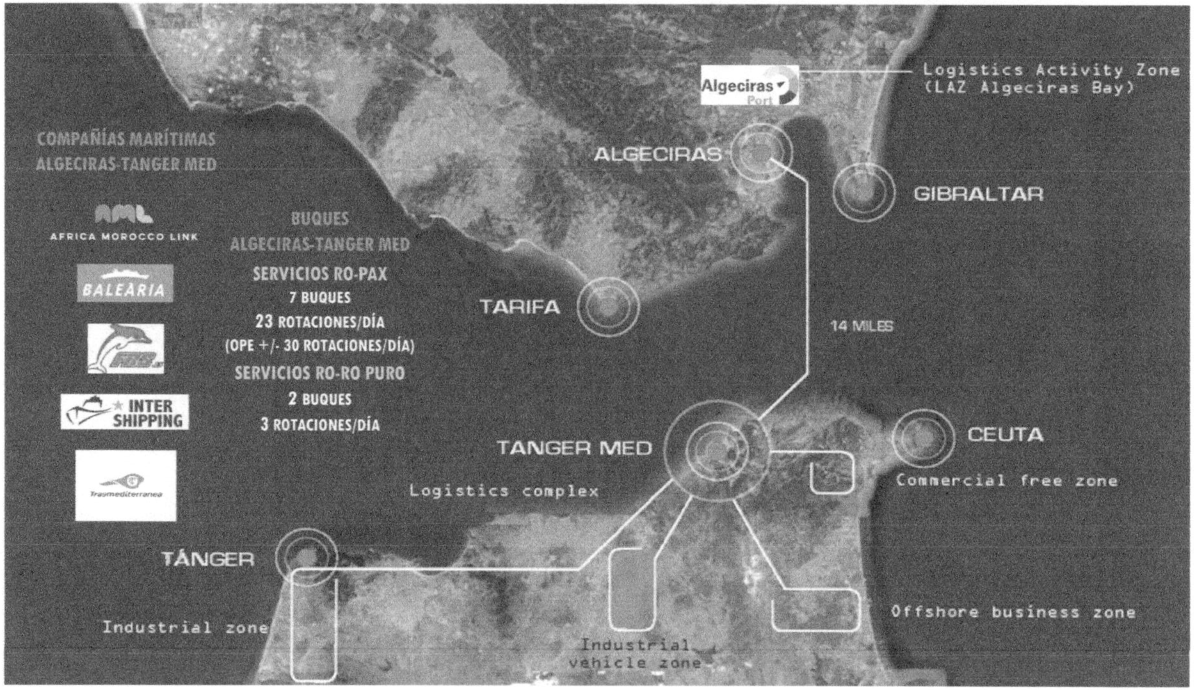

19

Evolución tráfico Ro-Ro y Ro-Pax: Algeciras-Tánger Med

En el caso del tráfico de camiones, como puede verse en la gráfica, la evolución en los últimos años es ascendente, con un crecimiento de más de un 187'9 % entre el periodo 2010-2022 para los camiones y un 9'9 % para los semirremolques. Y la previsión es que esa cifra se duplique de aquí a 2030, con una estimación de más de 800.000 camiones. España es el primer socio comercial de Marruecos, posición de liderazgo que ha ido reforzando en los últimos años, según datos de la Oficina de Estadística de la Unión Europea Eurostat, que apunta que España es origen del 38 % de las exportaciones de la UE hacia Marruecos y destino de un 40 % de las importaciones.

EVOLUCION TRAFICO RO-RO y RO-PAX : ALGECIRAS–TANGER MED

Tanger Med – Algeciras

La única línea roro entre España y Marruecos durante la pandemia

Evolución 2010-2022

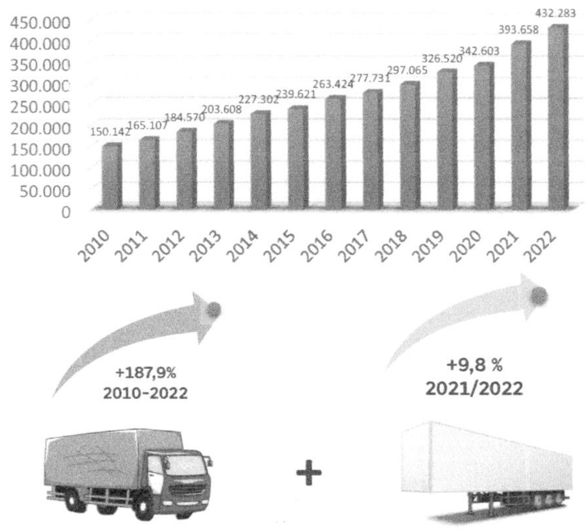

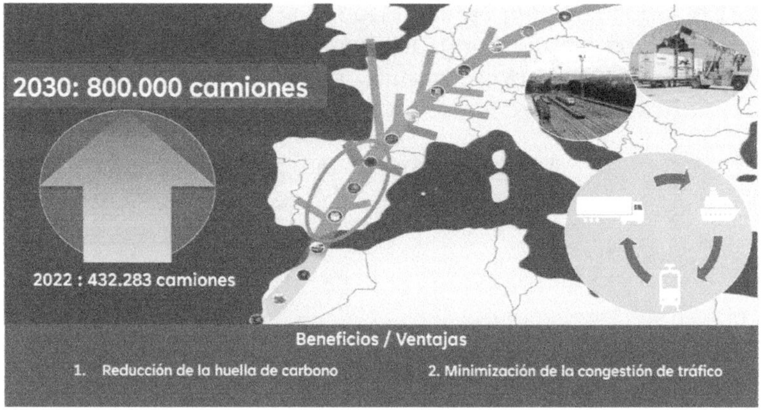

20

Nueva Política Europea de Vecindad

Por tanto, el Puerto de Algeciras juega un papel muy importante en la nueva Política Europea de Vecindad, que apuesta por un refuerzo de las relaciones comerciales y de inversión con la vecindad Sur y África, constituyendo mercados de crecimiento y de producción, así como una fuerte clave para la importación de bienes y servicios y de integración de la cadena de valor.

NUEVA POLÍTICA EUROPEA DE VECINDAD

Revisión de la política comercial y de inversiones por iniciativa de la Comisión Europea:

- "**Europe's moment**: Repair and prepare for the next generation"
- "**Refuerzo de las relaciones comerciales y de inversión con la vecindad sur y África**, constituyendo mercados de crecimiento y de producción, así como una fuerte clave para la importación de bienes y servicios y de integración de la cadena de valor"

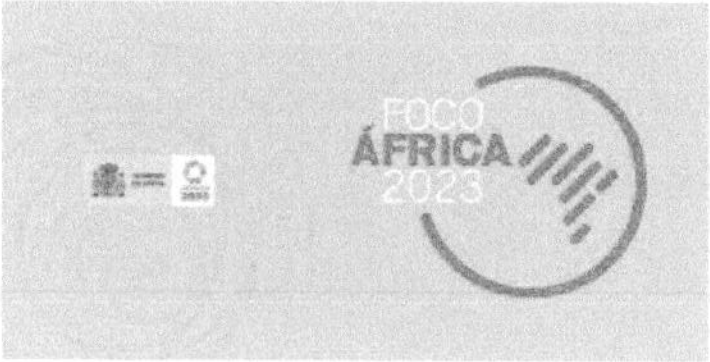

21

Estrategia Plan Hércules

Con el objetivo de atender esta evolución ascendente de los tráficos en el Estrecho, el Puerto de Algeciras está ejecutando el denominado Plan Hércules, que supone una inversión de más de 200 millones de euros, para integrar la cadena de valor regional en línea con esta nueva política comercial de la UE para reforzar los lazos con la vecindad Sur. Este Plan contempla actuaciones como la ampliación de capacidad de la Terminal de Tráfico Pesado, la ampliación del Puesto de Control Fronterizo o la trazabilidad completa de la mercancía.

ESTRATEGIA PLAN HÉRCULES

APBA

Plan Hércules: los siete objetivos a medio plazo del Puerto de Algeciras

- Gerardo Landaluce pone el acento en la necesidad de reforzar la cadena logística en el entorno de los muelles, con Marruecos y el resto de España
- "La competencia internacional es fuerte, nadie baja la guardia", subraya el presidente de la APBA

1. TRAZABILIDAD DE LA MERCANCÍA EN EL PUENTE MARÍTIMO TÁNGER MED - ALGECIRAS

2. MUELLE ISLA VERDE INTERIOR

3. CONSTRUCCIÓN 2ª TERMINAL TRÁFICO PESADO

4. LOCALIZACIÓN DE NUEVOS ESPACIOS DE GESTIÓN Y SERVICIOS

5. PUESTO DE INSPECCIÓN FRONTERIZA; DOTACIÓN Y DIGITALIZACIÓN

6. ÁREA INTERMODAL SAN ROQUE - ALBA 2

7. IMPULSO FERROVIARIO; INFRAESTRUCTURA Y PROYECTOS

22

Estrategia de Transformación Digital del Puerto Bahía de Algeciras

Por otro lado, otra de nuestras líneas estratégicas es la apuesta del Puerto de Algeciras por la Innovación. Estamos inmersos en un proceso de transformación digital que implica a toda la cadena logística. Ante el reto de aplicar la innovación en todos los procesos, asumimos un rol proactivo como orquestador y coordinador de las operaciones, como facilitadores del negocio para todos los actores implicados.

ESTRATEGIA DE TRANSFORMACIÓN DIGITAL DEL PUERTO BAHÍA DE ALGECIRAS
PROCESOS LOGÍSTICOS ALTAMENTE COMPLEJOS
+ ROL PROACTIVO COMO ORQUESTADOR Y COORDINADOR DE OPERACIONES
FACILITADOR DE NEGOCIO

23

Estrategia de Transformación Digital del Puerto Bahía de Algeciras

Uno de nuestros proyectos destacados en este sentido es el futuro Centro de Coordinación de Procesos (CCP), que permitirá aglutinar bajo un mismo techo los servicios que garantizan la explotación portuaria las 24 horas al día. Este edificio integrará una torre de control digital donde orquestar toda la actividad portuaria gracias a herramientas como el *Port Operations Mangament System* (PMS) o *Port Community System* (PCS).

ESTRATEGIA DE TRANSFORMACIÓN DIGITAL DEL PUERTO BAHÍA DE ALGECIRAS

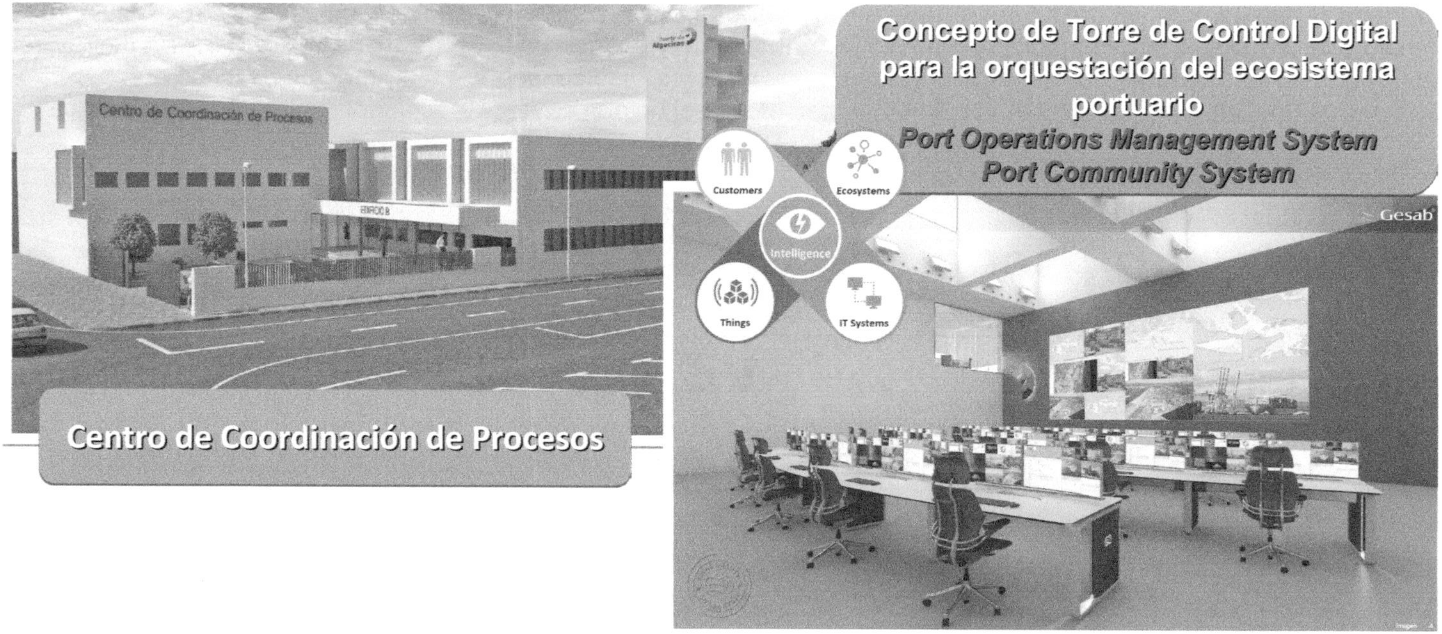

24

Sistema de Gestión de Operaciones Portuarias (PMS)

La herramienta *Port Management System* es uno de los proyectos tecnológicos más ambiciones llevado a cabo por la APBA, que consiste en coordinar a todos los actores de las operaciones portuarias bajo el paraguas de una única herramienta de control, lo que permite una gestión más eficiente y eficaz, y que facilita captar y analizar la información de cara a futuras planificaciones. El PMS gestiona información en tiempo real sobre las escalas de los buques, las maniobras, atraques u operaciones de suministro entre otras. En resumen, toda la operativa de un buque desde que va a escalar en el Puerto de Algeciras hasta que se marcha.

SISTEMA DE GESTIÓN DE OPERACIONES PORTUARIAS (PMS)
➢ Servicios portuarios solicitados
➢ Recursos verificados, priorizados y programados
➢ Eventos automatizados en tiempo real y capturados
ARRIVE AT PILOT STATION
PILOT ON BOARD-ARRIVE
FIRST LINE ON BOLLARD
ALL FAST
PILOT ON BOARD DEPARTURE
LAST LINE
PILOT OFF
RT INFO
OPERACIONES DE CARGA
LLEGADA
SALIDA

25

Banco Mundial: Algeciras entre los 10 puertos de contenedores más eficientes del mundo

Y todo este trabajo de orquestadores de la operativa portuaria a través de la innovación se traduce en una mejora de la eficiencia del trabajo que desarrollamos en el Puerto de Algeciras. Así lo reconoce el propio Banco Mundial en el ranking de eficiencia entre los puertos de contenedores del mundo, en el que el Puerto de Algeciras ocupa la décima posición mundial y el primer puesto en Europa. En este aspecto hay que destacar la importancia del transporte marítimo como eje vertebrador del comercio internacional, ya que el 80 % de los intercambios comerciales del mundo se realizan por vía marítima. De ahí la necesidad de que los puertos estén integrados en las cadenas logísticas de principio a fin *(end-to-end)* y sean aceleradores del tránsito de mercancías.

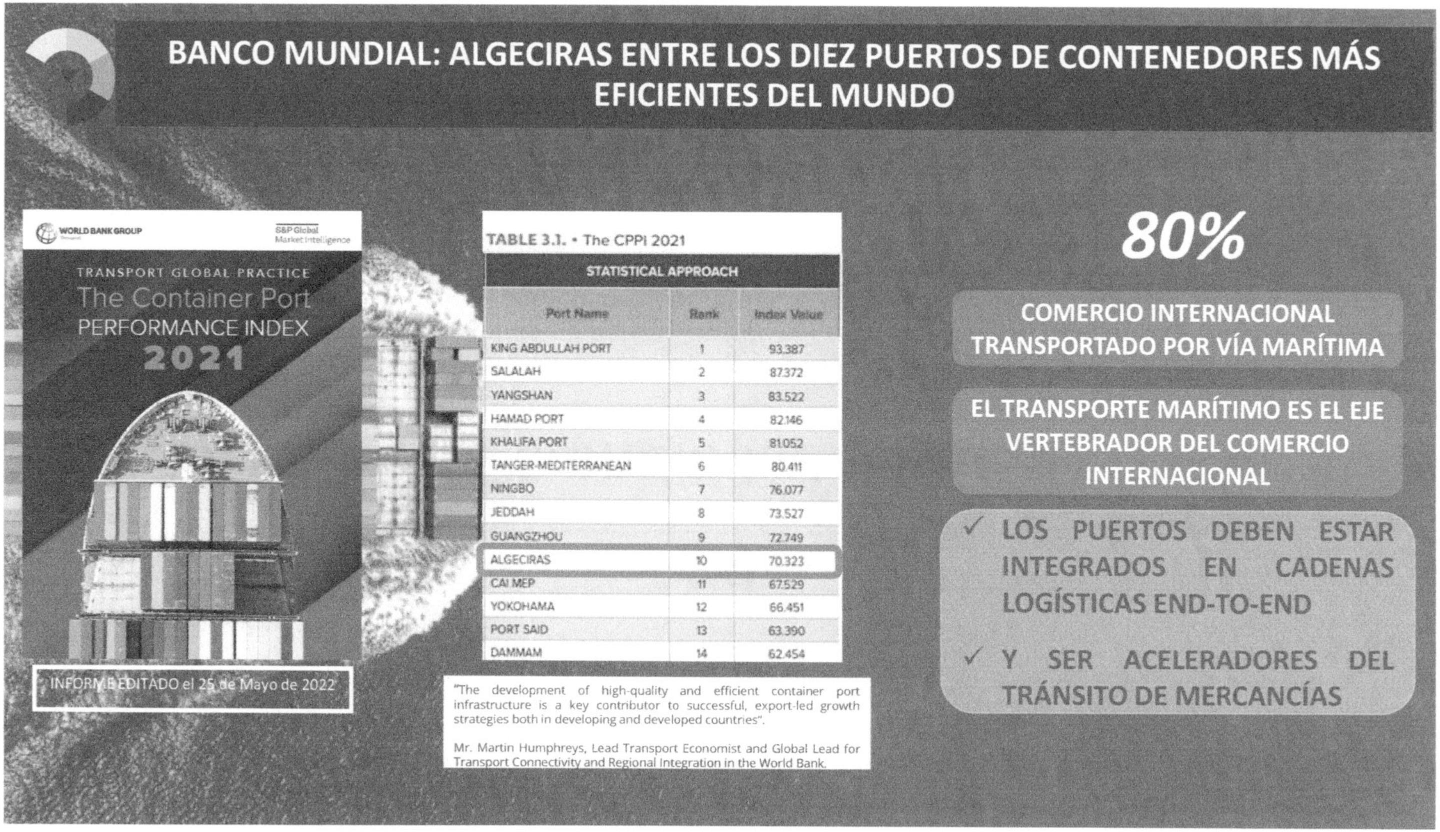

STATISTICAL APPROACH		
Port Name	Rank	Index Value
KING ABDULLAH PORT	1	93.387
SALALAH	2	87.372
YANGSHAN	3	83.522
HAMAD PORT	4	82.146
KHALIFA PORT	5	81.052
TANGER-MEDITERRANEAN	6	80.411
NINGBO	7	76.077
JEDDAH	8	73.527
GUANGZHOU	9	72.749
ALGECIRAS	10	70.323
CAI MEP	11	67.529
YOKOHAMA	12	66.451
PORT SAID	13	63.390
DAMMAM	14	62.454

26

Sistema de Comunidad Portuaria (PCS)

En el ámbito de la innovación, otra herramienta estratégica con la que cuenta el Puerto de Algeciras es la denominada Port Community System (PCS) que ha pasado de ser la Ventanilla Única Local para los procesos logísticos portuarios, a ser un servicio de valor añadido que permite el intercambio de información entre administración y empresas, tanto en lo relacionado con los servicios al buque como al tráfico pesado.

SISTEMA DE COMUNIDAD PORTUARIA (PCS)

TELEPORT

Servicios al buque

- Servicio Gestión Escala
- Servicio Mercancías Peligrosas
- Servicio Suministro de Agua
- Servicio Avituallamiento/Aprovisionamiento
- Servicio Recepción Desechos
- Servicio Reparación
- Servicio Suministro Combustible Vía Terrestre
- Servicio Suministro Combustible Vía Marítima
- Servicio Localización de Buques en Puerto

Servicios al tráfico pesado

- Servicio de Trazabilidad, Estadísticas e Informes
- Servicio para Vehículos Autorizados
- Servicio de Notificación de Entrada Vía Terrestre
- Servicio de Notificación de Entrada Vía Marítima
- Servicio de Comunicación de Listas de Carga
- Servicio de Turnos de Escáner
- Servicio de Alertas
- Servicio de TDA

La Autoridad Portuaria de la Bahía de Algeciras considera que el Sistema de Comunidad Portuaria es una **HERRAMIENTA ESTRATÉGICA** para toda la Comunidad Portuaria:

Por tanto, se ha producido una evolución hacia una plataforma más potente y eficiente desde el punto de vista logístico.

27

Todos los actores trabajando en equipo

El objetivo final de todas estas actuaciones es ser un Puerto de Última Generación y consolidar Algeciras como un hub de innovación en el ámbito de la logística portuaria, que facilite que todos los actores portuarios trabajen en equipo, ofreciendo una mayor transparencia, minimizando tiempos de espera y, en consecuencia, reduciendo las emisiones de CO_2. En definitiva, nuestro propósito es un Puerto Inteligente, Sincromodal y Sostenible.

TODOS LOS ACTORES PORTUARIOS TRABAJANDO EN EQUIPO
Minimizan los tiempos de espera
Mayor Transparencia
Reducción de emisiones de CO_2
Inteligente + Sincromodal + Sostenible

28

Dimensión ambiental

Dentro de nuestro modelo de gestión estratégico, además de la dimensión económica y social, recibe una muy destacada atención la dimensión ambiental. Nuestras actuaciones en este aspecto están englobadas bajo el paraguas de la «Estrategia Verde del Puerto de Algeciras».

Modelo de desarrollo estratégico (dimensiones)
ECONÓMICA (actividades)
AMBIENTAL (entorno)
SOCIAL (institucional)
DIMENSIÓN AMBIENTAL

29

Plan de actuación

La Estrategia Verde de la Autoridad Portuaria recoge los 12 compromisos de sostenibilidad ambiental, social y económico que queremos hacer extensivos a toda la comunidad portuaria y que recoge desde la lucha contra el cambio climático hasta la reducción de desigualdades. A finales de 2022, AENOR certificó la Estrategia Verde de la APBA conforme a su contribución a los Objetivos de Desarrollo Sostenible (ODS) de la Agenda 2030 de la ONU. La APBA es así la primera autoridad portuaria del sistema estatal en obtener la certificación de su estrategia de desarrollo sostenible.

Plan de Actuación
Múltiples proyectos
Puerto de Algeciras
Estrategia Verde
Comprometidos con el Verde
COMPROMISOS DE SOSTENIBILIDAD
Estrategia Verde APBA
Sistema de monitorización de la calidad del aire
Vigilancia del medio ambiente
Proyectos Integración Puerto-Ciudad "Lago Marítimo"
Publicación Declaración ambiental anual
Plan de igualdad Proyectos Puerto - Comarca Conoce tu Puerto
Incorporación de criterios ambientales en la toma de decisiones del puerto
Elaboración del Mapa de Ruidos y su Plan de Acción
Transición energética a combustibles menos nocivos (GNL H2)
Eliminación de residuos y vertidos marinos
Protección y recuperación paisajística
Renovación de la infraestructura del alumbrado y control lumínico
Implantación de una Red Inteligente de Medida del Consumo de Energía Eléctrica
Instalación de puntos de recarga de vehículos eléctricos
Cálculo, reducción y registro de la Huella de Carbono
Lucha contra especies invasoras
Alga Rugulopteryx okamurae
Gestión y uso responsable de recursos: Residuos
Campaña de reducción de plásticos de un solo uso
Mejora del control sobre la actividad de los operadores y otros agentes
Descarbonización de los puertos. Electrificación de los muelles (OPS)
Preservación de la biodiversidad marina y conservación de ecosistemas
CS APBA
AUTORIDAD PORTUARIA DE LA BAHÍA DE ALGECIRAS

30

Líneas de actuación OPS

Una de estas líneas de actuación de esta Estrategia Verde es reducir las emisiones de los buques cuando están atracados. Por ello, seguimos avanzando en los proyectos para dotar de conexión eléctrica los muelles de Tarifa y Algeciras. La APBA invierte más de 30 millones de euros, con financiación de los Fondos MRR, para desplegar OPS (Onshore Power supply) en los muelles de Algeciras y Tarifa, con el objetivo de empezar a ofertar conexión eléctrica a los ferries del Estrecho a partir de 2025 y extenderlo paulatinamente al resto de muelles. A partir de 2030 el suministro eléctrico a buques será obligatorio en Europa. En la última década, la APBA ha invertido 40 millones de euros para disponer de suficiente potencia eléctrica y seguridad en el suministro, con la conexión de la subestación Isla Verde con la de Cañuelo.

Líneas de actuación OPS
PROYECTO ALGECIRAS
PROYECTO TARIFA
Proyecto extensión RdD e instalación OPS atraques 7 y 8 Ceuta.
Proyecto OPS atraque 6 Ceuta y 0-5 Tánger
Proyecto OPS Isla Verde Interior
OPERADOR interesado explotar 6-Ceuta (Balearia) / Ro-ro Ppe. Felipe (FRS)
Proyecto OPS Ppe. Felipe y Dique Norte
E. Energía está en conversaciones con TTIA y también con APM.
RED 50 Hz – MEDIA TENSIÓN
RED 50 Hz – BAJA TENSIÓN
RED 60 Hz – MEDIA TENSIÓN
DEMANDA 60 Hz. 11 – 6,6 kV
18 MVA.
DEMANDA 50 Hz. 6,6 – 0,4 kV
17 MVA.
INVERSIÓN
30,75 M€

31

Valle Andaluz del Hidrógeno Verde

En junio de 2023 el Puerto de Algeciras acogió la firma de acuerdos de CEPSA y las compañías Yara y Gasunie para impulsar el corredor marítimo de hidrógeno verde entre los puertos de Algeciras y Róterdam. El acto contó con el apoyo de los reyes de España y Holanda, Felipe VI y Guillermo Alejandro. El Valle Andaluz del Hidrógeno que lidera CEPSA es uno de los proyectos de hidrógeno verde más ambiciosos de Europa. La compañía prevé construir una nueva planta de amoniaco verde en su Parque Energético de San Roque. Supondrá una inversión de 1.000 millones de euros y la creación de 3.300 puestos de trabajo.

VALLE ANDALUZ DEL HIDRÓGENO VERDE

PEDRO SÁNCHEZ, JUANMA MORENO Y LOS ALCALDES AVALAN LA INICIATIVA ▸6-7

Cepsa aborda en San Roque y Palos el mayor plan industrial de Andalucía

● La compañía destinará 3.000 millones a dos plantas de hidrógeno verde y 2.000 a la producción de electricidad limpia

Años 2026 y 2027 Puesta en marcha de los proyectos

32

Dimensión Social

Uno de los ejes en los que desde la APBA le estamos poniendo mayor empeño es en la dimensión social de nuestras actuaciones. Esto se traduce en un compromiso con nuestro entorno más cercano a través de las actuaciones puerto-ciudad y la creación de empleo.

Modelo de desarrollo estratégico (dimensiones)

DIMENSIÓN SOCIAL

33

Actuaciones Puerto-Ciudad. Fuerte Isla Verde (3.ª Fase)

A finales de 2023 comenzaron las obras de la 3.ª y última fase de la recuperación del Fuerte de Isla Verde. La UTE adjudicataria (Sardalla española y Actua Infraestructuras S.L.) ya realiza los primeros trabajos en el recinto amurallado. El objetivo es que abra sus puertas al público en 2025, tras una inversión de 2'3 millones de euros para culminar la recuperación de este monumento del siglo XVIII. La recuperación del Fuerte forma parte del Plan de Conservación y Puesta en valor del Patrimonio Histórico de la APBA. El Fuerte de Isla Verde es un Bien de Interés Cultural (BIC) y está integrado en el Catálogo General de Patrimonio Histórico Andaluz de la Junta de Andalucía.

ACTUACIONES PUERTO-CIUDAD. FUERTE ISLA VERDE (3ª FASE)

34

Actuaciones Puerto-Ciudad. Faro de Tarifa

A principios de 2022 la APBA entregó las llaves al ayuntamiento de Tarifa del que sería el Centro de Interpretación de la Isla de las Palomas, que fue inaugurado tras la profunda rehabilitación llevada a cabo por la APBA en el edificio anexo al Faro de la Isla. Los trabajos de rehabilitación que realizamos al edificio contaron con la financiación del programa 2 % Cultural del Ministerio de Transportes, Movilidad y Agenda Urbana para la conservación del Patrimonio Histórico Español. La rehabilitación ha permitido recuperar la imagen original y unitaria de su fachada.

ACTUACIONES PUERTO-CIUDAD. FARO DE TARIFA

35

Actuaciones Puerto-Ciudad. Proyecto Lago Marítimo Algeciras

El proyecto del Lago Marítimo transformará el frente Norte del Llano Amarillo. Se trata de una de las principales actuaciones puerto ciudad en Algeciras y fue gestado en febrero de 2020 con la firma del protocolo entre la APBA, Junta de Andalucía y Ayuntamiento de Algeciras.

ACTUACIONES PUERTO CIUDAD. PROYECTO LAGO MARÍTIMO ALGECIRAS

36

Actuaciones Puerto-Ciudad. Proyecto Lago Marítimo Algeciras

Dentro de las iniciativas de transformación la fachada marítima de Algeciras, el proyecto del Lago Marítimo copa toda la atención, y es un proyecto no solo de acondicionamiento urbanístico, «de poner las cosas bonitas», sino también de solucionar problemas medioambientales desde el punto de vista de la sostenibilidad, asociado especialmente a la parte de agua limpia, que es vital. Además, pretendemos también desarrollar un entorno no solo de esparcimiento para el ciudadano (deporte, paseo) sino crear valor añadido con una apuesta decidida por la innovación, la digitalización y las nuevas tecnologías. En esa línea surge el proyecto que impulsa el Centro de Innovación de UCA SEA, de la Universidad de Cádiz y la Universidad Europea de los Mares, al que se unirán el Museo Portuario y el futuro Port Center que impulsamos desde la APBA. Es decir, no se trata de un Palacio de Congreso porque será algo más acotado, pero sí un lugar emblemático que nos permita celebrar reuniones técnicas, tener un espacio de coworking, una amalgama asociada a la creación de valor añadido entorno a la innovación.

ACTUACIONES PUERTO CIUDAD. PROYECTO LAGO MARÍTIMO ALGECIRAS

37

Actuaciones Puerto-Ciudad. Proyecto Lago Marítimo Algeciras

Este conjunto edificatorio será uno de los más sostenibles del país y está diseñado para tener un consumo energético casi nulo. Se trata de 2 de las 3 piezas que albergará la Zona Norte del Llano Amarillo, así como su urbanización exterior. Albergará el futuro Museo Portuario y Centro de Interpretación del Puerto (Port Center), así como el Centro Portuario de Innovación Logística, cafetería, área institucional o auditorio rodeado de un gran hall que hará las veces de galería expositiva. El auditorio tendrá como protagonista un original techo con forma de ola.

ACTUACIONES PUERTO CIUDAD. PROYECTO LAGO MARÍTIMO ALGECIRAS

38

Estimación de la Generación de empleo del Puerto

Otro aspecto fundamental de la dimensión social es la creación de empleo. El Puerto de Algeciras tienen una responsabilidad social con su entorno: el Campo de Gibraltar, una comarca en la que habitan más de 250.000 ciudadanos y cuenta con una tasa de paro del 25 %. Según el último informe disponible, el Puerto de Algeciras genera unos 30.000 empleos entre directos, indirectos e inducidos. Además, genera el 7 % del Producto Interior Bruto de Andalucía. Como vemos, el Puerto de Algeciras es la principal locomotora para la creación de empleo y riqueza en su área de influencia, de ahí la importancia de que se siga apostando e invirtiendo en la puerta Sur a Europa.

ESTIMACIÓN DE LA GENERACIÓN DE EMPLEO DEL PUERTO
El Puerto de Algeciras tiene una responsabilidad social con su entorno:
• Principal locomotora para la generación de empleo en nuestra zona de influencia,
• Paro estructural del 25% sobre una población de 250.000 habitantes,
• Genera el 7% del PIB de Andalucía. Esta medida supondría un lastre significativo para el desarrollo económico de la zona.
Comunidad portuaria
Empleo directo 9.726
Empleo indirecto 10.975
Empleo Inducido 7.469
TOTAL 28.170
Algeciras Port

39

Agradecimiento

GRACIAS POR SU
ATENCIÓN

3

SATISFACCIÓN DE LOS CRÉDITOS MARÍTIMOS Y RECONOCIMIENTO INTERNACIONAL DE LA VENTA JUDICIAL DE BUQUES

Pedro Jesús Baena Baena
Catedrático de Derecho mercantil
Universidad de Sevilla

1. Introducción. Especialidad del Derecho marítimo. Convenios internacionales y la remisión de la LNM a los Convenios de Ginebra de 1993 y 1999

La celebración en Algeciras el 22 de septiembre de 2023 del XXI Congreso Asociación Sainz de Andino, magníficamente organizado por los miembros del Departamento de Derecho Mercantil de la Universidad de Cádiz, ha propiciado el anual y siempre grato reencuentro con los compañeros. La publicación vinculada al Congreso nos permite ahora rendir un merecido homenaje al Profesor Doctor Rafael Padilla González, maestro de mercantilistas y maritimistas e impulsor de vocaciones docentes e investigadoras, amigo, con quien he tenido el honor de compartir labores universitarias. Homenaje al que me uno con estas reflexiones sobre el especial régimen de la satisfacción de los créditos marítimos, la cual es una materia sobre la que, por su generosidad, ya había colaborado anteriormente con él[1].

El hecho de que el día 5 de septiembre de 2023 haya tenido lugar la ceremonia de firma del Convenio de las Naciones Unidas sobre los efectos internacionales de las ventas judiciales de buques, elaborado por el Grupo de Trabajo VI de UNCITRAL sobre la base de un borrador del CMI y aprobado por la Asamblea General de las Naciones Unidas el 7 de diciembre de 2022[2],

---

1 V. Padilla González/Baena Baena, «Derechos reales de garantía y privilegios sobre el buque», en Jiménez Sánchez/Díaz Moreno, *Derecho Mercantil*, vol. 8.°, Madrid-Barcelona-Buenos Aires-São Paulo, 2014, pp. 190-202.

2 El texto de la Convención de las Naciones Unidas sobre los Efectos Internacionales de las Ventas Judiciales de Buques puede obtenerse en *https://uncitral.un.org/es/judicialsaleofships* (última consulta: 16 de octubre de 2023).
Sobre su proceso de elaboración, entre otros, v. Alcántara González, «Consideraciones en torno al proyecto del Comité Marítimo Internacional sobre la venta judicial de buques», en García-Pita y Lastres/Díaz de la Rosa/Quintáns Eiras (dir.), *El Derecho Marítimo, las nuevas tecnologías y los retos del progreso*, Cizur Menor, 2021, pp. 419-427; Rodríguez Delgado, «Algunas observaciones sobre el Proyecto de Convenio de UNCITRAL sobre la venta judicial de buques», *Cuadernos de Derecho Transnacional*, vol. 13, n.° 2, 2021, pp. 474-475; Hernández Pérez, «La venta forzosa de buques y los avances del Proyecto de Convenio sobre reconocimiento de efectos de la venta judicial de buques», *RDT*, n.° 28, 2021, pp. 318-319; Shao/Caraballo Piñeiro, «Toward a harmonised approach to the recognition of foreign judicial sales of ships through conventions addressing maritime liens and mortgages», *DM*, 2021, pp. 738-739 y 758-761; Alba Fernández/Rodríguez Delgado, «proyecto de Convención sobre venta judicial de buques: una breve guía de urgencia», en *RDT*, n.° 29, 2022, pp. 250-252; y Shao/Carballo Piñeiro/Mejía, «Paving the way to recognising foreing judicial sales of ships. A comparative analysis of judicial sale procedings in jurisdictions», *Cuadernos de Derecho Transnacional*, vol. 15, n.° 1, 2023, pp. 137-138, quienes realizan un estudio de Derecho comparado (de la normativa inglesa, holandesa, maltesa y china) e identifican seis aspectos en los que las legislaciones difieren, dos de ellos que no suelen ser obstáculo para el reconocimiento (en qué momento iniciar la venta y cómo conseguir el mejor precio posible) pero cuatro susceptibles de reaparecer en el momento del reconocimiento poniendo en peligro la libre circulación del comprador del buque (la localización del buque cuando se pretende la venta, las condiciones de notificación de la venta judicial, las divergencias en la venta estándar y la protección adicional otorgada a los acreedores privilegiados en la distribución del producto de la venta —pp. 130-160—).Como complemento a las obras en papel, v. la mesa redonda de la Sección Sexta de Derecho Internacional Privado de la Real Academia de Jurisprudencia y Legislación, celebrada el día 8 de marzo de 2023, sobre «El Convenio de Beijing (UNCITRAL) sobre Venta Judicial de Buques», bajo la presidencia de Ana Fernández Tresguerres, la dirección de Jesús Casas Roblas y las ponencias de Ann Fenech («El Convenio CMI/UNCITRAL sobre ventas judiciales de buques», cuyas referencias al caso «Bright Star» pueden ampliarse en el artículo de Fenech/Fujita/Hetherington/Laurjsen/Li/Nolan/Poetschke/Ziegler, «Commentary on the Beijing Convention on the

también conocida como Convención de Beijing sobre la Venta Judicial de Buques, ha renovado el interés en uno de los temas clásicos del Derecho marítimo: la especial afección del buque a los créditos vinculados a la navegación, la cual constituye uno de los tradicionales reflejos de la especialidad del Derecho marítimo. Especialidad cimentada en las particulares condiciones en las que se desarrolla la actividad del transporte marítimo, históricamente concretadas en la lejanía y el riesgo, muchas de las cuales han ido evolucionando con los avances tecnológicos y de comunicaciones hasta el punto en que se han levantado voces contrarias a algunos tratos preferentes y que ponen en duda que el transporte por mar constituya hoy en día una realidad tan distinta de la de otros modos de transportes[3].

Se trata de un materia, la de la satisfacción de los créditos marítimos, por lo demás, caracterizada por estar disciplinada por Convenios Internacionales, unos dirigidos al reconocimiento de algunos créditos marítimos como privilegiados (Convenios de 1926, 1967 y 1993), otros dirigidos a la facilitación de la satisfacción de los créditos marítimos mediante el establecimiento de un especialísimo sistema de embargo preventivo de buques (Convenios de 1952 y 1999), a los que se une el nuevo Convenio de 2022 cuyo objeto es el reconocimiento internacional de venta judicial de buques.

Tales Tratados han tenido una dispar recepción[4] y, en el caso de España, los relativos a los privilegios marítimos, son aplicables tanto a los asuntos

---

International Effects of Judicial Sales of Ship», *ETL*, vol. LVIII, n.º 2, 2023, pp. 140-142), Julio Fuentes Gómez («Aspectos Registrales y Administrativos derivados de la aplicación del Convenio en España») y Manuel Alba Fernández («Aspectos procesales de la aplicación del Convenio en España»), y disponible en video en *https://www.youtube.com/watch?v=75UMLIGozME* (última consulta: 16 de octubre de 2023). También v. Uncitral Secretariat, «Explanatory Note», pp. 22-25 (disponible en *https://uncitral.un.org/en/judicialsaleofships*, última consulta: 16 de octubre de 2023).

El Convenio fue firmado en Beijing el 5 de septiembre de 2023 por Arabia Saudita, Burkina Faso, China, Comoras, El Salvador, Granada, Honduras, Kiribati, Liberia, Santo Tomé y Príncipe, Siria, Senegal, Sierra Leona, Singapur y Suiza, sin que, según se informa en *https://uncitral.un.org/es/judicialsaleofships/status* (última consulta: 16 de octubre de 2023), aún se haya depositado ninguno de los tres instrumentos de ratificación, aceptación, aprobación o adhesión precisos para que pasados 180 días entre en vigor (art. 21).

3 Por todos, v. Alonso Ledesma, *Los privilegios marítimos*, Madrid, 1995, pp. 245-262, que recoge un completo estudio sobre el fundamento de los privilegios marítimos.

4 Conforme a la información que resulta del documento del Comité Marítimo Internacional titulado «Status of signatures, ratifications, acceptances, approvals, accessions, reservations and notifications of succession with regard to maritime law conventions» (disponible en *https://comitemaritime.org/wp-content/uploads/2019/08/CMISCPub_StatusOfConventions_20190429.pdf*, última consulta: 16 de octubre de 2023), los tratados que aquí interesan tienen una aceptación desigual.

El Convenio internacional para la unificación de ciertas reglas relativas a los privilegios e hipotecas marítimos, aprobado en Bruselas el 10 de abril de 1926, está en vigor en Argentina, Argelia, Bélgica, Brasil, Francia, Haití, Hungría, Italia, Irán, Mónaco, Líbano, Madagascar, Polonia, Rumanía, Siria, Suiza, Turquía, Uruguay y Zaire. Ha dejado de estar internacionales como a los de Derecho interno, habida cuenta de la expresa remisión contenida en el art. 122 de la LNM al Convenio de Ginebra de 1993, que evita la anterior dualidad de regímenes y posibles problemas de encaje legislativo[5], de manera que la LNM tan solo regula algunos de los aspectos

vigente en Dinamarca, España, Estonia, Finlandia, Noruega, Portugal y Suecia (datos puestos al día el 31 de mayo de 2021).

El Convenio internacional para la unificación de ciertas reglas relativas a los privilegios e hipotecas marítimos, aprobado en Bruselas el 27 de mayo de 1967, no ha entrado pues, a pesar de haber sido firmado por veinticinco Estados, sólo fue ratificado por Dinamarca, Noruega y Suecia y recibió las adhesiones de Marruecos, Siria y Vanuatu (datos puestos al día en julio de 2003).

El Convenio internacional sobre los privilegios marítimos y la hipoteca naval, aprobado en Ginebra el 6 de mayo de 1993, está en vigor en Albania, Alemania, Barbados, Benín, Brasil, China, Congo, Costa de Marfil, Dinamarca, Ecuador, España, Estonia, Finlandia, Guinea, Honduras, Lituania, Marruecos, Mónaco, Nigeria, Paraguay, Perú, Rusia, San Cristóbal y Nieves, San Vicente y Granadinas, Serbia, Siria, Suecia, Túnez, Ucrania y Vanuatu.

El Convenio internacional para la unificación de ciertas reglas sobre el embargo preventivo de buques, aprobado en Bruselas el 10 de mayo de 1952, está en vigor en Alemania, Anguilla, Argelia, Antigua y Bermudas, Bahamas, Bélgica, Belice, Benín, Bermudas, Borneo y Sarawak, Burkina Faso, Brasil, Camboya, Camerún, Chad, China, Congo, Costa de Marfil, Costa Rica, Croacia, Cuba, Dinamarca, Djibouti, Dominica, Egipto, Eslovenia, Fidji, Finlandia, Francia y sus archipiélagos, Gabón, Gibraltar, Granada, Grecia, Guinea, Guyana, Mauricio, Haití, Holanda, Hong Kong, Italia, Irlanda, Islas Caimán, Islas Comores, Islas Salomón, Islas Vírgenes, Kiribati, Letonia, Líbano, Lituania, Luxemburgo, Macao, Madagascar, Mali, Marruecos, Mauritania, Mónaco, Montserrat, Namibia, Nicaragua, Níger, Nigeria, Noruega, Paraguay, Polonia, Portugal, Reino Unido y sus islas del Canal y territorios de ultramar, República Centroafricana, Rumanía, Rusia, San Cristóbal y Nieves, San Vicente y Granadinas, San Marino, Santa Helena, Santa Sede, Senegal, Seychelles, Siria, Suecia, Suiza, Togo, Tonga, Tubalú, Ucrania, Yugoslavia y Zaire. Fue denunciado por España.

El Convenio internacional sobre el embargo preventivo de buques, aprobado en Ginebra el 12 de marzo de 1999, está en vigor en Albania, Argelia, Benín, Bulgaria, Congo, Ecuador, España, Estonia, Letonia, Liberia y Perú; y ha sido firmado, aunque aún no ratificado, por Dinamarca, Finlandia, Noruega y Pakistán.

5 Incluso antes de la entrada en vigor de la LNM se defendía doctrinalmente que el Convenio de 1993 resultaba aplicable también a los supuestos enteramente nacionales, con base en lo dispuesto en su art. 13.1. Al respecto, entre otros, v. ALCÁNTARA, «Privilegios marítimos e hipoteca naval. El Convenio Internacional de Ginebra de mayo de 1993», *DN*, n.º 39, diciembre de 1993, p. 4; RIGHETTI, *Tratatto di Diritto Marittimo*, IV, Milano, 1999, p. 266; GABALDÓN GARCÍA/RUIZ SOROA, *Manual de Derecho de la Navegación Marítima*, 3.ª edic., Madrid-Barcelona, 2006, p. 944; ARROYO MARTÍNEZ, «Los derechos reales sobre el buque y la aeronave», en URÍA/MENÉNDEZ, *Curso de Derecho Mercantil*, vol. II, 2.ª edic., Madrid, 2007, pp. 1363-1364; y ALONSO LEDESMA, «Viejos y nuevos problemas de los privilegios marítimos», en GARCÍA-PITA Y LASTRES (dir.) y QUINTÁNS EIRAS/DÍAZ DE LA ROSA (edic.), *Estudios de Derecho Marítimo*, Cizur Menor, 2012, p. 295. Sin embargo, aunque de una manera muy crítica, RUEDA MARTÍNEZ (v. «Reflexiones sobre la incidencia en nuestro derecho interno de la entrada en vigor del Convenio sobre Privilegios marítimos e Hipoteca Naval, hecho en Ginebra el 6 de mayo de 1993», *ADM*, vol. XXII, 2005, pp. 300-303) había considerado la existencia de una disciplina distinta para los supuestos internacionales y los nacionales incluso con el Convenio de Ginebra de 1993, si bien el problema queda zanjado con este último (RUEDA MARTÍNEZ, «Los privilegios marítimos»,

cuya disciplina el Convenio permite sea realizada por la regulación interna (como ocurre con los privilegios nacionales). Técnica de la remisión que también se utiliza en el art. 470 de la LNM, que reenvía al Convenio de Ginebra de 1999, sobre embargo preventivo de buques, y que también es aplicable tanto a los supuestos nacionales como a los extranjeros.

2. El sistema de privilegios marítimos como fórmula de protección de las actividades vinculadas a la navegación marítima. La fortuna de mar

En el tráfico marítimo se ha venido reconociendo tradicionalmente a algunos acreedores (comúnmente relacionados con el negocio marítimo), además de la garantía universal del patrimonio del deudor, una garantía especial sobre el buque y, en su caso, los fletes generados por la nave en un determinado viaje o *fortuna de mar* (entendida como patrimonio autónomo afecto a los acreedores marítimos para compensar la responsabilidad limitada del naviero por las obligaciones nacidas de la explotación de su industria)[6] y que ha sido calificada como uno de los fundamentos de la especialidad del Derecho marítimo[7]. A tales derechos especiales se les denomina en lengua española *privilegios marítimos*[8].

A través de la figura de los privilegios el legislador beneficia a los titulares de algunos créditos otorgándoles la preferencia en el cobro respecto a otros acreedores, tanto en los de ejecución contra bienes singulares de un mismo deudor (instados por el propio acreedor privilegiado o, en su caso, interviniendo por la vía de la tercería de mejor derecho), como en los proce-

en Emparanza Sobejano/Martín Osante, *Comentarios sobre la Ley de Navegación Marítima*, Madrid-Barcelona-Buenos Aires-São Paulo, 2015, p. 175). Los autores españoles citados también dan cuenta del debate doctrinal apuntado con reflejo en la jurisprudencia del Tribunal Supremo, especialmente durante la vigencia del Convenio de Bruselas de 1926.

6 Sobre la condición de los privilegios de los acreedores marítimos como contrapartida del privilegio del naviero a limitar su responsabilidad, entre otros, v. Arroyo Martínez/Rueda Martínez, «De los privilegios marítimos», en Arroyo Martínez/Rueda Martínez, *Comentarios a la Ley 14/2014, de 24 de julio, de Navegación Marítima*, Cizur Menor, 2016, p. 368.

7 V. Bouthelier Espasa, «La hipoteca naval (Estudio de Derecho sustantivo)», *RCDI*, n.º 99, 1933, pp. 163-171; Garrigues, *Curso de Derecho Mercantil*, t. II, 8.ª edic., Madrid, 1983, pp. 591 y 616-622; Alonso Ledesma, *Los privilegios..., cit.,* Madrid, 1995, *cit.,* pp. 39-109 y 126-132; Arroyo, *Curso de Derecho Marítimo (Ley 14/2014, de Navegación Marítima)*, 3.ª edic., pp. 465-466; y Pulido Begines, *Instituciones de Derecho de la Navegación Marítima*, Madrid, 2009, pp. 221-224.

8 En inglés *maritime liens*, *privilèges maritimes* en francés, *privilegi marittimi* en italiano y *schiffsgläubigers* en alemán.

dimientos de ejecución colectiva (concursos de acreedores). Tales privilegios pueden ser generales, si recaen sobre todos los bienes del deudor sin afectar a ninguno en particular, y especiales, si tienen por objeto alguno o algunos bienes concretos, como es el caso de los privilegios marítimos[9].

Los privilegios se caracterizan por[10]: 1.º) Tener un origen exclusivamente legal y estar taxativamente determinados, por lo que no pueden ser creados convencionalmente y son excepcionales (lo que no impide su interpretación extensiva o analógica, si así lo exige la finalidad de la norma). 2.º) Ser accesorios del crédito, lo que implica su transmisión junto al cambio de su titular. 3.º) Ser indivisibles, de modo que el privilegio no se modifica aunque el crédito disminuya, por lo que la condonación o el pago parciales de la deuda (así como la pérdida parcial del objeto dado en garantía) no conlleva la extinción del privilegio; ni el fraccionamiento del crédito produce su división, sino que todos los acreedores lo son de la totalidad del precio de la cosa gravada, de la misma manera que la división de la cosa produce la afectación de todas las partes en que se divida[11].

El privilegio marítimo es un privilegio especial, otorgado en consideración a la naturaleza, cualidad o causa del crédito, que consiste, fundamentalmente, en la concesión por la ley a ciertos acreedores de un derecho de preferencia en el cobro en caso de venta judicial del buque (bien, al que se une, en algunos casos, los fletes devengados), sin que se exija formalidad constitutiva alguna[12].

9 Además de esta clasificación, tradicionalmente se distinguía entre los *privilegia personae* —otorgados en atención a las cualidades personales del acreedor y hoy día no admitidos en el Derecho Moderno— y los *privilegia causae*, otorgados en consideración a la naturaleza, cualidad o causa del crédito, entre los cuales se incluirían los privilegios marítimos. Al respecto, V. GULLÓN, «El crédito privilegiado en el Código Civil», *ADC*, 1958, p. 436; ÁLVAREZ CAPEROCHIPI, «Los privilegios crediticios en la jurisdicción civil», *RCDI*, n.º 627, 1995, pp. 291-294; y DÍEZ-PICAZO, *Fundamentos de Derecho Civil Patrimonial*, vol. II, 5.ª edic., Madrid, 1996, p. 751.

10 V. GULLÓN, «Crédito privilegiado...», *cit.*, pp. 435-439, *La prelación de créditos en el Código Civil*, Barcelona, 1962, pp. 18-20, y «Comentarios a los arts. 1.911 a 1.929 del Código Civil», en ALBADALEJO (dir.), *Comentarios al Código Civil y Compilaciones forales*, t. XXIV, Madrid, 1984, pp. 682-684; LACRUZ/SANCHO/LUNA/DELGADO/RIVERO/RAMS, *Derecho de obligaciones*, vol. I, 3.ª edic., Barcelona, 1994, pp. 286-288; DÍEZ-PICAZO, *Fundamentos...*, II, *cit.*, pp. 752-753; y GARRIDO, *Tratado de preferencias de crédito*, Madrid, 2000, pp. 76-83.

11 V. GABALDÓN GARCÍA, «Caracterización y Régimen de los Privilegios sobre el buque», *ADM*, vol. XII, 1995, pp. 219-220, y *Compendio de Derecho Marítimo* Español, Madrid-Barcelona-Buenos Aires-São Paulo, 2016 p. 120; ARROYO, *Curso...*, cit., p. 467.

12 Conforme al tenor literal del art. 122,2 de la LNM: «Los privilegios marítimos gravan el buque sin necesidad de publicidad registral, le siguen a pesar del cambio de propiedad, matrícula o pabellón y gozan de preferencia sobre las hipotecas y demás cargas y gravámenes inscritos, cualquiera que sea la fecha de su inscripción, sin que ningún otro crédito pueda anteponerse a tales privilegios, a excepción de los mencionados en el artículo 486 y de los gastos que hayan de abonarse a la Administración Marítima por la remoción de buques naufragados o hundidos". Y según lo dispuesto en el art. 486 de la LNM (titulado "Destino de la suma obtenida en la subasta o venta directa del buque"): "Con el producto

Derecho que puede ser ejercitado sobre la nave, con independencia de quien fuera su titular registral y de quien contrajera la obligación que se garantiza, y que excede de su catalogación como un simple derecho personal de preferencia de alcance meramente procesal (o *privilegium exigendi)*[13] para predicarse de él su naturaleza jurídica de derecho real de garantía, por recaer sobre bienes determinados *(in rem)* y ser oponibles frente a terceros *(erga omnes)*, entre los que se encuentran los terceros posibles adquirentes de los bienes[14]. Concretamente se ha afirmado su naturaleza jurídica de hipoteca legal tácita privilegiada, recalcando su carácter de derecho de garantía real *(ius in re aliena)*, su origen legal, la innecesariedad de cumplir ninguna formalidad constitutiva ni de su inscripción para su eficacia y su anteposición en rango a las hipotecas *(privilegia non ex tempore, sed ex causa)*[15], si bien se apunta que la expresión *hipoteca legal* debiera ser sustituida por la de *privilegio mobiliario*[16].

Se trata, por tanto, de una figura que escapa de los postulados generales en materia de obligaciones mantenidos en nuestro Derecho por las dos razones siguientes:

En primer lugar, porque implica una excepción legal importante (aunque tampoco la única, recuérdense, *v. gr.*, los arts. 1.921-1.929 del CC o los arts. 242 a 248 y 269 a 280 del TRLC) al principio de la *par condicio creditorum* (consecuencia del principio general de no discriminación y de igualdad de derechos de todos los acreedores para recibir satisfacción de sus créditos)[17], conforme al cual el deudor debe responder de la misma manera frente a todos sus acreedores, porque en principio todos son de idéntica condición, de modo que en caso de insuficiencia del patrimonio no debe favorecerse a unos respecto a otros.

---

de la venta se pagarán, en primer lugar, las costas procesales y los gastos originados por el embargo preventivo o por la ejecución y subsiguiente venta del buque. Tales costas y gastos incluyen, entre otros, los gastos de conservación del buque y la manutención de la dotación, así como los sueldos y otras cantidades, y los gastos a que se refiere el artículo 4.1.a) del Convenio Internacional sobre los Privilegios Marítimos y la Hipoteca Naval, devengados desde el momento del embargo preventivo o desde el inicio de la ejecución».

13 V. Garrigues, *Curso...*, II, *cit.,* p. 595.

14 V. Díez-Picazo, *Fundamentos...*, II, *cit.,* p. 753.

15 Entre otros, v. González Revilla, *La hipoteca naval en España*, Madrid, 1888, pp. 386-387; Alonso Ledesma, *Privilegios...*, cit., pp. 263-293; Gabaldón García/Ruiz Soroa, *Manual...*, cit., pp. 309-310; García-Pita, *El buque como objeto de garantía (Consideraciones sobre la Hipoteca naval)*, Madrid, 2000, pp. 93-105; Gabaldón García, *Curso de Derecho Marítimo Internacional*, Madrid-Barcelona-Buenos Aires, 2012, pp. 419-421; y Casas, «Los privilegios marítimos», en Asociación Española De Derecho Marítimo, *Comentarios a la Ley de Navegación Marítima*, Madrid, 2015, p. 92.

16 V. Garrido, *Tratado...*, cit., p. 487.

17 V. Díez-Picazo, *Fundamentos...*, II, cit., p. 749.

En segundo lugar, porque frente a las consecuencias meramente prelativas habituales de los privilegios de derecho común los marítimos poseen siempre efectos reales (*ius in re*). Si bien a diferencia de otros derechos reales de garantía no requieren del cumplimiento de formalidades constitutivas (son reconocidos exclusivamente por la ley y no por la voluntad de las partes) ni de publicidad. Precisamente esta no exigencia de publicidad lleva, en muchas ocasiones, a su carácter secreto u oculto para otros acreedores o incluso para los adquirentes, quienes comúnmente se beneficiarían de las consecuencias del principio registral de la publicidad material negativa, es decir, de la inoponibilidad a los terceros de buena fe de los actos (en nuestro caso, los gravámenes) sujetos a inscripción y no inscritos, de los que responden por ser los titulares del bien (obligaciones *propter rem*). Además, el privilegio existe, con carácter general, con independencia de que quien contrajo la deuda sea el propietario del buque o un mero explotador del mismo (arrendatario a casco desnudo, gestor o naviero —art. 4.1 Convenio de Ginebra de 1993—).

La doctrina ha intentado encontrar el fundamento unitario que justifica tan importantes desviaciones de nuestras reglas generales en materia de obligaciones (que llevan a afirmar que la excepción del privilegio se convierte en la regla general en el Derecho marítimo, pues buena parte de los créditos marítimos son privilegiados frente a los créditos no marítimos)[18] en la utilidad que determinados acreedores reportan a la expedición marítima (eje en torno al que, en mayor o menor medida, se articulan dichos privilegios). Acreedores que se ven afectados, de un lado, por la limitación de responsabilidad del naviero (quien convencionalmente suele extenderla a sus colaboradores, agentes y empresas auxiliares, mediante la cláusula Himalaya), con la que el legislador quiere favorecer al empresario incurso en la aventura marítima y, de otro lado, por la facilidad con la que el explotador del buque puede escapar de la responsabilidad frente a ellos[19]. Sin embargo, la tesis de la contribución a la expedición marítima no puede mantenerse en la actualidad como única. El reconocimiento legal de los privilegios marítimos obedece hoy a razones heterogéneas, entre las que se encuentran principalmente, además de la apuntada, el fomento de ciertas actividades y las políticas sociales o humanitarias[20].

También se ha pretendido justificar la equidad de la preferencia de unos créditos respecto a otros (en particular, por su especialidad, respecto a los

18 V. Arroyo, *Curso...*, cit., p. 465.

19 V. Chorley/Giles, *Derecho marítimo*, traducción de la 4.ª edic. inglesa y notas de Derecho español por Sánchez Calero, Barcelona, 1962, p. 50.

20 V. Alonso Ledesma, «Hipoteca naval», en Montoya Melgar (dir.), *Enciclopedia Jurídica Básica*, vol. III, Madrid, 1995, p. 5137; Ruiz Soroa, «Los privilegios marítimos», en Consejo General del Poder Judicial, *Preferencia de créditos*, Madrid, 2000, pp. 316-317; y Pulido Begines, *Instituciones...*, *cit.*, p. 233.

hipotecarios) con base en la contribución de las prestaciones de los titulares de aquellos créditos para conservar o aumentar el valor del buque sobre el que se ostentan derechos[21]. Pero, a pesar de la validez que normalmente posee, esta explicación no deja de tener un carácter de razonamiento académico *a posteriori* de la situación jurídica analizada, pues la anteposición de unos derechos respecto a otros deriva de la ponderación que ha hecho el legislador de los intereses de los distintos acreedores. Es decir, depende de razones de política legislativa y de ello tenemos buena muestra en la evolución histórica de la figura y especialmente en la evolución de su regulación internacional. Es más, resultan significativas las diferencias habidas entre los créditos considerados como privilegiados en los distintos Convenios internacionales en la materia, pues éstos difieren tanto en su reconocimiento o no como en la posición que ocupan en los diferentes listados.

Más allá de estas razones, algunos autores se cuestionan incluso la conveniencia del mantenimiento de los privilegios marítimos, pues consideran que se trata de una figura anacrónica y perjudicial no sólo para los créditos hipotecarios convencionales sino también para los intereses de los navieros, especialmente por cegar sus fuentes de financiación a largo plazo[22]. No parece, sin embargo, que el asentado sistema especial de satisfacción de los créditos marítimos vaya a desaparecer, antes, al contrario, su influencia se extiende al régimen internacional de embargos preventivos de buques y, ahora, al del reconocimiento internacional de la venta judicial de buques.

3. La hipoteca naval y su integración en el sistema de privilegios

Superadas figuras históricas como el préstamo a la gruesa, la financiación mediante préstamos garantizados con hipoteca naval[23] constituye desde hace

21 Entre otros, v. VALLET DE GOYTISOLO, *Estudios sobre garantías reales*, 1973, pp. 152-153; y DUQUE, «La responsabilidad real del buque por las deudas generadas por su explotación», *BAEDM*, n.os 5 y 6, 1986, pp. 29-30.

22 V. ALONSO LEDESMA, *Privilegios..., cit.,* pp. 257-262; y RUIZ SOROA, «Privilegios...», cit., p. 317.

23 La hipoteca naval es un derecho real de garantía mercantil indivisible que grava buques ajenos (y, en su caso, fletes devengados, pertenencias e indemnizaciones debidas) sin desplazamiento de su posesión, que otorga a su titular un derecho de realización y preferencia sobre los bienes gravados, dotado de reipersecutoriedad y constituido para asegurar el cumplimiento de una obligación principal respecto a la que es accesorio. Entre otros, v. GONZÁLEZ REVILLA, *Hipoteca naval...*, cit., p. 3; GARCÍA-PITA, *Buque...*, cit., pp. 55-57; GABALDÓN GARCÍA/RUIZ SOROA, *Manual...*, cit., p. 284; GABALDÓN GARCÍA, *Curso...*, cit., pp. 426-427; BONARDELL LENZANO, «La hipoteca naval (I) cuestiones generales y reglas de constitución», en GARCÍA-PITA Y LASTRES (dir.) y QUINTÁNS EIRAS/DÍAZ DE LA ROSA (edic.), *Estudios de Derecho Marítimo*, Cizur Menor, 2012, pp. 3119-320; y ARROYO MARTÍNEZ/RUEDA MARTÍNEZ, «De la hipoteca naval», en ARROYO MARTÍNEZ/RUEDA MARTÍNEZ, *Comentarios a la Ley 14/2014, de 24 de julio, de Navegación Marítima*, Cizur Menor, 2016, p. 385.

muchos años la fórmula más común. Si bien, frente a la preeminencia casi absoluta del crédito hipotecario sobre el bien afectado en ámbitos terrestres, el sistema de privilegios marítimos posterga al acreedor hipotecario naval respecto a un importante conjunto de acreedores. Para ello la técnica empleada por los legisladores nacionales y los Convenios internacionales consiste en establecer una lista de créditos preferentes al que gozan los acreedores por hipoteca naval (o por *mortgages*, en los ordenamientos anglosajones[24] o por otros gravámenes semejantes) tras los cuales se sitúa la hipoteca naval. Estableciéndose además algunos requisitos para el reconocimiento de ésta. Así en el Convenio de Ginebra de 1993 (art. 1) se exige que la hipoteca, *mortgage* o gravamen: 1) esté debidamente inscrito en un registro público del país del Estado de matrícula del buque; 2) que dicho registro esté dotado de un sistema de publicidad registral caracterizado por su accesibilidad general (de modo que puedan ser libremente consultados por el público tanto el registro como los documentos que se hayan de presentar al registrador) y por poder solicitarse al registrador que facilite extractos del registro y copias de dichos instrumentos; y 3) que el contenido del registro o de los documentos especifique, al menos, el nombre y la dirección de la persona a favor de la cual se haya constituido la hipoteca, el *mortgage* o el gravamen (o el hecho de que esa garantía se hubiera formulado al portador), el importe máximo garantizado (si la legislación del Estado de matrícula estableciere ese requisito o si ese importe se especificare en el documento de constitución de la hipoteca, el *mortgage* o el gravamen), y la fecha u otras circunstancias que, de con-

24 En el sistema inglés la *Merchant Shipping Act* de 1854 consagró por primera vez la *mortgage* (término que traducido literalmente equivale a «prenda muerta»), también regulada en las de 1894, 1988, 1993 y 1995. Esta figura consuetudinaria conlleva la transmisión fiduciaria de la propiedad del buque al acreedor aunque el deudor mantiene la plena posesión y disfrute de la nave, cuya propiedad revierte en el deudor en caso de cumplimiento de la obligación garantizada (la prenda «muere» para el acreedor y el deudor consolida su dominio), y sólo en el caso de incumplimiento de la obligación garantizada el acreedor toma la posesión efectiva de la cosa con derecho a los frutos de su explotación, pudiendo mantenerla hasta cobrar el importe de su crédito o venderla para cobrar dicha suma. Al respecto v. GONZÁLEZ REVILLA, *Hipoteca naval..., cit.,* pp. 50-54; BOUTHELIER ESPASA, «La hipoteca naval (Estudio de Derecho sustantivo)», *RCDI*, n.º 100, 1933, pp. 241-245; MONFORT BELLENGUER, «En torno a la eficacia de la garantía real en las hipotecas navales», *RDM*, n.º 27, 1950, pp. 432-437; GITRAMA GONZÁLEZ, «En torno a la hipoteca naval», *BVDM*, n.º 14, 1963, pp. 254-260; GARRIGUES, *Curso...*, II, *cit.,* p. 579; MEESON, *Ship and Aircraft mortgages*, London-New York-Hamburg-Hong Kong, 1989, pp. 1-7; GARCÍA GABALDÓN, *Los privilegios marítimos: características y prelación sobre la hipoteca naval*, en CONSEJO GENERAL DEL PODER JUDICIAL, *Derecho marítimo*, Cuadernos de Derecho Judicial, Madrid, 1993, pp. 274-278; FERRE MOLTÓ/GIMÉNEZ VILLANUEVA, «La hipoteca naval en el ordenamiento jurídico español», en AA. VV., *Tratado de garantías de la contratación mercantil*, t. II, vol. 2, Madrid, 1996, pp. 643-644; HILL, C., *Maritime Law*, 5.ª edic., London-Hong Kong, 1998, p. 27; TETLEY, *Maritime Liens and Claims*, 2.ª edic., Montreal, 1998, pp. 474-475; GABALDÓN GARCÍA, *Hipoteca naval: Derecho comparado y Derecho uniforme*, Vitoria-Gasteiz, 2001, pp. 12-13 y 21-23; y GARCÍA-PITA, *Buque...*, cit., pp. 34-37.

formidad con la legislación del Estado de matrícula, determinen su rango respecto de otras hipotecas, *mortgages* y gravámenes inscritos.

La reglamentación internacional de la hipoteca naval se contiene en el *Convenio Internacional para la unificación de ciertas reglas relativas a los privilegios e hipotecas marítimos*, firmado en Bruselas el 10 de abril de 1926 bajo los auspicios del CMI; así como en el Convenio del mismo nombre también elaborado por el CMI firmado en Bruselas el 27 de mayo de 1967 (no en vigor aún por no haber alcanzado el número de ratificaciones necesario); y el *Convenio Internacional sobre los privilegios marítimos y la hipoteca naval*, consecuencia de los trabajos de UNCTAD y OMI, firmado en Ginebra el 6 de mayo de 1993, en vigor en España.

El Convenio de Bruselas de 1926, que no comprende un régimen completo de derecho material uniforme, se limitó, de un lado, a establecer en su art. 1 la asimilación de «*las hipotecas, mortgages y prendas sobre buques constituidas regularmente según las leyes del Estado contratante a que el buque pertenece e inscritas en un registro público, ya de la jurisdicción del puerto de registro, ya de una Oficina central*», las cuales «*serán consideradas válidas y respetadas en todos los demás países*». Norma de Derecho internacional privado con la que se remite la regulación material de los derechos reales aludidos a la ley nacional del buque. Mientras que, de otro lado, en su art. 3 se dispone el lugar que ocupan los titulares de dichos derechos reales en el orden de prelación establecido en el Tratado: el inmediato después de los créditos enumerados en su art. 2 y antes de los privilegios no previstos por el Convenio que puedan ser reconocidos por las leyes nacionales[25].

La regulación material de la hipoteca naval en los Convenios de Bruselas de 1967 y de Ginebra de 1993 es mucho más prolija, aunque tampoco se realiza en ellos una reglamentación completa de la figura. En concreto, además de dos preceptos similares a los comentados del Convenio de Bruselas de 1926 (contenidos en sus respectivos arts. 1 y 6), en tales Tratados se establece un cierto grado de uniformidad en relación con el régimen de publicidad material (arts. 1); se disponen sendas normas de Derecho internacional privado en las que se fija la competencia de la ley del Estado de inscripción *(lex situs libri)* con relación a los efectos de los gravámenes sobre los terceros así como a la prelación entre sí de tales derechos reales, y la de la ley del lugar de la ejecución *(lex fori)* respecto al procedimiento de ejecución (arts. 2); y se dictan disposiciones sobre el cambio de propiedad o de matrícula del buque voluntario (arts. 3), el cambio temporal de pabellón (art. 16 del Conve-

25 Entre otros, v. ALONSO LEDESMA, «Hipoteca...», cit., p. 3322; y GARCÍA-PITA Y LASTRES, «La hipoteca naval», en EMPARANZA SOBEJANO/MARTÍN OSANTE, *Comentarios sobre la Ley de Navegación Marítima*, Madrid-Barcelona-Buenos Aires-São Paulo, 2015, pp. 237-238; y SIERRA NOGUERO, «La hipoteca naval», en *Análisis crítico de los derechos de garantía en el tráfico mercantil*, Cizur Menor, 2021, p. 17 (disponible en *https://ddd.uab.cat/record/265108*, última consulta: 16 de octubre de 2023).

nio de Ginebra de 1993) y la venta forzosa (arts. 10 y 11 del Convenio de 1967 y 11 y 12 del Convenio de 1993).

El derecho de preferencia, o facultad del acreedor en la realización del valor del buque atribuida al acreedor hipotecario para satisfacer su crédito garantizado (y los correspondientes intereses) con el valor obtenido por la venta del buque antes que otros acreedores, no es absoluto en relación con todos los posibles acreedores. La hipoteca naval se inserta en un complejo sistema junto a los privilegios marítimos en el que algunos de éstos se le anteponen prelativamente (arts. 5 del Convenio de Ginebra de 1993 y 483 de la LNM), lo que se justifica en diversas razones de política legislativa como son la necesidad de preservar los intereses de las haciendas públicas o de favorecer a determinados acreedores ligados a la aventura marítima.

Así, en el Convenio de Ginebra de 1993 se reconocen un conjunto de privilegios internacionales y nacionales como preferentes a la hipoteca naval. De acuerdo con su art. 4 los créditos privilegiados internacionales preferentes a la hipoteca naval son: a) los créditos por los sueldos y otras cantidades debidos al capitán, los oficiales y demás miembros de la dotación del buque en virtud de su enrolamiento a bordo del buque, incluidos los gastos de repatriación y las cuotas de la seguridad social pagaderas en su nombre; b) los créditos por causa de muerte o lesiones corporales sobrevenidas, en tierra o en el agua, en relación directa con la explotación del buque; c) los créditos por la recompensa pagadera por el salvamento del buque; d) los créditos por derechos de puerto, de canal y de otras vías navegables y practicaje; y e) los créditos nacidos de culpa extracontractual por razón de la pérdida o el daño materiales causados por la explotación del buque distintos de la pérdida o el daño ocasionados al cargamento, los contenedores y los efectos del pasaje transportados a bordo del buque.

Sin que, conforme a su art. 6, el reconocimiento de privilegios marítimos nacionales (pospuestos a los privilegios marítimos internacionales enumerados en el art. 4), suponga su prelación respecto a las hipotecas, *mortgages* o gravámenes inscritos que se ajusten a lo prevenido en su art. 1, como se establece oportunamente en el art. 124 de la LNM[26].

4. El Convenio de 1993 frente al Convenio de 1926. Reducción del número de privilegios

La comparación de las respectivas listas de privilegios marítimos contenidas en los convenios de Bruselas de 1926 y de Ginebra de 1993 lleva a

26 Esta es la consideración que debe hacerse de la prioridad del superprivilegio salarial y del privilegio salarial refaccionario con los que se beneficia a los trabajadores en el art. 32.1 y 2 del ET, en lo no comprendido por el art. 4.a) del Convenio.

concluir que se está produciendo en el Convenio de 1993 una importante reducción de privilegios contemplados frente a la hipoteca naval[27].

Las más destacadas diferencias existentes entre las relaciones de créditos contenidas en los arts. 2.° del Convenio de 1926 y 4 del Convenio de 1993, pueden resumirse en que el Convenio de 1993: 1) sitúa en primer lugar a los créditos laborales y de seguridad social; 2) reconoce de manera específica y ubica en segundo puesto a los créditos por muerte o lesiones corporales; 3) posterga al tercer lugar a los créditos por derechos de puerto, de canal y de otras vías navegables y practicaje; 4) antepone los créditos por causa de muerte o lesiones corporales sobrevenidas, en tierra o en el agua, en relación directa con la explotación del buque, respecto a los créditos por salvamento; 5) no reconoce los créditos por avería gruesa; 6) reduce los supuestos de créditos extracontractuales por daños a las cosas ocasionados por el buque al excluirse el lucro cesante[28]; y 7) confiere un trato diferente a los créditos derivados de la remoción de restos, pues si bien en ninguno de los dos convenios los reputa créditos privilegiados (como sí se hace en el Convenio de 1967) en el Convenio de 1993 sólo se contempla que los Estados los reconozcan (privilegio nacional, preferente respecto a los demás privilegios, incluidos los internacionales) en los casos de venta forzosa pero sólo en dos supuestos de remoción por la Administración (en interés de la seguridad de la navegación y en protección del medio ambiente marino, art. 486 de la LNM)[29].

Otra novedad significativa es que. conforme al art. 4 del Convenio de 1993 (al igual que de acuerdo al art. 4 del Convenio de 1967), el objeto de la garantía es exclusivamente el buque. Sin que se afecte también el flete, como expresamente se hace en el Convenio de 1926 en su art. 2.°. Se pretende con ello facilitar la cesión del flete como medio de financiación del propietario del buque y estimular las ratificaciones por parte de los Estados[30].

Por otra parte, en el art. 2 del Convenio de Bruselas de 1926 se considera objeto de la garantía respecto a los privilegios marítimos, además del buque y del flete, los denominados «accesorios» del buque y del flete adquiridos después de comenzado el viaje. Y en su art. 4 se incluyen entre tales acceso-

---

27 Al respecto, entre otros, v. García-Pita, «Hipoteca...», cit., p. 239; Lozano López, «Los vehículos de la navegación. Estatuto jurídico del buque y demás vehículos de la navegación», en Campuzano/Sanjuán, *Comentarios a la Ley de Navegación Marítima*, Valencia, 2016, p. 137

28 V. Alonso Ledesma, *Privilegios...*, cit., pp. 438-441.

29 V. Alonso Ledesma, *Privilegios...*, cit., pp. 421-422.

30 Al respecto, entre otros, v. Hernández Yzal, «Informe sobre la Conferencia Marítima Internacional (Nueva York, septiembre de 1965)», *REDM*, n.° 11, 1965, p. 214; y Gabaldón García, «Caracterización...», *cit.*, y «El Convenio Internacional sobre Privilegios Marítimos e Hipoteca naval», en *Estudios jurídicos en homenaje al profesor Aurelio Menéndez*, t. III, Madrid, 1996, p. 3745.

rios a tres: 1) las indemnizaciones a que tiene derecho el propietario (*rectius*, naviero; recuérdese, por lo demás, que el art. 13 del Convenio declara aplicables sus disposiciones también a los buques explotados por un armador no propietario o por un fletador principal) por razón de los daños materiales sufridos por el buque y no reparados, o por pérdidas del flete; 2) las indemnizaciones a él adeudadas por averías gruesas, en tanto que éstas consistan en daños materiales sufridos por el buque y no reparados, o en pérdidas del flete; y 3) las remuneraciones que le son debidas por asistencia prestada o salvamento efectuado hasta el fin del viaje, deducción hecha de las cantidades abonadas al capitán y a las demás personas al servicio del buque[31]. Pero en el propio art. 4 del Convenio de Bruselas de 1926 se niega el carácter de accesorio del buque o del flete a las indemnizaciones adeudadas al *propietario* (entiéndase incluido en este término el naviero no propietario) en virtud de contratos de seguro, así como a las primas, subvenciones u otros subsidios nacionales.

Así, frente a la regulación del Convenio de 1926 expuesta, el deseo de favorecer las garantías hipotecarias lleva a que en los Convenios de 1967 y 1993 se declare, en sus arts. 4, al buque como único objeto de la garantía respecto a los privilegios marítimos. Todo ello sin perjuicio del reconocimiento que en los arts. 6 de estos dos últimos Convenios se hace a los Estados contratantes de la posibilidad de contemplar en su legislación otros privilegios marítimos, pero pospuestos a los enumerados en los arts. 4 de tales Tratados. De este modo se produce el rechazo de la extensión de la garantía al flete o a los bienes que sustituyan al buque o al flete, así como la ampliación del objeto de la garantía a otros bienes. No extensión que, con relación a las indemnizaciones adeudadas en virtud del contrato de seguro, no resulta expresa en el Convenio de Bruselas de 1967 aunque sí en el de Ginebra de 1993 (art. 10.2), pero con una redacción que hace considerar que lo que en él se produce es una exclusión de la subrogación personal (o ejercicio de los derechos que tenga el propietario frente al asegurador) y no sólo de la real (sustitución del buque dañado o desaparecido por un derecho de crédito a la indemnización debida por el asegurador)[32].

---

31 Resulta oportuno resaltar que estos tres supuestos de bienes accesorios, que constituyen también objeto de la garantía frente a los privilegios marítimos en el Convenio de 1926, son de naturaleza diversa. Las indemnizaciones por pérdida o daños materiales sufridos por el buque no reparados y las indemnizaciones por pérdida del flete son sumas de dinero pagaderas al propietario por pérdida o daños ocasionados al buque o por la ganancia no percibida por el naviero que sustituyen los bienes inicialmente gravados; mientras que las remuneraciones por asistencia o salvamento suponen un beneficio obtenido por el naviero que no reemplazan sino amplían la base objetiva de la garantía. Al respecto v. Alonso Ledesma, *Privilegios...*, cit., pp. 560-561.

32 En este sentido, entre otros, v. Alonso Ledesma, *Privilegios...*, cit., pp. 570-571; y Ruiz Soroa, «Privilegios...», cit., pp. 354-355.

5. Los procedimientos de ejecución colectiva, la poda de privilegios y el derecho a la ejecución separada

De la comparación realizada entre los Convenios internacionales en materia de privilegios e hipotecas marítimos aplicados en España, el antiguamente vigente de Bruselas de 1926 y de Ginebra 1993 actualmente aplicable, se aprecia no solo una reordenación de los mismos sino también una moderada reducción de supuestos y del objeto por ellos afectado, lo cual tiene importantes consecuencias procesales, en cuanto el actualmente vigente en España Convenio de Ginebra de 1999 vincula el embargo preventivo de buques con los privilegios reconocidos en el Convenio de 1993.

Esta tendencia a la reducción de privilegios (poda de privilegios) fue también un criterio seguido por el legislador español en la reforma concursal de 2003, en la que se propugnó aquélla para la preservación del principio de la *par conditio creditorum*. En concreto, en el vigente TRLC tan sólo se consideran créditos privilegiados especiales sobre determinados bienes o derechos de la masa activa los comprendidos en su art. 270, entre los que destacan los créditos garantizados con hipoteca legal o voluntaria, y en el art. 280 se reconoce una limitada relación de créditos con privilegio general.

Por lo demás, se ha de destacar que en los procedimientos de ejecución colectiva los acreedores con créditos privilegiados sobre los buques (y las aeronaves), entre los que no se ha de entender incluida la hipoteca naval[33], pueden instar la separación de tales bienes de la masa activa del concurso ejerciendo la acción correspondiente reconocida en su legislación específica (para los supuestos de ejecuciones singulares), la cual en la actualidad está integrada en el ámbito marítimo por el Convenio de 1993 y la LNM, durante

---

33 Al respecto v. trabajos previos titulados «Los derechos reales de garantía sobre el buque y la aeronave y la reforma concursal», en *Estudios sobre la Ley Concursal. Libro homenaje a Manuel Olivencia*, t. IV, Madrid-Barcelona, 2005, pp. 3569-3610; «Los privilegios marítimos ante la reforma concursal», *ADM*, vol. XVIII, 2001, pp. 125-139; y «El derecho de ejecución separada sobre el buque y la aeronave y la reforma concursal», en TOBÍO RIVAS/FERNÁNDEZ-ALBOR BALTAR/TATO PLAZA (eds.), TOBÍO RIVAS (coord.), *Estudios de Derecho Mercantil. Libro Homenaje al Prof. Dr. Dr. h. c. José Antonio Gómez Segade*, Marcial Pons, Madrid-Barcelona-Buenos Aires-São Paulo, 2013, pp. 1159-1174. Así como *Privilegios, hipotecas y embargos preventivos sobre el buque y la aeronave*, en OLIVENCIA/FERNÁNDEZ-NÓVOA/JIMÉNEZ DE PARGA (dir.), JIMÉNEZ SÁNCHEZ (coord.), *Tratado de Derecho Mercantil*, t. 48, vol. 2, Madrid-Barcelona, 2002.
Con planteamientos diferentes, entre otros, v. GALÁN LÓPEZ, «Artículo 76. Principio de universalidad», en PULGAR EZQUERRA/ALONSO UREBA/ALONSO LEDESMA/ALCOVER GARAU (dir.), *Comentarios a la legislación concursal (Ley 22/2003 y 8/2003 para la Reforma Concursal)*, t. I, Madrid, 2004, p. 809; RUIZ SOROA, «Los créditos marítimos privilegiados y el concurso de acreedores», en *RDCP*, n.º 6, 2007, pp. 119-130; y ALONSO LEDESMA, «Viejos y nuevos...», cit., pp. 303-315.

el plazo de un año de la declaración del concurso (art. 241 del TRLC)[34]. Es éste el único supuesto de *separatio ex iure crediti* reconocido en nuestra legislación concursal, si bien lo que realmente se trata es de una separación impropia, pues lo que en la Ley se contempla no es una separación de bienes sino tan sólo un derecho a la ejecución separada[35], para cuya efectividad se antoja necesaria la comunicación del crédito y su reconocimiento[36]. De manera que sólo si no se han ejercido en plazo tales acciones o si el valor del buque fuera insuficiente para cubrir los créditos del acreedor ejecutante marítimo se aplicaría el sistema de clasificación de créditos de la legislación concursal.

6. El embargo preventivo de buques como instrumento para la ejecución de los créditos privilegiados marítimos. El Convenio de 1999 frente al Convenio de 1952

La protección de determinados créditos mediante la figura del privilegio marítimo tendría poca eficacia práctica si no fuera por la regulación de la medida procesal del embargo preventivo de buques[37]. La razón de ello está

---

34 En el mismo sentido y con relación al texto de la Ley Concursal vigente en su momento, v. Domínguez Cabrera, «La ejecución extraconcursal del buque», *ADM*, vol. XXVII, 2010, pp. 168 y 170. También v. Rueda Martínez, «Privilegios...», cit., p. 194.
Recuérdese, por lo demás, que puede darse también el pago de los créditos con privilegio especial sin realización del bien afecto, pasando a tener el crédito por las cantidades debidas y las de vencimiento futuro a cargo del concursado la consideración de créditos contra la masa (*vid.* arts. 242, 15.°, y 430.2 del TRLC).

35 Al respecto v. Alonso Ledesma, «Viejos y nuevos...», cit., p. 304, quien apunta que al mismo resultado que al de la *separatio ex iure crediti* se podría haber llegado permitiendo la integración del o de los buques en la masa activa del concurso, pero respetando, en caso de liquidación, el orden de graduación de los créditos que gravan sobre el buque con arreglo a lo dispuesto en la norma especial marítima. Resultado que, en su opinión y en la de Ruiz Soroa (v. «Créditos marítimos privilegiados...», *cit.,* p. 121), resulta más acorde con la realidad actual del tráfico en el que la empresa naviera es el centro de imputación y ejecución y no el buque como cosa.

36 Resulta preciso adoptar las medidas conducentes a evitar que el crédito no sea tenido en cuenta a la hora de buscar una solución del concurso por medio de un convenio o con la liquidación de los bienes (que no pasan por reputarlos como contingentes sin cuantía propia —art. 261.3 del TRLC—, pues ni están sometidos a condición suspensiva ni son litigiosos), por ello será necesaria la comunicación del crédito y su reconocimiento. Pero ante la falta de regulación expresa del supuesto estudiado en el TRLC surgen dudas de si la comunicación del crédito y su reconocimiento se debe producir necesariamente de la misma manera que el resto de créditos concursales, o sólo si no se ejercita el derecho de ejecución separada en plazo o si ejercitado éste el acreedor no logra satisfacer su crédito.

37 En inglés *arrest*, en francés *saisse conservatoire*, en italiano *sequestro* conservativo, en alemán *arrest*.
Interesa ahora el estudio del embargo preventivo de buques y no del ejecutivo. Es decir,

en el carácter esencialmente móvil de los buques destinados al transporte, pues éstos para lograr su fin económico han de permanecer el menor tiempo posible en los puertos. Sólo mediante la detención de la nave se impide que ésta salga del puerto y con ello que situaciones (como eventos ocasionales, pero también actuaciones fraudulentas) producidas durante la pendencia del proceso correspondiente resten eficacia a las actuaciones judiciales que se lleven a cabo contra los titulares o poseedores del buque. Se consigue así la anticipación total o parcial de la futura ejecución de una eventual sentencia estimatoria de la pretensión del actor y ello sirve de mecanismo procesal necesario para, en definitiva, lograr una tutela judicial efectiva (art. 726.1.1.° de la LEC)[38]. Pero sin que la adopción de dicha medida cautelar afecte al ejercicio del derecho del propietario a vender o hipotecar el buque, aunque estas operaciones resulten muy dificultadas *de facto* si no se realizan con el acuerdo del embargante[39].

El carácter eminentemente internacional del comercio marítimo y la movilidad natural de los buques hacen necesario el establecimiento de normas uni-

---

la medida cautelar que se solicita del juez antes de la adopción por éste de una decisión sobre el fondo del asunto mediante sentencia (embargo preventivo), y no en la garantía que puede adoptar el juez tras la sentencia para asegurar la ejecución forzosa de ésta como fase del proceso de ejecución (embargo ejecutivo). Éste es el concepto al que se alude tanto en el Convenio de Bruselas de 1952 como en el de Ginebra de 1999 cuando utiliza el término «embargo» (arts. 1.1.2), en el que excluye su aplicación al «embargo de un buque para la ejecución de un crédito». Al respecto, entre otros, v. HERNÁNDEZ MARTÍ, «El embargo preventivo de buques en el Convenio de Bruselas de 10 de mayo de 1952», *RDM*, n.os 147-148, 1978, pp. 120-121; ORTELLS RAMOS, *El embargo preventivo. Doctrina y jurisprudencia*, Granada, 1998, pp. 34-38; y RAMOS MÉNDEZ, *Enjuiciamiento civil*, t. II, Barcelona, 1997, pp. 747-748.

Por lo demás, en nuestra LEC no se contempla un mandamiento judicial similar al conocido en el Derecho inglés como *Mareva Injuction*, figura procesal creada por la jurisprudencia de este país a raíz del caso del buque «Mareva» ([1975] 2 Lloyd's Rep. 509), en la que se faculta al acreedor para obtener una orden judicial destinada a impedir que un deudor pueda disponer de todos sus activos en detrimento de aquél hasta que se dicte una sentencia o laudo arbitral firme (o incluso después). Sobre la jurisprudencia Mareva, v. HERNÁNDEZ IZAL, *Derecho..., cit.,* pp. 361-368; TETLEY, *Maritime Liens..., cit.,* pp. 983-997, 1001-1006 y 1017-1022; THOMAS, *Maritime Liens*, London, 1980, pp. 73-77; ZAMORA CABOT, «La jurisprudencia inglesa "Mareva"; una solución moderna al embargo preventivo», *R.D.Proc.Iber.*, 1983, pp. 401-417; GONZÁLEZ-LEBRERO, *Procedimientos marítimos*, Madrid, 1996, pp. 52-55, y *Curso de Derecho de la Navegación*, Vitoria-Gasteiz, 1998, pp. 764-766 (que encuentra parecidos con las medidas cautelares indeterminadas del art. 1.428 de la LEC de 1881, hoy reguladas en art. 727.11.0 de la LEC de 2000); y GASCÓN INCHAUSTI, *Medidas cautelares de proceso civil extranjero (art. 24 del Convenio de Bruselas)*, Granada, 1998, pp. 140-152.

38 V. CORTÉS DOMÍNGUEZ, «Las medidas cautelares», en CORTÉS DOMÍNGUEZ/GIMENO SENDRA/MORENO CATENA, *Derecho Procesal Civil. Parte general*, Madrid, 2000, p. 579; MORA CAPITÁN, *El embargo preventivo de buques*, Barcelona, 2000, pp. 117-118; y RAMOS MÉNDEZ, *Enjuiciamiento civil...*, II, cit., pp. 723-726.

39 V. RODIÈRE/DU PONTAVICE, *Droit maritime*, 11.ª edic., Paris, 1991, p. 134.

formes a nivel internacional que regulen la figura del embargo preventivo de buques, con las cuales se proteja el derecho de persecución sobre el buque en relación con el cual nació el crédito permitiendo su embargo en cualquier lugar y sea quien fuere su dueño[40]. La concurrencia de jurisdicciones dispares (una que decide sobre el fondo, el crédito, y otra sobre la medida cautelar, el embargo preventivo) y las diferencias de los Ordenamientos (en cuanto al concepto de embargo, la autoridad competente, el modo de realización y las condiciones exigidas para ello) reclaman una regulación uniforme en una materia en la que la adopción de una medida cautelar (el embargo) y la consiguiente retención del buque ha de ser adoptada con celeridad y acierto. Pues, de un lado, si no se adopta y el buque abandona el puerto y se adentra en aguas internacionales deja de estar sometido a la jurisdicción no sólo del tribunal donde se solicita el embargo sino del Estado en cuestión, haciendo ineficaz el sistema de recursos. Y, de otro lado, si el embargo se decreta improcedentemente resulta difícil y costoso la reparación de los daños producidos por su inmovilización[41].

La disciplina del embargo preventivo de buques[42] se complica, además, por el hecho de que muchos de los créditos por los que se puede solicitar el embargo están asistidos de un privilegio marítimo sobre el buque que se embarga; y por la circunstancia de que el naviero puede exonerarse de su responsabilidad mediante el abandono de su fortuna de mar y los sistemas de limitación de su responsabilidad[43].

El Convenio de Ginebra de 1999, actualmente vigente en España tras la denuncia del Convenio de Bruselas de 1952 (que es el que sigue contando con un mayor número de Estados parte), presenta entre sus principales novedades la ampliación de la lista de créditos marítimos (art. 1.1) y, sobre todo, la concepción del embargo preventivo de buques como medida cautelar únicamente anticipadora del embargo ejecutivo (art. 3). Se produce con esto último la consiguiente reducción de las posibilidades de embargar un buque, singularmente si no pertenece al deudor y el acreedor no va a poder ejecutar contra él una sentencia dictada en relación con al crédito alegado, mediante su venta judicial o forzosa, por estar el buque afectado realmente por el crédito al pesar sobre él un privilegio marítimo o una hipoteca naval (art. 3.3) por recaer sobre bienes determinados *(in rem)* y ser oponibles frente

---

40 Entre otros, v. HERNÁNDEZ MARTÍ, «Embargo preventivo...», *cit.,* p. 110.

41 En este sentido, entre otros, v. LA CHINA, «Due novità (d'antica data!) nel campo del diritto procesualle civile internazionale marittimo: le Convenzione di Bruxelles del 10 maggio 1952», *Il Foro Italiano*, Parte Quinta, 1978, p. 254.

42 Entre otros, v. SALINAS ADELANTADO, *Manual de Derecho Marítimo*, Valencia, 2021, p. 161, quien lo califica de privilegio procesal.

43 V. HERNÁNDEZ MARTÍ, «Embargo preventivo...», *cit.,* p. 111.

a terceros *(erga omnes)*[44]. Ello supone, para tales casos, la eliminación de la función compulsiva (cuyo efecto es la precipitación de la resolución del litigio muchas veces incluso antes de la formulación de la demanda)[45] del embargo preventivo propiciada por el Convenio de Bruselas de 1952, utilizado con frecuencia frente a los meros poseedores del buque por los titulares de créditos marítimos.

Ambos Convenios pueden ser aplicables a todos los buques, con independencia de que enarbolen o no el pabellón de un Estado parte, pues así se dispone en el art. 8.2 del Convenio de Bruselas de 1952[46] y en el art. 8.1 del Convenio de Ginebra de 1999 (aunque, conforme a lo dispuesto en su art. 10, los Estados parte pueden reservarse excluir la aplicación del Tratado a los buques que no enarbolen un pabellón de un Estado parte). Y no se contempla ni en el Convenio de 1952 ni en el de 1999 la posibilidad del embargo de los frutos (fletes) y rentas generadas por el buque[47].

La apuntada ampliación de la lista de créditos marítimos producida en el Convenio de Ginebra de 1999 (art. 1.1) respecto al de Bruselas de 1952, se refleja en la nueva redacción dada a algunos supuestos con objeto de adaptarla a la terminología del Convenio de Ginebra de 1993 *sobre los privilegios marítimos y la hipoteca naval*; en el acogimiento del transporte de pasajeros en las letras *g)* y *h*) y el añadido de los siguientes: daños medioambientales *(d)*, puesta a flote, remoción de restos y conservación de un buque abandonado y mantenimiento de su tripulación *(e)*, derechos de puerto *(n)*, primas de seguro *(q)*, comisiones de agencia *(r)* y disputas relativas a los contratos de compraventa de buques *(v)*[48].

---

44 Entre otros, v. Albors/Ruiz-Gálvez/Portales, «La conferencia diplomática de Ginebra de 1999 (marzo) sobre embargo preventivo de buques», *RDMar*, n.° 2, 1999, p. 27; Mora Capitán, *Embargo preventivo..., cit.*, pp. 335-338; y Berlingieri, F., *Berlingieri on arrest of ships. A commentary of the 1952 and 1999 Arrest Conventions*, 6.ª edic., vol. II, Oxon-New York, 2017, pp. 87-88 y 102.

45 V. Giménez de la Cuadra, «El embargo preventivo de buques y la conferencia de Lisboa de 1985», *BAEDM*, n.os 5 y 6, 1986, pp. 157-158. También v. Berlingieri, G., «Liability for wrongful arrest of ships: the efforts towards possible uniform rules», *DM*, 2020, pp. 285-308.

46 Salvo que el Estado haya hecho uso del derecho de no aplicar las disposiciones del Tratado a los buques de Países no firmantes del mismo, lo que implica el ejercicio de una reserva, que España no formuló. En este sentido v. la Sentencia del Tribunal Supremo de 18 de junio de 1990 (*Aranzadi*, n.° 4791).

47 Los cuales son susceptibles de ser embargados conforme a las normas generales de nuestra LEC (arts. 727.1.° y 592.2.5.°). Al respecto v. la Sentencia del Tribunal Supremo de 15 de octubre de 1990 (*Aranzadi*, n.° 7865).

48 Entre otros, v. Goñi, «El Convenio de 1952 y sus posibles enmiendas», *ADM*, vol. XII, 1995, pp. 381-382; Gabaldón García, «La revisión del Convenio internacional sobre embargo preventivo de buques», *ADM*, vol. XIV, 1997, pp. 84-102, y en *Estudios de Derecho Mercantil en homenaje al profesor Justino Duque Domínguez*, vol. II, Valladolid, 1998, pp. 1421-1428; Albors/Ruiz-Gálvez/Portales, «Conferencia diplomática...», *cit.*, pp. 13-14, 22-23 y 27; Alcántara, «El Convenio de embargo preventivo de buques, Ginebra, 12 de

Por lo demás, los presupuestos del embargo preventivo de buques son tres: 1) La apuntada alegación de un crédito marítimo de los listados por el Convenio[49] (mera alegación, sin necesidad siquiera de una demostración mínima de apariencia de buen derecho, *fumus bonis iuris*). 2) La presencia del riesgo de que el juicio que se sigue (o seguirá) por el crédito marítimo resulte ineficaz si no se traba el bien objeto del embargo preventivo (*periculum in mora*, también presumido *iuris et de iure*)[50]. Y 3) La prestación de una

marzo de 1999», *RDMar*, n.° 2, 1999, pp. 50-51; Berlingieri, F., «Analyse de la Convention du 12 mars 1999 sur le saisie conservatoire des navires», *DMF*, n.° 593, 1999, pp. 403-407, y *Berlingieri on arrest of ships...*, II, *cit.*, pp. 30-31 y 47-48; Berlingieri/Rovelli, «La nuova Convenzione sul sequestro dei navi», *DM*, 2000, pp. 4-9 y Martín Osante, «El embargo preventivo de buques», *RDM*, n.° 305, 2017, p. 145, y «Arrest of Ships: Geneva Convention 1999 and lex fori, in particular, Spanish Law», en Fotinopoulou Basurko/Martín Osante, *New Trends in Maritime Law. Maritime liens, arrests of ships, mortgages and forced sale*, Cizur Menor, 2017, pp. 140-142.

49 Resulta muy ilustrativa la clasificación de créditos que distingue entre privilegios marítimos reconocidos por el Convenio de Ginebra de 1993, derechos de crédito no privilegiados y derechos de naturaleza jurídico-real. Al respecto v. Gabaldón García/Ruiz Soroa, *Manual...*, *cit.*, p. 937; y Hernández Martí, «Embargo preventivo...», *cit.*, pp. 125-128.

50 La medida cautelar es de especial importancia por la movilidad propia del tráfico marítimo (muchas veces internacional), característica que contribuye a dificultar la ejecución tanto de una sentencia pecuniaria condenatoria como de un fallo en el que se declare la propiedad o posesión del buque en favor del demandante.

Tanto en el Convenio de Bruselas de 1952 como en el de Ginebra de 1999 se concibe el *periculum in mora* de modo objetivo, estableciéndose una presunción *iuris et de iure* de su existencia, sin que el solicitante de la medida deba probarla ni el tribunal valorarla. Así, frente a lo regulado en la legislación española (v. art. 728 de la LEC que exige al solicitante la justificación de que podría producirse durante la pendencia del proceso, de no adoptarse las medidas solicitadas, situaciones que impidan o dificulten la efectividad de la tutela que pudiera otorgarse en una eventual sentencia estimatoria), el solicitante puede instar el embargo del buque por un crédito marítimo (arts. 3.1. de ambos Convenios) sin que haya de probar ni siquiera el peligro en la demora, pues se entiende implícito en la *ratio* de la medida cautelar. Al respecto v. Cucarella Galiana, «El embargo preventivo de buques: estudio jurisprudencial», *La Ley*, 1998-5, p. 1714; Mora Capitán, *Embargo preventivo...*, *cit.*, pp. 208-209; la Sentencia de la Audiencia Territorial de Barcelona de 19 de noviembre de 1996 (*RGD*, 1987, pp. 2695-2699) y el Auto de la Audiencia Territorial de Barcelona de 26 de noviembre de 1986 (*ADM*, vol. VI, 1988, pp. 511-517), resoluciones en las que tras apuntar que no es necesario demostrar el peligro afirman que éste se aprecia en la nacionalidad extranjera de la entidad titular del buque. Con relación a la legislación italiana, v Mordiglia, «La Convenzione di Bruxelles 10 maggio 1952 sul sequestro conservativo di nave e la recente entrata in vigore in Italia», *DM*, 1981, pp. 136-138; Silingardi, «Sequestro della nave o dell'aeromobile», *Enciclopedia del Diritto*, vol. XVII, Milano, 1990, p. 186; y Vincenzini, «Il sequestro conservativo di nave straniera secondo la Convenzione di Bruxelles de 10 maggio 1952», *Riv. Dir. Proc.*, 1987, p. 160.

Por otro lado, la existencia de un privilegio marítimo o de un crédito hipotecario naval en favor del solicitante no impide el embargo preventivo del buque porque en tales casos no exista peligro de que las actuaciones judiciales que se sigan contra los titulares o poseedores del buque resulten ineficaces. Al contrario, tanto en el Convenio de Bruselas de 1952 como en el de Ginebra de 1999 se contempla la inmovilización del buque gravado con dichos derechos reales (mientras que en el art. 728 de la LEC no se distingue a tales caución[51] para responder del quebranto económico que pudiera ocasionar su adopción o la prestación de una garantía sustitutoria cuando la medida cautelar se extinguiese sin la obtención de una sentencia condenatoria. Caución que tiene condición de obligatoria y supone la contrapartida necesaria a la no exigencia de acreditación documental del crédito marítimo alegado por el solicitante para la concesión del embargo, que debiera disuadir a quienes no cuenten con argumentos suficientes para lograr una sentencia a su favor. La necesidad de la caución exigida al solicitante compensa las facilidades con que se concibe el embargo[52].

---

efectos entre créditos garantizados con derechos reales o no) y la traba que implica el embargo preventivo facilita la ejecución del buque por el titular del privilegio o del crédito hipotecario para la satisfacción de su interés. En este sentido v. MORA CAPITÁN, *Embargo preventivo..., cit.,* pp. 210-213; en contra, ORTELLS RAMOS, *Embargo preventivo..., cit.,* pp. 234-236. Es más, esta medida cautelar es especialmente interesante como medio para evitar la extinción por prescripción de los privilegios marítimos (art. 9.1 del Convenio de Bruselas de 1926, art. 8.1 del Convenio de Bruselas de 1967 y art. 9 del Convenio de Ginebra de 1993) o de la hipoteca naval (arts. 11 y 12 de los Convenios de Bruselas de 1967 y de Ginebra de 1993).

51 Como contrapartida a las medidas cautelares en las normas procesales se determina habitualmente la exigencia de una caución para responder del quebranto económico que pueda ocasionar su adopción o la prestación de una garantía sustitutoria cuando la medida cautelar se extingue sin la obtención de una sentencia condenatoria. Así se establece, con carácter general, en el art. 728.3 de la LEC y que también se contempla en el art. 6 del Convenio de Ginebra de 1999 como medida de protección de los propietarios y arrendatarios a casco desnudo de los buques embargados.
En cuanto a la calidad de la caución a prestar, en la LEC (art. 529.3) se admite tanto su constitución en dinero efectivo, como mediante aval solidario de duración indefinida y pagadero a primer requerimiento emitido por entidad de crédito o sociedad de garantía recíproca, o por cualquier otro medio que, a juicio del tribunal, garantice su inmediata disponibilidad; criterio acorde a la necesidad de que la caución prestada responda «de manera rápida y efectiva» apuntado en el art. 728.3 de la LEC. En la práctica se prefieren las modalidades que resultan de más fácil y segura ejecución, como el depósito en metálico o los avales y aseguramientos prestados por instituciones financieras, compañías de seguros o clubs de P & I (v. GONZÁLEZ-LEBRERO, *Procedimientos...*, cit., p. 42, y *Curso...*, cit., p. 759; ARROYO, *Curso...*, cit., p. 481; y MORA CAPITÁN, *Embargo preventivo...,* cit., pp. 226-227, quien se opone a la admisión de otras garantías personales). Amplitud de alternativas que también se ofrece al órgano jurisdiccional en el art. 6.1 del Convenio de Ginebra de 1999. Calidad de la caución que, por lo demás, también debe ser susceptible de revisión por el juez de oficio o a instancia de parte.

52 En tal sentido, la caución podría ser considerada como un presupuesto para la adopción del embargo, si bien nos parece más adecuado conceptuarla como una condición de eficacia (con el mismo criterio v. MORA CAPITÁN, *Embargo preventivo..., cit.,* pp. 218-219 y 223; ORTELLS RAMOS, *Embargo preventivo..., cit.,* p. 308; y los ya citados Sentencia de la Audiencia Territorial de Barcelona de 19 de noviembre de 1986 y Auto de la Audiencia Territorial de Barcelona de 26 de noviembre de 1986). Tesis que tiene su consecuencia operativa pues hace recaer la efectividad del auto que declare el embargo sobre la adecuada constitución de la garantía, por lo que ésta se prestaría después de dictada dicha resolución judicial (condición de eficacia de éste) y no previamente (presupuesto). En todo caso siempre la prestación de la caución ha de ser previa a cualquier acto de cumpli-

7. El Convenio de Beijing sobre los efectos internacionales de las ventas judiciales de buques de 2022

La no satisfacción voluntaria de los créditos que pesan sobre el buque lleva con frecuencia a los acreedores a instar su venta. El procedimiento de venta (judicial, notarial o administrativa) del buque tiene por objetivo procurar el mayor pago de créditos posible y la adjudicación del buque a un nuevo titular. Éste, por su parte, tiene interés en que la venta conlleve la extinción de todas las cargas, privilegios, derechos y reclamaciones de cualquier clase existentes sobre la nave (purga de cargas), salvo los que haya tomado a su cargo con el consentimiento de los beneficiarios (art. 484 LNM)[53].

miento de la medida cautelar acordada (art. 737.1 de la LEC (v. Ros Sopranis, «Arbitraje extranjero y medidas cautelares en España: forum shopper's Paradise», *ADM*, vol. V, 1987, pp. 215-216), debiendo el juez decidir mediante providencia sobre la idoneidad y suficiencia del importe de la caución (art. 737.2 de la LEC).

La caución es concebida, con el carácter de obligatoria tanto por la LEC (art. 728.3) como por el art. 272.2 de la LNM, sin que se deje al juez ningún margen de discrecionalidad (entre otras, v. la citada Sentencia de la Audiencia Territorial de Barcelona de 19 de noviembre de 1986 y el Auto de la Audiencia Provincial de Las Palmas de Gran Canaria de 8 de marzo de 1993 –*Aranzadi* AC 1993\370–) en cuanto a su exigencia (aunque sí sobre su cuantía), como sí parece deducirse de la expresión «(s)alvo que expresamente se disponga otra cosa» del art. 728.3 de la LEC. Y sin que quepa su exceptuación ni en el supuesto en que el solicitante de la medida goce del beneficio de la justicia gratuita, pues el juez al fijar la caución ha de valorar principalmente el perjuicio que pueda sufrir el demandado (Sentencia del Tribunal Constitucional n.° 202/1987, de 17 de diciembre –BOE de 8 de enero de 1998–).

Todo ello frente al mayor margen concedido en el art. 6.1 del Convenio de Ginebra de 1999 al tribunal para su imposición o no y a su silencio respecto a todo lo relativo a la determinación de su cuantía. Si bien en el art. 272.2, párr. 2.° de la LNM se establece que será como mínimo del 15 por ciento del importe del crédito marítimo alegado (criterio más sencillo de aplicar que el más adecuado de los posibles daños y perjuicios que puedan derivarse del embargo, en este sentido, v. Portales, «El embargo preventivo de buques en la Ley de Navegación Marítima», en Asociación de Derecho Marítimo, *Comentarios a la Ley de Navegación Marítima*, Madrid, 2015, p. 448), aunque el tribunal podrá revisar su cuantía, de oficio o a instancia de parte, en atención al porte y a las dimensiones del buque, al coste derivado de la estancia del buque en el puerto, a su precio de mercado por día, a si está o no sujeto a línea regular, a si está o no cargado, así como a sus compromisos contractuales. Entre otros, también v. Arroyo, *Curso...*, cit., p. 481; Martín Osante, «Embargo preventivo...», *cit.,* pp. 157-159, «Arrest of Ships...», cit., pp. 144-147; y Albors, «La responsabilidad por daños derivados del embargo preventivo de buques», en García-Pita y Lastres/Díaz de la Rosa/Quintáns Eiras, *El Derecho Marítimo, las nuevas tecnologías y los retos del progreso* (dir.), Cizur Menor, 2021, pp. 397-418.

53 Entre otros, v. del Corte, «Especialidades procesales de la ley de Navegación Marítima», en Emparanza Sobejano/Martín Osante, *Comentarios sobre la Ley de Navegación Marítima*, Madrid-Barcelona-Buenos Aires-São Paulo, 2015, p. 774; y Salinas Adelantado, *Manual...*, *cit.,* p. 153.

Este efecto extintivo se vincula en el art. 12 del Convenio de Ginebra de 1993 a la doble condición de que: a) en el momento de la venta el buque se encuentre dentro del ámbito de la jurisdicción de un Estado parte; y b) la venta se haya efectuado de conformidad con la legislación de ese Estado y con lo dispuesto en sus muy detallistas arts. 11 y 12. Disciplina que es más completa que la contenida en el párr. 4.° del art. 9.° del Convenio de Bruselas de 1926[54] (e incluso la del art. 11 del Convenio de 1967). Pero, a pesar de la claridad del mandato contenido en estos preceptos, especialmente de los del Convenio de 1993, habida cuenta de la limitada aceptación internacional de los Convenios de 1926 y 1993 se alzaron voces (siendo las primeras las de la Asociación de Derecho Marítimo de China, miembro del CMI)[55] que juzgaron preciso[56] un nuevo tratado en la materia, en el que se regulasen los efectos internacionales de las ventas judiciales de buques que confieran un título de propiedad limpio. Tal iniciativa fue respaldada por el Comité Marítimo Internacional, que elaboró un proyecto de convenio, que fue acogido por UNCITRAL como el primer borrador para la elaboración del que sería Convenio de 2022[57].

El nuevo Convenio tiene por objeto el establecimiento de un régimen armonizado para dar efecto internacional a las ventas judiciales, preservando al mismo tiempo la legislación nacional que rige el procedimiento de tales ventas y las condiciones con las que confieren un título de propiedad limpio (arts. 15 y 9, *lex fori*)[58]. En su preámbulo se expresa la esperanza de que la

54 Conforme al cual: «*Entre los casos de extinción señalados por las Leyes nacionales, la venta no extinguirá los privilegios, a no ser que se realice con las formalidades de publicidad determinadas por las Leyes nacionales. Estas formalidades comprenderán un aviso previo, dado en la forma y plazos fijados por dichas Leyes, a la Administración encargada de llevar los registros previstos en el artículo 1.° del presente Convenio*», es decir, un registro público, ya sea el del puerto de matrícula del buque o un registro central. Adviértase, por lo demás, la remisión realizada al Derecho interno en cuanto a la extinción de los privilegios por la venta del buque.

55 En este proceso preparatorio del Proyecto del CMI de Convenio sobre Venta Judicial de Buques y su Reconocimiento, destaca la constitución de un Grupo de Trabajo Internacional en 2014 y el documento elaborado por el Profesor Henry Hai Li en 2007, publicado en el *CMI Yearbook 2009*, pp. 342-356. Al respecto, entre otros, v. RODRÍGUEZ DELGADO, «Algunas observaciones...», cit., p. 474.

56 Frente a esta fórmula algunas opiniones autorizadas se han mostrado partidarias de que el mismo fin conseguido por el Convenio de Beijing de 2022 se hubiera logrado con un Protocolo modificativo del Convenio de Ginebra de 1993, pero además esta vía pudiera haber coadyuvado a una mayor aceptación de este último Convenio entre los países con intereses navieros. Así, entre otros, v. ALCÁNTARA GONZÁLEZ, «Consideraciones...», *cit.*, pp. 435-438, quien además apunta con la reforma del Convenio de 1993 se hubiera conseguido su actualización, evitado duplicidades, así como el largo proceso que augura hasta alcanzar una aceptación internacional suficiente y su entrada en vigor.

57 V., *supra*, nota 1.

58 En este sentido se ha afirmado que el Convenio no busca ni pretende erosionarla sobe-

Convención, al ofrecer seguridad jurídica con respecto al título de propiedad que adquiere el comprador de un buque mientras navega en aguas internacionales, sirva para maximizar el precio al que éste pueda venderse en el mercado y el producto que podrá distribuirse entre los acreedores, así como para promover el comercio internacional[59].

La norma básica del Convenio, que solo está supeditada a una excepción de orden público (art. 10)[60], es la relativa a los efectos internacionales de una venta judicial (art. 6). Conforme a esta norma surte el mismo efecto en los demás Estados partes que en el de la venta judicial de un buque, si ésta es llevada a cabo en un Estado parte y la nave está situada físicamente en el territorio de la venta judicial en el momento de la venta (art. 3), ha sido ordenada, aprobada o ratificada por un órgano judicial u otra autoridad pública (ventas administrativas y notariales), se ha llevado a cabo en subasta pública, o por acuerdo de las partes bajo la supervisión y con aprobación de un órgano judicial, su producto se ha puesto a disposición de los acreedores (art. 2) y ha sido realizada conforme a los requerimientos del Convenio en un Estado parte que otorga un título de propiedad limpio al comprador (por lo que no resulta aplicable a los casos en que el comprador asuma cargas o hipotecas).

Como complemento a esta norma básica el Convenio contiene otras reglas que establecen la manera en que despliega sus efectos una venta judicial una vez finalizada: 1) la exigencia de que, a solicitud del comprador, el registro cancele o transfiera la inscripción del buque del registro (art. 7); 2) la prohibición de embargar preventivamente el buque incluso cuando se invoque un crédito nacido de un derecho preexistente (es decir, un derecho extinguido como consecuencia de la venta) (art. 8)[61]; y 3) la atribución de competencia exclusiva a los órganos judiciales del Estado de la venta judicial para conocer de cualquier demanda o solicitud de impugnación de ésta (art. 9).

---

ranía de los Estados parte, sino que, al contrario, deja los sustanciales y procesales de la venta judicial de en manos de tales Estados para efectuarlas de acuerdo con sus propias leyes y procedimientos. V. MCKERRACHER, «Judicial support for the Beijing Convention on the International Effects of Judicial Sales of Ships», *ETL*, vol. XVIII, n.° 2, 2023, p. 336.

59 Al respecto, entre otros, v. FENECH/LAURIJSSEN, «Preface», *ETL*, vol. XVIII, n.° 2, 2023, pp. 135-137.

60 De modo que la venta judicial no surtirá efectos internacionales sólo si el órgano judicial del Estado parte distinto al de la venta judicial determina que el efecto sería manifiestamente contrario al orden público de ese otro Estado parte. Sobre ello, entre otros, v. ALCÁNTARA GONZÁLEZ, «Consideraciones...», *cit.,* p. 434; RODRÍGUEZ DELGADO, «Algunas observaciones...», *cit.,* p. 495; y ALBA FERNÁNDEZ/RODRÍGUEZ DELGADO, «Proyecto de Convenio...», *cit.,* p. 261.

61 V. FENECH/FUJITA/HETHERINGTON7LAURJSEN/LI/NOLAN/POETSCHKE/ZIEGLER, «Commentary...», *cit.,* p. 156.

Para favorecer el buen funcionamiento del régimen y salvaguardar los derechos que tengan las partes sobre el buque, la Convención asimismo prevé: 1) la preceptiva y previa notificación de la venta judicial a un amplio listado de sujetos y registros interesados[62] (cuyo contenido mínimo se concreta en el anexo I), así como la publicación de edictos y la comunicación al archivo internacional que se crea para su publicación (art. 4)[63]; y 2) la expedición de un certificado (en papel o en documento electrónico) de venta judicial una vez que ésta haya finalizado, que se ha de ajustar al modelo que figura en el anexo II (art. 5), que facilita el trámite ante el registro competente en el que esté inscrito el buque para la inscripción del nuevo titular o para solicitar su baja previa al alta en un nuevo registro[64]. Así como establece un archivo en línea de esos instrumentos, a cargo del Secretario General de la Organización Marítima Internacional, al que puede acceder libremente cualquier persona o entidad interesada (art. 11), llamado a integrarse en el *Global International Shipping Information* System (GISIS)[65].

---

62 Estos son: 1) el registro en que el buque esté inscrito, 2) los beneficiarios de hipotecas, *mortgages* y cargas inscritas, 3) los titulares de privilegios marítimos notificados, 4) el propietario del buque y 5) en caso de arrendamiento a casco desnudo inscrito, el arrendatario y el registro en el que esté inscrito tal arrendamiento a casco desnudo.

63 El Convenio no establece un plazo para la notificación previa, por lo que habrá que estar al dispuesto en la legislación del Estado parte en que se produzca la venta judicial. En este sentido y para el conocimiento del régimen interno español que establece una antelación mínima de treinta días (art. 482 de la LNM), entre otros, v. DEL CORTE, «Especialidades procesales...», *cit.,* p. 773; y HERNÁNDEZ PÉREZ, «Venta forzosa...», *cit.,* p. 323.

64 Al respecto, v. ALCÁNTARA GONZÁLEZ, «Consideraciones...», cit., pp. 431-432, quien se plantea las dificultades que suelen plantear los supuestos de abanderamiento y registro provisional unidos a los supuestos de contratos de arrendamiento a casco desnudo. También v. KRAGIC/JEROLIMOV, «About the concept of Convention on judicial sale of ships», *ETL*, vol. 55, n.º 4, 2020, p. 353, quienes sitúan la clave en la necesaria diligencia del comprador para tener en cuenta las consecuencias de que el contrato de arrendamiento a casco desnudo perviva tras la venta judicial del buque; y RODRÍGUEZ DELGADO, «Algunas observaciones...», *cit.,* pp. 489-492 y 494, quien da cuenta del debate producido en el grupo de trabajo de UNCITRAL sobre el concepto «derecho de uso» incluida en la definición de «carga» del art. 2.e) del Convenio de Beijing de 2022, así como el debate doctrinal sobre si los contratos de arrendamiento a casco desnudo se han de entender o no como cancelados tras la venta judicial y la propuesta de la Asociación Española de Derecho Marítimo de modificación del art. 196 de la LNM para exceptuar la subrogación del adquirente en el contrato de arrendamiento de buque en él prevista, para los supuestos de venta forzosa de buques, en pública subasta judicial o notarial, con mantenimiento de los derechos que puedan corresponder al arrendatario frente al arrendador. Sobre tal debate, entre otros, asimismo v. BERLINGIERI, F., «The 1993 Convention on Maritime Liens and Mortgages», *LMCLQ*, 1995, p. 71, GARCÍA-PITA, *Arrendamientos de buques y Derecho marítimo. Con especial referencial Derecho de Formularios*, Valencia, 2006, pp. 913-914; y FRANCO ARIAS, «La venta forzosa de buques», en ARROYO MARTÍNEZ/RUEDA MARTÍNEZ, *Comentarios a la Ley 14/2014, de 24 de julio, de Navegación Marítima*, Cizur Menor, 2016, p. 1444.

65 Al respecto, entre otros, v. ALBA FERNÁNDEZ/RODRÍGUEZ DELGADO, «Proyecto de Convenio...», *cit.,* p. 255; y RODRÍGUEZ DELGADO, «Algunas observaciones...», *cit.,* p. 496. Tam-

Por lo demás, aunque el régimen de la Convención es aplicable entre Estados parte (art. 3), no impide el empleo de otros medios jurídicos para atribuir efectos a una venta judicial, por ejemplo, en virtud de regímenes de derecho interno más favorables (art. 14), por lo que se afirma que se trata de un régimen cerrado, pero no exclusivo[66].

Por último, y en relación con su acogida, se ha de destacar la posición favorable de la Comisión Europea reflejada en su Propuesta de Decisión del Consejo de 30 de junio de 2023[67], si bien en este ámbito los órganos legisla-

bién v. *https://gisis.imo.org/Public/Default.aspx*.

66 En este sentido v. *https://uncitral.un.org/es/judicialsaleofships* (última consulta: 16 de octubre de 2023).

67 V. la Propuesta de Decisión del Consejo *relativa a la firma, en nombre de la Unión Europea, de la Convención de las Naciones Unidas sobre los Efectos Internacionales de las Ventas Judiciales de Buques, adoptada por la Asamblea General de las Naciones Unidas en Nueva York el 7 de diciembre de 2022, COM (2023) 343 final*, de 30 de junio de 2023, Procedimiento 2023/0195/NLE, disponible en *https://eur-lex.europa.eu/resource.html?uri=cellar:bf74ccc5-1741-11ee-806b-01aa75ed71a1.0020.02/DOC_1&format=PDF* (última consulta: 16 de octubre de 2023), en la que se califica la nueva Convención como complementaria al marco vigente en la Unión Europea en materia de reconocimiento y ejecución de las resoluciones judiciales en materia civil y mercantil, garantizando el reconocimiento internacional de los efectos judiciales de las ventas judiciales de buques.

Las normas vigentes aludidas son el Reglamento (UE) 1215/2012 del Parlamento Europeo y del Consejo, *relativo a la competencia judicial, el reconocimiento y la ejecución de resoluciones judiciales en materia civil y mercantil* (cuyo texto refundido está publicado en *DOUE L*, n.º 351, de 20 de diciembre de 2012, p. 1) y el Reglamento (UE) 2020/1784 del Parlamento Europeo y del Consejo, de 25 de noviembre de 2020, *relativo a la notificación y traslado en los Estados miembros de documentos judiciales y extrajudiciales en materia civil o mercantil* (v. *DOUE L*, n.º 405, de 2 de diciembre 2020, p. 40). A nivel internacional, las cuestiones en materia de jurisdicción y de reconocimiento y ejecución de resoluciones judiciales en materia civil y mercantil son abordadas en los siguientes acuerdos multilaterales de los que la UE es parte: el Convenio de La Haya de 2005, *sobre acuerdos de elección de foro* (v. *DOUE L*, n.º 133 de 29 de mayo de 2009, anexo I); el Convenio de Lugano de 2007, *relativo a la competencia judicial, el reconocimiento y la ejecución de resoluciones judiciales en materia civil y mercantil; el acuerdo paralelo celebrado con Dinamarca relativo a la competencia judicial, el reconocimiento y la ejecución de resoluciones judiciales en materia civil y mercantil* (v. *DOUE L*, n.º 339, de 21 de diciembre de 2007, p. 3); y el Convenio de La Haya de 2019, *sobre el reconocimiento y la ejecución de resoluciones judiciales extranjeras en materia civil o mercantil* (v. *DOUE L*, n.º 187, de 14 de julio de 2022, p. 4). El régimen de la participación de organizaciones regionales de integración económica está recogido en el art. 18 del Convenio de Beijing de 2022.

Vinculado a la anterior regulación comunitaria sobre la competencia judicial, el reconocimiento y la ejecución de resoluciones judiciales en materia civil y mercantil (Reglamento 44/2001), en materia de Derecho marítimo, v. la Sentencia de la Sección 1.ª de Sala de lo Civil del Tribunal Supremo n.º 241/2015, de 6 de mayo (*Aranzadi* RJ\2015\2234), en la que se negó el reconocimiento de una resolución judicial dictada en un proceso carente del necesario carácter contradictorio, comentada por Clavero Ternero, «La limitación de responsabilidad del armador del buque de recreo en la Ley de Navegación Marítima y en la jurisprudencia del Tribunal Supremo», en Baena Baena/López Santana (dir.), *Estudios sobre la responsabilidad de los operadores en la Ley de Navegación Marítima*, Cizur Menor, 2017, pp. 352 y 354.

tivos comunitarios previamente han de aclarar sobre qué aspectos es precisa la adhesión de la Unión Europea por tratarse de materias en los que ésta ha asumido exclusivas externas[68] y en qué medida le resultaría de aplicación lo dispuesto en el art. 18 del Convenio de 2022, que contiene una cláusula de desconexión, que podría determinar el mantenimiento de la aplicación interna del Derecho de la Unión Europea en el ámbito del Convenio entre los Estados miembros. Es decir, tanto de las normas relativas a la competencia judicial, el reconocimiento y la ejecución de resoluciones judiciales (Reglamento 1215/2012), como de las normas sobre notificación y traslado en los Estados miembros de documentos judiciales y extrajudiciales en materia civil o mercantil (Reglamento 2020/1784).

8. Bibliografía

Alba Fernández/Rodríguez Delgado, «Proyecto de Convención sobre venta judicial de buques: una breve guía de urgencia», en *RDT*, n.º 29, 2022, pp. 250-263.

Albors/Ruiz-Gálvez/Portales, «La conferencia diplomática de Ginebra de 1999 (marzo) sobre embargo preventivo de buques», *RDMar*, n.º 2, 1999, pp. 3-29.

Albors, «La responsabilidad por daños derivados del embargo preventivo de buques», en García-Pita y Lastres/Díaz de la Rosa/Quintáns Eiras, *El Derecho Marítimo, las nuevas tecnologías y los retos del progreso* (dir.), Cizur Menor, 2021, pp. 397-418.

68 Al respecto, es oportuno apuntar que se están reproduciendo las mimas dudas surgidas con ocasión de la Convención de las Naciones Unidas sobre los Acuerdos de Transacción Internacionales Resultantes de la Mediación de 2018 respecto a si la Unión Europea tiene o no competencias exclusivas externas (o mejor, qué competencias ha asumido la UE y cuáles no) y la consiguiente aplicación del procedimiento dispuesto en el art. 218 del TFUE, lo que lleva a la notaria Ana Fernández Tresguerres (en sus intervenciones entorno a los momentos temporales marcados como 1:50 y 1:23:15 de la conferencia celebrada el 8 de marzo de 2023, cuyo vídeo puede visualizarse en la dirección citada, *supra*, en la nota 1) a augurar que las posibles ratificaciones de los Estados miembros de la UE se van a postergar varios años. También v. en ese mismo vídeo (1:10:50) la intervención de Manuel Alba Fernández, quien informa de la opinión de la Comisión de que se trata de una materia ajena a Bruselas I [sustituido por el vigente Reglamento (UE) 1215/2012, citado] sobre la que no tiene competencia la UE, si bien el art. 9 del Convenio de 2022, relativo a competencia judicial internacional, sí es competencia de la UE y requerirá de su ratificación (mejor, adhesión) y está sometido a la cláusula de desconexión de su art. 18, párr. 4.º (que conllevaría aplicación interna preferente de las normas comunitarias), criterio mantenido en la citada Propuesta de Decisión del Consejo de 30 de junio de 2023, *COM (2023) 343 final*], cuyo objetivo es garantizar que se respete la competencia externa exclusiva de la UE acerca de determinadas disposiciones de la Convención de Beijing sobre la Venta Judicial de Buques y que la presente Convención no impida la aplicación del Derecho de la UE entre los Estados miembros de la UE.

ALCÁNTARA, «Privilegios marítimos e hipoteca naval. El Convenio Internacional de Ginebra de mayo de 1993», *DN*, n.º 39, diciembre de 1993, pp. 1-13.

ALCÁNTARA, «El Convenio de embargo preventivo de buques, Ginebra, 12 de marzo de 1999», *RDMar*, n.º 2, 1999, pp. 30-62.

ALCÁNTARA GONZÁLEZ, «Consideraciones en torno al proyecto del Comité Marítimo Internacional sobre la venta judicial de buques», en GARCÍA-PITA Y LASTRES/DÍAZ DE LA ROSA/QUINTÁNS EIRAS (dir.), *El Derecho Marítimo, las nuevas tecnologías y los retos del progreso*, Cizur Menor, 2021, pp. 419-439.

ALONSO LEDESMA, *Los privilegios marítimos*, Madrid, 1995.

ALONSO LEDESMA, «Hipoteca naval», en MONTOYA MELGAR (dir.), *Enciclopedia Jurídica Básica*, vol. III, Madrid, 1995, pp. 5136-5145.

ALONSO LEDESMA, «Viejos y nuevos problemas de los privilegios marítimos», en GARCÍA-PITA Y LASTRES (dir.) y QUINTÁNS EIRAS/DÍAZ DE LA ROSA (edic.), *Estudios de Derecho Marítimo*, Cizur Menor, 2012, pp. 293-315.

ÁLVAREZ CAPEROCHIPI, «Los privilegios crediticios en la jurisdicción civil», *RCDI*, n.º 627, 1995, pp. 291-358.

ARROYO MARTÍNEZ, «Los derechos reales sobre el buque y la aeronave», en URÍA/MENÉNDEZ, *Curso de Derecho Mercantil*, vol. II, 2.ª edic., Madrid, 2007, pp. 1343-1393.

ARROYO MARTÍNEZ, *Curso de Derecho Marítimo (Ley 14/2014, de navegación Marítima)*, 3.ª edición, Cizur Menor, 2015.

ARROYO MARTÍNEZ/RUEDA MARTÍNEZ, «De los privilegios marítimos», en ARROYO MARTÍNEZ/RUEDA MARTÍNEZ, *Comentarios a la Ley 14/2014, de 24 de julio, de Navegación Marítima*, Cizur Menor, 2016, pp. 367-381.

ARROYO MARTÍNEZ/RUEDA MARTÍNEZ, «De la hipoteca naval», en ARROYO MARTÍNEZ/RUEDA MARTÍNEZ, *Comentarios a la Ley 14/2014, de 24 de julio, de Navegación Marítima*, Cizur Menor, 2016, pp. 382-406.

BAENA BAENA, «Los privilegios marítimos ante la reforma concursal», *ADM*, vol. XVIII, 2001, pp. 125-139.

BAENA BAENA, *Privilegios, hipotecas y embargos preventivos sobre el buque y la aeronave*, en OLIVENCIA/FERNÁNDEZ-NÓVOA/JIMÉNEZ DE PARGA (dir.), JIMÉNEZ SÁNCHEZ (coord.), *Tratado de Derecho Mercantil*, t. 48, vol. 2, Madrid-Barcelona, 2002.

BAENA BAENA, «Los derechos reales de garantía sobre el buque y la aeronave y la reforma concursal», en *Estudios sobre la Ley Concursal. Libro homenaje a Manuel Olivencia*, t. IV, Madrid-Barcelona, 2005, pp. 3569-3610.

Baena Baena, «El derecho de ejecución separada sobre el buque y la aeronave y la reforma concursal», en Tobío Rivas/Fernández-Albor Baltar/Tato Plaza (eds.), Tobío Rivas (coord.), *Estudios de Derecho Mercantil. Libro Homenaje al Prof. Dr. Dr. h. c. José Antonio Gómez Segade*, Marcial Pons, Madrid-Barcelona-Buenos Aires-São Paulo, 2013, pp. 1159-1174.

Berlingieri, F., «The 1993 Convention on Maritime Liens and Mortgages», *LMCLQ*, 1995, pp. 57-76.

Berlingieri, F., «Analyse de la Convention du 12 mars 1999 sur le saisie conservatoire des navires», *DMF*, n.º 593, 1999, pp. 403-417,

Berlingieri, F., *Berlingieri on arrest of ships. A commentary of the 1952 and 1999 Arrest Conventions*, 6.ª edic., vols. I y II, Oxon-New York, 2017.

Berlingieri/Rovelli, «La nuova Convenzione sul sequestro dei navi», *DM*, 2000, pp. 1-32.

Berlingieri, G., «Liability for wrongful arrest of ships: the efforts towards possible uniform rules», *DM*, 2020, pp. 285-308.

Bonardell Lenzano, «La hipoteca naval (I) cuestiones generales y reglas de constitución», en García-Pita y Lastres (Dir.) y Quintáns Eiras/Díaz de la Rosa (edic.), *Estudios de Derecho Marítimo*, Cizur Menor, 2012, pp. 317-340.

Bouthelier Espasa, «La hipoteca naval (Estudio de Derecho sustantivo)», *RCDI*, n.º 99, 1933, pp. 161-174; *RCDI*, n.º 100, 1933, pp. 241-253.

Casas, «Los privilegios marítimos», en Asociación Española de Derecho Marítimo, *Comentarios a la Ley de Navegación Marítima*, Madrid, 2015, pp. 91-109.

Chorley/Giles, *Derecho marítimo*, traducción de la 4.ª edic. inglesa y notas de Derecho español por Sánchez Calero, Barcelona, 1962.

Clavero Ternero, «La limitación de responsabilidad del armador del buque de recreo en la Ley de Navegación Marítima y en la jurisprudencia del Tribunal Supremo», en Baena Baena/López Santana (dir.), *Estudios sobre la responsabilidad de los operadores en la Ley de Navegación Marítima*, Cizur Menor, 2017, pp. 351 y 360.

Comité Marítimo Internacional, «Status of signatures, ratifications, acceptances, approvals, accessions, reservations and notifications of succession with regard to maritime law conventions», disponible en https://comitemaritime.org/wp-content/uploads/2019/08/CMISCPub_StatusOfConventions_20190429.pdf, (última consulta: 16 de octubre de 2023).

Cortés Domínguez, «Las medidas cautelares», en Cortés Domínguez/Gimeno Sendra/Moreno Catena, *Derecho Procesal Civil. Parte general*, Madrid, 2000, pp. 577-599.

Cucarella Galiana, «El embargo preventivo de buques: estudio jurisprudencial», *La Ley*, 1998-5, pp. 1711-17194.

Del Corte, «Especialidades procesales de la ley de Navegación Marítima», en Emparanza Sobejano/Martín Osante, *Comentarios sobre la Ley de Navegación Marítima*, Madrid-Barcelona-Buenos Aires-São Paulo, 2015, pp. 753-780.

Díez-Picazo, *Fundamentos de Derecho Civil Patrimonial*, vol. II, 5.ª edic., Madrid, 1996.

Domínguez Cabrera, «La ejecución extraconcursal del buque», *ADM*, vol. XXVII, 2010, pp. 117-174.

Duque, «La responsabilidad real del buque por las deudas generadas por su explotación», *BAEDM*, n.os 5 y 6, 1986, pp. 13-61.

Fenech / Fujita / Hetherington / Laurjsen / Li / Nolan / Poetschke / Ziegler, «Commentary on the Beijing Convention on the International Effects of Judicial Sales of Ship», *ETL*, vol. LVIII, n.º 2, 2023, pp. 139-157.

Fenech/Laurijssen, «Preface», *ETL*, vol. XVIII, n.º 2, 2023, pp. 135-137.

Ferre Moltó/Giménez Villanueva, «La hipoteca naval en el ordenamiento jurídico español», en AA. VV., *Tratado de garantías de la contratación mercantil*, t. II, vol. 2, Madrid, 1996, pp. 637-699.

Franco Arias, «La venta forzosa de buques», en Arroyo Martínez/Rueda Martínez, *Comentarios a la Ley 14/2014, de 24 de julio, de Navegación Marítima*, Cizur Menor, 2016, pp. 1434-1471.

Gabaldón García, «Caracterización y Régimen de los Privilegios sobre el buque», *ADM*, vol. XII, 1995, pp. 219-220.

Gabaldón García, «El Convenio Internacional sobre Privilegios Marítimos e Hipoteca naval», en *Estudios jurídicos en homenaje al profesor Aurelio Menéndez*, t. III, Madrid, 1996, pp. 3727-3774.

Gabaldón García, «La revisión del Convenio internacional sobre embargo preventivo de buques», *ADM*, vol. XIV, 1997, pp. 84-102, y en *Estudios de Derecho Mercantil en homenaje al profesor Justino Duque Domínguez*, vol. II, Valladolid, 1998, pp. 1413-1434.

Gabaldón García, *Hipoteca naval: Derecho comparado y Derecho uniforme*, Vitoria-Gasteiz, 2001.

GABALDÓN GARCÍA/RUIZ SOROA, *Manual de Derecho de la Navegación Marítima*, 3.ª edic., Madrid-Barcelona, 2006.

GABALDÓN GARCÍA, *Curso de Derecho Marítimo Internacional*, Madrid-Barcelona-Buenos Aires, 2012.

GABALDÓN GARCÍA, *Compendio de Derecho Marítimo* Español, Madrid-Barcelona-Buenos Aires-São Paulo, 2016.

GALÁN LÓPEZ, «Artículo 76. Principio de universalidad», en PULGAR EZQUERRA/ALONSO UREBA/ALONSO LEDESMA/ALCOVER GARAU (dir.), *Comentarios a la legislación concursal (Ley 22/2003 y 8/2003 para la Reforma Concursal)*, t. I, Madrid, 2004, pp. 802-810.

GARCÍA GABALDÓN, *Los privilegios marítimos: características y prelación sobre la hipoteca naval*, en CONSEJO GENERAL DEL PODER JUDICIAL, *Derecho marítimo*, Cuadernos de Derecho Judicial, Madrid, 1993, pp. 235-323.

GARCÍA-PITA, *El buque como objeto de garantía (Consideraciones sobre la Hipoteca naval)*, Madrid, 2000.

GARCÍA-PITA, *Arrendamientos de buques y Derecho marítimo. Con especial referencial Derecho de Formularios*, Valencia, 2006.

GARCÍA-PITA, «La hipoteca naval», en EMPARANZA SOBEJANO/MARTÍN OSANTE, *Comentarios sobre la Ley de Navegación Marítima*, Madrid-Barcelona-Buenos Aires-São Paulo, 2015, pp. 197-248.

GARRIDO, *Tratado de preferencias de crédito*, Madrid, 2000.

GARRIGUES, *Curso de Derecho Mercantil*, t. II, 8.ª edic., Madrid, 1983.

GASCÓN INCHAUSTI, *Medidas cautelares de proceso civil extranjero (art. 24 del Convenio de Bruselas)*, Granada, 1998.

GIMÉNEZ DE LA CUADRA, «El embargo preventivo de buques y la conferencia de Lisboa de 1985», *BAEDM*, n.os 5 y 6, 1986, pp. 157-176.

GITRAMA GONZÁLEZ, «En torno a la hipoteca naval», *BVDM*, n.º 14, 1963, pp. 247-272.

GONZÁLEZ-LEBRERO, *Procedimientos marítimos*, Madrid, 1996.

GONZÁLEZ-LEBRERO, *Curso de Derecho de la Navegación*, Vitoria-Gasteiz, 1998.

GONZÁLEZ REVILLA, *La hipoteca naval en España*, Madrid, 1888.

GOÑI, «El Convenio de 1952 y sus posibles enmiendas», *ADM*, vol. XII, 1995, pp. 375-384.

GULLÓN, «El crédito privilegiado en el Código Civil», *ADC*, 1958, pp. 435-384.

GULLÓN, *La prelación de créditos en el Código Civil*, Barcelona, 1962.

GULLÓN, «Comentarios a los arts. 1.911 a 1.929 del Código Civil», en ALBADALEJO (dir.), *Comentarios al Código Civil y Compilaciones forales*, t. XXIV, Madrid, 1984, pp. 662-794.

HERNÁNDEZ MARTÍ, «El embargo preventivo de buques en el Convenio de Bruselas de 10 de mayo de 1952», *RDM*, n.os 147-148, 1978, pp. 109-137.

HERNÁNDEZ YZAL, «Informe sobre la Conferencia Marítima Internacional (Nueva York, septiembre de 1965)», *REDM*, n.º 11, 1965, pp. 211-235.

HERNÁNDEZ PÉREZ, «La venta forzosa de buques y los avances del Proyecto de Convenio sobre reconocimiento de efectos de la venta judicial de buques», *RDT*, n.º 28, 2021, pp. 301-327.

HILL, C., *Maritime Law*, 5.ª edic., London-Hong Kong, 1998.

KRAGIC/JEROLIMOV, «About the concept of Convention on judicial sale of ships», *ETL*, vol. 55, n.º 4, 2020, pp. 350-360.

LA CHINA, «Due novità (d'antica data!) nel campo del diritto procesualle civile internazionale marittimo: le Convenzione di Bruxelles del 10 maggio 1952», *Il Foro Italiano*, Parte Quinta, 1978, p. 254.

LACRUZ/SANCHO/LUNA/DELGADO/RIVERO/RAMS, *Derecho de obligaciones*, vol. I, 3.ª edic., Barcelona, 1994.

LOZANO LÓPEZ, «Los vehículos de la navegación. Estatuto jurídico del buque y demás vehículos de la navegación», en CAMPUZANO/SANJUÁN, *Comentarios a la Ley de Navegación Marítima*, Valencia, 2016, pp. 97-152.

MARTÍN OSANTE, «El embargo preventivo de buques», *RDM*, n.º 305, 2017, pp. 137-179.

MARTÍN OSANTE, «Arrest of Ships: Geneva Convention 1999 and lex fori, in particular, Spanish Law», en FOTINOPOULOU BASURKO/MARTÍN OSANTE, *New Trends in Maritime Law. Maritime liens, arrests of ships, mortgages and forced sale*, Cizur Menor, 2017, pp. 125-146.

MCKERRACHER, «Judicial support for the Beijing Convention on the International Effects of Judicial Sales of Ships», *ETL*, vol. XVIII, n.º 2, 2023, pp. 335-336.

MEESON, *Ship and Aircraft mortgages*, London-New York-Hamburg-Hong Kong, 1989.

MONFORT BELLENGUER, «En torno a la eficacia de la garantía real en las hipotecas navales», *RDM*, n.º 27, 1950, pp. 431-444.

MORA CAPITÁN, *El embargo preventivo de buques*, Barcelona, 2000.

MORDIGLIA, «La Convenzione di Bruxelles 10 maggio 1952 sul sequestro conservativo di nave e la recente entrata in vigore in Italia», *DM*, 1981, pp. 133-141.

ORTELLS RAMOS, *El embargo preventivo. Doctrina y jurisprudencia*, Granada, 1998.

PADILLA GONZÁLEZ/BAENA BAENA, «Derechos reales de garantía y privilegios sobre el buque», en JIMÉNEZ SÁNCHEZ/DÍAZ MORENO, *Derecho Mercantil*, vol. 8.°, Madrid-Barcelona-Buenos Aires-São Paulo, 2014, pp. 190-202.

PORTALES, «El embargo preventivo de buques en la Ley de Navegación Marítima», en ASOCIACIÓN DE DERECHO MARÍTIMO, *Comentarios a la Ley de Navegación Marítima*, Madrid, 2015, pp. 441-453.

PULIDO BEGINES, *Instituciones de Derecho de la Navegación Marítima*, Madrid, 2009.

RAMOS MÉNDEZ, *Enjuiciamiento civil*, t. II, Barcelona, 1997.

REAL ACADEMIA DE JURISPRUDENCIA Y LEGISLACIÓN, *Mesa redonda de la Sección Sexta de Derecho Internacional Privado, celebrada el día 8 de marzo de 2023*, sobre «El Convenio de Beijing (UNCITRAL) sobre Venta Judicial de Buques», bajo la presidencia de FERNÁNDEZ TRESGUERRES, la dirección de CASAS ROBLAS y las ponencias de FENECH («El Convenio CMI/UNCITRAL sobre ventas judiciales de buques»), FUENTES GÓMEZ («Aspectos Registrales y Administrativos derivados de la aplicación del Convenio en España») y ALBA FERNÁNDEZ («Aspectos procesales de la aplicación del Convenio en España»), disponible en video en https://www.youtube.com/watch?v=75UMLIGozME (última consulta: 16 de octubre de 2023).

RIGHETTI, *Tratatto di Diritto Marittimo*, IV, Milano, 1999.

RODIÈRE/DU PONTAVICE, *Droit maritime*, 11.ª edic., Paris, 1991.

RODRÍGUEZ DELGADO, «Algunas observaciones sobre el Proyecto de Convenio de UNCITRAL sobre la venta judicial de buques», *Cuadernos de Derecho Transnacional*, vol. 13, n.° 2, 2021, pp. 472-497.

ROS SOPRANIS, «Arbitraje extranjero y medidas cautelares en España: forum shopper's Paradise», *ADM*, vol. V, 1987, pp. 209-233.

RUEDA MARTÍNEZ, «Reflexiones sobre la incidencia en nuestro derecho interno de la entrada en vigor del Convenio sobre Privilegios marítimos e Hipoteca Naval, hecho en Ginebra el 6 de mayo de 1993», *ADM*, vol. XXII, 2005, pp. 289-303.

Rueda Martínez, «Los privilegios marítimos», en Emparanza Sobejano/Martín Osante, *Comentarios sobre la Ley de Navegación Marítima*, Madrid-Barcelona-Buenos Aires-São Paulo, 2015, pp. 173-19.

Ruiz Soroa, «Los privilegios marítimos», en Consejo General del Poder Judicial, *Preferencia de créditos*, Madrid, 2000, pp. 311-368.

Ruiz Soroa, «Los créditos marítimos privilegiados y el concurso de acreedores», en *RDCP*, n.º 6, 2007, pp. 119-130.

Salinas Adelantado, *Manual de Derecho Marítimo*, Valencia, 2021.

Shao/Caraballo Piñeiro, «Toward a harmonised approach to teh recognition of foreign judicial sales of ships through conventions addressing maritime liens and mortgages», *DM*, 2021, pp. 736-761.

Shao/Carballo Piñeiro/Mejía, «Paving the way to recognising foreing judicial sales of ships. A comparative analysis of judicial sale procedings in jurisdictions», *Cuadernos de Derecho Transnacional*, vol. 15, n.º 1, 2023, pp. 136-160.

Sierra Noguero, «La hipoteca naval», en *Análisis crítico de los derechos de garantía en el tráfico mercantil*, Cizur Menor, 2021, pp. 505-536 (disponible en https://ddd.uab.cat/record/265108, última consulta: 16 de octubre de 2023).

Silingardi, «Sequestro della nave o dell'aeromobile», *Enciclopedia del Diritto*, vol. XVII, Milano, 1990, pp. 168-189.

Tetley, *Maritime Liens and Claims*, 2.ª edic., Montreal, 1998.

Thomas, *Maritime Liens*, London, 1980.

Uncitral Secretariat, «Explanatory Note», pp. 22-25 (disponible en https://uncitral.un.org/en/judicialsaleofships (última consulta: 16 de octubre de 2023).

Vallet de Goytisolo, *Estudios sobre garantías reales*, 1973, pp. 141-215.

Vincenzini, «Il sequestro conservativo di nave straniera secondo la Convenzione di Bruxelles de 10 maggio 1952», *Riv. Dir. Proc.*, 1987, pp. 156-169.

Zamora Cabot, «La jurisprudencia inglesa "Mareva"; una solución moderna al embargo preventivo», *R.D.Proc.Iber.*, 1983, pp. 401-417.

4

LOS BUQUES NO TRIPULADOS Y AUTÓNOMOS. REFLEXIONES PARA SU ANÁLISIS Y REGULACIÓN

Miguel Ángel Pendón Meléndez

Catedrático de Derecho mercantil. Universidad de Cádiz.

1. Cuestiones preliminares

Tradicionalmente se afirma que el Derecho mercantil es una categoría histórica. Con ello, se expresa la idea de que la actividad comercial se adapta en cada momento a las circunstancias, las oportunidades y las exigencias de los escenarios en los que se desarrolla la actividad empresarial. La actividad mercantil es especialmente sensible a las necesidades sociales y profesionales y, particularmente, permanece siempre atenta a las novedades técnicas, que los empresarios incorporan rápidamente a su propia actividad, por razón de los diversos beneficios que ello le reporta. La evidencia, relativamente «reciente», de la agilidad con la que los profesionales asumen los nuevos desarrollos técnicos, que parecían revolucionar la sociedad, la encontramos en el denominado «comercio electrónico» (o contratación electrónica); una expresión simplificadora, muy extendida, de una realidad compleja que supone un modelo nuevo de relaciones, humanas, sociales y comerciales, bajo el enfoque digital que imponen los avances electrónicos.

En la medida en que el denominado *Derecho Marítimo* es parte del Derecho mercantil (al menos, en la parte de Derecho privado, referida a la explotación comercial del buque y diversas relaciones anexas a esa finalidad; en definitiva, el comercio marítimo), es indudable que «lo marítimo» participa igualmente de aquella calificación histórica. Por ello, es fácil constatar cómo la tecnología y la electrónica se encuentran presentes desde hace décadas en las profesiones marítimas, que han ido incorporando las novedades técnicas a su actividad, en un proceso ordenado y seguro. Paralelamente, los nuevos modelos técnicos de los buques (su construcción, manejo, comunicación, etc.) han alterado y actualizado, a medida en que se ha requerido, algunas de las instituciones marítimas clásicas y buena parte de sus modelos profesionales y contractuales[1]. Esta perspectiva es relevante, pues en buena medida

---

1 En el ámbito marítimo, con frecuencia se recurre a la palabra «revolución» para destacar la especial relevancia de algunos cambios significativos, generalmente de naturaleza técnica, alrededor del negocio marítimo en general, del buque en particular. Desde que se consolida la técnica de la navegación moderna (en un momento impreciso, pero referida al conocimiento del globo, los mares y las rutas marítimas, al desarrollo de la cartografía náutica, a la mejora en los instrumentos y medios de posicionamiento y navegación, que hacían los viajes más seguros, etc.; siempre, sobre la base del buque construido en madera y el uso de la vela), suelen referirse, con distinto protagonismo según el autor, a la aplicación del vapor a los buques; la utilización de la hélice; el paso del carbón al crudo; y el uso de los contenedores. Cada uno de esos avances iban acompañados de otros que, a su vez, podrían ser considerados hitos relevantes, igualmente técnicos (por ejemplo, la sustitución de la madera por el acero, cambiando las técnicas de construcción de los buques, su tamaño, su seguridad...; la construcción en masa en los astilleros; la adecuación de los puertos a los nuevos modelos de buque; los nuevos buques de pasajeros; la relevancia de la bodega y los contenedores «sobre cubierta»; la incorporación de la electrónica y los ordenadores a la navegación) o jurídicos y prácticos, relacionados con la economía y la logística (cambios en los contrato de seguro, nuevos modelos de comercio y línea regular, con la «separación» de la navegación *tramp* y *liner*, el transporte multimodal, etc.); *vid* PENDÓN MELÉNDEZ, M.

condiciona el modelo de estudio de la novedad técnica (que se anuncian: no son todavía una realidad) sobre los buques sin tripulación.

Hace ya tres décadas, plenamente implantada la que posteriormente se denominaría «sociedad de la información»[2], los juristas debieron afrontar una profunda reflexión sobre la relevancia de las *comunicaciones electrónicas* y sus *soportes* (el *documento electrónico*) y sus repercusiones sobre el Derecho *tradicional*. El Derecho había sido concebido, y permanecía anclado, sobre un modelo de negocios en los que el papel dotaba de la seguridad requerida a los empresarios (el dinero, las acciones, los contratos, etc.); modelos que se cuestionarían a la luz del uso de computadoras. Se hablaba así de «revolución digital», «revolución del comercio electrónico», etc.; descripciones que, finalmente, se mostraron como meros reclamos de atención sobre los cambios que se avecinaban. A pesar del debate técnico, la sociedad asimiló aquellas novedades sin fracturas (más que las derivadas de los costes y las posibilidades de la implantación de las técnicas) y con normalidad.

Esa vinculación al papel era especialmente relevante en las operaciones marítimas; por ejemplo, aquellas que se desarrollaban alrededor del conocimiento de embarque *(bill of lading)*. En los países de tradición civilista *(civil*

A., «Documentos del transporte marítimo (y "multimodal") en los INCOTERMS 2020. Los puertos como punto de entrega», en *Puertos: historia, evolución de la navegación y su reglamentación*, dirigido por L. López Molina, T. Pontón Aricha, M. Vázquez Fariñas, 2023, pp. 15-100. En realidad, esos cambios no supusieron «rupturas» de los modelos de comercio marítimo, sino que fueron implantándose progresivamente en la práctica profesional. Por ejemplo, a finales del s. XIX el número de barcos de madera y de acero que cruzaban el Atlántico era similar (tras más de 50 años de la aplicación del metal a la estructura y el casco de los buques); y aunque el contenedor apareció a finales de la década de los años 50, en el s. XX, al margen de la referencia en las Reglas de La Haya-Visby y el fallido intento del Convenio de Ginebra de 1980, la denominada «multimodalidad» que esos embalajes permiten no ha encontrado acomodo en los convenios internacionales (no así en la práctica) hasta las (por ahora, igualmente fallidas) Reglas de Rotterdam. Lo que evidencia que hasta que profesionalmente no se considera una técnica «segura» y «fiable» no es implantada en la práctica, al margen de su consagración normativa: una evolución (que se extiende durante décadas) antes que una revolución en sentido estricto. En las próximas páginas, citando los convenios señalados, se dará cumplida cuenta de sus circunstancias y estado actuales.

2 En España, como es sabido la referencia normativa más relevante y primera en la materia, reclamaba en su denominación esa expresión: la Ley 34/2002, de 11 de julio, *de servicios de la sociedad de la información y de comercio electrónico*. Recuérdese que la expresión se consagró a nivel legislativo europeo por la necesaria aplicación de la Directiva 2000/31/CE del Parlamento Europeo y del Consejo, de 8 de junio de 2000, *relativa a determinados aspectos jurídicos de los servicios de la sociedad de la información, en particular el comercio electrónico en el mercado interior (Directiva sobre el comercio electrónico)*. La expresión, que condicionó otros textos posteriores (así, la Directiva 2001/29/CE del Parlamento Europeo y del Consejo, de 22 de mayo de 2001, *relativa a la armonización de determinados aspectos de los derechos de autor y derechos afines a los derechos de autor en la sociedad de la información*) ha ido —acertadamente— desapareciendo de los textos más recientes (en sustitución de la directiva citada, la Directiva 2006/116/CE del Parlamento Europeo y del Consejo, de 12 de diciembre de 2006, *relativa al plazo de protección del derecho de autor y de determinados derechos afines*).

law), además, se trata de un documento estrechamente vinculado a la teoría de los títulos-valores (que, nuevamente, reclamaba la relevancia del título, el papel): el documento físico, entre otros extremos, identifica al titular de los derechos, describe el contrato y las obligaciones de las partes, determina el alcance de los derechos que se les atribuye, etc.; todo ello, en los términos de las menciones del documento (literalidad), cuya presentación al deudor (porteador) por parte del acreedor (destinatario o quien de él hubiera adquirido legítimamente el documento) era necesaria para la obtención de las mercancías en destino (título de rescate).

Superada la fase inicial de sorpresa por las oportunidades que ofrecían las nuevas tecnologías, la pretendida «revolución digital», que parecía excluir el uso del papel en la nueva economía, pero precisaba de sus fundamentos, pasó a ser valorada (acertadamente) como mera «evolución». Así, se concluyó que el Derecho estaba preparado, en general, para asumir esas nuevas realidades digitales, si acaso, con algunas adaptaciones. Se definieron así los denominados *principios del comercio electrónico* —o de la *contratación electrónica*—, constatando que una adecuada interpretación de las normas, incluso dictadas hace décadas, desprovista de la vinculación técnica que con frecuencia imponía sus términos literales (correspondientes con el momento de su redacción, limitada por la técnica a la que en cada momento se prestó atención), permitiría conservar las instituciones y regulaciones; incluso, las más tradicionales[3].

3 La aplicación de estos principios, entre otros extremos, evita el «vacío normativo» (no se trataría propiamente de una «laguna», puesto que la inadecuación de la regulación no se remite al momento de redacción de la norma, sino cuando se aplica sobre figuras y situaciones para las que, en principio, no estaban pensadas) que supondría la novedad técnica en tanto no se dictaran normas *ad hoc*, si finalmente fueran precisas. Estos principios, en realidad, no son exclusivos de la contratación electrónica, sino que serían predicables como criterios de interpretación de todas las normas, de todo el ordenamiento; suponen una actualización de los criterios interpretativos de las normas (y de los convenios internacionales) que además generalmente encuentran cabida dentro de los principios de interpretación que fijan las propias normas.
En este complejo ámbito de incertidumbre (en muchas ocasiones, de *confusión*) social y jurídica acerca de los fundamentos de la *contratación electrónica*, la formulación de unos principios básicos que situaran correctamente, en el ámbito jurídico, el uso de *Internet* era una necesidad sentida por los ordenamientos. La correcta definición de la nueva realidad digital fue técnica y satisfactoriamente resuelta en los foros internacionales, fruto del consenso de los estados que expresaban sus necesidades y proponían sus modelos de soluciones y experiencias nacionales. En este ámbito, la tradicional pujanza de las necesidades mercantiles lideró el proceso, principalmente, a través de la *Comisión de las Naciones Unidas para el Derecho Mercantil Internacional* (CNUDMI). En su seno se aprobó la *Ley Modelo de la CNUDMI sobre Comercio Electrónico*, de 1996, cuyos principios inspiraron normas nacionales y otros textos posteriores de la misma Comisión (y de otros organismos y organizaciones internacionales): entre otros, la *Ley Modelo de la CNUDMI sobre firmas electrónicas*, de 2001; la *Convención de las Naciones Unidas sobre la Utilización de las Comunicaciones Electrónicas en los Contratos Internacionales*, de 2005; y la *Ley Modelo de la CNUDMI sobre documentos transmisibles electrónicos*, de 2017 (disponibles

El principio de *inalteración* —o *subsistencia*— *del Derecho preexistente* es el primero de los que debe relacionarse, no porque sea *el primero* en relevancia, en su formulación o en su aplicación, sino porque es el presupuesto (constatación del Derecho previo al fenómeno tecnológico, que debieran aplicarse inicialmente para resolver las nuevas cuestiones) y, a la vez, el resultado, de la aplicación del resto de los principios (que conducirá a que las normas, con frecuencia, no requieren una nueva redacción, ni los ordenamientos preceptos nuevos, sino una adecuada reinterpretación de aquellos de los que dispone). Supone, además, delimitar (limitar) el alcance de las nuevas tecnologías, definiendo el ámbito que le es propio y del que no deben exceder: el de las novedades que, en su caso, introducen. No se trata, por tanto, de revisar todo un sector (o parte) del ordenamiento, sino de identificar cuándo se requieren nuevas especialidades.

La aplicación de este principio al objeto de nuestras reflexiones supone *a priori* que, probablemente, no es preciso replantear el concepto de buque (ni, en general, su estatuto) en función de las aparentes oportunidades técnicas que implicaría la aparición del buque autónomo: bastaría con contemplar las especialidades que, en su caso, no pudieran ser atendidas por el Derecho previo. En todo caso, para sustentar esta posición es necesaria la referencia a otros principios de la contratación electrónica, tomados como modelo.

La *interpretación útil de las normas* es el segundo de los principios relevante que, conjuntamente con el anterior, contribuye a asegurar la adecuada regulación de los nuevos fenómenos, adaptando el mandato de las normas existentes al momento en que deben ser aplicadas. Se trata de mantener la *ratio* de las normas, aplicándolas a circunstancias para las que no fueron formal y expresamente concebidas; en este caso, abstrayendo el mandato legal de los contextos técnicos que pudieran condicionarlo. Si el ordenamiento es capaz de mantener sus regulaciones previas, sobre la base de las cuales ofrece, al mismo tiempo, soluciones aptas también para ordenar las nuevas realidades tecnológicas (naturalmente, sin forzar el sentido de las normas), no se apreciarán situaciones sin regulación o, al menos, se dispondrá de la base y los principios para resolver las novedades que se planteen. En muchos casos, comparando la norma y la realidad que debe regular, se realiza una reflexión sobre los fundamentos de determinadas instituciones, que se enriquecen con las nuevas aportaciones (la coexistencia de lo viejo y lo nuevo). En esa medida, la revisión de las normas reclama la aplicación del *principio de neutralidad tecnológica*; las disposiciones deben (siempre debieron) concebirse, redactarse, interpretarse y aplicarse al margen de las circunstancias del desarrollo tecnológico que, probablemente, condicionaron su redacción y en la actualidad dificultan su aplicación.

en https://uncitral.un.org/es/texts/ecommerce).

Sólo en cuando se considere que no se logra la correcta revisión y adecuación de la regulación existente, porque las nuevas realidades tecnológicas requieren un tratamiento específico y «desconocido», debería regularse *ex novo* una institución. La nueva norma, en general, debería contemplar no sólo las figuras modernas, sino igualmente deben continuar siendo aplicables a las antiguas. De esta forma, el *principio de equivalencia funcional*, el más relevante de todos, presenta dos facetas: la *primera*, equiparar (si funcionalmente lo son) las nuevas situaciones tecnológicas con las antiguas, lo que implica someter las primeras a la misma regulación (con la interpretación que fuere necesaria; se trataría de una *equivalencia funcional normativa*); la *segunda*, redactar normas atentas a las novedades, basadas en la experiencia anterior (con las que guardan equivalencia funcional) aunque no existan una regulación expresa previa (equivalencia de figuras o situaciones, sobre la base de los principios de las instituciones; no es sólo, por tanto, la equivalencia normativa)[4]. Sobre estas bases, el *principio de no discriminación* (no mostrar preferencia por una u otra tecnología, o por la antigua frente a la moderna, descartando cualquiera *a priori* para la regulación de la materia) es una consecuencia de los anteriores, pues la misma eficacia entre figuras reclama el mismo tratamiento.

En definitiva, y adelantando parte de las reflexiones que se formulan a continuación, considero que una interpretación adecuada de las normas y convenios que regulan sectores relevantes (a estos efectos) de la actividad marítima siguen siendo aplicables y útiles en relación con el fenómeno de los buques autónomos[5].

---

4 Téngase en cuenta que no es este el modelo de interpretación del principio de equivalencia funcional que postula, por ejemplo, la Comisión de las Naciones Unidas para el Derecho Mercantil Internacional (CNUDMI), que considera que este principio, habitual en todos los textos elaborados en los últimos años (si bien, en relación con documentos y comunicaciones electrónicos; así, desde la Ley Modelo de la CNUDMI sobre Comercio Electrónico, de 1996, hasta la Ley Modelo de la CNUDMI sobre documentos transmisibles electrónicos, de 2017; pasando por el Convenio de las Naciones Unidas sobre el Contrato de Transporte Internacional de Mercancías Total o Parcialmente Marítimo, 2008, «Reglas de Rotterdam»), se refiere sólo al primer aspecto propuesto (análisis de la equivalencia funcional entre un modelo documental antiguo y su traslación al modelo digital o electrónico). Este enfoque supone que la equivalencia funcional solo se concibe en los supuestos de transformación del documento en papel al formato de documento electrónico, de modo que éste requiere la existencia de aquél. Por ello, cualquier documento sin correspondiente previo en formatos tradicionales no reclama la equivalencia funcional, sino la neutralidad tecnológica. En definitiva, una equivalencia funcional sometida inicialmente al imperio del papel, al que equipara el documento digital (un paralelismo funcional); pero que no contempla propiamente la equivalencia de instituciones, particularmente las que se consideran «nuevas». Se trata de una postura útil en la transición al modelo digital, aunque quizás supone roces con el principio de neutralidad tecnológica.

5 El proceso reflexivo que se propone permitiría adoptar una «política de revisión» de la legislación nacional y de los convenios internacionales, con vistas a lograr una adecuada aplicación de las normas ya existentes y proceder a la correcta formulación de las nuevas

2. Las nuevas tecnologías y los vehículos, su conducción y su circulación

Los vehículos (en sentido amplio) dotados de un determinado grado de automatización (en la actualidad, de «autonomía») no son una realidad reciente. En ocasiones, se cita como ejemplo de automatismo el LP Odyssey, un conjunto de buque-taller y plataforma de lanzamiento de cohetes desde el mar que, en determinados momentos (el despegue del ingenio espacial, por ejemplo) funcionaba sin tripulación a bordo. Quizás fuera más correcto inicialmente, cuando nos referimos a los «ingenios» en general, emplear el término «automatismo» o «automatización»: cuando el funcionamiento o la conducción incorpora diversos sistemas automáticos (limitados), aunque que no prescinde del operario o conductor (en cierta medida, se trataría del anticipo de lo que se avanza como «operador remoto») ni, sobre todo, de la ejecución de órdenes según los protocolos de sus ingenieros diseñadores. Así, los vehículos terrestres, tanto los destinados profesionalmente al transporte de mercancías o de pasajeros, públicos y privados, como los automóviles particulares, han ido incorporando sistemas técnicos que, sobre todo, atienden a la cuestión de la mejora de la seguridad en la conducción y, quizás, de forma secundaria, a la mejora en el consumo (parámetros que igualmente se reclaman en los buques) y el confort, controlando los riesgos del error humano. Estos avances han sido fruto de un proceso de desarrollo: inicialmente reservados a la investigación y la experimentación (y aplicados en un primer momento sólo en automóviles de

---

que debieran promulgarse. Se trata, por tanto, de una cuestión de validación de las normas, que asegure su subsistencia y aplicación también sobre las novedades o aplicaciones tecnológicas. En la medida en que se trata de una labor conceptual, probablemente estas consideraciones sean más útiles en los sistemas jurídicos conceptuales *(civil law)* y menos en otros *(common law)*. No obstante, como se apuntará en las páginas siguientes, también los modelos anglosajones parecen estar haciendo una interpretación de la realidad y de los convenios internacionales que permite obtener los mismos resultados.
Como se expondrá más adelante, un proceso similar de reflexión y valoración normativa, inspirado en principios equivalentes, se ha seguido en la Organización Marítima Internacional (OMI) y en el Comité Marítimo Internacional. En el seno de esta segunda organización, en respuesta al cuestionario *ad hoc* que se remitió a las asociaciones nacionales, la conclusión generalizada es que bajo la propia ley nacional no debería haber problemas significativos para considerar como buques aquellos dotados de autonomía en su conducción (por ejemplo, la Asociación Española de Derecho Marítimo concluía: «In our opinion, any of the so called "unmanned ships" (as per 1.1. herein) which fulfil the features required by the MNA to be qualified as a ship (independently of being remotely or autonomously controlled) would be considered as a ship as per Spanish merchant shipping law (see however our response to questions 1.2. regarding registration and 1.4. and 1.5. regarding limitations and impossibility to operate such "unmanned ships"). It would be however desirable that specific regulation(s) are passed in order to affirm the absolutely necessary legal certainty regarding this issue)» ni, en general, bajo la normativa internacional que someramente se analizaba (la asociación griega concluía en este sentido que «Under Greek law, there is no distinction on how a ship is controlled»). Volveremos sobre este proceso más adelante.

alta gama), cuando el desarrollo de la tecnología, su coste y la normalización ha permitido su incorporación a toda clase de vehículos (su socialización) se empieza a reclamar su regulación (en sentido amplio, más allá de la cuestión puramente técnica). Surgen entonces los estándares empresariales que definen los medios y los niveles de automatización en toda clase de vehículos; ese proceso subyace en la evolución desde la conducción más tradicional hasta la plenamente autónoma[6].

La situación actual de los vehículos autónomos deriva de las previas experiencias de automatización; los avances logrados se expresan en los distintos niveles que se utilizan para clasificar el grado la tecnología que se implantan; en el fondo, no son sino la expresión de los diferentes grados de desarrollo tecnológico en distintos ámbitos y momentos, vistos desde la perspectiva actual. La continuidad en esos avances evidencia que se trata de un proceso (no de una mera «ruptura») que ha ido consolidándose y generalizándose con el tiempo, y que ha permitido a la sociedad familiarizarse con naturalidad con las nuevas técnicas.

En este escenario inicial, los vehículos autónomos han experimentado durante el siglo XX, y hasta estos momentos de comienzo del siglo XXI, avances de variada naturaleza. Sin perjuicio de la relevancia (técnica, y ya histórica) de algunos hitos, en parte ya casi olvidados[7] o asimilados plena-

---

6 La *Society of Automative Engineers* (SAE) (https://www.sae.org) formuló, entre otros muchos índices estandarizados referidos a la industria del automóvil, una escala de 6 niveles de automatización para los coches (en cierta medida, paralelo los que se han formulado en relación con los buques, con las diferentes circunstancias que imponen tanto el medio —marítimo frente a terrestre, y los riesgos que comporta tanto el desplazamiento como la seguridad— como los usuarios —profesionales frente a particulares—): 0. *No automation* (cuando el conductor controla toda las conducción) hasta el nivel 5. *Full automation* (cuando la circulación se realiza sin la actuación del conductor, pues el vehículo es capaz de adaptarse a cualquier entono y potencial situación); además, están los niveles 2. *partial automation*, 3. *conditional automation* y 4. *high automation*, dotados según el escalón de mayores medios técnicos para asistir al conductor. El enfoque que preside la elaboración de los *informes* SAE es el de la mejora en la seguridad de la conducción y los vehículos; se trata entonces de un estándar descriptivo, cuya finalidad es apoyar a la industria automovilística (y las relacionadas con la misma) en el desarrollo y despliegue de vehículos equipados con sistemas autónomos. Por ello, los informes y recomendaciones se redactan con un lenguaje meramente descriptivo, sin abordar cuestiones técnicas que exceden del ámbito propio de los fabricantes, aunque se tomen en consideración; entre otros, la comunicación de los vehículos en el tráfico, las métricas, los umbrales de aceptación de los sistemas, etc. Tampoco se pronuncia acerca de cuestiones que trascienden a la industria y que deben ser resueltas sobre la base que procuren los ordenamientos (la cuestión ética, la responsabilidad y el daño, etc.).

7 De un modo comparable, limitadamente, a los vehículos automatizados actuales [que disponen de cierta capacidad de adaptación a las circunstancias del entorno y a, la vez, reservan un espacio a la posibilidad de intervención (dirección) humana] han funcionado ingenios humanos desde hace décadas. Piénsese en la máquina construida por el hombre que ha llegado más lejos, la sonda espacial Voyager, lanzada hace casi 50 años, todavía en funcionamiento según su propia programación, aunque igualmente respondiendo a las instrucciones que se le dirigen desde la Tierra.

mente su incorporación ordinaria a la sociedad[8], los desarrollos de la ingeniería, la electrónica, los ordenadores, la computación, las tecnologías de la comunicación y de la información, el tratamiento informatizado de datos, entre otras, están presentes ya en nuestras vidas, aplicados en actividades de investigación, en usos militares, sensores destinados a labores de prevención y recogida de datos (el *internet de las cosas*), etc. Sin duda, se está produciendo un salto cualitativo entre los vehículos manejados a distancia con alguna capacidad automática propia, y los vehículos dotados de «inteligencia artificial». El debate social que propician las nuevas tecnologías es ineludible, porque si ya la automatización plantea problema de orden filosófico (es fácil reconducir esta cuestión al ámbito de las armas inteligentes)[9], el anuncio de las posibilidades que ofrece la anunciada «inteligencia artificial» (en realidad, hoy por hoy, un mero tratamiento y presentación de datos con criterios de ordenación y selección nunca conocidos hasta ahora, y con límites aún por

8 Me refiero en este caso a los *robots* integrados en los procesos de fabricación y producción que (el ejemplo más significativo, el de la industria del automóvil), más allá de la perspectiva técnica, exigen quizás una revisión de diversas normas; en particular, las de naturaleza laboral (sustitución de la mano de obra humana especializada a la que, sin embargo, se libera de trabajos repetitivos o, se considera, que son de menor valor añadido) e, incidentalmente, fiscal (contribución en función de su producción y su productividad); todo ello, además, sin perjuicio de la alerta social que periódicamente suscita la mecanización de procesos industriales (que abaratarían el despido) y permitiendo prescindir del factor humano. No obstante, aunque los modelos industriales, sin duda, han evolucionado como consecuencia de la introducción de la robótica en la industria, no parece que se haya producido la debacle social y laboral tantas veces anunciada.

9 En el marco de la *Convención sobre prohibiciones o restricciones del empleo de ciertas armas convencionales que puedan considerarse excesivamente nocivas o de efectos indiscriminados*, hecha en Ginebra el 10 de octubre de 1980 [http://untreaty.un.org/cod/avl/ha/cprccc/cprccc.html; *Instrumento de ratificación* en *BOE* núm. 89, de 14 de abril de 1994, https://www.boe.es/eli/es/ai/1980/10/10/(2)] se vienen desarrollando desde 2014 conversaciones en torno a los *sistemas de armas autónomos letales* (SAAL). El primer resultado, en 2019, fue la formulación de once principios rectores entorno a los SAAL, aprobados por un grupo gubernamental de expertos (integrados, entre otros miembros, por España). El 22 de diciembre de 2023, la Asamblea General de Naciones Unidas aprobó una Resolución sobre los Sistemas de Armas Autónomos Letales (https://documents.un.org/symbol-explorer?s=A/RES/78/241&i=A/RES/78/241_5262943), confiando al *Grupo de Expertos Gubernamentales sobre las Tecnologías Emergentes en el Ámbito de los Sistemas de Armas Autónomos Letales*, un grupo abierto que está elaborando informes al respecto (*vid.* más detalles en https://docs-library.unoda.org/Convention_on_Certain_Conventional_Weapons_-Group_of_Governmental_Experts_on_Lethal_Autonomous_Weapons_Systems_(2023)/CCW-GGE.1-2023-2_Spanish.pdf). Las iniciativas y proyectos nacionales en este ámbito son muy numerosos (*vid.* algunas referencias en ALMACHE BARREIRO, J.C. y ALBERT MÁRQUEZ, J. J., «Imprevisibilidad normativa en el Derecho Internacional respecto a los sistemas de armas autónomas letales», *Revista Logos Ciencia & Tecnología*, 16(1), enero-abril 2024, pp. 16-31 (https://revistalogos.policia.edu.co:8443/index.php/rlct); GIL GIL, A., «Sistemas de armas autónomos letales. Comentario a la posición española, con especial atención a algunos problemas jurídico-penales», *Revista General de Derecho Penal*, núm. 38, 2022.

definir)[10] significará el paso de lo automático (hasta ahora, esencialmente bajo el control directo del diseñador) a lo verdaderamente autónomo (sistemas con posibilidades reales de toma de decisiones, siguiendo los criterios, aunque al margen de la intervención directa, de sus programadores). Se trata, en realidad, de un escenario todavía difuso, aunque cada vez se define con mayor precisión.

La perspectiva legal irrumpe en este proceso cuando se supera el ámbito del puro ensayo, estudio y aplicación de los avances de la tecnología y se generaliza (así, en el caso de los coches, se «socializa») el uso de estos vehículos, más allá de esos ensayos e, incluso, su utilidad para actividades

10 Excede de las posibilidades, y de la oportunidad, de estas páginas pronunciarnos con detalle sobre el significado y el estado actual de la denominada «inteligencia artificial»; sobre todo, sobre su relevancia en la industria marítima, en plena fase de concepción e implementación. A los efectos de estas reflexiones asumimos que con la expresión «inteligencia artificial» sintetizamos un conjunto de recursos tecnológicos y programaciones [*large language model* (LLM)], cuya identificación y funciones son complejas y dependen de cada «modelo de inteligencia», que permite a los sistemas de ordenadores «aprender» (en sentido figurado), relacionar, ordenar y presentar conocimientos (conocidos o generados específicamente) de un modo similar (incluso, imitando) a como lo hacen los humanos [*Natural Language Processing* (NLP)]. La integración de los datos que proporcionen tanto los sistemas del propio buque cono los externos (comunicaciones por satélite, por radio, por 5G, o cualquier tecnología que se desarrolle en el futuro; todavía, demasiado «lentas» y sin cobertura universal), para la navegación, gestionados por los sistemas de inteligencia del buque, mejorarán y optimizarán la explotación del buque (elección de rutas, determinación de velocidad, niveles de consumo, sostenibilidad, conservación del medio ambiente, etc.; *vid*. Li, S., Fung, K. S., «Maritime autonomous Surface ships (MASS): implementation and legal issues», en *Maritime Business Review*, vol. 4, núm., 4, 2019, pp. 330-339), con el consiguiente ahorro de costes (que no responderá en exclusiva, entonces, a la ausencia de tripulación a bordo). Algunos sistemas de seguridad ya funcionan, bajo las premisas de la automatización, para evitar los abordajes entre buques; reduciendo significativamente el riesgo de la actuación humana: no sólo por manejar simultáneamente, en tiempo real, multitud de datos y sensores, sino además por su permanente estado de alerta y posibilidad de formular estimaciones y, en su caso, ejecutar procesos.
En realidad, en estas circunstancias de inicial proceso de desarrollo es aventurado adoptar como dogma cualquier definición, necesariamente condicionada por la incesante evolución tecnológica. Probablemente, lo más acertado sea adoptar perspectivas funcionales, que puedan revisarse y actualizarse y que destaquen la aplicación de la inteligencia artificial sobre cada campo o especialidad, excluyendo la oportunidad de una posición global y única. En este sentido, cabe reconocer los esfuerzos llevado a cabo por la OCDE, que ha actualizado en 2024 su propuesta de definición de inteligencia artificial: «An AI system is a machine-based system that, for explicit or implicit objectives, infers, from the input it receives, how to generate outputs such as predictions, content, recommendations, or decisions that can influence physical or virtual environments. Different AI systems vary in their levels of autonomy and adaptiveness after deployment»; para algunos detalles sobre los extremos de la definición y su utilidad puede verse https://oecd.ai/en/wonk/definition. Téngase en cuenta que, sobre estas bases (como exponemos más abajo), el debate sobre una pretendida personalidad jurídica de las máquinas (también los buques) que ejecuten sistemas de inteligencia artificial es innecesario a día de hoy.

recreativas o lúdicas[11]. Es entonces el momento de dictar normas nuevas porque, al menos, la definición de la formación y la capacitación requeridas (al margen de otras de rango menor: licencias, zonas de navegación, etc.) variará (al menos inicialmente) respecto de las tradicionales. En todo caso, la madurez de la tecnología posibilita su uso profesional o empresarial; piénsese en la complejidad en el diseño y construcción de un buque para su uso comercial, que implica sistemas ya probados y aprobados. Los buques son

11 Piénsese en la evolución de los denominados «drones» más comunes disponibles en el mercado, inicialmente meros «juguetes» o aparatos recreativos, que pronto mostraron su eficacia para usos técnicos (incluso bélicos) y superaron el ámbito social. La norma *ad hoc* que regulaba ese salto, en buena medida dentro del ámbito de la ordenación de la navegación aérea (el Reglamento de Circulación Aérea, de 2002), era el Real Decreto 1036/2017, de 15 de diciembre, hoy derogado por el Real Decreto que no puede resistirse a la confusa amalgama de figuras y regulaciones: el Real Decreto 517/2024, de 4 de junio, *por el que se desarrolla el régimen jurídico para la utilización civil de sistemas de aeronaves no tripuladas (UAS), y se modifican diversas normas reglamentarias en materia de control a la importación de determinados productos respecto a las normas aplicables en materia de seguridad de los productos; demostraciones aéreas civiles; lucha contra incendios y búsqueda y salvamento y requisitos en materia de aeronavegabilidad y licencias para otras actividades aeronáuticas; matriculación de aeronaves civiles; compatibilidad electromagnética de los equipos eléctricos y electrónicos; Reglamento del aire y disposiciones operativas comunes para los servicios y procedimientos de navegación aérea; y notificación de sucesos de la aviación civil* (*BOE* núm. 136, de 05/06/2024, disponible en https://www.boe.es/buscar/act.php?id=BOE-A-2024-11377). La propia denominación de la norma da cuenta del amplio ámbito de uso de los drones (actividades muy diversas) a los que, sin duda, se les denomina «aeronaves no tripuladas» (en el real decreto derogado, además, se hacía referencia a «las aeronaves pilotadas por control remoto»); más adelante podremos verificar el paralelismo entre esta figura y denominaciones y los buques. En materia de formación de los radioperadores (y otros sujetos) de drones, *vid.* Real Decreto 393/2022, de 24 de mayo. Los fundamentos de la norma no se corresponden sólo con la iniciativa nacional, sino que obedece a normativa comunitaria: el denominado Reglamento Base *[Reglamento (UE) 2018/1139 del Parlamento Europeo y del Consejo, de 4 de julio de 2018, sobre normas comunes en el ámbito de la aviación civil y por el que se crea una Agencia de la Unión Europea para la Seguridad Aérea y por el que se modifican los Reglamentos (CE) n.° 2111/2005, (CE) n.° 1008/2008, (UE) n.° 996/2010, (CE) n.° 376/2014 y las Directivas 2014/30/UE y 2014/53/UE del Parlamento Europeo y del Consejo y se derogan los Reglamentos (CE) n.° 552/2004 y (CE) n.° 216/2008 del Parlamento Europeo y del Consejo y el Reglamento (CEE) n.° 3922/91 del Consejo]* y sus desarrollos por el Reglamento Delegado (UE) 2019/945 de la Comisión, de 12 de marzo de 2019, *sobre los sistemas de aeronaves no tripuladas y los operadores de terceros países de sistemas de aeronaves no tripuladas* y el Reglamento de Ejecución (UE) 2019/947 de la Comisión, de 24 de mayo de 2019, *relativo a las normas y los procedimientos aplicables a la utilización de aeronaves no tripuladas*. La seguridad de la navegación aérea en la Unión Europea justifica las competencias asumidas por la Agencia de la Unión Europea para la Seguridad Aérea (EASA, *European Union Aviation* Safety Agency) sobre los *sistemas de aeronaves no tripuladas* (UAS, *Unmanned Aircraft Systems*). En este ámbito, las aeronaves no tripuladas (categoría general) se definen como «cualquier aeronave que opere o esté diseñada para operar de forma autónoma o para ser pilotada a distancia sin un piloto a bordo»; lo que incluye tanto las operadas a control remoto como las autónomas en sentido estricto (artículo 3.30 de Reglamento *(UE) 2018/1139)*. Como se expondrá más adelante, la navegación marítima utiliza (acertadamente) denominaciones paralelas a las de la navegación aérea.

un buen ejemplo de la paulatina incorporación de la compleja tecnología a los usos profesionales cotidianos: los puentes automatizados, los sistemas de navegación y comunicación por radio y satélite, el uso de las cartas electrónicas, sistemas de posicionamiento, localización y navegación, etc.[12] Las bases para la automatización se han ido implantando durante décadas en la actividad marítima, si bien reservada al ámbito profesional y cualificado en el que esta se desarrolla y posteriormente a la navegación que desarrollan los particulares (recreo). También los siguientes pasos técnicos experimentarán una línea de implantación paulatina: antes del buque autónomo en sentido estricto parece que se generalizará el empleo de buques en los que la idea de «el puente en el buque», entendido como el centro neurálgico del manejo técnico y comercial del buque, se cambiará por «el puente en tierra», a través de los radio-operadores; y, finalmente, el buque autónomo, que idealmente prescindiría del puente mismo en el buque (y de otras instalaciones: camarotes y dependencias para la tripulación)[13].

---

12 Se trata en este caso del denominado *Sistema de Información y Visualización de Cartas Electrónicas* (ECDIS, *Electronic Chart Display Information System*), que contribuye a la navegación más segura gracias al soporte de los sistemas de posicionamiento global (GPS). En ámbitos más concretos se encuentran igualmente manifestaciones del modelo electrónico de manejos de los buques. Así, en el *Reglamento sobre abordaje* [*Convenio sobre el Reglamento Internacional para prevenir los abordajes*, hecho en Londres el 20 de octubre de 1972; *Instrumento de Adhesión* en *BOE* núm. 163, de 9 de julio de 1977 (https://www.boe.es/buscar/doc.php?id=BOE-A-1977-15605); en especial, las *Enmiendas al Reglamento Internacional para prevenir los abordajes, 1972 (publicado en el «Boletín Oficial del Estado» de 9 de julio de 1977)*, adoptadas el 29 de noviembre de 2007, mediante Resolución A.1004(25), disponible en *BOE* núm. 69, de 20 de marzo de 2010 (https://www.boe.es/buscar/doc.php?id=BOE-A-2010-4648), regulando las señales de peligro que utilizan los buques: junto al «tradicional» MAYDAY (emitida por radiotelefonía) las alertas de socorro mediante llamada selectiva digital que se transmita en i) El canal 70 de ondas métricas, o ii) Las frecuencias 2187,5 kHz, 8414,5 kHz, 4207,5 kHz, 6312 kHz, 12577 kHz o 16804,5 kHz de ondas hectométricas/decamétricas; m) alerta de socorro buque-costera transmitido por la estación terrena de buque de Inmarsat u otro proveedor de servicios móviles por satélite; n) Señales transmitidas por radiobalizas de localización de siniestros; o) Señales aprobadas transmitidas mediante los sistemas de radiocomunicaciones, incluidos los respondedores de radar de las embarcaciones de supervivencia.

13 Las autoridades marítimas de los estados miembros de la Unión Europea y de sus instituciones en especial, la Agencia Europea de Seguridad Marítima), trabajando conjuntamente con empresas y organizaciones referentes en la industria tecnológica y marítima, integrados en un *grupo de expertos*, elaboraron *una Operational guidelines for trials of MASS*, sobre la base que proporcionaba la guía similar preparada por el *Maritime Safe Comitte* (MSC) de la Organización Marítima Internacional (IMO/OMI). Entre otros aspectos, el informe identificaba algunas de las nuevas funciones (monitorización de sistemas, supervisión de funcionamiento y, llegado el caso, adopción de decisiones sobre la base de nuevos sistemas técnicos) que se encomendarían a los operadores situados en tierra *(MASS RCC operators)* y las nuevas cualificaciones (competencias) que éstos precisarían. El estudio terminó con la presentación del Informe final denominado *Identification of Competences for MASS Operators in Remote Operation Centres* (disponible en https://www.emsa.europa.eu/newsroom/latest-news/item/5089-cmoroc-mass.html). Sobre la cualificación de la tripulación en tierra den estos buques *vid.* Díaz de la Rosa, A., «Algunas

Si bien en este trabajo reflexionamos sobre la perspectiva de la utilización de este tipo de buques en la navegación mercantil (o comercial o, si se prefiere, empresarial), el empleo de estos vehículos experimenta un grado de desarrollo y de aplicación paralelo para otros fines distintos de la actividad comercial; en algunos casos, probablemente, sin los límites que impone la seguridad (y, con ello, el control) de la explotación mercantil de un buque sometido a la jurisdicción de varios países[14].

Cualquier valoración que se formule en estos momentos, de continuos cambios y avances, se verá necesariamente limitada por los avances técnicos que en cada momento se anuncian, que advierten de la necesidad de máxima fidelidad al principio de neutralidad tecnológica y la necesidad de revisar los mandatos normativos y de formular las nuevas normas con el máximo rigor.

3. Cuestión previa: terminología

Nos encontramos en fase de prototipos, ensayos y nuevos modelos y experiencias. No existe, como tal, una flota de buques que requiere la adopción de medidas de forma inmediata. Ni el mercado, ni las instalaciones, ni los modelos empresariales y de comercio han tenido ocasión (o han experimentado la necesidad) de adaptarse a un nuevo modelo de negocio que todavía se encuentra en fase de investigación, ensayo y prototipos[15]. En realidad, la mayoría de los buques «autónomos» que en la actualidad se encuentran operativos (sólo parcialmente, en la medida en que se utilizan más con fines de estudio y examen que en atención a su utilidad y explotación comercial) son de tamaño y operatividad reducidos y, como máximo, atienden a operaciones que no resultan complejas, pues ni contemplan el transporte de mercancías en rutas largas o complejas (con la manipulación que ello implica; mucho menos, mercancías peligrosas) ni operan en rangos abiertos; antes al contrario, en

cuestiones planteadas en torno al régimen jurídico de los buques autónomos», en *Revista de Derecho Mercantil*, núm. 320, 2021, pp. 249-304. También la industria y los profesionales están trabajando en la definición de los modelos de centros de control remoto; en este sentido, *vid.* Rodríguez Docampo, M. J., «La gestión del centro de control remoto de los buques autónomos por el Gestor Naval y la ciberseguridad: algunas consideraciones jurídicas a la vista del proyecto Autoshipman de BIMCO», *Anuario de Estudios Marítimos* núm. 3, 2024, pp. 43-78.

14 *Vid.* algunas reflexiones sobre esos otros ámbitos en Klein, N., Guilfoyle, D., Karim, S., McLaughlin, R., «Maritime autonomous vehicles: new frontiers in the law of the sea», en *International & Comparative Law Quarterly*, vol- 69, núm. 3, 2020, pp. 719-734.

15 *Vid.* EU Operational guidelines for safe, secure and sustainable trials of maritime autonomous surface ships (MASS); disponible en https://transport.ec.europa.eu/document/download/9987d7c6-3e10-4206-b71d-2340807f3984_en?filename=guidelines_for_safe_mass.pdf&prefLang=es.

general se emplean de momento, además de para realizar pruebas, para organizar rutas de pasajeros en zonas delimitadas, convenientemente «señalizadas» y dotadas de sensores adecuados para contribuir a la mejor navegación. Son tiempos de preparar el entorno jurídico y comercial, manteniendo el difícil equilibrio entre lo privado y la intervención pública, para que esta no condicione el desarrollo tecnológico.

No obstante, para reflexionar jurídicamente sobre esta nueva realidad parece conveniente partir de algunos conceptos previos; o, al menos, de un concepto preliminar que permita una primera aproximación al objeto de la reflexión. En este sentido, cada autor e iniciativa suele partir de un concepto preliminar acerca del significado del buque autónomo; una definición que orienta la investigación, al procurar un lenguaje y un escenario suficientemente comunes, pero que no vincula el resultado (que, en general y sobre todo en los primeros intentos, puede ser sometido a revisión). Con una finalidad de seleccionar aquellos que ofrecen perspectivas novedosas, se atenderá sólo algunas de las iniciativas que se han abordado en los primeros años de implantación de esta nueva realidad.

Estas experiencias han dado lugar a la generalización de dos expresiones para referirnos a estas nuevas formas de la evolución de los buques mercantes y su navegación: *unmanned ship* (buques no tripulados), y *Maritime Autonomous Surface Ships* (buques autónomos marítimos de superficie, MASS). Con frecuencia, en el ámbito doctrinal ambas expresiones se utilizan como «intercambiables» para describir la situación tecnológica actual. Sin perjuicio de que a lo largo de estas páginas se faciliten datos para diferenciar (y para mostrar las similitudes) entre ambas expresiones y los «tipos» de buques que podrían entrar en una u otra clasificación, cabe adelantar que, en general, las reflexiones deberían formularse sin insistir en las diferencias entre ambas formas de gestión y control del buque. Esta tendencia se está consolidando en las legislaciones iniciales de algunos países. En particular en España, se adelanta una propuesta normativa (de la que daremos referencia al final de estas páginas) que se formula en esta misma línea amplia, comprensiva de ambas «categorías» de buques.

4. La cuestión de la terminología y las clasificaciones (o criterios de ordenación) propuestas

El presupuesto de la terminología jurídica empleada (que dirige el tratamiento jurídico de las instituciones) es que el Derecho debe ordenar la realidad, sólo excepcionalmente condicionarla. En buena medida, un punto de partida que dirige la nueva terminología es la existencia de normas previas: lo que hemos denominado el Derecho preexistente. Por ejemplo, para determinar el grado de autonomía de un buque parece necesario partir del concepto de buque[16]. Ese concepto debe ser revisado a la luz de la realidad técnica, no presuponiendo que, por razón de su novedad, no tiene encaje adecuado en normas que parecen anticuadas.

En la evolución conceptual (y técnica) desde el buque automático hasta el buque inteligente, pasando por el buque autónomo (estos conceptos, entre otros, han sido planteados en diversos ámbitos por instituciones y doctrina), conforman el escenario actual, que debe atender a diversas perspectivas. Quizás, para definir los escenarios comunes sobre los que aplicar aquellos términos, sea oportuno partir de presupuestos que pueden ser aplicados a esas tres perspectivas, referidos a los «procesos de automatización»[17]. Estos presupuestos nos permiten diferenciar (aunque no «separar», pues generalmente confluirán en los supuestos que se expondrán): 1) *capacidad técnica*, esto es, los distintos grados de desarrollo tecnológico que pueden implementarse a bordo de un buque, que irían desde el simple grado de automatización, que ya incorporan la mayoría de los buques, hasta el nivel máximo de aplicación de la inteligencia del buque[18]; 2) la *dotación* necesaria para el manejo del buque, que se refiere a la disponibilidad de personas con conocimientos y titulación adecuados para el manejo del buque, se encuentren a bordo (tripulación, en el sentido clásico) o no (operadores de control remoto); y 3) la *autonomía*, los medios tecnológicos con los que cuente el buque, cuya utilización y eficacia suponen «repartir» o asignar las tareas entre los sistemas del buque (y su titular, bajo cualquier fórmula que el mercado con-

16 *Vid.* Suri, M., «Autonomous vessels as ships – the definition conundrum», 2020 IOP Conf. Ser.: Mater. Sci. Eng. 929 012005, pp. 1-11.

17 Para ello, seguiremos el esquema propuesto por Ringbom, H., Collin, F., «Terminology and concepts», en *Autonomous Ships and the Law*, ed. H. Ringbom, E. Røsæg and T. Solvang, Londres-Nueva York, 2021, pp. 7-20.

18 El concepto útil de inteligencia en este ámbito no se corresponde ni con el significado más preciso de la cuestión (que vincularía la inteligencia con un determinado grado de consciencia o existencia; hoy por hoy, mera ciencia ficción) ni con el sentido que suele atribuírsele socialmente (en realidad, muy cercano al anterior); sino con el más técnico, que supone la capacidad de resolver los problemas planteados y previamente delimitados. De esta manera, los niveles de inteligencia y las técnicas para alcanzarlos son numerosos: «In a simplified set-ting, the main approaches can be divided into two categories. First, a system may follow *rules* that its developer has programmed. Several projects have, e.g., sought to create massive knowledge databases that contain pre-determined rules and concepts that algorithms use in decision-making. Second, a developer may also utilize *machine learning*. Instead of program-ming explicit rules, the idea is then to utilize learning algorithms which allow the system to learn from its own experience. If the goal is, e.g., to recognize and identify objects from images, programming explicit rules for such a task may often be too difficult, because the number of variables is just too high. By using learning algorithms, however, a developer may teach the system by providing a massive number of examples, enabling the system itself to develop such algorithms as can accomplish the desired task. The choice of technique depends on the task that is sought to be accomplished, and often the best way to develop intelligent systems is to combine different techniques» (*cfr.* Ringbom, H., Collin, F., «Terminology and concepts», *cit.,* p. 10).

ciba y el Derecho considere adecuado) y el personal (dependa de quien sea) implicado en el manejo del buque; y, con todo ello, se reparte igualmente la responsabilidad que, en su caso, se atribuya a cada uno[19].

Estos tres criterios se refieren esencialmente al buque. Pero debe tenerse en cuenta que el buque autónomo, ni siquiera el automático con un cierto grado de desarrollo, es operativo (es posible asegurar que opera en el tráfico) sin que las correspondientes infraestructuras y servicios se encuentren igualmente automatizadas o en funcionamiento autónomo. En definitiva, la multimodalidad que (no sin ciertos problemas y muchas dudas, debido a su formulación puramente conceptual) se predica del transporte, en realidad afecta a la actividad marítima, especialmente a la que se desarrolla en el puerto. El buque autónomo cobra pleno sentido partiendo y arribando a unas instalaciones con similar grado de autonomía. En la medida en que la entrada en puerto responde necesariamente a criterios legales nacionales (desde la navegación por aguas jurisdiccionales y el acceso a las zonas portuarias y su control hasta la prestación de los servicios de practicaje, pasando por el resto de las actividades que se realizan en los muelles, incluidos los aspectos de naturaleza fiscal), la capacidad de autonomía efectiva de un buque se encuentra limitada por el nivel de autonomía del entorno en el que interactúa con otros servicios.

Con estas salvedades, el criterio 1) *supra* es ajeno en sentido estricto al Derecho (al menos, en el momento de su desarrollo, no así en el de su adopción), pues depende en exclusiva de los avances técnicos que se produzcan y su efectiva implementación, logrando los resultados que en cada caso se esperan. La aplicación de uno de los principios de la contratación electrónica (ampliados, como se ha expresado, a todo el campo jurídico), el de neutralidad tecnológica, supone que el Derecho no puede descartar *a priori* una tecnología en favor de otras, dirigiendo (y condicionando) la investigación; debiendo limitarse a verificar si entre las opciones que se desarrollan se ofer-

19 No nos pronunciamos, por exceder de las posibilidades de estas páginas, sobre el tratamiento de la responsabilidad que derivaría de la consideración del buque o de los sistemas como productos defectuosos: aprobados estándares internacionales de seguridad y operatividad, se trata de una cuestión que deberá resolverse por cumplimiento, inspección y supervisión de esos sistemas de seguridad (por ejemplo, en el marco del Convenio SOLAS) durante la construcción y la utilización del buque. Los eventuales «fallos» (en particular, los cibernéticos) requieren planteamientos más complejos (por razón de la complejidad misma, técnica y jurídica, del buque y las consecuencias de su utilización y gestión, bajos prescripciones internacionales) que los que derivan de las normas sobre productos defectuosos. No obstante, este análisis se está produciendo, evidenciando la complejidad de la materia y las dificultades de conectar esta disciplina marítima, técnica y profesional, con normas concebidas para otros ámbitos; *vid.* BAGSHAW, R., «Product Liability: Autonomous Ships», en *Artificial Intelligence and Autonomous Shipping. Developing the International Legal Framework*, edited by Barış Soyer and Andrew Tettenborn, Nueva York, 2021, p. 119-138.

tan soluciones válidas, que cumplan con las exigencias legales[20]. El apartado 3) depende en buena medida de los criterios 1) y 2) y de las decisiones que sobre los mismos adopten los ordenamientos: si el progreso técnico condiciona la eficacia y la implantación de la tecnología, sólo a medida que se verifique su efectiva aplicación y su utilidad podrán valorarse los resultados y adoptar las decisiones jurídicas oportunas, verificada su adecuación a los requisitos legales. Un mayor grado técnico de capacidad de autonomía supone limitar la actividad humana directa en la gestión del buque (y, con ello, su responsabilidad), debiendo identificarse el «sujeto» competente y responsable. Por razones que superan la oportunidad de estas notas —y que, hoy por hoy, pertenecen sólo al ámbito de los «futuribles»—, no creo que quepa atribuir personalidad jurídica a los resultados técnicos, incluida la denominada «inteligencia artificial» (al menos a fecha de hoy, no es verdadera «inteligencia») o los robots humanoides que se están presentando (de cuya generalización de uso advierten las empresas más como elemento publicitario que técnico). La responsabilidad gravaría, por tanto, al «propietario» (titular, etc.) de los sistemas, que controla la explotación de tales recursos y se beneficia de los resultados de su actividad (clásico criterio de la mercantilidad de las operaciones y su sometimiento al régimen propio que se expresa en el denominado estatuto del empresario). Similares consideraciones cabría hacer en relación con los *buques plenamente autónomos*[21], sobre

20 La excepción la encontramos cuando, en atención a determinados principios (sea cual sea su naturaleza: de orden moral, social, especialmente), el Derecho debe controlar (incluso, excluir) determinadas líneas de investigación o, al menos, controlarlas y limitar su aplicación. El caso más evidente es el Reglamento de Inteligencia Artificial europeo [Reglamento (UE) 2024/1689 del Parlamento Europeo y del Consejo, de 13 de junio de 2024, *por el que se establecen normas armonizadas en materia de inteligencia artificial y por el que se modifican los Reglamentos (CE) n.° 300/2008, (UE) n.° 167/2013, (UE) n.° 168/2013, (UE) 2018/858, (UE) 2018/1139 y (UE) 2019/2144 y las Directivas 2014/90/UE, (UE) 2016/797 y (UE) 2020/1828* (Reglamento de Inteligencia Artificial)], disponible en http://data.europa.eu/eli/reg/2024/1689/oj. A este respecto, son muy expresivos sus considerandos, entre otros, los siguientes: «(6) Dadas las importantes repercusiones que la IA puede tener en la sociedad y la necesidad de generar confianza, es fundamental que la IA y su marco reglamentario se desarrollen de conformidad con los valores de la Unión consagrados en el artículo 2 del Tratado de la Unión Europea (TUE), los derechos y libertades fundamentales consagrados en los Tratados y, de conformidad con el artículo 6 del TUE, la Carta. Como requisito previo, la IA debe ser una tecnología centrada en el ser humano. Además, debe ser una herramienta para las personas y tener por objetivo último aumentar el bienestar humano. (7) Conviene establecer normas comunes para los sistemas de IA de alto riesgo al objeto de garantizar un nivel elevado y coherente de protección de los intereses públicos en lo que respecta a la salud, la seguridad y los derechos fundamentales. Estas normas deben ser coherentes con la Carta, no deben ser discriminatorias y deben estar en consonancia con los compromisos de la Unión en materia de comercio internacional. También deben tener en cuenta la Declaración Europea sobre los Derechos y Principios Digitales para la Década Digital y las Directrices éticas para una IA fiable del Grupo independiente de expertos de alto nivel sobre inteligencia artificial».

21 Volveremos sobre el significado de esta expresión más adelante, aunque cabe adelantar

los que la doctrina reflexiona acerca de la posibilidad de reconocimiento de una eventual personalidad jurídica. Este tema, probablemente, es prematuro en estos momentos, porque la «inteligencia artificial» que hoy concebimos, mera programación compleja con una capacidad extraordinaria de gestión de datos[22], no merece tal consideración. En todo caso, si la evolución tecnológica nos llevara a derroteros que, hoy por hoy, se plantean sólo en el ámbito de «lo deseable» (de ahí que no nos detengamos en esta cuestión), la nueva realidad no exigiría el reconocimiento de personalidad jurídica a estos buques (o, en otros ámbitos, a toda clase de vehículos autónomos); al menos, en los escenarios y con los efectos en los que se están planteando, como objeto de pura reflexión conceptual[23].

---

que hace referencia aquellos que participan en el tráfico mercantil adoptando las decisiones de la actividad que realizan sin intervención directa humana, sino de acuerdo con sus protocolos de programación, que les permite tomar decisiones sobre cuestiones no expresamente previstas.

22 *Vid. supra* nota al pie número 10.

23 Téngase en cuenta que múltiples conceptos, sobre los que se fundamentos aspectos sustanciales de nuestro ordenamiento, obedecen a una construcción dogmática que se aplica y explica nuestro Derecho, pero que pueden resultar difícilmente «traducibles» a instituciones de otras jurisdicciones (incluso las más cercanas de sistemas del *civil law*). Esta cuestión requiere uniformidad internacional que, con frecuencia, se logra más sobre la base de perspectivas funcionales antes que sobre presupuestos teórico-doctrinales que no serían reconocidos en muchos otros estados, obedeciendo a su propio ordenamiento. Así, por ejemplo, la posibilidad de que los sistemas electrónicos celebren contratos, al amparo de los denominados *smart contracts*, avivaría el debate sobre la posibilidad de la formación de la voluntad contractual por el sistema, la atribución de un patrimonio que queda sujeto a la responsabilidad de su actuación, etc. Lo que viene denominándose una «personalidad jurídica electrónica» nueva y *ad hoc*. Lo cierto, sin embargo, es que al igual que sucede con los denominados *smart contracts*, estas líneas de código ni son inteligentes ni son contratos (no reclaman, por tanto, ningún reconocimiento nuevo por el Derecho): se trata de simples API's (a los efectos que interesa, unas sencillas líneas de código que conforman módulos de programación) que ejecutan instrucciones según los criterios previos de su programador (que puede haber previsto sistemas de «nuevos aprendizajes»). Jurídicamente, este fenómeno podemos resolverlo satisfactoriamente con el régimen de las *condiciones* (suspensivas o resolutorias, según el caso) en el marco de la teoría general del contrato. Lo que implica que la voluntad contractual (con ello, la capacidad que supone la personalidad) se forma en otro lado, no en la máquina. Un análisis técnico de la cuestión conduce necesariamente al mismo resultado: la propia Ethereum, origen de esta terminología, advierte que los *smart contracts* serían equivalentes a las máquinas expendedoras —*digital vending machine*—, que ni son inteligentes ni celebran contratos; *vid.* https://ethereum.org/en/developers/docs/smart-contracts/. Hoy por hoy, el tema, en esos términos, ni encierra mayor complejidad ni requiere mayor debate. Por otra parte, la identificación de un patrimonio sobre el que cargar las eventuales responsabilidades no requiere del reconocimiento de la personalidad jurídica, una *fictio iuris* que acarrea extraordinarias consecuencias, en todos los ámbitos del Derecho (constitucional —derechos reconocidos y reconocibles—, laboral —*idem*—, obligaciones como eventual empleador, «cotizaciones», etc., penal —culpa, dolo, responsabilidad, comisión de delitos, infracciones—, privado —obligaciones y contratos, responsabilidad, buena fe... incluso, ¿sucesiones?—, público —normas de ordenación, impositivos...—) y que en este

5. La relevancia y la finalidad del reclamo a la dotación en los textos normativos

En el ámbito objeto de estudio en estas páginas, por tanto, donde se necesitan mayores reflexiones es en el criterio 2) *supra*. Formalmente incluso, porque de lo que se trata es de buques sin tripulación a bordo *(unmanned)*, con independencia del grado de automatismo y de autonomía que se logre. En este sentido, el término «dotación» hace referencia al conjunto de los individuos embarcados bajo un contrato de enrolamiento. El manejo del buque era, hasta hace pocas fechas, imposible (e inconcebible, más allá de las reflexiones literarias) al margen de la tripulación: hombres de la mar, al frente de los cuales se encontraba como responsable máximo (en realidad, desde fechas relativamente recientes; al menos, con el cúmulo de funciones que se le atribuyen y las competencias que se le reconocen) el capitán. El factor humano era imprescindible en toda actuación humana y la travesía por mar, la aventura marítima, era una actividad (y un reto) humana.

Las circunstancias de la tripulación y de las responsabilidades que asumen con ocasión de la explotación comercial del buque han cambiado a lo largo de la Historia: desde el monopolio del comercio con «las indias» hasta la libertad de ejercicio del comercio marítimo; desde la navegación costera y del *Mare Nostrum* al Cantábrico hasta los viajes transoceánicos; desde la presencia a bordo del propietario de la carga hasta la «delegación» de las competencias, náuticas y comerciales, en el *magister navis (maestres, master of the ship)*, encumbrando el papel del capitán no sólo con sus habilidades técnicas y náuticas, sino también con capacidad de representación (delegación) en materia comercial (siempre, actuando por cuenta de su principal); desde la navegación basada en la experiencia de los hombres de la mar (pilotos y otros marino agrupados en gremios) o en la formación que procuraba la Armada hasta la actual capacitación profesional de las actuales titulaciones

---

momento no se basa en una realidad técnica ni en una cuestión resuelta, porque el debate no ha hecho más que iniciarse (quizás, prematuramente, por el hecho de que la tecnología no existe en los términos en los que con frecuencia se concibe en esas reflexiones). Tampoco creo que la cuestión de señalar un patrimonio de responsabilidad pueda resolverse plenamente, en el ámbito mercantil y en especial en de los buques autónomos, por referencia a los dependientes (del armador); una figura que todavía presenta contornos inciertos en nuestro derecho (por la pujanza de los modelos contractuales anglosajones, que tensan las concepciones del *civil law*) y que en la práctica internacional se reconduce a la flexible (e indefinida) figura del *agent* (con frecuencia, en el seno de un debate sobre la extensión de la figura a los *servants*, los *independent contractors*, etc.). *Vid.* algunos planteamientos, y con otras aportaciones, en relación con los buques autónomos expresamente, en Díaz de la Rosa, A., «Algunas cuestiones planteadas en torno al régimen jurídico de los buques autónomos», *cit.*, p. 299; Pulido Begines, J. L., «Buques Mercantes Autónomos: concepto, naturaleza jurídica y personalidad», en *Anuario de estudios marítimos*, núm. 3, 2024, pp. 15-42.

marinas[24]. La posible evolución de la tripulación y del capitán no hará más que adaptarse adecuadamente, como siempre, a los retos y a las necesidades del comercio marítimo al que sirve; y, en estos momentos, se barajan fórmulas para la evolución de esas figuras que, incluso, contemplan (el plazo será aún largo) su desaparición a bordo del buque. En definitiva, a lo largo de los siglos, la formación y la capacitación regladas han ido complementando y sustituyendo al aprendizaje y la experiencia, definiendo tres departamentos

---

24 Una breve referencia histórica puede contribuir a recordar la complejidad del proceso de formación de los profesionales de la mar; tomando como referencia más directa el entorno en el que nos situamos. Al parecer, en algún momento cuya precisión la Historia se resiste a revelar con precisión, pero que se sitúa alrededor de finales del siglo XIII, en la vieja ciudad de *Gades* (reconquistada poco antes por Alfonso X el Sabio, en 1262) se creó el Colegio de Pilotos Vizcaínos de Cádiz. Su denominación *(collegium)*, probablemente refiera el ejercicio de funciones consulares y jurisdiccionales (una institución gremial); entre ellas, la validación de los conocimientos técnicos de los *naucheres* para afrontar rutas marítimas determinadas («carreras»), concediéndoles la pertinente licencia (verificación de conocimientos y experiencia para afrontar con seguridad cada carrera). La Casa de la Contratación de Sevilla (creada en 1503) instauró un «plan de estudios» (que comprendía, entre otras disciplinas, la cartografía náutica y la astronomía), que contribuiría al control de la *Carrera de Indias*; en ese contexto, es posible que el Colegio de San Telmo, en Sevilla, creado en 1681, pueda considerarse como Escuela Náutica equivalente a las actuales (aunque hubiera otras *instituciones* de formación anteriores), sin perjuicio de los fines que inspiraban parte de su actuación, heredados de instituciones anteriores (la Universidad de Mareantes de Sevilla, impulsora de la iniciativa del duque de Medina Sidonia de creación de un seminario de muchachos, huérfanos y vagabundos, para instruirles en la navegación; al parecer, unas levas «encubiertas»). Con las *Ordenanzas Generales de la Armada, de* 1748, se creó el Cuerpo de Pilotos de la Armada y las Escuelas Departamentales de Navegación, unificando durante cierto tiempo la formación de los pilotos civiles y militares. La participación en este proceso de otros centros de prestigio (las escuelas náuticas de Bilbao, Barcelona, colegios de San Telmo, etc.), en ocasiones con «planes de estudio» propios, no pueden dejar de citarse; como también merece un recuerdo en estas páginas la Academia de Guardias Marinas de Cádiz, fundada por José Patiño en 1717, un centro que, aunque reservado para la formación de los oficiales de la Armada de condición noble (se precisaba la presentación del expediente de limpieza de sangre), destacaba en la formación científica que procuraba a sus alumnos: matemáticas, trigonometría, astronomía, geografía y náutica. Todos ellos fueron expresión del nivel de cualificación que a lo largo de los últimos siglos se procuraba (y se exigía) para la navegación. La sucesión de modelos, instituciones docentes y planes de estudio ha culminado en la actualidad, tras siglos de evolución, en el mundo universitario; donde se imparten las enseñanzas en los términos del Real Decreto 269/2022, de 12 de abril, *por el que se regulan los títulos profesionales y de competencia de la Marina Mercante (BOE* núm. 88, de 13 de abril; disponible en https://www.boe.es/eli/es/rd/2022/04/12/269), al que deben responder los planes de estudios de las denominadas «escuelas de náuticas». Téngase en cuenta que el citado Real Decreto sólo teóricamente está adecuado a la normativa comunitaria [la disposición final quinta dispone: «Mediante este real decreto se incorpora al ordenamiento jurídico español la Directiva 2008/106/CE del Parlamento Europeo y del Consejo, de 19 de noviembre de 2008, relativa al nivel mínimo de formación en las profesiones marítimas, modificada por la Directiva 2012/35/UE, de 21 de noviembre de 2012, y la Directiva 2019/1159, de 20 de junio de 2019»; cuando la norma comunitaria en vigor, aprobada dos meses más tarde, es la Directiva (UE) 2022/993 del Parlamento Europeo y del Consejo, de 8 de junio de 2022, *relativa al nivel mínimo de formación en las profesiones marítimas*; http://data.europa.eu/eli/dir/2022/993/oj]. En todo caso, las normas internacionales relevantes (a la que se hace referencia en el texto), sí parecen adecuadamente asumidas en nuestro Ordenamiento.

(puente y cubierta, máquinas y radioelectrónica y radiocomunicaciones) y varias cualificaciones (capitán, pilotos, oficiales, mecánicos, operadores...), que clasifican a la tripulación en función de sus atribuciones profesionales (artículos 7.º a 28 del Real Decreto 269/2022, de 12 de abril). Una capacitación al servicio de un buque y, sobre todo, de una actividad comercial, que la requerían (ejercicio profesional, seguridad, etc.). El cambio de modelo de buque conllevará un cambio en su consideración. Sin embargo, conectada íntimamente la figura del capitán a la dirección técnica de la navegación, parecería que sólo cabría conservar la figura del comandante de la nave en sentido estricto (y salvo nuevas formulaciones, puramente denominativas en este aspecto: un supervisor de operaciones, por ejemplo, que conservara la denominación tradicional) en los buques controlados a distancia, no en los plenamente autónomos (que no implican a un capitán en su navegación ordinaria)[25].

Mientras, la referencia internacional en esta materia se contiene en el *Convenio Internacional sobre Formación, Titulación y Guardia de la Gente de Mar*, hecho en Londres el 7 de julio de 1978 (STCW, 78/95)[26], para los buques mercantes; y en el *Convenio Internacional* del mismo nombre para el personal de los buques pesqueros (STCW-F/95)[27] ; textos que delimitan el ámbito de la correspondiente normativa española. Sin perjuicio de que se predique su extensión (al menos, parcial) a los radioperadores de los buques controlados a distancia.

La evolución del régimen de la dotación se ha expresado en la actualidad en el denominado «rol de despacho y dotación» (artículo 81 LNM). Formalmente, en relación con el contrato de enrolamiento debe prestarse atención al *Convenio sobre el contrato de enrolamiento de la gente de mar*, 1926 (convenio número 22 de la OIT)[28] que, fiel a su finalidad, recoge la exigencia de que en

---

25 *Vid.* González-Orús Charro, M., «Los buques por control remoto y autónomos a la luz del Anteproyecto de Ley de modificación del Texto Refundido de la Ley de Puertos. Aspectos sobre seguros marítimos para la cobertura de riesgos cibernéticos», en *El transporte ante el desarrollo tecnológico y la globalización*, M. V. Petit Lavall, A. Puetz (dirs.), C. Vicente Mampel, A. Gilabert Gascón (coords.), 2023, pp. 613-642, p. 625.

26 *Instrumento de adhesión* de 11 de octubre de 1980, en *BOE* núm. 267, de 7 de noviembre de 1984, disponible en https://www.boe.es/eli/es/ai/1978/07/07/(1). Las modificaciones posteriores (son numerosas las *Enmiendas*: 1991, 1994, 1995, 1997, 1998, 2006, 2010, 2014, 2015, 2016 y 2021) deben buscarse separadamente en el *diario oficial*.

27 *Convenio Internacional sobre normas de formación, titulación y guardia para el personal de los buques pesqueros*, 1995, hecho en Londres el 7 de julio de 1995 (*Instrumento de adhesión* en *BOE* núm. 65, de 16 de marzo de 2012; corrección de errores en *BOE* de errores en *BOE* núm. 237 de 2 de octubre); algunos de cuyos aspectos se regulan en el *Real Decreto 963/2013, de 5 de diciembre, por el que se fijan las tripulaciones mínimas de seguridad de los buques de pesca y auxiliares de pesca y se regula el procedimiento para su asignación* (*BOE* núm. 313, de 31 de diciembre).

28 Disponible en https://normlex.ilo.org/dyn/normlex/es/f?p=NORMLEXPUB:55:0::NO::P55_TYPE,P55_LANG,P55_DOCUMENT,P55_NODE:REV,es,C022,/Document. El Convenio se considera revisado por el Convenio sobre el trabajo marítimo, 2006, en su versión enmendada

la «lista de tripulación» figure inscrita la «gente de mar» que pertenezca al buque («todas las personas (excepto los capitanes, prácticos, alumnos de los buques escuela y aprendices obligados por un contrato especial de aprendizaje) empleadas o contratadas a bordo, que figuren en la lista de la tripulación [...]»). En el convenio, como en los fechados en esa época, se concibe el buque sobre la base de su capacidad de navegación marítima [artículo 1.º; además, el artículo 2.º.*a)*, en términos amplios, define el buque como «cualquier clase de barco o embarcación, de propiedad pública o privada, que se dedique habitualmente a la navegación marítima»). Tan consustancial al buque es su tripulación que el convenio no expresa ninguna razón o causa del embarque, sino que se limita a constatar la formalización del correspondiente contrato[29].

6. Las consecuencias de la llamada a la dotación

Sobre la base de los criterios apuntados, el empleo del buque en relación con la tripulación puede presentarse bajos dos formas cada una de las cuales, a su vez, permite tres perspectivas[30]. La *primera*, atendiendo a la situación real actual de los buques, dotados de tripulación, supone distinguir *a)* un buque con tripulación *permanente* (con independencia del grado de automatización del que disponga el buque, pues está concebida la aplicación técnica para su manejo y guarda por la tripulación); *b)* un buque con tripulación *ocasional* (aunque hay tripulación a bordo, puede en ciertas circunstancias confiarse la responsabilidad de la navegación u otras operaciones a los sistemas del buque; o, incluso, la tripulación se reserva para ciertas actuaciones de control y participación sólo en los entornos previstos y cuando se le requiere —por ejemplo, en operaciones de entrada a los puertos y cumplimiento de normativa estatal—); y *c)* el buque *autónomo* en sentido estricto, que no lleva tripulación a bordo en ningún momento, confiándose todos los extremos de su navegación a los sistemas propios (ya sean estos del propio buque, ya se

(MLC, 2006), adoptado en Ginebra, en la 94.ª reunión CIT (23 febrero 2006), en los términos de su artículo X (texto disponible en https://normlex.ilo.org/dyn/normlex/es/f?p=1000:91::::91::). La versión consolidad del texto (hasta 2022) es accesible en https://www.ilo.org/es/resource/otro/convenio-sobre-el-trabajo-maritimo-2006-en-su-version-enmendada-con-las.

29 El preámbulo de la LNM de 2014 advierte que «Se habla de la dotación en sentido amplio, entendida como el conjunto de todos los individuos embarcados bajo contrato de enrolamiento. Este concepto jurídico viene a concretar, para un buque determinado, el más genérico de «gente de mar» o «marinos» recogido en el aludido CTM 2006». El desarrollo reglamentario del artículo 81 LNM, que regula el Rol de Despacho y de Dotación (en el que «se expresarán también la identidad, nacionalidad, puesto a bordo, titulación, certificados de capacitación y fechas de enrolamiento y desenrolamiento de todos los miembros de la dotación, además de las especialidades previstas reglamentariamente en atención a la clase de navegación» se encomienda al Reglamento de Ordenación de la Navegación Marítima (ya citado; en este momento, sin embargo, su entrada en vigor se ha postpuesto, una vez más, hasta el 15 de agosto de 2025).

30 Como se ha señalado más arriba, se reflexiona sobre la exposición de Ringbom, H., Collin, F., *op. cit., loc. cit.*

encuentren estos en tierra, operando a distancia). Obviamente, cada una de esas posibilidades supone ejercicio de funciones en relación con el manejo del buque y la navegación y, con ello, responsabilidades por el desempeño de las mismas.

La *segunda* se refiere al control remoto de los buques, y permite igualmente definir tres situaciones: *a)* el buque está permanentemente tripulado, por lo que no se encuentra sometido en ningún momento a la intervención de operadores de control remoto (cuya existencia ni siquiera se contempla en orden al manejo del buque); *b)* el buque dispone de una *tripulación remota*, , operadores de control remoto que toman el control del buque sólo para las operaciones para las que se ha previsto (*tripulación remota no permanente*); *c)* el buque opera todo el tiempo por control remoto (*tripulación remota permanente*, probablemente, un *unmanned ship*).

Los criterios propuestos no suponen una propuesta de clasificación cerrada, sino flexible que, además, están llamadas a coincidir en algunos casos. Por ejemplo, que el buque disponga de *tripulación remota no permanente* permite, a su vez, que el tiempo en que esta tripulación no opere sea, bien una dotación clásica, bien un sistema inteligente, el que tome el control de las operaciones en el buque. Igualmente, el *buque autónomo en sentido estricto* puede prever sistemas de control remoto, que permitan a los operadores remotos la adopción de las decisiones que se requieran; incluso, tomando el control del buque (por supuesto, igualmente, en situaciones de fallos de los sistemas que requieran la toma de control física). El buque no tripulado sería, entonces, la expresión de una realidad más amplia *(genus)*: la falta de tripulación a bordo puede «suplirse», bien con el control remoto que se ejerza desde otras instalaciones, bien por sistemas inteligentes completos; en ambos casos, sin perjuicio de la intervención «puntual» humana, para labores de supervisión, de reparaciones, de inspección, de corrección de mal funcionamiento... Mientras que el buque autónomo *(species)* nunca lleva tripulación a bordo ni precisa control remoto para su normal funcionamiento (dejando a salvo, pues, las intervenciones excepcionales que fueren precisas)[31].

En todo caso, la utilidad y la revisión de estos conceptos y modalidades de buques, y su coexistencia (parecería que el resultado final de esta evolución será el buque autónomo, con la supervisión externa, que incluso sería ejercida por sistemas inteligentes), dependen del desarrollo técnico, por lo que están llamadas a complementarse de diferentes modos en los próximos años; y serán posibles (y/o oportunas) según la navegación, la actividad o el comercio de que se trate[32]. Obviamente, mientras el desarrollo técnico de los países

31 Una visión distinta propone HERRERO URTETA, E., «Los buques autónomos y la responsabilidad del porteador», en *Revista electrónica de Derecho de la Universidad de La Rioja*, REDUR, núm. 20, 2022, pp. 59-79, p. 63.

32 *Vid.* SOYER, B., «The Future of Autonomous Shipping – The Regulatory Challenge», en *Artificial Intelligence and Autonomous Shipping. Developing the International Legal Fra-*

sea diferente (y, con ello, la implantación de las tecnologías), es probable que ninguna de esas modalidades desarrolle todo su potencial por sí sola, pues dependerá (por ejemplo) del viaje y las escalas, y de los requisitos nacionales que cada estado haya fijado o sea capaz de aplicar. De ahí la necesidad de estándares internacionales, que aseguren el cumplimiento de los requisitos de seguridad que sean oportunos. Por encima de todo ello, debe tenerse en cuenta que la plena autonomía del buque (en su sentido más amplio) es inalcanzable (al menos, es inoperativa en su plenitud) mientras que las instalaciones portuarias, al menos, no aporten su propio grado de automatización y/o autonomía: entrada del buque en el puerto, aplicación del practicaje a este tipo de buques, amarre, carga y descarga... incluso, cumplimiento de las formalidades aduaneras, fiscales, abonos de tasas, etc., que sea exigibles.

Como cierre de estas reflexiones cabe concluir provisionalmente con algunas consideraciones. *Primera*, la implantación de los modelos de *navegación autónoma* (tanto los buques autónomos o como los buques sin dotación) es en la actualidad un proceso en desarrollo: se vislumbran oportunidades y cambios en los modelos de negocio, también incertidumbre sobre su alcance, aunque todo ello con resultados todavía por consolidar. La efectiva aplicación de las tecnologías propiciará la adaptación de los modelos empresariales, ofreciendo escenarios reales para la superar revisión, en su caso, de los modelos jurídicos. Cada propuesta de regulación, cada término, cada documento o desarrollo (técnico o jurídico) que se están planteando puede venir referida a una o varias de esas *clasificaciones* propuestas. Ello supondrá una implantación progresiva de los modelos de buques sin tripulación, desde aquellos que en la actualidad operan con tripulación, aunque con relevantes procesos automatizados, hasta la plena autonomía, en la forma en la que la hemos definido más arriba[33]. Mientras, la *conservación* del derecho

mework, edited by Barış Soyer and Andrew Tettenborn, Nueva York, 2021, pp. 164-183.

33 *Vid. The Future of Maritime Autonomous Surface Ships (MASS)*, disponible en https://www.iala-aism.org/content/uploads/2024/02/The-Future-of-Mass-2024-Portrait-simples-pages-for-website-corrected.pdf. El documento ha sido elaborado en el seno de IALA, *The International Organization for Marine Aids to Navigation* (https://www.iala-aism.org/), una organización intergubernamental que formalmente se constituye en 1957 (aunque sus orígenes indirectos, y su experiencia, se remontan a 1929, en el seno de la *International Lighthouse Conference*, celebrada en Londres) que ha redactado normas estandarizadas y recomendaciones y guías técnicas en torno a las ayudas para la navegación y el tráfico de buques. Entre ellas puede destacarse la Recomendación IALA Maritime Buoyage System (MBS) (segunda edición, de junio de 2022), una revisión del «Agreement on the IALA Maritime Buoyage System», firmado en París el 15 de abril de 1982, que supone un estándar internacional en la armonización de sistemas de balizamiento. El documento técnico, en una aplicación clara del principio de equivalencia funcional, se limita a exponer en relación con los buques autónomos: «Current applications, marks and signals exhibited by AtoN as described in this document apply to all vessels, including Maritime Autonomous Surface Ships (MASS). MASS operate with varying degrees of autonomy and make use of AtoN based on level of autonomy and type of technology used. MASS may use AtoN described within the maritime buoyage system and there may be developments of AtoN that are

preexistente, adecuadamente interpretado a la luz (esencialmente) del principio de equivalencia funcional, es esencial para normalizar la navegación de estos buques (y, con ella, su reconocimiento)[34]. *Segunda,* la navegación autónoma no puede analizarse sólo desde el hecho de la navegación misma, en abstracto; tampoco, prescindiendo, por ejemplo, de las connotaciones que impone la soberanía de los estados, las ingenierías (la construcción naval), etc. El elemento que permite aglutinar factores muy diversos es el comercio marítimo, desde cuya perspectiva deberá validarse el uso de los sistemas autónomos. Sobre todo, y *tercera*, desde un punto de vista jurídico, verificando que las normas vigentes, formalmente, exigen la presencia física de tripulaciones a bordo de los buques, surge la duda sobre cómo el *propietario* (armador, naviero, según los textos) puede aplicar, con seguridad normativa, una concreta tecnología en sus buques que suponga la reducción o la eliminación de la dotación. Aunque algunos asuntos podrían resolverse, quizás (y tras la promoción «oficial» por la OMI de una interpretación en un determinado sentido) como puras cuestiones de hecho[35], la actuación conjunta de los estados es imprescindible para promover esa uniformidad.

---

tailored specifically for MASS. It is the responsibility of the vessel's command to ensure they can identify, interpret and assess navigation signals as designed in this reference document, so that levels of safety for life and marine environment are met».

34 Una conclusión que, desde otras perspectivas, aunque con metodología similar a la seguida en estas páginas, también sostiene Hooydonk, E. V., «The law of unmanned merchant shipping – an exploration», (2014) 20 *Journal of International Maritime Law*, pp. 403-423.

35 Por ejemplo, el *Convenio Internacional sobre Formación, Titulación y Guardia de la Gente de Mar*, hecho en Londres el 7 de julio de 1978, tras la enmiendas de 1995 [en vigor, también para España, desde el 1 de febrero de 1997; *BOE* núm. 120, de 20 de mayo de 1997, disponible en https://www.boe.es/boe/dias/1997/05/20/pdfs/A15536-15677.pdf; véase, además, *Enmiendas de Manila de 2010 al Anexo del Convenio Internacional sobre Normas de formación, titulación y guardia para la gente de mar (Convenio de formación) 1978, (hecho en Londres el 7 de julio de 1978 y publicado en el Boletín Oficial del Estado el 7 de noviembre de 1984). Resolución 1 de la Conferencia de las Partes en el Convenio Internacional sobre normas de formación, titulación y guardia para la gente de mar, aprobadas en Manila el 25 de junio de 2010, en BOE* núm. 67, de 19 de marzo de 2012, https://www.boe.es/eli/es/ai/2010/06/25/(1)] exige en la Regla VII/2 («Organización de las guardias y principios que deben observarse»), en aras de la garantía de una navegación segura, que la guardia continua de determinados miembros de la tripulación se ejerza mediante su presencia física en determinadas dependencias del buque: «2 Las administraciones exigirán que el capitán de cada buque garantice que la organización es adecuada y permite realizar en todo momento guardias seguras, habida cuenta de la circunstancias y condiciones reinantes, y que bajo la direcci6n general del capitán: 1. los oficiales encargados de la guardia de la navegaci6n sean responsables de que el buque navegue sin riesgos durante los periodos en que estén de servicio, debiendo encontrarse físicamente presentes en toda momento en el puente de navegación, o en lugares directamente conexos, como el cuarto de derrota o el puesto de control del puente; [...] 3. los oficiales encargados de la guardia de máquinas, como se definen en el Código de Formación y bajo la dirección del jefe de máquinas, estén disponibles de inmediato y preparados para ocupar sus puestos, hallándose físicamente presentes durante los periodos de servicio en la cámara. de máquinas, cuando se les requiera [...]». Quizás, la plena autonomía del buque (operación

7. La terminología y estándares propuestos (selección)

La estandarización de normas y principios en torno a los buques autónomos es una necesidad para que la industria disponga de referencias útiles para continuar con sus desarrollos. De esta forma, empresas e instituciones han ido publicando *códigos* o *reglas* que, elaborados en atención a las propias actividades y experiencias de sus redactores, van confluyendo en la creación de un acervo internacional común; ello, sin perjuicio de las revisiones, ampliaciones o incluso la «descatalogación» (el abandono, por la superación de la realidad) de las iniciativas. Algunas de estas iniciativas, sin embargo, están llamadas a servir de verdaderos estándares internacionales (tanto para la industria como para los estados), por razón de la autoría y aplicación práctica, el prestigio o las competencias objetivas de la institución que las propone. En las siguientes páginas se dará cuenta de algunas de las más destacadas.

La primera propuesta precisa en torno a los buques autónomos fue elaborada, en el ámbito internacional profesional, por Lloyd's Register, en febrero de 2017; publicando un protocolo conocido como *Unmanned Marine Systems Code* (UMS Code)[36]. En el ámbito de las actividades propias de la empresa[37], la finalidad del código es estructurar la certificación de las nuevas

completa sin personal a bordo) implique una revisión (material o conceptual) de estas normas. Quizás, los buques operados remotamente, sin tripulación, puede «superar» este límite formal garantizando el seguimiento continuo del buque, la previsión de errores y sistemas complementarios o, incluso, una asistencia de personal de forma inmediata. Desde luego, cuando el buque sea controlado remotamente sólo en forma parcial, con dotación a bordo dispuesta a tomar el control cuando se necesite, se cumpliría el requisito normativo exigido; quizás ello exige una revisión de las normas de formación, para verificar cuándo una misma persona (en el caso más extremo) puede desempeñar varias funciones que clásicamente han estado diferenciadas, por su cualificación técnica y profesional. Pero en periodos intermedios de desarrollo de la tecnología, incluso habrá buques que no dispongan de las dependencias expresamente requeridas (incluso, idealmente, sin verdaderos espacios para la vida a bordo de la dotación).

36 *Vid. Lloyd's Register Code for Unmanned Marine Systems* (https://www.lr.org/en/knowledge/shipright/procedures/).

37 Como es sabido, el origen de Lloyd's Register se remonta a 1760, en un escenario que, aunque hoy se nos antoje anecdótico y curioso (el conocido Edward Lloyd's Coffee House, en Lombard Street, Londres), era el lugar idóneo para esas reuniones, por la concurrencia en ellos de comerciantes vinculados al mundo marítimo, incluidos los aseguradores (*underwritters*, así llamados porque firmaban al pie de los documentos en los que se aseguraban los viajes; todavía, un modelo alejado el actual sistema asegurador). Un grupo de parroquianos del café Edward Lloyd, formaron un comité para para la gestión de un registro de buques (*Lloyd's Register of Shipping* o *Register Book*, en 1764) que, ordenando y «clasificando» los buques, ofrecían información muy útil a los aseguradores (les permitían la mejor valoración de los riesgos de cada viaje y de la gestión de la carga, atendiendo el estado del buque y su conservación), los comerciantes (propietarios de las cargas, que igualmente querían conocer con el mejor detalle técnico la seguridad del buque en el que viajaban sus

tecnologías en función del perfil de riesgo y de la autonomía de los sistemas; siendo aplicable (esa es su pretensión) a todo sistema de conducción autónoma que se desarrolle, sean pequeños o sencillos, incluyendo igualmente los más grandes y complejos. Además, se formulan las reglas de modo que contemplen no sólo las tecnologías efectivamente disponibles o previsibles a corto plazo, sino igualmente que sean capaces de proyectarse sobre los

---

mercancías), los armadores (para fijar precios de venta y adquisición de buques, vigilar los procedimientos de su construcción, inspección de materiales y fabricación, etc.). y, en general, cualquier interesado en las expediciones marítimas. El paso de la madera al acero en la construcción de los buques, con el vapor como nuevo elemento complejo, supuso probablemente el primer reto tecnológico de estas incipientes sociedades, que posteriormente han ido afrontando las nuevas técnicas y tecnologías, hasta la actualidad. Si la clasificación de buques surge inicialmente alrededor del seguro marítimo, hoy en día supera ampliamente ese ámbito; esa actividad definió el nacimiento y el funcionamiento de las actuales Sociedades de Clasificación. En la actualidad, el papel de las sociedades de clasificación es imprescindible para asegurar, de conformidad con las normas nacionales e internacionales, que los buques han sido construidos y disfrutan de un adecuado y seguro mantenimiento para el servicio al que se dedican (con la emisión del correspondiente certificado y previas las inspecciones periódicas correspondientes, según las *Reglas de Clasificación* de la sociedad y la *clase* que se le otorgue, como certificado). En la actualidad, las sociedades de clasificación más importantes [Lloyd's Register (LR), American Bureau of Shipping (ABS), Det Norske Veritas (DNV), Bureau Veritas (BV), China Classification Society (CCS), Germanisher Lloyd's (GL), Korean Register of Shipping (KR), Nippon Kiazi Ngokai (NK), Registro Italiano Navale (R.I.N.A.) y Russian Maritime Register of Shipping (RS)] se integran en la Asociación Internacional de Sociedades de Clasificación (IACS, en inglés), asesorando como órgano consultivo a la OMI. El papel de Lloyd's Register ha sido especialmente relevante, como evidencia su utilización para el «número IMO» que se asigna a los buques desde el momento de su construcción, que es el número del Lloyd's Register, obligatorio desde el 1 de enero de 1996 [Lloyd's Register Fairplay; en la actualidad, el número se asigna por IHS Maritime; *vid. Sistema de asignación de un número de la OMI a los buques para su identificación. Resolución A.600(15)*, adoptada el 19 de noviembre de 1987 por la Conferencia de los Gobiernos Contratantes del Convenio Internacional para la Seguridad de la Vida Humana en el Mar, 1974, en *BOE* núm. 122, de 22 de mayo de 1998; disponible en https://www.boe.es/eli/es/ai/1987/11/19/(1)]. La consulta de esta información, actualizada, está disponible en https://webaccounts.imo.org/, mientras que el histórico puede consultarse en https://hec.lrfoundation.org.uk/archive-library/lloyds-register-of-ships-online.

Más detalles sobre estos las sociedades de clasificación pueden verse en Gómez Prieto, M. T., «Las sociedades de clasificación de buques», *Anuario de Derecho Marítimo*, núm. 11, 1994, pp. 257-375; *idem*, «La responsabilidad de sociedades de clasificación naval en la Ley de Navegación Marítima: consideraciones críticas», en *Estudios sobre la responsabilidad de los operadores de transporte en la ley de Navegación Marítima*, P. J. Baena Baena y López Santana, N. (dirs.), Cizur Menor, 2017, pp. 447-512; Baena Baena, P. J., «Nacionalidad de los buques. Seguridad de los buques y sociedades de clasificación», en *Comentarios sobre la Ley de Navegación Marítima*, A. Emparanza Sobejano y J. M. Martín Osante (dirs.), 2015, pp. 117-147; y la actualización de los comentarios *idem, Ley de Navegación Marítima: balance de su aplicación práctica*, A. Emparanza Sobejano y J. M. Martín Osante (dirs.), 2019, pp. 91-119; Petit Lavall, M. V., «Régimen jurídico de las sociedades de clasificación», *Revista de Derecho del transporte: Terrestre, marítimo, aéreo y multimodal*, núm. 30, 2022, pp. 47-62; Sierra Noguero, E., «Labor de las sociedades de clasificación en la certificación de los buques autónomos», en *Sostenibilidad, movilidad y vulnerabilidad en el transporte: Una visión jurídica*, M. R. Gutiérrez Sanz y M. Zubiri de Salinas (dirs.), 2023, pp. 131-150.

nuevos avances que se conciban o que ya estén en fase de ensayo (como sucede con los buques autónomos), tratando de lograr su mejor adaptación a desarrollos futuros (neutralidad tecnológica, desde luego, sobre la base de las posibilidades que la técnica ofrece en la actualidad y las expectativas de su progreso próximo). Para su elaboración, Lloyd's Register partió, además, de la experiencia de la entidad en la regulación de determinados aspectos de los buques dotados de los más actuales medios cibernéticos (seguridad frente a ciberataques)[38]. Por último, el código está concebido para apoyar cualquier futuro desarrollo normativo por parte de la OMI y, en su caso de los organismos nacionales, como una faceta más de la estrecha colaboración que ya se presta a los estados.

Si resulta evidente la complejidad del análisis técnico de un buque, en relación con la verificación de su resistencia e integridad estructural (esencialmente, el casco del buque) y el correcto funcionamiento de los distintos sistema del buque (propulsión, gobierno, grupos electrógenos, etc.), que opera sobre condiciones de ingeniería asentadas en una técnica conocida (esta es la labor esencial de las sociedades de clasificación, con las especialidades que en cada caso convenga), mayores son las dificultades y el riesgo del análisis técnico cuando se trata de «adelantar» condiciones para buques que se encuentran todavía en fase de concepción. Los requerimientos técnicos de una sociedad de clasificación resultan especialmente útiles para apoyar e impulsar la industria de los buques autónomos.

En este sentido, el *código* establece seis niveles de autonomía de los buques, que pueden contribuir, fijando un estándar de clasificación, a la determinación de procedimientos adicionales de diseño y construcción de estos buques[39]. Los niveles de autonomía que se contemplan en el código

---

38 Sobre este tema *vid.*, de la OMI, Circular de 2017 MSC-FAL.1/Circ.3, relativa a las «Directrices sobre la gestión de los riesgos cibernéticos marítimos»; Resolución MSC 428 (98), relativa a la «Gestión de los riesgos cibernéticos marítimos en los sistemas de gestión de la seguridad»; y la Guía preparada por la *Digital Container Shipping Association.* Más información puede verse en Zurutuza Arigita, I., «La imputación de responsabilidad civil por daños en la navegación marítima automatizada. Especial referencia al supuesto de un ciberataque», en *El transporte ante el desarrollo tecnológico y la globalización*, M. V. Petit Lavall, A. Puetz (dirs.), C. Vicente Mampel, A. Gilabert Gascón (coords), A Coruña, 2022, pp. 802-818.

39 En la *section* 4 (*definitions*) del documento, se expresa: «*4.1.2 Autonomy Levels (AL) - Adapted from the Lloyd's Register Cyber Enabled Ships – Draft ShipRight Procedure*. AL 0) Manual: No autonomous function. All action and decision-making performed manually (n.b. systems may have level of autonomy, with Human in/ on the loop.), i.e. human controls all actions. AL 1) On-board Decision Support: All actions taken by human Operator, but decision support tool can present options or otherwise influence the actions chosen. Data is provided by systems on board. AL 2) On &Off-board Decision Support: All actions taken by human Operator, but decision support tool can present options or otherwise influence the actions chosen. Data may be provided by systems on or off-board. AL 3) 'Active' Human in the loop: Decisions and actions are performed with human supervision. Data may be provided by systems on or off-board. AL 4) Human

son «flexibles», permitiendo su combinación (la *section 4, in fine*, contempla que «A higher Autonomous Level (AL) system may use a lower AL system as part of its reversionary control and a complex system may be a combination of multiple systems at different levels») y, con ello, ajustándose a la clasificación de modelos y posibilidades de «autonomía del buque» que más arriba exponíamos[40].

8. Una iniciativa pionera. La realidad de los buques autónomos

Son numerosas las iniciativas, de muy diversa procedencia, que se han llevado a cabo para la regulación, el diseño y ensayos de tecnologías en torno a los buques autónomos[41]. El grado de madurez tecnológica del que se dispone ha propiciado en los últimos años el paso del mero ensayo o prototipo a la construcción de un modelo de buque autónomo (con un significado preciso de autonomía, que contempla expresamente el control remoto) viable.

Entre esas iniciativas cabe destacar, por el grado de difusión que experimentó y la utilidad de la experiencia aportada, el «proyecto MUNIN» (Navegación Marítima No Tripulada mediante Inteligencia en Redes)[42], un proyecto desarrollado entre los años 2012 y 2015 que realizó un estudio de viabilidad sobre un granelero, de unas 50.000 toneladas de peso muerto, no tripulado en un viaje intercontinental (un granelero convencional con un solo motor y una hélice, con el equipamiento de a bordo normal para este tipo de buques). El estudio contemplaba nuevos sistemas de sensores, procedimientos técnicos específicos de mantenimiento, funciones de navegación autónoma y

---

on the loop, Operator/ Supervisory: Decisions and actions are performed autonomously with human supervision. High impact decisions are implemented in a way to give human Operators the opportunity to intercede and over-ride. AL 5) Fully autonomous: Rarely supervised operation where decisions are entirely made and actioned by the system. AL 6) Fully autonomous: Unsupervised operation where decisions are entirely made and actioned by the system during the mission».

40 También algunos estados han formulado sus propios estándares y definiciones; *vid.* entre otras UK Maritime Autonomous Systems Regulatory Working Group, Maritime UK, Maritime Autonomous Ship Systems (MASS) UK Industry Conduct Principles and Code of Practice (November 2021).

41 Una relación de las mismas, recogiendo información de iniciativas en diversos países y zonas geográficas del mundo, actualizada a 2024, puede verse en https://www.iala-aism.org/content/uploads/2022/02/Possible-case-studies-Operations-and-Trials-of-Autonomous-Ships-24-Jan-22.pdf.

42 El proyecto MUNIN *(Maritime Unmanned Ships through Intelligence in Networks)* contó con financiación del Séptimo Programa Marco de la Unión Europea a través del acuerdo SCP2-GA-2012-314286. Aunque los enlaces originales del proyecto en la *web* han ido caducando y no están operativos en la actualidad (el principal era www.unmanned-ship.org, como consta en la documentación oficial de la Unión Europea).

modelos de control en tierra, entre otros extremos. Tratándose de un estudio conceptual, no contemplaba la realización de ensayos reales: la viabilidad del estudio pretendía identificar factores tecnológicos, operativos y legislativos que pudieran obstaculizar la ejecución de un buque autónomo y su empleo comercial[43]. El resultado ha sido la concepción y la definición de las bases de «sistemas industriales autónomos» realizables (básicamente, se trata de que tanto la fabricación como su uso, mantenimiento y rentabilidad sean aceptables desde un punto de vista empresarial), que podrían operar con seguridad y eficacia en un entorno real, asumiendo operaciones con resultado comercial directo. En este escenario, la disponibilidad de sensores adecuados resulta imprescindible para permitir que el sistema autónomo tome en cada caso las «decisiones» preferibles.

Sin embargo, debe tenerse en cuenta que varios estudios concluyeron en muchos casos que, sin perjuicio de los recursos tecnológicos efectivamente disponibles (se han ensayado con éxito, e implementado a bordo, sistemas de remolque de buques, de anclaje, sistemas magnéticos de amarre, nuevos modelos de radares, sistemas de identificación, de posicionamiento, de localización y comunicaciones, etc., algunos de ellos ensayados e implementados en los buques desde hace décadas) y los avances conseguidos, la tecnología para conseguir el buque plenamente autónomo todavía no existe[44] y se precisan desarrollos técnicos más avanzados.

---

43 El informe final del proyecto (un resumen puede consultarse en la siguiente dirección *web*: https://cordis.europa.eu/project/id/314286/reporting/pl) advierte que «Dado que el proyecto ha sido un estudio conceptual, con gran énfasis en la difusión abierta y amplia de los resultados, el proyecto también ha producido una serie de artículos científicos y presentaciones en conferencias. 14 de ellos se encuentran fácilmente en Google Scholar y ya han sido citados 35 veces. Para los socios científicos, universidades e institutos de investigación, la publicación científica tiene un gran valor. Contribuye directamente a la creación de valor para los socios tanto en términos de visibilidad como en puntos de publicación. En cierto sentido, es el principal resultado explotable, además del know-how añadido en las organizaciones». *Vid.* Burmeister, H.C., Bruhn, W., Rødseth Ø.J., Porathe, T., «Autonomous Unmanned Merchant Vessel and its Contribution towards the e-Navigation Implementation: The MUNIN Perspective», in *International Journal of e-Navigation and Maritime Economy* 1 (2014) 1 – 13; Rødseth, Ø.J., Burmeister, H. C., «Developments toward the unmanned ship», 2012; Rødseth, Ø. J., «From concept to reality: Unmanned merchant ship research in Norway»; https://www.norskpetroleum.no/en/facts/field/munin/. Para una perspectiva económica sobre la base de la experiencia derivada del proyecto, Kretschmann, L, Burmeister, H-C, Jahn, C., «Analyzing the economic benefit of unmanned autonomous ships: An exploratory cost-comparison between an autonomous and a conventional bulk carrier», Research in Transportation Business & Management, volume 25, december 2017, pp. 76-86.

44 *Vid.*, entre otros, Rødseth, Ø. J., Burmeister, H.C., «Developments toward the unmanned ship», 2012; Barrera, C, Padron, I., Luis, F. S., Llinas, O., Marichal, G. N., «Trends and Challenges in Unmanned Surface Vehicles (USV): From Survey to Shipping», *International Journal on Marine Navigation and Safety of Sea Transportation*, vol. 15, núm. 1, pp. 135-142; Szelangiewicz, T., Żelazny, K., «Unmanned ships – maritime transport of the 21st century», *Scientific Journals of the Maritime University of Szczecin* 64 (136), pp. 14-21.

Mientras, se continúa progresando en la autonomía con modelos avanzados de buques, a medio camino entre pruebas técnicas y pruebas de viabilidad comercial, con resultados exitosos. La construcción de buques autónomos está presente en las estrategias marítimas de muchos países[45] e industrias, que han apreciado el valor de la colaboración. Entre las iniciativas con éxito puede verse, entre otras muchas, el Libro Blanco redactado por Rolls Royce en 2016, en el marco de su *Advanced Autonomous Waterborne Applications Initiative* (AAWA)[46]; o la construcción del buque Yara Birkeland, un *container ship* contruido en 2021, de 80 metros de eslora y capacidad para 120 TEU's, que opera bajo bandera noruega en rutas cortas[47], controlado por radioperador (presume de ser el primer buque con nivel cero de emisiones, por razón de su funcionamiento con motor eléctrico; lo que añade al buque enfoques de sostenibilidad ambiental).

9. La labor de la Organización Marítima Internacional (OMI)

Como es sabido, la Organización Marítima Internacional es un órgano especializado dentro del «sistema» de Naciones Unidas, protagonista en la regulación en materia de seguridad y protección de la navegación, con especial atención a la contaminación del mar. Se trata de una organización compleja cuyos orígenes formales se remontan a 1948 (en aquel entonces, bajo la denominación *Organización Consultiva Marítima Intergubernamental*, OCMI; el cambio de denominación a la actual se produjo en 1982), aunque sus reuniones y actuaciones empezaran en 1959[48], tras la entrada en vigor

45 Por ejemplo, en Japón se ha impulsado desde el gobierno un proyecto conjunto entre Mitsui O.S.K. Lines y Mitsui Engineering & Shipbuilding Co. para el desarrollo de buques autónomos, creando un consorcio que aunará los esfuerzos y resultados de investigadores, agencias gubernamentales, universidades y compañías (*vid.* referencias en https://www.mol.co.jp/en/pr/2017/17031.html). Destacan igualmente las iniciativas de los países nórdicos, por ejemplo, Noruega (*vid. Norwegian Forum for Autonomous Ships*, https://nfas.autonomous-ship.org/).

46 *Vid.* referencias en https://www.rolls-ressoyce.com/~/media/Files/R/Rolls-Royce/documents/%20customers/marine/ship-intel/rr-ship-intel-aawa-8pg.pdf; el proyecto se está desarrollando en colaboración con industrias líderes del sector marítimo (entre otras, Brighthouse NAPA, Deltamarin, DNV GL y Inmarsat) y universidades y centros de investigación.

47 Número IMO 9865049, MMSI 257646000; *vid.* https://www.vesselfinder.com/es/vessels/details/9865049. El buque YARA Birkeland ha sido concebido para recorrer una sola ruta, bien definida, entre instalaciones *ad hoc* ubicadas en Brevik y Larvik (viajes de ida y vuelta), un espacio y una ruta fácilmente controlable por control remoto, por su escasa distancia a tierra firme. Aunque parece que el buque se encuentra plenamente operativo a efectos de su explotación comercial, es obvio que esta navegación autónoma inicial requiere efectivamente espacios controlados: en definitiva, se trataría todavía del prototipo de una categoría de buques que, en buena medida, sirve de ensayo.

48 *Vid.* Convenio relativo a la Organización Consultiva Marítima Intergubernamental, en *BOE* núm. 135, de 6 de junio de 1962; y el Convenio Constitutivo de la Organización Marítima

del convenio constitutivo de la organización. Particularmente en los últimos 40 años, la labor de la OMI ha sido muy intensa, evidenciada en casi 50 convenios internacionales de muy diverso contenido, con una regulación de naturaleza técnica que permite acoger en normas internacionales las mejores novedades técnicas y prácticas marítimas. Algunos convenios, a su vez, han sido objeto de modificaciones y adiciones, que garantizan su actualización (el sistema de modificaciones y adiciones no precisa, en algunos textos, de la celebración de conferencias diplomáticas *ad hoc*, sino de propuestas y, en ocasiones incluso, del mero transcurso del tiempo sin expresión de la negativa de los estados a su implementación). En las siguientes páginas se realizarán comentarios sobre algunos de estos textos.

La organización interna de la OMI reviste cierta complejidad, por razón de la especialización requerida para la elaboración de los textos[49]. En general, los convenios OMI reclaman la opinión de los técnicos y profesionales, antes que el debate «político» que condiciona a los estados. De ahí el rigor de sus mandatos y la disposición de estados y profesionales a su pronta aceptación. De ahí, igualmente, los repartos de competencias entre los distintos comités que componen la OMI.

La OMI comenzó formalmente su trabajo sobre los «buques autónomos de superficie» [*Maritime Autonomous Surface Ships* (MASS)] en el año 2015, con la creación de un *International Working Group* sobre la materia, en el seno del MSC[50]. Los progresos en la materia se apreciarían poco más tarde, en el 98.º período de sesiones del MSC (febrero de 2017), en cuyo seno un grupo de países[51] presentaron el documento «*Buques marítimos autónomos de superficie. Propuesta de un estudio exploratorio sobre la reglamentación*», para su debate dentro del programa de trabajo del Comité[52]. Constatados las iniciati-

Internacional, hecho en Ginebra el 6 de marzo de 1948 (publicado en el «Boletín Oficial del Estado» de fechas 6 de junio de 1962, 17 de febrero de 1969 y 28 de marzo de 1978). Corrección al texto español, en BOE núm. 59, de 10 de marzo de 1989; ténganse en cuenta las modificaciones posteriores de los textos.

49 *Vid.* https://www.imo.org/es/About/Paginas/Structure.aspx, donde ser relacionan los principales órganos de la organización y los aspectos esenciales de los comités y los subcomités que la integran.

50 Las siglas se corresponden con el *Maritime Safety Committee*, Comité de Seguridad Marítima. Sobre su funcionamiento *vid.* «Organización y método de trabajo del Comité de seguridad marítima y el Comité de protección del medio marino y de sus órganos auxiliares» (MSC-MEPC.1/Circ.5).

51 Se trataba de Dinamarca, Estados Unidos, Estonia, Finlandia, Japón, Noruega, Países Bajos, Reino Unido y República de Corea. Es relevante la lista por verificar las iniciativas y los compromisos nacionales (a la vez, lamentar la ausencia de otros países relevantes en la construcción naval y el comercio marítimo).

52 *Vid.* documento MSC 98/20/2.
A su vez, el «antecedente» de este documento era el presentado por el Reino Unido, la International Association of Institutes of Navigation (IAIN) y el Institute of Marine Engineering, Science and Technology (IMarEST), fechado el 14 de abril de 2015, titulado «The IMO regulatory framework and its application to Marine Autonomous Systems» (MSC 95/

vas y los progresos verificados internacionalmente en relación con los MASS (investigación, desarrollo, adopción de medidas de seguridad en las distintas iniciativas nacionales, etc., cada vez con mayores niveles de «madurez»), tanto en los ámbitos industriales (donde ya se han realizado algunos exitosos ensayos técnicos) como académicos y comerciales, se apreciaba al mismo tiempo una cierta indefinición (o falta de criterios «estándares» o uniformes, de alcance internacional) sobre los modelos que se estaban ensayando. Se trataría, por tanto, de asumir el liderazgo propio de la OMI («actitud proactiva», se señala en algún informe de la organización), afrontando el compromiso de procurar, en los años siguientes, un marco «regulado» armonizado, básico y suficiente, que ofreciera orientaciones y seguridad a todos los interesados para la progresión de sus iniciativas, incluidos los estados. Todo ello, sin condicionar los avances tecnológicos, pues se trataría esencialmente de una perspectiva «normativa»: verificar que los distintos desarrollos que procure la industria estarán alineados con los instrumentos de la OMI, asegurando así la mejora de las iniciativas emprendidas, la seguridad de los buques, la protección de la vida, de los buques y las instalaciones y del medio ambiente. La atención de todos esos intereses son el presupuesto para un transporte marítimo eficaz, que contribuya a favorecer el comercio marítimo internacional y constituyen líneas estratégicas de la OMI[53].

Estas reflexiones iniciales se compendiaban en una propuesta de estudio, basadas en tres apartados, cuya finalidad era reflexionar sobre el estado de la cuestión, antes que (en estos primeros momentos) regular en sentido estricto este tipo de buques. Así, las líneas de actuación propuestas fueron determinar: 1) «las reglas de la OMI que, en su forma actual, impiden las operaciones sin dotación»; 2) «las reglas de la OMI que no serían aplicables a las operaciones sin dotación (ya que se refieren exclusivamente a la presencia humana a bordo)»; y 3) «las reglas de la OMI que no impiden las operaciones sin dotación, pero tendrían que ser enmendadas a fin de garantizar que la construcción y la operación de los MASS se lleven a cabo en unas condiciones favorables de seguridad, protección y protección del medio ambiente». Se trata de una propuesta aparentemente simple, aunque en realidad la labor que se propone ofrece grandes dificultades, de método (se trata de analizar un conjunto amplio de disposiciones, que abarca frentes diversos) y de desarrollo (las derivadas del nivel técnico de muchas de sus normas y de su

---

INF.20), de 14 de abril de 2015. El documento de trabajo fue elaborado por un grupo de trabajo *ad hoc* apoyado por el Gobierno del Reino Unido [el Marine Autonomous Systems Regulatory Working Group (MASRWG)].

53 Así se declaraba en el mismo documento: «7. En el ámbito de las responsabilidades del MSC, esta propuesta estaría vinculada al principio estratégico 5, y en particular a la medida de alto nivel 5.2.1 "Mantener sometidos a examen los aspectos de la seguridad técnica y operacional de todos los tipos de buque, incluidos los pesqueros". Por consiguiente, se considera que esta propuesta se sitúa dentro del ámbito del Plan estratégico y las medidas de alto nivel conexas».

componente de internacionalidad). Conviene, por ello, analizar los detalles de esta postura inicial. Seleccionando algunos aspectos de ese protocolo de actuación, el proceso de elaboración de estas páginas reproduce en buena medida las mismas actuaciones.

Este estudio inicial de la OMI permitió identificar las líneas iniciales para orientar la futura regulación de los buques autónomos. La *primera*, que, lógicamente, las acciones se emprendían en el ámbito de las competencias objetivas de la propia OMI (se trataba de verificar el encaje de esa nueva realidad técnica en los convenios de la organización); quedando al margen aquellos aspectos que sólo indirectamente podrían proyectarse, entre otros, sobre los aspectos puramente privados de la navegación. Así, por ejemplo, las decisiones sobre las actividades comerciales en sentido estricto, esto es, la explotación comercial del buque (siempre que se realicen en el marco de la seguridad de las normas OMI). Sin embargo, como podrá apreciarse, en muchas ocasiones será muy difícil separar los aspectos «técnicos» de los comerciales. En su caso, también la navegación de recreo y deportiva; en general, se trata de actividades ajenas a la materia objeto de atención de la OMI, pues suelen responder a criterios de la satisfacción personal que supone el control directo de la navegación o el reto de la competición; aunque nada impide la previsión en los trabajos abordados de las «rutas marítimas vacacionales» (o cruceros) en buques sin tripulación. Igualmente, se trataría de no interferir con las decisiones de naturaleza pública e «internas» que decidieran adoptar los estados, que, conceptualmente, carecerían de proyección sobre la navegación internacional.

La *segunda*, en los términos de la línea 1), ya se adelantaba la reflexión (implícita) de que algunas de las normas de la OMI fueron redactadas, fieles a la realidad de su entorno, sobre la base (que constituía la realidad innegable en la época; también, en buena medida, en la actualidad) de la presencia a bordo de la dotación del buque. En definitiva, la navegación (el manejo del buque durante el viaje y las operaciones que se realizan en los puertos) exigía la presencia, la participación, el nivel técnico y la responsabilidad de los profesionales; y, por ello, el «factor humano» ha sido siempre imprescindible en la regulación de la actividad. Los buques autónomos plantean (en un futuro razonablemente próximo), por primera vez en la Historia y en relación con la navegación marítima, bien reducir la dotación (tanto la efectivamente embarcada como la que se encuentra manejando el buque «a distancia» o «en remoto»), bien incluso prescindir de ella (a medio plazo y cuando se consigue la plena autonomía del buque). Todas las normas sobre la navegación, no sólo las que se refieren expresamente a la tripulación (su formación y titulación, su seguridad, sus condiciones laborales y profesionales), contemplan la actuación humana y la protección de la vida en su actuación en la mar. Ahora, al amparo de la (erróneamente, al menos en estos momentos) denominada «inteligencia artificial», más adecuadamente, «el internet de las cosas» (en ambos casos, el mero manejo «automatizado» de una gran cantidad de datos), se requiere: 1) una revisión, puramente formal, de las normas, para valorar las condiciones de la referencia a las tripulaciones en su formulación y, eventualmente, su corrección o la fijación de una interpretación que «relativice» las referencias al personal en los textos internacionales; 2) la reevaluación del mandato de las normas y de su expresión, tras la consideración de qué actividades, en las que hasta ahora se consideraba imprescindible la actuación humana directa, son susceptibles de realizarse de forma automatizada (y, por lo tanto, puede realizarse tanto por la dotación como por «sistemas», bien directamente desde el propio buque —sin intervención humana—, bien manejando y/o controlando las operaciones «a distancia» —conservando el personal en tierra, no embarcado, el poder de actuación y de decisión—).

Identificar las normas OMI que en la actualidad podrían prescindir de la exigencia de contar con dotación (generalmente, serán las referidas a la seguridad de las operaciones: de la tripulación, del buque, de las instalaciones portuarias, de la navegación y del medio marino) y evaluarlas, en definitiva, es el cauce para la próxima actualización de los preceptos. Y así, se determinará si es preciso revisar su mandato a la luz de las nuevas posibilidades técnicas de la navegación autónoma o basta con procurar una una interpretación adecuada, correspondiente con el tiempo en que deben ser aplicadas. En definitiva, promover una interpretación teleológica (finalista) de la norma antes que la mera lectura intelectiva (basada en la literalidad y en la pretendida claridad del mandato de la norma)[54]. Es esta una labor complicada, común a cualquier cuerpo normativo, que requiere constante actualización de su regulación. La complejidad de esta tarea, en este caso en particular, deriva de la naturaleza formal de las normas de que se trata. Técnicamente, tratándose de disposiciones contenidas en convenios internacionales, los criterios interpretativos no serían en su mayoría los nacionales, sino los que se establecen en el *Convenio de Viena sobre el Derecho de los Tratados*, adoptado en Viena el 23 de mayo de 1969[55]. También, se aprecia la dificultad de la traducción del lenguaje técnico marítimo (por mucho que las versiones de los textos de la OMI, en particular del español, sean oficiales y/o auténticas), porque no se trata solo de palabras, sino de instituciones que en cada país presentan complejos y variados contenidos, condicionados por principios propios de cada ordenamiento. La labor conjunta de los estados

54 Se adopta en el texto una exposición básica sobre la interpretación de las normas que, aunque respetuosa con los criterios interpretativos de nuestro Código civil, no se atienen solo a los mandatos de nuestro Derecho común. En efecto, el cuerpo legal en el que se formulan esos preceptos, con los límites que supone para la finalidad de sus mandatos, no parece que sea compatible (al menos, en todos los casos) con un entorno eminentemente profesional (el comercio marítimo internacional) y técnico/tecnológico. *Vid.* las reflexiones hechas al principio de estas páginas acerca de la revisión del ordenamiento que se promovería a la luz de los principios de la contratación electrónica.

55 *Instrumento de adhesión* de 2 de mayo de 1972, *BOE* núm. 142, de 13 de junio de 1980; disponible en https://www.boe.es/eli/es/ai/1969/05/23/(1).

es imprescindible, y la participación en el proceso una garantía de que los textos resultantes respondan a las necesidades del tráfico internacional sin enfrentarse a las perspectivas nacionales. Finalmente, en caso de necesidad, o de oportunidad, se volverían a redactar las normas, a la luz de las nuevas realidades técnicas y desprovista de esos elementos «accesorios».

Por similares consideraciones, el resultado de la «labor revisora» podría llevar a que en este momento se identifiquen normas en los diversos textos de la OMI en las que convenga mantener la exigencia de la dotación del buque a bordo, a cualquier efecto. Esa exigencia deberá delimitarse con precisión, para justificar su mantenimiento; y, sobre todo, deberá detallar sus fundamentos, para que próximamente puedan desarrollar tecnologías que permitan cumplir con los fines exigidos. En definitiva, informar los medios para superar esos límites normativos que dificultarían o excluirían las operaciones de los buques autónomos; debiendo tratarse, probablemente, como excepciones.

La *tercera*, referida a la segunda línea de actuación, precisa algunas consideraciones. Se refiere a la eventual identificación de las reglas de la OMI «naturalmente» ajenas al ámbito de los buques autónomos (sin dotación), puesto que se referirían no a la explotación de los buques[56] o a las operaciones[57] correspondientes, sino que miran al factor humano. Ahora bien, la redacción de la línea se refiere expresamente «a la presencia humana a bordo» en las versiones en inglés y en español; mientras que en francés parece que tales normas OMI se referirían, en todo caso y exclusivamente, a los buques que, por exigencia legal (por ejemplo), requirieran dotación a bordo. La opción por cualquiera de las interpretaciones es posible: la delimitación de un conjunto de buques que, por excepción, en todo caso debe llevar tripulación a bordo (por ejemplo, para garantizar la seguridad del pasaje) o, por otro lado, las normas que, refiriéndose específicamente a la tripulación, no son transplantables a la operativa del buque (ni autónomo ni el habitual). La redacción se corresponde con un momento en la que los buques autónomos, más allá de iniciativas «pioneras», bien localizadas y como, carecían de experiencia suficiente para algo más que para una primera aproximación. En todo caso, como el documento OMI parte del documento de trabajo presentado por el gobierno del Reino Unido[58], me inclino por considerar que la referencia debe entenderse hecha a las nomas OMI «ajenas» al ámbito de los buques no tripulados, pues se refieren no a su explotación ni a quienes

56 En la versión en francés: «les règles de l'OMI qui ne viseraient pas l'exploitation des navires sans équipage (puisqu'elles sont exclusivement applicables à l'exploitation des navires dotés d'un équipage);»; *ibid*.

57 En la versión en inglés: «IMO regulations that would have no application to unmanned operations (as they relate purely to a human presence on board)»; *ibid.*

58 El documento de referencia MSC 95/INF.20, citado *supra*, en nota al pie número 52.

ejecutan las operaciones, sino a las condiciones de la tripulación (seguridad, formación, titulación, relaciones laborales, etc.)[59].

La *cuarta*, en relación con la tercera línea de actuación, supone la identificación de las normas OMI que «no impiden» las operaciones de buques sin dotación, pero que deberían ser «corregidas» para definir estándares de construcción y operación de los buques que garanticen la seguridad de su manejo. Aun tratándose de revisión normativa, se trata entonces de considerar los modelos técnicos y las «reglas» de construcción de buques. Las valoraciones realizadas según las líneas primera y segunda anteriores confluirían en esta línea, que mira al futuro, al diseño de los nuevos buques que se construyan, para garantizar su mejor adecuación en un sistema de tráfico y navegación sin intervención humana.

Finalmente, el proceso permitiría identificar lagunas en cualquiera de esos apartados normativos y corregirlos al tiempo que se revisa o adapta el texto para su coordinación con las operaciones con buques autónomos.

Se trata, pues, de estructurar un proceso, único, de revisión y actualización de la normativa de la OMI, susceptible de regular la realidad actual de la operativa de los buques, que contemple el período intermedio de convivencia de las diversas modalidades de buques (en la actualidad, semiautomáticos), hasta la llegada de su autonomía plena (para lo que queda todavía un significativo trecho por recorrer); a la espera de que la normativa resultante se consolide cuando los buques autónomos desplacen en el tráfico a los que embarcan tripulación (salvo para aquellos que, en su caso, se decida que conserven tripulación, a bordo u operándolos a distancia, por diversas razones)[60]. Quizás, este primer planteamiento de la OMI pueda resultar en parte reiterativo: es obvio que las líneas propuestas son susceptibles de superponerse, porque se trata de un solo proceso en el que con frecuencia será imposible aislar cada fase, cada norma o cada resultado. Quizás pudiera revisarse la técnica jurídica empleada que, como se ha señalado, produce algunas interferencias o pueden no estar correctamente planteadas. No obstante, desde una perspectiva práctica, el resultado es adecuado. La labor que se propone se realizará en el seno de una organización internacional de compleja composición, como es la OMI; que requiere que sus iniciativas se adapten a las especialidades (desarrollo técnico, también jurídico) de cada país, con seguridad técnica y legislativa. Se precisa un proceso pausado y seguro, que sea capaz de responder al rápido progreso técnico sin desatención de la seguridad de la navegación, en todos sus frentes (y de los logros conseguidos en la materia, con sus consiguientes costes; por ejemplo, las inversiones

---

59 *Vid.* referencias expresas a esas materias en varios apartados del documento.

60 En los buques de crucero, por ejemplo, no será fácil separar los servicios a bordo (la atención de los pasajeros) de un cierto control o «autoridad» sobre el manejo del buque, el ejercicio de funciones relativas a la seguridad, etc.

en infraestructuras con las que ya se cuenta y las que, en su caso, serían necesarias: tanto en los astilleros como en las terminales).

10. Situación actual en la OMI

Terminado el estudio afrontado en la OMI para evaluar los pasos a seguir para la regulación de los MASS (el MSC concluyó formalmente el estudio en su 103.° período de sesiones, celebrado en mayo de 2021), se propusieron algunas actuaciones que requieren una decisión política (no sólo técnica) de revisión de normas[61], pues se trata de ordenar la revisión de los convenios y textos que lo precisen.

---

61 El resultado del estudio exploratorio sobre la reglamentación del MSC puede verse en el anexo al informe del MSC de su 103.° período de sesiones (documento MSC 103/21/ Add.1, annex 8) y en la Circular MSC.1/Circ.1638, *Resultado del estudio exploratorio sobre la reglamentación para el uso de buques autónomos de superficie marítimos (MASS)*, disponible en https://wwwcdn.imo.org/localresources/es/MediaCentre/Documents/MSC.1-Circ.1638.pdf. Los textos revisados fueron los siguientes: Convenio SOLAS y varios códigos que adquirieron carácter obligatorio en virtud del Convenio SOLAS (Código para la Investigación de Siniestros, Código ESP 2011, Código Internacional sobre Sistemas de Prevención de Incendios, Código de procedimientos de ensayo de exposición al fuego, Código internacional de quimiqueros, Código CIG, Código marítimo internacional de cargas sólidas a granel, Código marítimo internacional de mercancías peligrosas, Código Internacional para la Seguridad del Transporte de Combustible Nuclear Irradiado, Plutonio y Desechos de Alta Actividad en Cofres a Bordo de los Buques, Código de estabilidad sin avería, 2008; Código Internacional de Gestión de la Seguridad, Código Internacional para la Protección de los Buques y de las Instalaciones Portuarias, Código de transporte de grano, Código polar, Código para las organizaciones reconocidas); Reglamento de abordajes (COLREG); el Convenio y Protocolo de líneas de carga 1988; el Convenio de formación y Convenio de formación para pescadores; el Convenio SAR; el Convenio internacional sobre arqueo de buques y el Código de prácticas de seguridad para la estiba y sujeción de la carga; el Convenio internacional sobre la seguridad de los contenedores, 1972; y el Código para la implantación de los instrumentos de la OMI; *cfr.* https://www.imo.org/es/MediaCentre/PressBriefings/pages/MASSRSE2021.aspx#:~:text=El%20Comit%C3%A9%20de%20seguridad%20mar%C3%ADtima%20(MSC)%20de%20la%20Organizaci%C3%B3n%20Mar%C3%ADtima).
Conviene igualmente detenerse en el documento aprobado por el *Comité de facilitación* (46.° periodo de sesiones, mayor de 2022; contenido en FAL.5/Circ.49) de nominado *Resultados del estudio exploratorio sobre la reglamentación y análisis de las lagunas del Convenio de facilitación con respecto a los buques marítimos autónomos de superficie (MASS)*, que toma en consideración tanto el informe del MSC (MSC.1/Circ.1638) como el documento similar preparado por el Comité Jurídico (LEG.1/Circ.11). En el documento se señalan, con detalle, los temas y/o posibles lagunas principales que habría que aclarar para incluir los MASS en el marco reglamentario de la OMI; relacionando (sin que ello implique orden de prioridades ni, sobre todo, que se aprecien más adelante otras cuestiones) los siguientes: las funciones y responsabilidades del capitán y de la tripulación; las funciones y responsabilidades del operador remoto; las personas rescatadas en el mar, polizones y refugiados; el intercambio de información; las definiciones y terminología; y los certificados y otros documentos.

Del estudio se determinó que debían tomarse como referencia varios grados de autonomía: *grado 1*: buque con algunos procesos automatizados, en los que la gente de mar está a bordo para operar y controlar los sistemas y las funciones del buque sólo cuando se requiera su apoyo (el resto del tiempo, el buque funciona sin supervisión); *grado 2*: el buque es controlado a distancia y hay gente de mar a bordo disponible para tomar el control y operar los sistemas y funciones de a bordo del buque cuando se le requiera; *grado 3*: el buque es controlado a distancia sin que haya gente de mar a bordo; *grado 4*: el buque plenamente autónomo, cuyo sistema puede tomar las decisiones previstas para el viaje e incluso generar nuevas decisiones cuando así se requiera.

Además, el Comité consideró que el mejor modo de abordar los MASS sería la elaboración de «Código MASS», un instrumento nuevo que podría abordar de forma conjunta todos los temas en los diferentes ámbitos, reduciendo las posibilidades de incoherencias entre las modificaciones que se fueran proponiendo y adoptando[62]. Por último, el grupo de trabajo mixto integrado por el Comité de seguridad marítima (MSC), el Comité jurídico (LEG) y el Comité de facilitación (FAL) presentó sus conclusiones, identificando materias, regulaciones y convenios que debieran revisarse; igualmente, se consideró que otros convenios ajenos a la OMI (entre otros, UNCLOS) debieran considerarse para la labor futura de la OMI. El Grupo de trabajo mixto alcanzó algunos acuerdos, entre ellos: la necesidad de contar con un capitán humano responsable de un MASS, independientemente de la modalidad operacional o del grado o nivel de autonomía, aunque no es necesario que esté a bordo; el capitán de un MASS debe disponer de los medios para intervenir cuando sea necesario, con independencia de la tecnología del buque; un capitán podría ser responsable de varios MASS al mismo tiempo; varios capitanes podrían ser responsables de un MASS en un mismo viaje; se formuló una definición (funcional) de «centro de operaciones a distancia»: *un lugar a distancia del MASS que puede operar algunos o todos los aspectos de las funciones del MASS*; uno o varios centros podrían ser responsables de un MASS en un mismo viaje, sin perjuicio de que sólo un único centro debe ser responsable de un MASS en cada momento; y se formuló una definición de «operador remoto»: *persona cualificada empleada o contratada para operar*

62 «Elaboración de un instrumento nuevo 6.2 En consonancia con los resultados sobre "los modos más adecuados de abordar las operaciones de los MASS" del apéndice 2, sería preferible que los numerosos temas y/o posibles lagunas comunes que afectan a varios instrumentos se abordasen de manera global con un instrumento nuevo (por ejemplo, un Código sobre los MASS). Aproximarse a cada instrumento o capítulo del Convenio SOLAS de manera aislada podría dar origen a incoherencias, confusión y crear con ello trabas potenciales a la hora de aplicar a los buques tradicionales las reglas existentes. Por tanto, se podría considerar la posibilidad de contar con un instrumento sobre los MASS, en lugar de enmendar distintos instrumentos, al que se otorgase carácter obligatorio enmendando alguno de los convenios de la OMI vigentes, como el Convenio SOLAS. Sería preferible que este instrumento se elaborase siguiendo un enfoque basado en objetivos 4, de modo acorde con las directrices elaboradas por la Organización», *cfr*. MSC.1/Circ.1638, Anexo, p. 9.

algunos o todos los aspectos de las funciones de un MASS desde un centro de operaciones a distancia[63].

11. El Comité Marítimo Internacional (CMI, Comité Maritime International)

En 2015, el CMI constituyó un grupo internacional de trabajo (*International Working Group*, IWG) sobre *Unmanned Ships*, asumiendo la labor de procurar un enfoque legal sobre el estatuto (futuro) de los buques autónomos, con proyección internacional; a la vez, realizaría un análisis valorando la posición de estos nuevos buques en el sistema normativo marítimo actual (el denominado, coloquialmente, *law of the sea)*[64]. El informe, se presentó para su valoración a las reuniones del MSC 98 de la OMI, y posteriormente completado, en MSC 99. Mientras, el grupo de trabajo del CMI redactó un documento *(position paper)* expresando la toma de postura de la CMI en relación con los buques no tripulados. Paralelamente, también elaboró un cuestionario, distribuido entre las asociaciones nacionales de Derecho Marítimo que componen el CMI, para recabar información sobre las perspectivas de las legislaciones nacionales acerca de los buques autónomos; sobre todo, centrándose en los convenios internacionales más relevantes y algunas otras cuestiones sobre la valoración de determinados conceptos en las jurisdicciones nacionales[65]. Respondieron al cuestionario 19 asociaciones (entre ellas, la española)[66].

El completo trabajo realizado permitió, finalmente, identificar normas, principios e instituciones de diversos convenios internacionales que podrían requerir una revisión a la luz del nuevo escenario tecnológico derivado del uso de buques autónomos; igualmente, permitió separar (excluir de esa rela-

63 *Vid.* https://www.imo.org/es/MediaCentre/MeetingSummaries/Pages/Joint-MSC-LEG-FAL-Working-Group-on-Maritime-Autonomous-Surface-Ships-(MASS)-.aspx.

64 Se trata de una expresión descriptiva, puesto que ni existe un «ordenamiento marítimo internacional», en sentido estricto (al menos, que sea «universal» ni sometido a las reglas de ordenación y sistema propias de un ordenamiento), ni su alcance está determinado con suficiente precisión; dependiendo, en cada caso, de la posición que asuma el comentarista o el ordenamiento en cuestión, en buena medida, atendiendo a cuestiones como la participación en su elaboración, la aceptación de sus «normas» (ratificación de convenios, por ejemplo), la aceptación de las prácticas y de las «costumbres» u otras formas de *soft law* por los profesionales nacionales, etc. En cualquier caso, puede considerarse pacífica la posición que define ese «ordenamiento» sobre la base de algunos elementos característicos, de base convencional: en todo caso, UNCLOS; y, en general, la normativa emanada de la OMI.

65 *Vid.* https://comitemaritime.org/work/mass/

66 La *Asociación Española de Derecho Marítimo*, https://www.aedm.es/; el documento de respuesta puede consultarse en https://comitemaritime.org/wp-content/uploads/2018/05/CMI-IWG-Questionnaire-Unmanned-Ships-SPAIN.pdf. En la página *web* https://comitemaritime.org/work/mass/ se encuentra disponible la información elaborada por el CMI, incluidas las respuestas del resto de las asociaciones nacionales que participaron en la consulta.

ción) otros que, o bien no se verían afectados por estos nuevos sistemas de conducción de buques, o bien podrían (y deberían) interpretarse con una perspectiva «amplia», puesto que, con independencia de la redacción formal de las normas, en realidad su mandato no se enfrentaría con la navegación autónoma. El trabajo, de elevado valor técnico y rigor legal, se recogió en una tabla que ordena convenios, preceptos y propuestas de actuación[67]. Es uno de los trabajos más rigurosos realizados hasta la fecha en esta materia.

Es aconsejable una breve reflexión sobre algunos presupuestos que dirigieron el procedimiento de estudio seguido por el CMI, que condicionaron la información recabada y los términos y el alcance del resumen que sintetizaba las posiciones de los comités nacionales; materiales que, como se ha señalado, concluyeron con la elaboración de una tabla de Excel relacionando los instrumentos internacionales analizados y con algunos comentarios sobre el alcance de las normas y disposiciones analizadas[68].

El CMI opta por un concepto amplio de buque autónomo, que comprende las dos «modalidades» que hemos recogido en las páginas anteriores[69]. Ello sin perjuicio de que inicialmente los trabajos del CMI tomen como referencia para su análisis la «categoría» de los buques que operan sin tripulación a bordo *(unmanned ships)* y que pueden realizar movimientos «controlados» en el agua[70]. El concepto de «control» cobra un cierto protagonismo en la definición; y parece referirse a la posibilidad de un desplazamiento y navegación «ordenados», adecuados a la finalidad de ese desplazamiento (no sólo en ámbitos de tráfico internacional, sino también, por ejemplo, en aguas portuarias) y con capacidad de adecuación a las necesidades de la ruta (navegación comercial en sentido estricto). Ese «control» (toma de decisiones sobre el movimiento y las operaciones del buque en cada circunstancia) podría realizarse en estos buques autónomos operando, bien mediante técnicas de control remoto («intervenidos» por humanos o «tripulación no embarcada», *remote controlled operation*), bien confiando en que el buque cuente con mecanismos suficientes para que, sobre

---

67 *Vid.* el documento *CMI Consolidated Analysis of IMO LEG Conventions as Summarized in IMO Document LEG 107/8*, disponible en https://comitemaritime.org/wp-content/uploads/2018/05/CMI-ANNEX-2-CONSOLIDATED-ANALYSIS-OF-LEG-CONVENTIONS.xlsx.

68 *Vid.* Summary-of-Responses-to-the-CMI-Questionnaire.docx (live.com).

69 «The term "unmanned ship" refers to a ship that has no crew members on board. Depending on the level of automation, the ship may be operated either remotely by one or more shore-based remote controllers, or in a fully automated mode without human intervention. The level of automation of the operation is not fixed but may change during a single voyage», Regulatory Scoping Exercise for the use of Maritime Autonomous Surface Ships (MASS), SUBMISSION BY COMITÉ MARITIME INTERNATIONAL WORKING GROUP ON UNMANNED SHIPS (CMI IWG US) a la OMI, 99.ª sesión, 13 de febrero de 2018 (MSC/99); disponible en https://comitemaritime.org/wp-content/uploads/2018/05/CMI-IWG-Submission-to-MSC-99.pdf.

70 *Vid. CMI International Working Group Position Paper On Unmanned Ships and the International Regulatory Framework*, disponible en https://comitemaritime.org/wp-content/uploads/2018/05/CMI-Position-Paper-on-Unmanned-Ships.pdf.

la base de su propia programación, pueda corregir los parámetros que fueren necesarios *(autonomous operation)*. Ello, además, sin perjuicio de que una y otra opción se alternen en distintas fases de cada viaje, o de que se articulen mecanismos de control humano sobre los buques que serían estrictamente autónomos. Es decir, que la distinción no pretende excluir la posibilidad de que ambos sistemas confluyan en algún momento. Esos presupuestos permiten analizar los convenios que se consideraron más relevantes en atención a los buques autónomos; sobre la mayor parte de los cuales se reflexiona igualmente en estas páginas, si bien, desde la perspectiva de identificar cuál sea el concepto de buque sobre el que el convenio proyecta su aplicación. La conclusión más significativa de los estudios es que la cuestión más relevante y que reclaman mayor atención es la de la seguridad, pues se han alcanzado unos elevados estándares en la práctica internacional con los buques «tradicionales» que resulta imposible de disminuir por el uso de estos nuevos buques. Además, se constata que no se aprecian impedimentos insalvables en los convenios internacionales para proyectar sus normas sobre los nuevos MASS, sin perjuicio de la necesidad de corrección o modificación que requieren algunos de los textos más relevantes; en particular, SOLAS, STCW y COLREGS. Analizaremos a continuación algunos extremos de esos convenios[71].

12. La revisión de convenios técnicos. Convenios estrechamente ligados al buque

El texto de referencia en esta materia es la *Convención de las Naciones Unidas sobre el Derecho del Mar*, hecha en Montego Bay el 10 de diciembre de 1982[72] (CNUDM; conocida como UNCLOS, por su denominación en inglés: *United Nations Convention on the Law of the Sea*). Como es sabido, se trata de un ambicioso texto cuyo objetivo es el establecimiento del régimen jurídico de los mares y océanos del mundo, el acceso y el uso de sus recursos (la pesca,

---

71 *Vid.* algunas reflexiones iniciales en BAUGHEN, S. TETTENBORN, A., «International Regulation of Shipping and Unmanned Vessels», en *Artificial Intelligence and Autonomous Shipping. Developing the International Legal Framework*, edited by Barış Soyer and Andrew Tettenborn, Nueva York, 2021, pp. 7-24.

72 *Instrumento de ratificación* en *BOE* núm. 39, de 14 de febrero de 1997 (https://www.boe.es/buscar/doc.php?id=BOE-A-1997-3296); la fecha de depósito de la firma del Convenio por nuestro país fue 4 de diciembre de 1984. En relación con la Comunidad Europea téngase en cuenta la *Decisión del Consejo de 23 de marzo de 1998 relativa a la celebración por la Comunidad Europea de la Convención de las Naciones Unidas sobre el Derecho del Mar de 10 de diciembre de 1982 y del Acuerdo de 28 de julio de 1994 relativo a la aplicación de la parte XI de dicha Convención*, *Diario Oficial* n° L 179 de 23/06/1998, p. 0001 – 0002, cuyo artículo 1.° 1 dispone: «1. Quedan aprobados, en nombre de la Comunidad Europea, la Convención de las Naciones Unidas sobre el Derecho del Mar y el Acuerdo relativo a la aplicación de la parte XI de dicha Convención» (https://eur-lex.europa.eu/legal-content/ES/TXT/?uri=celex%3A31998D0392). *Vid.* más ampliamente https://www.un.org/depts/los/convention_agreements/convention_overview_convention.htm.

recursos mineros; también, la investigación marina), las obligaciones, responsabilidades, derechos y el ejercicio de la jurisdicción por los países costeros (proyectados igualmente, con diversa intensidad, sobre el mar territorial, la zona contigua, la zona económica exclusiva, la plataforma continental, la alta mar y la zona internacional de los fondos marinos), cuestiones referentes a la seguridad de la navegación (incluido el paso inocente por el mar territorial de un estado, el derecho de paso en tránsito y la libertad de la alta mar), un mecanismo obligatorio para la resolución de controversias (a través, esencialmente de dos órganos especializados: el Tribunal Internacional del Derecho del Mar y el Tribunal Internacional de Justicia; sin perjuicio del recurso al arbitraje), entre otras muchas cuestiones, imposibles de recoger en estas páginas.

En particular, para el ejercicio de la jurisdicción exclusiva y control (sobre las cuestiones administrativas, técnicas y de orden social) de los buques que naveguen por alta mar, sobre la base de la nacionalidad del buque correspondiente al pabellón que enarbolan (artículos 91 y ss. UNCLOS), los estados están obligados a «mantener» un registro de sus buques[73]. El desarrollo «natural» de estos mandatos, con rango de texto internacional que permitiera una uniformidad sustancial entre países, sería el *Convenio de las Naciones Unidas sobre las condiciones de inscripción de los buques*; texto que, como se sabe, no está en vigor[74]. Ello supone reconducir las experiencias en torno al registro (control) del buque sobre la base de las regulaciones nacionales.

Por otra parte, en el mismo precepto, número 4, la Convención exige, en relación con la adopción por los estados de las medidas de seguridad que deben adoptar, y en los términos de los reglamentos, procedimientos y prácticas internacionales generalmente aceptados (esto es, no se trata sólo de los convenios internacionales en sentido estricto, sino de otros cuerpos normativos profesionales), «*b)* Que cada buque esté a cargo de un capitán y de oficiales debidamente calificados, en particular en lo que se refiere a experiencia marinera, navegación, comunicaciones y maquinaria naval, y que la competencia y el número de los tripulantes sean los apropiados para el tipo, el tamaño, las máquinas y el equipo del buque». La cualificación de la tripulación se mide en relación con la formación y el conocimiento y, sobre todo, su aplicación al cumplimiento, de «los reglamentos internacionales aplicables que se refieran a la seguridad de la vida en el mar, la prevención de abordajes, la prevención, reducción y control de la contaminación marina y el mantenimiento

73 «*Artículo 94. Deberes del Estado del pabellón*. [...] 2. En particular, todo Estado: *a)* Mantendrá un registro de buques en el que figuren los nombres y características de los que enarbolen su pabellón, con excepción de aquellos buques que, por sus reducidas dimensiones, estén excluidos de las reglamentaciones internacionales generalmente aceptadas; y *b)* Ejercerá su jurisdicción de conformidad con su derecho interno sobre todo buque que enarbole su pabellón y sobre el capitán, oficiales y tripulación, respecto de las cuestiones administrativas, técnicas y sociales relativas al buque».

74 El texto puede consultarse en https://unctad.org/system/files/official-document/tdrs-conf23_es.pdf.

de comunicaciones por radio» [letra *c)* del mismo precepto][75]. La cuestión de la seguridad es, pues, el principal objetivo de estos preceptos en relación con la tripulación del buque; y debe buscarse una interpretación del mandato que conduzca a la atención de esa finalidad: garantizar la seguridad.

Se trata entonces del ejercicio del control del buque por personas con la formación adecuada que, en definitiva, articulen el uso profesional del buque, que aseguren la seguridad de la navegación. Si esta es la *ratio* de la norma, no resulta difícil concluir que esa formación y manejo del buque puede realizarse desde tierra (o desde plataformas marítimas... o estaciones espaciales; en todo caso, a distancia del buque) por «radiocontroladores»: la norma no exige literalmente que la tripulación se encuentre «a bordo» —aunque ello fuera un presupuesto obvio, dado el momento de la redacción del convenio—, sino que se haga cargo del manejo del buque. Una interpretación útil de la norma (que incorpora criterios de neutralidad y no discriminación) debiera permitir esta perspectiva de los mandatos, pues lo que se trataría es de disponer de la tripulación apropiada para cada tipo de buque (en su caso, del tipo de comercio que ejerza). Admitida esa posibilidad, el paso a la admisión del buque autónomo en sentido estricto es relativamente pequeño, pues es la técnica la que deberá proveer de un sistema que garantice suficientemente (a juicio de los estados, de las prácticas y modelos internacionales, de los profesionales, etc.) esa capacidad de toma de decisiones conforme a la normativa; el Derecho y los estados solo deberán verificarlo y «validarlo».

13. El convenio SOLAS

El *Convenio Internacional para la Seguridad de la Vida Humana en el Mar*, hecho en Londres el 1 de noviembre de 1974 (SOLAS)[76] es un convenio esencialmente técnico, que recoge un complejo conjunto de normas, consideradas «de mínimos», para la construcción, el equipo y el empleo de los buques, garantizando su seguridad en las operaciones. Estos extremos se verifican no sólo por el estado del pabellón del buque, sino que la vigilancia también puede ser ejercida por otros Estados partes del convenio (la denominada *supervisión por el Estado rector del puerto*). Ciertamente, la premisa con la que se redactaron las normas de seguridad partían (como en todos los casos de normas sobre los buques) de la presencia de un capitán y tripulación suficiente, competente y cualificada a bordo, cada uno de los miembros con

75 Previsiones sobre la dotación de los buques en el mismo sentido se contiene en los artículos 161 LNM y 253 del *Texto Refundido de la Ley de Puertos y de la Marina Mercante* (desarrollados por el Real Decreto 269/2022, de 12 de abril, *sobre los títulos profesionales y competencias de la marina mercante*), normas ya citadas.

76 *Instrumento de Ratificación* de 16 de agosto de 1978 en *BOE* núm. 144, de 16 de junio de 1980; disponible en https://www.boe.es/eli/es/ai/1974/11/01/(1), Ténganse en cuenta varias enmiendas al texto original.

funciones definidas y profesionales. No obstante, como en el resto de los casos que se exponen en estas páginas, puede centrarse la perspectiva no en el sujeto que realiza las operaciones correspondientes a su puesto y contribuye con ello a la seguridad del buque, en el marco de sus competencias, sino a las medidas de seguridad en sí mismas y si puede alcanzarse un nivel similar (incluso, mejor, superando la posibilidad del error humano, por ejemplo) sin contar con esa tripulación a bordo. Una primera lectura básica de los capítulos y apartados del convenio (como se ha dicho, de carácter eminentemente técnico) permite intuir que al menos una parte sustancial del convenio puede verificarse mediante procedimientos técnicos. Así, el Capítulo I contiene las definiciones relevantes para el resto del articulado[77], los certificados con los que el buque debe navegar, la inspección... todo ello, al margen del empleo del buque a cargo de una tripulación a bordo. El Capítulo II-1 («Construcción, compartimentado y estabilidad, máquinas e instalaciones eléctricas») toma como referencia el momento de colocación de la quilla (por lo tanto, construcción en sentido estricto), establece criterios para sus líneas de carga, eslora, manga, calado, compartimentado y estabilidad (especialmente relevante para los buques de pasajeros, velando por las mejores condiciones para que se mantengan a flote en caso de averías o siniestros), normas relativas a las instalaciones de máquinas e instalaciones eléctricas (asegurar su funcionamiento en caso de emergencias), etc. El capítulo II-2 contempla medidas en relación con la prevención, la detección y la extinción de incendios, aunque no se trata de medidas de actuación sino fundamentalmente de naturaleza «pasiva»: división del buque con mamparos que evite la propagación del fuego, control del uso de materiales combustibles, separación de zonas con riesgo, diseño de los medios de evacuación... Sirva lo expuesto como medida de las normas del Convenio, cuyo objetivo es la seguridad[78]. Las prescripciones técnicas se concibieron y redactaron sobre la base de la seguridad de las personas a bordo (dotación y pasajeros), no sólo del buque y del medio; sobre todo, teniendo en cuenta el valor de la actuación humana cualificada. Ahora debe valorarse cuándo y cómo puede alcanzarse esos mis-

---

77 Entre ellas, una «clasificación» funcional de los buques, que sólo resulta útil a los efectos del propio convenio, pues determinará qué prescripciones técnicas y normas (en su caso) les serán de aplicación: buque de pasaje, buque de carga, buque tanque, buque pesquero, buque nuclear, buque existente, buque nuevo, buques de madera de construcción, buques carentes de propulsión mecánica, buques de guerra y para el transporte de tropas... Por ejemplo, algunas normas (incorporación de técnicas recientes en la construcción) no se aplican más que a los buques nuevos. Otras han sido establecidas para los buques petroleros y graneleros, a los que se les exige especial atención para evitar contaminación.

78 Otros capítulos son: Capítulo III – Dispositivos y medios de salvamento; Capítulo IV – Radiocomunicaciones; Capítulo V – Seguridad en la navegación; Capítulo VI – Transporte de cargas; Capítulo VII – Transporte de mercancías peligrosas; Capítulo VIII – Buques nucleares; Capítulo IX – Gestión de la seguridad operacional de los buques; Capítulo X – Medidas de seguridad aplicadas a las naves de gran velocidad; Capítulo XI – Medidas para incrementar la seguridad y la protección marina.

mos niveles de seguridad al margen de la asistencia humana directa en el buque.

14. Convenio sobre el Reglamento Internacional para prevenir los abordajes (COLREG)

El *Convenio para la unificación de ciertas reglas en materia de abordaje*, hecho en Bruselas el 23 de septiembre de 1910[79] limitaba su ámbito de aplicación al abordaje entre *buques de navegación marítima* o entre éstos y *embarcaciones de navegación interior* (artículo 1.º; volveremos brevemente sobre la relevancia de la distinción ambos «tipos» de buque más adelante). Ese ámbito «natural» del abordaje, entre vehículos con capacidad de movimiento, es ampliado en textos posteriores que regulan aspectos de esa misma materia: el *Convenio sobre el Reglamento Internacional para prevenir los abordajes*, hecho en Londres el 20 de octubre de 1972 (téngase en cuenta que el reglamento ha experimentado varias modificaciones)[80] dispone en su Regla 3 («Definiciones generales») un «concepto de buque» con el que se pretende delimitar el ámbito de aplicación del Reglamento (esto es, un concepto útil a los efectos de la propia norma y de su finalidad), no formular un concepto (y mucho menos, genérico) de buque. En su virtud, «*a)* La palabra "buque" designa toda clase de embarcaciones, incluidas las embarcaciones sin desplazamiento, las naves de vuelo rasante y los hidroaviones, utilizadas o que puedan ser utilizadas como medio de transporte sobre el agua». La Regla, por tanto, no reporta utilidad significativa para el concepto de buque fuera del ámbito de aplicación del propio convenio. La propia literalidad del precepto abunda en esta consideración, consciente de que difumina la relevante distinción entre buque, en sentido estricto, y embarcación (relevante, como se ha expuesto, para la aplicación de ciertos convenios; también en los ámbitos nacionales: *vid.* artículos 56 y 57 LNM, en España); se relacionan además otras (complejas) figuras que no son ni lo uno ni lo otro.

En este último sentido, en cierta medida, la citada Regla contribuye de forma indirecta a la definición de determinados aspectos relevantes del buque. 1) Al incluir en su concepto (por exclusión) la idea del «desplazamiento» (a los efectos que interesa, y sin mayores precisiones, el volumen de agua que ocupa o desaloja el casco del buque, tomando como referencia su línea de flotación; no se trata, pues, de la acepción de desplazamiento

---

79 Publicado en la *Gaceta de Madrid* núm. 347, de 13 de diciembre de 1923; disponible en https://www.boe.es/datos/pdfs/BOE//1923/347/A01170-01176.pdf.

80 *Instrumento de Adhesión* en *BOE* núm. 163, de 9 de julio de 1977; texto consolidado, con las sucesivas modificaciones, disponible en https://www.boe.es/buscar/act.php?id=BOE-A-1977-15605. La información sobre el convenio, países participantes, fecha de efectos en cada país, etc., puede consultarse en https://treaties.un.org/pages/showDetails.aspx?objid=08000002800fcf87.

que se refiere al movimiento desde un punto a otro), que no se aprecia en el resto de los supuestos contemplados por la norma, y sí en el buque y en la embarcación (también, en determinados momentos, en el hidroavión)[81]. 2) Directamente se reclama la nota de su uso (o la posibilidad de utilización) para el transporte de personas o de cosas (quizás, desde una perspectiva más amplia, navegar). Son dos características que me parecen significativas. Posiblemente, algunos aspectos técnicos puedan y deban contribuir a integrar la definición jurídica de buque[82].

La finalidad del Convenio es contribuir a la seguridad en la navegación en alta mar y las aguas en comunicación con ellas, procurando medidas que pueden prevenir las colisiones entre buques que se encuentren en cualquier condición de visibilidad, condiciones de visibilidad reducida o a la vista uno del otro (*reglas de rumbo y gobierno*). Para ello, contempla un conjunto de medidas que atiende a los factores habituales de la navegación (por ejemplo, densidad del tráfico, la navegación por canales angostos, la disponibilidad de radares y dispositivos de separación del tráfico, el estado de la mar y el viento, etc.), a las circunstancias mismas de los buques (maniobrabilidad, si disponen de propulsión mecánica o se trata de buques de vela, los buques de «movilidad reducida», etc.), elementos de seguridad «pasiva» (luces, sirenas, etc.), entre otros; todo ello, con vistas a controlar y evitar el riesgo de abordaje (Regla 7 del Convenio). Para ello, COLREG formula instrucciones claras (Reglas) para que los buques adecuen su navegación y maniobras cuando se encuentran con otros buques (así, ceder el paso, por ejemplo, o adoptar

---

81 La misma Regla dispone: «e) La palabra «hidroavión» designa a toda aeronave proyectada para maniobrar sobre las aguas».

82 En relación con las naves de vuelo rasante, su definición se formula en la misma Regla: «*m)* La expresión "nave de vuelo rasante" designa una nave multimodal que, en su modalidad de funcionamiento principal, vuela muy cerca de la superficie aprovechando la acción del efecto de superficie» [la letra se añadió por enmiendas al Reglamento adoptadas el 29 de noviembre de 2001, mediante Resolución A-910 (22)]. Parece que la referencia inicial podría ser a unos vehículos cuasi experimentales (no consta su utilización comercial) parecido a un hidroavión en el momento del despegue o el aterrizaje, que «volaba» a escasa altura de las olas (este es el efecto de superficie). Es probable que, limitado el desarrollo de tales vehículos (en realidad, serían aviones volando casi a ras de mar), la expresión subsista en el convenio para referirse a los aerodeslizadores *(hovercraft)* e, incluso, en algunos contextos, a los hidroplanos; volveremos sobre esta cuestión brevemente, aunque no es accesible la documentación que apoye con claridad esta propuesta de interpretación.
En este sentido, téngase en cuenta que en la Regla no se mencionan las comúnmente denominadas hidroalas o «hidrodeslizadores», por su similitud con el término inglés *hidrofoils* (más correctamente, quizás, sería referirnos a ellos como hidroplanos o aliscafos, a pesar de la escasa difusión de estos términos en nuestra lengua); probablemente, porque parece pacífica su consideración, en todo caso, como buque: tanto, que en el lenguaje técnico y profesional usual ni siquiera se hace referencia a la «naturaleza» del vehículo, sino sólo a su función o uso: así, el ferri. Estos vehículos sí se caracterizan, en algún momento de su uso, por el desplazamiento requerido; por lo que quedarían incluidos en el mandato de la letra *a)* de la Regla.

otras medidas con suficiente antelación para prevenir el abordaje); todo ello, con algunas instrucciones generales que facilitan la adopción eficaz de esas reglas (así, entre otras, la necesidad de que los buques naveguen con un régimen de velocidad segura, que garantice que las alteraciones de rumbo exigibles permita evitar la colisión). No se trata, por tanto, de obligaciones en sentido estricto (derivadas de mandatos normativos), sino de conductas profesionales que deben adoptarse para excluir el riesgo de abordaje y contribuir a una navegación más segura, sobre la base de la actuación responsable de la tripulación[83]. Puesto que el Convenio no distingue (ni, a mi entender, permite fundar una distinción; sin perjuicio de que, por razones del momento de su redacción, la previsión de buques autónomos no era factible) entre buques tripulados y no tripulados, COLREG se aplica indistintamente a unos y otros; puesto que la finalidad esencial del buque es (como se expondrá más adelante) emplearse en la navegación y las *reglas* del convenio se aplican sobre esta, todo buque queda sometido a COLREG, incluso, en su redacción actual.

En ocasiones, sin embargo, se ha considerado que COLREG contiene un reclamo específico a la relevancia del factor humano para comprender y aplicar adecuadamente algunas reglas; o, al menos, que en determinadas circunstancias no serían fácil para un «sistema inteligente» valorar y aplicar esos «mandatos». Se cita, entre otras normas, la Regla 2, en cuya virtud: «*b)* En la interpretación y cumplimiento del presente Reglamento se tomarán en consideración todos aquellos peligros de navegación y riesgos de abordaje y todas las circunstancias especiales, incluidas las limitaciones de los buques interesados, que pudieran hacer necesario apartarse de este Reglamento, para evitar un peligro inmediato». La reflexión pasaría por considerar que sólo un humano está en condiciones de adquirir la experiencia (la «práctica normal del marino», *good seamanship*) o valorar adecuadamente las circunstancias imprevistas («especiales del caso»), dadas las dificultades de «cuantificar» en muchas ocasiones los factores de riesgo[84] y el «limitado» número de casos que pueden analizarse para asegurar el aprendizaje de los sistemas

83 Creo que esta interpretación es respetuosa con la finalidad de COLREG, a pesar de que la literalidad de algunos de sus apartados (así, «*Regla 2. Responsabilidad. a)* Ninguna disposición del presente Reglamento eximirá a un buque, o a su propietario, al Capitán o a la dotación del mismo, de las consecuencias de cualquier negligencia en el cumplimiento de este Reglamento o de negligencia en observar cualquier precaución que pudiera exigir la práctica normal del marino o las circunstancias especiales del caso») pareciera indicar otra cosa: el «reproche» no deriva del incumplimiento de los mandatos del Convenio, sino de las consecuencias y daños producidos por el abordaje, si éste se produce; porque, en efecto, más allá de las *reglas* que se formulan siempre se deja un margen de actuación y decisión a la experiencia de la tripulación.

84 Por todos *vid*. Woerner, K., Benjamin, M.R., Novitzky, M., Leonard, J.J., «Quantifying protocol evaluation for autonomous collision avoidance: Toward establishing colregs compliance metrics», en Autonomous Robots, vol. 43, pp. 967–991, 2019.

inteligentes y el diseño de algoritmos adecuados[85]. Por ejemplo, la Regla 7 *c)* dispone que «c) Se evitarán las suposiciones basadas en información insuficiente, especialmente la obtenida por radar», sin que ello excluya la decisión el marino profesional, atendiendo a otros factores.

No creo que pueda darse una respuesta categórica que excluya la posibilidad de que estás previsiones y decisiones puedan estar contempladas y, en su caso, ser valoradas, por sistemas inteligentes; aunque me inclino a pensar que, en atención a los factores de riesgo presentes en la navegación, esas actuaciones preventivas y «evasivas» sí podrían ser asumidas por esos sistemas, como parece que indican los estudios técnicos más recientes[86]. Se trata, en todo caso, de una cuestión técnica (sólo en última instancia es jurídica), que dependerá de la capacidad de desarrollo de la tecnología para incorporar den los buques sensores y protocolos que aseguren el seguimiento de las reglas de COLREG[87]. Todo ello, naturalmente, sin perjuicio de

---

85 Advierten sobre las dificultades actuales de aprendizaje de las máquinas Hu, L., Hu, H., Naeemb, W., Wang, Z., «A review on COLREGs-compliant navigation of autonomous Surface vehicles: From traditional to learning-based approaches», Journal of Automation and Intelligence 1 (2022) 100003.

86 En este sentido *vid.*, por todos, Meyer, E., Heiberg, A., Rasheed, A., San, O., «COLREG-Compliant Collision Avoidance for Unmanned Surface Vehicle Using Deep Reinforcement Learning», en IEEE Access, vol. 8, pp. 165344-165364, 2020.
Sin embargo, varias asociaciones nacionales, miembros del CMI (SUMMARY OF RESPONSES TO THE CMI QUESTIONNAIRE ON UNMANNED SHIPS, en https://comitemaritime.org/wp-content/uploads/2018/05/Summary-of-Responses-to-the-CMI-Questionnaire.docx), manifestaron dudas, por ejemplo, sobre cómo la *regla* 5 (*Vigilancia*. Todos los buques mantendrán en todo momento una eficaz vigilancia visual y auditiva, utilizando asimismo todos los medios disponibles que sean apropiados a las circunstancias y condiciones del momento, para evaluar plenamente la situación y el riesgo de abordaje) podría ser satisfactoriamente cumplida sin contar con personal a bordo. Las conclusiones del informe del CMI no están exentas de críticas (por todos, *vid.* Allen, C.H., «Why the COLREGS Will Need to be Amended to Accommodate Unmanned Vessels» (May 26, 2021), disponible en SSRN: https://ssrn.com/abstract=3854220). Por mi parte, entiendo, como he expresado, que el cumplimiento de las Reglas COLREG por sistemas automatizados entraña una cuestión técnica, que debe ser atendida en esa sede y que se encuentra en pleno desarrollo; sin que haya impedimento legal alguno que impida una vigilancia o actuaciones satisfactorias a los efectos de COLREG por sistemas «inteligentes».

87 En general, en el seno de los trabajos del CMI (*vid.* sumario citado), a la pregunta «4.1.Would the operation of an unmanned "ship" without any on board personnel, per se, be contrary to the duty / principle of "good seamanship" under the COLREGS, as interpreted nationally, regardless of the safety credentials of the remote control system?», las reflexiones de los distintos comités nacionales consideraron lo siguiente: «11 MLAs state that unmanned operation should not necessarily be considered contrary to good seamanship (Arg, Bri, Can, Chi, Den, Dut, Fin, Ger, Ita, Jap, Pan)»; aunque algún comité nacional considerara algunos matices: « The Spanish MLA states that it is possible that the operation of an unmanned ship would be held contrary to the principle of good seamanship. Two MLAs state that such operation would be contrary to the standards of goods seamanship (Cro, Mal). Four MLAs do not take a position (Bra, Iri, Fre, Sin, US)» (*ibid.,* p. 8).

que los buques autónomos puedan requerir adaptaciones, correcciones o revisiones en la formulación de las *reglas* o su interpretación[88] o, incluso, que la experiencia que derive de su navegación generalizada reclame nuevas normas y, sobre todo, sistemas técnicos y sensores que permitan asumir las funciones de seguridad requeridas, incluso, con mejores resultados que los seres humanos. A este respecto, téngase en cuenta que COLREG ha sido frecuentemente objeto de críticas; entre otros aspectos, por su (en ocasiones) lenguaje (y técnica) anticuado, por expresar la misma idea con distintas locuciones[89] (que pueden causar confusión), por utilizar términos vagos o imprecisos[90] (que dificultan una interpretación y aplicación uniformes; igualmente, una formación suficiente de las tripulaciones), entre otros ejemplos.

Aunque en la actualidad las investigaciones van en la senda de «imitar» el comportamiento humano (en particular, en relación con las experiencias de que se dispone en la conducción de buques; este es el fin esencial de la «inteligencia artificial»: imitar o recrear el comportamiento humano), nada impide que se diseñen aplicaciones y protocolos *ad hoc* que reformulen las *reglas* COLREG sin las limitaciones que impone la condición humana (que, inevitablemente, se expresan en el Convenio). Es más, incluso debe tenerse en cuenta que los sistemas autónomos no siempre «reflexionan» (resuelven los problemas) como nosotros (o como los humanos esperábamos que hicieran); en ocasiones, responden con mayor eficacia, al disponer de más información y procesarla más rápidamente. Por lo que en este ámbito en particular, el antropomorfismo que suele buscar el ser humano puede no ser deseable a cualquier precio[91].

---

88 *Vid.* algunos ejemplos en el *sumario* de respuestas del CMI, citado en notas al pie anteriores, con ocasión de la interpretación que los comités nacionales adoptaron en relación con la *regla* 3 *f)* (*Definiciones generales*. [...] f) La expresión «buque sin gobierno» significa todo buque que por cualquier circunstancia excepcional es incapaz de maniobrar en la forma exigida por este Reglamento y, por consiguiente, no puede apartarse de la derrota de otro buque») que, esencialmente, consideraron que el precepto requeriría, como exige expresamente, una situación excepcional para la falta de tripulación (esto es, previamente contaba con dotación); por lo que los busques no tripulados no quedarían incluidos en esa definición.

89 Por ejemplo, el empleo de la expresión *ordinary practice of seamen* (Regla 2, la práctica normal del marino) versus *good seamanship* (Regla 8, las buenas prácticas marineras).

90 Entre otras, la *práctica normal del marino* y las *circunstancias especiales del caso*; *que pudieran hacer necesario apartarse de este Reglamento* (todos, en la Regla 2); «l) La expresión «visibilidad reducidas» significa toda condición en que la visibilidad está disminuida por niebla, bruma, nieve, fuertes aguaceros, tormentas de arena o cualesquiera otras causa análogas» (Regla 3); estado de visibilidad, densidad del tráfico, la existencia de resplandor (Regla 5); en general, buena parte de las actuaciones que contemplan las Regla 8 (maniobras para evitar el abordaje) y siguientes, entre otras.

91 Por ejemplo, la Regla 6. vi considera (reconoce) que los sistemas ofrecen posibilidades que superan la actuación humana directa, por ejemplo, el radar frente a la visibilidad que permite el ojo humano: «la evaluación más exacta de la visibilidad que se hace posible

15. Algunos convenios en materia de contaminación marítima

Dada su relevancia, por razón de la materia que regula (prevenir la contaminación por los buques, producidos tanto por razones operativas como por accidentes), conviene hacer una breve referencia al *Convenio Internacional para prevenir la contaminación por los buques, 1973*, en los términos de su Protocolo, hecho en Londres el 17 de febrero de 1978[92]; con frecuencia, se cita este Convenio sólo por su Protocolo[93] o, más comúnmente por su acrónimo en inglés, MARPOL. El artículo 2.° del Convenio («Definiciones») dispone: «4) Por "buque" se entiende todo tipo de embarcaciones que operen en el medio marino, incluidos los aliscafos, así como los aerodeslizantes, los sumergibles, los artefactos flotantes y las plataformas fijas o flotantes». En este caso se aprecia con claridad la perspectiva funcional que se persigue, con frecuencia, en los convenios internacionales cuando se redactan las definiciones que delimitan su ámbito de aplicación: se trata de facilitar la redacción (y la lectura y la aplicación) del Convenio, simplificando (facilitando) el mandato al incluir (sin más pretensiones que estas de forma) en su significado (sólo y exclusivamente en el ámbito del texto) conceptos, figuras o instituciones que, fuera de ese texto, no presentan unidad conceptual alguna. Es la finalidad del convenio la que aconseja el tratamiento unitario, lo que permite su máxima extensión limitando los posibles debates legales, jurisdiccionales y doctrinales (conceptuales, en suma).

Sin necesidad de detenernos en figuras que se mencionan en otros apartados (a los que nos remitimos), resulta obvio que ni los artefactos flotantes ni las plataformas cumplen los requisitos propios de los buques. Cada una de estas «categorías» presentan funciones propias, bien delimitadas, que excluyen la navegación: dentro de una amplia variedad de formatos y usos, los

---

cuando se utiliza el radar para determinar la distancia a que se hallan los buques u otros objetos próximos».

92 Instrumento de ratificación del Protocolo de 22 de junio de 1984, en BOE núm. 249, de 17 de octubre de 1984 [https://www.boe.es/eli/es/ai/1973/11/02/(1)]. Téngase en cuenta que, aunque el Convenio fue adoptado en sede de la OMI el 2 de noviembre de 1973, no entró en vigor hasta unos años más tarde; precisamente, con la aprobación del Protocolo de 1978, un conjunto de medidas elaboradas en respuesta a varios accidentes de buques tanque ocurridos en los años intermedios entre las dos fechas. De esta forma., el Convenio y el Protocolo combinan en un solo texto los dos instrumentos, entrando en vigor conjuntamente el 2 de octubre de 1983. Ello explica la forma de ratificación publicada en el *Boletín Oficial del Estado*. El texto ha sido objeto de modificaciones (un nuevo Protocolo en 1997, que supuso la adición de un nuevo anexo), que no afectan al limitado tema que se aborda en estas páginas.

93 *Vid.* por todos https://treaties.un.org/pages/showDetails.aspx?objid=0800000280291139, donde se recoge como *Protocol of 1978 relating to the International Convention for the prevention of pollution from ships*, 1973.

artefactos navales pueden servir para «albergar personas o cosas» (según reza la exposición de motivos de la *Ley de Navegación Marítima*, y confirma su artículo 58), mientras que las plataformas están destinadas a la explotación, en sentido amplio (incluyendo, por tanto, la investigación), de los recursos marítimos (con independencia de que, llegado el caso, puedan desplazarse a un lugar determinado)[94]. Ello justifica que la legislación española los excluya de su consideración como buque (artículos 58 y 59 LNM), aunque presenten ciertas similitudes en algún caso (en buena medida, como consecuencia de los —no siempre acertados— condicionantes del ordenamiento español)[95]. Por ejemplo, mientras que las normas de ordenación y policía de la navegación se declaran aplicables a los artefactos navales «en la medida en que sean conformes con su naturaleza y actividad» (artículo 6.º 1 LNM); también, la posibilidad de ordenar la conducción a un puerto nacional (artículo 49 LNM), o el régimen de adquisición (artículo 63), de registro (artículos 65 y 69 LNM) y de construcción (artículo 116 LNM), régimen de los privilegios marítimos (artículos 122 y ss. LNM, incluida la hipoteca naval, artículo 126 LNM), etc., tanto los artefactos como las plataformas quedan excluidas del régimen de la limitación de la responsabilidad, no pudiendo invocarla su titular en los procedimientos en los que sea parte (artículo 394 LNM)[96].

---

94 La LNM contiene normas específicas que atienden a la finalidad, permanecer estáticas, de las plataformas y los artefactos: por ejemplo, su balizamiento (artículo 31 LNM).

95 La noción de buque «excluye por tanto los artefactos navales —caracterizados por su permanencia a flote en un lugar o punto fijo de las aguas— y las plataformas fijas —toda estructura o instalación susceptible de realizar operaciones de explotación de los recursos naturales marítimos o de destinarse a otras actividades, emplazada sobre el lecho del mar, anclada o apoyada en él—. A la nota inherente de movilidad que caracteriza al buque se suma su capacidad para el transporte de personas o cosas a todos los fines. Con ello se prescinde de las distinciones de buque público o privado; civil o militar; mercante o de recreo, deportivo o científico. Cuando su tamaño sea menor de veinticuatro metros o carezca de cubierta corrida se calificará de «embarcación» y reglamentariamente podrán configurarse como «unidades menores» las más pequeñas.
Los artefactos navales, caracterizados tanto por su flotabilidad como porque no están destinados a navegar, se diferencian de las obras o construcciones fijas que aun pudiendo sustentarse total o parcialmente mediante flotación, tienen la consideración de bienes inmuebles con arreglo al Código Civil (como es el caso de las llamadas islas artificiales, rígidamente unidas al lecho de las aguas, o de las instalaciones portuarias). El requisito adicional de los artefactos de aptitud para albergar personas o cosas deja fuera del concepto a las boyas, balizas y demás pequeños artificios flotantes, generalmente utilizados para la seguridad de la navegación o la señalización de la pesca. La característica de permanencia, propia de los artefactos, es precisamente el atributo que justifica un régimen sustantivo y registral no siempre coincidente con el de los buques» (*cfr*. exposición de motivos de la LNM).
A pesar de todo ello (ser distinto del buque y considerarse bien inmueble), se prevé el registro del artefacto naval en la Sección de Buques del registro de Bienes Muebles (artículo 63 LNM).

96 Algunos mandatos de nuestra legislación quizás no son necesarios en sentido estricto (porque se encuadran dentro del ámbito del Derecho común, no presentando especia-

La posibilidad de desplazamiento se encuentra presente en el artefacto naval, no así en la plataforma (*a priori*, destinada a permanecer estable, fijada al suelo); de ahí que varios preceptos de nuestra ley que contemplan el movimiento en el mar (remolque, abordaje, etc.) se declaren aplicables a los artefactos navales. Esa capacidad de movilidad (con o sin autonomía propia) no implica navegación en sentido comercial: lo relevante es la naturaleza de la actividad que desarrollan los artefactos navales (en su caso, las plataformas), no la circunstancia de su movimiento. De ahí que no puedan ser equiparados a los buques y que, simplemente, se les someta a algunas disposiciones por razones de eficacia (así, legitimar y aprovechar los recursos del sistema para el control de los artefactos navales).

Además, en materia de contaminación marítima se han elaborado otros convenios que, siendo muy específicos en la materia que regulan, contienen igualmente definiciones de buque muy adaptados a la finalidad que preside la redacción del texto; siendo, en general, escasamente útiles para otros fines conceptuales. Así, entre otros, el *Convenio Internacional sobre Responsabilidad Civil por daños debidos a la Contaminación por Hidrocarburos*, hecho en Bruselas el día 29 de noviembre de 1969[97]; modificado por el Protocolo hecho en Londres el 27 de noviembre de 1992[98], cuyo artículo I queda modificado por el citado Protocolo, disponiendo: «1. Buque: Toda nave apta para la navegación marítima y todo artefacto flotante en el mar, del tipo que sea, construido o adaptado para el transporte de hidrocarburos a granel como carga, a condición de que el buque en el que se puedan transportar hidrocarburos y otras cargas sea considerado como tal sólo cuando esté efectivamente transportando hidrocarburos a granel como carga y durante cualquier viaje efectuado a continuación de ese transporte a menos que se demuestre que no hay a bordo residuos de los hidrocarburos a granel objeto de dicho transporte». El concepto que se propone es, a la vez, amplio (cualquier nave apta para navegar y cualquier artefacto) y restrictivo, pues se aplica sólo a los buques que transporten hidrocarburos, bien en el momento mismo del vertido, derrame o fuga (transporte a granel), bien inmediatamente a continuación de un tal viaje (se refiere en este caso a los residuos que, efectivamente, deben quedar en las bodegas)[99]. El transporte de hidrocarburos, mercancía

lidades en el de la LNM), pero pueden resultar útiles, por clarificadores; entre otros, el mandato del artículo 64 LNM («Copropiedad de los vehículos de navegación»), que remite (en realidad, recuerda) al Derecho común.

97 *Instrumento de ratificación* en *BOE* núm. 58, de 8 de marzo de 1976; disponible en https://www.boe.es/buscar/doc.php?id=BOE-A-1976-5133); *vid.* más información e n

98 *Instrumento de adhesión* en *BOE* núm. 225, de 20 de septiembre de 1995 [disponible en https://www.boe.es/eli/es/ai/1992/11/27/(2)].

99 El transporte efectivo de hidrocarburos en el momento del accidente, o terminado en el viaje inmediatamente anterior al accidente (capacidad de transporte), es una exigencia de aplicación del convenio, que no queda modificada por el hecho de que se tomen en consideración para los daños los derivados del combustible del propio buque (en este sentido,

contaminante, se convierte en el elemento relevante para la aplicación del convenio y la delimitación de las definiciones que contiene: se proyecta sobre el vehículo (cualquiera, con aptitud para transportar, desde su concepción y construcción hasta su posible adaptación) y sobre la actividad (transporte efectivo o en el viaje subsiguiente a un transporte efectivo).

16. Primera valoración de los antecedentes del régimen internacional

En realidad, puede comprobarse tras la lectura de los instrumentos internacionales relacionados, y otros más, que se expresan en términos similares de generalidad[100], cómo los convenios eluden una definición cerrada de buque, que pudiera comprometer su finalidad. Ello, en buena medida, además de por su propia naturaleza de texto internacional (sometido a los «condicionantes», lingüísticos y, sobre todo, técnico-jurídicos, de múltiples ordenamientos), porque con frecuencia los convenios responden a situaciones que se han planteado (recientes) y se hace preciso prevenir para el futuro (por ejemplo, accidentes, vertidos, etc.) y nacen, por ello y a pesar de los esfuerzos de abstracción y generalización, condicionados por la causa y las circunstancias de su elaboración; sobre todo, limitados por la utilidad que se pretende y que se regula en su ámbito de aplicación.

---

el número 5 del mismo precepto dispone: «5. Hidrocarburos: Todos los hidrocarburos persistentes de origen mineral, como crudos de petróleo, fueloil, aceite diésel pesado y aceite lubricante, ya se transporten éstos a bordo de un buque como carga o en los depósitos de combustible líquido de ese buque»).

Para el supuesto de contaminación por el propio combustible del buque, el texto relevante es el *Convenio Internacional sobre responsabilidad civil nacida de daños debidos a contaminación por hidrocarburos para combustible de los buques* (Bunkers 2001), hecho en Londres el 23 de marzo de 2001 (*Instrumento de ratificación* en *BOE* núm. 43, de 19 de febrero de 2008; disponible en https://www.boe.es/buscar/act.php?id=BOE-A-2008-2982, que definen el buque (artículo 1.° 1) como «toda nave apta para la navegación marítima y todo artefacto flotante en el mar, del tipo que sea», al que no se le exige capacidad autónoma de propulsión (particularmente, al artefacto), en la medida en que se definen los hidrocarburos para combustible no sólo los que se utilicen para la propulsión del buque, sino también los lubricantes, los se utilicen para la explotación del buque (distinta del transporte en sentido estricto) y los residuos de hidrocarburos (número 5 del mismo artículo). Nuevamente, se trata de un concepto útil a los efectos del Convenio, pero que no es oportuno para un conformar un concepto «abstracto» o general de buque.

100 Entre otros, el *Convenio Internacional de Constitución de un Fondo Internacional de Indemnización de Daños Causados por la Contaminación de Hidrocarburos*, hecho en Bruselas el 18 de diciembre de 1971 [Instrumento de adhesión de 22 de septiembre de 1981, disponible en https://www.boe.es/boe/dias/1982/03/11/pdfs/A06435-06441.pdf], modificado por el Protocolo hecho en Londres el 27 de noviembre de 1992 (Instrumento de adhesión en *BOE* núm. 244, de 11 de octubre de 1997, disponible en https://www.boe.es/eli/es/ai/1992/11/27/(1)], cuyo artículo 1.° definen buque por remisión al Convenio de Responsabilidad Civil de 1992.

Quizás, no obstante, el enfoque de esta valoración deba ser distinto: el término «buque» es un concepto amplio y flexible que, en función del objetivo que se pretenda, permite su utilización en cualquier texto, en apoyo de sus objetivos. Un concepto amplio de buque permitiría expandir la aplicación el convenio, llegando incluso a extenderse sobre vehículo (incluso, objetos o ingenios) a los que simplemente se les exige su presencia en el mar. Un concepto estricto de buque determinaría sus elementos esenciales (sin perjuicio de los que «incidentalmente» pudiera exigir la norma concreta). Probablemente, el concepto de buque se encuentre entonces en los textos (nacionales e internacionales) que se dictan en materia de transporte; pues, hoy por hoy, la esencia del Derecho marítimo continúa siendo la actividad mercantil, el comercio marítimo, del que el transporte es pieza fundamental desde la navegación histórica que podamos rememorar.

Por ello, estos textos internacionales no son verdaderamente útiles para formular un concepto de buque, ni ofrecen por sí solos, analizados aisladamente, criterios relevantes para orientar la revisión del concepto. Quizás solo, indiciariamente, estos textos relacionados presuponen (en ocasiones, expresamente requieren) que el buque que contemplan «operan» en un entorno marítimo susceptible de sufrir episodios de contaminación. La navegación (la capacidad de navegar) parece el elemento esencial alrededor del cual giran las concepciones y las regulaciones en los instrumentos internacionales.

Esa idea ni limita ni excluye la aplicación de esos convenios a los buques autónomos. Así, en la medida en que usen hidrocarburos en el sentido indicado (por ejemplo, no solo con ocasión de su transporte y su propio uso, sino también como lubricantes) podrán participar en sucesos de contaminación. Será necesaria entonces la interpretación útil de la norma para verificar la efectiva aplicación del texto al buque. Para el caso en el que se susciten dudas sobre la posibilidad de aplicación, deberá instarse la modificación; verificando que las definiciones y normas que se adopten en el futuro contemplan, bien la revisión y la reinterpretación de las antiguas disposiciones (labor para que los estudios previos de la OMI y la CMI resultarán imprescindibles), bien que expresan adecuadamente su mandato, para que junto al buque autónomo comprenda también las situaciones anteriores.

17. Otros convenios con un ámbito de aplicación especial. En relación con el salvamento marítimo y la seguridad en la navegación

El requisito de la capacidad navegación como elemento principal que caracterizaría al buque parece más definido en otros convenios recientes, aunque igualmente especializados (y, por ello, con un ámbito de aplicación limitado). Así sucede con el *Convenio Internacional sobre Salvamento Marí-*

timo, 1989, hecho en Londres el 28 de abril de 1989[101], cuyo artículo 1.º («definiciones») dispone: «*b)* Buque: toda nave o embarcación, o toda estructura apta para la navegación»[102].

Cabe hacer alguna reflexión más sobre la traducción al español de este precepto del Convenio, que me parece acertada. La versión inglesa dispone «b) Vessel means any ship or craft or any structure capable of navigation»: «capacidad» frente a «aptitude», según las versiones. La versión española, además, incluye la embarcación: considero que con ello se aclara el precepto, por equiparación al concepto (más amplio) de *ship*. Por otra parte, en español queda claramente delimitado, por el uso de la coma, que la aptitud (parece más conectado con la idea de la «idoneidad») se refiere a las estructuras que no son buques en sentido estricto (a estos último se les presume esa aptitud, como a las embarcaciones). Quizás hubiera sido preferible el término «capacidad» (que parece reclamar la mera «posibilidad»). La distinción puede ser relevante si se valora que el buque debe estar concebido para la (mejor y más técnica) navegación, mientras que otras estructuras, que pueden navegar (pudiendo desplazarse), serían meramente capaces de navegar (desplazarse) cuando así se le requiriese (por ejemplo, buscando su nuevo emplazamiento). Pero estas estructuras, si no están navegando, quedan excluidas del ámbito de aplicación del Convenio en virtud de su artículo 3.º, referido a las plataformas (fijas o flotantes) y las unidades móviles de perforación mar adentro (se usan expresiones que permitirían su aplicación sobre multitud de ingenios técnicos) que se encuentren en estación y realizando operaciones de exploración, explotación o producción de recursos minerales en los fondos marinos (esto es, sin navegar y con el fin inmediato de no emprender la navegación). Sin embargo, el buque que no se encuentre materialmente navegando (en situaciones de escalas, o de paradas técnicas, por ejemplo) sí entraría en todo caso en el ámbito de aplicación del Convenio.

Atendiendo a los objetivos del Convenio y, con ello, a la finalidad de los buques que actúen como salvadores, merece igualmente una mención lo dispuesto en el artículo 10 del texto, expresando la obligación tradicional (auténtica «ley» en el sentir de los hombres de la mar) de prestación de auxilio a quien se halle en peligro en el mar. Más allá de un previo y tradicional deber ético o moral, el Convenio configura como una obligación legal que se impone formalmente al capitán; tal obligación sólo puede exceptuarse en los casos de riesgo

---

101 *Instrumento de ratificación* en *BOE* núm. 57, de 8 de marzo de 2005 [disponible en https://www.boe.es/eli/es/ai/1989/04/28/(1)].

102 El *Convenio para la Unificación de ciertas reglas en materia de auxilio y de salvamento marítimo*, hecho en Bruselas el 23 de septiembre de 1910 (antecedente del vigente convenio de 1989; publicado en la *Gaceta de Madrid* núm. 347, de 13 de diciembre de 1923; disponible en https://www.boe.es/datos/pdfs/BOE//1923/347/A01170-01176.pdf) no definía el buque, aunque siguiendo la fórmula tradicional (varias veces expuesta), incluía en su ámbito de aplicación la asistencia prestada por los *buques de navegación marítima* o entre éstos y las *embarcaciones de navegación interior* (artículo 1.º).

para el buque y/o las personas que se encuentren a bordo[103]. Sin perjuicio de que ese desvío de ruta afecte a algunos (el riesgo, y el retraso, que puede suponer para los intereses de quien esté explotando comercialmente el buque que presta auxilio) y arriesgue la integridad de otros (toda persona, sea o no tripulación, que se encuentre a bordo del buque), la actividad en que consiste el salvamento (muy diversas, según las circunstancias de los buques, u otros tipos de embarcación, implicados y del entorno en el que se produzcan las operaciones) el salvamento conlleva los riesgos propios de la operación. Por ello, estas operaciones requieren, bien una formación personal y profesional y medios expresamente destinados a tal finalidad (así, las empresas o instituciones de salvamento), bien una cualificación «genérica» pero acorde con los riesgos naturales del medio marino (la propia de las tripulaciones), que permita aprovechar eficazmente y con seguridad los medios disponibles, de conformidad con las circunstancias del salvamento de vidas.

Quizás pueda considerarse inicialmente que esas actuaciones inmediatas y complejas sólo son posibles de ejecutar con intervención humana directa; y, entonces, se consideraría la necesidad de interpretar los preceptos citados en sus términos literales, que quizás asegurarían un grado de sensibilidad y de intervención difícilmente alcanzable por las máquinas. Sin embargo, parece más acertado mantener la línea de interpretación de las normas del convenio que se expresa en otros apartados de estas reflexiones, y considerar entonces que, bien el capitán (o equivalente) puede dirigir las actuaciones del buque por sistemas de comunicaciones electrónicas eficaces, bien que los propios sistemas del buque autónomo sean capaces de prestar un auxilio específico; en ambos casos, por lo tanto, prescindiendo de tripulación a bordo. En este sentido, téngase dos factores distintivos de esta nueva situación: *primera*, que un buque no tripulado que acuda en auxilio de otro buque no arriesga nuevas vidas (lo cual excluye algunas de las «limitaciones» al auxilio lógicamente contemplada por la norma); *segunda*, que en su momento la proliferación de buques sin tripulación supondría un menor número de vidas en situación de riesgo en la mar. Ambos factores aña-

---

103 Dispone el citado precepto: «1. Todo capitán tiene el deber de prestar auxilio a cualquier persona que se halle en peligro de desaparecer en la mar, siempre que ello no entrañe grave peligro para su buque y para las personas que se encuentren a bordo. 2. Los Estados partes adoptarán las medidas necesarias para dar efectividad al deber enunciado en el párrafo 1. 3. El propietario del buque no incurrirá en responsabilidad en caso de incumplimiento por el capitán del deber estipulado en el párrafo 1». Por su parte, el UNCLOS dispone: «Artículo 98. *Deber de prestar auxilio*. 1. Todo Estado exigirá al capitán de un buque que enarbole su pabellón que, siempre que pueda hacerlo sin grave peligro para el buque, su tripulación o sus pasajeros: *a)* Preste auxilio a toda persona que se encuentre en peligro de desaparecer en el mar; *b)* Se dirija a toda la velocidad posible a prestar auxilio a las personas que estén en peligro, en cuanto sepa que necesitan socorro y siempre que tenga una posibilidad razonable de hacerlo; [...]». Téngase en cuenta, además, el conjunto normativo que supone el *Convenio Internacional sobre Búsqueda y Salvamento Marítimo 1979*, hecho en Hamburgo el 27 de abril de 1979 (*Instrumento de adhesión* en *BOE* núm. 103, de 30 de abril de 1993; disponible en https://www.boe.es/diario_boe/txt.php?id=BOE-A-1993-11058 y sus enmiendas.

den una perspectiva nueva y funcional al salvamento marítimo y supondrían un argumento (en este caso, de naturaleza práctica, dependiente del desarrollo técnico: se arriesgarían medios, no vidas) más en favor de los buques autónomos.

18. Otros textos internacionales

Sin embargo, también en fechas recientes encontramos textos internacionales que nos permiten constatar la idea de que no es necesaria una definición precisa (tampoco general) del buque para definir el ámbito de aplicación de un convenio; bastando, bien fórmulas generales, bien expresiones que recurren el empleo del término buque como elemento aglutinador de «ingenios» cuyo principal punto de coincidencia es desarrollar alguna actividad en el mar. Así, dentro de esta segunda «categoría», podemos incluir el *Convenio para la represión de actos ilícitos contra la seguridad de la navegación marítima*, hecho en Roma el 10 de marzo de 1988[104]. El artículo 1.º del Convenio dispone que «1. A los efectos del presente Convenio: *a)* Por «buque» se entenderá toda nave del tipo que sea, no sujeta de manera permanente al fondo marino, incluidos vehículos de sustentación dinámica, sumergibles o cualquier artefacto flotante». Las únicas referencias en el convenio a la tripulación (y al pasaje) es a los efectos de adopción de medidas de seguridad, para evitar que sufran daños; no contemplan, por tanto, la gestión o manejo del buque. Similares consideraciones (ampliación del concepto de buque, más allá de su idea tradicional, por exigencias de extensión y de aplicación el convenio) cabe hacer en relación con el *Convenio Internacional para el control y la gestión del agua de lastre y los sedimentos de los buques*, hecho en Londres el 13 de febrero de 2004[105], cuyo artículo 1.º amplía el significado de buque a «toda nave, del tipo que sea, que opere en el medio acuático, incluidos los sumergibles, los artefactos flotantes, las plataformas flotantes, las UFA y las unidades FPAD». Al margen de las cuestiones de seguridad para la tripulación o los pasajeros, las referencias al personal se limitan a la exigencia y el control de su conocimiento sobre los procedimientos de gestión del agua de lastre (y sus sedimentos); por tanto, una cuestión de formación sobre protocolos que, probablemente, no requieran la intervención humana directa.

104 *Instrumento de ratificación* en *BOE* núm. 99, de 24 de abril de 1992 [disponible en https://www.boe.es/eli/es/ai/1988/03/10/(2)]; el convenio se completa con un Protocolo para la represión de actos ilícitos contra la seguridad de las plataformas fijas emplazadas en la plataforma continental (de igual fecha, publicado en el mismo *BOE*) y dos protocolos modificativos, hechos en Londres el 14 de octubre de 2005 [disponibles en https://www.boe.es/eli/es/ai/2005/10/14/(1) y https://www.boe.es/eli/es/ai/2005/10/14/(2), respectivamente; en ambos casos, se publica el texto refundido].

105 *Instrumento de ratificación* en *BOE* núm. 282, de 22 de noviembre de 2016 [disponible en https://www.boe.es/eli/es/ai/2004/02/13/(1)].

Tampoco el *Convenio internacional sobre responsabilidad e indemnización de daños en relación con el transporte marítimo de sustancias nocivas y potencialmente peligrosas*, de 3 de mayo 1996 (Convenio SNP que, tal y como se advierte en la página *web* de la OMI, no se encuentra en vigor)[106] altera esa constante para su ámbito de aplicación, definiendo el buque como «any seagoing vessel and seaborne craft, of any type whatsoever» (artículo 1.º 1) y no haciendo referencia a la tripulación (y a los *servants*) más que en orden cuestiones acerca de su eventual responsabilidad[107].

19. Reflexión inicial sobre el mandato en los convenios internacionales

Los convenios internacionales no formulan una definición general, o relevante, de buque. El contenido normativo de un texto internacional se encuentra delimitado por el ámbito de aplicación que justifica su elaboración (con las consecuencias que ello implica para posibilidad de regulación de la materia por los estados parte y la aplicación de la norma) y que expresamente reclaman (así, por ejemplo, el transporte marítimo, el salvamento, el abordaje, etc.). En la medida en que ningún convenio internacional tiene por objeto expresamente la regulación del régimen legal —concepto— del buque, las definiciones que procuren en su articulado serán necesariamente parciales, reportando una utilidad limitada: la correcta interpretación y aplicación de su articulado. No cabe, en general, la extrapolación de instituciones o figu-

106 *Vid.* https://www.imo.org/es/About/Conventions/Pages/International-Convention-on-Liability-and-Compensation-for-Damage-in-Connection-with-the-Carriage-of-Hazardous-and-Noxious-.aspx. El Convenio fue objeto de modificación en el seno de una conferencia internacional celebrada en abril de 2010; resultando un texto unificado (corrigiendo los extremos que dificultaron que los estados ratificaran la «primer versión») que, cuando se ratifique, se denominará *Convenio internacional sobre responsabilidad e indemnización de daños en relación con el transporte marítimo de sustancias nocivas y potencialmente peligrosas*, 2010.
La relevancia del Convenio para el transporte internacional de esas mercancías nocivas por mar es tal que la Unión Europea impulsó su firma por los estados miembros, siempre con especial atención (necesidad de formular reservas) a la cuestión de la cooperación judicial internacional: para la versión de 1996, la Decisión del Consejo, de 18 de noviembre de 2002, *por la que se autoriza a los Estados miembros a adherirse o a ratificar, en interés de la Comunidad, el Convenio internacional de 1996 sobre responsabilidad e indemnización de daños en relación con el transporte marítimo de sustancias nocivas y potencialmente peligrosas (Convenio SNP)*, disponible en *DOCE* núm. 337, de 13 de diciembre de 2002; para la versión de 2010, dos decisiones, números 2017/769 y 2017/770, ambas de 25 de abril de 2017, con las mismas «precauciones», las dos publicadas en *DOUE* núm. 115, de 4 de mayo.

107 El texto del Convenio, por separado los dos textos y la versión consolidada, puede consultarse en https://www.hnsconvention.org/the-convention/#:~:text=The%20International%20Convention%20on%20Liability,of%20clean%20up%20and%20reinstatement (no es la versión oficial).

ras entre convenios (la ratificación, o adhesión, por los estados excluye esta posibilidad, pues aquéllas se formulan sólo y exclusivamente para el convenio); cuestión que se conecta con la soberanía «cedida». En efecto, los convenios internacionales relevantes en la materia suelen contar con un artículo «general» en el que formulan definiciones (entre otras, del buque); siempre, a los exclusivos efectos de precisar la aplicación (y la comprensión) del propio texto. Una formulación, por tanto, que atiende a la utilidad reguladora (delimitar la eficaz interpretación del convenio, contribuyendo a fijar su ámbito de aplicación), no a una finalidad conceptual ni «unificadora» de los conceptos que formula.

En realidad, los convenios internacionales han eludido intencionadamente la formulación de una definición precisa de buque (más allá de su propio objetivo) que pudiera repercutir negativamente tanto sobre cada convenio como sobre otros (imponiendo conceptos que no fueran adecuados en otros ámbitos) y que condicionara la elaboración de futuros textos internacionales. La redacción de los preceptos pretende resolver solo la cuestión cuya regulación se está asumiendo y en el contexto preciso en el que se hace. No se trata entonces de indefinición o imprecisión, sino de atender a la finalidad de cada convenio, a la necesidad de definir su propio ámbito de aplicación y a la oportunidad de conservar términos complejos e imprescindibles para el mundo marítimo en un ámbito que permita su flexibilidad y adaptación a la finalidad que se precise. No es necesario (ni conveniente) un concepto universal de buque que requeriría constantes adaptaciones en los tratados, y que dificultaría probablemente su adopción por los estados.

Un problema añadido a la interpretación de los convenios deriva de la actuación de los tribunales nacionales. Aunque el convenio tenga sus propias normas y criterios de interpretación, con frecuencia el juez no podrá sustraerse a la base jurídica que le ofrece su propio ordenamiento. Aunque las legislaciones nacionales se encuentran limitadas por el ámbito de su propia eficacia, son una referencia necesaria en cada jurisdicción. Las leyes nacionales, en buena medida, acogen y, a la vez, se proyectan, sobre los convenios que celebran los estados. Es difícil asegurar que los convenios técnicos y profesionales (también, de eminente contenido mercantil marítimo) van a disfrutar de una interpretación uniforme en todos los estados si no se confía en algún momento a una autoridad supranacional eficaz (por su rapidez y rigor técnico) y efectiva (por razón de la autoridad que ejerza) determinar los aspectos y conceptos fundamentales de los convenios, fijar los criterios interpretativos necesarios a medida en que surjan las discrepancias y resolver las controversias, imponiendo criterios únicos[108].

---

108 Advierte de las dificultades interpretativas de los convenios, por su comparación con las legislaciones nacionales en cada jurisdicción, particularmente en relación con los buques autónomos y UNCLOS, LOGCHEM, Y. V., «International Law of the Sea and Autonomous

Por último, con frecuencia, el debate a nivel nacional sobre el concepto de buque se afronta desde la experiencia que procura el transporte marítimo, dada su relevancia en el tráfico mercantil. De ahí la necesidad de analizar este tema particularmente a la luz de los convenios internacionales en materia de transporte, esto es, atendiendo al uso principal (destino natural) del buque. Y cabe adelantar que en este ámbito no se encontrarán dificultades insuperables para la acogida natural de los buques autónomos, ni en la práctica ni en la regulación[109].

20. Convenios en relación con el transporte marítimo de mercancías

Desde un punto de vista mercantil (o comercial), el texto internacional más relevante en materia de transporte marítimo internacional de mercancías es el *Convenio Internacional para la unificación de ciertas reglas en materia de conocimiento de embarque* [Convenio de Bruselas de 1924, también «reclamado» por la tradición anglosajona (por razón de su origen), como *Reglas de La Haya* de 1921], cuyo artículo 1.º dispone: «*d)* Buque significa cualquier embarcación empleada para el transporte de mercancías por mar». Las modificaciones posteriores del Convenio, por virtud de los protocolos de 23 de febrero de 1968 (*Reglas La Haya-Visby*) y de 21 de diciembre de 1979 (Protocolo DEG, *SDR Protocol*) no modificaron esa formulación[110]. En

---

Cargo 'Vessels'», en *Artificial Intelligence and Autonomous Shipping. Developing the International Legal Framework*, edited by Barış Soyer and Andrew Tettenborn, Nueva York, 2021, pp. 25-62.

109 *Vid.* conclusiones similares en Baughen, S., «Unmanned Vessels and International Conventions for the Carriage of Goods by Sea», en *Artificial Intelligence and Autonomous Shipping. Developing the International Legal Framework*, edited by Barış Soyer and Andrew Tettenborn, Nueva York, 2021, pp. 81-98.

110 Aunque en el trabajo, por simplificación, utilicemos sólo la expresión «Convenio de Bruselas de 1924», estamos refiriéndonos a tres textos, mencionados más arriba, con diferente grado de adhesión de los países: el primero, el *Convenio Internacional para la Unificación de Ciertas Reglas en Materia de Conocimientos de Embarque*, aprobado en Bruselas el 25 de agosto de 1924 (publicado en la Gaceta de Madrid del 31 de julio de 1930), que elevó a ese rango las denominadas *Reglas de La Haya*, de 1921 (por ello, es habitual en la doctrina anglosajona referirse al Convenio de Bruselas de 1924 como «Reglas de La Haya», *the Hague Rules*). Segundo, el Convenio de Bruselas fue objeto de modificación por los Protocolos de 1968 (Protocolo de 23 de febrero de 1968, las denominadas «Reglas de La Haya-Visby») y, tercero, de 21 de diciembre de 1979 (Protocolo de *Derechos Especiales de Giro,* DEG o SDR, *Special Drawing Rights*). Las referencias en este texto al Convenio de Bruselas de 1924 suponen la incorporación de los citados protocolos modificativos. La amplísima bibliografía sobre el Convenio nos libera de mayores precisiones sobre la elaboración del texto, un resumen de las cuales puede encontrarse en Sánchez Calero, F., *El Contrato de Transporte Marítimo de Mercancías. Reglas de La Haya-Visby, Hamburgo y Rotterdam*, 2.ª ed., Aranzadi, Navarra, 2010, pp. 42 a 54; y algunas reflexiones en Pendón Meléndez,

general, durante el proceso de elaboración de los distintos textos no parece que se debatiera acerca del concepto de *vessel* (que, al parecer, se daba por sabido), sino sólo acerca del buque [de navegación] marítima u oceánica *(navire de mer, sea-going vessel)* y de navegación interior *(bateau d'interieur)*; concluyéndose que, con independencia de que unos u otros pudieran quedar sometidos al texto internacional, correspondía a la legislación nacional diferenciar las dos clases de buques[111]. Naturalmente, otras cuestiones afectaban de diversa manera a la idea de buque, y se plantearon debates, consultas y manifestaciones por las delegaciones (desde la carga y la estiba hasta la navegabilidad —*innavegabilidad*— del buque); pero no precisaron reflexiones expresas acerca del concepto de buque.

Los distintos momentos de la tramitación que integra el «sistema» de Bruselas de 1924 incorporaron escasa referencias a la tripulación del buque; una cuestión que, por las circunstancias de los momentos de sus redacciones, no exigía mayor reflexión *per se*. Tales reflexiones, sin embargo, surgieron al amparo de dos cuestiones esenciales del transporte, referidas a la responsabilidad del porteador (y el privilegio de su limitación) y el personal que se relacionaba con él (en sentido amplio) con ocasión de la navegación (el viaje) del buque. La *primera*, en el marco de las obligaciones que incumbían al porteador antes del inicio del viaje [artículo 3.° 1.*b)* Convenio de Bruselas, sin modificaciones desde su versión original][112], éste debía procurar la tripulación *(équipage, crew)* conveniente para el buque (probablemente, aunque ello fuera objeto de debate, debía completarse con la idea de «adecuada para la correcta navegación del buque»; la remisión al inicio del momento del viaje supone que pueden producirse supuestos en los que durante el viaje cualquiera de los requisitos del artículo 3.°, citado, se cuestionara). Naturalmente, la tripulación contaría con la cualificación adecuada (de ahí las referencias en el texto al capitán, el piloto, los marineros...). La perspectiva relevante de los redactores del Convenio no fue tanto la navegabilidad como

---

M. A., *Los títulos representativos de la mercancía*, *cit.*, pp. 53 y ss.

111 Como ejemplo del debate, baste con traer aquí la reflexión del Presidente del Conferencia Diplomática (Judge Hough) en octubre de 1922, debatiendo el texto del futuro convenio: «The Chairman replied that the rules applied to the carriage by every sea-going vessel. It was for national law to define what was understood by a sea-going vessel. The Chairman felt that in his opinion a sea-going vessel was one that was capable of putting to sea and that usually did so. Certain legislation deemed a sea-going vessel to be one that traded in the ocean waters or rivers. In Holland, sea-going vessels were considered to include those that trafficked in the canals with neighboring countries» (*cfr*. Berlingieri F. (ed.), *The Travaux Préparatoires of The Hague Rules and of The Hague-Visby Rules*, CMI, Amberes, 1997, p. 120).

112 «1.° El porteador, antes de comenzar el viaje, deberá cuidar diligentemente: [...] b) De armar, equipar y aprovisionar el buque convenientemente». Aunque el término en español pudiera parecer que equipar, por referencia proximidad al concepto de equipamiento, se refiere a cosas y medios, no a personas, las versiones francesas *(équiper)* e inglesa *(equip)* no dejan lugar a dudas sobre que se trata de la dotación del buque.

concepto o situación (artículo 3.º del Convenio de Bruselas de 1924) como el reproche de la responsabilidad que derivaría de la «innavegabilidad» (artículo 4.º: *innavegabilité*, *unseaworthiness*; en la versión en español, «la falta de condiciones del buque para navegar»), pues la falta de la debida diligencia del porteador, entre otros extremos, en la previsión de una tripulación conveniente supondría la pérdida del beneficio de la limitación de la responsabilidad (como es sabido, fundamento esencial del Convenio)[113]. La *segunda*, la cuestión de la extensión del privilegio de la limitación de la responsabilidad a otros «empleados» o «contratados» por el porteador, sin los que el éxito de la navegación, en sentido amplio, no sería posible (cargadores, empresas de estiba, personal en tierra, etc.). El intenso debate sobre la cuestión (referido no solo las actividades portuarias que pueden sustanciarse con precisión, identificando la naturaleza contractual y los extremos de la relación —por ejemplo, la carga—, así como el personal contratado por el porteador, sino también otros empresarios, terceros en sentido estricto) finalmente se ha sustanciado a través de la denominada *Cláusula Himalaya* incorporada en los modelos de conocimiento de embarque[114] (y la mejor delimitación de la responsabilidad en los convenios subsiguientes).

En este escenario, parece posible que la dotación adecuada o conveniente del buque, que permita la navegación profesional a los efectos del transporte marítimo de mercancías, no supone un requisito que excluya la aplicación el Convenio de Bruselas de 1924 a los buques autónomos, dotados de los equipos necesarios para la navegación que se afronta y como expresión (modificada) de la diligencia del porteador. Téngase en cuenta, sin embargo, que las particulares características técnicas del buque (sus sistemas digitales) puede dar lugar a

113 Por ello no aprecio obstáculos significativos para aplicar la doctrina de la navegabilidad (y su eventual reproche, cuando proceda, excluyendo la limitación de la responsabilidad) a los supuestos de buques autónomos; si la seguridad en la navegación (en los extremos definidos por la normativa internacional y la del propio estado, en cada caso) y la diligencia exigible para la navegación se satisface dotando al buque de los medios necesarios, no hay razones suficientes para revisar el régimen uniforme de responsabilidad. Se trataría de consolidar un principio de «tripulación mínima suficiente» para asegurar la navegación y el transporte seguros y diligentes; que, en el extremo, podría implicar prescindir completamente de la tripulación o, en una postura matizada, contemplando la posibilidad de que la actuación humana a bordo pueda verse sustituida, al menos en lo esencial, por el operador a distancia (*vid.* para esta posibilidad Rodríguez Delgado, J. P., «La incidencia del buque autónomo en la obligación de navegabilidad del buque», en M. J. Blanco Sánchez, A. Madrid Parra (dirs), *Derecho mercantil y tecnología*, Cizur Menor, 2018, pp. 1.123-1.151, p. 1140; donde, además, se estudia con mayor detalle otros extremos de la cuestión). En ambos casos, el Certificado de Dotación Mínima de Seguridad (o su «evolución») permitiría acreditar el cumplimiento de este extremo.

114 Sobre esta cuestión *vid.*, *in extenso*, Pendon Pérez, E., «La cláusula Himalaya 2014 (BIMCO/IG P&I Clubs)», en *El comercio marítimo. Nuevas perspectivas jurídicas y de la práctica profesional*, M.A. Pendón Meléndez y B. Romero Matute (dirs.), A Coruña, 2024, pp. 447-494.

un nuevo concepto o institución, con posibilidades de alterar el actual equilibrio en materia de atribución de responsabilidad: la *cibernavegabilidad*[115].

En las Reglas de Hamburgo de 1978 *(Convenio de las Naciones Unidas sobre el transporte marítimo de mercancías)*, un texto de relevancia limitada en la práctica marítima internacional, por razón del volumen de comercio marítimo que se somete a su régimen, se sigue un criterio similar; destacándose (artículo 2.°, *Ámbito de aplicación*) cómo la nacionalidad del buque no afectará a la aplicación del texto[116]. Por lo tanto, ninguna disposición de este texto uniforme aporta criterios en relación con el buque. Por otra parte, las Reglas no contienen referencias específicas a la tripulación del buque (menos aún, en relación con su cualificación), hasta el punto de que, superada la distinción entre personal específico del buque (o directamente conectado con él) y otros sujetos comprometidos con la navegación[117], se les agrupa dentro

115 *Vid.* LELOUDAS, G., «Cyber Risks, Autonomous Operations and Risk Perceptions. Is a New Liability Paradigm Required?», en *Artificial Intelligence and Autonomous Shipping. Developing the International Legal Framework*, edited by Barış SOYER and Andrew TETTENBORN, Nueva York, 2021, pp. 101-117.

116 *Vid.* https://uncitral.un.org/es/texts/transportgoods/conventions/hamburg_rules.
A pesar de tratarse de un Convenio en vigor en 35 países (*vid.* la relación en https://uncitral.un.org/es/texts/transportgoods/conventions/hamburg_rules/status), de su elevado rigor técnico y de su ambicioso ámbito de aplicación (*vid.* artículo 2.°), la relevancia de las Reglas de Hamburgo en las operaciones comerciales internacionales es escasa, ante el vigor que sigue mostrando el Convenio de Bruselas de 1924 [a pesar del descontento que suscita, por el desequilibrio contractual entre porteadores y cargadores, en favor de los primero, que ampara; *vid.* por todos CNUDMI, *Convenio de las Naciones Unidas sobre el transporte marítimo de mercancías, 1978 (Reglas de Hamburgo)*, p. 20]. El protagonismo de los textos de Bruselas deriva no sólo del número de países firmantes y de la seguridad y predictibilidad que proporcionan 100 años de aplicación, sino también de su reclamo en los modelos de conocimientos de embarque más utilizados en la práctica, bien directamente, por encontrarnos dentro del ámbito objetivo de aplicación del Convenio o por elección contractual (aunque el buque en régimen de transporte *liner* arribe a puertos de distintos países prevalecerá el Derecho elegido por las partes; *vid.* cláusula 3, en el reverso, del modelo de conocimiento de embarque CONLINEBILL 2016, de BIMCO; incuso cuando del transporte se celebre sometido a una póliza de fletamento, *tramp,* puede resultar aplicable el Convenio de Bruselas de 1924, cuando en ciertas circunstancias circule el conocimiento de embarque, artículo 1.°*b)* del Convenio; todo ello, además, sin perjuicio del frecuente recurso a la denominada *Paramout clause* en los conocimientos de embarque emitidos en virtud de póliza de fletamento), bien porque las nuevas modalidades de operaciones comerciales marítimas (me refiero al denominado *transporte multimodal*) suelen reclamar la limitación de la responsabilidad del porteador por el reclamo a este convenio, expresa o *implícitamente* (*vid.*, por todos, las cláusulas números 7 y 8 del FBL, de FIATA; y números 10, 11 y 12 de MULTIDOC 2016, de BIMCO). Las razones de este reclamo son complejas y exceden de las posibilidades y de la oportunidad de estas notas.

117 El ámbito de aplicación del Convenio, contemplado en su artículo 4.° (por referencia al periodo de responsabilidad del porteador), que se extienden al período *(sic)* en el que el porteador se hace cargo de las mercancías en el puerto de carga hasta que las entrega al consignatario, en el puerto de descarga (*vid.* el resto del precepto, para las precisiones) contempla las operaciones anteriores a la carga y la descarga materia del buque, siendo

de las (imprecisas; mucho más, por comparación entre ordenamientos) figuras (con diverso contenido jurídico, según las jurisdicciones) de «empleado» y «agente».

En suma, la tripulación, en cuanto tal, no reclama un tratamiento diferenciado y separado en el marco de las Reglas de Hamburgo; que, por ello, no cuestiona ni reclamaría especialidades en los supuestos de utilización de buques autónomos.

Por último, en el *Convenio de las Naciones Unidas sobre el Contrato de Transporte Internacional de Mercancías Total o Parcialmente Marítimo* (comúnmente denominadas *Reglas de Rotterdam*, de 2008)[118] se repite (prácticamente, de forma literal en las versiones en español, literalmente en las versiones inglesas, por ejemplo) la «definición» o «significado» (y, con ello, los presupuestos, las reflexiones y las conclusiones que en su día se expresaron) ya formulada en el Convenio de Bruselas de 1924. La escasa utilidad que reportaría formular un concepto de buque en el ámbito del «transporte marítimo» de mercancías (entendido como aquel que, generalmente en régimen de transporte de línea regular, o *liner*, contrata un cargador, parte contractual débil necesitado de protección, frente al portador, la naviera, que es la parte contractual fuerte de la relación; excluyendo por tanto el transporte *charter* o de navegación *tramp)*[119] se evidencia, precisamente, en el proceso de elaboración mismo de las Reglas de Rotterdam, el más reciente intento unificador en la materia. Así, puede comprobarse la versión *preliminar del texto*, el *Preliminary draft instrument on the carriage of goods by sea* presentado por la secretaría de la CNUDMI ante el Grupo de Trabajo III *(Transport Law)*[120], no contemplaba el actual número 25 (concepto de buque) del artículo 1.° («definiciones»). Los redactores del primer borrador no consideraron necesario procurar una definición para un concepto ya conocido (y debatido en las legislaciones nacionales), a pesar de que el buque (sea quien sea quien lo explote, bajo cualquier forma contractual) es el elemento básico del transporte; también probablemente, fueran conscientes de la dificultad que supondría esa tarea, que además reportaría escasa utilidad en el texto que se proponía. Tres años más tarde, la incorporación del término *ship* aparecía en el texto del borrador del futuro convenio, en el artículo indicado (donde

lo relevante la custodia de la mercancía; cuestión que se conecta más con la posesión o control físico antes que con el tiempo, en sentido estricto) no requiere ninguna referencia expresa a la tripulación.

118 *Vid.* https://uncitral.un.org/es/texts/transportgoods/conventions/rotterdam_rules.

119 Como es sabido, la primera de estas relaciones se documenta en un conocimiento de embarque (o en un título —representativo de las mercancías— *similar*, en los términos del artículo 1.1 del Convenio de Bruselas de 1924), mientras que las segundas reclaman la negociación y el contrato a través de complejas «pólizas de fletamento».

120 *Vid.* documento A/CN.9/WG.III/WP.21, de 8 de enero de 2002 (https://documents.un.org/doc/undoc/ltd/v02/501/49/pdf/v0250149.pdf).

ha permanecido en su forma original). Nuevamente, reiterando el debate ya mantenido (y alcanzando la misma solución) ocho décadas antes en el convenio que estaba llamado a sustituir (Bruselas, 1924), la actual terminología de las reglas de Rotterdam refrendaba el modelo práctico que se mantienen en la actualidad, diferenciando los «buques» (para el transporte por mar, en sentido estricto; subyace, por tanto, la idea de transporte oceánico o internacional) de otras embarcaciones[121] (destinadas al transporte fluvial, a ciertas operaciones de cabotaje, etc.). Se confirma, quizás con mayor precisión (por su revisión actualizada), que en la perspectiva internacional prima la consideración de un buque como tal cuando se emplee en la navegación y el comercio —transporte— marítimo, esto es, la utilidad o el empleo; y no consideraciones conceptuales.

Estas Reglas recuperan en su articulado las referencias al capitán y los miembros de la tripulación, añadiendo «cualquier otra persona que preste servicios a bordo del buque» (véanse, en temas de responsabilidad, en particular los artículos 18 y 19 de las Reglas de Rotterdam); y concreta la obligación del portador de asegurar la navegabilidad del buque [que se remite no sólo a los momentos anteriores del viaje, sino que se mantiene durante el mismo: artículo 14.*b)*] tripulado, haciendo responsable al porteador de las pérdidas que experimente la mercancía por las deficiencias de la tripulación (artículo 17.5). Como en los convenios anteriores, la cuestión central de las Reglas de Rotterdam gira alrededor de la atribución de responsabilidad del porteador (y su «personal», que participa en el viaje), no entorno a la tripulación como elemento significativo del buque.

21. En relación con el transporte marítimo de pasajeros

En el ámbito del transporte de pasajeros encontramos un escenario similar, aunque quizás, con una amplitud (o imprecisión) aún mayor (y más conveniente), porque en ese ámbito no es tan relevante el aspecto técnico del vehículo (ni siquiera su valoración jurídica) como el de la atención y el cuidado que requiere el pasaje (eventualmente, su equipaje); esto es, una suerte de «navegabilidad» que atiende a las personas y la idoneidad del vehículo para trasladar a personas no profesionales. De ahí que el centro de atención sobre el concepto de buque en el texto de referencia, el *Convenio relativo al Transporte de Pasajeros y sus Equipajes por Mar*, hecho en Atenas el 13

121 *Cfr.* documento A/CN.9/WG.III/WP.56, de 8 de septiembre de 2005, nota 21, a propósito de la adición del término *ship*, relevante para la delimitación del ámbito de aplicación de las futuras reglas: «Definition added to clarify and standardize the use of "ship" and "vessel", depending on which is intended in the particular provision in issue, such that "ship" means an ocean-going vessel, and "vessel" means all other vessels».

de diciembre de 1974[122], sea la *aptitud* (o capacidad) para transportar y a la *utilidad* (que efectivamente se realice el transporte), formulando una definición meramente descriptiva: artículo 1.° 3 del Convenio: «3. «Buque» es solamente una nave que sale a la mar; este término no incluye los vehículos que se desplazan sobre un colchón de aire».

22. Una breve referencia a un supuesto especial en el transporte de pasajeros: el aerodeslizador

La referencia *in fine*, para excluirlo del ámbito de aplicación del Convenio de Atenas de 1974, al llamado aerodeslizador («vehículos que se desplazan sobre un colchón de aire», conocido como *hovercraft*), no sólo parece obedecer, principalmente, al momento en el que fue redactado el Convenio (el estado de la técnica condicionaría, como en tantas otras ocasiones sucede en la ley en sentido amplio, la redacción de los preceptos y la concepción de los mandatos; un tema sobre el que advertíamos al principio de estas páginas, reconducido *mutatis mutandis* a las reflexiones que impone el principio de neutralidad tecnológica): en la década de los años 60 se consolidó, con cierta extensión, el uso de aerodeslizadores para transportar pasajeros, principalmente entre ciudades en la costa de Inglaterra (y con algunas islas) y, poco después, incluso para cruzar el Canal de la Mancha. Ello justifica el que se analizaran estos ingenios en diversos ámbitos; por ejemplo, en el marco de la aviación, en el que la *Organización de Aviación Civil Internacional* (OACI), los refería para excluir algunos vehículos de la condición de aeronave[123].

---

122 Instrumento de Adhesión de España en *BOE* núm. 108, de 6 de mayo de 1987 (https://www.boe.es/buscar/doc.php?id=BOE-A-1987-10821), modificado en los términos del *Protocolo de 2002 al Convenio de Atenas relativo al transporte de pasajeros y sus equipajes por mar, 1974*, hecho en Londres el 1 de noviembre de 2002 [Instrumento de ratificación en *BOE* núm. 218, de 11 de septiembre de 2015 (https://www.boe.es/buscar/doc.php?id=BOE-A-2015-9772)]. Téngase en cuenta que la ratificación de este Protocolo conllevaba la denuncia del *Protocolo correspondiente al Convenio de Atenas de 1974 relativo al transporte de pasajeros y sus equipajes por mar, hecho en Londres el 19 de noviembre de 1976* (Instrumento de adhesión en BOE núm. 242, de 9 de octubre de 1990; la citada denuncia se publicó en el *BOE* de 11 de septiembre de 2015). Téngase en cuenta la *Decisión del Consejo, de 12 de diciembre de 2011, sobre la adhesión de la Unión Europea al Protocolo de 2002 al Convenio de Atenas relativo al transporte de pasajeros y sus equipajes por mar, de 1974, a excepción de sus artículos 10 y 11* (publicada en *DOUE* núm. 8, de 12 de enero de 2012) en cuyo artículo 1.° se declara aprobada la adhesión de la Unión Europea al citado Protocolo; su considerando (3) recuerda que «La mayor parte de las normas del Protocolo de Atenas han sido incorporadas al Derecho de la Unión mediante el Reglamento (CE) n.° 392/2009 del Parlamento Europeo y del Consejo, de 23 de abril de 2009, sobre la responsabilidad de los transportistas de pasajeros por mar en caso de accidente».

123 El Anexo 7 al *Convenio sobre Aviación Civil Internacional*, hecho en Chicago, el 7 de diciembre de 1944 (Ratificación en *BOE* núm. 55, de 24 de febrero de 1947; texto original en https://www.boe.es/datos/pdfs/BOE/1947/055/A01338-01351.pdf; téngase en cuenta,

Más allá de la especialidad (relativamente marginal, e incluso anecdótica, por su limitado uso; no analizamos, lógicamente, su empleo para fines militar[124], de investigación, de recreo o particulares, etc.) que supone el reclamo a este tipo de vehículos, el debate sobre la naturaleza (o la consideración jurídica) del aerodeslizador permanece abierto: un vehículo que esencialmente se utiliza para transporte marítimo, pero que en realidad no se desplaza por el mar (sino sobre el mar, o sobre la tierra, o sobre marismas, etc.): el colchón de aire permite una suerte de «multimodalidad» particular. Este tipo de vehículos, al parecer, reclama cada vez menos atención en la doctrina (tampoco se encuentra referencias significativas en las normas). En general, se le niega al aerodeslizador la condición jurídica de buque[125]: diversas cuestiones de orden técnico, susceptibles de afectar a la seguridad (en especial, del pasaje, que reclama protocolos diferentes de los clásicos de los buques) y al empleo ordinario o regular del vehículo (condiciones climáticas: el vehículo, en cierta medida —limitadamente— vuela, sobrevuela, al elevarse sobre el mar), lo alejan del *modelo tradicional* de buque, sea cual sea éste a lo largo del tiempo y los textos que se valoren (que, a su vez, dan testimonio técnico del tiempo de su redacción)[126].

---

no obstante, los subsiguientes protocolos modificativos) contiene las normas internacionales sobre *Marcas de nacionalidad y de matrícula de las aeronaves*, dictadas por la OACI. Siguiendo un estudio elaborado por la Comisión de Aeronavegación en 1967, la OACI definió el término «aeronave»; excluyendo de su consideración, entre otros, «los vehículos del tipo de colchón de aire, tales como aerodeslizadores ("hovercraft") y vehículos de efecto del suelo»).

124 A pesar de los logros obtenidos en el escenario marítimo (aunque sin duda destacan los vehículos autónomos aéreos): https://www.lr.org/en/knowledge/press-room/press-listing/press-release/2023/bae-autonomous-rib-awarded-lr-ums-certification/.

125 O se parte de esa consideración, sin necesidad de mayores pronunciamientos; así, el *Convenio sobre limitación de la responsabilidad nacida de reclamaciones de Derecho Marítimo*, hecho en Londres el 19 de noviembre de 1976 [*Instrumento de Ratificación* en *BOE* núm. 310, de 27 de diciembre de 1986; ténganse en cuenta las modificaciones que suponen el *Protocolo de 1996 que enmienda el Convenio sobre limitación de la responsabilidad nacida de reclamaciones de Derecho Marítimo, 1976*, hecho en Londres el 2 de mayo de 1996 (comúnmente identificado como *Protocolo LLMC 96*), en *BOE* núm. 50, de 28 de febrero de 2005; y las *Enmiendas de 2012 al Protocolo de 1996 que enmienda el Convenio sobre limitación de la responsabilidad nacida de reclamaciones de derecho marítimo, 1976, adoptadas en Londres el 19 de abril de 2012 mediante Resolución LEG.5(99)*, en *BOE* núm. 14, de 17 de enero de 2017], cuyo artículo 1.° 2 dispone la aplicación del Convenio a reclamaciones que afecten a los «buques de navegación marítima» (aspecto sobre el cual ya se ha reflexionado brevemente más arriba).

126 Una postura distinta a la expresada mantiene Ruiz Soroa, J. M., *Manual de Derecho Marítimo: el buque, el naviero, personal auxiliar*, ed. Instituto Vasco de Administración Pública, Oñati ,1990, p. 17; también, González-Lebrero, R. A., *Curso de Derecho de la Navegación*, ed. Servicio central de publicaciones del Gobierno Vasco, Vitoria 1998. En estos casos, la reflexión pasa por verificar que, en la práctica comercial, estos vehículos realizan habitualmente transporte de mercancías y pasajeros, siendo el medio predominantemente marítimo, sin perjuicio de que la salida y la llegada se realicen desde tierra (o en termi-

23. Características esenciales del buque

Si ninguno de estos textos internacionales, por sí solo, resulta determinante para sustentar un concepto de buque, sí pueden contribuir conjuntamente a destacar alguno de sus elementos esenciales, generalmente admitidos en todos los estados y jurisdicciones. Tales textos deben servir, además, como criterio informador (o de revisión) de la normativa nacional, pues siendo el fenómeno de la navegación (en general, el comercio marítimo) una actividad esencialmente internacional, la perspectiva nacional debe corresponder adecuadamente con los convenios internacionales. Y, en general, con mayor o menor intensidad, todos los convenios confluyen, al menos, en dos ideas: la navegación marítima *(sea-going vessel)*, esto es, la capacidad del buque para navegar; y, en segundo lugar, la efectiva (aunque pueda estar momentáneamente suspendida) navegación con finalidad comercial (explotación o actividad mercantil).

Estas notas son particularmente apreciables en el ámbito de los convenios internacionales que regulan el transporte. En la medida en que el convenio se convierte en norma integrante del ordenamiento nacional, por razón de su función y rango desplaza la posible norma nacional, regulando la realidad de que se trate por encima de los textos legales propios. Además, las normas

---

nales situadas en espacios en tierra, como los puertos marítimos). Sin embargo, estimo que ello, la actividad, justifica su sometimiento a determinados preceptos del Derecho marítimo (incluso, desde el punto de vista de la ordenación de la actividad marítima), sin perjuicio de la necesidad de normas particulares que atiendan a sus especialidades; pero sin que ello signifique conferirle o reconocerle la cualidad de buque (que, tradicionalmente, se fundamenta en otras ideas: la flotabilidad, la navegabilidad, el desplazamiento, etc.) que parten del contacto directo con el medio (la mar). En definitiva, la actividad no reclama necesariamente atribuir al vehículo una naturaleza jurídica específica; que, además, supondría forzar parte de las instituciones básicas y generales.

Estas consideraciones no son incompatibles con el hecho de que, en determinados sectores de la actividad mercantil, por intereses (y necesidades) de naturaleza privada, el negocio supere los estrechos límites de una normativa poco precisa. El carácter internacional de los operadores, y de las operaciones, marítimas, que impone perspectivas jurídicas (igualmente, económicas) alejadas de los límites de un concreto ordenamiento, al amparo de la autonomía de la voluntad. Ello explica, por ejemplo, que las aseguradoras ofrezcan seguros para los aerodeslizadores, porque la cobertura de los riesgos que contemplan las pólizas se refieren no sólo a los daños que experimente el propio *boat* (así suelen identificarse en las pólizas; también con el término *vessel*), sino que incluyen los derivados de su uso (el propio vehículo *—hull—*, por colisión, por vandalismo, por los daños y pérdida de las propiedades que se encuentran a bordo del vehículo, por la responsabilidad por daños a terceros...; esto es, la actividad), hasta el límite de los riegos que se acuerden con la aseguradora. Cuestión que, obviamente, no supone pronunciamiento sobre la naturaleza del *hovercraft*. Sirva como ejemplo «localizado» las coberturas que *Bay Marine Insurance* ofrece a los miembros de *The Hovercraft Club of Great Britain*. *Vid.* algunas otras reflexiones en MARGO, R. D., *Margo on aviation insurance: the law and practice of aviation insurance, including space and hovercraft insurance*, 4th ed. by POSNER, K. B., MARLAND, T. and CHRISTAL, P. H., 2011.

nacionales asumen y, en ocasiones, desarrollan los convenios; con ello, las instituciones nacionales van aproximándose poco a poco. Por ello, la relevancia de los convenios relacionados es mayor de la que indicaría su valor como texto internacional con mandatos precisos: además, contribuyen decisivamente a la uniformidad del Derecho marítimo, su régimen y su ejercicio, pues los profesionales adaptan su actividad y sus modelos contractuales a lo que disponen los convenios (práctica internacional) y, paralelamente, exige su propia ley nacional.

Por otra parte, deber recordarse que la formulación de la definición de una figura es más relevante, en general, en los países de tradición continental *(civil law)*, en los que se busca la «estabilidad» o conservación del régimen de las instituciones, pues quedarán sometidas durante décadas a principios que informan el ordenamiento (que, además, pueden permanecer vigentes durante décadas), antes que en los países de tradición anglosajona *(common law)*, en los que los conceptos pueden ser más cambiantes, adaptados en cada momento a las exigencias y las experiencias del tráfico mediante la resoluciones de los tribunales. Se busca entonces los fundamentos de las instituciones en unas jurisdicciones, con la difícil misión de que respondan a cualquier cambio normativo (que deviene imposibilidad cuando se enfrentan a textos internacionales «consensuados» entre estados), frente a la opción por la utilidad o funcionalidad (definiciones contingentes). Los ejemplos que proporcionan los textos internacionales relacionados más arriba evidencian esta dificultad. Aun así, los convenios han logrado sus objetivos.

24. La situación en España (notas)

Las reflexiones formuladas en las páginas deben tenerse en cuenta cuando se analiza el ordenamiento español; particularmente, debe recordarse la relevancia del Convenio de Bruselas de 1924, en vigor en España desde hace más de 90 años[127], y su influencia sobre otros textos. Las nor-

127 No estuvo exenta de polémica la aplicación de los textos que integran el sistema de Bruselas 1924, tanto por la desafortunada (y sorprendente, cuando menos) aprobación de la Ley de 22 de diciembre de 1949, *sobre unificación de reglas para los conocimientos de embarque en los buques mercantes* (que supuso una «revisión», desnaturalizada, y duplicidad de los mandatos del Convenio de Bruselas de 1924; ley hoy, derogada por la LNM 2014) como por una interpretación confusa y contradictoria por nuestra jurisprudencia, sobre la base de un excesivo respeto a la literalidad de preceptos que desconoció su significado en el propio Convenio y en la práctica internacional. Como ejemplo extremo de esas circunstancias, el extravagante régimen de responsabilidad del consignatario de buques consagrado en sentencia para la unificación de doctrina por nuestro Tribunal Supremo en 2007; también entre otros muchos ejemplos, la indeterminación sobre la elección entre la Ley de Transporte Marítimo de 1949 y el Convenio de Bruselas de 1924 para situaciones similares, la naturaleza del plazo para el ejercicio de la reclamación por daños de la mercancía (si prescripción o caducidad), los conceptos de naviero, porteador y armador, etc.; *vid.* alguna referencias, por todos, en PENDÓN MELÉNDEZ, M. A., *La responsabilidad del*

mas sobre transporte ejercerán, como se ha adelantado, un protagonismo esencial en la materia.

Las diversas normas nacionales que se han ido sucediendo (con frecuencia, con mezcla —incluso confusión— de elementos de Derecho público junto con los de Derecho Privado), con frecuencia de forma desordenada y manteniendo durante años situaciones provisionales, dificultan la formulación de un concepto doctrinal de buque suficientemente estable (hasta fechas recientes no disponíamos de un concepto legal, en la LNM, que fijara un punto de partida legal común). Determinar qué es un buque se ha convertido durante décadas para el jurista en una labor de desbroce, seleccionando de entre las normas y la práctica los elementos que considera más adecuados, precisamente, para forzar su correspondencia con el cambiante mandato normativo. Por ello, la evolución del concepto de buque en nuestra doctrina es, esencialmente, el resultado de la adecuación de los mandatos legales a la finalidad expositiva de cada autor (que varía en el tiempo, entre otros extremos, por la noción que se mantenga sobre el Derecho marítimo, el Derecho comercial marítimo, el Derecho de la navegación, etc.).

Así, el Código de comercio de 1829 (redactado en el momento de triunfo de la labor codificadora, asumiendo en los principios que inspiraban ese movimiento: un texto completo en el ámbito de su materia, capaz de colmar las posibles lagunas que pudieran presentar en el Ordenamiento) no formuló el concepto de buque, que daba por sabido. Aunque estuvo en vigor hasta su derogación por el Código de comercio de 1885, la regulación de las operaciones marítimas en nuestro primer código (Libro Tercero, *Del comercio marítimo*), concebidas con ocasión de la navegación a vela (la partida del buque del puerto, *hacerse a la vela*)[128], se aplicaron tras la generalización de la navegación a vapor, a pesar de las diferencias en los modelos técnicos (desde la construcción del buque y los materiales empleados hasta la navegación, pasando por la aplicación de la hélice) y de explotación de la actividad marítima (nuevos modelos de negocio). El Código de comercio de 1885 tampoco reguló con suficiente rigor las especialidades que suponía la navegación a vapor frente a los tradicionales modelos de negocio marítimo, profundos cambios en la construcción de los buques, cambios en los riesgos y evolución de los modelos de la responsabilidad, etc., a pesar de la generalización de su uso[129]. Tampoco se definía el buque,

consignatario del buque en el derecho español: notas para una revisión crítica de la reciente doctrina jurisprudencial, Gobierno Vasco, Servicio Central de Publicaciones, 2008.

128 Entre otros muchos preceptos, artículos 599 (inicio del viaje); en cuestiones generales referidas al transporte, 626, 645, 752, 754, 768, 806; 817 y 818, constitución sobre las velas del préstamo a la gruesa; 848, en materia de seguro; 930, 948, en relación con las averías, entre otros.

129 Las referencias al vapor en el texto fueron para incluir la máquina entre los elementos pro-

aunque se destacaba su necesaria inscripción en el Registro Mercantil (artículo 573 del C. de c.)[130].

Hasta la aprobación de la LNM, en 2014, no hemos dispuesto de un concepto legal (en sentido estricto) de buque. La segunda mitad del siglo XX, que albergó sustanciales cambios en los modelos de actividad marítima (el resurgir del comercio, la consolidación del modelo de transporte al amparo del Convenio de Bruselas de 1924, las nuevas técnicas aplicadas a los buques, la aparición del contenedor, las conferencias marítimas...) sólo contó con la novedad que supuso el Reglamento de Registro Mercantil de 1956 (RRM)[131]. El texto (todavía vigente, como se expondrá) contempló en su artículo 146 qué debía reputarse buque a los efectos del Código de comercio y del propio Reglamento: «no sólo las embarcaciones destinadas a la navegación de cabotaje o altura, sino también los diques flotantes, pontones, dragas, gánguiles y cualquier otro aparato flotante destinado o que pueda destinarse a servicios de la industria o comercio marítimo o fluvial». No se trataba, por tanto, de definir el buque (no era el instrumento normativo adecuado para hacerlo), sino de relacionar los ingenios que tendrían acceso al registro y, con ello, podrían beneficiarse de la eficacia que concede la publicidad registral (en su caso, verificar el cumplimiento de los requisitos precisos para el ejercicio de la actividad)[132]. Se trata, por tanto, sólo de una «definición» instrumen-

pios del buque (artículo 576), la previsión de documentación técnica del uso del vapor en libros de máquinas que debía encontrarse a bordo (artículos 612, 632, a cargo del capitán, del contramaestre, del piloto y del maquinista), la constitución del préstamo a la gruesa (artículo 724) y a efectos del seguro (artículo 743 y 755). Más allá del apartado exclusivamente técnico (que tampoco se agotan con estas reflexiones: no se mencionan, por ejemplo, la construcción de los buques en acero —seguridad, velocidad, regularidad...—, la variación de su tamaño, etc.), sin embargo, el vapor supuso trascendentales cambios en la explotación de los negocios marítimos (bodegas estancas que protegen mejor la mercancía, buques de pasajeros, incremento del número de cargadores por buque y cambios en los modelos de contratación, modificaciones en las instalaciones portuarias que alteran el régimen de la carga y la descarga....) que, por desarrollarse en el ámbito de la contratación particular, quizás no tenían por qué llevarse a la norma escrita (al menos, en ciertos casos).

130 Para la valoración de la evolución del concepto de Derecho marítimo y, con él, el del concepto del buque, pueden verse en general las obras generales que se recogen en la bibliografía *in fine* de este trabajo; algunas, antes de la aprobación de la LNM de 2014, otras aportaciones ya adecuadas a la nueva normativa.

131 *Decreto de 14 de diciembre de 1956 por el que se aprueba el Reglamento del Registro Mercantil y el Arancel de los honorarios que devengaran los Registradores Mercantiles* (*BOE* núm. 66, de 7 de marzo de 1957; disponible en https://www.boe.es/datos/pdfs/BOE//1957/066/A01438-01468.pdf), comúnmente denominado Reglamento del Registro Mercantil de 1956.

132 Así, entre otros, el artículo 147 del RRM dispone que «La inscripción de los buques en el Registro Mercantil es obligatoria. Los propietarios de los buques de matrícula y bandera española están obligados a solicitar la inscripción en dicho Registro de los títulos en que se contengan los actos y contratos constitutivos, traslativos, modificativos o declarativos

tal, al servicio de los resultados (el control y la garantía del conocimiento por cualquier interesado) que se asocian a la publicidad registral.

Como es sabido, estos preceptos del RRM de 1956 continúan en vigor, después de siete décadas de su aprobación, a pesar de los cambios normativos y funcionales, sustanciales en todo caso, que se han producido en el propio Registro Mercantil y en la materia que constituyen sus objetos esenciales (así, las sociedades); también se han producido reiterados «avisos» (en realidad, órdenes del «legislador», dirigidas al ejecutivo) de modificación del texto, para adaptarlo a su entorno normativo y acercarlo a la realidad que en esta materia pretender regular[133] (de momento, sin resultados). La provisio-

de su propiedad y de los derechos reales constituidos sobre los mismos así como de las limitaciones que le afecten [...]»; y el artículo 148 RRM dispone que «Para que pueda inscribirse o anotarse, en su caso, la transferencia. gravamen o limitación que afecte al dominio de un buque será preciso que la persona que lo transfiera o grave, o respecto de la cual se constituya en el contrato alguna limitación legal tenga previamente inscrito su derecho; suspendiéndose o denegándose la inscripción o anotación, según los casos, si no se hallare inscrito o lo estuviera a favor de otra persona».

133 Sin ánimo de exhaustividad, baste con mencionar la relevante modificación que supuso el Real Decreto 1597/1989, de 29 de diciembre, *por el que se aprueba el Reglamento del Registro Mercantil* (ya derogado) que, derogando el Reglamento de 1956, establecía en su disposición adicional sexta: «Los Libros de Buques y Aeronaves seguirán llevándose en los Registros a que se refiere el artículo 10 del Reglamento del Registro Mercantil, aprobado por Decreto de 14 de diciembre de 1956, hasta la publicación del Reglamento del Registro de Bienes Muebles a que se refiere la disposición final segunda de la Ley 19/1989, de 25 de julio, a cuyo efecto, continuarán transitoriamente vigentes los artículos 145 a 190 y concordantes del referido Reglamento del Registro Mercantil». La disposición transitoria décimo tercera del vigente Real Decreto 1784/1996, de 19 de julio, *por el que se aprueba el Reglamento del Registro Mercantil* (*BOE* núm. 184, de 31 de julio de 1996; disponible en https://www.boe.es/eli/es/rd/1996/07/19/1784) reitera literalmente el mismo mandato. Téngase en cuenta que el Registro de Bienes Muebles se creó (disposición adicional única) por Real Decreto 1828/1999, de 3 de diciembre, *por el que se aprueba el Reglamento del Registro de Condiciones Generales de la Contratación* (*BOE* núm. 306, de 23 de diciembre de 1999; disponible en https://www.boe.es/eli/es/rd/1999/12/03/1828), que dispone que la primera sección del registro es, precisamente, la referida a los buques y aeronaves. Como última prueba de provisionalidad (o dejadez) de nuestras normas, la Disposición final octava («Sección de Buques del Registro de Bienes Muebles y Registro de Buques y Empresas Navieras») de la LNM dispone que «1. El Gobierno, a propuesta conjunta de los Ministerios de Justicia y de Fomento en el ámbito de sus respectivas competencias, dictará las disposiciones necesarias para el desarrollo y aplicación de las normas previstas en esta ley sobre Registro de Bienes Muebles y el Registro de Buques y Empresas Navieras, así como la coordinación entre los mismos [...]»; mandato nuevamente incumplido, tras una década de la entrada en vigor de la LNM (que, desde luego, no puede ser más que insuficientemente suplido por la anterior Instrucción de 26 de abril de 2001, de la Dirección General de los Registros y del Notariado, *sobre datos a remitir por los Registros de buques al Registro Central de Bienes Muebles*, disponible en https://www.boe.es/eli/es/ins/2001/04/26/(1)).

Esta situación deja incompletas las previsiones de la LNM en materia de registro de buques, puesto que la ley recuerda la aplicación el (futuro) reglamento del registro en su artículo 67: «*Legislación aplicable*. El Registro de Bienes Muebles, en su Sección de nalidad, y quizás la inseguridad, que de ello deriva es evidente, por mucho que nuestros profesionales hayan encontrado cauces para superar la insatisfactoria situación[134]. En todo caso, es obvio que la normativa registral, que debiera contemplar con precisión qué sujetos y bienes acceden al registro (o disponer de las referencias normativas para ello), no ofrece elementos claros para contribuir a la definición de buque, pues engloba bajo ese término otros elementos que no pueden ser considerados como tales, por razones ajenas al ejercicio de una actividad mercantil marítima.

La LNM, llamada a modernizar el régimen del ejercicio de la actividad comercial marítima en España, actualizando la decimonónica normativa del Código de comercio de 1885 —vigente hasta a aprobación del nuevo texto[135]—, dispone en su artículo 56 que «se entiende por buque todo vehículo con estructura y capacidad para navegar por el mar y para transportar personas o cosas, que cuente con cubierta corrida y de eslora igual o superior a veinticuatro metros». Si son varias las características que caracterizarían al buque (alguna, de orden técnico: la cubierta corrida; otras, quizás con una finalidad de un determinado ejercicio de labor de control y policía, la eslora), dos destacan entre ellas: «A la nota inherente de movilidad que caracteriza al buque se suma su capacidad para el transporte de personas o cosas a todos los fines», expone el Preámbulo de la LNM. No parece relevante que la Ley recurra en esa frase estrictamente a la «movilidad», cuando en otros lugares destaca la capacidad del buque para navegar (en el propio precepto transcrito, por ejemplo; para lo que requiere una estructura técnica adecuada); movilidad, flotabilidad, aptitud para navegar... pueden expresar sustancial-

Buques, se regirá por lo dispuesto en esta ley, su reglamento de desarrollo y demás disposiciones complementarias y, en todo lo no previsto, por la Ley y el Reglamento Hipotecarios, que regirán con carácter supletorio en cuanto sean aplicables».

134 Uno de ellos se encuentra en la Ley de Puertos del Estado y de la Marina Mercante (*vid.* Real Decreto Legislativo 2/2011, de 5 de septiembre, por el que se aprueba el Texto Refundido de la Ley de Puertos del Estado y de la Marina Mercante, BOE núm. 253, de 20 de octubre de 2011; disponible en https://www.boe.es/eli/es/rdlg/2011/09/05/2/con; LPEMM, en adelante), que regula en sus artículos 251 y ss. el Registro de Buques y Empresas Navieras, cuyas funciones se desarrollan en el marco de control (en sentido amplio) del abanderamiento de los buques (de nacionalidad española) y las empresas navieras (*vid.* artículo 10 LPEEMM, que definen estas empresas como «persona física o jurídica que, utilizando buques mercantes propios o ajenos, se dedique a la explotación de los mismos, aun cuando ello no constituya su actividad principal, bajo cualquier modalidad admitida por los usos internacionales»).

135 Así lo expresa el Preámbulo, desde su inicio: «La Ley de Navegación Marítima lleva a cabo una reforma amplia del Derecho marítimo español contemplando todos sus aspectos. Se trata de una renovación que no busca una mera actualización y codificación, sino que también responde a su imprescindible coordinación con el Derecho marítimo internacional y su adecuación a la práctica actual del transporte marítimo.
Esta norma permite superar las contradicciones existentes entre los distintos convenios internacionales vigentes en España y la dispersa normativa que regula esta materia, cuya cabecera está todavía constituida por el Libro III del Código de Comercio de 1885 [...]».

mente la misma idea: la «vinculación» idónea del vehículo para su utilización en el medio marino, como medio para el transporte de cosas o personas. En definitiva, esa primera idea se completa con el destino «natural» del buque: el transporte[136]. De esta forma, nuestra LNM se alinea con la experiencia que suponen los convenios internacionales; y, al igual que esos textos, sin renunciar a la perspectiva funcional: así, el régimen registral y la intervención de los poderes públicos, cuando corresponda[137], establece como requisitos más relevantes del buque la capacidad de navegar y la aptitud para transportar.

La relevancia del buque como eje fundamental del Derecho marítimo[138] no deriva sólo del hecho de ser el protagonista de las actividades propias del comercio marítimo (en última instancia, las compraventas marítimas y las operaciones próximas a las mismas, particularmente el transporte, que es la mejor expresión de la navegación como actividad imprescindible para el ejercicio profesional del comercio marítimo; de ahí que sea objeto principal de la regulación de la LNM, como expresamente dispone su artículo 1.º)[139]. El buque goza, además, de lo que se denomina un «estatuto jurídico» especial, que ordena su particular tratamiento como cosa mueble compuesta —compleja— registrable (en registros tanto públicos —así, el abanderamiento— como en otros con eficacia jurídico-privada), un régimen especial de garantías, la proyección de la jurisdicción nacional, etc. Una estrecha relación entre normas privadas y públicas, presididas por la LNM y la LPEMM, garantizan la coordinación de un complejo sistema, en los que el protagonismo de uno

136 *Vid.* Sözer, B., «Is it a Ship or Not? If Not – Then What?», *Maritime Liabilities in a Global and Regional Context*, ed. by B. Soyer y A. Tettenborn, Informa Law from Routledge, 2019, pp. 118-131, que sintetiza las dos características en las ideas de *capacity to carry* y *capacity to navigate*. Esas notas básicas pueden concretarse con diversos extremos que contribuyen a perfilar la delimitación del buque, referidos a su estructura, sus pertenencias, sus accesorios, etc.; en definitiva, su consideración como cosa compuesta (artículos 60 —«Naturaleza e identificación del buque»— y 61 —Accesorios— LNM). En este sentido *vid.* Gahlen, S. F., «Ships Revisited: A Comparative Survey», (2014) 20 *Journal of International Maritime Law*, pp. 252 y ss., p. 255, que definen el buque como «"floating structure, which is capable of controlled movement on water, has the capacity to carry goods or persons beyond its own».

137 Esa intervención pública, informada y dirigida por principios y fines distintos a los mercantiles, justifica un tratamiento diferente de la materia en la LPEMM. Y así, el concepto de buque que allí se formula se orienta a definir al «buque civil» («cualquier embarcación, plataforma o artefacto flotante, con o sin desplazamiento, apto para la navegación y no afecto al servicio de la defensa nacional») y el «buque mercante» («todo buque civil utilizado para la navegación con un propósito mercantil, excluidos los dedicados a la pesca»), artículo 9.º LPEMM, números 2 y 3 respectivamente.

138 *Vid.* por todos García-Pita y Lastres, J. L., «El buque como eje del derecho de la navegación marítima, del Código de Comercio al PLGNM/2008», en J. L. García-Pita y Lastres, *Estudios de Derecho Marítimo,* Cizur menor, 2012, pp. 180-181.

139 Sobre este tema *vid.* por todos Pendón Meléndez, M. A., «Documentos del transporte marítimo (y "multimodal") en los INCOTERMS 2020...», *cit., passim*, y bibliografía allí citada.

u otro conjunto normativo depende del escenario y la actividad (pública o mercantil) que se realice. Todo ello no es sino que una expresión de la relevancia que las flotas mercantes representan para los estados, no sólo como expresión de su riqueza y su capacidad comercial, sino igualmente como elemento fundamental de su independencia económica, de la delimitación de su soberanía, de la posibilidad y la disposición a explotar los recursos marítimos (pesca, minerales), etc.; lo que justifica la ordenación de la actividad, el ejercicio del control sobre la navegación (de los buques propios y extranjeros), la guarda de la seguridad, etc. (régimen público)[140].

25. Notas para la delimitación de los criterios (relevantes) elegidos

Aunque pueda sostenerse la relevancia de algunas de las características legales del concepto de buque, quizás ofrezcan menor utilidad menos para un análisis jurídico, como el que se expone en estas páginas. En efecto, la cubierta corrida parece más relevante en orden al estudio estructural del buque; una cuestión técnica, en suma, que «el legislador» ha querido mencionar en el artículo 56 LNM, y que puede servir en ciertos ámbitos como criterio discriminador; pero sobre la que guarda silencio en el resto de su articulado. Así, las referencias a la carga de mercancía «sobre cubierta» tienen una finalidad distinta, en atención a los riesgos que puede suponer para la mercancía transportada, que más fácilmente pueden resultar dañadas. En este sentido, recuérdese que el Convenio de Bruselas de 1924 ya contemplaba esta cuestión, excluyendo de su ámbito de aplicación dichas situaciones. En cuanto a la eslora del buque, la elección de 24 metros como medida mínima para calificar como tal al buque (de menor tamaño es una embarcación, como el que carezca de cubierta corrida, artículo 57 LNM) es indicativa de la utilidad comercial que puede reportar su explotación y, con ello, la seguridad (y otras cuestiones) exigibles. En relación con el «artefacto naval», no existe una definición precisa, al menos en materia comercial, sobre el significado de la expresión. De hecho, puede presentar diversas formulaciones: así, en la propia LNM, en sede de definición del «artefacto naval», se caracteriza éste porque «su destino» no es la navegación, o cuando se destina

140 Una revisión actualizada de la doctrina en España acerca del concepto de buque puede verse en Clavero Ternero, M., «Concepto, registro y documentación de los buques y embarcaciones marítimas», en *Ley de Navegación Marítima: balance de su aplicación práctica*, A. Emparanza Sobejano, J. M. Martín Osante (dirs.), Madrid, 2019, pp. 53-89, pp. 60 y ss., quien considera que el concepto de la LNM, formulado en términos amplios y genéricos, coincide con los conceptos gramatical y sociológico, y entre otras utilidades reporta la de permitir su aplicación a cualquier buque (público-privado, civil-militar, mercante o no, de recreo o científico....), aportando algunos otros perfiles: amplia dimensión, estanqueidad, estructura robusta, etc. Sobre todo (consideramos), el destino: navegar por mar (que nosotros, como hemos expuesto más arriba, matizamos como navegación para transportar por mar).

«a actividades distintas de la navegación» (artículo 58 LNM). La característica del buque no es meramente la posibilidad de desplazamiento, sino el haber sido concebido para un eficaz desplazamiento, para el transporte. Ello, sin perjuicio de que esa capacidad no haya sido aún desarrollada (buque en construcción) o no esté disponible temporalmente (buque fondeado e, incluso, varado) o esté destinada a perderse próximamente (desguace); se trata de situaciones estáticas transitorias que no afectan a su capacidad en abstracto[141].

La navegación no es sólo una cuestión material, reconducida a la capacidad del buque para desplazarse y su utilidad en ese desplazamiento (transporte de mercancías o pasajeros). La navegación es, además (y en primer lugar) una cuestión de orden técnico que, por lo tanto, requiere conocimientos y ejercicio profesionales. En efecto, la seguridad de la navegación, del buque, de las personas, del medio ambiente, etc., supone la aplicación de técnicas cualificadas, de naturaleza profesional (ciencias náuticas). Cada viaje que emprende el buque requiere multitud de cuestiones y análisis, también de medios, que garanticen el desplazamiento técnico, disponiendo de

141 Quizás sea conveniente, al menos, una breve reflexión sobre los vehículos submarinos autónomos (*MASS underwater* o UUV, *Unmanned Underwater Vehicle*). En este caso no se trata de una novedad técnica, pues llevan años utilizándose en diversos ámbitos (especialmente, de investigación y en usos militares; más limitadamente, también para usos comerciales) y el debate sobre su posible equiparación con los «buques de superficie» (y, con ello, el sometimiento a los convenios internacionales correspondientes) se inició hace décadas. Los textos internacionales relevantes son, entonces, los mismo ya analizados. Como se ha expuesto, lo convenios más generales (UNCLOS, MARPOL, SNP, entre los citados; probablemente alguna dificultad se encuentre en el ámbito de COLREGS) no ofrecen criterios suficientes para definir un buque más allá de la finalidad del propio convenio y, por ello, sus definiciones son difícilmente transplantables a otros vehículos, para determinar su inclusión en el ámbito de aplicación el correspondiente convenio. Quizás un punto de partida sea el recurso a los criterios interpretativos previstos en la Convención de Viena sobre el Derecho de los Tratados (interpretación de buena fe conforme al sentido corriente que haya de atribuirse a los términos del tratado en el contexto de éstos, teniendo en cuenta su objeto y objeto y fin); aunque el nivel técnico de los convenios y de las figuras reguladas parecería que excluyen los conceptos nacionales usuales (los reflejados en el lenguaje común, por ejemplo, contenidos en los diccionarios y otras fuentes similares). En todo caso, y en la medida en que abogamos por la relevancia del Convenio de Bruselas de 1924 en este ámbito, un elemento clave sería la función marítima del buque: su empleo esencialmente para el transporte marítimo (de mercancías y personas). Desde esta perspectiva, la tripulación no contribuye a la caracterización del vehículo. En los UUV, el transporte de personas o carga no es su empleo principal, aunque ello no implica por sí solo su exclusión de un concepto amplio de buque. Si consideramos que la exigencia de capacidad de navegación (en general, los sumergibles pueden realizar misiones también en la superficie) concurre en estos vehículos, se podría concluir entonces que los UVV's pueden ser considerados buque en sentido amplio y en relación con los principales textos analizados. La valoración del grado de autonomía y sus consecuencias reclaman similares reflexiones a las realizadas en relación con los buques de superficie. Todo ello, sin perjuicio de que algunos de estos sumergibles (los conectados con la actividad militar) debieran ser considerados armas y reclamarían un régimen específico (al que se ha hecho mención más arriba).

los medios que contribuyen al éxito de cada operación (definición de la ruta, precisión del objetivo del viaje, determinando las escalas y el destino, la coordinación de los medidos auxiliares necesarios para su consecución —avituallamiento y combustible, carga, descarga, representación, documentación, inspecciones, dotación...—). Esta navegación reconduce necesariamente al ejercicio profesional de la actividad, que requiere titulación (habilitante) y experiencia. Todas esas circunstancias concurren y son exigibles, y constituyen la base sobre la que, eventualmente, se exigirá responsabilidad.

El objetivo final es, naturalmente, el transporte, no como mera actividad, sino conducido por la idea de la explotación comercial. Sólo en esas condiciones profesionales podía afrontarse la aventura marítima (enfrentarse con seguridad y rigor técnico a los riesgos de la mar). Hoy en día, exige el cumplimiento de los estándares de seguridad fijados por la práctica profesional internacional, en cumplimiento de las normas correspondientes.

El buque, y con él su concepto, es uno de los elementos esenciales que justifican la especialidad que supone el Derecho marítimo. Las relaciones y los riesgos especiales que se suscitan alrededor del ejercicio del comercio marítimo y, con ello, sus instituciones (a los que atiende esta rama del Derecho) se evidencian principalmente en relación con el uso natural del buque: el transporte. En buena medida, el resto de las actividades y las relaciones marítimas se conciben estrechamente conectadas al buque; por ejemplo, las que se ejecutan en el marco de las instalaciones portuarias. Con independencia de los matices que introduzca cada autor en torno al buque, su relevancia es unánimemente destacada.

26. La situación en España: estado de la cuestión y perspectivas de evolución (notas con ocasión de la legislación proyectada)

Las páginas anteriores permiten formarse una idea sobre el estado de la cuestión entorno a los buques autónomos. La legislación vigente no sólo no contempla expresamente estos buques, sino que, además, como las normas nacionales comparadas de referencia y los convenios internacionales (algunos de ellos, como se ha indicado, aprobados hace un siglo, bajo unas circunstancias técnicas muy diferentes de las actuales), no han sido concebidas asumiendo (ni siquiera vislumbrando) esta posibilidad de navegación autónoma.

La LNM de 2014 se redactó muy apegada al espíritu y al mandato de los convenios internacionales de los que España es parte (así se reconoce en su exposición de motivos), contemplando la flexibilidad que suponen las modificaciones y las adiciones a tales convenios. Especialmente, por las circunstancias que caracterizan a los convenios de la OMI y la adopción y adición de modificaciones y enmiendas, estas adaptaciones (ratificaciones e instrumentos de adhesión, de los que se ha dado cuenta en cada convenio citado en las páginas anteriores) son especialmente ágiles, pues se producen a medida que el consenso entre los estados va forjándose. A medida que los avances técnicos se vayan consolidando, se producirán revisiones y evoluciones en los convenios que asuman esas novedades y se aplicarán en la navegación y el tráfico marítimos. Así ha sucedido con las modificaciones de los textos que obedecían a circunstancias no inicialmente previstas, a oportunidades, a accidentes y su prevención, a la adopción de técnicas y de medidas en materia de seguridad en la navegación y las tripulaciones, a nuevas perspectivas que informan nuevas normas en materia de contaminación y sostenibilidad, etc. Por estas razones, la evolución de los modelos y convenios internacionales, con la relevante uniformidad que ello conllevará, tendrán probablemente una acogida rápida en nuestro país (también, como se ha puesto de manifiesto en algunos ejemplos en las páginas anteriores, en los países de la Unión Europea, que incentiva en ocasiones la firma de tratados).

A ello contribuirá sin duda una sólida y provechosa doctrina que se ha ido conformando en los últimos años (de la que se da cuenta en la bibliografía final de estas páginas y en notas al pie) que, cuestionando y valorando las normas actuales, proponen y adelantan revisiones del Derecho vigente[142]. Cada día, nuevas aportaciones afrontan la crítica y revisión de los distintos ámbitos del Derecho marítimo que requieren una reflexión con ocasión de los nuevos desarrollos técnicos. Acertadamente, estas propuestas se formulan sobre la base del *Derecho preexistente* y su conservación (o mantenimiento), promoviendo generalmente una *interpretación útil de las normas* antes que la cuestión sobre su validez. La redacción exclusivamente formal (literal) de los preceptos normativos, que obedecen al momento histórico de su redacción, no puede imponerse a una interpretación de las normas que obvie a su *ratio*

142 Aunque es cierto que, en ocasiones, esas contribuciones doctrinales van precedidas de presupuestos conceptuales (se habla de «revolución», de «irrupción» y «disrupción», de «nuevos paradigmas»..., incluso de «extinción» de la tripulación) que entiendo que no son más que licencias literarias destinadas a llamar la atención sobre las nuevas realidades, todavía desconocidas en buena medida, con la finalidad de destacar los posibles cambios que se aventuran en relación con las nuevas tecnologías; y, sobre todo, la necesidad de reflexionar sobre estos nuevos fenómenos, fomentando el debate doctrinal sobre su alcance. Como se ha expresado en las páginas anteriores, parece que la aplicación de las tecnologías que se están ensayando y aplicando a los buques, incluida la (futurible) «inteligencia artificial» tienen más de evolución (hace ya más de una década que se están ensayando y analizando distintos modelos y desarrollando tecnología específica) que de «revolución»; por lo que sería conveniente insistir, una vez más, en que la posible consolidación del modelo del buque autónomo será objeto de un proceso, nada improvisado ni sorpresivo, que garantice la seguridad en la navegación (de personas, de buques, de mercancías, de protección del medio ambiente y las instalaciones portuarias y costas, etc.), en términos, al menos, similares a los que hoy son estándares internacionales.

(finalidad de la norma, que supone que su redacción material está al servicio de la regulación y el mandato que se expresa). Si las normas han nacido condicionadas por el entorno (legal, económico, tecnológico, de desarrollo...) que definía la realidad que se sometía a regulación, esa cambiante realidad debe influir en la interpretación y aplicación actuales de la norma[143].

Esta posición en relación con el Derecho vigente es conveniente y necesaria, además y al menos, por dos razones. *Primera,* por la íntima conexión de nuestro Ordenamiento nacional con los modelos (convenios, acuerdos y prácticas profesionales) internacionales, que supone entre otras cosas uniformidad en la regulación; y, con ello, la imposibilidad de que «unilateralmente», al margen de organismos y organizaciones internacionales, públicas o particulares, se adopten criterios legales que no contemplen adecuadamente la perspectiva internacional. *Segunda*, aunque en ocasiones se reproche al Ordenamiento que responde con lentitud a los cambios tecnológicos, no creo que esta consideración sea acertada. El Derecho, salvo excepciones, no se concibe para condicionar *a priori* (¿bajo qué criterios e ideologías?) la actividad humana, sino para regular y ordenar la realidad social una vez que ésta se ha definido lo suficiente. Las, en este momento incipientes, tecnologías alrededor de la navegación autónoma requieren todavía no sólo la consolidación de los avances técnicos y su efectiva y eficaz aplicación, sino también su consolidación social. En este caso, su implantación internacional uniforme y su aceptación por los profesionales y los estados, cada uno en el ámbito de sus propias competencias[144].

---

143 Es el mandato que, con acierto por parte del legislador decimonónico y una redacción que permanecen actuales, dispone el artículo 3.° 1 de nuestro Código civil, a cuyo tenor «Las normas se interpretarán según el sentido propio de sus palabras, en relación con el contexto, los antecedentes históricos y legislativos, y la realidad social del tiempo en que han de ser aplicadas, atendiendo fundamentalmente al espíritu y finalidad de aquéllas». Aboga igualmente por la interpretación teleológica de los textos, entre otros, RODRÍGUEZ DELGADO, J. P., «La incidencia del buque autónomo en la obligación de navegabilidad del buque», *cit.,* p. 1.147.
Estas «formas» de interpretación útil de las normas no se limitarían a las nacionales o a la que procuren las jurisdicciones nacionales de los convenios, sino que también se proyectan sobre las normas de carácter internacional, bien por aplicación de los principios de la contratación electrónica, bien por aplicación de la normativa *ad hoc*: el *Convenio de Viena sobre el Derecho de los Tratados*, adoptado en Viena el 23 de mayo de 1969 [*Instrumento de adhesión* de 2 de mayo de 1972, en *BOE* núm. 142, de 13 de junio de 1980; disponible en https://www.boe.es/eli/es/ai/1969/05/23/(1)], cuyos artículos 31 («Regla general de interpretación») y 32 («Medios de interpretación complementarios») reclaman la atención al objeto y el fin del texto y a al circunstancias de la celebración del convenio.

144 Se encuentra el *Proyecto de Ley de modificación del texto refundido de la Ley de Puertos del Estado y de la Marina Mercante, aprobado por el Real Decreto Legislativo 2/2011, de 5 de septiembre, y de la Ley 14/2014, de 24 de julio, de Navegación Marítima* (disponible en https://www.congreso.es/public_oficiales/L15/CONG/BOCG/A/BOCG-15-A-34-1.PDF). La exposición de motivos comienza (apartado I) con la siguiente reflexión, que recoge algunas de las directrices que exponemos más arriba, en el texto: «El derecho marítimo está sujeto, de manera casi permanente, a cambios derivados fundamentalmente de las

Todo ello permitiría considerar que, en general, las normas nacionales españolas pueden ser (re)interpretadas a la luz de las nuevas tecnologías, cuando efectivamente se implanten; sin perjuicio de la conveniencia de revisar o corregir algunos preceptos, en parte, por la seguridad jurídica que reportaría tales revisiones. En el campo del Derecho mercantil (el Derecho privado, el Derecho marítimo en la medida que desee acotarse esta reflexión), las modificaciones deben ser particularmente meditadas y responder a la uniformidad internacional que poco a poco se va definiendo. En el ámbito estricto del Derecho público, la nueva regulación puede ser más «rápida», por razón de las competencias que la justifican y de los intereses a los que atiende; un ámbito definido por esas coordenadas que, en tanto que no se superen, aportarán los primeros elementos de seguridad en nuestro Ordenamiento[145]. Así, en el proyectado artículo 258 del texto que modificará (en su caso) la LPEMM se contempla (sin una regulación, en sentido estricto, pues es muy parcial) expresamente la «Navegación de buques y embarcaciones autónomos» (es el nombre de un Capítulo *ad hoc*, con un solo artículo 258, «Buques y embarcaciones autónomos») limitada en principio al ámbito propio de la LPEMM[146].

---

modificaciones que se llevan a cabo en la normativa internacional y de la propia evolución de las prácticas del transporte marítimo. Esta circunstancia justifica la necesidad de llevar a cabo una modernización de determinados aspectos de las leyes que regulan esta materia en España. Se pretende con ello asegurar la aplicación armónica de este conjunto normativo».

En relación con los buques autónomos, en el mismo lugar, apartado VI, se advierte de la necesidad de «esperar» a la adopción de acuerdos y a avances en la uniformidad internacional: «El capítulo V del título I del libro segundo se dedica ahora a regular la novedad que suponen en el mundo marino los llamados buques autónomos o sin tripulación. Esta nueva forma de navegación de los buques ha puesto en marcha grupos de estudio, principalmente, en el seno de la Organización Marítima Internacional (OMI), para abordar las reformas de los convenios que proceda para contemplar esta realidad.

El grado de automatización de los buques permite contemplar distintos supuestos que van desde el completo autogobierno del buque, que sería compatible con la presencia a bordo de una tripulación mínima por razones de seguridad, hasta su control remoto desde tierra (o incluso desde otro buque). El régimen de todos ellos se irá perfilando estos años, seguramente mediante normas internacionales».

145 Con frecuencia, sin embargo, las normas de Derecho público se han utilizado más allá de sus finalidades y límites, proyectándose sobre la actuación de los particulares; generalmente, porque no disponiendo de normas mercantiles precisas se ha considerado que aporta más seguridad jurídica la referencia a una norma, aunque de un sector distinto del Ordenamiento, antes que el esfuerzo de desentrañar y justificar el recurso a los modelos y las prácticas internacionales uniformes y consolidadas, con arreglo a las que actúa el sector marítimo. Un ejemplo puede ser la imprecisa definición de empresas navieras en el artículo 10 de la LPEMM, un concepto corregido con mejor precisión en la LNM, en el ámbito propio de la explotación mercantil del buque.

146 En este sentido, la exposición de motivos expone: «La regulación que ahora se introduce se limita a prescribir la sujeción de la actividad de los buques autónomos a las normas generales de navegación, que no deben alterarse en estos casos. Sí se considera conveniente prever las especialidades necesarias que permitan a la Administración marítima y portuaria establecer

En un primer momento, la definición que se postula es aparentemente simple y descriptiva («1. Los buques y embarcaciones autónomos son aquellos que, debido a su grado de automatización, pueden navegar sin tripulación a bordo»). La realidad es que la sencillez de la fórmula empleada encierra una clara elección (a mi modo de ver, acertada) por un modelo de regulación de estos ingenios (coincidente con el que se ha defendido en estas páginas): un concepto de buque que parece basarse en las nociones clásicas, que ni se alteran ni se revisarán en la nueva (futura) ley. Se ha considerado que basta entonces con añadir al concepto de buque *el elemento descriptivo* (o definitorio, o distintivo) respecto del modelo básico: su grado de automatización (que, como se expuso más arriba, puede contemplarse desde distintas perspectivas) y el *elemento delimitador*, carecer de tripulación a bordo (aunque no se dice, a los efectos de la navegación ordinaria del buque, de su efectiva explotación comercial). Por ello, en el número 3 del mismo precepto, sin perjuicio de alguna especialidad que pueda apreciarse en su momento, se dispone que se proyectan sobre estos buques las normas de (ordenación) de la navegación exigibles para todos los buques, así como la exigencia de que dispongan los certificados requeridos por la normativa nacional e internacional[147]. Todo ello, en aras del mantenimiento del estándar de uniformidad internacional ya alcanzado con los buques clásicos. No se trata sólo de aprovechar la experiencia de los buques para reiterarlas en los buques autónomos, sino también de la constatación de que, entre unos y otros buques, al menos en orden a la navegación, no existen diferencias sustanciales (la dotación no lo es) que requieran un tratamiento legal diferenciado. En definitiva, una aplicación conjunta de los principios de *conservación del Derecho preexistente*, con la consiguiente *interpretación útil de la norma* allí donde sea necesario, que permite apreciar la *equivalencia funcional* (en este momento inicial, a efectos regulatorios; la navegación, esto es, la explotación comercial del buque corresponde a los profesionales, seguros ya del amparo que le proporciona esta normativa) entre ambas «categorías» de buques y excluye, llegado el caso, la posibilidad de *discriminar* entre uno y otro. El fundamento de esta perspectiva se encuentra en que la tripulación cumpliría, esencialmente, con normas y procedimientos referidos a la seguridad de la navega-

---

las medidas precisas para garantizar su seguridad». Las «normas generales de navegación» se refieren al Real Decreto 186/2023, de 21 de marzo, *por el que se aprueba el Reglamento de Ordenación de la Navegación Marítima* (*BOE* núm. 69, de 22 de marzo; disponible en https://www.boe.es/eli/es/rd/2023/03/21/186/con).

147 «3. Los buques y embarcaciones autónomos cumplirán con los requisitos generales de navegación exigibles al resto de buques y embarcaciones, con las particularidades que se puedan establecer en la normativa internacional y nacional que les sea de aplicación.
Los buques y embarcaciones autónomos deberán contar con los certificados y demás documentación que les sean exigibles y que garanticen la seguridad de la navegación, de la protección marítima, de la vida humana en el mar y la protección de medio ambiente marino».

ción, de las instalaciones portuarias, al control por los estados... que podrían ser cumplidas y atendidas por sistemas digitales e inteligentes[148]. La atribución de la responsabilidad parece ser el principal tema pendiente, aunque inicialmente la norma parece reconducirla al armador. Tras la aprobación de la reforma, sería el armador el que asumiría las consecuencias y responsabilidades que derivaran de una utilización comercial del buque y, como expone el preámbulo de la Ley, en su apartado V, «Corresponde exclusivamente al armador hacer frente a los actos y omisiones de la dotación del buque y a las obligaciones contraídas por su capitán». No obstante, es una cuestión que requerirá cierta reflexión, a la luz de algunos modelos y prácticas contractuales internacionales, que pueden llevar a modificar esta percepción. La referencia al operador en el mismo precepto no altera estas reflexiones, pues su responsabilidad se limita a su actuación profesional, de conformidad con la titulación, cualificación y estándares que se aprueben en estos casos (más arriba dimos cuenta de la normativa europea al respecto)[149].

Con todo ello, el «pre-legislador» ha optado por una postura práctica que se aparta de los debates y reflexiones doctrinales en torno a la naturaleza del buque autónomo y los problemas que podrían plantear su reconocimiento jurídico; ello, en aras de garantizar el sometimiento de estos buques a las normas de ordenación de la navegación marítima[150], sin perjuicio de los ajustes que se pueda requerir en otros ámbitos del Derecho, nacional o internacional.

---

148 En el mismo sentido, Herrero Urteta, E., «Los buques autónomos y la responsabilidad del porteador», *cit.*, p. 64 y nota al pie número 12.

149 *Vid.*, por todos, Rodríguez Delgado, J. P., «La irrupción del buque autónomo (o controlado remotamente) en los aspectos jurídico-privados del derecho marítimo», en Petit Lavall, M. V., Puetz, A., *El transporte como motor del desarrollo socioeconómico*, Madrid, 2018, pp. 315-345, p. 336, quien considerando la posibilidad de poder incardinar al controlador del buque autónomo como personal dependiente del porteador, propone que se reclame sustancialmente el mismo régimen de responsabilidad que se venía aplicando, remitiendo la responsabilidad al porteador (así, en las faltas náuticas); *vid.* también Rodas Paredes, P., «La responsabilidad del empresario marítimo de buques autónomos», en *El transporte ante el desarrollo tecnológico y la globalización*, M. V. Petit Lavall, A. Puetz (dirs.), C. Vicente Mampel, A. Gilabert Gascón (coords.), 2023, pp. 743-754.

150 En el mismo sentido, *vid.* Blasco Díaz, J. L., Andrés Segovia, B., «Innovación tecnológica y Derecho. Una aproximación al futuro régimen jurídico-administrativo de los buques autónomos», en *El transporte ante el desarrollo tecnológico y la globalización*, M. V. Petit Lavall, A. Puetz (dirs.), C. Vicente Mampel, A. Gilabert Gascón (coords), A Coruña, 2022, pp. 509526, p. 521. Además, advierten los autores (*ibid*, pp. 524 y 525) que «nada se prevé en el Anteproyecto sobre los títulos profesionales y competencias de la marina mercante en el caso de los buques autónomos y no tripulados, como tampoco se ha establecido en el reciente Real Decreto 269/2022, de 12 de abril, sobre los títulos profesionales y competencias de la marina mercante, que modifica el anterior régimen»; lo cual queda para un posterior desarrollo reglamentario, en buena medida, en los términos en que deriven de la normativa internacional.

Parcialmente, esta «equiparación» (siempre, en el marco de la aplicación de los principios enunciados) quiebra en el número 2 del precepto, donde «el pre-legislador» adopta una postura que implica una apuesta por un modelo de buque autónomo y, con ello, la exclusión de otros modelos posibles; lo que supone una vulneración del principio de *neutralidad tecnológica* (en la medida en que se opta por una tecnología y, al menos aparentemente, se rechazan otras) y, con él, posiblemente el principio de *no discriminación* (que se apreciará cuando confluyan en el mercado profesional varias «categorías» de buques autónomos, con diversas tecnologías). Este es el efecto (probablemente, no deseado) del número 2 de la norma proyectada, a cuyo tenor «2. Los buques y embarcaciones autónomos estarán siempre bajo el control de su armador y de un operador a distancia, con la capacitación y los medios necesarios para garantizar la navegación del buque con condiciones de seguridad»: la exigencia de un operador a distancia limita el mandato (y, con ello, el «reconocimiento» de los buques autónomos) a aquellos operados a distancia. Esa delimitación (que conlleva la exclusión de los buques totalmente autónomos, dotados de lo que hoy denominamos «inteligencia artificial») no es oportuna ni se corresponde siquiera con el mandato del número 1 del artículo (excluye buques que, naturalmente, entrarían en el ámbito del precepto, negándoles esa cualificación a los ingenios que, aun navegando, estén dotados de «inteligencia artificial»); se opone a la realidad, a los avances técnicos, a la toma de postura de los organismos internacionales con competencia en el tema; y contradice los modelos profesionales que ya se aprecian, además de los proyectados.

Esa nueva delimitación (o exclusión) tampoco se corresponde con el resto del mandato del precepto, que podría prescindir de este número 2 sin merma de su *ratio*: el régimen normativo de la seguridad de la navegación depende de normas de naturaleza internacional, sin perjuicio de la competencia de desarrollo y aplicación «limitada» (nacional) en el marco de la ordenación de la actividad, que compete en todo caso a los poderes públicos nacionales. La capacitación y los medios que aseguren la navegación segura (en sentido amplio y, en todo caso, en las aguas portuarias y sobre las que el estado ejerza su jurisdicción) es exigible (y, probablemente, en esencia sean las mismas) sea cual sea el sistema de gobierno del buque, su grado de autonomía, etc. Si el buque la cumple por sí mismo (plena autonomía), no hay razón en materia de seguridad que aconseje ese continuo control por un operador (sin perjuicio de su evidente utilidad). La «sujeción» del buque a un régimen de ordenación, control, supervisión y, en su caso, de responsabilidad no requiere necesariamente el modelo sometido al controlador que no se encuentre a bordo (en realidad, incluso podría estarlo); y en todo caso queda asegurado por el control que ejerce el armador.

Este mandato, además, supone (entiendo que acertadamente) excluir la (hoy por hoy, extraña) idea de la personalidad jurídica del buque, puesto que la imputación de actuaciones y responsabilidades a un sujeto, el armador, clásico en la actividad marítima y mejor definido en la actualidad que antaño, en la LNM, reclama la aplicación del Derecho ya existente dictado alrededor del buque ordinario.

Sin embargo, la limitación del modelo de buque que se contempla probablemente sea un mandato (cuando menos) cuestionable, que sólo se explica por el intento del «pre-legislador» de mantenerse dentro de los límites (estrechos) temporales (el desarrollo actual de la técnica) de estos buques, obviando no sólo el futuro inmediato, sino igualmente el principio de neutralidad tecnológica (puesto que opta por la exclusión *de facto* de la plena autonomía).

Otras cuestiones relativas a estos buques autónomos «seleccionados» reconducen a normas de naturaleza administrativa (conectadas con la seguridad) y de ordenación de la navegación y de acceso y utilización de los espacios portuarios, por lo que no añaden otros aspectos útiles para estas reflexiones[151]. Tampoco altera las reflexiones expuestas hasta ahora el mandato previsto de modificación de la LNM[152], más que a los efectos de destacar cómo a la equiparación entre buque y buque autónomo se suma la equiparación entre sumergible y sumergible autónomo.

---

151 Así, los números 4 y 5 del texto proyectado disponen: «4. La navegación por los espacios marítimos españoles de los buques y embarcaciones autónomos, incluido el acceso a los puertos y terminales portuarias, se sujetarán a las normas generales, con las siguientes especialidades: *a)* Previamente a la operación de buques y embarcaciones autónomos, la Administración marítima comprobará que su navegación es segura. A tal efecto, se podrán establecer zonas de pruebas específicas. *b)* El armador deberá realizar una evaluación y análisis de la totalidad de los riesgos de la operación del buque y embarcación autónomo con carácter previo a la autorización de operación. *c)* La navegación de buques y embarcaciones autónomos en el ámbito portuario deberá contar con la autorización específica del órgano competente en dicho ámbito. *d)* La navegación de buques y embarcaciones autónomos extranjeros en los espacios marítimos españoles precisará de una autorización previa específica, otorgada por la Administración marítima. *e)* La Administración marítima establecerá las condiciones para la operación segura de estas unidades, incluyendo, entre otros, el alcance de sus navegaciones y limitaciones operacionales. 5. Mediante real decreto se podrá establecer un régimen específico para este tipo de buques y embarcaciones nacionales en materia de inspección y certificación, titulaciones, o registro, así como aquellas cuestiones que resulten necesarias para la protección de la seguridad marítima y del medio ambiente marino».

152 Se contempla la modificación del artículo 22.3 LNM, que se redactaría en los siguientes términos: «Los submarinos extranjeros y otros vehículos autónomos que naveguen sumergidos serán invitados y, en su caso, obligados a emerger. En caso de impedimento debido a avería, tendrán obligación de señalarlo por todos los medios posibles». La exposición de motivos de la Ley aclara en este sentido que «La modificación del artículo 22.3 guarda relación con la nueva regulación de los buques autónomos, de tal forma que se incluye en este precepto el supuesto de los sumergibles autónomos, equiparándolos en sus obligaciones de navegación a los submarinos».

27. La tarea próxima y pendiente

A modo de conclusión, pueden relacionarse algunas de las tareas pendientes, seleccionadas entre las que se han mencionado en las páginas anteriores, son realizables o se encuentran en curso de ejecución.

Naturalmente, no nos referimos expresamente a la revisión de las prácticas y modelos contractuales, pues todos podrán revisarse, en parte a la luz de las modificaciones o la revisión de los convenios, en parte por la propia iniciativa profesional, al margen la actuación de las organizaciones internacionales. Particular relevancia tendrá la adaptación de las pólizas de contratos de seguro, puesto que, aunque los riesgos asociados a la navegación seguirán siendo los mismos[153], aparecerán otros destinados a cubrir la nueva perspectiva que impone la responsabilidad por daños (particularmente, por fallos en los sistemas electrónicos, en las comunicaciones, la de los radiocontroladores y los centros en los que presten sus servicios, etc.)[154]. Tampoco nos referimos a la consideración de clásicas instituciones marítimas con los matices o modificaciones que impongan estos nuevos buques: en general, todas ellas deberán ser analizadas y, confirmadas en su perspectiva clásica o revisadas en lo que proceda[155]; todo ello, siempre a la luz que imponen los principios que formulábamos en las primeras páginas de estas reflexiones[156].

153 *Vid.* el análisis de EGGERS, MC., «Maritime Autonomous Surface Ships: Marine Insurance Response to Risks», en *Artificial Intelligence and Autonomous Shipping. Developing the International Legal Framework*, edited by Barış Soyer and Andrew Tettenborn, Nueva York, 2021, pp. 140-159.

154 *Vid.* DOMÍNGUEZ URANGA, A., «El seguro marítimo en los buques autónomos. Futuras consideraciones de la Ley de navegación marítima», en *Seguro de daños, marítimos y aéreos*, VEIGA COPO, A. B. (dir.), MARTÍNEZ MUÑOZ, M. (coord.), 2023, pp. 671-690; RODRÍGUEZ DOCAMPO, M. J., «La gestión del centro de control remoto de los buques autónomos por el Gestor Naval y la ciberseguridad...», *cit.,* pp. 43-78; GONZÁLEZ-ORÚS CHARRO, M., «Los buques por control remoto y autónomos a la luz del Anteproyecto de Ley de modificación del Texto Refundido de la Ley de Puertos...», *cit.,* pp. 613-642.

155 Para una visión amplia de estos temas *vid.* RODRÍGUEZ DELGADO, J. P., «La irrupción del buque autónomo (o controlado remotamente) en los aspectos jurídico-privados del derecho marítimo», *cit., passim*; y SOYER, B, TETTENBORN, A., *«Autonomous Ships and Private Law Issues»*, en *Artificial Intelligence and Autonomous Shipping. Developing the International Legal Framework*, edited by Barış Soyer and Andrew Tettenborn, Nueva York, 2021, pp. 63-80.

156 La rapidez con la que los profesionales, con la participación de sus organizaciones especializadas (por ejemplo y entre otras, BIMCO, INTERTANKO, FIATA, etc.), revisan los «formularios» y modelos a través de los cuales desarrollan su actividad, garantizan una rápida «corrección» de la práctica internacional y su adecuación a los nuevos escenarios y exigencias. Esas adaptaciones, que finalmente resultan de naturaleza contractual (y las partes asumen voluntariamente, conscientes de su utilidad), permiten atender situaciones excepcionales «concretas» o delimitadas (a modo de ejemplo, las situaciones derivadas del COVID: vid. MARTÍN CASTRO, M.P., «La nueva distribución de riesgos en los contratos de fletamento tras la pandemia covid-19. Aproximación al estudio de la cláusula coro-

Un punto de partida necesario y relevante es el documento aprobado en el seno de la OMI por el *Comité de facilitación* (46.° periodo de sesiones, mayor de 2022; contenido en FAL.5/Circ.49) denominado *Resultados del estudio exploratorio sobre la reglamentación y análisis de las lagunas del Convenio de facilitación con respecto a los buques marítimos autónomos de superficie (MASS)*, que toma en consideración tanto el informe del MSC (MSC.1/Circ.1638) como el documento similar preparado por el Comité Jurídico (LEG.1/Circ.11). En el documento se señalan, con detalle, los temas y/o posibles lagunas principales que habría que aclarar para incluir los MASS en el marco reglamentario de la OMI; relacionando (sin que ello implique orden de prioridades ni, sobre todo, que se aprecien más adelante otras cuestiones) los siguientes: las funciones y responsabilidades del capitán y de la tripulación; las funciones y responsabilidades del operador remoto; las personas rescatadas en el mar, polizones y refugiados; el intercambio de información; las definiciones y terminología; y los certificados y otros documentos.

Igualmente, es imprescindible uniformar terminología (y, con ella, regímenes, técnicos y jurídicos) sobre los términos y las figuras e instituciones «clásicas» del Derecho marítimo; desde las más concretas y, *a priori*, sencillas (significado de los términos capitán del buque, tripulación o persona responsable, y su equivalencia con los controladores, centros de control, etc.; cuestión especialmente relevante en orden a los grados 3 —buque controlado por control remoto— y 4 —buque totalmente autónomo— en la clasificación de la OMI) a las referidas a las funciones y responsabilidades del capitán, del

---

navirus de INTERTANKO y de la cláusula IOCD de BIMCO», en *El Derecho mercantil y la pandemia: algunos problemas del pasado, la crisis coyuntural y las perspectivas futuras: libro homenaje a Agustín Madrid Parra*, Guerrero Lebrón, M.J., Alvarado Herrera, L. (dirs.), M.J. Blanco Sánchez (coord), 2023, pp. 723-741; también, en el ámbito de cuestiones técnicas complejas, resultado directo de negociaciones con estados: por ejemplo, la BIMCO Emission Trading Scheme Allowances (ETSA) Clause for Time Charter Parties, resultado de la negociación entre BIMCO y la Unión Europea) o a otras cuestiones más amplias que, de otra forma, requerirían la actuación coordinada sobre varios instrumentos (así, para una visión amplia sobre el tema de los cambios de ruta o desvíos y su consideración contractual, *vid.* Romero Matute, B., «Fletamento y transporte de mercancías: la respuesta del Derecho de los formularios a los cambios de derrota o de los viajes convenidos», *Revista de Derecho del transporte: Terrestre, marítimo, aéreo y multimodal*, núm. 34, 2024). El elevado número de formularios y la diversidad de sus relaciones y contenidos hace inviable una reflexión sobre la incidencia de los buques autónomos en cada uno de los modelos contractuales, que deberán analizarse caso por caso; no obstante, como regla general y en la medida en que el buque no suele ser el objeto central de estos contratos, puede afirmarse que la incidencia será limitada (a modo de ejemplo puede verse la revisión que propone BIMCO del contrato de gestión del buque, SHIPMAN 2024, para asumir el régimen de los buques autónomos, el formulario AUTOSHIPMAN, que no modifica los aspectos esenciales de la gestión prevista en el formulario «madre»; *vid.* Rodríguez Docampo, M. J., «La gestión del centro de control remoto de los buques autónomos por el Gestor Naval y la ciberseguridad...», *cit.*).

operador remoto[157], régimen de los daños derivados del uso de la tecnología de los buques autónomos, los conceptos básicos en la teoría de la responsabilidad (muy apegadas a los ordenamientos nacionales), *culpa*, *negligencia*, *intención*, etc.

En un nivel técnico, deberá abordarse pronto (porque limita el desarrollo técnico) la definición de las prescripciones funcionales y operacionales de los centros y del control a distancia del buque; resolviendo la cuestión de si es posible y adecuada la consideración de un operador remoto como «gente de mar» o *marino*.

Finalmente, el diseño de los sistemas digitales de los buques, con vistas a evitar o controlar los posibles *ciberataques* es una cuestión técnica; la delimitación de la responsabilidad y su atribución es una materia que el Derecho no puede resolver por sí solo, sin el previo pronunciamiento técnico.

28. Bibliografía

AA. VV., *Derecho mercantil. Vol. 8.° Transportes mercantiles*, Jiménez Sánchez, G. J., Díaz Moreno, A., 15.ª ed., Madrid, 2014.

AA. VV., *Comentarios a la Ley 14/2014, de 24 de julio, de Navegación Marítima*, I. Arroyo Martínez, J. A. Rueda Martínez (dirs.), Madrid, 2016.

AA. VV., *Artificial Intelligence and Autonomous Shipping. Developing the International Legal Framework, edited by Barış Soyer and Andrew Tettenborn*, Nueva York, 2021.

Alba Fernández, M., *Régimen jurídico privado del capitán del buque*, Valencia, 2006.

157 Si analizamos literal y estrictamente la normativa, las funciones y las competencias del capitán (sobre el particular *vid.*, por todos, Alba Fernández, M., *Régimen jurídico privado del capitán de buque*, Valencia, 2006), debería concluirse con que, por ejemplo, los operadores remotos de un buque no responden al modelo clásico de este profesional y, por ello, no quedarían incluidos sin más en el régimen legal del capitán (tendría escasa utilidad, por ejemplo, confiar a un operario en tierra, en un centro de control, funciones comerciales; ni puede el radiocontrolador constatar personal y directamente el estado aparente de las mercancías cargadas; pero como es sabido, las funciones comerciales del capitán han ido evolucionando y, en tiempos de evidente receso en sus competencias en este ámbito, se trataría de una paso más; y las posibilidades del IOT y de los sensores permitirían una inspección incluso más eficiente y continuada que la que en la actualidad —no— desempeñan). Sin embargo, una interpretación de las normas adecuada a la realidad tecnológica actual, atendiendo a las funciones que desempeñan, conduciría a reconocer que, según la ordenación de funciones que en su caso se establezca entre los controladores, se puede confiar a éste la gestión náutica del buque, cuando sea necesario; mientras que la gestión comercial puede confiarse a otros profesionales, si ello fuera necesario.

Alba Fernández, M., «Buques navegados por control remoto y buques autónomos en la evolución futura del Derecho de la navegación marítima», en *Revista de Derecho del transporte: Terrestre, marítimo, aéreo y multimodal* núm. 28, 2021, pp. 59-117.

Allen, C.H., «Why the COLREGS Will Need to be Amended to Accommodate Unmanned Vessels» (May 26, 2021) disponible en SSRN: https://ssrn.com/abstract=3854220

Almache Barreiro, J.C. y Albert Márquez, J. J., «Imprevisibilidad normativa en el Derecho Internacional respecto a los sistemas de armas autónomas letales», *Revista Logos Ciencia & Tecnología*, 16(1), 16-31, enero-abril, 2024 (disponible en https://revistalogos.policia.edu.co:8443/index.php/rlct).

Arroyo Martínez, I., *Curso de Derecho Marítimo*, 3.ª ed. Aranzadi, Cizur Menor 2015.

Assamà Rafí, M., «Regulación jurídica del abordaje marítimo en buques autónomos», en *El transporte ante el desarrollo tecnológico y la globalización*, M. V. Petit Lavall, A. Puetz (dirs.), C. Vicente Mampel, A. Gilabert Gascón (coords), A Coruña, 2022, pp. 495-507.

Baena Baena, P. J., «Nacionalidad de los buques. Seguridad de los buques y sociedades de clasificación», en *Comentarios sobre la Ley de Navegación Marítima*, A. Emparanza Sobejano y J. M. Martín Osante (dirs.), 2015, pp. 117-147.

Baena Baena, P. J., «Nacionalidad de los buques. Seguridad de los buques y sociedades de clasificación», en *Ley de Navegación Marítima: balance de su aplicación práctica*, A. Emparanza Sobejano y J. M. Martín Osante (dirs.), 2019, pp. 91-119.

Barrera, C, Padron, I., Luis, F. S., Llinas, O., Marichal, G. N., «Trends and Challenges in Unmanned Surface Vehicles (USV): From Survey to Shipping», *International Journal on Marine Navigation and Safety of Sea Transportation*, vol. 15, núm. 1, pp. 135-142.

Bagshaw, R., «Product Liability: Autonomous Ships», en *Artificial Intelligence and Autonomous Shipping. Developing the International Legal Framework*, edited by Barış Soyer and Andrew Tettenborn, Nueva York, 2021, pp. 119-138.

Baughen, S., «Unmanned Vessels and International Conventions for the Carriage of Goods by Sea», en *Artificial Intelligence and Autonomous Shipping. Developing the International Legal Framework*, edited by Barış Soyer and Andrew Tettenborn, Nueva York, 2021, pp. 81-98.

Baughen, S., Tettenborn, A., «International Regulation of Shipping and Unmanned Vessels», en *Artificial Intelligence and Autonomous Shipping. Developing the International Legal Framework*, edited by Barış Soyer and Andrew Tettenborn, Nueva York, 2021, pp. 7-24.

Berlingieri, F. (ed.), *The Travaux Préparatoires of The Hague Rules and of The Hague-Visby Rules*, CMI, Amberes, 1997.

Blasco Díaz, J. L., Andrés Segovia, B., «Innovación tecnológica y Derecho. Una aproximación al futuro régimen jurídico-administrativo de los buques autónomos», en *El transporte ante el desarrollo tecnológico y la globalización*, M. V. Petit Lavall, A. Puetz (dirs.), C. Vicente Mampel, A. Gilabert Gascón (coords), A Coruña, 2022, pp. 509-526.

Clavero Ternero, M., «Concepto, registro y documentación de los buques y embarcaciones marítimas», en *Ley de Navegación Marítima: balance de su aplicación práctica*, A. Emparanza Sobejano, J. M. Martín Osante (dirs.), Madrid, 2019, pp. 53-89.

Cnudmi, *Convenio de las Naciones Unidas sobre el transporte marítimo de mercancías, 1978 (Reglas de Hamburgo)*, disponible en https://uncitral.un.org/sites/uncitral.un.org/files/media-documents/uncitral/es/hamburg_rules_s.pdf.

Burmeister, H.C., Bruhn, W., Rødseth Ø.J., Porathe, T., «Autonomous Unmanned Merchant Vessel and its Contribution towards the e-Navigation Implementation: The MUNIN Perspective», in *International Journal of e-Navigation and Maritime Economy* 1 (2014) 1-13. Disponible, entre otros repositorios abiertos, en https://www.researchgate.net/publication/272390463_Autonomous_Unmanned_Merchant_Vessel_and_its_Contribution_towards_the_e-Navigation_Implementation_The_MUNIN_Perspective1.

Díaz de la Rosa, A., «Algunas cuestiones planteadas en torno al régimen jurídico de los buques autónomos», en *Revista de Derecho Mercantil*, núm. 320, 2021, pp. 249-304.

Dominguez Uranga, A., «El seguro marítimo en los buques autónomos. Futuras consideraciones de la Ley de navegación marítima», en *Seguro de daños, marítimos y aéreos*, Veiga Copo, A. B. (dir.), Martínez Muñoz, M. (coord.), 2023, pp. 671-690.

Eggers, Mc., «Maritime Autonomous Surface Ships: Marine Insurance Response to Risks», en *Artificial Intelligence and Autonomous Shipping. Developing the International Legal Framework*, edited by Barış Soyer and Andrew Tettenborn, Nueva York, 2021, pp. 140-159.

Gabaldón García, J. L., «El Derecho marítimo ante los llamados buques autónomos», 2020, disponible en https://www.ime.es/el-derecho-maritimo-ante-los-llamados-buques-autonomos-por-jose-luis-gabaldon/

Gabaldón García, J. L., *Curso de Derecho marítimo internacional. Derecho marítimo internacional público y privado y contratos marítimos internacionales con apéndice en cada capítulo sobre legislación marítima española*, 2.ª ed., Madrid, 2024.

Gahlen, S.F., «Ships Revisited: A Comparative Survey», (2014) 20 *Journal of International Maritime Law*, pp. 252 y ss.

García-Pita y Lastres, J. L., «El buque como eje del derecho de la navegación marítima, del Código de Comercio al PLGNM/2008», en J. L. García-Pita y Lastres, *Estudios de Derecho Marítimo,* Cizur menor, 2012, pp. 179-218 y ss.

Gómez Prieto, M. T., «Las sociedades de clasificación de buques», *Anuario de Derecho Marítimo*, núm. 11, 1994, pp. 257-375.

Gómez Prieto, M. T., «La responsabilidad de sociedades de clasificación naval en la Ley de Navegación Marítima: consideraciones críticas», en *Estudios sobre la responsabilidad de los operadores de transporte en la ley de Navegación Marítima*, P. J. Baena Baena y López Santana, N. (dirs.), Cizur Menor, 2017, pp. 447-512.

González-Orús Charro, M., «Los buques por control remoto y autónomos a la luz del Anteproyecto de Ley de modificación del Texto Refundido de la Ley de Puertos. Aspectos sobre seguros marítimos para la cobertura de riesgos cibernéticos», en *El transporte ante el desarrollo tecnológico y la globalización*, M. V. Petit Lavall, A. Puetz (dirs.), C. Vicente Mampel, A. Gilabert Gascón (coords.), 2023, pp. 613-642.

Gil Gil, A., «Sistemas de armas autónomos letales. Comentario a la posición española, con especial atención a algunos problemas jurídico-penales», *Revista General de Derecho Penal*, núm. 38, 2022.

González-Lebrero, R. A., *Curso de Derecho de la Navegación*, ed. Servicio central de publicaciones del Gobierno Vasco, Vitoria 1998.

Herrero Urteta, E., «Los buques autónomos y la responsabilidad del porteador», en *Revista electrónica de Derecho de la Universidad de La Rioja*, REDUR, núm. 20, 2022, pp. 59-79.

Herrero Urteta, E., «Los buques autónomos y la responsabilidad por abordaje», en *Revista de Derecho del transporte: Terrestre, marítimo, aéreo y multimodal*, núm. 31, 2023, pp. 51-74.

HOOYDONK, E. V., «The law of unmanned merchant shipping – an exploration», (2014) 20 *Journal of International Maritime Law*, pp. 403-423.

KLEIN, N., GUILFOYLE, D., KARIM, S., MCLAUGHLIN, R., «Maritime autonomous vehicles: new frontiers in the law of the sea», en *International & Comparative Law Quarterly*, vol- 69, núm. 3, 2020, pp. 719-734.

KRETSCHMANN, L, BURMEISTER, H-C, JAHN, C., «Analyzing the economic benefit of unmanned autonomous ships: An exploratory cost-comparison between an autonomous and a conventional bulk carrier», Research in Transportation Business & Management, volume 25, december 2017, pp. 76-86.

LI, S., FUNG, K. S., «Maritime autonomous Surface ships (MASS): implementation and legal issues», en *Maritime Business Review*, vol. 4, núm., 4, 2019, pp. 330-339.

LELOUDAS, G., **«**Cyber Risks, Autonomous Operations and Risk Perceptions. Is a New Liability Paradigm Required?**»**, en *Artificial Intelligence and Autonomous Shipping. Developing the International Legal Framework*, edited by Barış SOYER and Andrew TETTENBORN, Nueva York, 2021, pp. 101-117.

LOGCHEM, Y. V., «International Law of the Sea and Autonomous Cargo 'Vessels'», en *Artificial Intelligence and Autonomous Shipping. Developing the International Legal Framework*, edited by Barış SOYER and Andrew TETTENBORN, Nueva York, 2021, pp. 81-98.

MEYER, E., HEIBERG, A., RASHEED, A., SAN, O., «COLREG-Compliant Collision Avoidance for Unmanned Surface Vehicle Using Deep Reinforcement Learning,», en IEEE Access, vol. 8, pp. 165344-165364, 2020.

PENDÓN MELÉNDEZ, M. A., *Los títulos representativos de la mercancía*, Madrid, 1994.

PENDÓN MELÉNDEZ, M. A., *La responsabilidad del consignatario del buque en el derecho español: notas para una revisión crítica de la reciente doctrina jurisprudencial*, Gobierno Vasco, Servicio Central de Publicaciones, 2008.

PENDÓN MELÉNDEZ, M. A., *La compraventa C.I.F.*, Cizur Menor, 2011.

PENDÓN MELÉNDEZ, M. A., «Documentos del transporte marítimo (y "multimodal") en los INCOTERMS 2020. Los puertos como punto de entrega», en *Puertos: historia, evolución de la navegación y su reglamentación*, L. LÓPEZ MOLINA, T. PONTÓN ARICHA, M. VÁZQUEZ FARIÑAS, 2023, pp. 15-100.

PENDON PÉREZ, E., «La cláusula Himalaya 2014 (BIMCO/IG P&I Clubs)», en, *El comercio marítimo. Nuevas perspectivas jurídicas y de la práctica profesional*, M.A. PENDÓN MELÉNDEZ y ROMERO MATUTE, B. (dirs.), COLEX, A Coruña, 2024.

Petit Lavall, M. V., «Régimen jurídico de las sociedades de clasificación», *Revista de Derecho del transporte: Terrestre, marítimo, aéreo y multimodal*, núm. 30, 2022, pp. 47-62.

Portales Rodríguez, J., «El desafío legal de los buques autónomos», en *El transporte como motor del desarrollo socioeconómico*, M.V. Petit Lavall (dir.), A. Puetz (dir.), 2018, pp. 303313.

Portales Rodríguez, J., «La incidencia de las nuevas tecnologías y los ciberriesgos en el seguro marítimo», en El derecho marítimo, las nuevas tecnologías y los retos del progreso, J.L. García-Pita y Lastres, A. Díaz de la Rosa, María-Rocío Quintáns-Eiras (coords.), 2021, pp. 919-943.

Pulido Begines, J. L., *Instituciones de Derecho de la navegación marítima*, Madrid, 2009.

Pulido Begines, J. L., «Buques Mercantes Autónomos: concepto, naturaleza jurídica y personalidad», en *Anuario de estudios marítimos*, núm. 3, 2024, pp. 15-42.

Rodas Paredes, P., «La responsabilidad del empresario marítimo de buques autónomos», en *El transporte ante el desarrollo tecnológico y la globalización*, M. V. Petit Lavall, A. Puetz (dirs.), C. Vicente Mampel, A. Gilabert Gascón (coords.), 2023, pp. 743-754.

Rodríguez Delgado, J. P., «La irrupción del buque autónomo (o controlado remotamente) en los aspectos jurídico-privados del Derecho marítimo», en *El transporte como motor del desarrollo socioeconómico*, M. V. Petit Lavall, A. Puetz (dirs.), 2018, pp. 315-345.

Rodríguez Delgado, J. P., «La incidencia del buque autónomo en la obligación de navegabilidad del buque», en M. J. Blanco Sánchez, A. Madrid Parra (dirs), *Derecho mercantil y tecnología*, Cizur Menor, 2018, pp. 1.123-1.151.

Rodríguez Docampo, M. J., «La gestión del centro de control remoto de los buques autónomos por el Gestor Naval y la ciberseguridad: algunas consideraciones jurídicas a la vista del proyecto Autoshipman de BIMCO», *Anuario de Estudios Marítimos* núm. 3, 2024, pp. 43-78.

Romero Matute, B., «Fletamento y transporte de mercancías: la respuesta del Derecho de los formularios a los cambios de derrota o de los viajes convenidos», *Revista de Derecho del transporte: Terrestre, marítimo, aéreo y multimodal*, núm. 34, 2024.

Ringbom, H., Collin, F., «Terminology and concepts», en *Autonomous Ships and the Law*, ed. H. Ringbom, E. Røsæg and T. Solvang, Londres-Nueva York, 2021, pp. 7-20.

RØDSETH, Ø. J., «From concept to reality: Unmanned merchant ship research in Norway», disponible en https://ieeexplore.ieee.org/stamp/stamp.jsp?tp=&arnumber=7890328&tag=1.

RUIZ SOROA, J. M., *Manual de Derecho Marítimo: el buque, el naviero, personal auxiliar*, ed. Instituto Vasco de Administración Pública, Oñati,1990.

SÁNCHEZ CALERO, F., *El Contrato de Transporte Marítimo de Mercancías. Reglas de La Haya-Visby, Hamburgo y Rotterdam*, 2.ª ed., Aranzadi, Navarra, 2010.

SIERRA NOGUERO, E., «Labor de las sociedades de clasificación en la certificación de los buques autónomos», en *Sostenibilidad, movilidad y vulnerabilidad en el transporte: Una visión jurídica*, M. R. GUTIÉRREZ SANZ y M. ZUBIRI DE SALINAS (dirs.), 2023, pp. 131-150.

SOYER, B., «The Future of Autonomous Shipping – The Regulatory Challenge», en *Artificial Intelligence and Autonomous Shipping. Developing the International Legal Framework*, edited by Barış SOYER and Andrew TETTENBORN, Nueva York, 2021, pp. 164-183.

SOYER, B, TETTENBORN, A., «Autonomous Ships and Private Law Issues», en *Artificial Intelligence and Autonomous Shipping. Developing the International Legal Framework*, edited by Barış SOYER and Andrew TETTENBORN, Nueva York, 2021, pp. 63-80.

SÖZER, B., «Is it a Ship or Not? If Not – Then What?», *Maritime Liabilities in a Global and Regional Context*, ed. by B. SOYER y A. TETTENBORN, Informa Law from Routledge, 2019, pp. 118–131.

SZELANGIEWICZ, T., ŻELAZNY, K., «Unmanned ships – maritime transport of the 21st century», *Scientific Journals of the Maritime University of Szczecin* 64 (136), pp. 14-21.

SURI, M., «Autonomous vessels as ships – the definition conundrum», 2020 IOP Conf. Ser.: *Mater. Sci. Eng*. 929 012005, pp. 1-11.

VEAL, R., TSIMPLIS, M., «The integration of unmanned ships into the lex maritima», *Lloyd's Maritime and Commercial Law Quarterly* [2017], pp. 303 y ss.

VEAL, R., TSIMPLIS, M., SERDY, A., «The Legal Status and Operation of Unmanned Maritime Vehicle», en *Ocean Development & International Law*, vol. 50, 2019, pp. 23-48.

VILLA CARO, R. «El estudio de los buques de superficie autónomos, inteligentes y sostenibles: la extinción de las tripulaciones de los buques», *Rihumso* n.º 15, año 8, (2019), págs 45-56.

WOERNER, K., BENJAMIN, M. R., NOVITZKY, M., LEONARD, J.J., «Quantifying protocol evaluation for autonomous collision avoidance: Toward establishing colregs compliance metrics», en Autonomous Robots, vol. 43, pp. 967–991, 2019.

«Autonomous ship 'Yara Birkeland' - how far has the industry reached?», disponible en https://www.itfglobal.org/sites/default/files/resources-files/autonomous-ship-yara-birkelnad-how-far-has-the-industry-reached.pdf

ZURUTUZA ARIGITA, I., «Cuestiones sobre la problemática jurídica que plantean los buques no tripulados», en *El transporte como motor del desarrollo socioeconómico*, M. V. PETIT LAVALL, A. PUETZ (dirs.), Madrid, 2018, pp. 347-360.

ZURUTUZA ARIGITA, I., «La imputación de responsabilidad civil por daños en la navegación marítima automatizada. Especial referencia al supuesto de un ciberataque», en *El transporte ante el desarrollo tecnológico y la globalización*, M. V. PETIT LAVALL, A. PUETZ (dirs.), C. VICENTE MAMPEL, A. GILABERT GASCÓN (coords), A Coruña, 2022, pp. 802-818.

5

CONSIGNACIÓN DE BUQUES Y NUEVAS TECNOLOGÍAS EN EL MERCADO DE LA AGENCIA MARÍTIMO-PORTUARIA

José Luis García-Pita y Lastres

Catedrático de Derecho Mercantil de la Universidad de La Coruña

Consejero académico de DICTUM

1. Introducción: los consignatarios del puerto de Barcelona exponen los términos del problema

Con ocasión de la celebración de la Asamblea General de la «**Asociación de Agentes Consignatarios de Buques del Puerto de Barcelona**» [AACBPB], en marzo de 2021, el Presidente de la AACBPB —Sr. D. Jordi Trius— pronunció un discurso expresando el compromiso del sector con la mejora de la eficiencia en los servicios de consignación, respecto de determinados procesos del puerto de Barcelona; concretamente, en relación con la problemática suscitada por la navegación «*liner*» de transporte mediante contenedores, pero también la suscitada por la navegación «*tramp*» y por la navegación de crucero, y, en esta línea, el Sr. Trius expuso la preocupación que suscita toda la problemática operativa de entradas y salidas de los buques, en puerto, debido a las múltiples incidencias que se producen con tal ocasión, especialmente cuando se establecen **restricciones de acceso y de salida por razón de unas condiciones meteorológicas adversas** —aunque me atrevo a añadir que las incidencias también podrían tener que ver con huelgas y conflictos colectivos, que impidieran o frenasen los trabajos de los operadores portuarios, etc.—, enfatizando la necesidad de mejorar los promedios en la duración de las escalas de los buques, pues «*[c]ada vez es más importante —dijo— que las entradas y salidas se produzcan eficientemente, eliminando retrasos innecesarios y que permitan al buque salir cuanto antes para seguir navegando y cumplir con su horario y tiempos de tránsito*». **Lograr** —pues— **unas estadías y un despacho de buques que sean eficientes, en términos de duración, costes y necesidad objetiva de permanencia**. Pues bien; con vistas a dar solución a los problemas denunciados, el Sr. Trius abogó —entre otras medidas— por la **introducción de las nuevas tecnologías** que permitan alcanzar mejoras en esta situación, permitiendo a los buques «*ajustar la velocidad y, por tanto, los consumos de combustible*», pues —como es obvio— «*el buque genera valor cuando navega y no cuando está en puerto*», sin olvidar que unas medidas de ese tipo exigirían apoyarse —igualmente— en otras relacionadas con la transmisión e intercambio de datos en la comunidad marítimo-portuaria[1], pero resultarían beneficiosas para el medio ambiente[2].

Desde luego, si por «**tecnología**» entendemos **conjunto de los instrumentos y procedimientos industriales de un determinado sector** o producto, es

1 Cadena de Suministro: «Los consignatarios de Barcelona reclaman la implantación de nuevas tecnologías en las operativas portuarias», lunes 29.03.2021, en https://www.cadenadesuministro.es/noticias/los-consignatarios-de-barcelona-reclaman-la-implantacion-de-nuevas-tecnologias-en-las-operativas-portuarias/

2 El Mercantil: «Los consignatarios de Barcelona reclaman reducir el tiempo de escala para optimizar operativas», 6 de abril de 2021, en https://elmercantil.com/2021/04/06/los-consignatarios-de-barcelona-reclaman-reducir-el-tiempo-de-escala-para-optimizar-operativas/

indudable que la Tecnología —y las tecnologías— han estado siempre presentes en el sector de los servicios portuarios y la consignación de buques y mercancías; desde las más rudimentarias a las más avanzadas.... Tomando como referencia el Puerto de Las Palmas de Gran Canaria[3] y situándonos —primero— en el ámbito de la actividades más puramente materiales o técnicas, de pura manipulación de mercancías, cabe señalar que ya desde los años 1930's se había introducido la **carretilla a mano**, primero con rueda de hierro [fabricadas y suministradas por empresa «*Fred Olsen*»], que las hacía muy incómodas y, luego, con rueda de goma, que las hacía más manejables. Un hito posterior —el siguiente paso— vino de la mano de la introducción de la **carretilla mecánica** junto con **un sistema modernizado de grúas**, vinculado a raíz la creación de la mercantil «**Material Auxiliar de Consignatarios de Buques**» [MACBSA][4], inscrita en el Registro Mercantil, en 1952, con objeto de dotar a los consignatarios de un parque móvil de grúas y material de carga y descarga, aunque pareciera que la propia MACBSA no era una compañía consignataria; no era una sociedad de consignación, cuyo objeto fuera la agencia de buques, sino —más bien— una compañía **estibadora**[5]; de hecho, la compañía terminaría modificando su denominación social a «**La Luz, S.A. Terminal de Contenedores**» y describiendo su objeto social como «*explotación mercantil de los elementos principales y auxiliares instalaciones, servicios e ingenios, mecánicos, precisos o convenientes para el más idóneo desenvolvimiento de las labores y operaciones de los puertos*», lo que bien podría situarla en el sector de la manipulación portuaria de mercancías.

Con algo de retraso respecto de otros puertos españoles[6], el Puerto de La Luz había ido introduciendo grúas —tipo cabriola flotante—, remolcado-

3 SUÁREZ BOSA, M.: «Innovación tecnológica, reforma portuaria y cambio en la estructura empresarial en el puerto de Las Palmas», p. 13 [de 30], en https://media.timtul.com/media/web_aehe/_wp-content_uploads_2001_10_suarezbosa.pdf.

4 SUÁREZ BOSA, M., GONZÁLEZ DE LA FE, P. Y JIMÉNEZ GONZÁLEZ, J. L.: «Cambios en la organización de la actividad en el Puerto de Las Palmas (Gran Canaria): una visión histórica», en *Transportes, Servicios y Telecomunicaciones*, 2005, n.º 9, diciembre, p. 78, quienes señalan que la iniciativa para la creación de esta compañía procedía de la Asociación de consignatarios de buques de Las Palmas, una asociación compuesta por prácticamente todas las compañías consignatarias de buques y estibadoras del puerto en aquel momento; asociación que ha funcionado siempre en forma de un auténtico grupo de intereses, promoviendo acciones de naturaleza corporativa en beneficio exclusivo de sus miembros asociados.

5 La Orden por la que se autorizó a «Material Auxiliar de Consignatarios de Buques, S. A.», el establecimiento de un parque de maquinaria y material auxiliar para las operaciones de manipulación de mercancías, con taller y oficinas en terrenos de la ampliación del puerto de La Luz y Las Palmas, próximas al dique del Generalísimo, con una superficie de unos 16.824 metros cuadrados, publicada en BOE n.º 276, de 18.11.1974, p. 23380, así parece revelarlo... aunque también sería posible hacer otra lectura.

6 SUÁREZ BOSA/GONZÁLEZ DE LA FE/JIMÉNEZ GONZÁLEZ: «Cambios en la organización ...», *cit.*, p. 79.

res y básculas, adquiriendo estos instrumentos y herramientas por medio de la Junta de Obras del Puerto, aunque no sería sino en la siguiente década cuando se impondría la mecanización del sector, con la introducción de carretillas mecánicas, a partir de entonces con la intervención de la iniciativa privada. Luego, entre los años 1960's y 1980's, se produjeron importantes transformaciones en la tecnología, tales como la containerización, aumentos en el tamaño y la rapidez de los buques, la generalización del tráfico «*roll-on/roll-of*» [ro-ro] o la paletización de mercancías[7], todo lo cual bien podría entrar —para algunos— dentro del ámbito de la noción de «*nuevas tecnologías*»[8].

Sin embargo; por su propia naturaleza, el concepto de «*nuevas tecnologías*» es relativo, precisamente porque la **novedad** es una cualidad circunstancial, relativa y —sobre todo— **mudable**[9]. Mejor es hablar de «**tecnologías de nueva generación**»; tecnologías que —al implantarlas— suponen un **cambio de paradigma**; el recurso a instrumentos y procedimientos revolucionarios y disruptivos que conllevan un **cambio cualitativo; objetivo-funcional, que las separa de las tecnologías preexistentes en algún aspecto crucial**: p.e., el cambio de la información óptica o acústica, más o menos mecanizada, a la información electrónica con empleo de «*software*» informático.

En la actualidad, la aparición o la detección de nuevos problemas, o —acaso— la empresa —nueva— de enfrentarse con problemas no tan nuevos, pero que no se pudieron solucionar con las anteriores «*nuevas*» tecnologías, exigen pasos ulteriores en el desarrollo tecnológico; **exigen una novedad ulterior —de ulterior grado— en los instrumentos tecnológicos,**

---

7 Suárez Bosa/González De La Fe/Jiménez González: «Cambios en la organización ...», *cit.*, p. 66. Suárez Bosa, M.: «Innovación tecnológica...», *cit.*, p. 13 [de 30], en https://media.timtul.com/media/web_aehe/_wp-content_uploads_2001_10_suarezbosa.pdf

8 Suárez Bosa/González de la Fe/Jiménez González: «Cambios en la organización ...», *cit.*, p. 69, quienes manifiestan que «el desarrollo del transporte en contenedores y el aumento del tamaño de los barcos mercantes llevó a la reducción del número de empleados del puerto. A su vez, esto produjo modificaciones en las compañías del puerto, así como un "oligopolio efectivo" en las operaciones de tratamiento de las cargas, mientras que en el subsector de la consignación la estructura de las compañías continuaba estando "atomizada" o "fragmentada", debido al hecho de que esta actividad no requiere grandes inversiones». Suárez Bosa, M.: «Innovación tecnológica...», *cit.*, p. 11 [de 30], en https://media.timtul.com/media/web_aehe/_wp-content_uploads_2001_10_suarezbosa.pdf.

9 Ferrater Mora, J.: *Diccionario de Filosofía*, t. II, L-Z, edit. Editorial Sudamericana, Bs.Aires, p. 304, quien señala que *«la novedad ... es, pues, la novedad que procede de algo preexistente. Cierto que si hay algo que ahora existe y que antes no existía, se puede decir que este "algo" no estaba en ninguna parte y, por consiguiente, estaba "in nihilo", y, por tanto, viene también "ex nihilo". Pero el sentido de "nada" —o, mejor, de advenir de la nada— en el caso de la creación es mucho más radical que en el caso de lo que podemos llamar simplemente "producción", "formación", etc. Por consiguiente, seguiremos hablando aquí de novedad relativa en cuanto novedad que procede de algo preexistente y que constituye justamente el fundamento, la causa, la razón, etc. de tal novedad»*.

al servicio de la industria de la consignación marítimo-portuaria; una novedad ulterior que, simultáneamente, va reduciendo las tecnologías precedentes, al nivel de lo clásico, cuando no de lo obsoleto.

El problema que, aparentemente, preocupaba a la AACBPB —en palabras del Sr. Tríus— residía en el hecho de que —ante determinadas **condiciones meteorológicas**— los puertos en general —y el de Barcelona en particular— **tienden a restringir el tráfico de buques** hasta el restablecimiento de las condiciones que permitan realizar las operaciones marítimas y portuarias, de forma extremadamente segura, **acaso pecando de excesiva cautela**. Quizá latiese en el discurso del Sr. Trius y —por voz suya— de la propia AACBPB, la sugestión de que **quizá mucha de la función decisoria en materia de despacho y autorización de salida y entrada de buques, siga dependiendo —en gran medida— del factor humano**; y no sólo eso, sino de la discreción de instancias portuarias técnicas, de carácter administrativo, acaso afectadas de excesiva burocratización y apego a protocolos de actuación rígidos.

La clave de la solución estaría en **aplicar «tecnologías capaces de gestionar múltiples variables y algoritmos»**; tecnologías aplicadas a **funciones gerenciales**, desplegadas en el plano de los **actos jurídicos**, representadas fundamentalmente por «**la automatización de los procesos y la digitalización de la información**», así como —también— por la generalización creciente del uso de **nuevas tecnologías como el «blockchain» o el «big data»**; otros hablan de la incorporación de tres nuevas tecnologías, en la prestación de servicios portuarios, que muy bien pudieran tener aplicación en el marco de la industria de la consignación marítimo-portuaria; a saber: el denominado «**Internet de las cosas**» y su modalidad industrial [«*Internet of things*» —IoT— e «*Industrial Internet of things*» (IIoT)] o incluso la **Inteligencia Artificial** o «*Artificial Inteligence*» (IA/AI), sin olvidar la «**Business Central**» [BC], que proporcionaría **interoperabilidad entre agentes**; unas «*herramientas que irán entrando* —dijo el Presidente de la AACBPB— *en nuestra actividad diaria y a las que nos tendremos que adaptar*»[10] [11]. Así, las **nuevas tecnologías**

10 NEXOLOG: «Los agentes consignatarios se reivindican», jueves 21 De junio De 2018, 07:00, en https://www.nexotrans.com/noticia/90975/NEXOLOG/Los-agentes-consignatarios-se-reivindican.html

11 Sobre el papel de las TICs, en la consignación marítima, *vid.* Ruiz García de los Ríos, A.: «The impact of technologies in the Maritime Sector from a Ship Agent´s visión», *FONASBA*, 2021, julio, ps. 31 y ss, en https://www.fonasba.com/wp-content/uploads/2021/08/Ana-Ruiz-García-de-los-Rios-The-impact-of-technologies-in-the-Maritime-sector-2021_.pdf, quien señala que la inclusión de nuevas tecnologías en el sector marítimo trae avances aunque puede conllevar, también, retos y oportunidades; de ahí la absoluta necesidad de introducir un marco regulatorio adecuado, partiendo de la base de la gran cantidad de información que un consignatario es capaz de manejar, y cuya correcta utilización puede reportar muchos beneficios, pues una vez obtenidos los datos, podremos utilizarlos para cubrir la demanda de servicios, así como rutas marítimas, con el fin de mejorar tiempos y costos, lo que —unido a una colaboración entre Autoridades Portuarias, Capitanías Marítimas, Agencias Navales, Buques e incluso Armadores— permitiría realizar más fácilmente muchos trámites burocráticos.

pueden ayudar a mejorar la situación, entre otros, **en el plano de la transmisión e intercambio de datos**, que tanta importancia adquiere en la profesión de **Consignatario de buques**; una de esas profesiones que los economistas adscribirían al **Sector terciario**; al sector de los servicios: el Consignatario de buques es un empresario —cuando lo es— especializado en la prestación —al mercado— de **servicios**[12], que lo son, tanto en sentido económico, como en sentido jurídico: el Consignatario de buques es un agente u operador económico cuya profesión no pertenece, ni al ámbito de las actividades extractivas —sector primario—, ni al ámbito de la producción y transformación industrial —sector secundario—, sino al Sector terciario; al sector de las actividades que se prestan a otros y proporcionan un valor añadido; unas actividades —y entremos en la calificación jurídica— que consisten —precisamente— en proporcionar a su clientela —esencialmente, armadores y navieros— **servicios de gestión**[13]; servicios que constan o consisten —fundamentalmente— en **obligaciones de «hacer alguna cosa»** [art. 1088, CCiv][14].

La Prestación de servicios, sea en régimen mercantil, civil o laboral, presenta —entre otras varias más— dos características que considero de especial relevancia: por una parte, que el Prestador de los servicios y el Destinatario o Beneficiario de dichas actividades tienden a estar vinculados por **relaciones de intensa confianza y máxima buena fe**; cualidades que se hacen especialmente intensas en el ámbito mercantil y también

---

12 Arroyo Martínez, I.: *Compendio de Derecho Marítimo, Ley 14/2014, de Navegación Marítima*, edit. Tecnos, S.A., 5.ª ed., Madrid, 2014, ps. 140 y s. Gabaldón García, J. L.: *Compendio de Derecho Marítimo español. Complemento al Curso de Derecho Marítimo internacional*, edit. Marcial Pons, Ediciones Jurídicas y Sociales, S.A., Madrid/Barcelona/Bs.Aires/Sao Paulo, 2016, p. 87. Grigoli, M.: *Diritto della navigazione*, edit. UTET, Turín,1982, p. 644.

13 Arroyo Martínez, I.: *Curso de Derecho Marítimo*, edit. Thomson-Civitas/Editorial Aranzadi, S.A., 2.ª ed., Cizur Menor (Navarra), 2005, p. 319. Zunarelli, S. y Comenale Pinto, M. M.: *Manuale di Diritto della Navigazione e dei Trasporti* , t. I, edit. Cedam, 2.ª ed., Padua, 2013, p. 526.

14 Huet, J.: «Les principaux contrats spéciaux», en VV. AA.: *Traité de Droit civil*, edit. por J. Ghestin, edit. Librairie Générale de Droit et Jurisprudence, París, 1996, p. 935. Endemann, W.: «Die Arbeit», en VV .AA.: *Handbuch des deutschen Handels-, See-, und Wechselrechts*, dir. por W.Endemann, t. II, *Die Objekte des Handelsverkehrs. Die Handelsgeschäfte: Allgemeine Grundsätze. Das Kaufgeschäft*, edit. Fues'sverlag (R. Reisland), Leipzig, 1882, p. 373. Fikentscher, W.: *cit.*, 7.ª ed., ps. 526 y s. Larenz, K.: *«Lehrbuch des Schuldrechts»*, t. II, *«Besonderer Teil»,* edit. C.H.BECK'SCHE VERLAGSBUCHHANDLUNG, 12.ª ed., Munich, 1981, pp. 249. Castan Tobeñas, J.: *Derecho civil español. Común y foral*, t. IV, *Derecho de Obligaciones. Las particulares relaciones obligatorias*, edit. Reus, S.A., 15.ª ed., rev. y puesta al día por J. Ferrandis Vilella, Madrid, 1993, ps. 466 y ss. García-Pita y Lastres, J. L.: «El Contrato mercantil de Servicios», en *Anuario da Facultade de Dereito da Universidade da Coruña*, 1997, n.º 1, p. 298. *Idem*: «Derecho mercantil y servicios portuarios, a la luz de la Ley 27/1992, de 24 de noviembre, de Puertos del Estado y de la Marina Mercante», en VV. AA.: *VII. Jornadas de Derecho marítimo de San Sebastián*, coord. por J. M.ª de Eizaguirre, edit. Servicio de publicaciones del Gobierno vasco, Vitoria-Gasteiz, 2002, p. 150.

—aunque por motivos, en parte diferentes— en el ámbito laboral: el Contrato de **Comisión** es un contrato generador de relaciones basadas en la confianza y en las condiciones personales del Comisionista —*«intuitu personæ vel intuitu industriæ»*[15]—, y también el Contrato de **Agencia** es un contrato basado en la recíproca confianza y la máxima buena fe[16]. Incluso cuando la relación es de naturaleza **laboral**, es cosa sabida que la buena fe es consustancial al contrato de trabajo, que por su naturaleza sinalagmática genera derechos y deberes recíprocos, traduciéndose el deber de mutua fidelidad entre empresario y trabajador en una exigencia de comportamiento ético jurídicamente protegido y exigible en el ámbito contractual.

En segundo lugar, la Prestación de servicios, en régimen mercantil, civil o laboral, supone siempre que el Destinatario de dichas actividades; quien se

---

15 URÍA GONZÁLEZ,R., MENÉNDEZ MENÉNDEZ,A. y ALONSO SOTO,R.: «Capítulo 61.: Contratos de Colaboración: el Contrato de Comisión», en VV.AA.: «*Curso de Derecho mercantil*», t. II, «*La Contratación mercantil. Derecho de los valores. Derecho Concursal. Derecho de la Navegación*», dir. por R.Uría González y A.Menéndez Menéndez, edit. CIVITAS,S.A, Madrid, 2001, p. 158. ANGULO RODRÍGUEZ, L.de.: «El Contrato de Comisión» en JIMENEZ SANCHEZ y otros; «*Derecho Mercantil*», coord. por G.J.Jiménez Sánchez, 2 Vols., edit. ARIEL,S.A., 2.ª ed., Barcelona, 1992, p. 249. VICENT CHULIA, F.: «*Compendio crítico de Derecho mercantil*», t. II, edit. BOSCH, 3.ª ed., Barcelona, 1988, p. 300. LÓPEZ VILAS, R.: «El Subcontrato», edit. TECNOS,S.A., Madrid, 1973, p. 163. ROVIRA MOLA, A.de.: Voz «Comisión mercantil», en «Nueva Enciclopedia Jurídica Seix», t. IV, edit. F. SEIX, EDITOR, Barcelona, 1954, p. 449. BAUMBACH, A., DUDEN, K. y HOPT, K.J.: «*Handelsgesetzbuch mit GmbH. & Co., Recht der Allgemeinen Geschäftsbedingungen und Handelsklauseln, Bank-, und Börsenrecht, Transporterecht (ohne Seerecht)*», edit. C.H.BECK'SCHE VERLAGSBUCHHANDLUNG, 28.º ed., actualizada y ampliada, Munich, 1989, p. 741. RIPERT, G. y ROBLOT, R.: «*Traité de Droit commercial*», t. II, «*Valeurs mobiliers – Effets de commerce – Titres de créance négociables – Opérations de Banque et de Bourse – Contrats commerciaux – Procedures collectives de redressement et de liquidation*», edit. LIBRAIRIE GÉNÉRALE DE DROIT ET DE JURISPRUDENCE, 11.ª ed., París, 1989, ps. 594 y 595, quienes señalan que la «*Commission*» es, igual que el «*mandat*», un contrato conluido «*intuitu personae*», como resulta de los arts. 2003 y 2004 Code civ. fr. Y ésto —dicen los autores franceses— a pesar de su carácter comercial, debido a que se depositan muy amplios poderes en el Comisionista, quien —por otra parte— frecuentemente se ve en la necesidad de hacer anticipos sobre la provisión de fondos. En consecuencia, continúan los autores franceses, el contrato de comisión debe extinguirse en caso de muerte o de falta de confianza del Comitente o del Comisionista, igual que en caso de liquidación judicial concursal, aunque no en caso de otros procedimientos de reorganización y saneamiento.

16 QUINTÁNS EIRAS, M.ª R.: «*Delimitación de la Agencia Mercantil en los contratos de colaboración*», edit. EDITORIALES DE DERECHO REUNIDAS [EDERSA], Madrid, 2000, ps. 230 y s. SÁNCHEZ CALERO,F. y SÁNCHEZ-CALERO GUILARTE, J.: «*Instituciones de Derecho mercantil*», t. II, edit. McGRAW-HILL, 25.ª ed., Madrid, 2003, p. 174. VALPUESTA GASTAMINZA, E.M.ª: «Capítulo III. Contratos mercantiles de intermediación y arrendamiento de servicios», en VV.AA.: «*Contratos mercantiles*», t. I, dir. por J.M.ª de la Cuesta Rute y E. VALPUESTA GASTAMINZA, edit. EDITORIAL BOSCH,S.A., Barcelona, 2001, ps. 304 y s. PALAU RAMÍREZ, F.: Artículos 5.º y 6.º en MARTÍNEZ SANZ, F., MONTEAGUDO, M. y PALAU RAMÍREZ, F.: «*Comentario a la Ley sobre Contrato de Agencia*», edit. CIVITAS,S.A., Madrid, 2000, p. 151.

beneficia de su obtención, dispone de un **genérico poder directivo**[17] **sobre el Prestador de servicios**, que conlleva un grado —variable, diverso— de **subordinación** del Prestador de servicios, respecto del Destinatario o Beneficiario de dichos servicios, porque el Prestador de servicios —en este caso, el Consignatario de buques— despliega su actividad **en interés ajeno... sometido al poder de dirección de ese «*alter homo*»**; un poder que se manifiesta y materializa —típicamente— en la impartición de **instrucciones**. Pues bien; esta doble circunstancia —que se da, asimismo, respecto de factores, dependientes y mancebos [art. 297, CCom] o en la relación Naviero/Capitán [los derogados arts. 610 y 611, CCom, sustituidos, ahora, por los **arts. 184 y 185**, de la **Ley n.°** 14/2014, de 24.07.2014, de Navegación Marítima [LNM], en la relación Capitán/Contramaestre [el derogado art. 632, CCom]—, concurre —asimismo— en las **relaciones de consignación de buques**.

Pero esas mismas circunstancias justifican el **importante papel** que juega la **Información** en ese ámbito de la —llamémosla— agencia marítimo-portuaria, ya que la Información es —como veremos— elemento esencial en —posiblemente— hasta cinco aspectos de las relaciones de consignación o agencia marítima; a saber:

1. En el plano de los **deberes *informativos* precontractuales del Cliente o Principal**; del Comitente —en otras palabras—, que debe, no sólo efectuar la provisión de fondos al Agente marítimo o Consignatario, sino que debe proporcionarle información previa que le permita desarrollar su función y lograr el propósito perseguido con su intervención.

---

17 García-Pita y Lastres, J.L.: «La mercantilidad del Contrato de Comisión y las obligaciones de diligencia del Comisionista», en VV.AA.: *«Estudios jurídicos en homenaje al Profesor Aurelio Menéndez»*, t. III, edit. CIVITAS,S.A., Madrid, 1997, p. 2850. Idem: «Instrucciones y margen de iniciativa de los mandatarios y agentes mercantiles [La naturaleza de las instrucciones y su eficacia delimitadora del margen de iniciativa de comisionistas, agentes y mediadores mercantiles]», en *«E-Dictum»*, 2022, n.° 120, Abril, ps. 1 y s., en <https://dictumabogados.com/wp-content/uploads/2022/04/doctrina_edictum_abril_2022.pdf>. Garrigues Díaz-Cañabate, J.: *«Tratado de Derecho mercantil»*, t. III, vol. 1.°, *«Obligaciones y contratos mercantiles»,* impr. Imprenta Silverio Aguirre Torre, Madrid, 1964, p. 465 y s. Uría González, R.: *«Derecho Mercantil»*, edit. MARCIAL PONS, EDICIONES JURÍDICAS,S.A., 28.ª ed., revisada con la colaboración de M.ª L. Aparicio, Madrid/Barcelona, 2001, p. 724. Vicente y Gella, A.: *«Curso de Derecho mercantil comparado»,* t. II, 2.ª ed., Zaragoza, 1944, p. 51. Vicent Chuliá, F.: *«Compendio...»*, cit., t. II, 3.ª ed., p. 298. Roncero Sánchez, A.: *«La representación del Accionista en la Junta General de la Sociedad Anónima»*, edit. McGRAW-HILL/INTERAMERICANA DE ESPAÑA, Madrid, 1996, ps. 446 y ss. ANKELE, J.: § 86, en *«Handelsvertreterrecht. Kommentar»*, edit. LUCHTERHAND, Berlín, 1998, p. 7. Von Gierke, J.: *«Derecho Comercial y de la Navegación»*, t. II, trad esp. por Juan M. Semón, edición argentina por TIPOGRÁFICA EDITORA ARGENTINA,S.A., Bs.Aires, 1957, p. 144. Hamel, J., Lagarde, G. y Jauffret, A.: *«Traité de Droit commercial»*, t. II, *«Propriété Industrielle. Fonds de commerce et baux commerciaux. Obligations et sûretés. Effets de commerce. Banques et opérations de Banque»*, edit. DALLOZ, París, 1966, p. 285.

2. En el plano de los **poderes *directivos* del Cliente o Principal**, o Comitente, que cuenta con el poder de impartir **instrucciones** al Agente marítimo o Consignatario, para mejor precisar el modo en que quiere que se desarrolle su función gestora y lograr el propósito perseguido con su intervención.
3. En el plano de los **deberes *informativos* contractuales del Agente marítimo o Consignatario**, que debe no sólo desarrollar las actividades y proporcionar los servicios a los que se comprometió para con el Cliente o Principal, o Comitente, sino que también debe proporcionarle **información periódica o puntual sobre el estado de los negocios y operaciones cuya gestión le haya sido encomendada**, lo que —de paso— puede servir como vía para requerir nuevas instrucciones, al Principal o Comitente, cuando hiciere falta.
4. En el plano de los **deberes contractuales económico-patrimoniales, del Agente marítimo o Consignatario**, que debe **rendir cuentas** de su gestión, a su Principal, **restituyéndole los fondos o efectos de los que no hubiera dispuesto y trasladándole el producto de sus gestiones**. Para no mencionar el hecho de que todo gestor, agente, comisionista o mandatario está **obligado a llevar a cabo la gestión o gestiones encomendadas** [arts. 1709 y 1718, CCiv; arts. 250, 252, 261 o 264, CCom; arts. 1.°, 5.°, 6.° y 9.°, de la Ley n.° 12/1992, de 27.05.1992, de Contrato de Agencia] y es muy posible que el contenido y objeto materia de esas gestiones consista en **prestaciones *«de facere»*, susceptibles de presentarse bajo forma de *«flujos de información»* jurídicamente relevante**.
5. En el plano de los **deberes contractuales *económico-patrimoniales* del Principal o Comitente —el Armador o Naviero, etc.—**, que debe no sólo **remunerar** al Consignatario por sus servicios, sino también **reembolsarle o indemnizarle de los daños *y gastos*** en que haya incurrido al desarrollar las actividades y proporcionar los servicios a los que se comprometió para con ellos, o al adelantarles la provisión de fondos.

En todo caso no hay que olvidar el **importante papel** que juega la **Información** en ese ámbito de la agencia marítimo-portuaria, en el plano de las **relaciones del Agente con los «terceros»** —sujetos públicos o privados— **ante quienes desempeña sus funciones gestoras**, por cuenta de su Principal: cargadores, destinatarios de las mercancías, pasajeros, empresas de estiba y desestiba, Administración pública portuaria, etc.

Merced a las nuevas tecnologías [TICs], la Información puede adoptar nuevos avatares, cuya presencia en el marco de las relaciones de consignación de buques podría llegar a tener un carácter revolucionario. Y es que, en materia de tratamiento de la Información, puede suceder que la información proporcionada deje de ser inerte... para convertirse en «***eficiente***»; en información capaz de producir efectos distintos del mero incremento del nivel de conocimientos; capaz de interactuar con el receptor —cuando no es un sujeto, sino un sistema—, y producir nueva información, o nuevos *efectos* físicos —electrónicos—, socioeconómicos y —en última instancia— también jurídicos. Esto sucede cuando la Información se organiza de tal modo que da lugar a un «***programa***»; una secuencia de instrucciones —es decir: acciones elementales orientadas a que un ordenador efectúe una determinada operación—, escritas para realizar una tarea específica en tal ordenador, pero que podría servir para la activación de otros dispositivos, proyectando su eficacia fuera del entorno estrictamente virtual. Esto sucede, típicamente, en el caso de los llamados «***contratos inteligentes***» o «*smart contracts*»; programas que facilitan, aseguran, hacen cumplir y ejecutan acuerdos registrados entre personas y organizaciones, sobre la base de la sentencia «***if-then***» (si-entonces), existente en cualquier otra clase de programa de ordenador. Su aplicación llega a interactuar con activos reales. Así; cuando se dispara una condición pre-programada, el contrato inteligente ejecuta la cláusula contractual correspondiente, y cualquier transacción que requiera un acuerdo registrado entre partes, como, por ejemplo, la contratación de productos financieros o de seguros, los depósitos en garantía, las operaciones de trading, de préstamos sindicados, o la gestión de colaterales, se podría realizar de este modo.

2. Caracterización económica y técnica de la Consignación de buques

Figura de origen *consuetudinario* y relativamente *indeterminado*[18], que durante mucho tiempo fue atípica —o, por lo menos, vivió paupérrimamente tipificada— en nuestro Derecho, aunque no del todo innominada[19] [Otros países y organizaciones internacionales, en cambio, sí que tienen ampliamente regulada la figura; baste considerar los «***UNCTAD Minimum Standards for Shipping Agents***», **de 07.09.1988**; la «***United Republic of Tanzania Shipping Agency Act***», **n.° 13/2002, de 27.05.2002**]; la «***Legge italiana***», **n.°** 135/1977, de 04.04.1977 ***sulla disciplina della professione di raccomandatario marittimo***; la «***Merchant Shipping (Amendment) Act***»

18 ARROYO MARTÍNEZ, I.: *Curso de Derecho Marítimo*, *cit.*, 2.ª ed., p. 314.

19 Arroyo Martínez, I.: *«Curso de Derecho Marítimo»*, cit., 2.ª ed., p. 314. SANCHEZ CALERO, F.: *«Instituciones de Derecho mercantil»*, t. II, edit. McGRAW-HILL, 21.ª ed., Madrid, 1998, ps. 499 y ss. GABALDÓN GARCÍA, J.L. y Ruiz Soroa, J.M.ª: *«Manual de Derecho de la Navegación Marítima»*, edit. MARCIAL PONS, EDICIONES JURÍDICAS Y SOCIALES,S.A, Madrid/ Barcelona, 1999, p. 282. OTERO LASTRES, J.M.: «El Consignatario de Buques», en VV.AA.: *«I Congreso Nacional de Derecho marítimo. 1983»*, edit. COMITÉ REGIONAL DE DERECHO MARÍTIMO DE ANDALUCÍA, Sevilla, 1985, p. 262. Uría GONZÁLEZ/APARICIO: *«Derecho Mercantil»*, *cit.*, 28.ª ed., ps. 1143 y ss., quienes resaltan el influjo que tuvo sobre la figura del Consignatario el desarrollo de la navegación de línea. RODIÉRE, R. y DU PONTAVICE, E.: *«Droit Maritime»*, edit. DALLOZ, 11.ª ed., París, 1994, p. 202. QUERCI, F.A.: *«Diritto della navigazione»*, edit. CEDAM, Padua, 1989, p. 544).

[Sierra Leona], n.º 5/2008, de 10.07.2008 o la «*Sri Lanka Licensing of Shipping Agents Act*» y la «*Licensing of Shipping Agents, Freight Forwarders, Non-Vessel Operating Common Carriers and Container Operators (Amendment) Act*», también de Sri Lanka... por poner algunos ejemplos, a los que añadir —por fin— el **Cap. II.º, Tít. V.º de la Ley n.º 14/2014, de 24.07.2014, de Navegación Marítima [LNM]** se ocupan del que se describe o denomina «***Contrato de Consignación de buques***», al que están dedicados los **arts. 319 al 324**[20], si bien algunos años antes ya se había hecho cargo de la figura la Ley n.º 27/1992, de 24.11.1992, de Puertos del Estado y de la Marina Mercante [LPEMM/1992], posteriormente modificada por la Ley n.º 48/2003, de 26.11.2003, de Régimen económico y de prestación de servicios de los puertos de interés general, y —luego— su sucesor el **Texto Refundido de la Ley de Puertos del Estado y de la Marina Mercante**, aprobado por el **Real Decreto Legislativo 2/2011, de 05.09.2011** [TRLPEMM][21], que le dedicó su extenso **art. 259**, aunque la figura del Consignatario aparece en otros preceptos del TRLPEMM.

Los consignatarios se cuentan entre aquellos colaboradores que prestan sus servicios, indistintamente, bien sea a los cargadores, o bien a los armadores y/o navieros y sus capitanes, pero **en tierra; en puerto**, pues es obvio —como ya he señalado en alguna ocasión[22]— que la navegación, más que como una línea infinita, debe ser contemplada —y permítaseme este símil geométrico—, como un «*segmento*», con un punto inicial, y otro final, constituidos por los **puertos**. En toda expedición marítima existen, como mínimo, **dos momentos** —el de partida y el de arribada— en los que el buque ha de entrar **en un puerto**[23]. Y esta circunstancia explica la importancia técnica y económica de estos conjuntos de espacios marítimo-terrestres, donde operan ciertos

20 Arroyo Martínez, I.: *Compendio de Derecho Marítimo..., cit.,* 5.ª ed., ps. 140 y s. Gabaldón García, J. L.: *Compendio de Derecho Marítimo español. Complemento ..., cit.,* p. 87. Barbadillo Eyzaguirre, J.: «El Contrato de Consignación de buques», en VV. AA.: *Los contratos sobre el Buque en Derecho español. Análisis práctico*, edit. Asociación Española de Derecho Marítimo - Editorial Dykinson, Madrid, 2018, p. 305.

21 Barbadillo Eyzaguirre, J.: «El Contrato de Consignación...», *cit.,* p. 305.

22 García-Pita y Lastres, J. L.: «El Contrato mercantil de Servicios», en *Anuario da Facultade de Dereito da Universidade da Coruña*, 1997, n.º 1, p. 298. *Idem*: «Derecho mercantil y servicios portuarios, a la luz de la Ley 27/1992, de 24 de noviembre, de Puertos del Estado y de la Marina Mercante», en VV. AA.: *VII. Jornadas de Derecho marítimo de San Sebastián*, coord. por J. M.ª. de Eizaguirre, edit. Servicio de publicaciones del Gobierno vasco, Vitoria-Gasteiz, 2002, p. 150.

23 *Vid*. Gabaldón García/Ruiz Soroa.: *Manual..., cit.,* ps. 105 y ss., quienes aluden al principio de que —en principio— los puertos españoles, sean de la competencia del Estado (puertos de interés general) o de las Comunidades Autónomas (otros puertos y puertos pesqueros, deportivos o de refugio) «*se encuentran abiertos a toda clase de buques civiles de cualquier pabellón, los cuales pueden utilizar sus fondeaderos, amarraderos, atraques y demás instalaciones...*».

colaboradores de la actividad marítimo-portuaria, entre los que destacan los consignatarios.

La navegación marítima precisa de colaboradores que presten servicios a armadores y navieros[24]; colaboradores que lo pueden ser, no sólo marítimos, sino también **terrestres**[25]; de hecho, existen distintos agentes del comercio marítimo, que despliegan sus actividades profesionales en las operaciones portuarias. Entre estos colaboradores a los que acabo de referirme, los «**consignatarios**»[26], que son operadores clave en la total estrategia de la cadena logística[27].

El Consignatario de buques vino a desplazar al Capitán del buque en el desarrollo de actividades de gestión y representación, por cuenta del Armador o Naviero, ya que, si previamente, era el Capitán quien debía encargarse de todas las actuaciones administrativas y comerciales en los puertos de origen o destino, abarcando la participación en los procesos logísticos de carga, descarga, avituallamiento, cambios de tripulación, y gestiones admi-

---

24 Garrigues Diaz Cañabate, J.: *«Curso de Derecho mercantil»*, t. II, 8.ª ed., Madrid, 1983, p. 626. Sanchez Calero, F.: *«Instituciones...»*, cit., t. II, 21.ª ed., p. 495. Broseta Pont, M.: «Manual...», *cit.*, 10.ª ed., p. 799. Uría González, R.: *cit.*, 24.ª ed., Madrid, ps. 1133 y 1145. Gabaldón García/Ruiz Soroa.: *«Manual...»*, *cit.*, p. 282. Ruiz Soroa, J.M.ª.: *«Manual de Derecho marítimo. El Buque. El Naviero. Personal auxiliar»*, edit. SERVICIO DE PUBLICACIONES DEL GOBIERNO VASCO, Oñati, 1990, p. 139. Matilla Alegre, R.: *«El Naviero y sus auxiliares. El Buque»*, edit. J.M.BOSCH EDITOR,S.A., Barcelona, 1995, p. 77. Rodière/Du Pontavice.: *cit.*, 11.ª ed., p. 139. Carbone, S.M., Celle, P-A. y López De Gonzalo, M.: *«Il Diritto Marittimo attraverso i casi e le clausole contrattuali»*, edit. G. GIAPPICHELLI, EDITORE, 5.ª ed., 2015, Turín, p. 369. Lefevbre D'ovidio, A., Pescatore, G. y Tullio, L.: *«Manuale di Diritto della navigazione»*, edit. DOTT. A. GIUFFRÉ, 7.ª ed., enteramente reelaborada y actualizada, Milán, 1990, p. 429. Maraist, F.L.: *«Admiralty in a nutshell»*, edit. WEST PUBLISHING Co., 2.ª ed., St.Paul, Minn., 1988, ps. 106 y ss. y 179 y ss.

25 Rodière, R.: «Traité général de Droit Maritime», t. I, *Introduction. L'Armament (Ses agents, ses auxiliaires. Llmitatioin de responsabilité)*, edit. Dalloz, París, 1976, ps. 531 y 537. Carbone/Celle/López de Gonzalo: *Il Diritto Marittimo attraverso..., cit.,* 5.ª ed., p. 373. En general, sobre las otras empresas no navegatorias, pero auxiliares o instrumentales de la «Empresa de navegación» y de la «Empresa de transporte», *vid.* Grigoli, M.: *Diritto della navigazione, cit.,* ps. 541 y ss. Zunarelli/Comenale Pinto: *Manuale di Diritto della Navigazione ..., cit.,* t. I, 2.ª ed., p. 526. Falkanger, Th., Bull, H. J. y Brautaset, L.: *Introduction to Maritime Law. The Scandinavian perspective*, edit. Tano Aschehoug, Oslo, 1998, ps. 161 y ss.

26 Arroyo Martínez, I.: *Compendio de Derecho Marítimo...*, cit, 5.ª ed., p. 305. Gabaldón García, J. L.: *Compendio de Derecho Marítimo español. Complemento ..., cit.,* p. 87. Rodière, R.: «Traité...», t. I, *Introduction. L'Armament ..., cit.,* ps. 531 y 537. Zunarelli/Comenale Pinto: *«Manuale di Diritto della navigazione e dei trasporti»*, edit. WOLTERS-KLUVER/CEDAM, 1.ª reimp. de la 4.ª ed., Milán, 2020/2021, p. p. 526. Carbone/Celle/López de Gonzalo: *Il Diritto Marittimo attraverso..., cit.,* 5.ª ed., p. 373.

27 Anónimo [*Kanvel. Logistics & Business Worldwide*]: «Consignatario de buques», en https://kanvel.com/consignatario-de-buques/, 16 julio 2018.

nistrativas ante las autoridades aduaneras[28], con el desarrollo del transporte de línea regular, en seguida se hizo patente que confiar tales tareas al Capitán no hacía sido dar lugar a demoras y problemas logísticos en los puertos[29], y —precisamente para evitar o solventar estos problemas— se optó por recurrir a los servicios de un operador portuario especializado que desplazara al Capitán en el despliegue de todas esas funciones[30].

El Consignatario es, típicamente, un **agente general** dotado de un nombramiento que está diseñado para hacerle posible actuar en un barco y puerto concreto, pero han surgido unos **agentes portuarios especiales**, con autorización para actuar en asuntos concretos, limitados a unas instrucciones que ha recibido[31].Por este motivo, el **art. 2.º** —**«definiciones»**— de los «*UNCTAD Minimum Standards for Shipping Agents*» previene que, a los efectos de dichas Normas Mínimas, «Agente marítimo» significa cualquier persona (natural o jurídica) comprometida, en nombre y representación del propietario, fletador u operador de un buque, o del propietario de la carga, en la prestación de servicios de transporte; servicios que incluyen: (i) Negociar y realizar la venta o compra de un buque; (ii) Negociar y supervisar el fletamento de un buque; (iii) Cobro del flete y/o canon arrendaticio por fletamento cuando corresponda, y encargarse de todas las cuestiones financieras relacionadas; (iv) Gestión de trámites aduaneros y de documentación y tránsito de carga; (v) Gestión de la obtención, tramitación de la documentación y de la realización de todas las actividades requeridas relacionadas con el despacho de carga; (vi) Organizar los arreglos de llegada o salida del buque y

---

28 Anónimo [*Kanvel. Logistics & Business Worldwide*]: «Consignatario de buques», en https://kanvel.com/consignatario-de-buques/, 16 julio 2018.

29 Anónimo [*Kanvel. Logistics & Business Worldwide*]: «Consignatario de buques», en https://kanvel.com/consignatario-de-buques/, 16 julio 2018.

30 Anónimo [*Kanvel. Logistics & Business Worldwide*]: «Consignatario de buques», en https://kanvel.com/consignatario-de-buques/, 16 julio 2018.

31 Así; en el caso del agente de línea regular, dicho agente puede actuar en representación del armador u operador, de varias formas distintas: a) En primer lugar, como propio —y estricto— consignatario: realizando exclusivamente labores de pura y simple consignación, sin asumir responsabilidades en cuanto a contratación de carga. b) En segundo lugar, como agente de ventas: desempeñando funciones de comercialización en cuanto a la mercancía, pero sin contacto con el buque. c) En tercer lugar, como agente de línea, que combina las funciones y tareas de los dos anteriores. Se encarga de las actividades del consignatario y del agente de ventas y suele ser una de las figuras más comunes el más común.

Existen, también, otras figuras de colaboradores terrestres —portuarios— en el comercio marítimo como el agente transitario, que se encarga de organizar el transporte de una mercancía; el agente de aduanas: es el que se encarga de gestionar ante la administración los trámites burocráticos para el despacho de importación o exportación de las mercancías en la aduana marítima, y el agente general: al que se le incluyen funciones como nombrar, supervisar, instruir y controlar a los agentes en otros puertos; operadores —todos ellos— que desarrollan funciones que también pueden ser asumidas por los «*consignatarios*».

(vii) Organizar el suministro de servicios a un buque mientras se encuentra en puerto. Así las cosas, se explica perfectamente que del Consignatario de buques se haya dicho que **representa el nexo de unión entre el capitán del buque, el naviero o armador y todos los servicios de tierra**; que representa al armador o al naviero; que es su voz y sus brazos, por cuanto gestiona todo lo que necesite el capitán o el armador en tierra.

3. Caracterización jurídica de la Consignación de buques y trascendencia de la Información

3.1. Caracterización jurídica de la Consignación y de los consignatarios de buques

3.1.1. Caracterización jurídica de la actividad y la profesión de Consignación, y de los consignatarios de buques: ¿Comercio o profesión regulada?

La **regulación** de la consignación de buques puede hacerse desde una doble perspectiva; frecuentemente alternativa: o bien con un enfoque **subjetivo o personal**, o bien con una perspectiva **objetiva o material**; es decir: bien sea centrándose en los **sujetos** que ejercen las actividades de agencia y de comisión, o bien desde la perspectiva del **tipo contractual** que, por antonomasia, sirve de instrumento jurídico para vertebrar ese tipo de relaciones: el **Contrato de Comisión** o Mandato mercantil; el **Contrato de Agencia**. En el caso de **España**, la regulación de la consignación de buques constituye una de las **novedades** que aporta la **LNM**[32], respecto del Ccom/1885 y refleja un doble proceso de **objetivación/contractualización** de algunas instituciones, actividades y servicios, antaño regulados en torno a los sujetos que profesionalmente los realizaban y de **simplificación** —relativa— de las *categorías* de sujetos *profesionales* contemplados.

Así; el **Tít. V.°**, LNM, sobre «***los contratos auxiliares de la navegación***» —**arts. 314** al **338**— contiene las normas relativas a una serie de personajes que, por tradición, prestaban a los navieros y propietarios de buques, servicios relacionados con la gestión de sus naves o de sus cargamentos, tanto en el plano socioeconómico, como jurídico, como —por fin—, en su caso, téc-

32 Arroyo Martínez, I.: *Compendio de Derecho Marítimo...*, edit. Tecnos, S.A., 5.ª ed., Madrid, 2014, ps. 140 y s. Gabaldón García, J. L.: *Compendio de Derecho Marítimo español. Complemento ...*, *cit.*, p. 87. Barbadillo Eyzaguirre, J.: «El Contrato de Consignación de buques», *cit.*, p. 305.

nico, pero adoptando una **perspectiva objetiva y contractual**, más que una perspectiva subjetivo-estatutaria. Esto mismo —o cosa parecida— sucede con la figura del *Consignatario* de Buques o Agente-consignatario, mencionado —apenas— en el CCom/1885, cuyo art. 113, n.º 4, al tratar de las obligaciones de los corredores intérpretes de buques, decía —y dice, aún— que les incumbía «*representar a los mismos en juicio cuando no compare[cieran] ellos, el naviero o el consignatario del buque*», de modo que se hacía referencia expresa a un personaje —el Consignatario del buque—, formalmente diferenciado del propio Naviero, al que los corredores-intérpretes de buques podían representar, eventualmente, en juicio.

Sin embargo; presentar al «*Consignatario de buques*» como una suerte de **mero agente procesal**; por lo demás, plenamente fungible por un simple corredor-intérprete de buques, habría sido ocultar —por completo— su importancia y su papel. Por este motivo, resultaba más importante que el «*Consignatario de buques*» apareciera mencionado, también, en el **art. 611, n.ºs 1 y 2**, Ccom, que —siguiendo la senda del art. 644 del Código de comercio de 30.05.1829[33]— disponía que, «*[p]ara atender a las obligaciones mencionadas en el artículo anterior, el capitán, cuando no tuviere fondos ni esperase recibirlos del naviero, se los procurar[ía] según el orden sucesivo que se expresa[ba]: 1.º Pidiéndoles a los consignatarios del buque o corresponsales del naviero. 2.º Acudiendo a los consignatarios de la carga o a los interesados en ella...*»[34]; es decir: que el **Consignatario** de Buques podía jugar un **importante *rol financiero de las actividades marítimo-portuarias de los navieros***, ya que el Capitán podía solicitarle fondos para disponer de capital dinerario cuando precisase de *él* para desarrollar sus funciones comerciales clásicas, p.e., para el ajuste de tripulaciones, la contratación de fletamentos, proceder al armamento y avituallamiento del Buque, encargar las necesarias reparaciones, etc.

Cierto que la habitación del Consignatario de buques en el CCom fue todo lo que se quiera menos tranquila y pacífica, pues ese abrumador silencio del CCom terminó por conducir a una **identificación del «*consignatario*» *con el* «*naviero*»**, toda vez que —a pesar de las referencias contenidas en los arts. 113 y 611, CCom y de que el CCom no solo conocía la figura de los consignatarios, sino que -además- era perfectamente consciente de que lo mismo podían serlo «***del buque***», que podían ser consignatarios «***de la carga***», en cuyo caso nada tenían que ver con los navieros, sino más bien con los **destinatarios de las mercancías** transportadas— sin embargo el Consignatario pasaría de ser configurado como «***un representante del naviero***», con posibilidad de contratar fletamentos en nombre y por cuenta de aquél [art. 641, CCom], al tiempo que se le atribuían funciones colaboradoras con el naviero

33 Nieto Tamargo, A.: *El Consignatario de buques*, edit. Oficina Central Marítima, Madrid, 1960, p. 20.

34 Rodière, R.: «Traité...», t. I, *Introduction. L'Armament ..., cit.*, ps. 531 y 537.

en orden a «*efectuar reparaciones urgentes en la nave*» [art. 643, CCom] a ser **identificado con el naviero**; a ser confundido con el Naviero o el Armador. La **confusión** se explicaba porque, vigentes los preceptos del viejo Lib. III.°, CCom, su **art. 586, párr. 2 y el art. 3.°, de la Ley de 22.12.1949, sobre unificación de reglas para los conocimientos de embarque en los buques mercantes [LTM]** coincidían en calificar como «*naviero*» a la «*persona encargada de representar y avituallar al buque en el puerto en que se halle*»; una descripción funcional que resulta muy fácil —casi inevitable— interpretarla como alusiva a un consignatario o agente portuario[35] e identificarla con el concepto de «*Naviero*», en sí... y como sujeto comprometido en contratos de transporte de mercancías, en régimen de conocimiento de embarque asumiendo el papel institucional de «*porteador*».

En la actualidad, el personaje aparece con perfiles regulatorios relativamente nítidos, al haberse optado por una regulación objetiva, centrada, no en la persona del Consignatario, sino **en el *Contrato* de Consignación [arts. 319 a 324 LNM]**[36]... El cambio de perspectiva permitió poner fin a la confusión, dejando claro de una vez por todas, la absoluta **diversidad** entre ambos personajes: ni el Consignatario es naviero o armador, ni el Naviero o el Armador son consignatarios.

Mas la consignación de buques viene regulada no sólo en la LNM, sino también en la Legislación marítima administrativa especial —el **TRLPEMM**—. Se suscita, así, una interrogante previa acerca de la naturaleza estatutaria de los consignatarios de buques; acerca de su condición profesional; mercantil o administrativa; empresarial o funcionarial.

La figura de los consignatarios de buques surge al compás del desarrollo de la navegación «*liner*», cuyo desarrollo permite a los armadores fijar de antemano los puertos de escala; razón por la cual aparece la figura del «*Agente marítimo*» o «*Consignatario de Buque*»[37];personas físicas o jurídicas, establecidas y localizadas en cada puerto, para que llevasen a cabo labores de gestión de los trámites burocráticos —lo que se denomina el «*despacho del buque*»— que antes había de llevar a cabo el Capitán[38]. Los consignatarios cumplen básicamente

35 GARCÍA-PITA Y LASTRES, J. L.: «El Naviero. Su Régimen...», *cit.,* p. 31.

36 CAMPUZANO LAGUILLO, A. B.: «El Contrato de Consignación de buques», en VV. AA.: *Comentarios sobre la Ley de Navegación Marítima*, dir. por A. EMPARANZA SOBEJANO y J. M. MARTÍN OSANTE, edit. Marcial Pons, Ediciones Jurídicas y Sociales, S.A, Madrid/Barcelona/Bs.Aires/São Paulo, 2016, p. 463.

37 GONZÁLEZ LEBRERO, R.: *El Agente Consignatario de buques en España*, edit. Libreria Bosch, Barcelona, 1989, p. 11. RUIZ SOROA, J. M.: *Manual de Derecho marítimo: el Buque, el naviero, personal auxiliar*, Oñati, 1990, p. 123. ZABALETA SARASÚA, S.: «La responsabilidad del Consignatario de Buques en el Derecho español», en VV. AA.: *II Jornadas de derecho marítimo de San Sebastián*, coord. por J. M.ª DE EIZAGUIRRE, edit. Librería Carmelo, Donostia, 1994, ps. 167 y s.

38 OTERO LASTRES, J. M.: «El Consignatario de Buques», en VV. AA.: *I Congreso Nacional de Derecho marítimo. 1983*, edit. Comité Regional de Derecho Marítimo de Andalucía,

dos funciones: 1.- La función **operativa**... y 2.- la función **comercial**[39], aunque —en mi opinión— aún habría que incluir una tercera —que hasta podría ser la más importante— denominada 3.- Función **gestora o administrativa**. Los límites entre estas funciones pueden considerarse relativamente difusos: ¿No será la función gestora/administrativa, parte de la función operativa? Y por si todo lo dicho no fuera suficiente, todavía queda un problema en el aire; a saber: determinar, de entre las distintas funciones del Consignatario, ***cuál es la que verdaderamente lo define* como tal**, o —por expresarlo en otros términos— **cuál es la *prestación característica* de la relación de consignación de buques**. Así, p.e., hay quienes —como RODIÈRE— sitúan en primer plano la **gestión de las operaciones relacionadas con el transporte**, que hacen del Consignatario un «*mandatario retribuido del Porteador marítimo*»[40]; un enfoque intensamente jurídico-privado; patrimonial... En cambio, otros se centran, preferentemente, en las funciones y actividades relacionadas con el **despacho de buques**.

El **art. 319, LNM** ofrece —sic— un «concepto» del personaje, en los siguientes términos:

> «Se entiende por consignatario a la persona que por cuenta del armador o del naviero se ocupa de las gestiones materiales y jurídicas necesarias para el despacho y demás atenciones al buque en puerto».

Desde luego, los consignatarios se encargan —típicamente— de **aprovisionar, pertrechar y despachar al buque** —esto es lo que se caracteriza como esa aludida «***función operativa***» del Consignatario de buques—, lo que incluye gestionar el combustible, ocuparse de la limpieza de bodegas, la retirada de basuras, la estiba y desestiba, la carga y descarga de mercancías, el servicio de practicaje y remolque en su caso, cualquier actuación documental, etc., así como coordinar la llegada de las mercancías al puerto[41]... Pero

Sevilla, 1985, p. 262. URÍA GONZÁLEZ, R.: *Derecho Mercantil*, edit. Marcial Pons, Ediciones Jurídicas y Sociales, S.A., 28.° ed. con la colaboración de M.ª L. APARICIO, Madrid, 1992, p. 1143, quienes señalan cómo el desarrollo de la navegación a vapor en orden a la rapidez y regularidad del transporte marítimo y la complejidad de relaciones comerciales a las que dio lugar han acentuado extraordinariamente la importancia que tiene el Consignatario de buques, en el tráfico mercantil moderno.

39 MURCIA CUENCA, J. M.: *El futuro tecnológico...*, *cit.*, p. 31.

40 RODIÈRE, R.: «Traité...», t. I, *Introduction. L'Armement ...*, *cit.*, ps. 537 y s.

41 CARBONE/CELLE/LÓPEZ DE GONZALO: *Il Diritto Marittimo attraverso...*, *cit.*, 5.ª ed., p. 374. ZUNARELLI/COMENALE PINTO: *Manuale di Diritto della Navigazione ...* , *cit.*, t. I, 2.ª ed., p. 527. MURCIA CUENCA, J. M.: *El futuro tecnológico...*, *cit.*, p. 31. ESTEPA MONTERO, M.: *Análisis de la política sobre los puertos de interés general*, Memoria para optar al grado de doctor, Director: D. JOSÉ MANUEL RUANO DE LA FUENTE, Universidad Complutense de Madrid, Madrid, 2015, p. 285, quien señala que, en los espacios portuarios otorgados en régimen de autorización o concesión, el consignatario que actúe en representación del armador responderá del cumplimiento de las obligaciones de coordinación durante las maniobras de atraque, desatraque y fondeo del buque y, en general, durante la estancia del mismo en

para una más cabal comprensión de la definición legal ofrecida, conviene remitirse los **arts. 7.°, apdo. 3; 9.°, apdo. 1 y 18, LNM**, que se refieren al «*despacho de buques*», diciendo —el art. 18— que, «*[p]ara hacerse a la mar o, en general, para emprender la navegación, todo buque requiere la previa autorización de salida, que otorgará la Administración Marítima y se denominará «despacho», sin perjuicio de las preceptivas autorizaciones previas que corresponda conceder a otras autoridades y de los supuestos de autodespacho por el capitán y otras modalidades que se prevean reglamentariamente*». Ergo el despacho de buques puede ser definido como la **autorización previa, otorgada por la Administración Marítima, que se concede con el exclusivo fin de permitir la salida del Buque**. Y como —al propio tiempo— el **art. 7.°, n.° 3, LNM** establece que:

> «... La autorización para entrar en puerto se concederá por la Administración portuaria, a solicitud de los armadores, navieros, capitanes o consignatarios, y quedará siempre supeditada al cumplimiento de la legislación y demás normativa a que se refieren los apartados anteriores».

A lo que hay que añadir que el **art. 9.°, apdo. 1, LNM** dispone que:

> «1. Con independencia de lo dispuesto en los artículos 186 y 187, en caso de arribada forzosa, el armador, capitán o consignatario deberá comunicar sus causas a la Administración Marítima, la cual verificará los motivos que la justifiquen y señalará las formalidades y requisitos especiales que, en su caso, deban cumplirse para tales supuestos...».

De este modo, la Ley española sitúa en el eje de la definición o del personaje —Consignatario—... o del contrato —de Consignación—, en el elemento de la **gestión de los trámites administrativos de entrada y salida de buques, de puerto**. Así, decir que el Consignatario se ocupa de «*despachar el Buque*», supone —directamente— hacer mención de una función suya que tiene que ver con la **gestión de trámites entre el Armador... y la Administración marítimo-portuaria**; la gestión de la solicitud de **actos administrativos de los que crean una posición jurídica *activa* en el Particular**, lo que —excluida la posibilidad de que se trate de procedimientos concesionales— revela que se trata de gestionar, por cuenta del Armador, los trámites para la solicitud y emanación de un acto administrativo de naturaleza **autorizatoria**, de modo que —efectivamente— **la función «*operativa*» engloba o incluye la función gestora/administrativa**, para la cual se reconoce explícitamente que el Con-

---

el puerto, salvo para las operaciones de carga, estiba y desestiba, descarga o transbordo de mercancías o de embarque o desembarque de pasajeros, mientras que —si se realizan estas operaciones o las de entrega, recepción, almacenamiento o depósito y transporte horizontal de mercancías en espacios no otorgados en autorización o concesión— responderá del cumplimiento de las obligaciones de coordinación la empresa prestadora del servicio correspondiente.

signatario está **legitimado** «*ad qærendum*». Y, sin embargo, la E.M./LNM parece querer decirnos otra cosa: cuando se refiere a los consignatarios de buques lo único que manifiesta es esto:

> «En el caso del consignatario la idea central de la regulación es que quien no cobra el flete para sí mismo tampoco debe responder como transportista, aunque esté legitimado para firmar los conocimientos de embarque. En cambio, si el consignatario oculta el nombre del naviero, responderá solidariamente con él».

O sea que, en la regulación del Consignatario —del Contrato de Consignación— la —sic— «*idea central*» nada —o muy poco— tiene que ver con la definición del art. 319... sino que tiene que ver con su participación en los contratos de transporte marítimo de mercancías, y con el problema de la responsabilidad por la carga. Lo que se acaba de referir debe ponernos en guardia frente al hecho de que, si bien hablamos del Consignatario «*de buques*», es frecuente que el Consignatario del buque o del Armador/Naviero sea, a la vez, **consignatario de la carga**, que es un personaje muy distinto —en su concepto— del Consignatario de buques, y que aparece regulado en el **art. 4 —«*sujetos*»—, n.º 3 de la Ley n.º 15/2009, de 11.11.2009, del Contrato de Transporte terrestre de mercancías [L.TrTM]**, donde se configura como «***la persona a quien el porteador ha de entregar las mercancías en el lugar de destino***». La susodicha L.TrTM parece identificar las nociones de «*consignatario*» [de la carga o de las mercancías] y de «*destinatario*» de las mismas, aunque tengo la impresión de que establecer una absoluta relación de sinonimia jurídica entre ambas nociones sería un grave error, pues sospecho que «*destinatario*» de la carga y «*consignatario*» de la carga son **dos cosas distintas**; dos conceptos entre los cuales —en el mejor de los casos— habría una relación de género/especie, siendo el género la figura del Destinatario... y el Consignatario, una especie de aquella; una especie caracterizada por el hecho de que el Consignatario de la carga la recibe ejerciendo, no una facultad establecida en interés propio, sino en ejercicio de un servicio prestado por cuenta ajena; por cuenta del verdadero destinatario de las mercancías.

Sea como fuere, la consignación de cargamentos es una **función —en principio— ajena a la consignación de buques**, por lo que de no darse el caso de que el Consignatario se ocupe de coordinar la llegada de las mercancías al puerto; de ejecutar todas las fases terrestres del transporte marítimo, incluyendo no solamente entrega, sino también la recepción de la carga en destino, sus funciones estrictas —como consignatario «*del Buque*»— se limitarían a recibir la mercancía —como agente de los porteadores— embarcarla en el puerto de carga apropiadamente y en perfecto estado, y despacharla en aduanas y asegurar su llegada a destino; es decir: en definitiva, ejecutar **las fases terrestres del transporte marítimo, entrega y recepción de la carga... que correspondan al Cargador y** —sobre todo— **al Porteador... no al Destinatario**.

Mas cuando el Consignatario de Buques se ocupa del cargamento, de inmediato experimenta las consecuencias del interés despertado en la **legislación aduanera**, que sitúa al Consignatario en una posición deudora o responsable; es decir: tratándolo como Sujeto pasivo del Tributo, o como Representante tributario del verdadero Sujeto pasivo, y ello sumándole o añadiéndole ciertos componentes estatutarios o cuasiestatutarios. Así; para ser consignatarios [de la carga o a efectos fiscales] —que lo podrían ser los consignatarios de buques, para aquellas mercancías que estos mismos conduzcan o transporten— sería necesario **que estuviesen inscritos, bajo el concepto correspondiente, en la «*matrícula de la Contribución Industrial y de Comercio*»**.

En mayo de 1940, la Dirección General de Aduanas dictó acuerdo en el sentido de que los consignatarios de buques *sólo* podrían intervenir en el *despacho aduanero* de mercancías y documentos, *cuando figurasen también como consignatarios de las mercancías,* tratándose de las conducidas en buques de su consignación, sin que pudieran actuar por cuenta ajena en el despacho de las mismas tanto en el comercio de importación como en el de cabotaje de entrada, cuando no fuesen a la vez agentes o comisionistas *colegiados*. Se hace así una primera e importante alusión a la **vinculación** de los consignatarios de buques **con administraciones corporativas**; con entidades de índole colegial, aunque esa vinculación aparecía configurada legalmente como una **carga o condición**, puesto que no se les obligó a integrarse —vía colegiación— en la referida Administración pública corporativa, si bien —a efectos puramente administrativo/tributarios— se les imponía una prohibición operativa, condicionada a su colegiación.

Antes de la llegada del buque a puerto, el consignatario **deberá aclarar si la entidad que los designa abonará la cuenta de escala** *[«disbursement account»]* —es decir: el conjunto de todos los gastos que ha producido el buque en puerto, lo que incluye las tasas abonadas a las autoridades portuarias, «*port dues*», y las tarifas por los diferentes servicios requeridos por el buque durante su escala, tal como se reflejan en el correspondiente documento en el que consta un desglose de todos los gastos que ha producido el buque en puerto y cuyos pagos han sido adelantados por el consignatario— y, en caso afirmativo, **elaborar la factura «*pro forma*» de la cuenta de escala**; con inclusión del **premio o comisión** del agente y los **gastos que el buque realice habitualmente en puerto**. También tendrá que avisar a los prácticos, remolcadores, amarradores, cargadores y estibadores, esto es, coordinar la entrada a puerto y atraque en el muelle correspondiente, así como la carga y descarga de mercancías. Asimismo, el **Reglamento del servicio de Inspección y Vigilancia de la Renta a cargo de la Dirección General de Aduanas, aprobado con carácter provisional por Real Orden de 19.02.1930, modificado por las Órdenes ministeriales de 15.03.1932 y 30.06.1934 (RRAdu/1930/1934)** previó —prevé— que, a los consignatarios de buques, les puede corresponder —igualmente— **ejecutar operaciones de despacho** en las Aduanas, así en lo relativo a **mercancías,** como en lo relativo a **buques**. Así se explica, p.e., la importancia de la **Disp. Adic. Única** del **RD n.º 131/2019**, que trata del «***intercambio de información con las autoridades aduaneras***», en los siguientes términos:

> «Los Ministerios de Fomento y de Hacienda establecerán las medidas de coordinación necesarias para la disposición por medios electrónicos de los datos del Registro de Consignatarios por las autoridades aduaneras para el cumplimiento de sus funciones».

Por consiguiente, ya aquí se percibe lo difuso de los límites entre gestión de negocios privados —aprovisionar y pertrechar al Buque—, y la gestión de trámites y procedimientos jurídico-administrativos —despachar el Buque, efectuar los pagos de obligaciones tributarias, vinculadas con el acceso, la estancia y la salida de los buques, de puerto—, así como la diversidad de comportamientos y actuaciones que se esperan del Consignatario, tantas que lo mismo pueden consistir en la realización de actos jurídicos, que de operaciones materiales o técnicas, si bien —en todo caso— las actuaciones que han de llevar a cabo los consignatarios consisten —predominantemente— en **conductas de «*facere*» jurídicas, efectuadas por cuenta y —asimismo— en nombre ajeno, lo cual conlleva un amplísimo marco para los *flujos de información* y —en consecuencia— para la potencial aplicación de las tecnologías de la IoT, la IIoT e incluso la AI**.

En la regulación de la Consignación y los consignatarios de buques, la **LNM** ha adoptado un enfoque **objetivo**, regulando el **Contrato** de Consignación de buques, más que la Profesión de Consignatario, en cambio tanto el **TRLPEMM**, como el **Real Decreto n.º 131/2019, de 08.03.2019, por el que se desarrolla la obligación de consignación de buques**, adoptan un enfoque **subjetivo-funcional**, regulando la **Profesión** de Consignatario de buques y las relaciones de los consignatarios con la Administración Marítima y las entidades gestoras de los puertos. Así; **¿merece la pena regular un «*Contrato de Consignación de buques*»? ¿Es necesario o —siquiera— conveniente regular un «*tipo contractual*» autónomo, como el «*Contrato de Consignación de buques*»?** La verdad es que empiezo a **dudarlo**. Y es que, si para la tipificación de un contrato; para reconocer, la Ley, que existe un nuevo tipo de negocio jurídico contractual, susceptible de ser definido, el Legislador formula el concepto legal por medio —precisamente— de la mención de las prestaciones características... **realmente este propósito no se consigue con el denominado «*Contrato de Consignación de buques*»**, porque existe una gran diversidad de criterios, a la hora de —precisamente— identificar cuál es la «*prestación característica*». No se puede estar dudando si lo característico de los elementos reales de este contrato reside en las gestiones administrativas, aduaneras y fiscales portuarias, o si —por el contrario— las prestaciones características tienen que ver con las atenciones al buque y a su armamento y suministro, o si —por último— las prestaciones características tienen que ver con la agencia y promoción de contratos de fletamento o de transporte; la suscripción de conocimientos de embarque y las operaciones preparatorios y sucesivas... Para eso, hubiera sido mejor seguir regulando al «*Sujeto*» y su régimen estatutario... dejando los aspectos contractuales a lo dispuesto en los códigos y leyes en materia de contratos de colaboración y gestión de negocios e intereses ajenos, como los arts. 1542, 1544 y 1709 a 1739, CCiv, o los arts. 244 a 302, CCom, o la Ley n.º 12/1992, de 27.05.1992, de Contrato de Agencia; de hecho, la LNM acaba haciendo remisiones muy amplias a estas disposiciones.

Pero, en otro orden de cosas, jamás parecen haber tenido los consignatarios de buques una configuración estatutaria funcionarial, pues aunque tradicionalmente —y desde un primer momento— se han caracterizado por llevar a cabo **funciones que los situaban en una relación de carácter y contenido *jurídico-administrativo o jurídico-tributario*, con las Administraciones públicas**, lo cierto es que —por el contrario— **nunca ejercieron funciones públicas**, porque una y otra son dos actividades diferentes, y que —en este caso— claramente difieren, y son de un tipo —y no del otro— pues cuando los consignatarios de buques llevan a cabo **funciones que los sitúan en una relación de carácter y contenido jurídico-administrativo o jurídico-tributario, con las Administraciones públicas... se trata de funciones *representativas***; no orgánicas, ni funcionariales, ni estatutarias; se trata de funciones que el Consignatario lleva a cabo, sí, relacionándose con la Administración pública —marítimo/portuaria o fiscal— **aunque siempre** —entiéndase bien— **ocupando la posición del «*particular*», del «*contribuyente*» —o de colaborador del contribuyente— o del «*administrado*»**; en definitiva: **del «*súbdito*»**, si se quiere —aunque esa expresión, tan gráfica, repugne un tanto en este contexto nuestro de un Estado democrático—, pues no se puede confundir la participación de un sujeto en relaciones jurídicas de Derecho público... con la condición pública de ese mismo Sujeto, ni con la naturaleza pública de «*sus*» funciones. En este sentido, se podría plantear la cuestión —la hipótesis— de si **se trata de sujetos privados que participan en el ejercicio de funciones públicas, «*uti socii*» de la Administración, o si no lo son, en absoluto**, pues, aunque ciertamente participan en numerosas relaciones jurídicas de Derecho Público —sea administrativo o tributario— más parece que lo hagan como colaboradores de los particulares, que como propios colaboradores de la Administración.

Promulgada la LNM, la concepción que se tiene del Consignatario de buques se aproxima, más bien, a la idea —seguida en otros países— según la cual, la calificación de estos profesionales es la de **representantes o auxiliares** de los armadores, navieros o propietarios de los buques, merced al desarrollo de una actividad de colaboración portuaria[42]; verdaderos agentes

42 Campuzano Laguillo, A. B.: «El Contrato de Consignación de buques», Emparanza Sobejano/Martín Osante: *Comentarios...*, p. 464. García-Pita y Lastres, J. L.: «El naviero. Su Régimen...», *cit.*, ps. 31 y s. También han existido definiciones *«pre-legislativas»*, como la que del art. 1.º del Anteproyecto de Estatuto de los Consignatarios de Buques, de principios de los años ochenta, que recogía Otero Lastres: *«... la persona natural o jurídica que, con aptitud legal para ejercer el comercio, y observando las prevenciones del artículo*

—siquiera *«lato sensu»*[43]— comerciales, que representan a los armadores en todas las tareas y funciones propias del armamento en sentido amplio: equipamiento del Buque, ajuste de la dotación, contratación de los seguros y demás contratos de explotación del Buque; especialmente los contratos de transporte marítimo, en relación con los cuales también se ocupan de la recepción de las mercancías, con la consiguiente emisión de los conocimientos oportunos[44]; una caracterización que había calado profundamente en el «Anteproyecto de Estatuto de los Consignatarios de Buques», elaborado por

---

siguiente, asume la representación del Armador, Naviero, Fletador o Capitán, en su caso, para realizar en el puerto de escala cuantas gestiones conduzcan a facilitar las operaciones de recepción, carga y descarga, despacho y demás atenciones que el tráfico marítimo requiera respecto al Buque, los pasajeros o el cargamento». El Autor analizaba esta definición descomponiéndola en tres elementos; a saber: en primer término, los que atienen a los requisitos exigidos para ser «Consignatario»: pueden serlo tanto *personas físicas, como jurídicas*. Las primeras habrán de *tener capacidad para ejercer el comercio*, que es precisamente el primer requisito exigido por el art. 1.°, CCom para ser *«empresario»*. Respecto de las personas jurídicas, el Prof. Otero Lastres planteaba el problema de si las *sociedades cooperativas* podrían, o no, ser consignatarias de buques, lo que entroncaría con la *problemática general de la mercantilidad, o no, de la* Sociedad *Cooperativa* [Otero Lastres, J. M.: cit. ps. 264 y ss.]

43 Rodière/Du Pontavice.: *cit.,* 11.ª ed., p. 203. Vialard, A.: *cit.,* ps. 213 y s. Grime, R.: *Shipping Law*, edit. Sweet & Maxwell, 2.ª ed., Londres, 1991, ps. 54 y s. Arroyo Martínez, I.: *Curso de Derecho marítimo (Ley 14/2014, de Navegación Marítima)*, edit. Thopmson-Reuters-Civitas-Editorial Aranzadi, S.A., 3.ª ed., Cizur Menor (Navarra), 2015, ps. 378 y 381. Otero Lastres, J. M.: «El Consignatario...», *cit.,* p. 262. Rodríguez Docampo, M.ª J.: *Contrato de Gestión Naval: criterios para la determinación del régimen jurídico*, Tesis para alcanzar el grado de Doctor, bajo la dirección del Catedrático de Derecho Mercantil de la Universidad de A Coruña Dr. José Luís García-Pita y Lastres y de la Profesora Titular de Derecho Mercantil de la Universidad de A Coruña Dra. M.ª Rocío Quintáns Eiras, La Coruña, 2014, p. 22. Nieto Tamargo, A.: *El Consignatario de buques*, *cit.,* ps. 20 y 26, quien señala que ya el CCo./1829 recogió *«la institución del consignatario de buques y lo* [configuró] *como un representante del naviero»*. Sánchez Calero/Sánchez-Calero Guilarte: *Instituciones..., cit.,* t. II, 30.ª ed. [3.ª en Aranzadi], p. 635. Uría González/Aparicio: *cit.,* 28.° ed., p. 1144, sostienen que, en la actualidad, los consignatarios de buques *«tienden a constituirse en representantes generales del naviero en los puertos de escala»*. Gabiola, I.: «La función de los agentes marítimos y los *brokers*», en VV. AA.: *Libro X.° Aniversario*, edit. Escuela de Administración Marítima/Departamento de Publicaciones del Gobierno vasco, p. 261.

44 Y, así, de acuerdo con la Sent.Corte di Casaz. it. de 02.07.1928, el «Consignatario» [*«raccommandatario marítimo»*] puede ser configurado, ora como un representante general, ora bien como un *mandatario con poderes limitados*, o como una comisionista, e incluso como un mandatario del armador y de los destinatarios de la carga. Igualmente, Rodière, R. y Du Pontavice, E.: *Droit Maritime*, edit. Dalloz, 11.ª ed., París, p. 203. Igualmente Fariña Guitián, F.: *cit.,* t. I, 2.ª ed., p. 347. Gabiola, I.: «La función de los agentes marítimos y los *brokers*», en VV. AA.: *Libro X.° Aniversario*, edit. Escuela de Administración Marítima/Departamento de publicaciones del Gobierno vasco, p. 261, citando opiniones expresadas en la Jurisprudencia inglesa, si bien con la apostilla crítica de que *no siempre son tan amplias las funciones del Agente consignatario*. Nieto Tamargo, A.: *El Consignatario de buques*, *cit.,* ps. 25 y ss.

ANESCO [«*Asociación Nacional de Empresas Estibadoras y Centros Portuarios de Empleo*»], que lo definía como «*la persona natural o jurídica que, con aptitud legal para ejercer el comercio, y observando las prevenciones del artículo siguiente, asume la representación del Armador, Naviero, Fletador o Capitán, en su caso, para realizar en el puerto de escala cuantas gestiones conduzcan a facilitar las operaciones de recepción, carga y descarga, despacho y demás atenciones que el tráfico marítimo requiera respecto al Buque, los pasajeros o el cargamento*».

OTERO LASTRES analizó aquella definición, descomponiéndola en tres elementos; a saber: en primer término, los que atienen a los requisitos exigidos para ser consignatario: podían serlo tanto *personas físicas, como jurídicas*. Las primeras —empero— habrían de *tener capacidad para ejercer el comercio*, que es precisamente el primer requisito exigido por el art. 1.°, CCom para ser «*comerciante*» [Y, en definitiva: «*empresario*»], si bien —respecto de las personas jurídicas— el Prof. OTERO LASTRES planteaba el problema de si las *sociedades cooperativas* podrían, o no, ser consignatarias de buques, lo que entroncaría con la problemática general de la mercantilidad, o no, de la Sociedad Cooperativa[45]. En segundo lugar, OTERO LASTRES fija su atención en la referencia a la índole del vínculo que une al Consignatario con la persona cuyo interés gestiona: queda bien claro que se trata de una relación de representación. El Anteproyecto de Estatuto aludido habría recogido la llamada relación representativa.... pero **habría silenciado cuál sería el origen —el título o causa jurídica— de esa relación**[46], lo que es tanto como decir que habría dejado en el aire la cuestión de la naturaleza jurídica de la relación de consignación de buques. Y, por fin, en tercer y último lugar, OTERO LASTRES fijaba su atención en la referencia al ámbito material de la relación de representación; es decir: la determinación de los intereses o asuntos que se gestionan, por cuenta del Armador, Naviero, Fletador o Capitán[47].

Con mayor ambición, el «***Anteproyecto de Ley de Regulación del Agente Consignatario de Buques***», lo definía en los siguientes términos [**art. 1.°**]:

> «Se entenderá por agente Consignatario de Buques a toda persona física o jurídica que tenga las cualificaciones profesionales y financieras adecuadas, y que, en nombre y por cuenta de un armador, de un fletador o de un porteador, se encargue, de manera continuada o estable, dentro de un área geográfica determinada, como intermediario independiente y mediante remuneración, de uno cualquiera de los actos siguientes:
>
> a) las gestiones de carácter administrativo y técnico relacionadas con la entrada, permanencia y salida de un Buque de un puerto determinado, de sus canales de acceso y zonas de fondeo.

45 OTERO LASTRES, J. M.: *cit.,* p. 265.

46 OTERO LASTRES, J. M.: *cit.,* ps. 265 y s.

47 OTERO LASTRES, J. M.: cit. ps. 264 y ss.

b) las gestiones relacionadas con la contratación y/o la supervisión de las operaciones de recepción, almacenaje, carga, descarga y entrega de mercancías y de embarco y desembarco de pasajeros, con destino a un buque o provenientes de un buque, en un puerto determinado.

c) las gestiones relacionadas con la contratación y/o la supervisión de los transportes complementarios de los marítimos en los que actúe.

d) la promoción, negociación y conclusión de operaciones comerciales relativas a la contratación de mercancías y pasajeros para su transporte en un buque, desde un puerto determinado

e) la emisión, firma, modificación y entrega y presentación de toda la documentación relacionada con los contratos de transporte de mercancías y de pasajeros, ejecutados por un buque, en un puerto determinado.

f) la asistencia, protección y defensa de los intereses de los armadores, fletadores o porteadores que representen, con relación a un buque, en un puerto determinado.

g) los demás actos no incluidos en los párrafos a) a f) precedentes, que, con relación a un buque y en un puerto determinado, le encomienden los armadores, fletadores o porteadores...».

El precepto adopta un **enfoque funcional** y sólo **limitadamente objetivo**, en el sentido de que el objeto de las actividades pasa a un papel deuteragonista o incluso tritagonista, pero no protagonista: **es necesario que el Consignatario de buques lleve a cabo ciertas gestiones... pero ni todas necesariamente, ni tampoco —necesariamente— algunas de ellas en concreto: basta con sólo que lleve a cabo** «*una cualquiera*», aunque deberá tratarse de alguno de los que se mencionan en la lista.

Lo que sí es importante —aquí se halla el protagonismo— es que el Sujeto se encargue de uno cualquiera de los actos enumerados, llevándolo a cabo «***en nombre y por cuenta de un armador, de un fletador o de un porteador, ..., de manera continuada o estable, dentro de un área geográfica determinada, como intermediario independiente y mediante remuneración***». Este es, ya, un enfoque funcional que, por lo demás, ponía de manifiesto la *creciente*, aunque —en apariencia— no plena, **asimilación al** «***agente comercial***», como **elemento personal característico y parte del «Contrato de Agencia»**, en la medida en que se alude a actuaciones claramente *promotoras y negociadoras* de operaciones mercantiles de transporte y pasaje.

La actuación representativa de los consignatarios de buques, fundamentalmente se despliega **interponiéndose entre los armadores y/o navieros, y la Administración pública**, y haciéndolo —precisamente— **en el contexto de la actividad *administrativa*,** lo cual suscita un problema no pequeño —al menos, en el plano dogmático— pues, tanto el **art. 244, CCom,** como el **art. 1.°**, LCAg/1992, coinciden que los actos u operaciones que llevan a cabo comisionistas y agentes son «***actos u operaciones de comercio***». Y es que parece que las funciones nucleares —acaso, las funciones originales—

del Consignatario están dirigidas a **cumplir las formalidades para lograr un rápido despacho del *Buque*, en un contexto de creciente intervencionismo administrativo, en forma de policía de la navegación y la seguridad marítima**[48]; es decir: para conseguir que el Buque permanezca en puerto, el **tiempo suficiente,** sí, pero que ese tiempo suficiente sea —también— el **menor tiempo posible,** lo que determina que haya de encargarse de satisfacer a las Autoridades portuarias aquellas cantidades que, por la prestación de servicios portuarios al buque consignado, se devenguen, muy posiblemente con carácter de ingresos de Derecho público; con carácter de verdaderos tributos: posiblemente, tasas.

Pero, en realidad, el Consignatario de buques interviene como comisionista o agente, mandatario del Armador y/o Naviero, en dos planos muy diferentes; a saber:

1. En el marco de **procedimientos administrativos de *«despacho de buques»***[49], e incluso —eventualmente— de **despacho de mercancías,** lo que pone en evidencia un problema de recíproca invasión de competencias, entre consignatarios de buques y agentes de aduanas[50]. Por consiguiente, se trata de actividades gestoras y representativas en las que el Consignatario de buques representa a su Cliente, principalmente o de modo más característico, en las relaciones de este último con una Administración pública: la **Administración Marítimo-portuaria**... pero —eventualmente— igualmente con la Administración pública tributaria, propia del comercio de importación y exportación; es decir: la **Aduana**.
2. ... y en la representación del Armador y/o Naviero, en el marco de la **conclusión y ejecución de contratos**; algunos de ellos son los **contratos de atención a las necesidades del Buque**[51]; otros son los **con-**

48 Arroyo Martínez, I.: *Curso..., cit.,* 3.ª ed., p. 381.

49 Arroyo Martínez, I.: *Compendio de Derecho Marítimo...*, cit, 5.ª ed., p. 140. Gabaldón García, J. L.: *Compendio de Derecho Marítimo español. Complemento ..., cit.,* p. 87. Carbone/Celle/López de Gonzalo: *Il Diritto Marittimo attraverso..., cit.,* 5.ª ed., p. 373. Zunarelli/Comenale Pinto: *Manuale di Diritto della Navigazione ... , cit.,* t. I, 2.ª ed., p. 527.

50 La polarización de las actividades del Agente de Aduanas en la gestión administrativa hace posible que también puedan *actuar como gestores del despacho de buques*, asumiendo las funciones propias del Consignatario. En este sentido, el art. 52, RRAd, previene que, *«... Si el Consignatario, Capitán, Comisionista o comerciante se sirviera de Agente de Aduanas para el despacho tendrá éste la responsabilidad subsidiaria respecto de cualquier pago que aquél no hubiese hecho efectivo»*, añadiendo —a renglón seguido— que *«[l]os Agentes gestionarán el despacho del buque o de las mercancías con documentos firmados por los Capitanes, Consignatarios, Comisionistas o comerciantes, y compartirán las responsabilidades de éstos, para lo cual tendrán obligación dichos Agentes de estampar su firma en las carpetas, Declaraciones y demás documentos que se refieran al despacho de que se trate, siempre que los Capitanes, Consignatarios, Comisionistas o comerciantes no hayan otorgado al Agente respectivo, la autorización general de que trata el artículo 15...».*

51 Arroyo Martínez, I.: *Curso..., cit.,* 3.ª ed., p. 382.

tratos de *fletamento y de transporte* [les corresponde encargarse de gestionar la carga y descarga de las mercancías, el cobro de los fletes, etc.][52], y —lo que es más— respecto de este último contrato, podría actuar, incluso, como comisionista o agente de un Porteador que no tuviese la condición de «naviero», propiamente dicho, cual es el caso del «Fletador *"without demise"*», en los contratos de Fletamento por Viaje *("Voyage Charter")*.

En todo caso, lo que debemos considerar característico de la **relación de consignación** es que no se traba entre el Consignatario y la Administración Marítima, sino **entre el Consignatario y unos *particulares*** —los armadores y/o navieros y/o propietarios de los buques y/o porteadores—, lo cual parece llevar la materia en cuestión **extramuros de la ordenación de las actividades portuarias**. Lo que esto significa es que la figura del Consignatario de Buques posee una doble proyección en el marco del TRLPEMM: de forma directa, se regula en materia de ordenación de la Marina Mercante porque los consignatarios son colaboradores típicos de los armadores y navieros, con quienes les vincula una relación contractual jurídico-privada y sinalagmática, de prestación de servicios —típicamente— de gestión; gerenciales, de contenido volitivo; jurídico; no técnico; servicios que bien pudieran considerarse incluidos entre los denominados **«*servicios comerciales*» [arts. 138 al 141, TRLPEMM]**, ya que se trata de **actividades de *prestación* de naturaleza comercial que, no teniendo el carácter de «*servicios portuarios*», están vinculadas a la actividad portuaria**, lo que incluye las operaciones de entrega y recepción de la mercancía, depósito, remoción y traslado de cualquier tipo, así como cualesquiera otras que no estén incluidas en el servicio de manipulación de mercancías, tal como se define en el art. 130, n.º 1, cuyas operaciones tendrán la consideración de servicios comerciales, y para su ejercicio será preciso contar con la oportuna autorización de la Autoridad Portuaria, o cuyo régimen se extiende al desarrollo de actividades industriales, comerciales o de servicios en el dominio público portuario.

Sin embargo, los consignatarios pueden —asimismo— desarrollar tareas y llevar a cabo operaciones **materiales/técnicas, relacionadas** —fundamentalmente— **con el transporte**, tales como el denominado **«*Servicio al pasaje*»**, que incluye el embarque y desembarque de pasajeros, la carga y descarga de equipajes, y la de vehículos en régimen de pasaje, y el denominado **«*Servicio de manipulación de mercancías*»**[53], que consiste en la carga, estiba,

52 Arroyo Martínez, I.: *Curso..., cit.*, 3.ª ed., p. 382.

53 Campuzano Laguillo, A. B.: «El Contrato de Consignación de buques», Emparanza Sobejano/Martín Osante: *Comentarios...*, p. 465. García-Pita y Lastres, J.L.: «El Contrato de Manipulación portuaria de mercancías y la Responsabilidad de los estibadores y de los operadores portuarios o empresarios de terminales de transporte [ETTs]», en VV.AA.: *«IV Jornadas de Lisboa de Direito Marítimo. 15 e 16 de outubro 2015. O Porto»*, coord. por M.J. Da Costa Gomes, edit. CENTRO DE DIREITO MARÍTIMO E DOS TRANSPORTES DA

descarga, desestiba, tránsito marítimo y el trasbordo de dichas mercancías; servicios —ambos— que se incluyen entre los «***servicios portuarios***», propiamente dichos [**arts. 108, n.º** 2, apdos. b), c) y d); 129 y 130 TRLPEMM]. Sea como fuere; la Consignación de buques es una **actividad privada, pero regulada**, por cuanto se trata de servicios que se corresponden con las necesidades del interés general; con las necesidades de la procura existencial o «*Daseinvorsorge*» **[STC, Sala Segunda, n.º 26/1981, de 17.07.1981]**[54] [55], lo que conlleva el que -en su organización y desarrollo o prestación- se encuentren sometidos a obligaciones y reglas que excepcionan la libertad económica o de empresa. Así; tanto el TRLPEMM, en términos muy simple, como —sobre todo— el RD n.º 131/2019 contemplan el régimen de ordenación administrativa de la consignación de buques, estableciendo una suerte de **estatuto** profesional del Consignatario; un régimen que —para empezar— se basa en un sistema de **autorización** para el acceso a la actividad, complementado —o completado— con el consabido régimen de **registro administrativo**, a lo que hay que añadir un régimen de **conformación legal de la Empresa de consignación, en cuanto a medios materiales para dar cumplimiento a las obligaciones de los consignatarios**; un régimen de **contratación forzosa** de servicios de consignación que recuerda —un poco— a las obligaciones de servicio público, impuestas con tanta frecuencia por un Derecho Administrativo económico que quiere eludir la vía de la creación de servicios públicos en sentido estricto... Y hasta un régimen de «***sustitución del consignatario o cesión de la consignación***» **[art. 6.º, RD n.º 131/2019]**, que es objeto de consideración por el Derecho Administrativo de ordenación de la consignación de buques, aunque tales operaciones bien podrían responder a intereses estrictamente privados y canalizarse a través de vías exclusivamente contractuales o corporativo-societarias, también privadas.

FACULTADE DE DIREITO DA UNIVERSIDADE DE LISBOA/EDIÇÕES ALMEDINA, Coimbra, 2018, ps. 297 y s. Díaz De La Rosa, A.: «El funcionamiento de la SAGEP bajo el punto de mira de la Unión Europea», en en VV.AA.: *«IV Jornadas de Lisboa de Direito Marítimo. 15 e 16 de outubro 2015. O Porto»*, coord. por M.J. Da Costa Gomes, edit. CENTRO DE DIREITO MARÍTIMO E DOS TRANSPORTES DA FACULTADE DE DIREITO DA UNIVERSIDADE DE LISBOA/EDIÇÕES ALMEDINA, Coimbra, 2018, ps. 155 y ss.

54 STC, Sala Segunda, n.º 26/1981, de 17.07.1981; Presidente: D. Jerónimo Arozamena Sierra; Magistrados: D. Francisco Rubio Llorente, D. Luis Díez-Picazo y Ponce de León, D. Francisco Tomás y Valiente, D. Plácido Fernández Viagas y D. Antonio Truyol Serra; (BOE núm. 193, de 13.08.1981), en resolución de los Recursos de amparo 203/1980, 216/1980 (acumulados); ECLI:ES:TC:1981:26, en https://hj.tribunalconstitucional.es/es-ES/Resolucion/Show/26

55 Sánchez Morón, M.: *«Derecho Administrativo. Parte General»*, edit. TECNOS.S.A., 2.ª ed., Madrid, 2006, p. 745. García De Coca, J.A.: «Capítulo XIII. Régimen jurídico de las empresas encargadas de la gestión de servicios de interés económico general», en VV.AA.: *«Derecho Europeo de la Competencia. Antitrust e intervenciones públicas»*, coord. Por L.A. Velasco San Pedro, edit. «LEX NOVA»/INSTITUTO DE ESTUDIOS EUROPEOS DE LA UNIVERSIDAD DE VALLADOLID, Valladolid, 2005, p. 627.

Pues bien, el **art. 5.°, RD n.° 131/2019** establece que:

> «1. Los consignatarios cumplirán con la debida diligencia las obligaciones que en su relación con las Autoridades Marítimas y Portuarias se establecen en la regulación de Puertos del Estado y de la Marina Mercante, así como con los demás requisitos exigidos a los mismos.
>
> 2. Las comunicaciones de los consignatarios y la Dirección General de la Marina Mercante, los Capitanes Marítimos, el Organismo Público Puertos del Estado y las Autoridades Portuarias, así como cualesquiera Administraciones Públicas, tendrán lugar a través de medios electrónicos».

No hace falta darse a profundas reflexiones ni usar de un concienzudo esfuerzo hermenéutico, para percibir la trascendencia que tiene este precepto, a los efectos de la presente reflexión, pues revela varias cosas; permite extraer varias conclusiones fundamentales, de las cuales voy a limitarme a citar ahora estas dos, sin perjuicio de mencionar —en su momento— otras más:

1. En primer lugar, que los consignatarios se hallan vinculados con diversas Autoridades jurídico-administrativas sectoriales; a saber: *«la Dirección General de la Marina Mercante, los Capitanes Marítimos [y] el Organismo Público Puertos del Estado y las Autoridades Portuarias»*, lo cual no empece al hecho de que los consignatarios se hallan vinculados —también— con *«cualesquiera»* —entiéndase que cualesquiera en general, y cualesquiera distintas de las mencionadas— *Administraciones públicas*.
2. En segundo lugar, que ese vínculo se materializa en concretas relaciones jurídicas de sujeción o subordinación —no necesariamente especiales... aunque sí, quizá, específicas—.

Así —entre otras cosas— las técnicas interventoras sobre el sector de los consignatarios de buques pueden incluir la imposición de las llamadas ***«obligaciones de servicio público»***[56]. Algo de esto podemos encontrarlo en los **arts. 3.° y 4.° del RD n.° 131/2019**, de conformidad con los cuales, se establece —respectivamente— que los buques abanderados en España —con excepción de las embarcaciones de pesca y de recreo—, cuando hagan escala en un puerto español en el que el armador o naviero no disponga de consignatario dentro de su propia organización para atender sus gestiones frente a la Administración Marítima y la Autoridad Portuaria correspondiente, así como frente al resto de Administraciones Públicas que ejerzan sus funciones y controles en los puertos, ***deberán* contar con *un consignatario* que cumpla con los requisitos previstos en el referido RD n.° 131/2019**. Y, en segundo lugar, que todo buque extranjero deberá tener un consignatario en los puertos nacionales, con excepción de las embarcaciones de recreo

56 SÁNCHEZ MORÓN, M.: *cit.,* 2.ª ed., p. 746.

—nada se dice de las embarcaciones de pesca—, que podrán ser representadas directamente por su propietario o capitán. Todo esto parece moverse, más bien, en el plano de la **policía administrativa**, que en el plano de cualquiera de las otras formas de actuación de la Administración; especialmente, más bien que en el plano de los servicios y funciones públicas.

3.1.2. Caracterización del Contrato de Consignación de buques, como instrumento jurídico vertebrador de la relación de prestación de servicios de los consignatarios de buques

Cuando los arts. 3.° y 4.°, RD n.° 131/2019 contemplan las mencionadas obligaciones de consignación de buques, nos obligan a hacer una reflexión sobre la naturaleza jurídica de las relaciones que mantienen los consignatarios de buques y que son relaciones —por así decirlo, y a riesgo de incurrir en una cierta simplificación— **bidireccionales**: hay unas relaciones que mantienen los consignatarios de buques **con las Administraciones públicas...** y hay unas relaciones que mantienen los consignatarios de buques **con los armadores y/o navieros**. La primera de ambas circunstancias es algo que ya conocemos.

En cuanto a la segunda, el **art. 319, LNM** dispone lo siguiente:

> «Se entiende por consignatario a la persona que por cuenta del armador o del naviero se ocupa de las gestiones materiales y jurídicas necesarias para el despacho y demás atenciones al buque en puerto...».

Precepto cuya más cabal comprensión de la definición legal ofrecida, conviene remitirse al **art. 18, LNM**, que se refiere al ***«despacho de buques»***, diciendo que, *«[p]ara hacerse a la mar o, en general, para emprender la navegación, todo buque requiere la previa autorización de salida, que otorgará la Administración Marítima y se denominará «despacho», sin perjuicio de las preceptivas autorizaciones previas que corresponda conceder a otras autoridades y de los supuestos de autodespacho por el capitán y otras modalidades que se prevean reglamentariamente»*. Ergo el despacho de buques puede ser definido como la **autorización previa, otorgada por la Administración Marítima, que se concede con el exclusivo fin de permitir la salida del Buque**. Semejante autorización es un verdadero acto administrativo y, por este motivo, precisa de un procedimiento administrativo para su emanación. Se trata de un procedimiento **rogado**: *«2. El despacho se concederá, a petición del armador, capitán o consignatario»*; **reglado**: se concederá *«siempre que se presente la Declaración General y el buque tenga en regla el resto de la documentación y certificados exigibles»* y *«sólo podrá negarse en virtud de causa legal o reglamentaria, por orden judicial o a solicitud de autoridad com-*

petente». Su regulación concreta se remite a un posterior desarrollo reglamentario *[«3. Reglamentariamente se regulará el régimen de despacho de buques» y «4. El reglamento establecerá un régimen simplificado para los buques y embarcaciones de recreo, para los buques dedicados exclusivamente a la navegación por aguas interiores marítimas y para todos los que realicen trayectos cortos y de elevada rotación»].*

Esa cualidad procedimentalizada, rogada y reglada, hace del despacho de buques un trámite que fácilmente puede quedar confiado a la **gestión por cuenta ajena**. Mas, con independencia del supuesto de la **autoconsignación**, que se produce cuando es el propio armador o naviero (o principal) el que se presta a sí mismo los servicios de consignación [Sería el típico caso de empresa naviera que tiene muchas líneas regulares y sedes con establecimientos permanentes en los puertos en los que opera. Entendemos que, en puridad, no se trataría de un consignatario *strictu sensu*, pues ni siquiera se trata de un empresario autónomo; entiéndase, distinto del propio Destinatario del servicio][57] y del llamado ***«consignatario agente protector»*** *—«owner's agent», «protecting agent»* o *«ship's husband»*), que es el consignatario nombrado por un fletante cuando el fletador nomina al agente consignatario en sí tras prever expresamente tal posibilidad *(«charterer's agent»)* el contrato de fletamento por tiempo; ni es independiente como se requiere, pues se trata realmente de un naviero que se presta a sí mismo servicios de consignación— ya así cabe distinguir entre:

1. Consignatario que se encuentre ***«dentro de su propia organización»***; es decir: dentro de la organización económica del propio Armador o Naviero. Se trata del denominado ***«consignatario-sucursalista»***[58], al que se refiere la **Sent.TSJ. Las Palmas de Gran Canaria, Sala de lo Contencioso-Administrativo, de 23.09.1997**[59].
2. Y, en segundo lugar, ese **otro** Consignatario, al que se refiere la reproducida Sentencia, que **no** se encuentra ***«dentro de su propia organización»***; es decir: que se halla **fuera** de la organización econó-

57 Barbadillo Eyzaguirre, J.: «El Contrato de Consignación...», *cit.,* ps. 306 y s.

58 A esta figura aluden, p.e., Muñoz Planas, J. M.ª: «Código de comercio y Derecho Marítimo», en VV. AA.: *Centenario del Código de comercio*, t. I, edit. Centro de publicaciones del Ministerio de Justicia, Madrid, 1986, p. 412, Barbadillo Eyzaguirre, J.: «El Contrato de Consignación...», *cit.,* p. 307, que lo califica como mero dependiente terrestre del armador o naviero o como sucursal o filial del mismo atiende las necesidades en el puerto de los buques operados por la citada empresa, o la Sent. TSJ. Las Palmas de Gran Canaria, Sala de lo Contencioso-Administrativo, de 23.09.1997; Ponente: J. J. Suárez Tejera; recaída en Recurso n.° 1355/94, en http://www.minervaeditores.es/tribunales_audiencias/normas/reglamentos/1394_1/22846/20304.html, n.° ref. Minerva: 533/1998.

59 Sent. TSJ. Las Palmas de Gran Canaria, Sala de lo Contencioso-Administrativo, de 23.09.1997; Ponente: J. J. Suárez Tejera; recaída en Recurso n.° 1355/94, en http://www.minervaeditores.es/tribunales_audiencias/normas/reglamentos/1394_1/22846/20304.html, n.° ref. Minerva: 533/1998.

mica del propio Armador o Naviero... porque se trata —*sic*— de un *«comisionista independiente»*.

El Consignatario «***sucursalista***» es un colaborador **dependiente**; nos hallaríamos, propiamente, ante un **dependiente de comercio**, a la manera en que los concibió el CCom, y que hoy se han transformado en meros trabajadores por cuenta ajena; es decir: el tipo de **trabajadores asalariados**, sometidos a la legislación de Derecho del Trabajo y a la Jurisdicción Laboral. La alternativa a esto es, cabalmente, servirse de la actividad gestora de un operador económico independiente, titular de una organización empresarial propia, que opere en el tráfico mercantil como comerciante «*proprio nomine*», que es el supuesto que caracteriza al «***contrato de consignación de buques***»; un contrato que se muestra, en realidad, plural, ya que acaso no se pueda hablar de «*un*» contrato —en singular— de consignación de buques, sino de **dos** contratos, e incluso de tres. Ahora bien; a partir de este punto algún autor —como BARBADILLO EYZAGUIRRE— enumera una larga lista de tipos de consignatario, aunque todos ellos puedan ser calificados como consignataios de buques, en sentido propio; a saber:

1. Consignatario **universal**, que es aquel agente consignatario a quien el Principal ha conferido facultades ilimitadas;

2. Consignatario **general**, que es aquel agente consignatario a quien el Principal ha conferido facultades suficientes para representar al armador o naviero en todos sus asuntos en todo lo relativo a un asunto o negocio en particular, incluyendo la promoción y realización de actividades comerciales encaminadas a captar clientela para los buques;

3. Consignatario **especial** es aquél cuyas facultades están limitada estrictamente a las instrucciones recibidas.

Hasta aquí, la clasificación se formula sobre la base de criterios objetivos: el ámbito, mayor o menor, de funciones representativas confiadas. En adelante, el autor adopta otros criterios, comenzando por uno de orden funcional-cronológico, que le permite diferenciar entre:

4. Consignatario **ocasional** o Consignatario **estable**, según represente respectivamente tráficos *«tramp»* (no regulares) o a líneas regulares —*«liners»*—, bien de carga bien de pasaje... E incluso Consignatario **indefinido** o Consignatario **temporal** según sea la extensión temporal (indefinida o por un período de tiempo determinado) del contrato que le une al principal, sin perjuicio de las prórrogas que, en su caso, procedan o de la conversión en indefinida de una relación inicialmente limitada en el tiempo.

...y siguiendo por un criterio de orden funcional-subjetivo o funcional-personal, que le permite diferenciar entre:

5. Consignatario **exclusivo** o consignatario **no exclusivo**, según represente a un único principal o represente a varios simultáneamente;

6. **Subconsignatario**, que es el consignatario contratado por otro consignatario;

Ni el TRLPEMM ni la LNM regulan esta variada tipología de consignatarios, como tales variedades, sino que proporcionan una regulación con un enfoque genérico y único. El art. 319, LNM resulta ser un precepto un tanto sorprendente porque, a despecho de todo lo que se dijo con anterioridad y —sobre todo— a despecho de que se halle dentro del Tít. V.°, LNM, sobre los «*contratos auxiliares de la navegación*», nos ofrece un concepto legal referido —paradójicamente— no al Contrato, sino al *Sujeto*; no al Contrato de Consignación, sino al *Consignatario*. Es de agradecer, sin embargo, que este art. 319 contenga esa referencia —*«que por cuenta del armador o del naviero se ocupa de las gestiones...»*—, porque ello revela que el Contrato de Consignación es un **contrato de gestión**, situado junto a —y creo que aún podríamos servirnos de otras preposiciones para describir las relaciones entre estos diferentes tipos— los contratos de **Mandato, Comisión, Agencia comercial...** y hasta me aventuro a incluir —también— el de Mediación o Corretaje, para no mencionar que existe Jurisprudencia que admite que existen relaciones —digamos— de **agencia «*lato sensu*» que se identifican como contratos de arrendamiento de servicios**, como bien demostraría la **SAProv. Valencia, Secc. 7.ª, n.° 306/2021, de 08.09.2021**[60], en relación con el contrato que vertebraba los servicios de un **agente de aduanas**, figura —como sabemos— muy estrechamente relacionada, o al menos muy frecuentemente asociada o vinculada con la actividad de agencia marítimo-portuaria.

El vigente **art. 319, LNM** pretende zanjar la cuestión y —además— hacerlo dando la razón a ambas partes... según los casos: las relaciones internas entre el consignatario y el armador o naviero se regularán por lo establecido para la *Comisión* mercantil cuando se trate de una consignación *ocasional*, mientras que, cuando se trate de consignaciones duraderas, se aplicarán las reglas del Contrato de *Agencia*, en cuyo caso incluso se podría pactar la exclusividad en la consignación. De este modo, pareciera que se zanjan dos problemas distintos, pero relacionados; a saber:

1. La caracterización tipológica del Contrato de Consignación de buques...

60 SA Prov. Valencia, Secc. 7.ª, n.º 306/2021, de 08.09.2021; Magistrados: Ilustrísimos/As Señores/As: Presidente/A: D.ª M.ª Carmen Escrig Orenga; Magistrados/As: D.ª Pilar Cerdán Villalba y D.ª Carmen Brines Tarrasó; Ponente: Ilmo/a. Sr./Sra. Magistrado/a D/ D.ª Pilar Cerdán Villalba, pronunciada en rec. apelación n.° 110/2021; Roj: SAP V 3887/2021; Ecli: ES:APV:2021:3887; Documento TOL8.756.373, en https://www-tirantonline-com.accedys.udc.es/tol/documento/show/8756373?tolweb_search_token_id=64e46c9a40c7350018513cb5&num_found=319&pais=esp&general=diferencia+entre+%22comisi%C3%B3n+mercantil%22+++Y+%22arrendamiento+de+servicios%22+&next_index=1&navigate_url=%2Fbase%2Ftol%2Fjurisprudencia%2Fsearches%2Fnavigate%3Ftoken_id%3D64e46c9a40c7350018513cb5&search_url=%2Fbase%2Ftol%2Fjurisprudencia%2Fsearches%3Findex%3D0%26token_id%3D64e46c9a40c7350018513cb5

2. ... la adscripción ordinamental del Contrato y fuentes aplicables...

Sin embargo, los problemas se zanjan por una «*vía rápida*» que deja un regusto a insatisfacción, pues la actividad típica del Consignatario **plantea problemas, no ya sólo respecto de su adscripción al Derecho mercantil, sino incluso problemas respecto de su caracterización tipológica, como contrato de agencia.** Porque si analizamos la definición legal del Contrato de Agencia, de conformidad con el **art. 1.°** de la **Ley 12/1992, de 27.05.1992, de Contrato de Agencia,** en seguida comenzarán a surgir dudas acerca de la caracterización de las relaciones duraderas de consignación de buques. En efecto; dice el art. 1.° LCAg que:

> «Por el contrato de agencia una persona natural o jurídica denominada agente se obliga frente a otra, de manera continuada o estable, a cambio de una remuneración, a promover actos u operaciones de comercio por cuenta ajena, o a promoverlos y concluirlos, por cuenta y en nombre ajenos, como intermediario independiente, sin asumir, salvo pacto en contrario, el riesgo y ventura de tales operaciones»[61].

Y cabe **dudar de que se cumplan tanto el requisito objetivo, como el requisito funcional**. Para empezar, resulta obvio que la actividad de los agentes consignatarios de buques se caracteriza, objetiva y funcionalmente, **por el «*actuar ante*» las Administraciones públicas u organismos marítimo-por-**

---

61 SÁNCHEZ CALERO/SÁNCHEZ-CALERO GUILARTE.: *Instituciones..., cit.,* t. II, 25.ª ed., p. 172. BROSETA PONT/MARTÍNEZ SANZ, F: *«Manual de Derecho Mercantil»*, 2 Vols., edit. TECNOS,S.A., 11.ª ed., Madrid, 2002, p. 117. QUINTÁNS EIRAS, M.ª R.: *Delimitación de la Agencia Mercantil..., cit.,* ps. 173 y ss., señala que, ya antes de la promulgación de la Ley n.° 27/1992, existía un amplio asentimiento, en punto a la definición del Contrato de Agencia, como contrato de colaboración, en torno a las actividades de promover y concluir operaciones de comercio, por cuenta y nombre ajeno, de forma estable y en régimen de independencia. ANGULO RODRÍGUEZ, L.: «Capítulo 62. Colaboradores del Empresario y otros contratos de colaboración», en VV.AA.: *«Derecho mercantil»*, t. II, *«IV.- Títulos-valores. V.- Obligaciones y contratos mercantiles. VI.- Derecho Concursal mercantil. VII.- Derecho de la Navegación»*, coord. por G.J. Jiménez Sánchez, edit. ARIEL, S.A., 9.ª ed. actualizada, Barcelona, 2004, p. 263. URIA GONZÁLEZ, R.: *«Derecho Mercantil», cit.*, 28.ª ed., ps. 732 y s. VALPUESTA GASTAMINZA, E. M.ª: «Capítulo III...», *cit.,* ps. 298 y s. PALAU RAMÍREZ, F.: «Artículo 1. Contrato de Agencia», *cit.,* p. 38, quien señala que se trata de una definición legal que *«contiene de forma impecable todos los elementos esenciales que configuran el concepto del Agente»* CANO RICO, J. R.: *«Manual práctico de Contratación mercantil»*, t. I, *«Contratos mercantiles en general»*, edit. TECNOS, S.A., 4.ª ed., Madrid, 1999. p. 193. HERNÁNDEZ MARTÍ, J.: «Contratos de cooperación y distribución», en BARONA VILAR, S., ESPLUGUES MOTA, C. y HERNÁNDEZ MARTÍ, J.: *«Contratación internacional (Doctrina, Jurisprudencia, formularios y Legislación)»*, coord. por C. Esplugues Mota, edit. TIRANT LO BLANCH, Valencia, 1994, p. 735. JUÁREZ PÉREZ, P.: «Capítulo XII Contratos de distribución», en CALVO CARAVACA, A.L., CARRASCOSA GONZÁLEZ, J. y otros.: *«Curso de Contratación internacional»*, edit. COLEX,S.A., Madrid, 2003, ps. 337 y s. BLANCO CARRASCO, M.: *El Contrato de Corretaje*, edit. FUNDACIÓN REGISTRAL/COLEGIO DE REGISTRADORES DE LA PROPIEDAD Y MERCANTILES DE ESPAÑA, Madrid, 2008. p. 343. El precepto es muy parecido al art. 1742, Cod.civ.it. [FERRI/ANGELICI/FERRI, L,: *«Manuale di Diritto commerciale»*, edit. UTET., 10.° ed., Turín, 1998, p. 1005].

tuarios y aduaneros competentes, en materia de tramitación del despacho de buques y mercancías... Pues bien; ¿acaso podemos calificar estas gestiones como referidas a «*actos u operaciones de comercio*»? Se trata de un problema que ya tuve ocasión de analizar en relación con un tipo de profesión y de contratos muy parecido: me refiero a las relaciones de colaboración de los agentes de la Propiedad Industrial[62]. En todo caso, parece que el «*actuar ante*» las Administraciones públicas u organismos marítimo-portuarios y aduaneros competentes, en materia de tramitación del despacho de buques y mercancías, **difícilmente puede ser calificado como acto u operación de comercio**, sino que se trata de actividades pertinentes a lo más granado del Derecho administrativo: el régimen jurídico de los **procedimientos administrativos**... Aunque hay que reconocer que, si se trata de obtener el despacho de un buque mercante, es evidente que el acto de autorización que es el despacho, lo es para comenzar o proseguir una actividad probablemente constitutiva de empresa; una actividad mercantil de transporte o navegación lucrativa.

En cualquier caso, es dudoso —sobre todo— que se trate de una actividad promotora, por lo que —en apariencia— no se cumplen los requisitos del art. 1.º, LCAg, toda vez que la definición del Contrato de Agencia refleja varios aspectos importantes, pero —sobre todo— pone de manifiesto cuál es el verdadero objeto de prestación; cual es el elemento real y contenido fundamental de los contratos de agencia: la **actividad de *promoción* de contratos**. No se trata, simplemente, de negociarlos o de celebrarlos: se trata de llevar a cabo una conducta que tenga por objeto **propiciar, incentivar, provocar nuevos contratos**, comenzando desde una búsqueda de posibles contrapartes y siguiendo por un papel proactivo en las negociaciones preliminares y —sobre todo— en la formulación de «*invitationes ad offerendum*»[63], que —a su vez— sean aptas para provocar —por parte de los destinatarios; potenciales clientes o co-contratantes del Principal— una respuesta en forma de ofertas de contrato, a su vez susceptibles de obtener una respuesta —positiva o negativa— por parte del Agente... o de su Principal, si se tratase de operaciones concluidas «*salvo confirmación de la Casa*».

Asimismo, tampoco se cumplirían —aparentemente— los requisitos del art. 244, CCom, aunque estos últimos ya resultan algo más fáciles de salvar,

---

62 GARCÍA-PITA Y LASTRES, J. L.: *Adscripción ordinamental y régimen jurídico aplicable a la Relación de servicios de los agentes de la propiedad industrial. Entre el Derecho estatutario y el Derecho de contratos*, edit. Tirant lo Blanch, Valencia, 2018, ps. 209 y ss. En este sentido, lo que resulta obvio es que la actividad de los agentes de la Propiedad Industrial se caracteriza, objetiva y funcionalmente, por el «*actuar ante*» las Administraciones públicas u organismos competentes en materia de registro de derechos de Propiedad Industrial. Además, los agentes de la Propiedad Industrial son profesionales liberales —o la agencia de Propiedad Industrial es una profesión liberal— más que empresarios.

63 QUINTÁNS EIRAS, M.ª R.: *Las obligaciones fundamentales del Agente*, edit. Civitas, S.A., Madrid, 2001, p. 66.

porque el art. 244 no continue una definición de lo que sea el Contrato de Comisión, sino que esa definición **es la del propio Contrato de Mandato, del art. 1709, CCiv**, que resultaría más sencilla de **adecuar a la consignación —puntual— de buques. No parece que haya problemas en cuanto al** ***elemento subjetivo-personal***, pues —para empezar— el art. 244, CCom no exige que las dos partes del contrato de comisión sean comerciantes: basta que lo sea alguna de ellas... Pero —además, y a diferencia del Agente de la Propiedad Industrial, que es un profesional liberal— el **Consignatario** de buques sí que es empresario o **comerciante**.

Mas nuevamente el art. 244, CCom y los arts. 259, TRLPEMM y 319, LNM nos plantean el problema de la **condición objetiva de la consignación-despacho de buques: ¿acaso podemos** —insisto— **calificar estas gestiones como referidas a «*actos de comercio*»**? El problema —aunque acaso, también la solución al problema— es que debemos movernos entre cuatro polos atractores diversos, que pueden influir en mayor o menor medida sobre los términos de la cuestión:

1. La gestión de **procedimientos administrativos** —ante las autoridades portuarias y aduaneras— **y/o judiciales.**
2. La referencia a **buques** —vehículos utilizados, frecuentemente en actividades mercantiles de transporte, servicios de navegación, pasaje, etc. y otras actividades constitutivas de empresa, en las que el eje se localiza en el propio Buque— **y mercancías.**
3. La propia **indefinición** del concepto *«acto de comercio»*, que no equivale a la noción de *«acto jurídico»* o a la de *«negocio jurídico»* mercantil, y que se ha revelado más complejo y difícil de identificar, de lo que podría parecer, a primera vista.
4. La posible **suficiencia del elemento subjetivo** —y la correlativa no necesidad de concurrir el elemento objetivo— a la hora de atribuir la calificación mercantil, a un contrato de mandato[64].

Si acaso, la duda que subsiste es: **¿significa lo mismo hacer aplicación de las *reglas del Contrato* de Agencia... que afirmar que, verdaderamente, estamos ante un propio *contrato* de agencia? ¿Se beneficiarían los agentes-consignatarios de buques de las normas protectora de la LCAg, en materia despido o denuncia unilateral; en materia de indemnizaciones por clientela *et cætera*?** Por lo demás, no me cabe la menor duda de que el Consignatario suele tener una **participación de primer orden en la celebración de los contratos de explotación o de utilización del Buque,** que yo denomino contratos náuticos; especialmente, en la celebración de contratos de transporte en régimen de **conocimiento de embarque,** que son el para-

64 Análogamente, en relación con la agencia de Propiedad Industrial, *vid*. GARCÍA-PITA Y LASTRES, J. L.: *Adscripción ordinamental y régimen..., cit.,* p. 215.

digma del tráfico marítimo de línea regular, como refleja el **art. 321, LNM,** según el cual:

> «El consignatario podrá firmar por cuenta del armador o naviero los conocimientos de embarque de las mercancías cargadas en el buque, en cuyo caso deberá hacer constar el nombre y dirección de aquel. Si no lo hiciera, responderá del transporte solidariamente con el armador o naviero. La misma regla se seguirá cuando el consignatario firme los conocimientos por cuenta del porteador fletador».

Excepcional importancia, por razones históricas y prácticas, tiene el **art. 322, LNM** sobre la Responsabilidad —del Consignatario— por daños a las mercancías, ya que establece que:

> «El consignatario no será responsable ante los destinatarios del transporte de las indemnizaciones por daños o pérdidas de las mercancías o por retraso en su entrega. Sin embargo, será responsable frente al armador o naviero de los daños causados por culpa propia.
>
> No obstante, el consignatario habrá de recibir las reclamaciones y reservas por pérdida o daños a las mercancías que le dirija el destinatario del transporte, comprometiéndose a comunicarlas de modo inmediato al armador o naviero. Las reclamaciones y reservas comunicadas al consignatario surtirán los mismos efectos que las realizadas al armador o naviero».

Un precepto que hace patente la **reacción** frente a la doctrina sentada por la controvertida **STS. Sala 1.ª, n.º 927/2007, de 26.11.2007**[65], que hacía responsable al Consignatario de buques por las pérdidas y averías en las mercancías transportadas, sobre la base de su identificación, ora con el Naviero, ora con el Porteador marítimo. Cuando el consignatario del buque realice tareas de **manipulación portuaria de mercancías** se le aplicarán las normas propias de esta actividad **[art. 323, LNM]**[66].

---

65 STS. Sala 1.ª, n.º 927/2007, de 26.11.2007; Magistrados: D. J. A. Xiol Ríos, D. X. O'Callaghan Muñoz, D. J. Corbal Fernández, D. F. Marín Castán, D. J. A. Seijas Quintana, D. A. Salas Carceller, D. V. L. Montés Penadés y D.ª E. Roca Trías; Ponente: D. J. A. Xiol Ríos, pronunciada en rec. casación n.º 1127/2000, en https://vlex.es/vid/consignatario-naviero-responsabilidad-51926775.

66 Para una visión crítica de la susodicha STS. Sala 1.ª, n.º 927/2007, de 26.11.2007, *vid.* ls opiniones - diversas: favorables, contrarias y críticas pero contemporizadoras de Arroyo Martínez, I.: *«Curso...»*, cit., 3.ª ed., p. 382. *Idem*: «1. La Responsabilidad del Consignatario por daños a la mercancía. Comentario a la STS de 20 de diciembre de 2006», en VV.AA.: *«La Responsabilidad de consignatarios y agentes marítimos. Análisis de la Jurisprudencia, materiales legislativos y perspectivas de reforma»,* coord. por I. Arroyo Martínez, edit. ASOCIACIÓN ESPAÑOLA DE DERECHO MARÍTIMO/ANESCO/ EDITORIAL ALFERAL, S.L., Sant Cugat del Vallés (Barcelona), 2009, ps. 33 y ss. García-Pita y Lastres, J.L.: «3. Marchemos todos juntos, y yo el primero, por la senda de la equivocación (Consideraciones en torno a la responsabilidad del Consignatario, según la STS. Sala 1.ª, de 26.11.2007)», en VV.AA.: *«La Responsabilidad de consignatarios y agentes marítimos. Análisis de la Jurisprudencia, materiales legislativos y perspectivas*

El **art. 324, LNM** contempla la posibilidad de que el Consignatario despliegue una **actuación como transitario**, haciéndose cargo de **organizar y coordinar el transporte de mercancías de sus clientes**, actuando como intermediarios por cuenta ajena, en la gestión de las conducciones de mercancías de cualquier tipo (terrestre, marítimo, aéreo o multimodal). En este sentido, no resulta fácil distinguir a consignatarios de transitarios, como tampoco distinguir a estos de los comisionistas de transportes, propiamente dichos... posiblemente porque se trata de sujetos que desarrollan unas **funciones** que son muy **parecidas** —por no decir idénticas—, **libres** y que se hallan **carentes de regulación** en muchos países. La Jurisprudencia de los Tribunales, por otra parte, tampoco ofrece una doctrina uniforme, al respecto, si bien podría decirse que: mientras el Comisionista de transportes es un comisionista «*delcrédere*», que asume el riesgo del transporte gestionado... en cambio, el *Transitario* responde de sus gestiones de acuerdo al *principio subjetivo de la culpa*.

En definitiva, los consignatarios prestan unos servicios de gestión global de la estancia de los buques en puerto. Así, el **art. 7.º, n.º 2, RD n.º 131/2019** les obliga a «***prestar una atención continua al buque***», lo que conlleva «*asegurar el cumplimiento de las reglas y formalidades que se determinen por los Capitanes Marítimos y las Autoridades Portuarias, así como por las demás Administraciones Públicas que ejerzan sus funciones y controles en los puertos, en relación con la estadía de los buques en puerto*», y como quiera que —acto seguido— el mismo art. 7.º, n.º 2, RD n.º 131/2019 añade que deberán «*tener contacto permanente con las Autoridades Marítimas y Portuarias*», de aquí se deduce que se trata de una labor de gestión de las atenciones al Buque, en puerto, que afectan a las relaciones de los armadores/navieros con las Administraciones públicas competentes. Pero, tratándose —en este último caso— de relaciones jurídico-administrativas, no lo es —en cambio— la relación jurídico-privada de obligación, asumida por el Consignatario, frente a dichos armadores/navieros, en virtud del correspondiente contrato de consignación.

---

de reforma», coord. por I. ARROYO MARTÍNEZ, edit. ASOCIACIÓN ESPAÑOLA DE DERECHO MARÍTIMO/ANESCO/EDITORIAL ALFERAL, S.L., Sant Cugat del Vallés (Barcelona), 2009, ps. 63 a 109. CONCEPCIÓN, J.L.: «2. La Legitimación del Consignatario del buque para ser demandado en los litigios por daños causados en las cosas transportadas», en VV.AA.: *«La Responsabilidad de consignatarios y agentes marítimos. Análisis de la Jurisprudencia, materiales legislativos y perspectivas de reforma»*, coord. por I. ARROYO MARTÍNEZ, edit. ASOCIACIÓN ESPAÑOLA DE DERECHO MARÍTIMO/ANESCO/EDITORIAL ALFERAL, S.L., Sant Cugat del Vallés (Barcelona), 2009, ps. 60 y s. ROJO FERNÁNDEZ-RÍO, A.J.: «4. La Responsabilidad del Consignatario a la luz de la STS 927/2007», en VV.AA.: *«La Responsabilidad de consignatarios y agentes marítimos. Análisis de la Jurisprudencia, materiales legislativos y perspectivas de reforma»*, coord. por I. ARROYO MARTÍNEZ, edit. ASOCIACIÓN ESPAÑOLA DE DERECHO MARÍTIMO/ANESCO/EDITORIAL ALFERAL, S.L., Sant Cugat del Vallés (Barcelona), 2009, ps. 119 y ss.

3.2. Presencia del elemento *«Información»* en el desarrollo de la actividad de consignación y de la profesión de Consignatario de buques

Como ya se dijo anteriormente, en el Cap. II.°, RD. N.° 131/2019 se contienen las reglas que presidirán la actividad de los consignatarios en su relación con distintas Administraciones públicas; reglas presididas por la exigencia, a los consignatarios, de un cumplimiento diligente de las obligaciones que les incumben en sus relaciones con esas Administraciones... Mas, acto seguido, la **E.M/RD. N.°** 131/2019 nos informa del hecho —aparentemente tenido por muy relevante— de que los consignatarios, en sus relaciones con las citadas Administraciones públicas, «***se van a comunicar a través de medios electrónicos***». De este modo, encontramos ya una pista —contenida, además, dentro del texto de una disposición normativa; de una disposición administrativa de naturaleza reglamentaria— **acerca del papel de las TICs, en el contexto de la actividad de consignación de buques**. Y es que, una vez alcanzados estándares aceptables en los procedimientos de obras de construcción portuaria; de diseño de infraestructuras y de material móvil, el paso siguiente tiene que ver con la «*gestión portuaria*», que abarca la planificación estratégica, el marketing, el desarrollo logístico y la gestión empresarial, pues los puertos constituyen nodos estratégicos para facilitar los flujos de mercancías, formando parte de una extensa red logística sobre la cual se establecen los intercambios comerciales entre puntos y/o zonas geográficas distantes, lo cual justifica, si no exige, la aplicación de las denominadas «*nuevas tecnologías*»[67]; sobre todo habida cuenta de que, en el sector del transporte internacional de mercancías el tiempo de entrega del producto se convierte en el elemento clave[68]. Las tradicionales cadenas de transporte: puerto/trayecto marítimo/puerto —relativamente simples—, han sido sustituidas por otras mucho más complejas al ampliarse hacia orígenes/destinos interiores «*puerta a puerta*», en los «*Hinterländer*» —plural de «*Hinterland*» [la zona de influencia terrestre de un puerto]— portuarios, surgiendo centros de distribución o «*hubs*» interiores que alimentan a los «*feeders*» y desde éstos se hace la entrega a los puntos de recepción [ciudades, industrias, etc.][69]. Desde este punto de vista... es fácil comprender la importancia que tiene la función de **despacho de buques... y cuánto necesita y cómo puede beneficiarse de**

67 COTO MILLÁN, P., PESQUERA GONZÁLEZ, M. A., CASTANEDO GALÁN, J. M. y NÚÑEZ SÁNCHEZ, R.: «Impacto de las nuevas tecnologías en la gestión portuaria. Una aproximación empírica», en *Economía Industrial*, 2003, n.° 353, p. 99.

68 COTO MILLÁN/PESQUERA GONZÁLEZ/CASTANEDO GALÁN/NÚÑEZ SÁNCHEZ: «Impacto de las nuevas tecnologías ...», *cit.,* p. 99.

69 COTO MILLÁN/PESQUERA GONZÁLEZ/CASTANEDO GALÁN/NÚÑEZ SÁNCHEZ: «Impacto de las nuevas tecnologías ...», *cit.,* p. 99.

la aplicación de las «*nuevas tecnologías*» o TICs[70]. Ahora bien; es imposible —o es infecundo— hablar de las TICs y de su influencia en cualquier sector del Ordenamiento jurídico; concretamente, ahora, de la influencia de las TICs en la actividad y el régimen de la consignación de buques, sin hacer algunas consideraciones previas sobre la materia sobre la que orbitan las TICs; es decir: sobre la **Información**.

El Diccionario R.A.E. de la Lengua Española ofrece hasta ocho —8— acepciones de la voz **información**, de entre las cuales cabe destacar las siguientes: 1. f. Acción y efecto de informar. 5. f. Comunicación o adquisición de conocimientos que permiten ampliar o precisar los que se poseen sobre una materia determinada. 6. f. Conocimientos comunicados o adquiridos mediante una información. Por consiguiente; si —como hemos visto— información es, entre otras cosas, la acción y el efecto de informar, parece evidente que se trata de llevar a cabo una conducta expresada por medio de un verbo transitivo [**informar**]; un verbo que tiene complemento u objeto directo que está formado por la referencia a una persona, y no a una cosa; precisamente porque **enterar** es verbo cuyo complemento directo se describe como **un «*alguien*»**, y no como un «*algo*»; unos verbos —pues— que denotan un estado o un evento que requiere la existencia de dos participantes o argumentos; un verbo que precisa de un sujeto que necesita «pasar» a otro un objeto.

Pues bien; en el plano de la **acción humana**; del actuar humano existe un hecho; una acción o una conducta —o un estado, según se prefiera— que se denomina «*conocimiento*»; voz que —de acuerdo, nuevamente, con el Diccionario R.A.E.— posee nada menos que diez —10— acepciones, de las cuales las que interesan a los presentes efectos son las siguientes: la primera —1. m. Acción y efecto de conocer—, la tercera —3. m. Noción, saber o noticia elemental de algo. U. m. en pl.— y la décima —10. m. pl. Cosas que se conocen o se saben—, que se relaciona estrechamente con la tercera, y a las cuales hay que sumar la locución verbal «venir en **conocimiento** de algo», que significa: Llegar a enterarse de ello.

---

70 COTO MILLÁN/PESQUERA GONZÁLEZ/CASTANEDO GALÁN/NÚÑEZ SÁNCHEZ: «Impacto de las nuevas tecnologías ...», *cit.,* p. 100, quienes aluden al imprescindible manifiesto de carga para el despacho del buque, manifiesto que —originaria o tradicionalmente— no podía llegar más que en formato papel; de forma física, ya por correo, o a bordo del propio buque, y cómo —desmintiendo la vieja premisa de que la transmisión de la información en el entorno portuario se produce de forma lenta pero segura, por cuanto resultaba, en muchos casos impuesta como condición necesaria para la validez comercial de la documentación— empieza a dejar paso a otras formas de transmisión de la información, porque un puerto ha de servir a sus clientes finales extendiendo sus servicios e integrándose en las cadenas logísticas derivadas de sus relaciones de comercio. En el puerto confluyen los flujos físicos y documentales de las cadenas de transporte; la incorporación de las nuevas tecnologías digitales permite mejorar sustancialmente la oferta de servicios, generando valor para los clientes y demás agentes económicos, así como actuar de motor de innovación en la comunidad portuaria.

El conocimiento —en principio— es un fenómeno **necesariamente humano... pero sólo accidentalmente social**; es decir: puede ser un fenómeno social, intersubjetivo, plural... pero no es necesario que lo sea; no tiene por qué serlo; el carácter eventualmente social del fenómeno del conocimiento no es algo de una necesidad lógica, ya que el conocimiento es un fenómeno verosímilmente **individual**; es algo que un sujeto puede adquirir exclusivamente por sí —es decir: originariamente, por vía de invención o descubrimiento o deducción o inducción— y para sí, sin necesidad de la intervención de ningún otro sujeto... y si lo mantiene en secreto la individualidad absoluta del fenómeno permanecerá incólume.

Ahora bien; que el conocimiento sea un fenómeno verosímilmente e incluso frecuentemente individual, **no impide que —en ocasiones— pueda ser un fenómeno social; intersubjetivo**; ya se dijo anteriormente: sin duda, el carácter eventualmente social del fenómeno del conocimiento no es algo de una necesidad lógica, pero —en cambio y al propio tiempo— el carácter eventualmente social del fenómeno del conocimiento no es, tampoco, ninguna imposibilidad lógica. En este sentido, cabe afirmar —precisamente— que, entre las relaciones humanas intersubjetivas —entre las relaciones **sociales**—, existe un tipo de interacciones de enorme importancia: las que tienen que ver con la **transmisión del conocimiento... y su adquisición *derivativa***; las relaciones asociadas con la «***información***» y su evolución; esas relaciones —en principio— no son, en sí mismas; no son por razón de necesidad intrínseca, relaciones jurídicas; por lo menos, no lo son todavía. Pero, análogamente, también podemos afirmar que, sin duda, el carácter eventualmente jurídico del fenómeno de la Información no es algo de una necesidad lógica, pero —en cambio y al propio tiempo— el carácter eventualmente jurídico del fenómeno de la Información —de la transmisión del conocimiento— no es, tampoco, ninguna imposibilidad lógica; todo lo contrario, como habremos de ver: la **Información y los instrumentos o medios que le sirven de soporte y vector tienen —y van incrementando— una notable relevancia jurídica**.

La **Información** consiste o —mejor dicho— versa; recae —esencialmente— sobre **conocimientos**; el conocimiento es la materia prima de la Información, ya que —en definitiva— Información es un **conjunto** —más o menos organizado— **de datos** que **cambia el estado de conocimiento del sujeto o sistema que lo recibe... o que lo posee originariamente**, porque lo adquirió «*a nēminī*»; por sí mismo, y no de otros... Pues bien; en este punto, puede suceder que los hechos empíricos, algunos sucesos u objetos, que constituyen datos de la experiencia y del conocimiento humano, y que son —asimismo— susceptibles de constituir información comunicada, también pueden ser relevantes, no sólo como simple materia de la Información, sino **también como hechos jurídicos**; como cosas/bienes, voluntades vinculantes manifiestas o sujetos de derecho, porque **todo hecho o entidad susceptible de constituir información pura y simple, lo es también de tener relevancia jurídica**: ora como objeto de deberes positivos —deberes de información [p.e., los deberes de información tributaria, societaria o bursátil, los deberes de contabilidad...], obligaciones de información de naturaleza jurídico-patrimonial, establecidos en interés de un sujeto acreedor, y a cargo de otro, su deudor—, ora bien como objeto de deberes negativos, que pueden serlo tanto jurídico-públicos [El Secreto oficial o secreto de función, que es propio de los funcionarios públicos], como jurídico-privados [El Secreto bancario, establecido como obligación legal en interés de los clientes titulares de los datos reservados]. De esos datos convertidos en —o constitutivos de— información, se dice que luego serán analizados por el usuario final, para que pueda tomar las decisiones o realizar las acciones que estime conveniente, lo que nos ofrece un resultado —¿un producto, acaso?— que podríamos describir como «***información didáctica***» o —si se me permite expresarlo así— «***meroinformativa***»: aquélla cuyo propósito fundamental e inmediato es hacer los datos cognoscibles de o para nosotros, lo cual —en principio— no parece que tenga una relevancia jurídica inmediata, ni —menos aún— inmanente].

Puede suceder, también, que esa información se proporcione por un sujeto informante, a otro: destinatario, y que este último, a su vez, la reciba del primero, como consecuencia de un deber jurídico legal o contractual, lo que —ciertamente— juridifica aquella relación socioeconómica, convirtiéndola en relación jurídica: piénsese, p.e., en el deber societario de información, que se corresponde con el correlativo derecho —del socio— a la información. Mas, pese a todo, seguimos moviéndonos en el plano de lo que antes propuse denominar «*información didáctica*» o «*meramente comunicativa*», porque su efecto propio, directo e inmediato consiste en que cambia el estado de conocimiento de quien recibe el mensaje.

Ahora bien; como sabemos la expresión «*TICs*» —«*Tecnologías de la Información y la Comunicación*»; que, además, parece que lleva implícita la adición del adjetivo «*nuevas*»— pretende poner de manifiesto una especial **relación instrumental entre «*Información*» y «*tecnología/s*»**; relación que —insisto— es instrumental, y no objetiva; es decir: que no se refiere al fenómeno de la Información —conjunto de conocimientos— tecnológica, sino a la «***información***» como conjuntos organizados de datos que cambia el estado de conocimiento del sujeto o sistema que lo recibe... **y que** —a la sazón— **son *objeto* de la aplicación de *tecnologías*; *objeto* de la *aplicación* de «*soluciones*» basadas en *conocimientos* científicos *aplicados***. En principio, nuestro CCom conoció una primera modalidad de aplicación de tecnologías —de soluciones tecnológicas— a la Información: el art. 51, párr. 2.º, CCom contempló —y aún sigue contemplando— el fenómeno de la contratación **telegráfica**, cuando los primeros **equipos eléctricos** para **transmisión telegráfica** fueron inventados por el estadounidense Samuel F. B. Morse en **1836**, y al año siguiente por el físico inglés Charles Wheatstone en colaboración con el ingeniero sir William F. Cooke. Pero habrían de pasar ciento diecisiete —117— años, para que, en 2002, nuestro CCom/1885 conociese una nueva modalidad de aplicación de tecnologías —de soluciones tecnológicas— a la Información: «***los contratos celebrados mediante dispositivos***

automáticos», lo cual supone un extraordinario cambio cualitativo, ya que, mientras que el Telégrafo no logra evitar la participación directa del Ser Humano, que formula el mensaje, lo pasa al Telegrafista que lo traduce a Código Morse y lo transmite... los «***dispositivos automáticos***» se caracterizan, precisamente, por aquello que nos revela —una vez más— el Diccionario R.A.E. de la Lengua Española, cuando se ocupa de la voz **automático/ca** —del gr. αὐτόματος *(autómatos)* «que actúa por sí mismo»— y el sufijo «*ico*» que le confiere un sentido calificativo, entre cuyas nueve acepciones habré de destacar —primeramente— la novena: f. Ciencia que trata de **sustituir** en un proceso el operador humano **por dispositivos mecánicos o electrónicos**. Luego, tenemos la acepción primera —1. adj. Dicho de un mecanismo o de un aparato: **Que funciona en todo o en parte por sí solo**. U. t. c. s—, la tercera: 3. adj. Producido sin necesidad de la intervención directa del interesado; la sexta: 6. adj. p. us. Perteneciente o **relativo al autómata** y la octava: 8. m. **Dispositivo** automático para interrumpir el paso de una corriente eléctrica.

Cierto que entre 1885 y 2002; que entre el Telégrafo y los «*dispositivos automáticos*» hubo otros desarrollos científico-tecnológicos que habrían de tener una extraordinaria importancia en materia de Información y de su transmisión, comenzando por el **Teléfono**; un **dispositivo de telecomunicación creado para *transmitir* señales acústicas a distancia *por medio de señales eléctricas***; pero, por sí mismo, el Teléfono tampoco evita —todo lo contrario— la participación directa del Ser Humano, que hace uso del aparato telefónico para hacer llegar su voz, al receptor, de modo que —en sí— sigue siendo un sistema no-automático, por lo que —en principio— no admite parangón con los «***dispositivos automáticos***». Digo «en principio» porque lo obvio es que, con el paso del tiempo, se produjo un fenómeno de combinación del uso del Teléfono con el uso de **dispositivos de voz humana registrada, que podían interactuar con el Usuario**, aunque esto no es sino un elemento adicional —una novedad [en su día fue una verdadera «*nueva tecnología*»]—, que no pertenece —en sí— a la naturaleza del teléfono.

Otros adelantos tecnológicos que se fueron desarrollando en el ínterin fueron, primero, el uso del **télex o teletipo** (del francés *Télétype*), que era un dispositivo de transmisión de datos, hoy obsoleto, basado en el telégrafo, que se aplicaba para **enviar y recibir *mensajes mecanografiados* punto a punto *a través de un canal de comunicación simple*, a menudo un par de cables de telégrafo**[71]. Posteriormente vendría el uso del **fax** (abreviación

71 . Las formas más modernas del equipo se fabricaron con componentes electrónicos, utilizando un monitor o pantalla en lugar de una impresora. El sistema todavía se utiliza para personas sordas o con serias discapacidades auditivas, con el fin de poner por escrito comunicaciones telefónicas. El teletipo implicó una serie de invenciones tecnológicas desarrolladas, entre otros, por Royal Earl House, David E. Hughes, Charles Krum, Émile

de facsímil), también llamado, a veces, **telefax o telecopia** que consiste en la **transmisión** ***telefónica*** **de material** ***escaneado impreso*** (tanto texto como imágenes), normalmente a un número de teléfono conectado a una impresora o a otro dispositivo de salida. El documento original es escaneado con una máquina de fax, que procesa los contenidos (texto o imágenes) como una sola imagen gráfica fija, convirtiéndola en un mapa de bits, la información se transmite como señales eléctricas a través del sistema telefónico. El equipo de fax receptor reconvierte la imagen codificada, y la imprime en papel. Antes del triunfo de la tecnología digital, durante muchas décadas, los datos escaneados se transmitieron como señal analógica.

Pero las tecnologías de la información y la comunicación comenzaron a merecer el calificativo de «*nuevas*», a partir del momento de introducción de la **Informática** y la **Computación**, cuya aplicación exige que la Información —que los datos— se hallen **procesados**, constituyendo lo que se describe como un «***mensaje*** **[informático]**», de modo que —aquí— lo importante no es tanto el haz de conocimientos; el conjunto de datos que constituyen la Información, cuanto **el** ***soporte*** **o el** ***vector*** **de los datos... y el** proceso **de** ***transformación*** **a que deben someterse para ajustarse a ese soporte o vector**, que son los instrumentos que permiten el almacenamiento y la transmisión... de modo que la alusión a unos «***datos procesados***» tiene mucho que ver con los aludidos soportes y vectores de la información, aunque no debe confundirse con ellos. . En consecuencia; cuando el soporte o vector es **informático... los datos habrán de ser objeto de informatización, lo que supone —ante todo— la adopción de una forma determinada de expresarse, muy concreta y muy diferente**: la forma «***digital***», pues en Informática, resulta esencial la **digitalización** del formato de almacenamiento, procesamiento y transmisión de los datos, que se lleva a cabo mediante dispositivos electrónicos, los cuales permiten —primero— formalizar los datos y luego canalizar la información a través de la conducción y control del flujo de electrones u otras partículas cargadas eléctricamente; procesos que, con el paso del tiempo —pero últimamente con una frecuencia e intensidad uniformemente aceleradas—, han ido adquiriendo **relevancia jurídica**.

Cuando la información se canaliza a través de la **conducción y control del flujo de electrones u otras partículas cargadas eléctricamente,** nos hallamos ante un fenómeno que presenta múltiples facetas; un fenómeno poliédrico, que es —a la vez— humano, social, técnico, económico y —eventualmente— hasta jurídico, y que —incluso situándonos en esta última perspectiva— puede referirse a una información que tanto puede ser meramente informativa, comunicativa o didáctica, como —incluso— comenzar a producir efectos jurídicos

Baudot y Frederick G. Creed. Uno de los predecesores del teletipo fue utilizado en el ámbito de la información financiera desde la década de 1870 como forma de imprimir texto transmitido por cable. Se utilizaba una máquina de escribir especialmente diseñada para enviar información de bolsa por telégrafo a las impresoras.

constitutivos sensibles, diversos, en la medida en que la señal electrónica que porta los datos —la información— puede ser una **información aséptica,** simple o pura, dotada —como mucho— de una simple virtualidad jurídica probatoria... o bien puede **expresar una voluntad,** lo cual tiene una extraordinaria importancia en el ámbito jurídico **porque la** «***voluntad declarada***» —que, en definitiva, es información dirigida o transmitida— **constituye la sustancia o la materia prima de los negocios jurídicos....** Y esto no es más que el comienzo.

De hecho; en un estadio posterior, dicha información puede dejar de ser meramente comunicativa o didáctica; puede superar el nivel de lo simplemente informativo; de la simple noticia... y comenzar a producir ciertos efectos jurídicos sensibles, en la medida en que la señal electrónica que porta los datos, la información; puede convertirse en el **soporte de un bien patrimonial**; ser, ella misma, una cosa o un derecho, en sentido jurídico, con un titular original y que, cuando dicha información no es objeto de transmisión, sino de mero almacenamiento, le proporciona —como mínimo— la posesión *[«Besitz»]*: es el caso de los valores negociables representados por anotaciones en cuenta, pero —por lo que aquí interesa— es, también, el caso de los **títulos de transporte de mercancías electrónicos** [«***BOLERO electronic bills of lading***»], que revisten gran importancia a los presentes efectos, por la frecuente —y estrecha relación— entre **Consignatario de Buques y emisión-suscripción de conocimientos de embarque**; fenómeno contemplado en el **art. 246** y en los **arts. 262 a 266, LNM,** y que tanto el primero de dichos preceptos como el **art. 249, n.º** 1, LNM admiten que pueda ser emitido por el Consignatario de buques.

Sea como fuere; con lo que se acaba de describir se habría conseguido que la Información deje de ser, no solamente un fenómeno social o socioeconómico; ni siquiera sólo un fenómeno jurídico... sino que habríamos superado —hemos superado, ya, desde hace algún tiempo— el plano de la información comunicativa o didáctica pura, para entrar en el ámbito de una «***información constitutiva***»; aquella cuyo propósito no se agota en incrementar el nivel de conocimiento, sino en incrementar el **patrimonio**; los activos de un sujeto, de modo que el efecto propio, directo e inmediato de esa información que consta de datos que son ya, jurídicamente, objetos; bienes, activos, consiste en que **cambia —incrementándolo— el estado del *activo patrimonial* del sujeto o sistema que recibe el mensaje...., y que cambia, también, el estado del *pasivo patrimonial* de otro sujeto, que no recibe el mensaje, sino que, más bien, lo emite:** el Emisor de un conocimiento de embarque electrónico, suscrito con su correspondiente firma electrónica, tanto si almacena la información en un disco duro, en un diskette, cd, diskette o en la nube, se comprometerá; se hará responsable —él mismo o el Sujeto a quien representa— de la conducción y —sobre todo— de la entrega de las mercancías indemnes, de acuerdo con el régimen jurídico previsto en la Legislación marítima y de transportes. Este tipo de información «*constitutiva*» y que, con mayor motivo, podría ser calificada como «*ontológicamente patrimonial*», es susceptible de **producir efectos jurídicos «traditorios» o posesorios,**

ya sobre el documento... como sobre la mercancía representada. Así; la información apropiadamente tratada, que —tal vez— ya poseía un contenido jurídico formado por derechos y obligaciones [arts. 1088 y ss., CCiv], da un nuevo paso y se convierte en **soporte de derechos** «***in rebus***». Pero que se haya convertido en información constitutiva; en soporte de bienes y derechos... no impide que siga siendo información «*inerte*», pasiva: aún debe —y puede— darse otro paso, y que la información deje de ser inerte... para convertirse en «***interactiva***», «***performativa***» o «***eficiente***»; es decir: aquellos flujos de datos informatizados que son **capaces de interactuar con el receptor** —cuando no es un sujeto, sino un **sistema**—**, y producir nueva información, o nuevos** ***efectos*** físicos **—electrónicos—, socioeconómicos y —en última instancia— también jurídicos**. Esto sucede cuando la Información se organiza de tal modo que da lugar a un «***programa***»; una secuencia de instrucciones —es decir: acciones elementales orientadas a que un ordenador efectúe una determinada operación—, escritas para realizar una tarea específica en tal ordenador. El dispositivo requiere programas para funcionar, por lo general, ejecutando las instrucciones en un procesador central. Esto sucede, típicamente, en el caso de los llamados «***contratos inteligentes***» o «*smart contracts*». Y sucede que, entre las principales aplicaciones de la inteligencia artificial se hallan las que tienen lugar en el campo de la **logística** y el **transporte,** lo que hace muy verosímil que puedan llegar a tener una grave incidencia sobre la industria de la **Consignación** de buques, como habremos de ver oportunamente.

3.3. Información en el desarrollo de la actividad de consignación y de la profesión de Consignatario de buques y las nuevas tecnologías [TICs]: Los «elementos» del Comercio electrónico

Si hay dos conclusiones sobre las que cualquiera podría estar fundamentalmente de acuerdo, al considerar el papel de las Nuevas Tecnologías del tratamiento de la Información [TICs], en el desarrollo de la actividad de consignación y de la profesión de Consignatario de buques, ellas son —por una parte— la idea de que, **en el desarrollo de la actividad de consignación y de la profesión de Consignatario de buques, se producen numerosos y** ***fundamentales flujos de información entre diversos sujetos***; a saber:

1. Flujos de información entre el Consignatario y su Principal —el Armador, el Naviero, el Propietario del Buque o el Porteador—,
2. Flujos de información entre el Consignatario y las Administraciones públicas marítimo-portuarias o aduaneras-fiscales, ante las que representa los intereses de su Principal, en el marco de relaciones jurídico-administrativas o jurídico-tributarias.

3. Flujos de información entre el Consignatario y los terceros —cargadores, marineros...— con los que celebra contratos, por indicación y en representación de su Principal.

La segunda conclusión es que las TICs han revolucionado —y pueden revolucionar, aún más— esos procesos de flujo de información, **transformando** —paulatinamente; de uno en uno; algunos, por cierto, todavía en trance de transformación— **todos los elementos de la relación socioeconómica de información**, convirtiéndolos en «*elementos*» del Comercio Electrónico y de los Servicios de la Sociedad de la Información [SSI]. Porque —como ya se dijo antes— la expresión «*TICs*» pone de manifiesto una especial **relación instrumental entre «*Información*» y «*tecnología/s*»**, y los Servicios de la Sociedad de la Información y el Comercio electrónico, tanto si tienen lugar en el contexto de redes intermediadas y de valor añadido —«*Value Added Networks*» o VANs— como si se desarrollan en el seno de redes que se sirve de tecnologías de registro distribuido, constituyen una realidad socioeconómica y jurídica compleja, integrada por un conjunto de elementos conceptuales **subjetivos, objetivos y funcionales**, pues la evolución de las TICs condujo, en un momento dado, a la **sustitución de los canales de circulación de la Información**, mediante la configuración de **redes** de comunicación[72], basadas en **la interconexión de equipos informáticos**[73]; basadas en la interconexión de

72 Coto Millán/Pesquera González/Castanedo Galán/Núñez Sánchez: «Impacto de las nuevas tecnologías ...», *cit.,* p. 100, quienes señalan que las necesidades actuales nos permiten hablar de los puertos de cuarta/quinta generación, caracterizados por la implantación de redes telemáticas entre zonas portuarias. Estepa Montero, M.: *Análisis de la política sobre..., cit.,* p. 437, quien señala que un lógico interés por obtener los beneficios derivados de la puesta en funcionamiento de las nuevas infraestructuras intermodales, muestran los operadores portuarios (*v. gr.*, prestadores de servicios, consignatarios o transitarios) que, en cuanto «grupo-objetivo», esperan tener a su disposición una infraestructura tan decisiva en términos de precio, tiempo y seguridad en el transporte como son las modernas terminales ferroportuarias que pueden constituir un factor decisivo que aporte un grado superior competitividad a su oferta respecto de la existente en otros puertos. De modo que su apuesta por este tipo de proyectos resulta indiscutida en la medida en que repercute en su cuenta de resultados.

73 Coto Millán/Pesquera González/Castanedo Galán/Núñez Sánchez: «Impacto de las nuevas tecnologías ...», *cit.,* p. 100, quienes aluden al imprescindible manifiesto de carga para el despacho del buque, manifiesto que —originaria o tradicionalmente— no podía llegar más que en formato papel; de forma física, ya por correo, o a bordo del propio buque, y cómo —desmintiendo la vieja premisa de que la transmisión de la información en el entorno portuario se produce de forma lenta pero segura, por cuanto resultaba, en muchos casos impuesta como condición necesaria para la validez comercial de la documentación— empieza a dejar paso a otras formas de transmisión de la información, porque un puerto ha de servir a sus clientes finales extendiendo sus servicios e integrándose en las cadenas logísticas derivadas de sus relaciones de comercio. En el puerto confluyen los flujos físicos y documentales de las cadenas de transporte; la incorporación de las nuevas tecnologías digitales permite mejorar sustancialmente la oferta de servicios, generando valor para los clientes y demás agentes económicos así como actuar de motor de innovación en la comunidad portuaria.

ordenadores, tanto si dan lugar al establecimiento de redes abiertas, como de redes cerradas [«*Electronic Data Interchange*» o EDI]; tanto si se trata de redes intermediadas y de valor añadido —«*Value Added Networks*» o VANs— como si se desarrollan en el seno de redes que se sirve de tecnologías de registro distribuido, pues es evidente que —en cualquier caso— si el comercio electrónico implica comunicación entre personas distantes, a través de medios electrónicos, ópticos o similares, la posibilidad de esa comunicación exigirá —indefectiblemente— que, **siendo dos partes** las que se comunican, ***ambas posean*, previamente, la *infraestructura electrónica*** o incluso eléctrica de comunicación, imprescindibles [No puede haber comercio electrónico ni contratación electrónica, si alguna de las partes carece de un sistema de información integrado en una red que lo ponga en conexión con el de la otra parte][74].

Ahora bien; cuando se promulgaron el TRLPEMM y la LNM, todavía no se había producido la eclosión de la tecnología «*blockchain*» y —por este mismo motivo— el régimen jurídico del Comercio Electrónico, la contratación electrónica y los Servicios de la Sociedad de la Información **respondía al nivel tecnológico y tecno-organizativo de la época**: un nivel caracterizado por la aplicación de tecnologías de tratamiento de la información y de la comunicación a distancia que se basaban en **redes intermediadas**.

Hablar de una red «intermediada» puede querer decir varias cosas, porque lo mismo puede haber una intermediación técnica, que puede tratarse de una **intermediación *económica***, y —en uno y otro caso— también podemos hablar de una **intermediación** ***jurídica*** [tres supuestos —en realidad, tres aspectos— que no tienen por qué resultar recíprocamente excluyentes]. Desde luego si la red o el entorno donde se despliegan los servicios de la Sociedad de la Información y se llevan a cabo actividades de Comercio electrónico, es una red intermediada, en este marco tiene lugar lo que se describe como la ***expansión* de la noción de «*tercero*»**, pues —dada la complejidad de las redes de telecomunicaciones en entornos intermediados— es muy posible —hasta ahora, era inevitable— que, entre los dos sujetos que intercambian los mensajes de datos, se introduzcan otros sujetos, que —en la terminología jurídica tradicional— deberían ser calificados como «***terceros***», ya que resultan ajenos a la conclusión del contrato entre las partes, y a la relación jurídica que habrá de surgir del mismo entre aquéllas... Es preciso —como presupuesto lógico, jurídico y técnico— que *participe un Tercero* —al que se denomina «***intermediario electrónico***»; que puede presentarse bajo diferentes variedades, y al que denomina «***red de valor añadido***» [«*Value Added Network*» o VAN.]—, cuya virtualidad puede quedar reducida, exclusivamente, a proporcionar una **mera canalización de los mensajes, de sus emisores, a sus destinatarios,**

74 ILLESCAS ORTIZ, R.: *Derecho de la Contratación electrónica*, edit. CIVITAS, S.A., Madrid, 2000, p. 68.

porque —o cuando— dichos mensajes **no pueden discurrir directamente**, de sus emisores, a sus destinatarios... o bien pude incorporar otros componentes de valor añadido, tanto económico como jurídico, pero —en cualquier caso— se trata de un intermediario electrónico que se halla dotado de la suficiente **independencia jurídica** y de unos **medios técnicos**[75] que satisfagan las siguientes exigencias: 1.º- *conservación* de archivos; 2.º- *seguridad* e *integridad* de los datos; 3.º- que el sistema de archivo electrónico esté *debidamente documentado*, incluyendo descripción física y lógica de la estructura de los programas, así como de las entradas y salidas de la información; 4.º- poseer un sistema de archivo de copias *en soporte físico;* 5.º- accesibilidad del sistema: los documentos electrónicos deben ser *accesibles* a través de su *lectura o su visualización en una pantalla* de ordenador[76].

Por las razones que se acaban de exponer, cuando hablo de «***intermediación técnica***», me refiero al hecho de que en la propia circulación de los mensajes de datos; la propia circulación de la información, no se produce directa e inmediatamente de Emisor a Destinatario; no circula directamente entre sus equipos de comunicación, sino que entre uno y el otro **se interpone un tercero —un intermediario— que, simplemente los *conecta* de un modo que ellos, por sí solos, no podrían lograr,** dado que —insisto— sus dispositivos o aparatos de comunicación no están conectados, directamente, entre sí.

Cuando hablo de «***intermediación económica***», me refiero al hecho de que la circulación de los mensajes de datos; la circulación de la información, no solamente no se produce directa e inmediatamente de Emisor a Destinatario; esa información no sólo no circula directamente entre sus equipos de comunicación, y no sólo hace necesario que entre uno y el otro **se interpongan uno o más terceros —uno o más intermediarios—** que no se limitan simplemente a conectar a Emisor y Destinatario, de un modo que ellos, por sí solos, no podrían lograr... sino **que *—además—* proporcionan servicios económicos adicionales, de «*valor añadido*»**; es el caso de los siguientes personajes: 1) Operadores de redes y proveedores de acceso **[art. 14, LSSICE]**, aunque estos podrían considerarse un ejemplo de intermediación meramente técnica.... 2) Prestadores de servicios que realizan copia temporal de los datos solicitados por los usuarios («*caching*» o «*catching*») **[art. 15, LSSICE]**. 3) Prestadores de servicios de alojamiento o almacenamiento de datos *(«hosting»)* **[art. 16, LSSICE]**. 4) Proveedores de instrumentos de búsqueda, acceso y recopilación de datos o enlaces **[art. 17, LSSICE.]**[77].

---

75 Alcover Garau, G.: «La Firma electrónica como medio de prueba (Valoración jurídica de los criptosistemas de claves asimétricas)», en *«Cuadernos de Derecho y Comercio»*, 1994, n.º 13, abril ps. 14 y 29.

76 Camino, J. R.: «El Documento electrónico...», *cit.*, p. 3.

77 Clemente Meoro, M. E.: «Capítulo Primero. La Responsabilidad de los prestadores de

Y, por fin, cuando hablo de una «*intermediación jurídica*», me refiero al hecho en que la circulación de los mensajes de datos; la circulación de la información a través de un Tercero, diverso del Emisor y el Destinatario de los mensajes, no solamente presenta una dimensión técnica o una dimensión económica, **sino que la información tiene, ya,** ***relevancia e*** **—incluso—** ***naturaleza jurídica;*** **especialmente aquella información que no es meramente declarativa, ni probatoria, ni volitiva...** ***sino solutoria*** **y —sobre todo—** ***real*** **o** ***constitutiva***; que tiene una virtualidad jurídica, especialmente en el plano del Derecho patrimonial; en el plano del Derecho de Obligaciones y contratos, e incluso —eventualmente— hasta en el plano del Derecho de Cosas, aunque esto parece tener poco que ver con el mundo de la **agencia marítima** o de la **consignación de buques**; incluso a pesar de que la **informatización** de los títulos-valores se ha extendido a los **documentos del transporte marítimo**, que —como ya se dijo— pueden ser suscritos, emitidos, transmitidos y recibidos por los consignatarios de buques. Pese a todo, pueden existir servicios de la Sociedad de la Información, desarrollados en el marco de la **agencia marítima** o de la consignación —de buques y mercancías— **que tienen lugar en el contexto de** ***redes intermediadas*** **con terceros intermediarios que proporcionan** ***valor añadido jurídico***, acaso en materia de firmas electrónicas, el Sistema —los **terceros certificadores**— proporcione ese valor añadido y, en este sentido, hay que considerar lo dispuesto en el **Reglamento (UE) n.° 910/2014 del Parlamento Europeo y del Consejo, de 23.07.2014, relativo a la identificación electrónica y los servicios de confianza para las transacciones electrónicas en el mercado interior y por el que se deroga la Directiva 1999/93/CE y en la Ley n.° 6/2020, de 11.11.2020, reguladora de determinados aspectos de los servicios electrónicos de confianza [L.Serv.elcon]**. Estas disposiciones centran su atención en los «servicios [electrónicos] *de confianza*»; es decir en aquellos servicios electrónicos prestados habitualmente a cambio de una remuneración, consistentes en:

a) La **creación, verificación y validación de firmas** electrónicas, **sellos** electrónicos o sellos de tiempo electrónicos, **servicios de entrega electrónica certificada y certificados relativos a estos servicios,** o

b) La **creación, verificación y validación de certificados para la autenticación de sitios web**, o

c) La **preservación de firmas, sellos o certificados electrónicos** relativos a estos servicios [art. 3.°, n.° 16), Regl.UE n.° 910/2014/UE].

---

servicios de la Sociedad de la Información», en Clemente Meoro, M.A. y Cavanillas Múgica, S.: «*Responsabilidad civil y contratos en Internet. Su regulación en la Ley de servicios de la Sociedad de la Información y de Comercio Electrónico*», edit. COMARES, Granada, 2003.

Así como también en los «***prestadores de servicios de confianza***»; es decir: aquellas personas físicas o jurídicas que prestan uno o más servicios de confianza, bien como prestador cualificado [un prestador de servicios de confianza que presta uno o varios servicios de confianza cualificados y al que el organismo de supervisión ha concedido la correspondiente] o como prestador no cualificado [art. 3.°, n.os 19) y 20), Regl.UE n.° 910/2014/UE]

De este modo, se introdujo una regulación armónica de **nuevos servicios electrónicos cualificados de confianza**, adicionales a la tradicional firma electrónica, tales como el **sello electrónico de persona jurídica, el servicio de *validación* de firmas y sellos cualificados, el servicio de *conservación* de firmas y sellos cualificados**, el servicio de **sellado electrónico de tiempo**, el servicio de **entrega electrónica certificada** y el servicio de **expedición de certificados de autenticación web**, que pueden ser combinados entre sí para la prestación de servicios complejos e innovadores.

Pues bien; en el **plano solutorio**, el valor atribuido a los mensajes de datos como verdaderos actos solutorios con valor jurídico añadido por la interposición de terceros, podría tener su manifestación propia en lo que se conoce como «*servicio de entrega electrónica certificada*», al que alude el **art. 3.°**, n.° 36), Regl.UE n.° 910/2014/UE y que define como un **servicio que permite *transmitir datos entre partes terceras* por medios electrónicos y *aporta pruebas relacionadas con la gestión de los datos* transmitidos**, incluida la **prueba del envío y la recepción de los datos, y que protege los datos transmitidos frente a los riesgos de pérdida, robo, deterioro o alteración no autorizada**. Esto no es algo que proporcionen, ya sólo el poder de la Autonomía privada de los contratantes y el propio Derecho patrimonial privado —digamos— «*pretecnológico*», sino que los proporcionan —en principio— esos Terceros intermediarios, de modo que estaría justificado hablar de intermediación jurídica de valor añadido también jurídico.

Por consiguiente, en el marco de la **agencia marítima** o de la **consignación** —de buques y mercancías— que tienen lugar en el contexto de redes intermediadas con terceros intermediarios que proporcionan **valor añadido jurídico**, puede tener especial relevancia, a estos efectos, la prestación de «*servicios de entrega electrónica certificada*». En este sentido, el servicio cualificado de entrega electrónica certificada conforme a las especificaciones del Regl.UE n.° 910/2014/UE denominado EDICOMNet eIDAS, actúa como tercero de confianza generando las evidencias que permiten acreditar que un documento emitido desde un origen conectado a la red, a un destino conectado igualmente a EDICOMNet eIDAS (o a otras redes interconectadas). Pues bien; resulta que, entre los ámbitos de aplicación del Servicio Cualificado de Entrega Electrónica Certificada, encontramos dos que afectan, típicamente, a las actividades de consignación o agencia marítimo-portuaria: las relaciones con **Administraciones públicas**, pues EDICOMNet eIDAS es un canal idóneo para **notificar cualquier aspecto de carácter fiscal, normativo o informativo que exija acreditar de forma fehaciente tanto el envío de la comunicación**

como su recepción. Y, en segundo lugar, las comunicaciones B2B, pues EDICOMNet eIDAS ofrece un canal paralelo para el intercambio de documentos y mensajes sensibles entre clientes, proveedores y acreedores como pudieran ser contratos de confidencialidad o compromisos de servicio. Esto supone que **los datos enviados y recibidos a través de un proveedor con este reconocimiento serán admitidos como pruebas en procedimientos judiciales, aunque estén en formato electrónico**. Es decir, el juez no solo no dudará de la validez de la certificación que se presenta, ni siquiera la revisará por ser esta cualificación otorgada por el ministerio y sustentada por el reglamento europeo eIDAS. **Por consiguiente, un Prestador Cualificado de Servicios de Confianza (PCSC) se beneficia de una presunción de validez jurídica**, pues el reconocimiento aporta un alto nivel de seguridad y confianza en la entrega de mensajes a través de nuestros servicios y soluciones de comunicaciones multicanal. Todo el proceso se completa con las evidencias necesarias para constatarlo de manera fehaciente ante un tribunal, por ejemplo.

En este marco y en relación con la **agencia marítima y la consignación** —de buques y mercancías— en el contexto de redes intermediadas de valor añadido jurídico, puede revestir notable importancia el tema de la **responsabilidad civil de los Terceros intermediarios** «***por los contenidos transmitidos*** [o almacenados en, o proporcionados] ***por la red***», cuando dichos intermediarios **no son los autores de la información**[78]; aspecto del que ya se ocupó la **LSSICE**, en sus arts. 13 y ss.[79]. Desde luego el **art. 13, nº 1, LSSICE.** esta-

---

78 Plaza Penadés, F. J.: «La Responsabilidad civil de los Intermediarios en Internet y otras redes (Su regulación en el Derecho Comunitario y en la LSSICE.)», en VV.AA.: *«Contratación y Comercio Electrónico»*, dir. por F.J. Orduña Moreno, coord. por A.B. Campuzano Laguillo y J. Plaza Penadés, edit. TIRANT LO BLANCH, Valencia, 2003, p. 200. A este respecto, la Directiva comienza estableciendo que los Estados miembros garantizarán que el prestador de servicios, cuya actividad se limite a *«transmitir en una red de comunicaciones, datos facilitados por el destinatario del servicio o ... facilitar el acceso a una red de telecomunicaciones»*, no pueda ser considerado responsable de los datos transmitidos, siempre y cuando: a) no haya originado él mismo la transmisión, b) no seleccione al destinatario de la misma y c) no seleccione, ni modifique los datos transmitidos.

79 Ya he hecho referencia a la *«norma general»* del art. 12, Dir.Com.E.,— que contiene una formulación *de sentido negativo*, pero susceptible de una —relativamente sencilla— interpretación *«a contrario»*: si los Estados miembros han de garantizar que el prestador de servicios, cuya actividad se limite a *«transmitir en una red de comunicaciones, datos facilitados por el destinatario del servicio o ... facilitar el acceso a una red de telecomunicaciones»*, no pueda ser considerado responsable de los datos transmitidos, siempre y cuando no haya originado él mismo la transmisión, no seleccione al destinatario de la misma ni seleccione, ni modifique los datos transmitidos,... entonces esa situación debe cesar —y el *prestador* asumir tales responsabilidades—:
- cuando su actuación *no se limite* a la mera transmisión de los datos,
- o cuando sea él mismo quien *origine la transmisión*,
- o cuando sea él mismo quien *seleccione al destinatario* de la misma,
- o bien cuando él mismo *seleccione o modifique el contenido* de dicha información.
En cambio el art. 14, Antep.LCom.El., intitulado *«Regla general y limitaciones de responsabilidad»*, preveía —más bien— una *exclusión de responsabilidad*, disponiendo que *«con*

blece, con carácter general, el **sometimiento** de los prestadores de servicios «**a las *normas generales* del Ordenamiento jurídico sobre *responsabilidad civil, penal y administrativa*, con las particularidades que deriven de la aplicación de la legislación sobre derechos de los consumidores y usuarios**»; responsabilidad en la que, ciertamente, también incurrirán los **autores** de las conductas ilícitas: p.e., el titular de una página web que contenga informaciones ilícitas, se hará responsable civil de los daños causados[80].

Así, adoptando ese mismo modelo de regulación separada o disgregada que está presente en el Derecho Comunitario, el **art. 14, LSSICE** trata de la responsabilidad de aquellos prestadores de SSI cuya actividad se limita a la ***transmisión* por red**, de datos suministrados por el destinatario del servicio o cuya actividad se limita a **facilitar el *acceso*** a las redes [«*net providers*»], incluyendo el **mero almacenamiento automático, provisional y transitorio** de los datos, siempre que sirva exclusivamente **para permitir su transmisión por la red** de telecomunicaciones y su duración no supere el tiempo razonablemente necesario para ello. Unos y otros están **exentos de responsabilidad** por los datos que circulen o transmiten, **salvo** que sean ellos los **que originen la transmisión**, o los que **seleccionen al destinatario**, o los **que *seleccionen o modifiquen* el contenido** de dicha información, si bien no se considerará modificación la simple manipulación estrictamente técnica de los archivos en que figuren los datos. En este sentido, el precepto incluye dentro de su ámbito el almacenamiento automático, provisional y transitorio de esta información, por el que tampoco se incurre en responsabilidad.

Acto seguido, el **art. 15, LSSICE**[81] se refiere a la responsabilidad de aquellos prestadores de servicios de copia temporal o **memoria *tampón*** [«*caching*»],

carácter general», los prestadores de servicios de la Sociedad de la Información solamente serían responsables *«por los contenidos que ellos mismos elaboren o que se* [hubieran*] elaborado por cuenta suya»*, añadiendo que —en cambio— no incurrirían en responsabilidad alguna por el ejercicio de las *«actividades de intermediación, que impliquen la transmisión, copia, almacenamiento o localización de contenidos ajenos, si respetan las normas recogidas»* en los artículos sucesivos proyectados. Por consiguiente, en una lectura *«a contrario sensu»*, se preveía que estos prestadores de servicios sí que podrían incurrir en responsabilidad, ora por su intervención directa o indirecta, en la *elaboración de los contenidos*, ora bien por su participación *inadecuada o irregular* [es decir sin respetar las reglas] en la transmisión, copia, almacenamiento o localización de contenidos ajenos.

80 PLAZA PENADÉS, F. J.: «La Responsabilidad civil de los Intermediarios...», *cit.*, p. 200.

81 Como el art. 13, Dir.SSI. y el art. 16, Antep.LCom.El.; estableciendo —el primero— que los Estados miembros garantizarán que el prestador de servicios, cuya actividad se limite a *«transmitir en una red de comunicaciones, datos facilitados por el destinatario del servicio o ... facilitar el acceso a una red de telecomunicaciones»*, no pueda ser considerado responsable del *almacenamiento automático, provisional y temporal* de esta información, con la única finalidad de hacer más fácil su ulterior transmisión a otros destinatarios, a petición de éstos, siempre y cuando se den una serie de condiciones que aparecen, ya, en la Ley española [El prestador de servicios no modifique la información; cumpla las condiciones de *acceso* a la información, las normas sobre *actualización* de la información,

que almacenan temporalmente los datos que transmiten con la única finalidad de hacer más eficaz su transmisión ulterior a otros destinatarios que los soliciten. Como tales prestadores de servicios no son autores de la información en cuyo flujo intermedian, **tampoco podrán ser considerados responsables por el contenido** de esos datos, siempre y cuando **se cumplan estas condiciones**:

1. Que el prestador de servicios **no modifique** la **información**.
2. **Sólo permita el acceso** a la información a los **destinatarios que cumplan las condiciones** impuestas a tal fin [Es decir: las condiciones de *acceso* a la información].
3. **Cumpla las normas sobre *actualización* de la información**, especificadas de manera ampliamente reconocida y utilizada por el sector.
4. Que **no interfiera en *la utilización libre de tecnología* ampliamente reconocida y utilizada** en el sector, **con el fin de obtener datos sobre la utilización de la información**.
5. Y siempre y cuando ***retire*** **con prontitud** o bien ***haga imposible el acceso* a la información, tan pronto** como tenga **conocimiento** efectivo de que la información ha sido **retirada del lugar de la red en que se hallaba inicialmente**, o de que **se ha imposibilitado su acceso** o de que **una autoridad** judicial o administrativa **ha ordenado retirar o impedir el acceso a dicha información**.

El **art. 16, LSSICE**[82] [83] y se ocupa de la **responsabilidad de los prestadores de servicios de «*almacenamiento o alojamiento de datos*»**, previendo igualmente que cuando se preste un servicio de la Sociedad de la Información consistente en «*almacenar datos facilitados por el destinatario del servicio*», el prestador del servicio no pueda ser considerado responsable de los datos almacenados a petición del destinatario, siempre y cuando:

especificadas de manera ampliamente reconocida y utilizada por el sector; no interfiera en *la utilización libre de tecnología ampliamente reconocida y utilizada en el sector*, con el fin de obtener datos sobre la utilización de la información y retire con prontitud o bien haga imposible el acceso a la información, tan pronto como tenga conocimiento efectivo de que la información ha sido retirada del lugar de la red en que se hallaba inicialmente, o de que se ha imposibilitado su acceso o de que una autoridad judicial o administrativa ha ordenado retirar dicha información o impedir el acceso a ella].

82 Se previó en el art. 17, Antep.LCom.El.

83 El art. 14, Dir.SSI. prevé que, cuando se preste un servicio de la Sociedad de la Información consistente en «*almacenar datos facilitados por el destinatario del servicio*», el Estado miembro garantizará que el prestador del servicio no pueda ser considerado responsable de los datos almacenados a petición del destinatario, siempre y cuando:
No tenga conocimiento de que la actividad o la información es ilícita y, en lo que se refiere a una acción por daños y perjuicios, no tenga conocimiento de hechos o circunstancias por los que la actividad o la información revelen su carácter ilícito, o de que en cuanto tenga conocimiento de estos extremos, retire con prontitud o bien haga imposible el acceso a la información.

1. **No tenga conocimiento** de que la actividad o la información **es ilícita**, o **que lesiona bienes o derechos de tercero**, susceptibles de indemnización...
2. O bien, si llegan a tener conocimiento de estos extremos, **actúen con diligencia para retirar los datos** o bien **hacer imposible el acceso** a la información.

Finalmente, el **art. 17, LSSICE.** trata de la **responsabilidad de los prestadores de servicios** «*que faciliten enlaces a contenidos* o *instrumentos de búsqueda*», los cuales no serán responsables **por la información** «*a la que dirijan*», siempre y cuando:

a) **No tengan conocimiento** de que la actividad o la información **es ilícita**, o que **lesiona bienes o derechos de tercero**, susceptibles de indemnización.

b) ... o, si llegan a tener conocimiento de estos extremos, actúen con diligencia para **suprimir o inutilizar el enlace** correspondiente.

Por fin, el **art. 15, Dir.SSI.** establece que los Estados miembros **no impondrán a los prestadores de servicios una *obligacion general de supervisión*** de los datos que transmitan o almacenen, **ni una obligación de *búsqueda activa de hechos o circunstancias indiciarias***; es decir: que indiquen **actividades ilícitas**, respecto de los servicios contemplados en los **arts. 12 al 14, Dir.SSI.**

Claro que esto no puede considerarse, sin más, como un supuesto de intermediación en red con valor jurídico añadido, porque —realmente— los arts. 14 a 17, LSSICE no modifican el régimen jurídico de las relaciones entre Remitente del Mensaje y Destinatario, sino que hace aplicación de las reglas generales de la responsabilidad civil, cuando Terceros ajenos a la relación —en este caso, de consignación o agencia marítima— causan, con su actividad, daños a los interesados o a otros terceros.

Pues bien; en el caso de redes «***desintermediadas***», lo característico es la ***eliminación* o reducción del número de terceros que se interponen en el flujo de los mensajes...** comenzando por los terceros que proporcionan intermediación técnica. Así, el hipotético valor añadido —del tipo que sea y, por supuesto, jurídico también— lo proporcionan **los propios miembros/usuarios de la red**, porque la «*web-of-trust*» —característica de estos sistemas— es una herramienta de navegación segura en Internet que ayuda a los usuarios a operar con seguridad mientras buscan, exploran o compran en línea, actuando como un semáforo que muestra las reputaciones de las páginas web, sobre la base de una comunidad de usuarios que ya ha valorado más de 26 millones de páginas, con ayuda de fuentes de confianza, como las listas de sitios de suplantación de identidad (*phishing*) de PandaSecurity, OpenDNS and TRUSTe. Y es que «Web of Trust» también es un término muy **utilizado en criptología que sirve para establecer la autenticidad de determinados sitios en la web**; para **trazar la relación entre el enlace y la identidad del dueño**. En tales circunstancias... ¿acaso se diluye la responsabilidad?

Posiblemente, en un contexto como el descrito, la responsabilidad se transmuta en una cuestión de asunción de un riesgo que es creado y compartido por todos los miembros de la red comunitaria, de forma que el sistema «*Web of Trust*» está justamente basado en el **discernimiento humano**, pues —en cualquier caso— los elementos personales de la relación de comunicación, permanecen —por el momento y, al menos, relativamente— incólumes e inalterados: sigue habiendo —debe seguir habiendo— un **elemento subjetivo *humano*, cuando no *dos* o más**, remitiendo y recibiendo la información; emitiendo y recibiendo declaraciones de voluntad; realizando prestaciones de «*facere*» o de «*dare*» susceptibles de ser realizadas «*online*»... Y, en definitiva —aunque originalmente; es decir: en origen— **basándose en el funcionamiento de la Mente Humana**, como agente esencial en procesos de toma de decisiones.

4. Los flujos de información en las relaciones jurídicas de consignación de buques

Debemos recordar que, considerada desde el punto de vista de su valor y relevancia en el plano de las relaciones jurídicas, la Información tanto puede ser:

a) meramente informativa, comunicativa o didáctica; una **información aséptica**, simple o pura, dotada —como mucho— de una simple virtualidad jurídica **probatoria**, aunque su posesión puede incidir sobre la valoración del **elemento subjetivo-intelectual o psicológico**, jurídicamente relevante, en aspectos como —p.e.— la valoración de la concurrencia de **buena/mala fe**.

b) ... o puede poseer una virtualidad **facilitadora, consiliaria**, muy importante y característica en el caso de los contratos de gestión y colaboración por cuenta ajena y —por consiguiente— muy importante y característica en el caso de los contratos de gestión y colaboración de los **consignatarios de buques**, que parece que —en el contexto de las relaciones contractuales— funciona también como un **presupuesto de la exigibilidad de obligaciones de hacer...**

c) ... o bien puede **expresar una voluntad**, lo cual tiene una extraordinaria importancia en el ámbito jurídico **porque la *«voluntad declarada»*** —que, en definitiva, es información dirigida o transmitida— **constituye la sustancia o la materia prima de los negocios jurídicos**: contratos —su oferta y su aceptación—, votos, acuerdos, decisiones o —por lo que aquí interesa— **instrucciones...**

d) ... o bien puede constituir la **forma de un *«acto jurídico»* solutorio**; la forma externa que permite realizar, conocer y beneficiarse de un acto de cumplimiento de una obligación; de realización de una conducta debida. Se trata del fenómeno que se describe con la noción de *«Comercio electrónico directo»* y que se caracteriza porque los contratos celebrados versan directamente **sobre objetos carentes de tangibilidad y consistentes en** ***mera información digital***, de forma —y en cuanto— que cabe llevar a cabo su **entrega o prestación** ***«on line»***, a través de la red[84]. Pues bien; así las cosas, cuando el cumplimiento del contrato puede tener lugar *«on line»*, la ejecución de la prestación habrá de consistir en **la** ***transmisión*** **a través de la red, de la** ***información*** **digital** ***«representativa»*** **del producto o del servicio contratado**[85]. Así; tanto en el caso del Comercio Electrónico *directo*, como incluso en el caso del Comercio Electrónico *indirecto*, es posible que —tratándose de contratos onerosos con prestaciones pecuniarias— el **pago del precio** también pueda tener lugar *«on line»*[86].

e) ... o —incluso— puede constituir, no solamente la forma de un *«acto jurídico»* solutorio, sino que cuando ese acto solutorio consiste, no en un *«facere»*, sino un *«dare»*, la información **puede llegar a constituir el** ***elemento real*** **—la** ***«res tradenda ac accipienda*** **— de la prestación de dar; la** ***«cosa»***; **el** ***«bien»*** **que se entrega... como objeto de dominación** ***«in rebus»***.

De modo, que —en definitiva— una señal electrónica puede portar —en forma de tensión o corriente— una variable que tenga el valor de una **declaración de verdad, ciencia o conocimiento** ... o puede portar —en forma de tensión o corriente— una variable que tenga el valor de una **declaración de voluntad**, de forma que el medio informático de comunicación termina por convertirse en instrumento para la **celebración —y de modificación o extinción— de negocios jurídicos y contratos**, los cuales —precisamente por esa razón de celebrarse a través del instrumento de la comunicación entre equipos informáticos conectados, u otros medios de comunicación electrónica— merecen ser calificados como «***contratos electrónicos***».

Las TICs permiten, no ya la celebración de los contratos, sino **también el cumplimiento de las obligaciones** contractuales —o de las obligaciones, en

84 De Miguel Asensio, P. A.: *Derecho privado de Internet*, edit. CIVITAS, S.A., 2.ª ed., Madrid, 2000 p. 321. Madrid Parra, A.: «Seguridad, pago y entrega en el Comercio electrónico», en *«Revista de Derecho Mercantil»*, 2001, n.° 241, julio-septiembre, p. 1242. Moreno Navarrete, M. A.: *Derecho-e Derecho del Comercio Electrónico»*, edit. MARCIAL PONS, EDICIONES JURÍDICAS Y SOCIALES, S.A., Madrid/Barcelona, 2002„ p. 118.

85 De Miguel Asensio, P. A.: *Derecho privado de Internet*, *cit.*, 2.ª ed., p. 388. Moreno Navarrete, M. A.: *Derecho-e...*, *cit.*, p. 118, quien señala que *«la tecnología ha hecho posible que el cumplimiento de las obligaciones nacidas del contrato electrónico puedan verificarse a través del mismo medio electrónico por el que se perfeccionó el contrato; es decir, sin necesidad de que la entrega o servicio se lleve a cabo fuera del ámbito de la comunicación...»*.

86 De Miguel Asensio, P .A.: *Derecho privado de Internet*, *cit.*, 2.ª ed., p. 388. Moreno Navarrete, M. A.: *Derecho-e...*, *cit.*, p. 123.

general—, abriendo la puerta al llamado «***Comercio electrónico directo***», pero la novedad reside —ahora— en la **completa sustitución** —parcial o total— **del Elemento Humano**, tanto en la fase de celebración del contrato u otorgamiento del negocio jurídico, o de la manifestación de la voluntad, como en la fase del cumplimiento: en la primera, el Operador humano ya hace tiempo que se ha de enfrentar con programas informáticos interactivos, que permiten cerrar operaciones activando un programa, como quien activa el mecanismo de una máquina expendedora... En la segunda, el Operador humano ya hace tiempo que puede efectuar «*cumplimiento online*», cuando el elemento real de las prestaciones es tan susceptible de ser transformado en información digitalizada... que incluso las obligaciones de «*dare*» —no digamos, ya, muchas de «*facere*»— pueden ser objeto de «***cumplimiento electrónico o virtual***».

Ahora bien; este cumplimiento electrónico o virtual puede ser, a su vez —y si se me permite expresarlo con una expresión de raíz griega—, «***antropo-poiético***» [De ανθρωποσ, -ου —hombre; ser humano; el hombre— y ποιητικοσ, de ποιεω: hacer, mandar hacer, fabricar actuar, ejecutar]; es decir: algo realizado fruto directo de la acción humana voluntaria, algo que —en el plano de las categorías del Derecho— podría relacionarse con la figura del **acto jurídico**.

Pero también cabe imaginar —y ya hace tiempo que ello se ha convertido en una realidad— este cumplimiento electrónico o virtual puede ser, a su vez —y si se me permite, de nuevo, recurrir a una expresión de raíz griega para expresarlo—, «***mecanopoiético***» [De μηχανη, -ησ —máquina, ingenio [bélico]— y ποιητικοσ, de ποιεω: hacer, mandar hacer, fabricar actuar, ejecutar]; es decir: algo realizado fruto directo de la acción —más bien, del funcionamiento— de una máquina, de algún dispositivo; fruto sólo indirecto de la acción humana voluntaria; algo que —en el plano de las categorías del Derecho— podría relacionarse con la figura del **hecho jurídico**. Y es que últimamente se ha dado más pasos en el desarrollo de las TICs: en los tiempos más recientes, se hablan de la incorporación de tres nuevas tecnologías, en la prestación de servicios portuarios, que muy bien pudieran tener aplicación en el marco de la industria de la consignación marítimo-portuaria; a saber:

- El **Internet de las Cosas** —«*Internet of Things*»— o **IoT** y el **Internet Industrial de las Cosas** —«*Industrial Internet of Things*»— o **IIoT**; expresiones que designan aquellas **tecnologías que permiten conectar todo tipo de dispositivos a Internet, lo que permite** ***configurar una red inteligente que permite el intercambio de información y comunicación, no entre operadores humanos... sino entre dispositivos inteligentes***[87], abriendo la posibili-

87 Alvear-Puertas, V., Rosero-Montalvo, P., Peluffo-Ordóñez, D. y Pijal-Rojas, J.: «Internet de las Cosas y Visión Artificial, Funcionamiento y Aplicaciones: Revisión de Literatura» *(Internet of Things and Artificial Vision, Performance and Applications: Literature Review)*,

dad de una monitorización de múltiples aspectos de la vida cotidiana[88], con aplicaciones en áreas como las de salud, construcción, tráfico de vehículos, agricultura, educación, visión artificial, conservación del ambiente, meteorología, etc.[89]. De este modo, se dispone de la posibilidad de obtención de datos en tiempo real, que —mediante los programas informáticos interactivos denominados «*smart contracts*»— permite efectuar; de hecho, consiste en ejecutar un cumplimiento automático e impersonal de obligaciones, cuando estas dependen del acaecimiento de un hecho externo —el cumplimiento o la ausencia de una condición; el cumplimiento o incumplimiento de la obligación de la Contraparte— activando un programa de autoejecución, como quien activa el aludido mecanismo de una máquina expendedora.

En el tráfico marítimo-portuario, hace tiempo que se conocen las tecnologías basadas en **el uso de *sensores*[90] y de «*registradores de datos*»**[91]; instru-

en *Enfoque UTE*, V.7-Sup.1, Feb.2017, en http://ingenieria.ute.edu.ec/enfoqueute/ e-ISSN: 1390-6542 / p-ISSN: 1390-9363 Recibido (Received): 2017/01/09 Aceptado (Accepted): 2017/02/24 CC BY-NC-ND 3.0, p. 245. CHEN, S., XU, H., LIU, D., HU, B. Y WANG, H.: «A Vision of IoT: Applications, Challenges, and Opportunities With China Perspective», en *IEEE Internet of Things Journal*, 2014, ps. 349-359. LAMB, P.: «Seaworthiness redefined in the new age? Interim guidelines on maritime cyber risk management» http://www.nortonrosefulbright.com/knowledge/publications/143728/seaworthiness-redefined-in-the-new-age-interim-guidelines-on-maritime-cyber-risk-management, Publication | November 2016, quien señala que el denominado «Internet de las cosas» permite a dispositivos comunicarse los unos con los otros, usando los sensores integrados que se unen por medio de redes de cable e inalámbricas y puede ser controlado en tiempo real.

88 ALVEAR-PUERTAS/ROSERO-MONTALVO/PELUFFO-ORDÓÑEZ/PIJAL-ROJAS: «Internet de las Cosas y Visión Artificial...», *cit.,* p. 245. ANSARI, A. N., SEDKY, M., SEDKY, M. Y TYAGI, A.: «An Internet of things approach for motion detection using Raspberry Pi», en *Proceedings of 2015 International Conference on Intelligent Computing and Internet of Things, ICIT 2015*, 2015, ps. 131-134.

89 ALVEAR-PUERTAS/ROSERO-MONTALVO/PELUFFO-ORDÓÑEZ/PIJAL-ROJAS: «Internet de las Cosas y Visión Artificial...», *cit.,* p. 245. ZANELLA, A., BUI, N., CASTELLANI, A., VANGELISTA, L. y ZORZI, M.: «Internet of Things for Smart Cities», en *IEEE Internet of Things Journal*, 2014, ps. 22-32.

90 WOJNAROVICZ, K.: «Industrial Internet of Things in the Maritime Industry», en https://blog.blackducksoftware.com/industrial-internet-of-things-in-the-maritime-industry/, 11 de Febrero de 2015.

91 IGLESIAS BANIELA, S.: «Capítulo 31. Los registradores de datos de la travesía de los buques como herramienta de mejora de la Seguridad Marítima», en VV.AA.: *El Derecho Marítimo de los Nuevos Tiempos*, dir. por J. L. GARCÍA-PITA Y LASTRES, M.ª R. QUINTÁNS EIRAS y A. DÍAZ DE LA ROSA, edit. Thomson-Reuters/Civitas/Editorial Aranzadi, S.A., Cizur Menor (Navarra), 2018, p. 878, quien señala que, *«[e]n un concepto amplio del término, los "registradores de datos" en una forma u otra, han estado implantados en la industria marítima desde hace muchos años»*. Al tiempo que —en nota a pie n.° (1)— aducía que tienen su precedente, por lo que a España se refiere, en una época que se remonta a más de siete siglos en el pasado, hasta el punto de que el Rey Jaime I.° de Aragón, en la redacción del *«Código Marítimo de Barcelona»*, de 1258, desarrollaba los principios a los que debían ajustarse, obligando a que cada buque llevase a bordo un *«escribano jurado»*. Al objeto —entre otras

mentos que —incluyendo o abarcando los cuadernos de bitácora, las cartas de navegación, el libro de órdenes a la máquina, los registradores de rumbo, los sistemas de servicio de tráfico [VTS.], los magnetófonos grabadores de las transmisiones de radio de los Centros de Coordinación y Rescate [RCC.] y el Sistema de Identificación Automática [AIS][92]—, han ido evolucionando para adaptarse a la evolución de las tecnologías del tratamiento de la información y la comunicación, hasta llegar a adoptar modalidades mecánicas, electrónicas e informáticas. De este modo, el denominado «*Industrial Internet of Things*» [IIoT] ha sabido encontrar un camino hacia su aplicación en el ámbito del mar, por medio de sensores unidos y ha unificado plataformas diseñadas para proporcionar la visibilidad aumentada para equipos. **Los buques desde hace algún tiempo han sido equipados con sensores que recogen datos**. Ahora, aquellos datos **pueden ser optimizados y enviados en tiempo real a un capitán, sus colegas, otros buques en la red o a la oficina central de comunicación de la compañía naviera en tierra**... y —por supuesto— **pueden ser optimizados y enviados en tiempo real a un *consignatario* o *agente marítimo-portuario*** en orden a la realización de sus gestiones.

Estos sensores supervisan todo: desde la velocidad de un barco, a la temperatura que soporta su cargamento, teniendo un ecosistema de embarque optimizado en cuenta[93]. Los ámbitos o los supuestos en que cabe poner en práctica soluciones IoT. y —más precisamente— IIoT, en operaciones marítimas, con un impacto significativo, pueden ser el de la optimización de ruta, el del rastreo o trazabilidad de activos, y el de los costes de mantenimiento y supervisión de equipos[94], permitiendo una supervisión de la carga y de los propios buques, además de proporcionar a potenciales interesados la capacidad de obtener y analizar datos en tiempo real sore las mercancías, desde su almacén en origen hasta sus recipientes finales, en destino. Es evidente, pues, la importancia que tendría la aplicación de estas tecnologías en la industria de la consignación de buques y cargamentos.

- Las **BCs** o «***Business Centrals***»; es decir: un tipo de «*Enterprise Resource Planning software*» (ERP); **un tipo de *software* de planificación de recursos empresariales,** que las organizaciones utilizan **para gestionar las actividades empresariales diarias,** como la contabilidad, el aprovisionamiento, la

cosas— de dar fe de todos los acaecimientos que acontecieren durante la travesía. TRACY, PH.: «Industrial internet of things maritime use cases», en https://enterpriseiotinsights.com/20160727/channels/use-cases/maritime-industrial-internet-of-things-tag31-tag99

92 IGLESIAS BANIELA, S.: «Capítulo 31. Los registradores de datos...», *cit.,* ps. 878 y s.

93 TRACY, PH.: «Industrial internet of things maritime use cases», *cit.,* en https://enterpriseiotinsights.com/20160727/channels/use-cases/maritime-industrial-internet-of-things-tag31-tag99

94 TRACY, PH.: «Industrial internet of things maritime use cases», *cit.,* en https://enterpriseiotinsights.com/20160727/channels/use-cases/maritime-industrial-internet-of-things-tag31-tag99

gestión de proyectos, la gestión de riesgos, el cumplimiento y las operaciones de la cadena de suministro, conectando todas las áreas del negocio y equipo, de principio a fin —eludiendo la no necesidad de contar con una pieza de software separada para ingresar y rastrear datos para cada departamento o área operativa para que puedan operar de manera colaborativa y productiva[95]—, e incluso pudiendo personalizarse para que coincida con necesidades y objetivos específicos de la Empresa, con lo que —en nuestro caso— se lograría la interoperabilidad entre agentes.

- La **Inteligencia Artificial** —*«Artificial Inteligence»*— o **AI**, que —partiendo del nivel más simple y rudimentario de los *«Smart contracts»* y el IoT/IIoT— persigue la creación de sistemas de *«software»* y *«hardware»* que logren **reproducir los procesos cognitivos, intelectuales y funcionales del Ser Humano,** sustituyendo a éste —en mayor o menor medida— en el contexto de las relaciones socioeconómicas y jurídicas, en beneficio de mejoras en la eficiencia.

4.1. Los flujos de información en las relaciones de los consignatarios de buques, con sus clientes, en el seno de los contratos de consignación

4.1.1. Los flujos de información meroinformativa y las obligaciones preliminares del Armador/Naviero comitentes

Existen o tienen lugar **varios flujos de información** que discurren entre Principal y Agente —en nuestro caso, entre Armador o naviero y Consignatario—, al compás del desarrollo de la relación jurídica contractual que media entre ellos; información que —por su naturaleza y propósito; por su eficacia— puede ser tanto meramente informativa, como también volitiva, solutoria e incluso patrimonial o real-constitutiva... Porque, como en un «efecto dominó», si los contratos de consignación de buques puede perfeccionarse de forma electrónica y también pueden ser cumplidos sea de forma electrónica... ello se debe a, y se complementa con, el hecho de que **las *gestiones* encomendadas a los consignatarios** —los *«negocios de realización»*— ***también* pueden *perfeccionarse de forma electrónica y*,** asimismo, **pueden ser *cumplidos de forma electrónica,* o sirviéndose de la *informática, las TICs o la robótica*,** y —así— en la medida en que los consignatarios, como comisionistas o agentes, se ven comprometidos no sólo en las fases de negociación o tramitación de las gestiones, realización u otorgamiento de actos, negocios jurídicos y contratos, sino en las fases de su

95 SINGH, A.: «¿Cómo puede Business Central ayudarlo a construir su negocio?», 23 de septiembre de 2022, en https://cynoteck.com/es/blog-post/how-can-business-central-help-you-build-your-business/

ejecución, ***deberán cumplirlos* sea de forma *electrónica*, o bien sirviéndose de la *informática*, de las TICs o la *robótica***.

En efecto; la **Ley n.° 34/2002, de 11.07.2002**, de Servicios de la Sociedad de la Información y del Comercio Electrónico (LSSICE), promulgada para regular los **aspectos *más* jurídicos**[96] de la materia, centrándose únicamente en **algunos aspectos**; en aquellos que resultan **novedosos**, y aquellos otros que **presentan *especialidades*** determinadas o impuestas por el **ejercicio de las actividades por *vía electrónica***. Los demás aspectos quedan sometidos a la **aplicación de la «*legislación general*»**, a la que —como ya indiqué— se remite expresamente el **art. 23, LSSICE**. Y es que cualquiera, ante un intercambio de mensajes por E-Mail, en torno a la adquisición de algún bien o a la prestación de unos servicios o la realización de alguna gestión, etc., en condiciones sobre las que —de acuerdo con los mensajes cruzados— parece existir el «*in idem placitum consensus*», puede preguntarse si verdaderamente las Partes han quedado efectivamente obligadas, o —en su caso— si las informaciones proporcionadas o las instrucciones impartidas por esas vías de comunicación tecnológica a distancia, son —o no son— jurídicamente eficaces; si pueden reclamarse en juicio lo que se han comunicado; lo que se han prometido, a través de esos cauces —por entonces— tan novedosos...

En su **Anexo «*Definiciones*», apdo. h)**, la LSSICE define el concepto de Contrato electrónico como: «***[t]odo contrato en el que la oferta y la aceptación se transmiten por medio de equipos electrónicos de tratamiento y almacenamiento de datos, conectados a una red de telecomunicaciones***». Llama la atención la **universalidad** material del precepto; se dice que «*electrónico*» es «***todo contrato***»; todo contrato, sin excepción; civil, mercantil, laboral o incluso —no hay motivo para dudarlo— también administrativo; todo contrato, típico o atípico; nominado o innominado; simple o complejo; todo contrato, cualesquiera que sean su tipo, sujetos, objeto y causa... Por consiguiente, **pueden adoptar la forma de «*contrato electrónico*», los contratos de *consignación de buques***. Que esto es así, se desprende —sin duda alguna— de los términos con que se produce la **Disp. Adic. Tercera, LNM**, bajo el título de «***contratación electrónica***», cuando dispone que:

> «1. En lo relativo a la utilización de las técnicas informáticas electrónicas y telemáticas, para la celebración de los contratos a que se hace mención en esta ley,

---

96 La E.M./LSSICE./2002 señala que «*... la implantación de Internet y de las nuevas tecnologías tropieza con algunas incertidumbres jurídicas, que es preciso aclarar con el establecimiento de un marco jurídico adecuado, que genere entre los intervinientes la confianza necesaria para el empleo de este nuevo medio*». Así pues; hay un reconocimiento claro de la existencia de un problema de confianza; problema que deriva de incertidumbres jurídicas, que es preciso aclarar, vinculadas a la falta de presencia física de los contratantes, potencialmente agravada —si el contrato electrónico de que se trate constituye una operación de consumo— por la tradicional debilidad de la posición del Consumidor [MORENO NAVARRETE, M. A.: *Derecho-e..., cit.,* p. 131].

y a las comunicaciones relacionadas con los mismos, se estará a lo dispuesto en la Ley 34/2002, de 11 de julio, de Servicios de la sociedad de la información y de comercio electrónico, en la Ley 59/2003, de 19 de diciembre, de firma electrónica, en esta ley y en el Derecho de la Unión Europea...».

Pues bien; obsérvese que se habla *—sic—* de «***los contratos a que se hace mención en esta ley***»; es decir: todos los contratos «*a los que se hace mención*» **en la LNM**, incluyendo los de construcción y compraventa de buque, los diversos seguros marítimos, los contratos de salvamento y gerencia, etc. Todos ellos; **todos**, en cuanto contratos «***a los que se hace mención***» en la LNM, **pueden celebrarse mediante** «***utilización de las técnicas informáticas electrónicas y telemáticas***». Por consiguiente, también los **contratos de consignación de buques**. Y es que un «*contrato electrónico*» es un contrato normal y corriente; es decir: negocios jurídicos bilaterales que se perfeccionan por el concurso de la oferta y la aceptación [arts. 1262, CCiv y 54, CCom, en relación con los arts. 1254, art. 1261 y 1258, CCiv][97]. Y este principio, que tiene perfecta cabida en el **art. 23, LSSICE**, para la contratación electrónica; extensible —por supuesto— a la contratación de los consignatarios de buques, a los que afectarían los grandes Principios del Derecho de la Contratación electrónica[98]; a saber:

1. Principio de equivalencia funcional [entre contratación electrónica y no electrónica]: Verdadero *«núcleo del comercio electrónico»*[99], que obliga a considerar como equivalentes la naturaleza, requisitos y efectos de las declaraciones de voluntad, ya se formulen por los medios tradicionales de expresión de la misma, o bien a través de los cauces abiertos por las TICs, con independencia del contenido, dimensión, alcance y final del acto o negocio así instrumentado. Las novedades técnicas no deben suponer *ninguna alteración de los conceptos jurídicos ni en el valor reconocido a los instrumentos documentales de expresión de la voluntad*. Así, la Firma *electrónica* tiene el mismo valor jurídico que cualquier otra forma de declaración de voluntad negocial y, dadas ciertas condiciones —caso de la Firma *Digital*—, incluso llega a tener el mismo valor jurídico que la firma *manuscrita* y los

97 De Miguel Asensio, P.A.: *Derecho privado de Internet, cit.,* 2.ª ed., p. 326. Moreno Navarrete, M. A.: *cit.,* p. 34. Rosselló Moreno, R. de.: *El Comercio Electrónico y la Protección de los consumidores»*, edit. CEDECS EDITORIAL,S.L., Barcelona, 2001 ps. 97 *passim*. Juliá Barceló, R.: *Comercio electrónico entre empresarios. La formación y prueba del Contrato electrónico (EDI.)»*, edit. TIRANT LO BLANCH, Valencia, 2000 ps. 322 y s. Igualmente, en el Derecho inglés, Reed, Ch.: *Internet Law.: Text and Materials»*, edit. BUTTERWORTHS, Londres/Edinburgo/Dublin, 2000, ps ps. 174 y s.

98 Fernández Domingo, J. I.: «Algunas notas...», cit, p. 245.

99 Fernández Domingo, J. I.: «Algunas notas...», cit, ps. 246 y s., quien señala que ya apareció recogido en la LMCUCE.

mensajes de datos que van asociados a una firma electrónica tiene el mismo valor que los documentos[100].

2. Principio de neutralidad tecnológica: por cuya virtud cualquiera que sea la naturaleza y funcionamiento de los distintos cauces informáticos para la declaración de las voluntades negociales [E-Mail[101], E.D.I., *«téle-achat»*, Internet, *«chat-rooms»*....], todos ellos serán aptos para la manifestación del consentimiento, en condiciones de validez, aunque —acaso— no todos ellos puedan tener la misma eficacia probatoria.

3. Principio de ***No alteración*** **del Derecho general de Obligaciones y Contratos**; que, a su vez, englobaría los siguientes: a) Autonomía de la voluntad; b) Buena Fe y c) *«Favor contracti more electronico inito»* [Protección del contrato celebrado][102].

Tales principios rigen igualmente los **contratos de consignación de buques**; de ahí la remisión a la LSSICE y —en su día— a la L.Fel; ahora sustituida por

---

100 Como diría ILLESCAS ORTIZ: *«la función jurídica que en toda su extensión cumple la instrumentación escrita y autógrafa —o eventualmente su expresión oral— respecto de cualquier acto jurídico, la cumple igualmente su instrumentación electrónica a través de un mensaje de datos, con independencia del contenido, dimensión, alcance y finalidad del acto así instrumentado»* [ILLESCAS ORTIZ, R.: *cit.,* p. 41, quien señala que la equivalencia funcional implica aplicar a los mensajes electrónicos un pauta de no discriminación respecto de las declaraciones de voluntad manual, verbal o gestualmente efectuadas por el mismo sujeto. Igualmente, MARTÍNEZ NADAL, A.: «La Ley española de Firma Electrónica (Real Decreto-Ley 14/1999)», en VV. AA.: *Derecho del Comercio Electrónico*, dir. por R. ILLESCAS ORTIZ, coord. por I. RAMOS HERRANZ, edit. La Ley, Madrid, 2001, p. 77. DE MIGUEL ASENSIO, P.A.: *Derecho privado de Internet, cit.,* 2.ª ed., ps. 360 y s., quien señala que «el empleo efectivo de muchas de las posibilidades de comunicación de Internet aparece subordinado a la presencia de mecanismos que permitan comprobar el origen y la integridad de los datos comunicados, así como acreditar la identidad del transmitente y, en ocasiones, manifestar su voluntad de formular la declaración contenida en la información», añadiendo una referencia a la posibilidad de que la exigencia legal de firma —típicamente manuscrita— sea satisfecha por medios electrónicos. MATEU DE REOS, R.: «El Consentimiento y el proceso de contratación electrónica», en VV.AA.: *«Derecho de Internet. Contratación electrónica y Firma digital»*, coord. por R.Mateu de Ros y J.M.Cendoya Méndez de Vigo, edit. ARANZADI, S.A., Elcano (Navarra), 2000 p. 33. CAMINO, J. R.: «El Documento electrónico...», *cit.,* p. 1. FERNÁNDEZ DOMINGO, J. I.: «Algunas notas...», cit, p. 247].

101 SÁNCHEZ GARCÍA, O.: *El Negocio Marítimo: Una visión práctica del Fletamento por viaje*, Instituto Universitario de Estudios Marítimos (Universidade da Coruña), p. 11, quien señala que actualmente en el negocio marítimo el medio de comunicación por excelencia es el correo electrónico, ya que es un medio fiable, rápido, económico y permite llegar a múltiples destinatarios al mismo tiempo. Existen servidores que se encargan de circular cargas y buques, que sus subscriptores mandan para conocimiento de las partes que tienen acceso a ellas, se trata pues de bases de datos de buques y cargas que se actualizan diariamente. El uso del E-Mail para llevar a cabo la comunicación de las NOR. —*«notices of readiness»*—, a efectos del cómputo del tiempo de plancha —*«Laytime»*—, *vid.* SIIG, K. M.ª: «Charterparties», 1 de septiembre de 2015, p. 8 (de 21), en http://www.uio.no/studier/emner/jus/jus/JUS5401/h15/Presentations/synopsis---stinna_sep15.pdf

102 ILLESCAS ORTIZ, R.: *cit.,* p. 37.

la **L.Serv.elcon n.° 6/2020**, que regula determinados aspectos de los servicios electrónicos de confianza. Mas la L.Fel/2002 y la LSSICE parecen **ya viejas; superadas por el uso de «*nuevas tecnologías*»**; es decir: tecnologías de «*nueva generación*», porque —en el fondo— el Contrato Electrónico —lo mismo que le sucedía al telégrafo y el teléfono— por sí mismo, tampoco evita la participación directa del Ser Humano, que hace uso del dispositivo electrónico-informático para hacer llegar su voluntad, al receptor, de modo que —en sí— sigue siendo un sistema parcialmente no-automático, aunque se vincule con los «*dispositivos automáticos*». Y es que la L.Fel/2002 y la LSSICE fueron promulgadas **con anterioridad** al Big-Bang de «***Blockchain***» y de las tecnologías de «***registro distribuido***»; anteriores a la eclosión de las **redes desintermediadas**; anterior al fenómeno del «***Big Data***», cuando, en la actualidad, cada vez se desarrolla más la **comunicación** es «***peer-to-peer***», a través de redes de comunicación basadas en un sistema de «***web-of-trust***», potenciado por la utilización de la **tecnología** «***Blockchain***».

Tampoco parece que la LSIICE y la L.Fel/2002 hubieran contemplado el citado fenómeno del «***Big Data***»; término que describe **el gran volumen de datos, tanto estructurados como no estructurados, que las organizaciones emplean como instrumento para analizar y obtener ideas** que conduzcan a mejores decisiones y movimientos de negocios estratégicos[103].

Nos encontramos, aquí, con el uso anfibológico de **expresiones** que tienen que ver con el régimen de las **firmas electrónicas** y con el régimen del **comercio electrónico**; aspectos relacionados, sí, pero diferentes, o —a la inversa— aspectos diferentes, sí, pero relacionados, ya que tanto en materia de firmas electrónicas, como en materia de organización o estructura y de funcionamiento de las redes de E-Commerce, cabe que nos encontremos —entre otros— con dos tipos de elementos, personajes o sistemas; a saber: 1) bien sea unas denominadas «**Terceras Partes de Confianza**» [«*Trusted Third Parties*»]... o bien -2) unas denominadas «***Webs-of-Trust***».

En relación con los sistemas de seguridad de las firmas electrónicas, «***terceras partes de confianza***» son aquellos sujetos u organizaciones que emiten **certificados de autenticidad** de las firmas, los cuales, a la vez que sirven para distribuir la clave pública, aseguran su asociación con una persona concreta[104]. En cambio, nos referimos a las «***webs-of-trust***», en este contexto, para referirnos a aquellos sistemas que funcionan sobre la base de que **el destinatario del mensaje recibe, simultáneamente con la «*clave privada*»** —que permite encriptar el mensaje— **también la «*clave pública*»** —que permite desencriptarlo— **que le es remitida por el propio emisor**.

103 PUYOL MORENO, J.: «Una aproximación a Big Data/An Approach To Big Data», en *Revista de Derecho UNED*, 2014, n.° 14, ps. 472 y ss.

104 MARTÍNEZ NADAL, A.: *Comercio Electrónico, Firma Digital y Autoridades de Cerfificación*, edit. CIVITAS, S.A./GOVERN BALEAR/UNIVERSITAT DE LES ILLES BALEARS, 2.ª ed. (*actualizada con referencias a la Ley española y la Directiva Comuynitaria de Firma Electrónica*), Madrid, 2000 p. 65.

Cuando —por el contrario— esas referencias se hacen en relación con los sistemas de estructura y de funcionamiento de las redes de E-Commerce, hablamos de «***Terceros de confianza***» para referirnos a aquellas personas, organizaciones, sistemas o entidades **que permiten el acceso al sistema y la conducción de los mensajes, a través de sus propios instrumentos, proporcionando un valor añadido en forma de diversos servicios** —«*access providing*», «*catching*», «*hosting*» etc.—, lo cual permite afirmar que nos hallamos en presencia de **redes intermediadas**. En cambio, nos referimos a las «***Webs-of-Trust***», en este contexto relacionado con los sistemas de estructura y funcionamiento de las redes, para oponer de manifiesto que **no existen o apenas existen terceros que conduzcan los mensajes de datos y proporcionen esos otros servicios intermediarios, sino que las relaciones son «*peer-to-peer*»**; directas, entre los emisores y destinatarios de los mensajes de datos, lo cual permite afirmar que nos hallamos en presencia de **redes desintermediadas**.

Pues bien, en el caso de las **redes destintermediadas**, las relaciones informáticas —al desarrollarse «***peer-to-peer***»— eliminan o excluyen la participación de «*terceras partes de confianza*»; no hay «*hosts*» o «*catchers*» que intermedien en el flujo de la información; que proporcionen valor añadido... y —consiguientemente— que asuman responsabilidad por los posibles problemas que puedan suscitarse; fundamentalmente, no hay terceros que canalicen los flujos de información, sino que estos discurren de forma directa entre los interesados.

Este nuevo contexto ha elevado a la enésima potencia la extensión de las TICs, de la celebración y documentación de los contratos... a la **ejecución recíproca de las obligaciones** derivadas de ellos, lo que se ha hecho especialmente evidente en el ámbito del transporte marítimo de mercancías, en cuanto que esta nueva TIC —desintermediada— **ofrece la posibilidad de registrar la cadena de suministro de un producto para poder hacer un seguimiento a tiempo real** [Tal es el caso de Provenance]. Por su parte, «***Wave***» conecta a todos los participantes de una cadena de transporte marítimo internacional (compañías, bancos, comerciantes) con el objetivo de hacer valer sus derechos cuando sea necesario sin la intervención de un tercero, a través de la integración del «*conocimiento de embarque*» en la cadena. En este sentido, la tecnología «*Blockchain*» ofrece otras posibilidades adicionales, que se añaden a la previa posibilidad de efectuar contratos por vía electrónico, como son las representadas por los «***smart contracts***», y esto ya suscita mayores inconvenientes prácticos y —por tanto— mayores dudas, porque se trataría de dar ejecución completa y automatizada a los contratos de utilización del Buque, por medio de **programas informáticos autoejecutables, cuya [auto-]ejecución lo sería —en apariencia— de las obligaciones propias de esos contratos**, lo que vuelve suscitar o a poner sobre la mesa los inconvenientes asociados a la tangibilidad o la corporalidad de los bienes y los servicios que son objeto de los contratos de utilización de los buques.

Ahora bien; todo lo que se acaba de referir suscitaría varias cuestiones, comenzando por la siguiente: ¿cabe aplicar la legislación vigente sobre Firma electrónica y sobre Servicios de la Sociedad de la Información y Comercio Electrónico, en el contexto de unas redes desintermediadas, como las de la tecnología «***blockchain***»?

En mi opinión, la respuesta es un galaico «*sí, pero...*». Desde luego la L.Serv.elcon y el Reglamento (UE) n.° 910/2014 deberían aplicarse sin mayor problema, habida cuenta de que —precisamente— las **tecnologías de registro distribuido se basan en el uso de la criptografía de base asimétrica**. En cualquier caso, **dudo** seriamente que en un contexto de redes desintermediadas y de tecnologías de registro distribuido, tenga sentido la aplicación de los preceptos relativos a los «***prestadores de servicios electrónicos de confianza***».

Por lo que se refiere a la **LSSICE**, aunque **parte** de su contenido resultaría **inaplicable por superfluo** [Parece impensable aplicación de los arts. 15 y 16, sobre la responsabilidad de los prestadores de servicios que realizan copia temporal de los datos solicitados por los usuarios y sobre la de los prestadores de servicios de alojamiento o almacenamiento de datos], **buena parte de su articulado aún seguiría siendo de aplicación**.

Por otra parte, ni la LSSICE ni la L.Serv.elcon, ni —menos— el Reglamento (UE) 910/2014 se ocupan —solamente— de los «*contratos electrónicos*», porque la Firma Electrónica —que el **art. 3.°, n.° 9, Reglamento (UE) 910/2014** define como «***los datos en formato electrónico anejos a otros datos electrónicos o asociados de manera lógica con ellos que utiliza el firmante para firmar***»][105]— no hace referencia específica ni —menos, aún— exclusiva, a su uso en la celebración de contratos, sino que parece pensar —más bien— en la problemática suscitada por la emisión de **documentos** de la más diversa índole, cuya autenticidad e inalterabilidad se quieren garantizar; documentos que pueden serlo contractuales; documentos donde se recogen contratos... o de otro tipo, contenido, naturaleza y propósito distintos. Y, por otra parte, porque la LSSICE es una Ley que se autocalifica como «*de Servicios de la Sociedad de la Información y del Comercio electrónico*», y resulta que el Anexo Definiciones de dicha LSSICE pone de manifiesto que, a los efectos de la susodicha Ley, se entenderá por:

> «... a) "Servicios de la sociedad de la información" o "servicios": todo servicio prestado normalmente a título oneroso, a distancia, por vía electrónica y a petición individual del destinatario.

---

105 Martínez Nadal, A.: *Comentarios a la Ley 59/2003, de Firma Electrónica*, edit. THOMSON - CIVITAS, S.L., Madrid, 2003 p. 61, quien señala que una definición similar puede encontrarse en la L y Modelo de UNCITRAL. De Miguel Asensio, P.A.: *Derecho privado de Internet, cit.,* 2.ª ed., p. 363.

El concepto de servicio de la sociedad de la información comprende también los servicios no remunerados por sus destinatarios, en la medida en que constituyan una actividad económica para el prestador de servicios.

Son servicios de la sociedad de la información, entre otros y siempre que representen una actividad económica, los siguientes:

1.º La contratación de bienes o servicios por vía electrónica.

2.º ....

3.º ....

4.º El envío de comunicaciones comerciales.

5.º El suministro de información por vía telemática...»,

... lo cual reviste una notable importancia para la industria de la consignación de buques, ya que, de entre los varios flujos de información que discurren entre Principal y Agente —en nuestro caso, entre Armador o naviero y Consignatario—, destacan —fundamental, pero no exclusivamente— dos, que —además— discurren en el mismo sentido: **de o desde el Armador/Naviero... hacia el Consignatario**. Y, sin embargo, uno y otro flujo informativo no pueden ser más **diferentes**; una diferencia que es sencilla de apreciar, en un plano meramente teórico o dogmático:

1. La Información que discurre del Armador/Naviero, hacia el Consignatario, con el propósito —simplemente— de **facilitar al Consignatario el desarrollo de su actividad**, proporcionándole los conocimientos, los **datos** necesarios **para el desempeño de su consignación**; información que persigue el objetivo o el propósito de **instruir al Consignatario sobre las circunstancias del orden más diverso que rodean la gestión que le es encomendada** —que no sobre el modo en que debe llevar a cabo su actividad y las operaciones que realice en interés de su Principal— constituyendo —fundamentalmente— información **meroinformativa, simple o didáctica**, y no tienen —desde luego, no necesitan tener— un carácter volitivo; no expresan una voluntad del Armador/Naviero... porque esa voluntad: o ya se expresó, al celebrar el Contrato de Consignación, o se habrá de expresar, en el futuro, en ejercicio del derecho de impartir instrucciones.

2. La Información que discurre del Armador/Naviero, hacia el Consignatario, con el propósito de **instruir**, ***en términos de necesidad jurídica*** —y ya no sólo de eficiencia, conveniencia, interés...— **al Consignatario sobre el modo en que *debe*** —y ya no sólo en que conviene o es aconsejable...— **llevar a cabo su actividad y las operaciones que realice en interés de su Principal** [el Armador/Naviero] constituye —por el contrario— información **volitiva**; expresan una voluntad del Armador/Naviero, cuya voluntad tiene una eficacia **vinculante**; cuya voluntad **obliga al Consignatario**. Estos flujos de información volitiva son las denominadas ***«instrucciones»***.

Pues bien; no solamente queda sometida a la LSSICE la posibilidad de celebrar contratos de comisión y contratos de agencia de consignación de buques, por vía electrónica... sino que también quedarían sometidas a la LSSICE aquellas declaraciones; aquellos flujos de información consistentes en la **publicidad comercial electrónica**, que puede convertirse —muy bien— en instrumento de actividades de **promoción comercial de fletamentos, transportes o contratos de pasaje**, como sería propio de un Consignatario-agente... y también —y sobre todo, porque resulta especialmente de interés a los presentes efectos— ese «***suministro de información por vía telemática***», que —como sabemos— puede manifestarse en los contratos de gestión, como el Mandato, la Comisión o la Agencia... y —por supuesto— puede manifestarse en los contratos de **consignación** de buques, en las modalidades que ya hemos mencionado: **información simple o didáctica** —del Armador/Naviero, al Consignatario, para que pueda cumplir su misión; del Consignatario, al Armador/Naviero, para enterarle del estado de las operaciones encomendadas, e incluso para recabar instrucciones—, **información volitiva: las instrucciones** del Armador/Naviero, al Consignatario, para que cumpla su misión, precisamente del modo en que su Principal desea que lo haga.

En efecto, como ya tuve ocasión de adelantar, la Información, en los contratos de gestión y colaboración, y —por tanto— muy precisamente en el Contrato de Consignación de buques, puede jugar un papel relevante, tanto en relación con el **deber** del Principal de **facilitar al Agente el desarrollo de su actividad**[106], proporcionando a este último las **informaciones** necesarias para el desempeño de su agencia, lo cual —en el ámbito de la agencia de distribución de productos o mercancías— incluye proporcionar el Principal, al Agente, los catálogos y demás documentación comercial que sea precisa[107], así como los correspondientes muestrarios, lo cual apenas posee relevancia en el ámbito de la consignación de buques... Pero esa información necesaria para el desempeño de las funciones consignatarias sí que, evidentemente, ha de jugar un papel primordial. Piénsese que, luego de esas situaciones —digamos— de interrupción de la fase de navegación; de arribadas —más o menos forzadas— y de detenciones en puerto... o antes de la entrada en puerto, con las consiguientes pérdidas por paralización de la conducción de mercancías y pasaje, y los consiguientes gastos por tarifas portuarias, manutención de buques y tripulaciones; custodia y acondicionamiento de cargamentos, etc., una vez que tiene lugar el levantamiento de la restricción, «***las navieras precisan saber en qué momento su buque va a entrar para programar el inicio de las operaciones, no solo en el puerto [de arribada], sino en los puertos siguientes a los que se dirige***». Es este un **conocimiento que debe fluir entre consignatarios y armadores/navieros**, bien como información pura

106 SÁNCHEZ CALERO/SÁNCHEZ-CALERO GUILARTE.: «Instituciones...», *cit.,* t. II, 25.ª ed., p. 175.

107 ANKELE, J.: § 87, en *Handelsvertreterrecht. Kommentar*, edit. LUCHTERHAND, Berlín, 1998, p. 1. SÁNCHEZ CALERO/SÁNCHEZ-CALERO GUILARTE.: «Instituciones...», *cit.,* t. II, 25.ª ed., p. 175.

y simple, didáctica o meroinformativa, cuyo propósito es que los consignatarios *puedan* llevar a cabo sus operaciones en interés del Armador o Naviero que los contrata, bien como **información debida —por los consignatarios— en desarrollo de su deber de informar a sus principales** sobre el estado de las operaciones encomendadas —en cuyo caso discurre en sentido inverso: del Consignatario al Armador o Naviero—, **o bien** como contenido de posibles **instrucciones** de obligado cumplimiento, a través de las cuales el Armador/Naviero comitentes o principales, perfilan y concretan la manera en que el Consignatario debe llevar a cabo su misión o sus funciones.

Ante la disyuntiva que suscitan los diversos flujos de información dirigida por el Principal, a su consignatario, entre si se trata de ***simple información*** —de propósito meramente comunicativo o, como mucho, consiliario— **o** se trata de ***instrucciones* de obligado cumplimiento**, el Juez dispone de varias «herramientas», comenzando por recurrir al deber del Comisionista de solicitar instrucciones o aclaraciones al Comitente... hasta llegar a la presunción de que todo flujo de información dirigida por el Principal, a su consignatario, en el marco de una relación gerencial de agencia marítimo portuaria, *«se reputará»* de carácter volitivo-instructivo; es decir: establecer una presunción de que se trata de instrucciones... salvo prueba en contra, que corresponde aportar al Consignatario.

La Información que discurre entre armadores etc. y consignatarios; que unos y otros se comunican mutuamente... es información que no son ellos quienes la elaboran ni la obtienen *«a nemini»*; con frecuencia, las propias Partes de la relación contractual de consignación habrán de recurrir a fuentes informativas externas o ajenas**, lo cual añade un creciente grado de complejidad a las referidas relaciones de consignación o agencia portuaria y —de este modo— suscita nuevas cuestiones —u obliga a replantear o reformular las cuestiones clásicas— en materia de diligencia y responsabilidad en estas relaciones de gestión**.

Por otra parte; a cualquiera de los efectos mencionados... y aún a otros, relacionados, como a los efectos de la rendición de cuentas; de la transferencia o transmisión del producto de las operaciones —es decir: del resultado logrado por el Consignatario agente— al Cliente, e incluso de devengo y reclamación de las obligaciones de remuneración —pago de la comisión— y de abono de gastos experimentados por el Consignatario, será fundamental **recurrir a la aplicación de las TICs**; de hecho, **todo lo expuesto conduce** a un mismo punto; a una misma conclusión: esa fundamental necesidad de recurso a la aplicación de las TICs, toda vez que —para un desarrollo eficiente del comercio electrónico de comisión o de agencia, y para un desarrollo eficiente de los SSI, en el ámbito de la consignación de buques—, es preciso lograr dos objetivos; a saber:

1. Que la **información simple o didáctica** —del Armador/Naviero, al Consignatario, para que pueda cumplir su misión; del Consignatario, al

Armador/Naviero, para enterarle del estado de las operaciones encomendadas, e incluso para recabar instrucciones—, y la **información volitiva**: las **instrucciones** del Armador/Naviero, al Consignatario, para que cumpla su misión, precisamente del modo en que su Principal desea que lo haga, **puedan llegar a sus destinatarios efectivamente** y con plena virtualidad jurídica; es decir: **con la *virtualidad jurídica* que la Ley atribuye o reconoce a cada una de ellas...**

2. ... y —en su caso— que la **información simple o didáctica** —del Armador/ Naviero, al Consignatario, para que pueda cumplir su misión; del Consignatario, al Armador/Naviero, para enterarle del estado de las operaciones encomendadas, e incluso para recabar instrucciones—, y la **información volitiva: las instrucciones** del Armador/Naviero, al Consignatario, para que cumpla su misión, precisamente del modo en que su Principal desea que lo haga, puedan alcanzar **la virtualidad jurídica que la Ley atribuye o reconoce a cada una de ellas... por estar *suficientemente garantizadas*** la ***autenticidad*** —entendida como la correspondencia garantizada entre la identidad del Autor del Mensaje de datos... y la persona de quien dicen proceder— **y la *integridad*** —entendida como la correspondencia garantizada entre el contenido original... y el contenido con el que llegan a su Destinatario— **de los mensajes de datos**, protegiéndolos frente a *«hackeos»* y falsificaciones o alteraciones maliciosas.

Por el momento, es posible que estas cuestiones —en el plano jurídico— se consideren como **medios voluntarios de relación**, utilizados en las relaciones de consignación con un carácter meramente instrumental: las TICs aparecen aquí como un complemento; interesante y útil, pero meramente instrumental, del contenido jurídico relevante de las relaciones de agencia o comisión, propias de la consignación marítimo-portuaria... Un complemento interesante y útil, pero meramente instrumental, del contenido jurídico relevante de las relaciones de agencia o comisión, que ciertamente tendrá una **trascendencia** jurídica... pero **secundaria, ocasional... cuando den lugar a una evidente *infracción del contenido contractual*** —«*Vertragsverletzung*»— ***de gestión*, que es otro o que se mueve en *otro plano o nivel de importancia* ... Pero** cabe imaginar que, en un **futuro no lejano**, tanto la **información simple o didáctica** —del Armador/Naviero, al Consignatario, para que pueda cumplir su misión; del Consignatario, al Armador/Naviero, para enterarle del estado de las operaciones encomendadas, e incluso para recabar instrucciones—, **como la información volitiva: las instrucciones** del Armador/Naviero, al Consignatario, **cuyos contenidos ideológicos; cuyos datos no sean obtenidos directamente** *«a nemine» o no sean elaborados por ninguna de las Partes*; concretamente, cuyos contenidos ideológicos; cuyos datos no sean obtenidos directamente *«a nemine»* o no sean elaborados **por aquel contratante** —sea el Armador, Naviero, etc. o el Consignatario— **de quien parte el flujo de información que dirige a su contraparte**; cabe imaginar —insisto— que, en un **futuro no lejano**, toda esta **información** se convierta en **materia fundamen-**

tal y nuclear de la relación de consignación o agencia marítimo-portuaria, de forma que no ya sólo su autenticidad y su integridad... sino también **su veracidad y exactitud; su oportunidad y otras cualidades que la hacen útil**, se eleven institucionalmente hasta —reitero— convertirse en **materia fundamental y nuclear de la relación de consignación o agencia marítimo-portuaria**, de manera que —p.e.— la gestión encomendada incluya, fundamentalmente, disponer y proporcionar información —digamos— objetiva o materialmente **fiable**.

Por otra parte; si hablamos de TICs en el ámbito de la consignación marítimo-portuaria; de la consignación y la gestión de procedimientos administrativos de despacho de buques; de ejecución de actividades materiales relacionadas con el transporte, e incluso funciones comerciales de representación y promoción de contratos, **un paso adelante** en el proceso tendría que ver con la **aplicación de «*Big Data*» en el sector**.

Dentro de la multiplicidad de definiciones formuladas[108], podríamos decir que «*Big Data*» es el **conjunto de *recursos* que permiten la *gestión y análisis* de *cantidades ingentes y masivas* de datos, con un alcance y dimensiones en constante crecimiento**[109]; recursos cuyo valor económico añadido reside en su **virtualidad predictiva**[110], pues su enorme desarrollo, potencia y capacidad de combinación de los diversos recursos involucrados, permiten a su impulsor anticiparse a acontecimientos futuros y, en algunos casos, predecirlos con poco margen de error[111], con lo que las empresas logran:

- **Reducción de costes**.
- **Rapidez y eficiencia en la toma de decisiones**. Con la velocidad de *«Hadoop»* y la analítica en memoria, combinada con la capacidad de analizar nuevas fuentes de datos, las empresas pueden analizar la información inmediatamente y tomar decisiones basadas en lo que han aprendido.
- **Nuevos productos y servicios**. Con la capacidad de medir las necesidades de los clientes y la satisfacción a través de análisis viene el poder de dar a los clientes lo que quieren, incluyendo nuevos productos y servicios.

Hasta el momento, la principal problemática jurídica suscitada por «*Big Data*» se centraba en tres aspectos; a saber: la cuestión de la **privacidad** y protección de **datos personales**; en segundo término, los problemas suscitados en torno a la **Propiedad *intelectual* de las bases de datos** y —por

108 PÉREZ SANZ, C.: «Aspectos legales del "Big Data"», en *Indice. Revista de Estadística y Sociedad*, 2016, n.º 68, julio, p. 18.

109 PÉREZ SANZ, C.: «Aspectos legales ...», *cit.,* p. 18.

110 PÉREZ SANZ, C.: «Aspectos legales ...», *cit.,* p. 18.

111 PÉREZ SANZ, C.: «Aspectos legales ...», *cit.,* p. 18.

fin— los problemas suscitados en torno a la **Protección jurídica de los algoritmos**[112].

Como quiera que **el transporte marítimo es una parte significativa de la cadena de suministro**, donde exportadores, navieras, autoridades portuarias... y también **consignatarios** deben **trabajar en un entorno colaborativo** para manejar de forma eficiente los flujos de mercancías y los itinerarios y estancias de los buques; especialmente, habida cuenta de que una gran parte del transporte marítimo internacional se realiza a través de contenedores, en redes de transporte multimodal, en las que la parte marítima es la que más peso tiene en términos de distancia, volumen y tiempo. Los contenedores cambian de un modo de transporte a otro durante su recorrido por la cadena intermodal y resulta complicado para exportadores e importadores conocer dónde se encuentran y en qué condiciones. Y como, además, **los puertos en general tienen un papel de intermediario entre los agentes de la cadena logística dentro de una red intermodal**, las autoridades portuarias y las empresas de logística que trabajan en estas cadenas multimodales de transporte se han dado cuenta de la **necesidad de información en tiempo real** que tienen, en orden a lograr unos procesos de toma de decisiones que ofrezcan respuestas eficaces, como —p.e.— cambiar la ruta de un contenedor, o las condiciones de refrigeración de uno de ellos, planificar los recursos portuarios para mejorar las operaciones en el puerto y su fiabilidad[113].

Esto ha sido el germen de la aplicación de una serie de tecnologías al transporte de contenedores y que ha llevado también al inicio de una etapa dedigitalización en los puertos, es posible que **también** la aplicación de recursos de «***Big Data***» se extienda, eventualmente, al mercado de la **consignación marítima y portuaria**, como ha demostrado el ejemplo de Valencia Port, ya que —p.e.— en el ámbito de la **logística**, el «Big Data» incorpora conceptos como **el tiempo atmosférico, los retrasos, las huelgas en los puertos, las reparaciones inesperadas** y sobre todo una gran cantidad de **datos obtenidos de sensores, GPS, RFID** y otros sistemas de gestión del tráfico[114]. De este modo, cabe establecer y valerse de un conjunto de recursos

112 Pérez Sanz, C.: «Aspectos legales ...», *cit.,* ps. 18 y ss.

113 Ferreño González, S., Santiago Caamaño, L. y Munín Doce, A.: «Espacio marítimo 4.0», en *Construcción naval e Industria 4.0*, Módulo 4, este documento forma parte del material de consulta y ampliación del curso MOOC «Construcción naval e industria 4.0», desarrollado por el equipo docente de la Universidade da Coruña: Vicente Díaz Casás, Lucía Santiago Caamaño, Marcos Míguez González, Alicia Munín Doce, Sara Ferreño González, Tiago Manuel Fernández Caramés; y el equipo docente de CT Ingenieros: Almudena Casanova Díaz, Juan Oliveira, Laura Alonso García y Yanai Vieites Legarreta, edit. Servizo de Publicacións da Universidade da Coruña, p. 25, en https://ruc.udc.es/dspace/bitstream/handle/2183/27608/M%C3%B3dulo%204-ConstruccionNavaleIndustria4.0.pdf?sequence=3

114 Anónimo [BILOGISTIK]: «Big Data y logística portuaria», 18 octubre, 2018, en https://www.bilogistik.com/blog/big-data-y-logistica-portuaria/

que permitan **diseñar** ***un control de mandos de productividad global*** **para la logística portuaria**, para **identificar las ineficiencias y mejorar la toma de decisiones**, lo que permitiría **optimizar el sistema de gestión de tráfico para programar y asignar las grúas de patio**, teniendo en cuenta el tiempo de llegada, el orden de los trabajos, la predicción, el comportamiento humano y factores como el tiempo, los flujos de tráfico esperados y la demanda. Asimismo, se está trabajando en un modelo de **mantenimiento predictivo en las grúas** que operan en la terminal mediante la sensorización y monitorización para poder **recibir alertas sobre sus necesidades de mantenimiento y evitar paradas en el proceso logístico**. La idea es **estudiar si las decisiones** que hoy en día son tomadas por personas, sobre la base de su experiencia, **podrían ser automatizadas y basadas en datos objetivos** y no en consideraciones subjetivas.

Pero es posible, también, que el empleo de recursos de «*Big Data*», eventualmente aplicados al mercado de la **consignación marítima y portuaria** haya de suscitar otros problemas —al menos, parcialmente— diferentes, pues si la utilidad potencialmente elevadísima que «*Big Data*» puede proporcionar a muchas empresas —extractivas, productoras/industriales, comerciales; porteadoras, de servicios portuarios... y, por supuesto, de consignación de buques[115]— reside en la virtualidad de **proporcionar respuestas** —y soluciones— **a cuestiones y problemas**, es evidente que ello debe **influir** inevitablemente en aquellas **relaciones jurídicas en las que se cruzan un número elevado de flujos de información**, en forma de declaraciones de voluntad —consentimientos, instrucciones...—, información que debe ser objeto de transmisión —información precontractual o inicial, del Principal al Agente; información debida sobre estado de las gestiones, que debe ser objeto de transmisión por el Agente, a su Principal—, como son, precisamente, las que se producen en el seno de los **contratos de consignación**, planteando las lógicas interrogantes de la **virtualidad compromisoria y responsabilizadora del uso de** «*Big data*», ya que cabe imaginar que se susciten cuestiones como las siguientes:

a) ¿Es lícito al Armador, servirse de *«Big Data»*, para proporcionar al Consignatario, al inicio de la relación, las informaciones precisas para el desarrollo de su actividad? Si el Armador cuenta —efectivamente— con recursos de *«Big Data»*, ¿acaso está obligado a facilitar la información previa al Consignatario, sirviéndose —precisamente— de tales recursos? Si, por algún motivo, los *«Big Data»* fallasen, ¿su uso

115 Puyol Moreno, J.: «Aproximación a Big Data...», *cit.,* p. 474, quien señala, entre los distintos ámbitos de aplicación de «Big data», el movimiento de vehículos, el de la carga, seguimiento por GPS; la información del clima: temperatura, presión, humedad, vientos, precipitaciones; todo ello —sin duda— de importancia fundamental en la consignación de buques.

haría imputable al Armador, de responsabilidad por daños, o —por el contrario— determinaría su exención de responsabilidad?

b) Idénticas cuestiones... pero, ahora, en relación con la Información que el Consignatario debe proporcionar al Armador, su Principal.

c) Idénticas cuestiones... pero, ahora, en relación con las Instrucciones que el Armador puede impartir, al Consignatario... y con el deber del Consignatario de atenerse a estas instrucciones.

Desde luego, el uso de «*Big Data*» encontraría una sólida base en el mismísimo **art. 38, Const. Esp**, cuando dice que «*se reconoce la Libertad de empresa en el marco de la Economía de Mercado*», lo que —sin duda— incluye, en el plano subjetivo-funcional, el comercio marítimo y la consignación de buques, y en el plano objetivo-funcional, todo *método o estrategia* competitiva... que no sea desleal o directamente ilegal. Así las cosas; podríamos concluir que se reconoce la **legitimidad —incluso constitucional— de empleo de estrategias de «*Big Data*», por parte de *consignatarios* de buques... y por parte de sus principales: armadores y navieros**.

Sin embargo, no hay que perder de vista los **riesgos e inconvenientes** que presenta «*Big Data*»; a saber: **deficiencias en la calidad y cantidad** —acaso por exceso— **de los datos**; falta o insuficiencia de personal capacitado para el manejo de esos recursos y —por fin— riesgos y corruptelas en materia de ciberseguridad y políticas de protección de datos. Por otra parte; a pesar de las estrechas relaciones que median entre los conceptos de **seguridad técnica y/o seguridad tecnológica**, por un lado, y —por otro— **seguridad jurídica**; condiciones, todas ellas, necesarias para una regular implantación y generalización del comercio electrónico y los servicios de la Sociedad de la Información; especialmente, para implantar y desarrollar la aplicación de TICs y otras nuevas tecnologías en el ámbito del comercio marítimo-portuario, de la consignación de buques y mercancías etc., lo cierto es que **la virtualidad y seguridad *jurídicas* de las TICs *no son lo mismo* que su virtualidad y seguridad *tecnológicas***, y hasta es posible —aunque no sea este el sentir general— **que su virtualidad y seguridad *tecnológicas* tampoco sean *son lo mismo* que su virtualidad y seguridad *técnicas*.**

Podríamos hablar de la Seguridad «*de los*» elementos técnicos de «*hardware informático*»; del buen funcionamiento de los equipos informáticos; de los ordenadores... e incluso del buen diseño de los programas de «*software*» y del buen funcionamiento de las redes de telecomunicaciones, de las redes energéticas, etc. como una suerte de referencia a la sanidad y fiabilidad técnica de estos objetos; de esta maquinaria y dispositivos técnicos; a la garantía de su buen funcionamiento, en tanto que elementos objetivo-materiales que hacen posible la prestación de SSI y el desarrollo del E-Commerce. A este conjunto de aspectos y objetivos lo podríamos calificar como la **Seguridad técnica**.

En cambio, hablaríamos de **Seguridad tecnológica** —aunque frecuentemente se utiliza, también, el término Seguridad técnica como sinónimo— en una empresa, para referirnos al **conjunto de reglas, planes y acciones que permiten *asegurar la información* contenida en uno o varios sistemas de la empresa**. Para garantizar esta seguridad se recurre, en primer lugar, **un conjunto de «*software*» avanzado** capaz de proteger la red informática en supuesto riesgo, aunque esos aspectos o esos medios tecnológicos no suelen ser suficientes, sino que la labor principal reside en la persona física que administra el sistema, la cual debe ser capaz de analizar situaciones futuras y tomar decisiones, previendo de esta forma posibles ataques, porque *la mejor forma de combatir al enemigo es anticipándose a sus movimientos*.

Pero ni lo uno ni lo otro coinciden con la idea de **Seguridad jurídica**, que poco tiene que ver con la fiabilidad de elementos del «*hardware*» o del «*software*», sino con la **previsibilidad jurídica de las consecuencias económicas de los fallos en la Seguridad técnica y en la Seguridad tecnológica**; tiene que ver con el concepto de que los costes económicos —daños— derivados de fallos en la Seguridad técnica y en la Seguridad tecnológica, serán **asignados, ora de forma justa, ora de forma eficiente** —criterios que sería bueno que coincidiesen—, **por la norma jurídica, en términos de claridad y previsibilidad**, de forma que esos costes deberán soportarlos, en forma de obligaciones indemnizatorias: bien sea el sujeto agente directo que causare el daño interviniendo culpa o negligencia [art. 1902, CCiv], o bien aquel que —acaecido el siniestro y el daño— incluso no interviniendo culpa o negligencia, ha creado el riesgo objetivo, beneficiándose de los aspectos positivos del uso de las TICs [Responsabilidad objetiva o «*por riesgo*»], o bien —por fin— aquel que —acaecido el siniestro y el daño— incluso no interviniendo culpa o negligencia por su parte, se benefició, como empleador o comitente, de los servicios del responsable material [Responsabilidad vicaria; «*ubi commoda, ibi incommoda*»][arts. 1903 y ss., CCiv].

En el seno de **redes intermediadas**, a los riesgos inherentes a toda relación contractual «*inter partes*», se suman los inherentes a la **participación de terceros intermediarios** muy diversos; proveedores de acceso a redes, proveedores de instrumentos de búsqueda, «*hosts*», etc. Y, por si fuera poco, a los riesgos inherentes a toda relación de comunicación a través de canales «*off line*»; presenciales, documentales-físicos, verbales, gestuales, etc. directos entre los contratantes —error, dolo, violencia—, hay que sumar los riesgos inherentes a la **utilización de los SSI y el E-Commerce... con todos sus elementos** —además de personales— **objetivos y funcionales, basados en el recurso a TICs del tipo más diverso**, lo cual abarca desde la —digamos— **pérdida y/o desviación del mensaje**, de forma que no llegase a su destinatario, pasando por la **falsificación y la falsedad de los mensajes de datos**, e incluso la **infracción de deberes de secreto** —oficial, profesional o contractual—, lo cual **lesionaría los intereses de los contratantes** —consignatarios y sus clientes; los armadores, navieros, porteadores...— **... y de los terceros,** incluyendo las Administraciones públicas marítimo-portuarias o aduaneras, afectadas. Así las cosas; no podemos sino remitirnos a lo dispuesto en los **arts. 13 al 17, LSSICE**.

4.1.2. Las TIC y los flujos de información, en el marco de las obligaciones derivadas del Contrato de Consignación

Cuando el Contrato de Consignación presenta un carácter estable y duradero, y queda —por tanto— sometido a la aplicación de la LCAg/1992, el **art. 9.º**, LCAg, de fundamental importancia para la regulación del contenido del Contrato de Agencia, establece que el «***agente***» está **obligado a llevar a cabo el encargo encomendado; a desplegar el «*facere*» *al que se comprometió*, y hacerlo con *diligencia y lealtad*, ajustándose a las *instrucciones del Principal***[116]; un «*facere*» que consiste —*sic*— en «*ocuparse de la promoción*» de los contratos u operaciones de su principal. Yo ya he manifestado mis reservas en cuanto a que, realmente, los consignatarios lleven a cabo actividades de promoción; a decir verdad, si la LNM ha dispuesto que a las relaciones de consignación de buques se les pueda aplicar lo dispuesto en la Ley de Contrato de Agencia, es —sospecho— no porque los consignatarios sean unos agentes promotores de fletamentos y transportes... sino porque su relación con el Principal puede ser duradera y estable, y la LCAg/1992 ofrece materiales de enorme interés para proteger los intereses de las partes, en torno a la clientela lograda; la estabilidad de la relación, las indemnizaciones por conclusión de la relación; las prohibiciones de competencia y cláusulas de exclusividad, etc.

Ahora bien; la actividad de promoción consiste en desplegar una conducta que tenga por objeto propiciar, incentivar, provocar nuevos contratos, comenzando desde una **búsqueda de posibles contrapartes** y siguiendo por involucrarse, adoptando un papel y una actitud proactivos, en **negociaciones preliminares**, intercambio de distintas propuestas y —sobre todo— en la formulación de «*invitationes ad offerendum*», que —a su vez— sean aptas para provocar —por parte de los destinatarios; potenciales clientes o co-contratantes del Principal— una respuesta en forma de ofertas de contrato, a su vez susceptibles de obtener una respuesta —positiva o negativa— por parte del Agente... o de su Principal, si se tratase de operaciones concluidas «*salvo confirmación de la Casa*». Es obvio que **estamos ante todo un océano de relaciones de comunicación; de flujos ininterrumpidos de información de la más diversa índole**: meramente didáctica, desiderativa, consiliaria, solutoria, volitiva... Un océano de relaciones que, típicamente, se dan, no ya entre

116 ALONSO ESPINOSA, F. J.: *Derecho mercantil de contratos. Un curso de iniciación*, edit. Thomson-Reuters-Civitas/Aranzadi, S.A., Cizur Menor (Navarra), 2011, p. 82.

el Agente y su Principal —que también—, **sino entre el Agente —en nuestro caso, el Consignatario de buques— y el Tercero o terceros con los que trata**; entre los que promueve operaciones o ente los que gestiona trámites y actos jurídicos diversos... aunque —en el caso de las operaciones concluidas «***salvo confirmación de la Casa***»— volvemos a encontrar —una vez más— una evidente relación de comunicación entre el Agente y su Principal, de quien se requiere —y de quien eventualmente se recibe— la declaración de confirmación de aquellas operaciones que —por iniciativa del Agente o del Comisionista, e incluso de su Comitente o Principal— se han concluido.

Pues bien; esos flujos de información que tienen lugar en este contexto pueden, perfectamente, ser llevados a cabo por aplicación de las TICs, comenzando por las más sencillas o las más básicas: las que tienen un carácter meramente informativo, e incluso intensamente unilateral; es decir: aquellas que —por iniciativa del Agente o del Comisionista, e incluso de su Comitente o Principal— tienen como objeto —por así decirlo— **seleccionar un «*target*»; buscar, identificar, rastrear y localizar un sujeto, como potencial —y deseada— contraparte, por medio de algunos de los «*elementos funcionales*» del Comercio electrónico**; expresión ésta —la expresión «*elementos funcionales*»— que empleo, en este contexto, para referirme a los antes mencionados video «*on demand*», «*E-Mail*», la «*World Wide Web*», los «*chats*» en Internet o en Intranet, etc. Estos «*elementos funcionales*» del Comercio electrónico no tienen su aplicabilidad, en este ámbito, limitada a fases concretas de la actividad comercial; concretamente —y por lo que al caso de la Agencia de consignación de buques se refiere— la aplicación de dichos instrumentos y procedimientos no se halla limitada a fases concretas de la actividad promotora o agencial del Consignatario; sería un error creer lo contrario.

En realidad, los consignatarios pueden recurrir a todos o a algunos de estos medios, tanto en la búsqueda de potenciales clientes de sus principales, como en las fases de desarrollo de negociaciones preliminares, intercambio de distintas propuestas y —sobre todo— en la formulación de «*invitationes ad offerendum*», que —a su vez— sean aptas para provocar —por parte de los destinatarios; potenciales clientes o co-contratantes del Principal— una respuesta en forma de ofertas de contrato, a su vez susceptibles de obtener una respuesta —positiva o negativa— por parte del Agente... o de su Principal, si se tratase de operaciones concluidas «*salvo confirmación de la Casa*». Es aquí donde se hace evidente el papel que pueden llegar a jugar los «***Big Data***», ya que son estos los que pueden servir al Consignatario-agente promotor de fletamentos y transportes, para desplegar una **búsqueda activa de potenciales clientes, para su Principal.**

Sin embargo, sería un **error** creer que el papel que pueden llegar a jugar los «***Big Data***», en el marco de las relaciones de consignación marítimo-portuaria **se limitan** a facilitar la actividad de un agente promotor de fletamentos y transportes, para desplegar una **búsqueda activa de potenciales clientes**, para su Principal: muy al contrario, donde probablemente resulte útil esta tecnología es el ámbito de la **agencia marítima... para el despacho de buques**. Asimismo, estas diversas modalidades de elementos funcionales del Comercio electrónico... u otras que puedan llegar a aparecer, también pueden jugar cuando la relación de consignación es singular o puntual... y se vertebra jurídicamente sobre la base de un **contrato de comisión**.

4.1.2.1. Los flujos de información volitiva y el derecho del Armador/Naviero comitentes, de impartición de instrucciones

Ya tuve ocasión de señalar, anteriormente, cómo podría plantearse la cuestión de **distinguir entre la información simple y las instrucciones propiamente dichas**; de diferenciar una y otra situación, en el **caso concreto**, porque me parece indudable que el Armador/Naviero puede tener la intención de que, incluso las informaciones que proporciona al Consignatario vinculen a este último, en calidad de instrucciones de obligado cumplimiento... aunque, por el contrario, también cabe concebir la posibilidad de que el Armador/Naviero únicamente transmita las informaciones que proporciona al Consignatario, con un carácter meramente **consiliario o asesor**; como simples declaraciones de conocimiento y de consejo, pero no de voluntad, de manera que tales declaraciones —en apariencia— no vincularían al Consignatario. Porque es necesario tener clara una idea: que las **instrucciones** —sea en los contratos de comisión, o en los contratos de agencia... o en los de mandato, mediación, arrendamiento de obra o servicios, etc.— son, siempre, única y necesariamente, **declaraciones de voluntad**, no simples declaraciones de ciencia, verdad, conocimiento o consejo; ni siquiera declaraciones de mero «desiderátum».

Mas ¿pueden las declaraciones de deseo, consejo, parecer o conocimiento ser calificadas como «instrucciones», a los presentes efectos? En mi opinión, la respuesta a esta interrogante debiera ser **negativa**[117].Ahora bien; una

117 Aunque en términos estrictamente lingüísticos o gramaticales no parece que haya inconveniente en aplicarles dicho calificativo... las cosas son diferentes, cuando nos movemos en el plano jurídico; especialmente, en el plano legal-positivo, porque cuando la Ley se pronuncia sobre este extremo, lo hace para equiparar los términos *«instrucción»* [art. 1719, CCiv], con los términos *«disposición expresa»* [del Comitente] [art. 256, CCom], *«orden»* u *«orden expresa»* [arts. 259, 269, 274, 286 y 297, CCom, donde hay una explícita y evidente asimilación o equiparación entre «instrucción» y «orden»], e incluso para equipararlo con términos como el de «mandato expreso» [art. 1713, CCiv] o con expresiones más complejas como la de «límites del mandato», que no pueden ser «traspasados» [arts. 1714, 1715 y 1725, CCiv]; es decir: para poner de manifiesto que, cuando se habla de instrucciones, en el marco de los contratos de gestión y colaboración, como el Mandato, la Comisión, la Agencia o la Mediación o Corretaje, no se trata de declaraciones de deseo, consejo, parecer o conocimiento, sino que —muy por el contrario— reflejan la voluntad que tiene el Principal, en cuanto *«dominus negotii»*, de establecer reglas o pautas de actuación para el Agente/Comisionista, y de que —por razón de su eficacia vinculante o compromisoria— la gestión se lleve a cabo conforme a ellas.

cosa es que las declaraciones de deseo, consejo, parecer o conocimiento no pueden ser calificadas como «instrucciones», a los presentes efectos... y otra —muy **diferente**— es que **declaraciones de ciencia o conocimiento se revelen acertadas... o *erradas*, ineficientes; *desastrosas*, en suma**; que su observancia y cumplimiento, por parte del Consignatario, en lugar de conducir a un resultado satisfactorio para el interés del Principal —sea armador o naviero—, terminen por causarle un **perjuicio**. En principio, hay que partir la base de que —cuando la relación de consignación sea esporádica y se ajuste al modelo de la Comisión— **la atribución del «*poder*» de impartir instrucciones** —y, por tanto, la pertenencia de la iniciativa para impartirlas— **conlleva, en lógica correspondencia la *imputación del riesgo de eficiencia/ineficiencia* de las mismas**: los arts. 254 a 256, CCom lo ponen de manifiesto. Así; para empezar, el comisionista —el consignatario— «*que en el desempeño de su encargo se sujete a las instrucciones recibidas del comitente, quedará exento de toda responsabilidad para con él*» [art. 254], de forma que —art. 256, CCom— «*[e]n ningún caso podrá el comisionista proceder contra disposición expresa del comitente, quedando responsable de todos los daños y perjuicios que por hacerlo le ocasionare*». Es más —art. 255, párr. 1.º—, «*[e]n lo no previsto y prescrito expresamente por el comitente, deberá el comisionista consultarle, siempre que lo permita la naturaleza del negocio*».

Por tanto, el recurso por los armadores o navieros a los «*big data*», supone que serán ellos los que soporten los riesgos propios de la utilización de tales recursos informáticos; utilización en la que deberán mostrarse cuidadosos... porque **los armadores o navieros que recurran a consignatarios, instruyéndolos mediante la aplicación de «*big data*», no podrán *desplazar sobre los consignatarios los costes económicos* representados por los perjuicios derivados de un mal uso de dichos recursos informativo-instructivos, en forma de responsabilidad contractual**.

Supuesto diferente es —art. 255, párr. 2.º— si, en el contexto de la relación de consignación/comisión, el Consignatario se encontrare «*autorizado para obrar a su arbitrio, o no fuere posible la consulta*», porque entonces se le exige —al Consignatario/comisionista— que haga «*lo que dicte la prudencia y sea más conforme al uso del comercio, cuidando del negocio como propio*». Mas «*[e]n el caso de que un accidente no previsto hiciere, a juicio del comisionista, arriesgada o perjudicial la ejecución de las instrucciones recibidas, podrá suspender el cumplimiento de la comisión, comunicando al comitente, por el medio más rápido posible, las causas que hayan motivado su conducta*».

Ahora bien; «***suspender el encargo***» no es lo mismo que «***proceder contra disposición expresa del comitente***», y pareciera que —efectivamente— si un «*accidente no previsto hiciere, a juicio del comisionista, arriesgada o perjudicial la ejecución de las instrucciones recibidas*», a pesar de todo, no podría «*proceder contra disposición expresa del comitente*», por mucho que considerase —porque así se lo «*dict[a] la prudencia*» y porque así resulta «*más conforme al uso del comercio*»— que de ese modo beneficiaría a su Principal.

Este extremo diferenciaría —en apariencia... y muy profundamente— el régimen de la Comisión, respecto del régimen del Mandato civil, donde se autoriza al Mandatario a desobedecer, si con ello beneficia al Mandante. **Mas; ¿cabría una interpretación diferente?**

Asimismo; también es cosa muy **diferente** —de que las declaraciones de deseo, consejo, parecer o conocimiento no pueden ser calificadas como «instrucciones», a los presentes efectos...— que **declaraciones de ciencia o conocimiento —que se revelen acertadas— y que sean conocidas por las Partes —especialmente por el Consignatario—... pero que no sean atendidas o respetadas, no puedan convertirse en el «*factor de antijuridicidad*» que podría desatar la imputación al Sujeto —especialmente al Consignatario— de una eventual *responsabilidad civil contractual*, si esa inobservancia o inatención condujese a la causación de daños y perjuicios**. En este sentido, creo que incluso la información meramente comunicativa o didáctica, proporcionada por el Armador/Naviero, al Consignatario, para que este pueda desarrollar debidamente sus funciones, forma parte del objeto del contrato, en cuanto se corresponde con los módulos de diligencia [Ello, a la vista de lo que previenen los arts. 1104 y 1105, CCiv, cuando disponen que «*[l]a culpa o negligencia del deudor consiste en la omisión de aquella diligencia que exija la naturaleza de la obligación y corresponda a las circunstancias de las personas, del tiempo y del lugar*» y que «*[f]uera de los casos expresamente mencionados en la ley, y de los en que así lo declare la obligación, nadie responderá de aquellos sucesos que no hubieran podido preverse, o que, previstos, fueran inevitables*», ya que —precisamente— la información meramente comunicativa o didáctica nos puede proporcionar una imagen fiel acerca de cuáles sean «*las circunstancias de las personas, del tiempo y del lugar*», y —así— efectuar previsiones y prever medidas, de forma que no quede ya lugar —o se reduzca el que quedaba— a lo imprevisible e inevitable].

Pues bien; las reflexiones que hacía el Presidente de la AACBPB, abogando por la **introducción de TICs que permitan a los buques «*ajustar la velocidad y, por tanto, los consumos de combustible*»**... ¿cómo influirían sobre las relaciones de consignación? Al parecer, el Sr. Trius tenía en mente la transmisión e intercambio de datos en la comunidad marítimo-portuaria, pero esto no aclara si se trata de intercambio de datos con un propósito meramente informativo-asesor, o si —por el contrario— se trata de información volitiva [instrucciones]. En mi opinión; todas estas posibilidades son verosímiles y admisibles... E incluso alguna otra, como la utilización de «***smart contracts***», en los que, cuando el equipo informático detecte un fenómeno externo, en el mundo real, el programa introducido reaccione alterando, no solamente el estado de conocimientos del Consignatario... o del Armador/Naviero, sino el estado de sus relaciones jurídicas, permitiendo —incluso— **influir sobre la realidad física, técnica y económica,** como presupuesto de una mutación jurídica.

Si el objeto nuclear de la consignación de buques se centra —fundamentalmente— en la gestión de las operaciones, procedimientos y trámites para la entrada, estancia y salida de los buques, de puerto... Y si esas operaciones, procedimientos y trámites se ven frecuentemente influidos por **factores económicos, meteorológicos, etc.**, que son eventos **susceptibles de detección** por medio de **dispositivos tecnológicos**, parece evidente la **utilidad del IoT/IIoT** —la tecnología de la «*Smart Property*»—, **los sensores y los «*smart contracts*» en el contexto de los contratos de utilización del Buque**; fundamentalmente —pero no exclusivamente—, fletamentos y transportes en conocimiento de embarque[118]. Semejante perspectiva parece ajustarse al caso de *buques no tripulados* o «*autónomos*»; fenómeno que está lejos de ser un acontecimiento aislado ni un descubrimiento casual de laboratorio, sino que responde al gran avance de la ciencia de las máquinas inteligentes y de los sistemas digitales de control de las mismas, sin intervención humana[119]... Y es aquí donde se plantea la duda más importante: en el contexto de unas relaciones contractuales —como las de consignación de buques—, caracterizadas por la **gestión humana, personal y directa** del Agente o Comisionista, ¿podremos seguir hablando, aún, de las relaciones de consignación de buques, como relaciones de comisión o de agencia? La respuesta depende, en fundamental medida, del **nivel de autonomía directivo-náutica** que presenten los denominados sistemas marítimos autónomos, aunque de este aspecto habré de tratar en su momento. Sin duda, podría suceder que la información procesada estuviese destinada a operar con un destinatario final humano, de forma que no habría tanto una «*autoejecución*», como es propio de los «*smart contracts*», cuanto una suerte de —por así decirlo— «***whistleblowing***» o **alarma**, que indica —que informa— al Consignatario de un hecho que debe conocer para la mejor ejecución de sus funciones.

Por otra parte... ¿acaso la aplicación de las TICs podría transformar jurídicamente el régimen de sometimiento del Consignatario a instrucciones del Armador/Naviero? A este respecto, el problema podría —acaso— vincularse a la cuestión de qué margen de iniciativa queda a los consignatarios de buques, a la hora de llevar a cabo los encargos y funciones que se les confían. La Doctrina suele distinguir —con algunas diferencias— entre una comisión imperativa, una indicativa y una facultativa, en función —aparentemente— del grado de sujeción o sometimiento del Comisionista a las instrucciones impartidas por el Comitente; en función del mayor o menor sometimiento a la iniciativa y voluntad de aquél y —correlativamente— en función del menor o mayor grado de discrecionalidad e iniciativa del Comisionista[120].

---

118 García-Pita y Lastres, J. L.: «El papel de las nuevas tecnologías de tratamiento de la información y de la comunicación a distancia, en el desarrollo sucesivo, consumación y extinción de los contratos de fletamento», en *Diritto dei Trasporti*, 2021, vol. anual XXXIV, fasc. 1, ps. 51-113.

119 Nordenstahl, G.: «Buques sin tripulación. El futuro ya está aquí, ha llegado», p. 6 [de 69], en http://www.nuestromar.org/65596-11-2017/buques-sin-tripulaci-n-futuro-est-aqu-ya-ha-llegado-gustavo-nordenstahl. García-Pita y Lastres, J. L.: «El papel de las nuevas tecnologías...», *cit.,* p. 109.

120 García-Pita y Lastres, J. L.: «Instrucciones y margen de iniciativa...», *cit.,* p. 2, en https://

Esta clasificación sería perfectamente extensible a los contratos de agencia[121], así como a los contratos de consignación esporádicos —sometidos al régimen del Contrato de Comisión— y a los contratos de consignación duraderos y generadores de una relación estable de representación, sometidos al régimen del Contrato de Agencia, suscitando unas mismas interrogantes; a saber: ¿cuál es o cuáles son los factores que sirven de base a esa calificación? ¿Se trata de factores meramente cuantitativos [que haya un mayor o menor número de instrucciones] o se trata de factores cualitativos-sustanciales? ¿Y cuál es la perspectiva que se debe adoptar? ¿La de la voluntad del Principal o la del nivel de iniciativa que le queda al Agente o Comisionista? Y, sobre todo, el carácter imperativo, indicativo o facultativo ¿lo es de las instrucciones mismas, o lo es del Contrato —de Comisión, Mandato, Agencia o Mediación—, en cuyo contexto se imparten?[122].

Ya en alguna ocasión he tenido oportunidad de manifestar que no son las instrucciones, sino la propia relación contractual de comisión o de agencia, las que deben calificarse como imperativas, o indicativas o facultativas, pues para poder atribuir estos calificativos a las instrucciones, en sí, sería preciso que considerásemos como «*instrucciones*», también, a declaraciones que no son de voluntad, sino de ciencia, conocimiento, deseo, consejo, etc. Pero el tenor de las normas positivas nos indica que ello es imposible, porque las instrucciones sólo son —y sólo pueden ser— declaraciones de voluntad, en cuyo caso es preciso subir un escalón y considerar que los calificativos —imperativa, indicativa o facultativa— deben tenerse por referidos a los contratos; a las **relaciones contractuales**, de comisión o de agencia, etc. Y, por tanto, a las relaciones contractuales de **consignación**.

Caso de que nos halláramos en presencia de una relación de consignación de buques de carácter estable y duradero, sometida al régimen del Contrato de

dictumabogados.com/wp-content/uploads/2022/04/doctrina_edictum_abril_2022.pdf y en https://dictumabogados.com/e-dictum-publicaciones-derecho-mercantil/instrucciones-y-margen-de-iniciativa-de-los-mandatarios-y-agentes-mercantiles/29413/. Ripert, G., Roblot, R., Delebecque, Ph. y Germain, M.: *Traité de Droit commercial*, t. II, edit. Librairie Générale de Droit et Jurisprudence, 17.ª ed., Paris, 1998, p. 666. Mestre, J. y Tian-Pancrazi, Me. E.: *«Droit commercial»*, edit. Librairie Générale de Droit et Jurisprudence, 24.ª ed., París, 1999, p. 545. Schmidt-Rimpler, W.: «Kommissionsgeschäft», en Ehrenberg, V. y otros.: *«Handbuch des gesamten Handelsrechts»*, t. V.º, vol. 1.º, I.ª Parte, edit. O. R. Reisland, Leipzig, 1928, p. 668, que se limita a reconocer que puede haber puntos en los que el Comitente haya dejado cierto grado de libertad o de discrecionalidad o apreciación, al Comisionista, en materia de instrucciones.

121 García-Pita y Lastres, J. L.: «Instrucciones y margen de iniciativa...», *cit.,* p. 2, en https://dictumabogados.com/wp-content/uploads/2022/04/doctrina_edictum_abril_2022.pdf y en https://dictumabogados.com/e-dictum-publicaciones-derecho-mercantil/instrucciones-y-margen-de-iniciativa-de-los-mandatarios-y-agentes-mercantiles/29413/

122 García-Pita y Lastres, J. L.: «Instrucciones y margen de iniciativa...», *cit.,* p. 2, en https://dictumabogados.com/wp-content/uploads/2022/04/doctrina_edictum_abril_2022.pdf y en https://dictumabogados.com/e-dictum-publicaciones-derecho-mercantil/instrucciones-y-margen-de-iniciativa-de-los-mandatarios-y-agentes-mercantiles/29413/

Agencia, se reproduciría —en ella— la problemática especial suscitada en torno al art. 9.º, n.º 2, apdo. c), LCAg, cuando establece que el Agente comercial —en sentido, ahora, estricto, técnico o propio— «*deberá:... c) Desarrollar su actividad con arreglo a las instrucciones recibidas del empresario, siempre que no afecten a su independencia*», pues esta dicción suscita la interrogante siguiente: ¿acaso ese ***«[d]esarrollar su actividad con arreglo a las instrucciones recibidas del empresario, siempre que no afecten a su independencia»*** **significa que estamos ante una relación de gestión o representación no-imperativa, sino —por el contrario— indicativa o incluso facultativa? ¿Es que no cabe una relación contractual de agencia marítimo-portuaria imperativa?** Una vez más, la respuesta a esta interrogante —en mi opinión[123]— debe ser **negativa**; en otras palabras: las palabras del art. 9.º, n.º 2, apdo. c), LCAg no deben interpretarse, en ningún caso, como significativas de que no cabe una relación contractual de agencia de consignación de buques que sea imperativa, sino que simplemente quieren dar a entender que el Agente no debe quedar sometido a unas instrucciones que afecten a su independencia económica como empresario; como titular de una empresa propia, autodirigida, autoorganizada y responsable, convirtiéndolo en una suerte de trabajador subordinado que «no osa decir su nombre», lo cual no es óbice para que —en las relaciones que trabe con terceros, por cuenta e interés de su Principal— haya de actuar con un margen de iniciativa propia reducidísimo, cuando no directamente nulo, si la agencia es imperativa.

4.1.2.2. Incidencia de las TICs, en el cumplimiento de las obligaciones del Consignatario y de su Principal

Por fin, las TICs pueden desplegar una diversa incidencia sobre la fase de cumplimiento de las obligaciones del Consignatario y de su Principal, comenzando por las **obligaciones de información; obligaciones que afectan tanto al Comisionista, como al Agente**. En este sentido, si el **art. 260, CCom** establece que el Comisionista «*comunicará frecuentemente al Comitente las noticias que interesen al buen éxito de la negociación, participándole, por el correo del mismo día, o del día siguiente, en que hubiere tenido lugar, los contratos que hubiere celebrado*», a su vez el **art. 9.º**, LCAg contiene —entre otras diversas disposiciones, un tanto prolijas y casuísticas, relativas a la diligencia del Agente comercial— la imposición del deber de **comunicar** al empresario **toda la información de que disponga**, cuando sea necesaria para la buena gestión de los actos u operaciones cuya promoción y, en su caso, conclusión, se le hubiere encomendado, así como, **en particular, la relativa a la *solvencia* de los terceros** con los que existan **operaciones pendientes** de conclusión o ejecución.

123 García-Pita y Lastres, J. L.: «Instrucciones y margen de iniciativa...», *cit.,* ps. 7 y s., en https://dictumabogados.com/wp-content/uploads/2022/04/doctrina_edictum_abril_2022.pdf y en https://dictumabogados.com/e-dictum-publicaciones-derecho-mercantil/instrucciones-y-margen-de-iniciativa-de-los-mandatarios-y-agentes-mercantiles/29413/

También pesan, **tanto sobre el Comisionista, como sobre el Agente**, obligaciones —«*lato sensu*»— de **rendición de cuentas [arts. 1720, CCiv y 263, CCom**[124], donde se dispone lo siguiente:

> «El Comisionista estará obligado a rendir, con relación a sus libros, cuenta especificada y justificada de las cantidades que percibió para la Comisión, reintegrando al Comitente, en el plazo y forma que éste le prescriba, del sobrante que resulte a su favor...».

Si comparamos este texto con el del art. 1720, CCiv, el texto civil —si se me permite expresarlo así— «*gana por goleada*» al precepto mercantil, ya que —a decir verdad— lo cierto es que nos hallamos ante **dos obligaciones** —o dos prestaciones o conductas debidas— estrechamente relacionadas, pero distintas —en sí mismas— y de contenido diverso: por un lado, la obligación de **rendición de cuentas**, propiamente dicha, que incluye la obligación de **restitución de sobrantes, y** —por otro lado o en segundo lugar— la obligación de **traslación del producto de la operación**.

Por su parte, el **art. 9.°**, n.° 2, apdo. e), LCAg obliga al Agente a:

> «... e) Llevar una contabilidad independiente de los actos u operaciones relativos a cada empresario por cuya cuenta actúe».

Lo cual parece que poco sentido tendría, si no fuera porque, efectivamente, y permítaseme parafrasear el art. 263, CCom o el art- 1720, CCiv- «*[e]l Agente* —en nuestro caso, el Agente-consignatario de buques— *estará obligado a rendir, con relación a sus libros, cuenta especificada y justificada de las cantidades que percibió para la Comisión, reintegrando al Principal* —en nuestro caso, el Armador, el naviero, el Porteador, etc.—, *en el plazo y forma que éste le prescriba, del sobrante que resulte a su favor...*», o —más precisamente— que «*todo Agente* —en nuestro caso, todo Agente -consignatario de buques— *está obligado a dar cuenta de sus operaciones y a abonar al Principal* —en nuestro caso, el Armador, el naviero, el Porteador, etc.— *cuanto haya recibido en virtud del mandato, aun cuando lo recibido no se debiera al segundo*»; obligación de rendición de cuentas que ha sido reconocida por la Jurisprudencia, como refleja —p.e.— la **STS, Sala Primera, de lo Civil, n.° 116/2005, 03.03. 2005**[125], en materia de contratos de agencia de seguros; y —por lo que hace a los **contratos de consignación de buques— en la STS,**

124 Espinosa Jover, M.: *La Rendición de Cuentas..., cit.,* p. 32. Rovira Mola, A. de.: Voz «Comisión mercantil», *cit.,* p. 449.

125 STS, Sala Primera, de lo Civil, n.° 116/2005, 03.03. 2005; Magistrados: Excmos. Sres. D. F. Marín Castán, D. J.R Ferrándiz Gabriel y D. R. Ruiz de la Cuesta Cascajares; Ponente: Excmo. Sr. D. J. R. Ferrándiz Gabriel, pronunciada en rec. casación n.° 3878/1998 contra la Sentencia dictada, el día 16 de septiembre de 1.998, por la Sección Segunda de la Audiencia Provincial de Cáceres, que resolvió el recurso de apelación interpuesto en su día contra la Sentencia que había pronunciado, el Juzgado de Primera Instancia número Dos de los de Cáceres.; ECLI: ES:TS:2005:1335, en https://vlex.es/vid/contrato-agencia-seguros-rendicion-cuentas-18036284

Sala Primera, de lo Civil, n.° 798/2012, 09.01.2012[126], o en la **SAProv. Valencia, Secc. 9.ª, n.° 103/2010, de 06.04.2010**[127], que hicieron aplicación a un contrato de consignación de buques del art. 1720, CCiv.

Pues bien; nos hallamos en presencia de obligaciones **de propio contenido informativo-justificativo o probatorio**, que —evidentemente— presentan todas las cualidades y características que las hacen susceptibles de cumplimiento **mediante aplicación de las TICs**[128], no ya sólo porque sea posible presentar formalmente una cuenta rendida de las operaciones en forma electrónica —esto no sería novedad, al menos, desde hace ya décadas[129]—, sino porque **la propia esencia de las tecnologías DLT —o «*de registro distribuido*»; «*distributed ledger technologies*»— es la de ser como una suerte de libros o registros contables**: la red «*Blockchain*» es un registro contable único y universal; no localizado ni centralizado en una única entidad; que no se encuentra de manera aislada, sino compartido de manera distribuida y descentralizada entre múltiples dispositivos[130].

---

126 STS, Sala Primera, de lo Civil, n.° 798/2012, 09.01.2012; Magistrados: Excmos. Sres. D. F. Marín Castán, D. J. A. Seijas Quintana, D. F. J. Arroyo Fiestas, D. F. J. Orduña Moreno y D. X. O'Callaghan Muñoz; Ponente: Excmo. Sr. D. F. Marín Castán, pronunciada en rec. casación n.° 1081/2010 contra la Sentencia dictada el 6 de abril de 2010 por la Sección 9.ª de la Audiencia Provincial de Valencia en el recurso de apelación n.° 45/2010, dimanante de las actuaciones de juicio ordinario n.° 464/08 del Juzgado de lo Mercantil n.° 1 de Valencia, sobre reclamación de cantidad por devolución de tarifa portuaria; ECLI: ES:TS:2013:92, en https://vlex.es/vid/-417505614

127 SAProv. Valencia, Secc. 9.ª, n.° 103/2010, de 06.04.2010; Magistrados: Ilmos. Sres. D.ª R. M.ª Andrés Cuenca, D. G. Caruana Font de Mora y D.ª M.ª A. Gaitón Redondo; Ponente: D.ª M.ª A. Gaitón Redondo, pronunciada en resolución de rec. apelación n.° 45/2010, con origen en Autos de Juicio Ordinario n.° 464/08, promovidos ante el Juzgado de lo Mercantil N.° 1 de Valencia; Roj: SAP V 1488/2010 - ECLI:ES:APV:2010:1488; Id Cendoj: 46250370092010100149, en https://www.poderjudicial.es/search/openCDocument/3dd-341d8d50ca321a68cd9faad9ed044139832eea46d963e

128 COMITÉ ORGANIZADOR DEL XIX. ENCUENTRO INTERNACIONAL DE ASEPUC: «Prefacio», en *Proceedings del XIX.° Encuentro Internacional de ASEPUC [Asociación Española de Profesores Universitarios de Contabilidad]-2020. Salamanca, 15 y 16 de septiembre de 2020*, ps. 5 y s., donde se manifiesta cómo las nuevas tecnologías —Big data, Nube, IoT, RR. SS., Hiperconectividad— han evolucionado a una velocidad de vértigo, generando un nuevo escenario donde nacen y se intercambian ideas, y donde surgen las oportunidades de negocio. Entornos digitales que favorecen la disponibilidad de grandes volúmenes de datos, cuyo registro es a priori su valor principal, y que parecían noquear las asimetrías informativas, si bien también advierten que su utilidad y fiabilidad han comenzado a ser cuestionadas.

129 PARRA, J., GONZÁLEZ, J., HERNÁNDEZ-NIEVES, E Y CORCHADO, J. M.: «Comunicación n.° 93. Hacia la adquisición de nuevas habilidades digitales en el marco de la disciplina docente de Contabilidad», en *Proceedings del XIX.° Encuentro Internacional de ASEPUC [Asociación Española de Profesores Universitarios de Contabilidad]-2020. Salamanca, 15 y 16 de septiembre de 2020*, p. 106, quienes indican que cada vez hace menos uso de los libros y más uso de dispositivos electrónicos, basados en nuevas tecnologías.

130 LLAMAS COVARRUBIAS, J. S.: «Transparencia y protección de datos personales en la Cadena de Bloques (Blockchain)/Transparency and Protection of Personal Data in the Blockchain», en *Revista de la Universidad Nacional Autónoma de México*, IIV-BJV, 2020, p. 31, en https://revistas.

Pero las TCIs puede desplegar una diversa incidencia sobre la fase de cumplimiento de las obligaciones del Consignatario y de su Principal, también en el ámbito de las obligaciones de contenido económico; en el ámbito de las **obligaciones pecuniarias** —y utilizo, aquí, el término «*obligaciones*», en un sentido amplio que permita incluir deberes jurídicos de otro tipo, como las **cargas** [«*onera*»]—, que se hallan representadas —fundamentalmente— por los deberes de **provisión de fondos/indemnidad del Agente** y los deberes de **abono de retribuciones**.

Ciertamente, las **transferencias electrónicas de fondos**, no se puede decir que constituyan una novedad revolucionaria a estas alturas de la Historia: nadie duda de que por medio de transferencias electrónicas de fondos el Armador, Naviero, etc. pueda efectuar la **provisión de fondos** a su consignatario, y —en su caso; si este hubiera sufrido pérdidas o costes económicos, en el desarrollo de su gestión, o hubiera anticipado fondos para realizarla— transferir fondos para **cubrir o indemnizar al Agente de los costes asumidos**. Tampoco parece dudoso el que, por medio de transferencias electrónicas de fondos, el Armador, el Naviero, etc. puedan efectuar el **abono de las retribuciones** devengadas por sus consignatarios...

Pero es que las TICs no se han detenido en ese punto, y de lo que se trata ahora es de la posibilidad de que un «*smart contract*» en el **que el bloque de la cadena incluya una suerte de «*monedero electrónico*», integrado ora por E-Cash**, ora bien incluso por **criptomonedas** —no cabe olvidar que la tecnología **«*Blockchain*» nació asociada instrumentalmente al «*Bitcoin*»**, como criptomoneda cuya circulación debe propiciarse sin intermediación bancaria, gracias a una tecnología DLT y a unas comunicaciones P2P— fácilmente podría autoejecutar las obligaciones o deberes consistentes en movimientos de fondos entre las partes: abono de comisiones, reembolso de gastos, pago de indemnizaciones por incumplimiento o —mejor— por frustración del interés contractual, etc. Y esto, tanto en el contexto de la relación de Consignación, como en el contexto de las relaciones jurídicas con terceros, gestionadas por el Consignatario: abono de fletes parciales, reembolso de fletes por resolución, pago de indemnizaciones por incumplimiento o —mejor— por frustración del interés contractual... En particular, cuando el Consignatario se ocupase de la gestión de buques cedidos en fletamento por viaje, podría revestir una trascendencia fundamental el régimen de las **«*estadías*»**; es decir: el régimen del **«*tiempo de plancha*»**, la **«*demora*»** o —a la inversa— el **«*dispatch money*»**; un régimen que —como señaló TORRES ZAPATERA— «*disciplina jurídicamente la división del tiempo total necesario para la carga o descarga en dos subperíodos: tiempo previsto (determinado o predeterminable) y tiempo de ajuste sobre las previsiones*»[131].

juridicas.unam.mx/index.php/derecho-informacion/issue/archive y en file:///Users/joseluisgarciapita/Downloads/Dialnet-TransparenciaYProteccionDeDatosPersonalesEnLaCaden-7751091.pdf.

131 DE TORRES ZAPATERA, M.: *Estadías*, edit. Editorial Montecorvo, S.A., Marid, 1981, p. 17.

Regulada en los **arts. 239 al 245, LNM,** la expresión Plancha o Tiempo de plancha «*se refiere al tiempo que se ha considerado como contractualmente necesario para el cumplimiento de las operaciones de carga y descarga del Buque*»[132]. En este sentido, el cumplimiento de la obligación de utilizar debidamente el Buque fletado abarca —asimismo— la obligación de no demorarse en puerto, paralizando —así— la ejecución de los viajes prometidos por el Fletante; razón por la cual —en el Fletamento por viaje— asume una particular importancia la regulación, legal o convencional, de los plazos para carga y descarga de la mercancía[133], ya que —de lo contrario— se generan *gastos de estancia* devengados por la utilización de los espacios portuarios e incluso por los servicios que se prestan en los puertos; gastos de importante cuantía, que determinan el legítimo interés del Fletante en que no se prorrogue la estancia del Buque, más del tiempo necesario[134]. Con este objetivo, las pólizas de fletamento por viaje suelen incluir unos plazos —de días— denominados «*estadías*» o también «*tiempo de plancha*»[135]; expresiones a las que solía ir vinculada otra, diferente, que era el término «*sobreestadías*». Estos períodos son de gran importancia para el Fletador, ya que en ellos debe desplegarse su deber de diligente realización de las operaciones de carga y descarga. Por este motivo, el art. 240, sobre «*Inicio del cómputo de plancha*» previene que:

> «El cómputo de la plancha se iniciará, salvo pacto en contrario, cuando el buque haya llegado al muelle o lugar de carga o descarga designado, se encuentre preparado para realizar tales operaciones y el fletador o la persona designada en el contrato hayan recibido la oportuna comunicación».

Es decir: por parte del Fletante se comunica al Fletador —o a la persona designada en el contrato [Cargador]— que el buque llegó al muelle o lugar de carga o descarga y se halla preparado para efectuar tales operaciones, que pertenecen al ámbito del control comercial del Buque, que corresponde al Fletador llevar a cabo.

Pero, cuando se *sobrepasa* el tiempo de *plancha*, se entra en otra fase temporal o cronológica diferente, sometida a un régimen económico-jurídico diverso, que la nueva Ley denomina «*demora*», y que el viejo Ccom/1885

---

132 De Torres Zapatera, M.: *cit.,* p. 17.

133 Sánchez Calero/Sánchez-Calero Guilarte: *Instituciones..., cit.,* t. II, 36.ª ed. [9.ª en Aranzadi], p. 710.

134 Sánchez Calero/Sánchez-Calero Guilarte: *Instituciones..., cit.,* t. II, 36.ª ed. [9.ª en Aranzadi], p. 710.

135 Sánchez Calero/Sánchez-Calero Guilarte: *Instituciones..., cit.,* t. II, 36.ª ed. [9.ª en Aranzadi], p. 710. Freire Seoane, M.ª J. y González Laxe, F.: *Fletes y Comercio Marítimo*, edit. NETBIBLO, La Coruña, 2007, p. 25.

denominaba con expresiones distintas —«*estadías*» y «*sobreestadías*»[136]— poniendo de manifiesto una enorme *confusión*, en esta materia, porque empleaba los distintos términos de manera tan *contradictoria*, que no se sabía si eran sinónimos o antónimos, ni —si efectivamente eran antónimos— cuál de ambos designaba y en que precepto aparecía, el que era lícito y no generaba responsabilidad, y en cuáles otros se trataba de los que eran ilegítimos y daban lugar a la responsabilidad contractual del moroso[137].

Pues bien; la LNM parece haber venido a aportar claridad en esta materia, ya que su art. 241, bajo el título de «*entrada en demoras y su importe*», dispone que:

> «1. Terminado el período de plancha sin que hubieran finalizado las operaciones de carga o descarga, comenzará automáticamente a contarse el período de demora.
>
> 2. El fletador abonará la cantidad fijada en el contrato por el tiempo de demora producido. Si su importe no se hubiera pactado, deberá pagarse una cantidad igual a la que se hubiera fijado atendiendo a los usos del tráfico para buques de características semejantes *con un cargamento y viaje similares*».

Seguidamente, el art. 242 trata de la «*duración y cómputo del plazo de demoras*», en los siguientes términos:

> «La duración del plazo de demoras se fijará en la póliza y, en su defecto, durará tantos días como laborables tuviera el período de plancha. El cómputo de las demoras se realizará por horas y días consecutivos, suspendiéndose sólo cuando fuera imposible cargar o descargar por causas imputables a la operatividad del buque».

Mas si la demora es sancionable con la oportuna indemnización de daños y perjuicios, puede producirse un fenómeno inverso de *remuneración de la mayor diligencia y prontitud*: estamos, aquí, ante la figura del denominado «*dispatch money*». En este sentido, la Póliza de Fletamento puede haber establecido una obligación de pago en dinero, a cargo del Fletante, que deberá satisfacer una suma de efectivo; quien deberá remunerar, retribuir o premiar

---

136 Se trataba de figuras contempladas en preceptos diferentes —e incluso, un tanto alejados entre sí— del Lib. III, CCom. [arts. 656, 675, 689 y 691, CCom.], respecto de las cuales nuestro CCom. establecía que se debe pagar una *compensación por la detención del Buque*, cuando esta se prolonga más allá de la plancha, sea convenida o sea determinada por el uso.

137 Como decía Conesa Prieto, G.: «*La estancia del Buque en puerto*», edit. J.M. BOSCH, EDITOR,S.A., Barcelona, 1993 p. 33: «*si en base a los arts. 652, 656, 689, resulta que las estadías y sobreestadías son demoras, de acuerdo con el art. 675 podría interpretarse que la estadía es plancha, y la sobreestadía es demora, al no citar ese precepto la obligación del capitán de dejar transcurrir los días convenidos para la carga. Omisión que, por otra parte, podría interpretarse en el sentido de que el Capitán, además de dejar transcurrir la plancha, debe esperar a que transcurran las demoras*».

al Fletador, si el Buque queda cargado y despachado para hacerse a la mar, *antes de la expiración del tiempo de plancha*[138].

Al parecer; pues, nos enfrentamos con una materia socioeconómica y jurídica que gira en torno al **factor «Tiempo» y** —por tanto— **presenta un carácter eminentemente cuantitativo, computable, mensurable**; susceptible de cuenta y medida... Y no podemos olvidar que otro modo en que se describen las unidades fundamentales del «*hardware*» es denominándolas «***computadores***», lo que hace referencia expresa a la idea de **contar**, de medir mediante unidades aritméticas de cuenta... Bien; todo esto es normal; no resulta —en modo alguno— sorprendente ni anómalo: **existen los relojes... y hace mucho tiempo que existen relojes de alta tecnología y muy precisos en la medición del tiempo, que incorporan calendario**; relojes que incluso pueden estar no solamente vinculados a otros equipos tecnológicos —piénsese en el «*Apple Watch*»—, sino que **los ordenadores mismos incluyen relojes y calendarios.** Esto, insisto, es evidente que ayuda a los consignatarios en sus funciones, sin introducir ningún elemento perturbador o disruptivo en el —digamos— «*Status Iuris*»...

Pero las nuevas tecnologías aportan los elementos objetivos del **IoT/IIoT** y los «***Smart contracts***», de forma que ya o se trata sólo de medir el tiempo y proporcionar información al Consignatario... sino de **sustituir la acción —humana, personal— del Consignatario por un cómputo electrónico de plazos... y por un programa que reacciones a transcurso del tiempo de detención del Buque, en puerto.**

4.2. Los flujos de información en las relaciones de los consignatarios de buques con las Administraciones públicas marítimo-portuarias

Las funciones nucleares y —acaso— originales del Consignatario de buques están dirigidas a **cumplir las formalidades para lograr un rápido despacho del Buque, en un contexto de creciente intervencionismo administrativo**, en forma de policía de la navegación y portuaria, y de policía de la seguridad de buques; es decir: para conseguir que el Buque permanezca en puerto, el tiempo necesario para que su salida a la mar se haga en condiciones seguras, pero al propio tiempo que ese lapso represente el menor tiempo posible, lo que determina que haya de encargarse de **gestionar el despacho** del Buque y satisfacer a las Autoridades portuarias aquellas cantidades que se devenguen por la prestación de servicios portuarios al buque consignado, muy posiblemente con carácter de verdaderos tributos; de **tasas**, lo cual supone la trabazón de **relaciones entre los particulares** —el Consignatario y sus clientes o principales— **y las Administraciones públicas**, y ello en un

---

138 Schoenbaum, T. J.: *Admiralty and Maritime Law*, edit. West Publishing Co., St.Paul (Minn.), 1987, p. 394.

marco que ya ha tiempo que ha sido descrito como la «***Administración electrónica***»[139]; fenómeno que surge al compás —lógicamente— de los mismos fenómenos que los SSI y el Comercio Electrónico: el desarrollo de potentes herramientas de tratamiento de la información; la creación de redes como Internet, etc[140] y la generalización de estas tecnologías a amplias capas de la Sociedad[141], y el Poder Público aprovecha esa coyuntura para facilitar las gestiones administrativas de los particulares[142], agilizar la tramitación de procedimientos y expedientes administrativos[143], suprimir barreras territoriales, potenciando la igualdad de los ciudadanos y territorios[144] y ahorrar costes[145].

Pues bien; la **Directiva UE n.º 2010/65/UE, de 20.10.2010, sobre las formalidades de información exigibles a los buques a su llegada o salida de los puertos de los estados miembros y por la que se deroga la Directiva 2002/6/CE,** viene a promover la **simplificación y armonización** de los **procedimientos administrativos** aplicados al **transporte marítimo,** mediante la generalización de la **transmisión electrónica normalizada de datos y la racionalización de las formalidades informativas**[146], representada —fundamentalmente— por un sistema de **ventanilla única**[147] —bajo el concepto de

139 Gamero Casado, E. y Fernández Ramos, S.: *Manual básico de Derecho Administrativo*, edit. Tecnos, S.A., 3.ª ed., Madrid, 2006, p. 401.

140 Gamero Casado/Fernández Ramos: *Manual..., cit.,* 3.ª ed., p. 401.

141 Gamero Casado/Fernández Ramos: *Manual..., cit.,* 3.ª ed., p. 401.

142 Gamero Casado/Fernández Ramos: *Manual..., cit.,* 3.ª ed., p. 402.

143 Gamero Casado/Fernández Ramos: *Manual..., cit.,* 3.ª ed., p. 402.

144 Gamero Casado/Fernández Ramos: *Manual..., cit.,* 3.ª ed., p. 403.

145 Gamero Casado/Fernández Ramos: *Manual..., cit.,* 3.ª ed., p. 403.

146 López-Díaz, A.I., Gutiérrez-García, M. A., Morales-Sánchez, A., González-Aguilera, D. y Ruiz-Martí, J.: «Las TIC navegando hacia la sostenibilidad económica y ambiental en el transporte marítimo/ICT sailing to economic and environmental sustainability in the maritime transport», en *Dyna*, 2016, vol. 83, n.º 197, pp. 188-194, en https://www.redalyc.org/journal/496/49645986025/html/. Estepa Montero, M.: *Análisis de la política sobre..., cit.,* Conclusiones, p. VII, quien alude a procedimientos de simplificación administrativa mediante el uso de nuevas tecnologías, en la gestión portuaria.

147 López-Díaz/Gutiérrez-García/Morales-Sánchez/González-Aguilera/Ruiz-Martí: «Las TIC navegando hacia la sostenibilidad ...», *ibidem*; sistema de ventanilla única que ya venía siendo implementado, hacía años —como mínimo a principios de la década del 2000— mediante el establecimiento, por la Orden del Ministerio de Fomento de 29.11.2002, del *«procedimiento integrado de escala de buques»* (PIDE) en los puertos de interés general; donde se concreta el documento único de escala (DUE) unificado a nivel nacional, que tiene como finalidad facilitar la gestión de las escalas de los buques por las Autoridades Portuarias y el despacho de los mismos por las Capitanías Marítimas, creándose, así, una ventanilla única entre las Administraciones Marítima y Portuaria que refuerza los cauces de colaboración entre ambas Administraciones en el ámbito portuario y simplifica los trámites a realizar en el mismo, integrando en un solo procedimiento la tramitación de los documentos que han de presentar los agentes consignatarios de los buques ante las Autoridades Portuarias y las Capitanías Marítima [Coto Millán/Pesquera González/Cas-

la «*e-Maritime*»[148]—, en la que se comunique toda la información una sola vez y se ponga a disposición de las distintas autoridades competentes y los países de la UE. Los países de la UE deberán cerciorarse de que la información recibida de conformidad con las formalidades informativas esté disponible en su sistema ***SafeSeaNet*** nacional y pondrán a disposición de los demás países de la UE las partes pertinentes de esa información a través del sistema *SafeSeaNet*. Los países de la UE aceptarán los formularios normalizados desarrollados por el **Convenio de 09.04.1965, para facilitar el Tráfico Marítimo Internacional**, conocido como Convenio FAL.

La Ventanilla Única Nacional (National Single Windows) se crea aprovechando la experiencia de SafeSeaNet, que aumenta las prestaciones y que reemplazará en un futuro a SafeSeaNet y permitirá a los agentes de la Comunidad portuaria hacer la solicitud de entrada y el despacho de los buques desde sus propias oficinas conectándose al portal correspondiente, permitiendo la entrega de la información on-line, a los agentes que intervienen en el despacho del buque en puerto necesaria para tomar decisiones, en línea con los criterios de eficacia, eficiencia y competitividad que debe imperar en el entorno portuario[149].

Como consecuencia de lo que se acaba de referir, en abril de 2015, el Sistema Portuario Español puso en marcha la plataforma web DUEPORT como punto de encuentro entre los intereses del negocio marítimo y las formalidades de información derivadas de los requisitos legales, económicos y medioambientales de información de los buques. El nuevo sistema DUEPORT (NSW-ES) está compuesto por un conjunto de aplicaciones de negocio (responsables de la prestación de los servicios que pueden ser consumidos por aplicaciones externas o por las propias aplicaciones clientes del propio sistema DUEPORT), un conjunto de aplicaciones de presentación o GUI, cuya funcionalidad es proporcionar al usuario una forma fácil e intuitiva de cumplir con sus compromisos y obligaciones declarativos y consumir servicios de las aplicaciones de negocio. Por último, existe una base de datos, con la lógica separada en tres esquemas distintos: NSW (negocio), GAS (Gestión de Accesos y Seguridad) y NSWARQ (Archivo de datos de negocio); todo ello con una arquitectura estructurada en 3 capas: «***capa de presentación***», «***capa de aplicación o tratamientos de datos***» y finalmente una «***capa de persistencia de datos***».

La capa de presentación tiene dos partes. Una ***interfaz* de usuario tipo web** (cliente ligero) cuya funcionalidad es la de proveer una capa de presentación y validación de datos básica. Esta interfaz es **interactiva** de manera que los

---

TANEDO GALÁN/NÚÑEZ SÁNCHEZ: «Impacto de las nuevas tecnologías ...», *cit.,* p. 105].

148 LÓPEZ-DÍAZ/GUTIÉRREZ-GARCÍA/MORALES-SÁNCHEZ/GONZÁLEZ-AGUILERA/RUIZ-MARTÍ: «Las TIC navegando hacia la sostenibilidad ...», *ibidem*.

149 COTO MILLÁN/PESQUERA GONZÁLEZ/CASTANEDO GALÁN/NÚÑEZ SÁNCHEZ: «Impacto de las nuevas tecnologías ...», *cit.,* p. 105

usuarios (personas) pueden trabajar sobre ella directamente. Adicionalmente hay una **segunda interfaz** con otros sistemas externos a DUEPORT mediante ficheros o comunicación de datos estructurada, que permite el envío/recepción de ficheros EDI/EDIFACT o XML mediante un servidor FTP.

La **capa de aplicación** [«*middleware*»] se encarga del tratamiento de datos y es en ella donde se implementa toda la lógica de negocio del sistema. Aquí hay varios módulos:

- Un módulo encargado del tratamiento, validación y lógica necesaria para la comunicación con la interfaz web de usuario.
- Un módulo encargado de la interpretación y traducción de los ficheros en formato EDI/EDIFACT.
- Un módulo encargado de la recepción de los datos provenientes de ficheros EDI/EDIFACT y realizar las acciones solicitadas correspondientes a las funciones de cada fichero. Así mismo, este módulo se encarga de la entrega de datos al módulo de interpretación y traducción de ficheros EDI/EDIFACT para la generación de los ficheros de salida en el mismo formato, para los sistemas/usuarios externos.

Finalmente está la capa de persistencia de datos que consta de un sistema de base de datos relacional, donde se almacenan los datos correspondientes y necesarios para el funcionamiento del sistema. Pues bien; tanto el **art. 259, TRLPEMM** como el **RD. N.º 131/2019** vienen a reflejar la presencia de **estos fenómenos**, en el ámbito de la **Consignación** marítimo-portuaria; un marco especialmente adecuado a la circulación de **flujos de información entre el Particular —el Consignatario— y la Administración pública [portuaria]**; flujos de información que cabe llevar a cabo mediante la aplicación de las TICs. En este sentido, anteriormente tuve ocasión de analizar el **art. 5.º, RD n.º 131/2019**, titulado «***cumplimiento de sus obligaciones***» que —como se vio— establecía que los consignatarios cumplirán con la debida diligencia sus obligaciones para con las Autoridades Marítimas y Portuarias, así como con los demás requisitos que les son impuestos por las leyes, añadiendo —a renglón seguido— que «***[l]as comunicaciones de los consignatarios y la Dirección General de la Marina Mercante, los Capitanes Marítimos, el Organismo Público Puertos del Estado y las Autoridades Portuarias, así como cualesquiera Administraciones Públicas, tendrán lugar a través de medios electrónicos***», lo que permitía extraer varias conclusiones fundamentales, de las cuales sólo mencioné algunas, prometiendo exponer —en el lugar correspondiente— las demás, pendientes de señalar. Así; las TICs están siendo utilizadas, con frecuencia e intensidad crecientes, en ámbitos ajenos al Derecho patrimonial privado; concretamente, como refleja la E.M de la **Ley n.º 39/2015, de 01.10.2015, de Procedimiento Administrativo Común de las Administraciones Públicas [LPACAP]**, el desarrollo de las tecnologías de la información y comunicación ha venido afectando profundamente a la forma y al contenido de las relaciones de la Administración con los ciudadanos y las empresas. En este sentido, tanto el art. 4.°, L.Fel/2003, como el art. 45, Ley 30/1992, de 26.11.1992, de Régimen Jurídico de las Administraciones Públicas y del Procedimiento Administrativo Común [LRJAPyPAC] —que ya fue consciente del impacto de las nuevas tecnologías en las relaciones administrativas— regularon —en su día— el empleo de la firma electrónica en el ámbito de las Administraciones públicas, sus organismos públicos y las entidades vinculadas o dependientes de ellas, ya se emplee dicha firma electrónica en relaciones interadministrativas o en las relaciones entre aquéllas y los particulares[150]. Más, aún: la **Ley n.° 56/2007, de 28.12.2007, de medidas de impulso de la Sociedad de la Información [Lmed.Imp.SI]** estableció la obligación de las empresas de determinados sectores con especial incidencia en la actividad económica [compañías dedicadas al suministro de electricidad, agua y gas, telecomunicaciones, entidades financieras, aseguradoras, grandes superficies, transportes, agencias de viaje, etc.] de **facilitar un medio de interlocución telemática a los *usuarios* de sus servicios,** que cuenten con certificados reconocidos de firma electrónica, con el fin de asegurar que los ciudadanos cuentan con un canal de comunicación electrónica con las empresas cuyos servicios tienen una mayor trascendencia en el desarrollo cotidiano de sus vidas. Esta obligación vendrá a complementar la garantía del derecho de una comunicación electrónica de los ciudadanos con las Administraciones Públicas, establecida en la **Ley n.° 11/2007, de 22.06.2007, de Acceso Electrónico de los Ciudadanos a los Servicios Públicos**, en ejecución de uno de los mandatos normativos contenidos en el llamado «*Plan Avanza*».

Pues bien; así las cosas, este es el momento oportuno para exponer las conclusiones pendientes que cabía deducir del art. 5.°, RD n.° 131/2019... y estas son las conclusiones pendientes; a saber:

a) Que —concretamente— en el contexto de esas concretas relaciones jurídicas de sujeción o subordinación, revisten fundamental importancia **la información y su comunicación**; es decir: que, en el marco de esas relaciones, inevitablemente se producirán **flujos de información; corrientes de datos**. Así lo refleja el **art. 7.°, n.° 2, RD n.° 131/2019** cuando, luego de disponer que **los consignatarios** deberán prestar una atención continua al buque, añade que —igualmente— ***«deberán... tener contacto permanente con las Autoridades Marítimas y Portuarias».***

b) Que el **Regulador** administrativo del Sector marítimo-portuario, ha mostrado una decidida voluntad de introducir y generalizar el **uso de las TICs para canalizar esos flujos de información**, lo cual en modo alguno puede resultar sorprendente ni anómalo, ya que como refleja

150 Uría González/Menéndez Menéndez/Vergez Sánchez.: «Capítulo 58.: Especialidades de la Contratación mercantil», en VV.AA.: *«Curso de Derecho mercantil», t. II, «La Contratación mercantil. Derecho de los valores. Derecho concursal. Derecho de la navegación»*, edit. CIVITAS, S.A., Madrid, 2001, p. 72.

la E.M/LPACAP, no solamente la LRJAPyPAC, n.º 30/1992, ya fue consciente del **impacto de las nuevas tecnologías en las relaciones administrativas**, sino que la —hoy derogada— Ley n.º 11/2007, de 22.06.2007, de acceso electrónico de los ciudadanos a los Servicios Públicos, sustituida por la vigente LPACAP, les dio carta de naturaleza legal, al establecer el derecho de los ciudadanos a relacionarse electrónicamente con las Administraciones Públicas, así como la obligación de éstas de dotarse de los medios y sistemas necesarios para que ese derecho pudiera ejercerse. Sin embargo, en el entorno actual, la tramitación electrónica no puede ser todavía una forma especial de gestión de los procedimientos, sino que debe constituir la actuación habitual de las Administraciones. Porque una Administración sin papel basada en un funcionamiento íntegramente electrónico no sólo sirve mejor a los principios de eficacia y eficiencia, al ahorrar costes a ciudadanos y empresas, sino que también refuerza las garantías de los interesados. En efecto, la constancia de documentos y actuaciones en un archivo electrónico facilita el cumplimiento de las obligaciones de transparencia, pues permite ofrecer información puntual, ágil y actualizada a los interesados.

c) Y, por fin, que todo ello se relaciona directamente con el cumplimiento diligente, no sólo de *«las obligaciones que, en su relación* —se refiere, claro está, a la que tengan los consignatarios— *con las Autoridades Marítimas y Portuarias, se establecen en la regulación de Puertos del Estado y de la Marina Mercante»*, sino también con el cumplimiento diligente de *«los demás requisitos exigidos»* a los consignatarios.

Mas no termina aquí la potencial relevancia de la Información, en el ámbito de la Industria de la Consignación de buques, porque es evidente que establecer un régimen de autorización administrativa y registro administrativo inevitablemente habrá de provocar nuevos flujos de información. En este sentido, el **art. 8.º, RD n.º 131/2019**; indudablemente el más extenso de los que se contienen en dicha disposición, establece que:

> «1. Se crea el Registro de Consignatarios, que tiene por finalidad facilitar el acceso de los armadores y navieros a sus servicios y el control del cumplimiento de los requisitos que les sean exigidos por las normas.
>
> 2. El Registro de Consignatarios tiene carácter público administrativo, y se constituirá como una base de datos informatizada accesible a través del sitio web del Ministerio de Fomento.
>
> 3. La gestión del Registro de Consignatarios corresponderá al Ministerio de Fomento y el Director General de la Marina Mercante ostentará la condición de responsable del Registro de acuerdo con la normativa de protección de datos de carácter personal.
>
> 4. Los consignatarios podrán instar su inscripción en el Registro de Consignatarios, a través del formulario existente en el sitio web del Ministerio de Fomento, haciendo constar su denominación, domicilio o sede social, contacto telefónico y dirección elec-

trónica y los puertos en los que estén autorizados para desarrollar su actividad. Los demás datos que se puedan recabar en el formulario de inscripción no serán objeto de publicidad. En su caso, habrán de remitir los documentos que se puedan indicar en el sitio web del Ministerio de Fomento.

La inscripción se llevará a cabo por la Subdirección General de Seguridad, Contaminación e Inspección Marítima de la Dirección General de la Marina Mercante, en el plazo de dos meses desde que se solicita por el interesado, al que se concederá, cuando proceda, un plazo de diez días para que subsane la falta de la información o documentos necesarios. Una vez llevada a cabo la inscripción, se comunicará a la dirección electrónica del interesado en el plazo máximo de 10 días.

En caso de denegación de la inscripción se podrá interponer recurso de alzada ante el Director General de la Marina Mercante en la forma prevista en la legislación de procedimiento administrativo común.

La Dirección General de la Marina Mercante podrá suscribir convenios con el Organismo Público Puertos del Estado, con entidades autonómicas de gestión de los puertos de su titularidad, así como con las asociaciones de consignatarios para facilitar la inscripción de los consignatarios y el intercambio de información.

5. El encargado del Registro de Consignatarios comunicará a las entidades gestoras de los puertos la inscripción de consignatarios que declaren contar con autorizaciones para el desarrollo de su función en el puerto de que se trate. Cuando se trate puertos de interés general integrados en el sistema portuario de titularidad estatal esta comunicación se hará a través del Organismo Público Puertos del Estado.

Asimismo, las Autoridades Portuarias a través del Organismo Público Puertos del Estado y las restantes entidades gestoras de los puertos comunicarán al Registro de Consignatarios la pérdida de vigencia de las autorizaciones que hubieran otorgado a los consignatarios.

6. Los consignatarios inscritos deberán mantener actualizada esta información en todo momento.

7. Serán causas de baja en el Registro de Consignatarios la pérdida de la totalidad de las autorizaciones otorgadas por las Autoridades Portuarias para llevar a cabo su función, así como su cese de actividad o la inhabilitación acordada por autoridad competente».

Se trata de un registro administrativo; no de un registro jurídico, porque para eso, los consignatarios ya contarían con el Registro Mercantil. Un registro, pues, que permite a la Administración Marítima disponer de un control continuado sobre los consignatarios inscritos, proporcionándole una suerte de telar donde ir tejiendo los hilos de diversas medidas interventoras de la más diversa índole... Y, sin embargo, curiosamente, es un registro que **también persigue proporcionar información a los potenciales clientes de los consignatarios**, ya que expresamente se dice que dicho Registro ***«tiene por finalidad facilitar el acceso de los armadores y navieros a sus servicios»***, lo cual puede ser interpretado como que se trata de facilitar a los armadores y navieros el acceso a los servicios ***de los consig-***

natarios —inscritos, claro—, pero también puede ser interpretado como que se trata de facilitar a los armadores y navieros el acceso a los **servicios del propio Registro**.

Sea como fuere; de nuevo nos encontramos con importantísimas referencias al papel de las **TICs**, ya que el propio Registro viene configurado —y no sólo legalmente, sino, sobre todo, materialmente— como «***una base de datos informatizada accesible a través del sitio web del Ministerio de Fomento***»; base de datos que es preciso que se mantenga sucesiva y permanentemente **actualizada**.

5. Posibles consecuencias de la introducción de sistemas de Inteligencia artificial y del transhumanismo

Por el momento, salvo la referencia a los «*smart contracts*», hemos dibujado un paisaje en el que la actividad consignataria se lleva a cabo por empresarios; seres humanos, ora personalmente ora bien por medio de empleados suyos, que llevan a cabo sus prestaciones gerenciales o gestoras, trabando relaciones —asimismo— **con otros seres humanos**; principalmente —por razones obvias— con sus principales —los **armadores, navieros**, porteadores...—, pero también con los **funcionarios y empleados de las Administraciones públicas**, ante las cuales desarrollan la gestión de trámites y procedimientos para el despacho de buques y mercancías. Sin embargo, las nuevas tecnologías de la información y la comunicación —TICs—, **basadas en dos grandes pilares o «*ideas-fuerza*»: en primer lugar, la *posibilidad de reducir todo el entorno humano, material o inmaterial* —los hechos, las voluntades y su declaración o manifestación, e inclusive las cosas y los bienes...— *a términos* de *información***; a masas o conjuntos de datos que ora se alojan o almacenan, ora fluyen; es decir: a términos de flujos de datos aptos para ser representados de forma que resulte posible su accesibilidad y percepción de forma sensible, y que sean susceptibles de circular; de pasar de unos sujetos a otros. **Y, en segundo, la *sustitución de los cauces físicos* —orales, manuscritos o tipografiados— *de transmisión de la información*, por la transmisión de la información utilizando como *vector* la *Señal electrónica***, no solamente nos enfrentan con el problema de las relaciones entre Información, tecnología referida a la información, actividades económicas y regulación legal, sino con el problema de que las nuevas TICs podrían estar **reduciendo a información *procesada, organizada y almacenada*, incluso al mismísimo *polo esencial* de relaciones *humano***, y haciendo tal cosa... de forma absoluta; haciéndolo **como *Sujeto racional* de relaciones de comunicación y también jurídicas**. Esta es la clave del conjunto de tecnologías que se vienen conocimiento como «***Inteligencia Artificial***» [IA] o «*Artificial Intelligence*» [AI]. En este sentido, las nuevas tecnologías ya proponen o

—como mínimo— auguran la *sustitución de todos los elementos objetivo-reales y circunstanciales de las relaciones y situaciones jurídicas* en que se hallan los sujetos de derecho... *por sus* —si se me permite expresarlo así— «*subrogados*» *tecnológicos, e incluso virtuales*.

Ya conocemos los hechos y los efectos que se han manifestado en el seno del Derecho de sociedades y personas jurídicas, comenzando por las reuniones virtuales de sus órganos, cuya primera manifestación se puede situar en aquella Junta General de accionistas radiotelevisada, que llevó a cabo «*Compañía Telefónica nacional de España*», celebrada el 30.01.1971, en el Pabellón de Deportes de la Ciudad Deportiva del Real Madrid —Avda. del Generalísimo, n.º 175, de Madrid—, que se había llevado a cabo cumpliendo escrupulosamente con los Estatutos sociales y la, por entonces vigente, Ley de Sociedades Anónimas de 17 de julio de 1951, en cuanto a convocatorias primera y segunda, si bien, de acuerdo con los anuncios e informaciones aparecidos en la prensa, dicha Junta General fue retransmitida en directo, a través de un circuito cerrado de televisión, al «Pabellón de las Naciones» de la Feria de Muestras de Barcelona y al Teatro «Buenos Aires» de Bilbao, y eso de tal forma que los asistentes pudieron ver y escuchar todos los detalles de la celebración de la Junta... aunque no pudieron participar activamente en ella[151]. «*Acontecimiento sin precedentes*» —como la califica RODRÍGUEZ ARTIGAS[152]— esta Junta radiotelevisada planteó, en su momento, complejas cuestiones... pero —sobre todo— abriría una puerta —primero— a la posibilidad teórica de constituir sociedades con «*domicilios virtuales*»; domicilios no localizados en el entorno real de la geografía, sino en un entorno virtual; domicilios sociales situados «*on line*»; una hipótesis o una propuesta a la que —aparentemente— el Ordenamiento jurídico español habría dado una respuesta relativamente «*tímida*» —y no es una crítica, sino la simple constatación de un hecho—, ya que nuestro *Texto refundido de la Ley de Sociedades de capital*, aprobado por Real Decreto Legislativo n.º 1/2010, de 02.06.2010, modificado ya en alguna ocasión, *excluyó* toda posibilidad de «*sociedades virtuales*»; de sociedades carentes de domicilio físico, geográficamente localizado y que escapan a la aplicación de un ordenamiento jurídico nacional, porque su domicilio es meramente virtual, aunque la *Ley de Reforma del Texto refundido de la Ley de Sociedades de capital*, de 2011 introdujo el —por entonces nuevo— art. 11-*bis*, TRLSocs.cap.esp., que admite la creación de una página web corporativa, cuya creación debe ser acordada por la Junta general, debiendo inscribirse dicho acuerdo en el Registro Mercantil, o bien —alternativamente— ser comunicado a todos los socios. La supresión y traslado de dicha página-web deberá ser acordada por el Órgano de administración, salvo que otra cosa se disponga en los Estatutos, debiendo —asimismo— procederse a la inscripción registral

151 RODRÍGUEZ ARTIGAS, F.: «Reflexiones en torno a la retransmisión por televisión de la J. G. de la S.A. (A propósito de la J.G. de la C.T.N.E. de enero de 1971)», en *RDM.*, 1971, n.º 121, julio-septiembre, p s. 351 y s.

152 RODRÍGUEZ ARTIGAS, F.: «Reflexiones en torno a la retransmisión ...», *cit.,* p. 352.

mercantil de tales extremos. Mas esto no supone haber suprimido la necesidad de contar con un domicilio real, ni lo ha sustituido por el domicilio virtual.

Pero es que la cosa no termina aquí, porque si el mundo de la navegación, el transporte marítimo y los servicios portuarios se ha visto afectado por las TICs, ello ha tenido lugar —o está teniendo lugar— en un doble plano... o por dos tipos de tecnologías distintas, aunque estrechamente relacionadas... a las que se podría añadir una tercera. Las dos primeras son las siguientes:

1. La **informática** de las **comunicaciones** ***online*** y los ***entornos virtuales***
2. Y la **robótica**

La tercera podría ser.

3. El **transhumanismo**.

Los primeros son dos fenómenos que pueden —igualmente— afectar al mercado de la Consignación de buques: la forma como lo puede afectar la informática de las comunicaciones *online* y los *entornos virtuales*, ya la hemos analizado... Nos queda analizar la forma en que puede afectarla la **Inteligencia Artificial [IA]** —o las IAs, pues, al parecer, son varias y diversas— es decir: **la posibilidad de dotar a una máquina —o a un sistema o un programa informáticos, me atrevo a añadir— de la habilidad de *adquirir y exhibir* las mismas capacidades intelectuales y operativas que los seres humanos, como el *razonamiento,* el *aprendizaje*, la creatividad y la capacidad de planear**.

Según los expertos en ciencias de la computación Stuart RUSSELL y Peter NORVIG cabe diferenciar varios tipos de inteligencia artificial, pues en un *«contexto misantrópico»*[153], donde la presencia y la acción humanas son sustituidas por el funcionamiento de *software* y agentes electrónicos inteligentes; **algunos de ellos —incluso— agentes «*hardware*», que operan en el mundo real, «*off-line*»; «robots» en definitiva** —buques no tripulados; buques autónomos—, cabe identificar y distinguir los siguientes sistemas de IA; a saber:

a) **los sistemas que piensan como humanos**; se trata de sistemas que **automatizan actividades como la toma de decisiones, la resolución de problemas y el aprendizaje.** Un ejemplo son las **redes neuronales artificiales**.
b) En segundo lugar, los sistemas que **actúan como humanos**. Se trata de ordenadores o equipos de *«hardware»/«software»* que **realizan**

153 Expresión utilizada por EBBERS, M.: «La utilización de agentes electrónicos inteligentes en el tráfico jurídico: ¿Necesitamos reglas especiales en el Derecho de la responsabilidad civil?» en *In-Dret. Revista para el Análisis del Derecho*, 2023, n.º 1, *Número especial sobre mercado único digital europeo y protección de los consumidores*, p. 6, en https://indret.com/wp-content/uploads/2018/05/1245.pdf y en https://indret.com/la-utilizacion-de-agentes-electronicos-inteligentes-en-el-trafico-juridico-necesitamos-reglas-especiales-en-el-derecho-de-la-responsabilidad-civil/.

tareas de forma similar a como lo hacen las personas. Es el caso de los **robots**.

c) En tercero los Sistemas que **piensan racionalmente**; es decir: que intentan **emular el pensamiento lógico racional de los humanos;** máquinas que —en hipótesis— podrían percibir, razonar y actuar en consecuencia. Se engloban en este grupo los denominados **sistemas expertos** y finalmente...

d) los Sistemas que **actúan racionalmente**; aquellos que tratan de **imitar de manera racional el comportamiento humano,** como los **agentes inteligentes**.

Como se podrá apreciar, estos sistemas de IA tienden a **sustituir al Ser Humano** en las relaciones sociales... lo que indefectiblemente plantearía el problema de la **subsistencia o la desaparición de las relaciones jurídicas**.

Frente a los sistemas de IA, las TICs aplicadas como instrumentos al servicio del **transhumanismo**, no pretenden sustituir al Ser Humano... **sino *mejorar* al Ser Humano, incorporando la tecnología a la anatomía y la fisiología**. Recientemente se ha publicado una obra colectiva, titulada *«Impactos del transhumanismo en la empresa y sociedad. Claves para entender el transhumanismo»,* bajo la coordinación de Jorge PELEGRÍN BORONDO y Mario ARIAS OLIVA, en la que se viene a poner de manifiesto cómo la revolución digital y del conocimiento **está provocando cambios radicales** no únicamente en la forma en la que nos organizamos como sociedad, sino también **en la propia naturaleza de los seres humanos**, habiéndose introducido —en nuestra realidad cotidiana— nuevas tecnologías transhumanistas que nos permitirán vivir muchísimos más años con una elevada calidad de vida; y **convertirnos en organismos cibernéticos**, es decir, en **cyborgs** (acrónimo de Cybernetic Organisms).

Ciertamente, «*los procesos de digitalización y robotización hacen peligrar muchas profesiones*»; si se generaliza el uso de «*smart contracts*» o contratos «*inteligentes*» que —en definitiva— no son sino un estadio muy primitivo de la **Inteligencia Artificial [IA]**, que consigue —aparentemente— mediante algoritmos, producir modificaciones en la realidad física, técnica, económica y también jurídica, y que —desde ese último punto de vista— **sustituyen el acto humano de cumplimiento, coercible sólo a través de complejos procesos de puesta en marcha de una reacción «ordinamental», por la automatización, objetivación y seguridad de ese cumplimiento**. La IA permite que los sistemas tecnológicos perciban su entorno, se relacionen con él, resuelvan problemas y actúen con un fin específico. La máquina recibe datos (ya preparados o recopilados a través de sus propios sensores, por ejemplo, una cámara), los procesa y responde a ellos. En este sentido, los sistemas de IA son capaces de adaptar su comportamiento en cierta medida, analizar los efectos de acciones previas y de trabajar de manera autónoma[154]. Pues bien; entre las principales aplicaciones de la inteligencia artificial se hallan las que tienen lugar en el campo de la **logística y el transporte**, mediante programas y algoritmos que permite evitar no solamente las colisiones —abordajes, siniestros marítimos, lo que probablemente nos sitúa en el ámbito de los llamados «buques autónomos»— sino también **evitar atascos** —atascos portuarios—; dificultades de acceso y salida de los puertos lo que hace muy verosímil que puedan llegar a tener una grave incidencia sobre la industria de la **Consignación** de buques, pues si mediante un algoritmo, cuando se detecta la concurrencia una condición pre-programada, el contrato inteligente ejecuta la cláusula contractual correspondiente; en general, si mediante un algoritmo, cuando se detecta una condición pre-programada, el propio programa lleva a cabo la acción programada como deseada por el Cliente, o cuando —por el contrario— no acaece el hecho condicionante programado; si la condición pre-programada no es percibida; no es detectada por el sistema, el propio programa se abstiene de dar curso a la contraprestación correspondiente; y «*lex contractus*» si, de este modo, se brinda una seguridad superior a la tradicional y se reducen los costes de transacción asociados a la negociación, a la contratación; al otorgamiento —en definitiva— de actos y negocios jurídicos; públicos o privados... ¿Qué quedará al Consignatario humano? ¿Qué quedará, p.e., de las relaciones contractuales de comisión o agencia?

El Sr. Trius se muestra optimista, al respecto: «*creemos que no es nuestro caso* —se refiere a la hipotética desaparición de los consignatarios de buques, como consecuencia de la introducción de estas novísimas TICs— *porque hemos aportado más valor añadido a nuestro trabajo y centralizamos todos los aspectos relativos al paso de los barcos y las tripulaciones por los puertos*»; y esto, **tanto en su vertiente operativa como comercial,** desde aspectos tan básicos como la gestión de visados y la asistencia médica de la tripulación a todas las necesidades que tenga el buque, pasando por la comercialización de servicios de la naviera, entre otros, los consignatarios son «*los responsables de coordinar todos estos trabajos*».

Ahora bien; si los programas basados en la IoT/IIoT son herramientas que permiten configurar una **red inteligente** que permite el intercambio de información y comunicación, no entre operadores humanos... sino **entre dispositivos inteligentes**[155], lo que permitiría una monitorización de múlti-

154 Parlamento Europeo: «¿Qué es la inteligencia artificial y cómo se usa?»; Actualización: 26-03-2021 - 13:43; Creado: 08-09-2020 - 11:34, en https://www.europarl.europa.eu/news/es/headlines/society/20200827STO85804/que-es-la-inteligencia-artificial-y-como-se-usa

155 Alvear-Puertas, V., Rosero-Montalvo, P., Peluffo-Ordóñez, D. y Pijal-Rojas, J.: «Internet de las Cosas y Visión Artificial, Funcionamiento y Aplicaciones: Revisión de Literatura» *(Internet of Things and Artificial Vision, Performance and Applications: Literature Review)*, en «Enfoque UTE», V.7-Sup.1, Feb.2017, en http://ingenieria.ute.edu.ec/enfoqueute/ e-ISSN: 1390-6542 / p-ISSN: 1390-9363 Recibido (Received): 2017/01/09 Acep-

ples aspectos de la vida cotidiana[156], con aplicaciones en áreas como las de salud, construcción, tráfico de vehículos —y, por qué no, «***smart ships or vessels***»[157]—, agricultura, educación, visión artificial, conservación del ambiente, meteorología, etc.[158], e incluso la formación de «*smart cities*»... y —por qué no— «***smart ports***»[159], **¿hasta qué punto sustituirán a las con-**

tado (Accepted): 2017/02/24 CC BY-NC-ND 3.0, p. 245. CHEN, S., XU, H., LIU, D., HU, B. Y WANG, H.: «A Vision of IoT: Applications, Challenges, and Opportunities With China Perspective», en *IEEE Internet of Things Journal*, 2014, ps. 349-359. LAMB, P.: «Seaworthiness redefined in the new age? Interim guidelines on maritime cyber risk management» http://www.nortonrosefulbright.com/knowledge/publications/143728/seaworthiness-redefined-in-the-new-age-interim-guidelines-on-maritime-cyber-risk-management, Publication | November 2016, quien señala que el denominado «Internet de las cosas» permite a dispositivos comunicarse los unos con los otros, usando los sensores integrados que se unen por medio de redes de cable e inalámbricas y puede ser controlado en tiempo real.

156 ALVEAR-PUERTAS/ROSERO-MONTALVO/PELUFFO-ORDÓÑEZ/PIJAL-ROJAS: «Internet de las Cosas y Visión Artificial...», *cit.,* p. 245. ANSARI, A. N., SEDKY, M., SEDKY, M. Y TYAGI, A.: «An Internet of things approach for motion detection using Raspberry Pi», en *Proceedings of 2015 International Conference on Intelligent Computing and Internet of Things, ICIT 2015*, 2015, ps. 131-134.

157 FERREÑO GONZÁLEZ/SANTIAGO CAAMAÑO/MUNÍN DOCE: *Espacio marítimo 4.0*, *cit.,* ps. 4 y s., en https://ruc.udc.es/dspace/bitstream/handle/2183/27608/M%C3%B3dulo%204-ConstruccionNavalelndustria4.0.pdf?sequence=3, quienes señalan que un buque, en realidad, es un agregado de múltiples sistemas, podemos decir que es un «sistema de sistemas». Como pueden ser: A) Sistemas principales: - Sistema de propulsión, - Sistema de combustible, - Sistema de gobierno y de navegación, - Sistema de generación y de distribución eléctrica, - Sistema de refrigeración, - Sistema de amarre y fondeo, - Sistema de carga y descarga, - Sistema de telecomunicaciones, - Sistema de salvamento, - Sistema de achique y lastre y - Sistema de agua potable; B) Sistemas auxiliares: - Sistema de aire comprimido, - Separador de aguas aceitosas, - Depuradores, - Planta de tratamiento de aguas residuales, - Destiladores de agua, - Calentadores de agua, - Frigorífica... para no mencionar -C)- los Sistemas para explotación del buque. Por lo tanto, dotar de inteligencia a un buque, pasa por dotar de inteligencia a los sistemas que componen el buque. El desarrollo de sistemas inteligentes, en general, no habría sido posible sin el avance en el desarrollo de sensores y en especial en la tecnología IOT. Para que un sistema del buque sea inteligente, este debe ser capaz —primero— de percibir su entorno (sensores, cámaras...) y, en segundo lugar, debe de procesar la información que recibe y tomar decisiones.

158 ALVEAR-PUERTAS/ROSERO-MONTALVO/PELUFFO-ORDÓÑEZ/PIJAL-ROJAS: «Internet de las Cosas y Visión Artificial...», *cit.,* p. 245. ZANELLA, A., BUI, N., CASTELLANI, A., VANGELISTA, L. Y ZORZI, M.: «Internet of Things for Smart Cities», en *IEEE Internet of Things Journal*, 2014, ps. 22-32.

159 FERREÑO GONZÁLEZ/SANTIAGO CAAMAÑO/MUNÍN DOCE: *Espacio marítimo 4.0*, *cit.,* ps. 4 y s., en https://ruc.udc.es/dspace/bitstream/handle/2183/27608/M%C3%B3dulo%204-ConstruccionNavalelndustria4.0.pdf?sequence=3, quienes señalan que se podría definir un *«Smart Port»* como aquel capaz emplear *tecnologías innovadoras* como la Inteligencia Artificial, el *«Big Data»* el IoT o el *«blockchain»* para mejorar su eficiencia. Por este motivo parece obvio que la automatización en la adquisición de datos y el posterior procesamiento de grandes cantidades de datos hace que sistemas basados en IoT y Big Data puedan aportar mejoras en los niveles de integración del puerto dentro de la cadena de transporte; p.e: reducir el tiempo de carga y descarga en las terminales intermodales

ductas humanas; a las prestaciones de servicios de ***consignación marítimo-portuaria*, mediante una gestión *humana* consciente y voluntaria?** Así; p.e., si el Contrato de Consignación obliga al despacho y atenciones al Buque, desde su entrada en puerto a su partida, las cuales tienen lugar **dependiendo de condiciones meteorológicas, político-sociales o económicas...** y los sensores detectan la concurrencia o la ausencia de dichas condiciones... ¿qué sucederá? ¿Nos moveremos en un plano estrictamente mecánico o maquinal, quedando la dirección del Buque automatizada, sin que el Consignatario —incluso sin que el mismísimo Capitán— puedan hacer otra cosa que sentarse esperando la llegada del Buque, al puerto? ... ¿Y entonces... que valor añadido podrán proporcionar? ¿O, más bien, el programa se limitará a valorar la trascendencia de la información proporcionada por el sensor... indicando al Consignatario —y al mismísimo Capitán— que el Buque debe arribar a puerto, o que —por el contrario— debe abstenerse, o esperar o continuar viaje? Al parecer, no hay que excluir la posibilidad —e incluso hasta es posible que sea hoy el supuesto más frecuente— de que tenga lugar la aplicación de «*Big Data*» a la operativa de carga y descarga de contenedores, optimizando los tiempos de inicio y fin de la ventana de atraque. Si se analiza con esta tecnología toda la información procedente de los sistemas meteorológicos, los de operatividad de la terminal y los del puerto, se puede estimar cómo afecta a la productividad de las grúas de carga y descarga el oleaje, las corrientes y el viento y advertir de una posible reducción en dicha productividad con una antelación de 48 horas. Esto **permite a las navieras o los consignatarios ajustar la ventana de atraque cuando el buque entre puerto, reduciendo así la estancia del buque en puerto**[160].

Como se vio en su momento, la figura del denominado «***Consignatario-sucursalista***», al que se refería la **Sent.TSJ. Las Palmas de Gran Canaria, Sala de lo Contencioso-Administrativo, de 23.09.1997**[161], se halla extramuros del ámbito de la Industria de la Consignación marítima, propiamente dicha, precisamente por carecer de independencia frente al Armador, Naviero o Propietario que le han contratado, en régimen laboral... **¡Qué no sucederá si —o cuando— sistemas de IA sustituyan a las personas!**

gracias a sistemas de operación avanzados, mejorar la utilización de la infraestructura de la terminal, mejorar las conexiones entre los diferentes modos de transporte, reducir los costes de operación y —en general— mejorar el servicio al cliente.

160 Ferreño González/Santiago Caamaño/Munín Doce: *Espacio marítimo 4.0*, *cit.*, p. 26, en <https://ruc.udc.es/dspace/bitstream/handle/2183/27608/M%C3%B3dulo%204-ConstruccionNavaleIndustria4.0.pdf?sequence=3>.

161 Sent.TSJ. Las Palmas de Gran Canaria, Sala de lo Contencioso-Administrativo, de 23.09.1997; Ponente: J. J. Suárez Tejera; recaída en Recurso n.° 1355/94, en http://www.minervaeditores.es/tribunales_audiencias/normas/reglamentos/1394_1/22846/20304.html, n.° ref. Minerva: 533/1998.

Evidentemente, la respuesta a estas interrogantes dependerá, en fundamental medida, p.e., del **nivel de autonomía directiva navegatoria** que presenten los denominados sistemas marítimos autónomos, pues —de acuerdo con el denominado «*Unmanned Marine Systems Code*» elaborado por el «*Lloyd's Register*»— los buques pueden presentar varios niveles crecientes de autonomía, denominados «*Autonomy Levels*» [AL] que no voy a repetir aquí[162]. En cualquier caso, ¿Quedará, entonces, algún lugar para los consignatarios y la consignación de buques, propiamente dicha, cuando se empleen buques-robot, completamente automatizados, dotados de sistemas heurísticos? Esto, por lo que hace al punto de vista de los clientes... Y desde el punto de vista del propio Sector, ¿quedará, aún, lugar para los consignatarios y la consignación de buques, propiamente dicha, cuando en los puertos se pongan en funcionamiento sistemas automatizados de gestión del acceso, estancia y salida de los buques?

El primer escenario, es obvio que excluye a los consignatarios y la consignación propiamente dicha, sustituyéndolos por un sistema de «*smart selfdispatch of ships*»; de «***autodespacho inteligente***».

El segundo —en principio— no los excluye; al menos, no los excluye «*a limine*», aunque —como mínimo— provoca una **profunda mutación tecnológica** en las relaciones jurídicas de consignación, acaso convirtiéndolos de empresarios de servicios de gestión, en empresarios de suministro de información o de comercio de bienes informáticos.

Pero también cabe imaginar una solución a lo Tancredi: «*que todo cambie, para que todo siga como está*», aunque es difícil que todo siga como ha estado hasta ahora, cuando el cambio llega al nivel antropológico; al nivel, incluso biológico: se trata del reconocimiento de «*personas jurídicas electrónicas*», denominadas *organizaciones autónomas descentralizadas* [en inglés «*decentralized autonomous organizations*» o DAOs.], también llamadas *empresas* —o compañías o *sociedades*— *autónomas descentralizadas* [en inglés «*decentralized autonomous corporations*» o DACs.], que se definen o se describen como «*organizaciones*» que están dirigidas a través de reglas codificadas en programas de ordenados, denominados «*contratos inteligentes*» [«*smart contracts*»], los cuales —a su vez— se gestionan a través de «*blockchain*»[163]. De estas DAOs. o DACs. se ha llegado a decir que son, por expresarlo en términos muy simples, «*organizaciones donde la interac-*

162 García-Pita y Lastres, J. L.: «El papel de las nuevas tecnologías...», *cit.*, ps. 109 y ss.

163 Ejemplo de estas nuevas realidades tecnológicas son Dash, SmartCash, The DAO y Digix.io, aunque el ejemplo más famoso fue *The DAO*, una DAO para fondos de capital riesgo, que se creó con 150.000.000, U.S. $, reunidos por medio de «*crowdfunding*» en junio 2016 y el cual fue inmediatamente pirateado y despojado de 50.000.000, U.S. $, en criptomoneda. Dicho hackeo fue revertido unas semanas después, y el dinero fue recuperado al completo, gracias a una versión del *blockchain* de Ethereum. Este rescate descentralizado fue posible gracias a la mayoría de votos en la tasa de hash del *blockchain*.

ción de miembros (humanos o máquinas) está mediada por una aplicación blockchain, que está controlada por un conjunto de reglas incrustadas en su código fuente»[164]. Por su parte, Luis CUENDE[165] las definió como «*entidades nativas de Internet que no poseen una gestión central y que están reguladas por un conjunto de reglas automáticamente aplicables en un blockchain público, y cuyo fin es adquirir una vida propia e incentivar a la gente para desarrollar una misión común compartida*», aunque el mismo autor también ofreció esta otra definición: «*Una DAO es un grupo de personas sin administración central que se coordina a través de Internet en torno a un conjunto compartido de reglas para lograr una misión común*», a lo que los citados EL FAQIR/ARROYO/HASSAN responden, con un sentido claramente conclusivo y sintético que una DAO. o DAC. puede definirse como «*personas con objetivos comunes que se unen bajo una infraestructura blockchain que posee la virtualidad de hacer cumplir un conjunto de reglas compartidas*»[166].

En apariencia, las DAOs. o DACs. pueden contratar de forma autónoma a personas, prestar servicios, ganar dinero para sus propios fines, poseer inteligencia, coordinarse con otros programas informáticos autónomos o facilitar la cooperación, por nombrar sólo algunas de sus aptitudes técnicas[167]. Hay quien afirma que se trata de verdaderas empresas «*sin status legal como corporación*», lo que probablemente signifique *sociedades sin personalidad jurídica*, de estructura no corporativa, precisándose —incluso— que podría tratarse de una sociedad colectiva, lo cual tendría como consecuencia que podría —eventualmente— conllevar responsabilidades legales para sus partícipes, incluso si el código de contrato inteligente o los promotores de la DAO dicen lo contrario.

---

164 EL FAQUIR, Y., ARROYO, J. Y HASSAN, S.: «An overview of decentralized autonomous organizations on the blockchain», en *OpenSym* 2020, August 25-27, 2020, Virtual conference, Spain, p. 1 [de 8] https://eprints.ucm.es/id/eprint/62273/1/os20-paper-a11-el-faqir.pdf

165 CUENDE, L.: en https://twitter.com/licuende/status/1263511552709267456. *Vid*, también cita por EL FAQUIR/ARROYO/HASSAN: «An overview of decentralized...», *cit.*, p. 2 [de 8] <https://eprints.ucm.es/id/eprint/62273/1/os20-paper-a11-el-faqir.pdf>. Interesa señalar que Luis CUENDE es un hacker y amante de la cultura libre que fundó varias startups desde que se involucró en el desarrollo de software libre a los 12 años. Fue galardonado como el mejor hacker de Europa menor de 18 años a los 15 años. También fue asesor de la vicepresidenta de la Comisión Europea, Neelie Kroes, responsable de la Agenda Digital de la UE. Ya ha publicado su primer libro, que alcanzó el #1 en la categoría de Negocios de Amazon. Aunque tiene 19 años, no asiste a la universidad y cree que hay que hacer un gran cambio en el sistema educativo. Luis se define a sí mismo como un cripto-anarquista, y por eso es un amante de Bitcoin. Su última startup, llamada Stampery, quiere proporcionar un método de certificación digital mediante el uso de la tecnología de Bitcoin para deshacerse de los notarios.

166 EL FAQUIR/ARROYO/HASSAN: «An overview of decentralized...», *cit.*, p. 2 [de 8] https://eprints.ucm.es/id/eprint/62273/1/os20-paper-a11-el-faqir.pdf

167 EL FAQUIR/ARROYO/HASSAN: «An overview of decentralized...», *cit.*, p. 1 [de 8] https://eprints.ucm.es/id/eprint/62273/1/os20-paper-a11-el-faqir.pdf

El problema es que quienes han estudiado —e incluso participado en la aparición de— las DAOs. o DACs. son informáticos[168]... y no juristas, por lo que es de temer que las definiciones que ofrecen, por muy gráficas que resulten, no sean del todo fiables, a la hora de caracterizar el fenómeno de las DAOs. o DACs., desde la perspectiva de las instituciones jurídicas. Ciertamente, hay un elemento sobresaliente o que destaca, y que no es otro que la idea de *conjuntos de personas* o de *personas unidas*, cuyas personas comparten *objetivos comunes* y que *comparten reglas* que —o así lo parece— tendrían por objeto ordenar —regular— las relaciones entre esas personas y el desarrollo o procura de sus objetivos comunes.

Las DAOs./DACs. comenzaron como un instrumento diseñado para vertebrar un contrato de financiación participativa —«*crowdfunding contract*»— con el objetivo de «*captar fondos para constituir una compañía en el cripto-espacio*»[169].

Mas lo que es innegable es que, por el momento, las propias definiciones de «*armador*» y de «*naviero*», así como las de «*cargador*», «*fletador*», «*porteador*» e incluso —por qué no— la de «***consignatario***», son términos que *designan personas*; personas *físicas* —seres humanos—, y aunque bien puede ser que se apliquen —no cabe la menor duda [vid. Art. 145, n.º 2, LNM.]— a las personas *jurídicas*, no podemos olvidar que la Personalidad Jurídica constituye una *ficción legal* concebida para jugar un papel de unificación de relaciones jurídicas de personas físicas, cuando forman organizaciones de cierta complejidad, por este motivo, incluso en las personas jurídicas, siempre se detecta la presencia insustituible del Ser Humano; no me imagino «*armadores*» o «*navieros*», o «*cargadores*», «*fletadores*», «*porteadores*» o «*fle-*

---

168 EL FAQUIR/ARROYO/HASSAN: «An overview of decentralized...», *cit.,* p. 2 [de 8] https://eprints.ucm.es/id/eprint/62273/1/os20-paper-a11-el-faqir.pdf, quienes señalan que la primera DAO. digna de mención fue la DAO, lanzada en abril de 2016 por un grupo de programadores.

169 Securities and Exchange Commission Report of Investigation Pursuant to Section 21(a) of the Securities Exchange Act of 1934: The DAO, Release No. 81207 / July 25, 2017, p. 4. EL FAQUIR/ARROYO/HASSAN: «An overview of decentralized...», *cit.,* p. 2 [de 8] https://eprints.ucm.es/id/eprint/62273/1/os20-paper-a11-el-faqir.pdf. Asimismo, JENTZSCH, CHR.: «The History of the DAO and Lessons Learned», *Slock.It Blog* (Aug. 24, 2016), en tps://blog.slock.it/the-history-of-the-dao-and-lessons-learned-d06740f8cfa5#.5o62zo8uv. Aunque la DAO. ha sido descrita como un *«crowdfunding contract»*, lo cierto es que la DAO. no habría reunido los requisitos del «Reglamento Crowdfunding» [«Regulation Crowdfunding»], promulgado en desarrollo y con la habilitación del Título III.º de la *«Jumpstart Our Business Startups (JOBS) Act»*, de 2012 (que previó una exención del requisito legal de «registration», para ciertas operaciones de financiación participativa o «crowdfunding»), entre otras cosas porque no era ningún portal broker-dealer o de captación de fondos —«funding portal»— registrado en la SEC. y en la *«Financial Industry Regulatory Authority»* («FINRA»). *See Regulation Crowdfunding: A Small Entity Compliance Guide for Issuers*, SEC (Apr. 5, 2017), https://www.sec.gov/info/smallbus/secg/rccomplianceguide-051316.htm; *Updated Investor Bulletin: Crowdfunding for Investors*, SEC (May 10, 2017), https://www.sec.gov/oiea/investor-alerts-bulletins/ib_crowdfunding-.html.

tantes», que sean no personas físicas, ni tampoco clásicas personas jurídicas, sino «*Smart contracts*», «*agentes electrónicos*», DAOs. o incluso robots; mejor dicho —porque aquí el orden de los factores sí que altera el producto— no me imagino «*smart contracts*», «*agentes electrónicos*», DAOs. o incluso robots, que sean no personas físicas, ni tampoco clásicas personas jurídicas, y que puedan ser calificados como «*armadores*» o «*navieros*», o «*cargadores*», «*fletadores*», «*porteadores*» o «*fletantes*»; al menos como los originarios y definitivos [Si se me permite una expresión alemana: los «*Urreedern*», los «*Urausrüstern*», los «*Urverfrachtern*»...]: al final siempre deberá hallarse un Ser humano o una Persona jurídica de componentes originarios humanos.

Por lo que atañe a las aludidas consecuencias del transhumanismo, se llega a hablar de una «***nueva especie***» humana —o «***superhumana***»—, que tendrá capacidades aumentadas tanto física como intelectualmente. La tecnología que hasta ahora ha sido usada en dispositivos externos está comenzando a estar dentro de nosotros, conectando nuestras mentes y cuerpos con la vida digital. Las consecuencias éticas, empresariales y sociales serán enormes, lo que suscita preguntas como si —por ventura— nos convertiremos todos en cyborgs; si es, o no es, ético modificar las capacidades innatas naturales de los seres humanos y si de este modo nos quitarán los robots el trabajo, y si —a la inversa— el transhumanismo es la única vía que queda para evitar un escenario semejante.

6

EL REASEGURO DE SEGUROS SOBRE INTERESES MARÍTIMOS TRAS LA LEY 14/2014, DE 24 DE JULIO, DE NAVEGACIÓN MARÍTIMA: MARITIMIDAD DEL REASEGURO

Blanca Romero Matute

Profesora Titular de Universidad. Departamento de Derecho Mercantil. Universidad de Cádiz

1. Consideraciones preliminares

La Ley 14/2014, de 24 de julio, *de Navegación Marítima* (LNM), en su Título VIII, dedicado al contrato de seguro marítimo, no incorpora una referencia expresa al reaseguro, alejándose del criterio seguido en el *Código de comercio* de 1885 (C. de c.). Con relación al reaseguro celebrado en el ámbito marítimo, el derogado artículo 749 del C. de c., aun cuando confundía el riesgo reasegurado —la causa del seguro— con los objetos asegurados, al señalar únicamente que «podrá el asegurador hacer reasegurar por otros los efectos por él asegurados, en todo o en parte, con el mismo o diferente premio», daba carta de naturaleza al reaseguro en el ámbito marítimo, reconociendo la licitud de los reaseguros totales, en los que el asegurador directo no *retiene* ninguna parte del riesgo.

El seguro marítimo, tal y como aparece configurado en la LNM, ya no es un seguro que cubre *cosas aseguradas* (tal y como planteaba el artículo 743 del C. de c.), sino un seguro que cubre *intereses patrimoniales en los buques, embarcaciones y artefactos navales, el flete, el cargamento o la responsabilidad civil derivada del ejercicio de la navegación*[1] *o cualesquiera otros intereses patrimoniales legítimos expuestos a los riesgos de la navegación marítima* (artículo 409 LNM)[2]. Dicho interés o relación de naturaleza económica es el presupuesto del seguro y el que otorga, en virtud de la titularidad del interés asegurado, el derecho, en su caso, a ser indemnizado.

La ausencia de reconocimiento legal de la figura del reaseguro como institución propia del Derecho marítimo, justifica que reflexionemos sobre la *maritimidad* del reaseguro de seguros sobre intereses marítimos; sea ya por una exclusión voluntaria o por simple olvido derivado de una mala técnica legislativa, esta ausencia en la LNM —no exenta de consecuencias jurídicas— no va a determinar, no obstante, que en la práctica exista la institución con unas singularidades propias del ámbito marítimo.

El elemento esencial que caracteriza al seguro marítimo es el ámbito en el que se generan los riegos cubiertos por el contrato. Inicialmente, ese ámbito viene delimitado por la navegación marítima, esto es, el viaje que realiza el buque. Durante la travesía se encuentran sometidos a distintos riesgos elementos tan diversos como son el buque mismo, los cargamentos que éste transporta, los fletes que el viaje genera, el beneficio esperado o la responsabilidad de cualquier tipo en la que puedan incurrir aquellas personas que realizan la actividad de navegación o transporte. El denominador común de

1 Apunta acertadamente García-Pita y Lastres, J. L., *El reaseguro marítimo, entre el Derecho español y el «Common Law»*, Aranzadi, Pamplona, 2011, p. 280 —refiriéndose al artículo 438 del Proyecto de Ley General de Navegación Marítima de 2008, donde ya aparecía el precepto en idénticos términos al actual 409 LNM—, que el legislador confunde *interés* con *riesgos asegurables*, cuando califica como interés la responsabilidad civil derivada de la navegación. El responsable civil soporta el riesgo de incurrir en ella, siendo el interés asegurable el nacimiento de una obligación indemnizatoria en su patrimonio.

2 Véase Arroyo Martínez, I., *Curso de Derecho Marítimo (Ley 14/2014, de Navegación Marítima)*, Pamplona, 2015, pp. 820 y 821; Girgado Perandones, P., «Contrato de seguro marítimo: Disposiciones generales y disposiciones comunes a los distintos tipos de seguro marítimo», en AA. VV., *Comentarios sobre la Ley de Navegación Marítima*, dir. por Emparanza Sobejano, A. – Martín Osante, J. M., Madrid, 2015, p. 631; Rodríguez Carrión, J. L., *Los seguros marítimos y aéreos*, T. 48, Vol. 5.° del *Tratado de Derecho mercantil*, dir. por Olivencia, M. – Fernández Novoa, C. – Jiménez de Parga, R., y coord. por Jiménez Sáchez, G., Madrid, 2003, pp. 57 a 59; García-Pita y Lastres, J. L., «El régimen del seguro marítimo en la Propuesta de Anteproyecto de Ley General de Navegación Marítima», *Revista Española de Seguros*, n.° 125, 1996, p. 112; y Martín Osante, J. M., «Disposiciones generales y comunes del Seguro Marítimo en el Anteproyecto de 2004», *Revista de Derecho Mercantil*, n.° 259, 2006, pp. 124 a 129.

esa pluralidad de intereses lo encontramos en la exposición a los riesgos que pueden acaecer durante la navegación. Así se recoge expresamente en el artículo 406 de la LNM, que somete al ámbito de aplicación de la ley los contratos de seguro que tienen por objeto indemnizar los daños producidos por los riesgos propios de la navegación marítima. Pero, a estos efectos, el concepto relevante de *navegación* no se refiere exclusivamente al viaje del buque, sino que se extiende, además, a las fases terrestres, anterior y posterior, al mismo, que guarden dependencia directa con la navegación[3]; el concepto, pues, que delimita el ámbito de los seguros marítimos, ha de concebirse en términos amplios para acoger las distintas realidades que convergen alrededor de los intereses y de la aventura marítima[4].

Es indudable que, en términos estrictos, el interés asegurable en el contrato de reaseguro marítimo no encaja en la enumeración de intereses recogidos en el artículo 409 LNM, ni el riesgo que eventualmente puede provocar el daño al asegurador-reasegurado es inherente o depende directamente de la navegación. Quizás fueran éstas las razones que condujeron a que, ya desde el *Anteproyecto de Ley de Seguro Marítimo*, elaborado por la Sección de Derecho Mercantil de la Comisión General de Codificación en 1991, no se abordara expresamente el reaseguro, y, sin embargo, sí se dedicara una especial atención al régimen del coaseguro en el ramo marítimo (vid. su art. 9.º), tal y como después se ha recogido en el artículo 416 de la LNM. Se desconoce así que la causa remota o indirecta del riesgo cubierto en el reaseguro es la realización de un riesgo de los denominados marítimos. Esta opción legislativa de la LNM se aleja tanto de sus precedentes históricos en nuestro ordenamiento (más allá del más inmediato artículo 749 del C. de c.)[5], como de las principales normas reguladoras del seguro marítimo en el

---

3 Este concepto amplio de navegación es el que subyace en la denominada *Transit Clause del Institute Cargo Clauses* (ICC, modalidades A, B y C), Cláusula 8, cuya finalidad es cubrir el riesgo de las mercancías desde que dejan el almacén de origen hasta llegar al almacén de destino, garantizando, asimismo, la entrega de las mercancías en lugares de almacenamiento distintos de los establecidos en la póliza; así como la cobertura durante escalas intermedias del buque y transbordos, hasta llegar al destino final. Por lo demás, establece un plazo máximo de cobertura de sesenta días de permanencia en tierra, contados a partir de la finalización de la descarga.

4 En este sentido define el contrato de seguro marítimo el profesor URÍA como «el contrato por el que una persona (asegurador) se obliga, a cambio de una prima, a indemnizar a otra (asegurado), hasta el límite de una suma fijada, los daños patrimoniales que sufran los intereses asegurados en una expedición marítima, en cualquiera de los momentos de quietud que, en dependencia con ella, la precedan, interrumpan o subsigan» (*cfr.* URÍA GONZÁLEZ, R. - APARICIO GONZÁLEZ, M. L., *Derecho mercantil*, Marcial Pons, Madrid, 2002, p. 962).

5 En nuestro Ordenamiento el primer intento de regulación de la institución se acometió en las Ordenanzas del Consulado y Casa de Contratación de Bilbao de 1737 (cap. 22, n.º XLIII), inspiradas en las Ordenanzas de Hamburgo de 1731 (art. 13), en las que, no obstante, se regula conjuntamente el reaseguro con el llamado seguro subsidiario o seguro de solvencia. Las Ordenanzas de Seguros marítimos del Consulado de Burgos de 1537 no se

ámbito internacional, destacando sobre todas ellas la *Marine Insurance Act* de 1906[6], texto que codificó en el Reino Unido el Derecho sobre los seguros marítimos incorporando a su articulado la experiencia, en forma de *cases,* de tres siglos de práctica aseguradora anglosajona y los usos surgidos hasta la fecha.

En este sentido, debe llamarse la atención sobre otra de las notas características del seguro marítimo y, por ende, del reaseguro, y es el sometimiento, en parte legal, sobre todo de hecho, a la práctica, las experiencias, las concepciones, la concepción y el derecho ingleses. La influencia inglesa se deriva del hecho de que el mercado asegurador londinense es el principal centro asegurador y reasegurador mundial[7]. No solo se imponen sus exigencias y prácticas al resto de los mercados, sino que a nivel jurídico también se imponen los principios jurídicos del Derecho inglés, especialmente a través de la extensión universal de las Cláusulas de la *International Underwriting Association of London* (IUA), y de las cláusulas de Derecho aplicable insertas en las mismas[8]. La difusión de estas cláusulas es prueba de la influencia del Derecho inglés en la práctica del seguro y del reaseguro marítimo; hasta el punto de que, en el caso español, dichas pólizas inglesas suelen acompañar,

ocuparon especialmente del reaseguro, apareciendo tan sólo nombrado en las Ordenanzas de 17 de abril de 1572. Sin embargo, es destacable, por su importancia y claridad, la regulación que previamente se acometió del reaseguro en las Ordenanzas sobre seguros y pólizas de seguridad del Consulado de la Nación de España en Brujas, de 1568 (Título III). El Código de comercio español de 1829 —Título III *(«De los contratos especiales del comercio marítimo»)*, Sección tercera *(«De los seguros marítimos»)*, art. 852— parece que distingue ya el reaseguro de estas modalidades de seguro de solvencia, debido a que no utiliza el término «reasegurar» sino «asegurar» cuando se refiere a ese segundo contrato de seguro que concluye el asegurado: «El asegurador puede hacer reasegurar por otros los efectos que él hubiere asegurado por más o menos premio que el que hubiere pactado, y el asegurado puede también hacer asegurar el costo del seguro y el riesgo que pueda haber en la cobranza de los primeros aseguradores».

6 Las referencias en esta norma al reaseguro las encontramos en Sección Novena (1) del Capítulo 41 *(«[t]he insurer under a contract of marine insurance has an insurable interest in his risk, and may reinsure in respect of it»)* y en la Sección 62 (9) *(«[w]here an insurer has re-insured his risk, no notice of abandonment need be given by him»)*.

7 *Cfr*. Gabaldón García, J. L., *Curso de Derecho marítimo internacional. Derecho marítimo internacional público y privado y contratos marítimos internacionales,* Marcial Pons, 2.ª ed., Madrid, 2024, p. 810.

8 La utilización de estas cláusulas es prácticamente universal, y su difusión se justifica por diversas razones: su pragmatismo y corrección, que acogen siglos de experiencia de los profesionales del sector; las exigencias del mercado reasegurador inglés, que rechaza la posibilidad de otras pólizas; la imposibilidad de que otros mercados, por sí o conjuntamente, elaboren condiciones que compitan con las inglesas; la exigencia de tales pólizas por la práctica, por ejemplo, de compraventa internacional en relación con el seguro de las mercancías transportadas; la mayor cobertura procurada por las cláusulas inglesas, en relación con las que ofrece la práctica española (*cfr*. Pendón Meléndez, M. A. – Romero Matute, B., «Los seguros marítimos y aéreos», en AA. VV., *Derecho Mercantil*, Vol. 9, *Los Contratos de Seguro*, coord. por Díaz Moreno, A. - Jiménez Sánchez, G. J., Madrid, 2013, p. 322).

materialmente grapadas a ellas (adquiriendo el alcance de condiciones particulares), a las españolas (que en la práctica se reservan para las condiciones generales), evidenciando la intención de las partes de reconocer prioridad a aquéllas frente a las nacionales. Todo ello plantea numerosos problemas de interpretación de los contratos españoles, como el que en estas páginas nos planteamos. También encontramos, dentro de esa categoría de condiciones particulares, las cláusulas que interrelacionan el seguro directo con su reaseguro *(follow the settlements/full reinsurance; notice clause; co-operation clause; claims control clause; cut-through clause; insolvency clause...)*, de origen anglosajón. Igualmente gozan de notable difusión en los mercados de seguros y reaseguros los formularios de pólizas de reaseguro simples o facultativos del Lloyd's J2 *(proporcional)* o J3 *(non-proporcional)* y los formularios equivalentes de IUA-LM1 *(proporcional)* o LM6 *(non-proporcional)*.

La cuestión dogmática no es tan sencilla como optar por excluir la *existencia* del reaseguro marítimo como institución jurídica ante la ausencia de respaldo legal en el Ordenamiento español, particularmente en atención a la interconexión de los contratos de seguro y de reaseguro y las especialidades que encontramos en el ámbito marítimo. Ello nos obliga a plantearnos si la especialidad de los seguros marítimos es tal que consigue transmitir su naturaleza al reaseguro estipulado sobre un seguro marítimo o sobre un conjunto de ellos; es decir, ¿podemos considerar que existen reaseguros *marítimos* distintos al resto de los reaseguros que, por tanto, habrían de ser calificados de *terrestres*? En este sentido, podría justificarse el encuadramiento del reaseguro *marítimo* entre esos otros intereses patrimoniales legítimos expuestos a los riesgos de la navegación marítima a los que se refiere finalmente el artículo 409 LNM e incluirlo, por razón de la materia y como institución propia, en el Derecho marítimo o, más ampliamente, del Derecho de la Navegación marítima[9].

9 El Derecho de la navegación ha sido objeto de especial consideración por los autores, los cuales han venido considerándolo como un conjunto normativo diferenciado del Derecho mercantil terrestre. Así, consúltese Arroyo Martínez, I., *Curso de Derecho Marítimo (Ley 14/2014, de Navegación Marítima)*, *cit.*, p. 38, que identificándo el Derecho marítimo como Derecho de la navegación, lo define como el conjunto de normas jurídicas reguladoras de las situaciones y relaciones nacidas con ocasión de la navegación marítima; Pulido Begines, J. L., *Instituciones de Derecho de la Navegación Marítima,* Tecnos, Madrid, 2009, pp. 27 a 42, en particular, p. 39, define el Derecho marítimo como la rama del Ordenamiento jurídico que tiene por objeto la regulación de las relaciones jurídicas que surgen, directa o indirectamente, del uso humano del medio marino; Padilla González, R., «Capítulo 1.° El contrato de transporte. Epígrafe III Una aproximación inicial al Derecho de la Navegación», en AA. VV., *Derecho Mercantil*, Vol. 8, *Transportes mercantiles*, coord. por Díaz Moreno, A. - Jiménez Sánchez, G. J., Madrid, 2014, p. 55, defiende que el Derecho de la navegación abarcaría exclusivamente el conjunto de normas jurídico-privadas y de las instituciones de esta naturaleza, sean o no contractuales, referidas al hecho de la navegación, realizada en cualquiera de los medios vistos (mar, aire, aguas interiores), y con independencia de que el fin perseguido a través de la misma sea o no comercial.

2. Sistemas de explotación del reaseguro en el ámbito marítimo

Los acuerdos de reaseguro, según las necesidades técnicas o comerciales, los intereses y los fines que las partes persiguen, pueden concluirse siguiendo diversos sistemas, que principalmente se dividen en dos grandes grupos: el reaseguro simple y el reaseguro general o tratado. Aunque en un principio todos los reaseguros eran contratados sobre bases facultativas —los reaseguros simples—, en gran parte, han sido paulatinamente sustituidos por los tratados de reaseguro obligatorios[10], debido a que la cobertura automática que proporcionan hace de este sistema la fórmula más adecuada para dar respuesta a las necesidades técnicas del mercado asegurador.

No obstante, el reaseguro simple se sigue concertando, presentándose como un método de gran flexibilidad, muy útil para todos aquellos casos en los que no existe o técnicamente no es posible concertar tratados de reaseguro, bien por la calidad del riesgo o bien por su singularidad o importancia económica, etc., siendo por ello el sistema más extendido en la cobertura de grandes riesgos, especialmente los marítimos, los industriales y los de aviación. Entre esos riesgos singulares en el ámbito marítimo podemos citar el riesgo de amenazas cibernéticas, cuya cobertura ha dado lugar a una nueva y reciente modalidad de seguro cibernético diseñado específicamente para armadores. También es habitual cuando se forma un cúmulo a cuenta del seguro de casco y los seguros de mercancías u otros supuestos[11].

---

10 El carácter facultativo no es exclusivo de los reaseguros simples, sino que dicho carácter no vinculante puede estar presente también en la contratación de reaseguros mediante tratados. No obstante, en la práctica, la generalidad de los tratados son obligatorios para ambas partes, una vez más, por influencia de la práctica inglesa, en la que los tratados tienen siempre dicho carácter preceptivo. Las denominadas *open covers* no son considerados por la doctrina inglesa jurídicamente como auténticos tratados, apareciendo sistematizados dentro de la categoría de los reaseguros simples, aunque los autores señalan la especialidad de esta cobertura por hallarse a mitad de camino entre los reaseguros simples y los tratados. En este sentido, véase, entre otros, Brown, R. H. – Reed, P. B., *Marine Reinsurance*, Witherby, Londres, 1981, pp. 122 a 137; Golding, C.E., *The Law & Practice of Reinsurance*, 5.ª ed. rev., KV Louw, M.Sc., FCII Witherby & Co. Ltd., Londres, 1987, pp. 61 a 64; Butler, J. S. – Merkin, R. M., *Reinsurance Law*, T. I, Reino Unido, Westlaw, 2015, pp. A.1.4-01 a 04; Carter, R. L., *El reaseguro*, Editorial Mapfre, Madrid, 1979, pp. 343 a 347.

11 Puede suceder también que la cobertura automática que ofrece un tratado esté ya agotada, por razón de límites, extensión geográfica, riesgos cubiertos, etc.; o que, inesperadamente, surja la necesidad de reasegurar una determinada póliza por haberse producido de manera ocasional una acumulación de riesgos, cada uno de los cuales, en circunstancias normales, no hubiera requerido cobertura reaseguradora; o por aumentar, desbordando las previsiones, la probabilidad de acaecimiento del siniestro.
La acumulación de riesgos puede surgir, por ejemplo, en el supuesto de que varios cargamentos transportados por vía marítima y que han sido asegurados por una sola compañía, se depositan en un mismo almacén a disposición de sus respectivos destinatarios. El asegurador, a través de un reaseguro simple, minora las eventuales consecuencias dañosas

Los reaseguros simples —siempre que no se reasegure totalmente la responsabilidad— suelen concertarse sobre una base proporcional o bien, dentro de la categoría de los no proporcionales, adoptan la forma de exceso de pérdidas. En el primer caso, se toma en consideración el riesgo asumido por el reasegurado en el seguro directo, *participando* el reasegurador en una proporción del mismo que se determina en el contrato y cobrando una prima de reaseguro también proporcional a la del seguro directo. En el de exceso de pérdidas por riesgo, para determinar la responsabilidad que se va a reasegurar no se toma en consideración el riesgo, sino las pérdidas que eventualmente puede ocasionar el siniestro; de modo que el reasegurado —de igual modo que funcionan las franquicias en los seguros directos— *retiene* o asume sin recurrir al reasegurador los siniestros que, cubiertos por la póliza reasegurada, no superen determinado importe, aplicando al reaseguro el resto[12]. Ello tiene como consecuencia un ahorro importante de la prima de reaseguro, que será una fracción, aunque no proporcional, de la del seguro directo. Para determinar el importe de la misma el reasegurador tiene que calcular la probabilidad de que ocurran siniestros que superen el importe determinado, así como el costo probable de los mismos[13].

Existen otros supuestos en los que la cobertura reaseguradora no es proporcional a la que otorga el seguro original, no porque se establezcan métodos de suscripción no proporcionales, sino porque el reaseguro, cuando la póliza original contempla varios riesgos, no se contrata para cubrirla en su totalidad, sino tan sólo una parte de los riesgos contemplados en ella. Evidentemente, se aplican también tipos de primas especiales. Ello es muy frecuente en los reaseguros concertados en el ámbito marítimo, en los que es usual encontrar colocaciones facultativas *a condiciones F.P.A.* (franco de

que en su patrimonio puede ocasionar tal acumulación inesperada de riesgos y restaurar el equilibrio de su cartera (*cfr.* Reinarz, R. C., *La gerencia del reaseguro*, Londres, 1969, Editorial Mapfre, Madrid, 1978, p. 24).

En relación con el aumento de la probabilidad de acaecimiento del siniestro, constituyen un ejemplo significativo los reaseguros —más frecuentemente en el pasado— sobre pólizas que cubren buques que no han llegado a puerto en la fecha prevista de arribada (como los seguros sobre buenas o malas noticias a los que hace referencia el artículo 422 de la LNM). Estos reaseguros pueden contratarse en cualquier momento desde la noticia del retraso hasta que se confirma o anuncia la pérdida o la llegada del buque, aumentando la prima en proporción al tiempo que el buque permanezca desaparecido (*cfr.* Carter, R. L., *El reaseguro*, *cit.*, p. 332).

12 Las coberturas proporcionales se denominan, asimismo, reaseguros *a condiciones originales*, en tanto que la parte reasegurada se calcula en proporción a la asegurada, en contraposición a las no proporcionales, denominadas reaseguros *a condiciones artificiales*, en los que la cuantía reasegurada y las condiciones de la cobertura son convenidas en cada caso por las partes contratantes.

13 Véase, sobre los distintos métodos de suscripción de reaseguros simples en el ámbito marítimo, Brown, R. H. – Reed, P. B., *Marine Reinsurance*, *cit.*, pp. 58 a 63.

avería particular) o *F.D.O.* (franco de avería)[14] o *T.L.O* (pérdida total solamente)[15]. La póliza de seguro es reasegurada parcialmente en relación con los riesgos, pudiendo ser esa parte reasegurada, a su vez, en su totalidad o en parte e, indistintamente, según métodos proporcionales o no proporcionales. En contraposición a este sistema, tenemos también los reaseguros simples «a condiciones originales» *(all risk conditions)*, es decir, aquéllos que cubren la responsabilidad del reasegurado como consecuencia de la realización de cualquiera de los riesgos cubiertos en la póliza de seguro directo. También encontramos las denominadas pólizas *tonnage*, especialmente en el mercado Lloyd's, mediante las cuales se indemniza una cantidad fija por buque cuyo tonelaje supere ciertas dimensiones en caso de pérdida total.

Los reaseguros obligatorios, denominación que reciben tradicionalmente los tratados, no aparecieron en el mercado reasegurador hasta finales del siglo XIX, cuando se ponen de manifiesto las limitaciones de los reaseguros facultativos —simples— en las operaciones a gran escala, su falta de flexibilidad y su impotencia para dar respuesta a las distintas necesidades técnicas de cobertura reasegurativa que iban surgiendo a medida que el mercado asegurador evolucionaba. No obstante, la preeminencia histórica del Derecho marítimo respecto al terrestre, el desarrollo y extensión de este sistema general de contratación de reaseguros se demoró en el ámbito marítimo varias décadas, apareciendo después de la Segunda Guerra Mundial. Ello es, sin embargo, lógico, si se toman en consideración las especiales características de los riesgos marítimos, los cuales debido a su entidad y singularidad requerían una negociación pormenorizada de las condiciones tanto de su cobertura asegurativa como del reaseguro de la misma[16].

Todas las modalidades de tratados establecen de uno u otro modo un «reparto» de la obligación de cobertura y, en su caso, de responsabilidad, en tanto que se produce una distribución proporcional de los riesgos asegurados o sumas aseguradas (proporcionales)[17], o una participación en las

---

14 Las iniciales *F.A.P.* se corresponden con la expresión inglesa *Free of Particular Average* y hace alusión a que los aseguradores no responderán de pérdidas parciales salvo en el caso de avería gruesa, que incluye los supuestos en los que se provoca deliberadamente una pérdida parcial para salvar la pérdida total de los intereses en riesgo. Con la abreviatura *F.D.O. (Free of Damage)* se excluye toda pérdida parcial independientemente de que haya sido causada por una avería gruesa.

15 Las iniciales *T.L.O.* son la abreviatura de la expresión *Total Loss Only*, que se refiere a los casos en los que debido a una pérdida *actual* o *constructive* que afecte por completo al objeto asegurado, resulta el pago íntegro de la suma asegurada en la póliza.

16 Véase Brown, R. H. – Reed, P. B., *Marine Reinsurance*, *cit.*, p. 45

17 En los tratados de reaseguro proporcionales, denominados también reaseguros de cuota fija o *pro-rata reinsurance*, el reasegurador cubre una parte fija de los contratos de seguros asumidos por su reasegurado. La parte que se reasegura se establece en proporción a la queda en manos del asegurador sin cobertura reasegurativa. No sólo se «reparten» los riesgos asegurados, las sumas aseguradas, o las pérdidas máximas probables, según

pérdidas que la realización de los siniestros asegurados ocasione al reasegurado (no proporcionales)[18]. Ello quiere decir que la aplicación de una póliza de seguro a un tratado no puede dar lugar a una relación de reaseguro total, tal y como puede suceder en los reaseguros simples, en los que es posible la cobertura completa de la responsabilidad del reasegurado.

En los tratados obligatorios, ambas partes —en todo caso, el reasegurador— se obligan a incluir dentro del contrato de reaseguro todos los contratos de seguros suscritos por el reasegurado que tengan las características establecidas en el tratado. La utilización de este sistema presenta el inconveniente para los reaseguradores de la imposibilidad de seleccionar los riesgos que reaseguran, lo cual puede repercutir sobre la estabilidad de su negocio, en caso de que no calculen y constituyan adecuadamente las provisiones técnicas correspondientes a esas operaciones de reaseguro. El reasegurador no puede controlar la calidad de los seguros *cedidos* mediante el tratado

---

la modalidad proporcional de que se trate, sino que también las primas y las sumas que hayan de pagar tanto asegurador como reasegurador en caso de siniestro se corresponden con la distribución porcentual fijada en el contrato. Por ello, se afirma que un reaseguro es proporcional cuando la parte que se reasegura es sistemáticamente igual a la fracción de la prima de seguro directo que el reasegurador recibe (HAGOPIAN, M. – LAPARRA, M., *Aspectos teóricos y prácticos del reaseguro*, Editorial Mapfre, Madrid, 1996, p. 58).
Según el sistema que se utilice en el tratado para determinar la parte reasegurada en cada uno de los seguros que se apliquen al mismo, se puede distinguir entre los reaseguros de participación o cuota parte *(quota share reinsurance)* y los reaseguros de excedentes *(surplus reinsurance)*, que toman en consideración, los riesgos asegurados, el primero, y las sumas aseguradas en cada uno de los seguros directos o las pérdidas máximas estimadas que pueden ocasionar cada uno de ellos, el segundo.

18 Los tratados no proporcionales o de cuota aleatoria establecen su cobertura según la cuantía o efectos de los siniestros sufridos por el reasegurado. Se toman en consideración las pérdidas efectivas que sufre el reasegurado y no los riesgos, sus sumas aseguradas o las estimaciones de pérdidas. No se «fracciona» el riesgo sino el daño, por lo que las primas originales tampoco son repartidas proporcionalmente. Además, los reaseguros no proporcionales no se vinculan, por lo general, a riesgos específicos, sino que se refieren a un ramo o a un sector de actividad del reasegurado.
En esta modalidad, que es la más extendida en la práctica, se fija la participación del reasegurador *a posteriori* —una vez acaecidos los siniestros—, mientras que, en los proporcionales, la determinación de la misma se efectúa *a priori* (*cfr*. BLANC, P. M., «Funcionamiento del reaseguro», *Noticias de reaseguros*, n.° 32, 1959, pp. 17 y 18. En el mismo sentido, HILL PRADOS, C., *El reaseguro*, Cuadernos de Derecho Privado, n.° 15, Bosch Editor, S.A., Barcelona, 1995, p. 170; CARTER, R. L., *El reaseguro, cit.,* p. 245). Por ello, los proporcionales se utilizan cuando se quieren equilibrar las bases, y los no proporcionales cuando lo que se pretende estabilizar son los resultados. Las fórmulas no proporcionales están destinadas a distribuir las consecuencias de los siniestros sufridos en la cartera del reasegurado.
Existen, a su vez, dentro de los reaseguros no proporcionales, dos clases, según establezcan la participación del reasegurador sobre los excesos en siniestros individuales que soporta el reasegurado o en cúmulos de siniestros derivados de un mismo evento (tratado de exceso de pérdida, *excess of loss*) o sobre los excesos de la siniestralidad global que soporte la compañía reasegurada (tratado de exceso de siniestralidad, *stop loss reinsurance*).

—como podía hacerlo mediante la utilización estricta del reaseguro facultativo—, para rechazar los más peligrosos o desequilibrados, ni las zonas en las que aparecen situados los riesgos asegurados en las pólizas reaseguradas, salvo a través de las estipulaciones generales contenidas en el texto del tratado. Las dificultades técnicas que se presentan a los reaseguradores en orden al conocimiento de todos los pormenores de los riesgos cubiertos por las pólizas reaseguradas, unido a la imposibilidad de rechazar en los tratados obligatorios la cobertura de determinados negocios, es una de las causas de la utilización generalizada en el seguro marítimo de las Cláusulas de la *International Underwriting Association of London* (IUA), cuya incorporación como condiciones particulares a los contratos de seguro marítimo se impone por los reaseguradores como requisito previo a la estipulación de los tratados de reaseguro[19].

Por otro lado, también es frecuente en la contratación de grandes riesgos[20], la combinación de los contratos de reaseguro y de coaseguro (que sí aparece regulado, como se ha adelantado, en el artículo 416 de la LNM), dando lugar a lo que se ha denominado *correaseguro*[21], mediante el cual el riesgo es asumido por un asegurador, que reasegura en todo o en parte las consecuencias patrimoniales que dicho riesgo puede ocasionarle, siendo asumido, a su vez, dicho reaseguro en régimen de coaseguro por varias coaseguradoras. Y en particular en los seguros marítimos, es habitual la asunción del riesgo en régimen de coaseguro, reasegurándose posteriormente por los coaseguradores una parte de su responsabilidad *(recoaseguro)*[22].

En otro orden de cosas, hay que hacer referencia a la consolidación en el mercado reasegurador mundial de ciertas prácticas en la contratación de la cobertura, presentes particularmente en el ámbito marítimo dada la singularidad de los riesgos que se aseguran. Se trata del *fronting* o reaseguro total (o con una mínima *retención* de riesgo), con imposición, en ocasiones, de entidades aseguradoras o reaseguradoras *cautivas*[23]. Este tipo de prácticas

---

19 Véase, en este sentido, RODRÍGUEZ CARRIÓN, J. L., *Los seguros marítimos y aéreos*, *cit.,* pp. 37 Y 38; GABALDÓN GARCÍA, J. L., *Curso de Derecho marítimo internacional*..., *cit.,* p. 814.

20 En el artículo 11 *a)* de Ley 20/2015, de 14 de julio, *de Ordenación, Supervisión y Solvencia de las Entidades Aseguradoras y Reaseguradoras* —LOSSEAR— se califican de grandes riesgos a) los seguros de vehículos marítimos, lacustres y fluviales, mercancías transportadas (comprendidos los equipajes y demás bienes transportados), y la responsabilidad civil de vehículos marítimos, lacustres y fluviales (comprendida la responsabilidad civil del transportista).

21 Más ampliamente, MUÑOZ PAREDES, J. M., *El coaseguro*, Civitas, Madrid, 1996, p. 56.

22 Véase, al respecto, la Decisión de la Comisión de 4 de diciembre de 1992 *relativa a un procedimiento de aplicación del artículo 85 del Tratado CEE (IV/32.797 y 32.798 - Lloyd's Underwriters' Association e Institute of London Underwriters)* (93/3/CEE) (DOCE n.° L 4, de 8 de enero de 1993, p. 26).

23 Las denominadas *sociedades cautivas*, bien de seguro o de reaseguro, son aquéllas creadas exclusivamente con el fin de asegurar o reasegurar a través de ella la totalidad o parte de los riesgos de su único accionista —normalmente un grupo empresarial con presen-

conducen, en última instancia, a la atribución al asegurador-reasegurado de

---

cia a escala internacional (multinacional)—, como instrumento adecuado para mejorar la gerencia y financiación de los riesgos empresariales *Cfr.* MUÑOZ LÓPEZ, A., «Desnaturalización del contrato de reaseguro», en AA. VV., *Estudios sobre el contrato de reaseguro*, Editorial Española de Seguros, MUSINI, D.L. Madrid, 1997, pp. 202 a 206. Véase, además, ANGULO RODRÍGUEZ, L., «Consideraciones preliminares sobre el reaseguro», en AA. VV., *Estudios sobre el contrato de reaseguro, cit.,* p. 50; PARDO VIVERO, A., «Evolución de las cautivas», *Actualidad Aseguradora,* 20 de marzo de 1995, p. 11; JARAMILLO JARAMILLO, C. I., *Distorsión funcional del contrato de reaseguro tradicional. Su problemática actual*, Santafé de Bogotá, 1999, Reimpresión, 2005, pp. 230 a 240; HAGOPIAN, M. – LAPARRA, M., *Aspectos teóricos y prácticos del reaseguro, cit.,* pp. 287 a 290; GERATHEWOHL, K., *Reaseguro. Teoría y práctica*, Vol. 1.°, Reaseguros Gil y Carvajal, Madrid, 1993, pp. 609 a 615; PAIRE, E., «Les Sociétés Captives de Réassurance», Scor, *RTI*, París, 1987, p. 5; KEREBEL, P., «La captive de réassurance: une filiale bancaire à part entière», *Banque* n.° 566, 1996, pp. 38 a 40; MAQUET, I. L., *Des primes d'assurance au financement des risques*, Bruselas, 1991, pp. 46 a 53; BLANC, P. M., «La réassurance des captives», *L'assurance français*, 1979, pp. 394 a 399; SALVATOR, M., «Les compagnies d'assurances captives», *Revue Générale Des Assurances Terrestres*, n.° 51, 1980, pp. 473 a 491; KLOMAN, F. – ROSENBAUM, H., «The captive Insurance phenomenon: a cautionary tale?», *Geneve papers on Risk and Insurance*, n.° 20, 1982, pp. 29 a 40; BAWCUTT, P. A., *Captive Insurance Companies*, Cambridge, 1991; HIERRO ANIBARRO, S. – CASTILLO PLAZA, C.A., *Las sociedades cautivas de reaseguro*, Madrid, 2011; *idem.,* «La sociedad cautiva de reaseguro», *Gerencia de Riesgos y Seguros*, n.° 110, 2011, pp. 34 a 45; *idem*, «El reaseguro cautivo» en AA. VV., *El régimen jurídico de los seguros terrestres y marítimos y su reforma legislativa*, dir. por GIRGADO PERANDONES, P., 2012, Comares, Granada, pp. 69 a 98; ONGONO, V., «Le fronting: mécanisme d'utilisation optimale des captives ou de contournement de l'obligation d'assurance?», *Insurance Speaker*, 8 de octubre 2014).

La sociedad cautiva de seguros y de reaseguros, si ha sido creada con la única finalidad de reasegurar los riesgos del grupo empresarial asegurado se denomina *pure cautive* —entidad que prescinde de uno de los fundamentos de la técnica actuarial, cual es la mutualidad para procurar la compensación entre los riesgos, para constituir fondos de autoseguro en orden a la financiación de los riesgos del grupo empresarial—, mientras que si también incluye en su actividad las operaciones con terceros se les denomina *broad captive* (sobre los distintos criterios de clasificación de las sociedades cautivas, véase, por todos, PORTELLANO DÍEZ, P., *El reaseguro: Nuevos Pactos*, Civitas, Pamplona, 2007, pp. 45 y 46; COSTLE, E. - SCHAUER, K.A., «The captive alternative», *Journal of Insurance Regulation*, Vol. 19, Issue 2, 2000, p. 304).

La propia LOSSEAR (artículo 6.°), dando carta de naturaleza a estas prácticas de la mano de Solvencia II (Directiva 2009/138/CE del Parlamento Europeo y del Consejo, de 25 de noviembre de 2009, *sobre el seguro de vida, el acceso a la actividad de seguro y de reaseguro y su ejercicio*), define a las sociedades cautivas como aquella entidad aseguradora o reaseguradora propiedad de una entidad no financiera, o de una entidad financiera que no sea una entidad aseguradora o reaseguradora o forme parte de un grupo de entidades aseguradoras o reaseguradoras, definido en el artículo 131.1.*f*), y que tiene por objeto ofrecer cobertura de seguro o reaseguro exclusivamente para los riesgos de la entidad o entidades a las que pertenece o de una o varias entidades del grupo del que forma parte.

Los motivos que determinaron la aparición de las sociedades cautivas como instrumentos de gestión empresarial de riesgos, han sido principalmente los tres siguientes: *a)* La inadecuada relación entre los siniestros pagados y las primas satisfechas (piénsese, por ejemplo, en determinados grandes riesgos calificados como tales en atención a la entidad económica que puede alcanzar el siniestro y no según la calidad del riesgo, es decir, la posibilidad de ocurrencia del siniestro asegurado). Asimismo, las cautivas posibilitan una adecuación de la cobertura a las concretas necesidades del grupo empresarial, a la la condición de mero intermediario, conectándose *inter partes* los contratos de seguro y de reaseguro. Generalmente es el propio asegurado —quien en ciertos sectores va adquiriendo cada vez mayor preeminencia en el mercado, debido a su gran tamaño o entidad económica— el que impone al asegurador directo la actuación de un determinado reasegurador, actuando la compañía reasegurada únicamente como *fronting company*, a la que se le abona una comisión —denominada *fronting fee*— para compensarle por los servicios pactados que haya de prestar (expedición de la póliza, inspección del riesgo, satisfacción de exigencias fiscales, liquidación de siniestros y abono de las indemnizaciones, etc.)[24]. En última instancia, la operación se aproxima en su operativa a la emisión de una garantía en el mercado internacional, constituyendo una forma alternativa de suscripción de riesgos[25].

Se encubre bajo la apariencia de un contrato de reaseguro un contrato de prestación de servicios unido, en su caso, a otro de garantía que, general-

---

vez que permite controlar y dirigir globalmente la cobertura aseguradora de los diferentes riesgos del grupo localizados en distintas áreas geográficas, así como la obtención de cobertura de riesgos de difícil colocación en los mercados tradicionales. *b)* La obtención de rendimientos financieros que se destinan a la constitución de fondos de autoseguro, mediante la inversión de las primas de reaseguro abonadas a la cautiva y mediante el ahorro que conlleva el no sometimiento a las consecuencias de fluctuaciones inflacionarias del precio de los seguros. *c)* Eludir rígidos controles administrativos e imposiciones fiscales, mediante el sometimiento a normativas de carácter público más flexibles y tratamientos fiscales más favorables en los países de ubicación de las sociedades cautivas (territorios *offshore*), especialmente las domiciliadas en Bermudas y Bahamas y otros países o territorios considerados paraísos fiscales (*cfr.* GERATHEWOHL, K., *op. últ. cit.,* pp. 613 a 615; véase, además, MUÑOZ LÓPEZ, A., *op. cit.*, pp. 202 y 203; JARAMILLO JARAMILLO, C.I., *op. últ. cit.*).

24 El asegurado, que aparece generalmente como único o principal accionista de la sociedad reaseguradora cautiva, ha de buscar a un asegurador en cada país de localización de los riesgos, dispuesto a reasegurar la totalidad de la operación con la cautiva, actuando como *fronting company*, a cambio de la mencionada comisión. El asegurado puede también negociar, directamente o a través de un corredor, el precio del seguro con reaseguradores internacionales y, acto seguido, presentar al asegurador local el programa de reaseguro, obligándole a reasegurar la operación con la sociedad cautiva, que, a su vez, se reasegura en los auténticos reaseguradores (operación que constituye una retrocesión) (*cfr.* MUÑOZ LÓPEZ, A., *op. cit.*, p. 203).

25 Véase en este sentido CANDELARIO MACÍAS, M. I., «El fronting: ¿transferencia alternativa de riesgos?», *Revista Española de Seguros*, n.° 123-124, 2005, pp. 739 a 760; GRAMAJO, S., «Algunas consideraciones prácticas sobre la problemática del fronting», *Revista Ibero-Latinoamericana de Seguros*, n.° 24, 2006, pp. 149 a 162. Desde la perspectiva de su utilización como mecanismo de garantía, véase FLAHERTY, B. P. – TAYLOR, W. J., «Fronting: Problemas y soluciones para la compañía emisora», *Asociación Panamerciana de Fianzas,* 2004, quienes señalan que «una operación de fronting se da cuando un afianzador emite una fianza en un formulario propio a favor de un cliente de otro afianzador, y el riesgo de la compañía emisora o cedente (compañía fronting) pasa a estar totalmente garantizado por el primer afianzador (la compañía instructora o tomadora, o compañía backing)» (http://www.apfpasa.ch/index.php?p=articulos/flaherty_sp&sec=formacion&banner=b-formacion-articulosanteriores).

mente funcionan, *inter partes*, según las normas propias de estos contratos y no por la normativa y los principios aplicables a los contratos de seguro y reaseguro[26]. Este resultado se consigue en la práctica a través de la incorporación de cláusulas especiales en dichos contratos en relación con la liquidación y ajuste de los siniestros (*claims co-operation* y *claims control clauses*) y el pago de las indemnizaciones en los contratos de seguro y de reaseguro (*simultaneous pay; cut-through* e *insolvence clauses*)[27].

El *fronting* o reaseguro total de la operación de seguro —o de un conjunto de ellas— por la entidad aseguradora, aunque es el mecanismo a través del cual actúan generalmente las sociedades cautivas de reaseguro, no se trata de una técnica exclusiva de éstas, sino que su utilización puede obedecer a otro tipo de motivaciones. El reasegurador, en última instancia, asume en este tipo de operaciones las consecuencias económicas finales del negocio, aunque es el reasegurado a quien se imputa jurídicamente la responsabilidad ante el asegurado[28], en tanto que éste contrata con él y no con el reasegurador.

En efecto, el recurso a la técnica del *fronting* puede venir determinado, a su vez, por distintas razones: *a)* suscripción de riesgos especiales (por ejemplo, los grandes riesgos de contaminación, marítimos, aeronáuticos, hidroeléctricos...) o riesgos catastróficos por una entidad que no tiene capacidad financiera o bases técnicas adecuadas, en los que cualquier retención, por moderada que sea, de las consecuencias económicas que podrían derivarse del riesgo asumido, hace peligrar la estabilidad financiera de la entidad; *b)* simples intereses económicos dirigidos a la obtención de un beneficio proveniente, sí no de un negocio que técnicamente se pueda calificar de seguro, al menos, de la comisión de reaseguro que cobra el asegurador-reasegurado que actúa como *fronting company*; *c)* consideraciones comerciales de la entidad *fronting* encaminadas a aparecer en el mercado como asegurador titular de grandes cuentas o negocios ligadas también a las calificaciones o

---

26 Muñoz López, A., «Desnaturalización del Contrato de Reaseguro», *cit.,* pp. 203 y 204, quien señala que «con este sistema, el asegurador queda reducido a la condición de "fronting company", siendo un mero instrumento o testaferro del asegurado. Los peligros de esta situación son evidentes ya que el asegurador directo debe hacer frente a la mayor parte o a la totalidad del riesgo sin tener relación alguna y, muchas veces, sin siquiera conocer los auténticos reaseguradores».

27 Véase Narváez Bonnet, J. E., «El "fronting" en el reaseguro y la cláusula "cut through"», *Revista Iberolatinoamericana de Seguros*, Bogotá, n.° 30 (18), 2009, pp. 137 a 168.

28 En este sentido, Jaramillo Jaramillo, C.I., *op. últ. cit.,* quien afirma que «jurídicamente la operación "fronting", no puede diluir la responsabilidad "ex contractu" del asegurador directo, por más que éste acuda al expediente o al argumento consistente en que su papel era nominal, puesto que, aun así, responde "in integrum"»; Steinling, P., «Problemi Giuridici in Connesione col Cosiddetto "Fronting"», *Assicurazioni*, 1972, p. 6, concluye que *«l'avente diritto, anche in un contratto di fronting, non può essere privato dei suoi diritti verso 'assicuratore diretto; eventuali clausole contrarie sarebbero nulle»*. Véase, asimismo, Brown, R. H. - Reed, P. B., *Marine Reinsurance, cit.,* pp. 52 y 53.

rating de las propias entidades aseguradoras; *d)* protagonismo de los asegurados en la elección de la sociedad reaseguradora (sociedades cautivas); *e)* en otras ocasiones, las compañías de seguro —o reaseguro— acuden al *fronting* cuando les surgen oportunidades de negocios en países en los que no están autorizados para la práctica del seguro directo —o no les interesa estarlo, por razones de tipo económico—, por lo que a través de esta técnica cumplen, en un plano formal, con las exigencias administrativas de la autoridad de control del país en cuestión. El asegurador autorizado suscribe el riesgo, con todo lo que ello conlleva (emisión de la póliza, constitución de las provisiones técnicas correspondientes; pago de impuestos; recaudación de la prima; liquidación del siniestro; pago, en su caso, de la indemnización), para reasegurar íntegramente —o reteniendo una parte ínfima— la operación con el asegurador no autorizado[29].

No obstante, no puede afirmarse que generalmente subyazca a la técnica del *fronting*, utilizado o no por sociedades cautivas, un *animus* defraudatorio, sino que existen supuestos en los que, no sólo su utilización es lícita, sino que realiza una importante función como medio para solventar las carencias de un concreto mercado nacional que esté saturado o no ofrezca cobertura a determinados riesgos[30].

3. Interrelación de los contratos de seguro y reaseguro en el ámbito marítimo

El análisis del contrato de reaseguro en el ámbito marítimo exige examinar las posibles interrelaciones existentes entre éste y el contrato o contratos de seguro directo que se reaseguran. Tal y como se deriva del propio concepto de reaseguro, éste presupone la existencia de un seguro sobre el que actúa la «garantía» del reaseguro[31]. El contrato de seguro constituye el

---

29 Señala Muñoz Paredes, J. M. (*El coaseguro, cit.,* p. 60) que «la razón fundamental por la que se acude al *fronting* es eludir las necesarias autorizaciones y controles administrativos para el ejercicio del seguro directo en un país». Analiza también pormenorizadamente los objetivos de las operaciones *fronting* desde un análisis del actual mercado de seguros, Portellano Díez, P., *El reaseguro: Nuevos Pactos, cit.,* pp. 53 a 56; Candelario, M. I., «El fronting: ¿transferencia alternativa de riesgos?», *cit.,* pp. 750 y 751.
Véase, al respecto, el caso *DR Insurance Co. v. Seguros America Banamex* [1993] 1 Lloyd's Rep. 120.

30 En este sentido, Muñoz Paredes, J. M., *El coaseguro, cit.,* p. 62. Véase asimismo (1995) 886 F. Supp. 1147 (S.D.N.Y.), aff d 28 december 1995, US App. Lexis 39924 (2d Cir.) o lo afirmado en el pronunciamiento *Reliance Ins. Co. v. Certain Member Companies of the Institute of London Underwriters* (886 F. Supp. 1147 (US District Court for the Southern District of New York, june 1, 1995).

31 *Cfr.* Sentencia del Tribunal Central de Trabajo (3.ª Sala) de 5 de junio de 1986 y, en el mismo sentido, y del mismo Tribunal, véase la Sentencia de 16 de junio de 1987 que apunta que «donde no hay seguro no cabe el reaseguro». En el mismo sentido, Garrigues Díaz-Cañabate, J., *Contrato de seguro terrestre*, Aguirre, Madrid, 1982, p. 466, quien se

presupuesto del reaseguro, debido a que es precisamente el riesgo cubierto por este último el que puede provocar el eventual nacimiento de una deuda en el patrimonio del asegurador; deuda que traería su causa, pues, en el cumplimiento del seguro marítimo original, del cual no es parte el reasegurador. Aunque ambos contratos son autónomos, existe una indudable relación entre ellos, que se manifiesta principalmente en la dependencia del reaseguro respecto del seguro principal que es, en definitiva, su presupuesto causal.

Efectivamente, el hecho de que un contrato de reaseguro exija la existencia —previa o posterior, en el caso de los tratados— de un contrato de seguro que haga que surja en el patrimonio del asegurador el riesgo del nacimiento de una deuda, no es óbice para su respectiva autonomía desde un punto de vista jurídico. Cuando un contrato de seguro se reasegura, el primero subsiste tal y como fue concertado sin alteración ni novación alguna. El contrato de reaseguro se «superpone» al contrato de seguro original[32], aun cuando sin desplegar efectos jurídicos sobre él. Y, por ello, no puede afirmarse que el reaseguro sea un contrato accesorio del seguro directo[33]. El nexo que existe

refiere al reaseguro como «el seguro de otro seguro».

32 En este sentido, véase GARRIGUES DÍAZ-CAÑABATE, J., «Estudios sobre el contrato de seguro», *Revista de Derecho Mercantil,* III, n.º 114, 1969, pp. 497 y 500 (nota n.º 104); *idem, Contrato de seguro terrestre*, *cit.,* p. 467, quien se refiere al reaseguro como un contrato que el asegurador superpone al contrato de seguro, aunque no por ello deja de afirmar que estamos ante dos contratos distintos entre tres personas, comparándolos con el arrendamiento y el subarrendamiento. En contra, PERSICO, C., *La riassicurazione*, Padua, 1931, p. 57, quien niega la superposición de ambos contratos, afirmando que el hecho de que uno sea presupuesto del otro no es más que una causa de interdependencia entre ambos.

33 Así, la Sentencia del Tribunal Supremo (Sala 1.ª) de 25 de junio de 1977 señala que «[...] la verdadera esencia de la institución [el reaseguro], en el sentido de que no se trata de un contrato accesorio del de seguro, aunque sea el presupuesto indispensable de aquél, funcionando de modo autónomo y separado, de tal modo que el asegurado no tiene acción alguna contra el reasegurador, ni éste contra aquél».
En contra, CAPOTOSTI, R., *La riassicurazione. Il contratto e l'impresa*, UTET, Torino, 1991, pp. 232 a 234, aunque matiza que únicamente se puede hablar de accesoriedad de un modo pleno en relación con la etapa genética del contrato de reaseguro, en tanto que el reaseguro es ineficaz hasta que no se constituya regularmente una relación de seguro sobre la que la cobertura reasegurativa pueda operar. En cuanto a la etapa de desarrollo funcional del contrato de reaseguro, defiende su accesoriedad pero limitándola a aquellos aspectos de la relación que dependen directamente de la validez del seguro directo —por ejemplo, la anulación de la póliza de seguro vicia la causa del contrato de reaseguro—, distinguiéndolos así de otros aspectos de la vida contractual del seguro directo que no ejercen una influencia inmediata sobre la validez del negocio reasegurador, como por ejemplo el pago de la prima, la venta de la cosa asegurada, etc. En el mismo sentido, DÍAZ BRAVO, A., *Contratos mercantiles*, IURE Editores, 11.ª ed., 2017, p. 321 (accesible en https://www.sijufor.org/uploads/1/2/0/5/120589378/contratos_mercantiles_aturo_d%C3%ADaz_bravo.pdf), quien afirma que el contrato de reaseguro es accesorio porque requiere para su perfeccionamiento de la previa cobertura del asegurador directo, que es la razón de su existencia.

entre ambos contratos es que el segundo funciona como *conditio iuris* del de reaseguro por ser su fuente de riesgo[34].

El interés asegurable en cada contrato sirve, asimismo, como criterio diferenciador de ambos; en el contrato de reaseguro, se concreta en la integridad del patrimonio del asegurador, que se reasegura para protegerse contra la posible deuda que pueda nacer en dicho patrimonio como consecuencia de la obligación de indemnizar a su asegurado. Son diversos el interés asegurado y el interés reasegurado: el primero consiste en la relación que une al asegurado con la cosa o persona objeto del seguro, mientras que en el reaseguro el interés recae siempre en el patrimonio del asegurador.

Más dividida encontramos tradicionalmente a la doctrina cuando ha debatido sobre la cuestión de si el riesgo en el seguro y en el reaseguro es el mismo, es decir, si a través del reaseguro no estamos, en última instancia, sino ante una cesión del riesgo originariamente asumido por el asegurador, particularmente a la luz del tenor de los preceptos entonces vigentes. El Código de comercio, actualmente derogado en este ámbito, afirmaba en su artículo 400.2 que «el asegurador podrá ceder a otros aseguradores parte o partes del seguro [...]», y en el artículo 749, referido al reaseguro marítimo, se establecía que «podrá el asegurador hacer reasegurar por otros los efectos por él asegurados, en todo o en parte, con el mismo o diferente premio». Este planteamiento sigue vigente actualmente de la mano de la definición del reaseguro que encontramos en el artículo 6.º de la Ley 20/2015, de 14 de julio, *de ordenación, supervisión y solvencia de las entidades aseguradoras y reaseguradoras*, conceptuándolo como «[L]a actividad consistente en la aceptación de riesgos cedidos por una entidad aseguradora o por una entidad reaseguradora, incluidas las entidades aseguradoras o reaseguradoras domiciliadas en terceros países».

No obstante, no hay en el reaseguro estrictamente cesión de riesgo alguna. Sin embargo, parte de la doctrina[35] afirma que el reasegurador asume la

---

34 En el mismo sentido, por todos, véase Uría González, R., «Reaseguro, quiebra y compensación (Consideraciones acerca de la posición del reasegurador vida en la quiebra de la entidad cedente)», *Revista de Derecho Mercantil*, n.º 30, 1950, p. 376.

35 Entre los autores que identifican ambos riesgos podemos citar, entre otros, Langle Rubio, E., *Manual de Derecho Mercantil,* T. III, Barcelona, 1959, pp. 627 y 628; Benítez De Lugo, F., *Legislación y técnica de los seguros privados,* Madrid, 1930, p. 90; Vivante, C., «Degli obblighi del riassicuratore nel caso di fallimento e di successivo concordato dell'assicuratore», *Il Foro italiano*, 1925, p. 311; Salandra, V., «I caratteri giuridici del contratto di riassicurazione e la Giurisprudenza della cassazione», *Assicurazioni*, 1934, I, pp. 318 y 319; Butler, J.S. – Merkin, R.M., *Reinsurance Law*, T. I, *cit.,* p. A.3.1-02; Picard, M. - Besson, A., *Les assurances terrestres*, T. I *(Le contrat d'assurance)*, 5.ª ed., Librairie générale de droit et de jurisprudence, París, 1982, p. 26; Lambert Faivre, I. – Leveneur, L., *Droit des assurances*, Dalloz, 14.ª ed., París, 2017, p. 46. Encontramos que, incluso, los autores que defienden que en el reaseguro no hay cesión del riesgo asegurado, después, en el análisis de otras cuestiones relacionadas con el contrato de reaseguro, aúnan ambos riesgos a la hora de exponer sus ideas.

responsabilidad correspondiente a la parte del *riesgo cedido*[36], o que el reaseguro entraña una cesión de los derechos derivados del contrato de seguro, que coloca al reasegurador en la posición de asegurador directo. En este sentido, entre la escasa jurisprudencia española referida al reaseguro, encontramos la Sentencia del Tribunal Supremo (Sala 1.ª) de 6 de julio de 1993 (RJ 1993\5797) que define la actividad reaseguradora, señalando que «mediante el cobro de sucesivas primas, la reaseguradora cubre, en la proporción estipulada y durante un período de tiempo determinado, los riesgos asumidos por la aseguradora directa frente a sus respectivos asegurados». En otro ámbito, refiriéndose al objeto de la cobertura y no al riesgo reasegurado, en diversas sentencias de tribunales ingleses se afirma que el objeto del seguro, en el contrato de reaseguro, es el mismo que el objeto del seguro reasegurado[37].

En general, defienden que el riesgo es distinto en uno y otro contrato, GARRIGUES DÍAZ-CAÑABATE, J., *Contrato de seguro terrestre*, *cit.*, p. 466; URÍA GONZÁLEZ, R., «Reaseguro, quiebra y compensación...», *cit.*, p. 375; SÁNCHEZ CALERO, F., «Artículo 77. Concepto y caracteres del contrato de reaseguro», en AA. VV., *Ley de Contrato de Seguro, Comentarios a la Ley 50/1980, de 8 de octubre, y a sus modificaciones*, dir. por SÁNCHEZ CALERO, F., Aranzadi, Cizur Menor, 2010, 4.ª ed., pp. 1960 a 1963; BROSETA PONT, M., *El contrato de reaseguro*, Aguilar, Madrid, 1961, p. 97; NAVAS MULLER, J. M., «Naturaleza jurídica del reaseguro», *Revista de Derecho Privado*, 1941, p. 493; ANGULO RODRÍGUEZ, L., «Perfiles del reaseguro y régimen a fines del siglo XX», en AA. VV., *Estudios jurídicos en homenaje al profesor Aurelio Menéndez*, coord. por IGLESIAS PRADA, J. L., Vol. 3, 1996, p. 2697; HILL PRADOS, C., *El reaseguro*, *cit.*, pp. 69 a 73; DONATI, A., *Trattato del Diritto delle Assicurazione Private,* Vol. III, Giuffre Editores, Milán, 1956, p. 480; FERRARINI, S., «La prescrizione dell'azione di risarcimiento nella riassicurazione», *Rivista di Diritto commerciale e del Diritto generale delle obbligazione,* 1934, II, p. 104; PROSPERETTI, M. – APICELLA, E. A., *La riassicurazione*, Giuffrè Editore, Milán, 1994, p. 181; DANJON, D., *Tratado de Derecho Marítimo*, T. IV, Reus, 1934, pp. 226 y 227.

36 *Cfr.* REINARZ, R. C., *op. cit.*, p. 18.

37 Véase, a estos efectos, la sentencia dictada en el caso *British Dominions General Insurance Co. Ltd. v. Duder* [1915] 2 KB 394, que dispone textualmente: *«a contract of insurance and a contract of reinsurance are independent of each other. But a contract of reinsurance is a contract which insures the thing originally insured, namely the ship. The reinsured has an insurable interest in the ship by virtue of his original contract of insurance. The thing insured, however, is the ship, and not the interest of the insurer in the ship by reason of his contract of insurance upon the ship»*; y la emitida en el caso *DR Insurance Co. v. Seguros America Banamex* [1993] 1 Lloyd's Rep. 120, en donde se dispone que *«reinsurance and retrocession indemnifies the original insurer or retrocedant against his liability in respect of the original risk, whether it is direct facultative reinsurance of the original subject matter, or reinsurance of a basket of original risks»*.
Véase, asimismo, las siguientes sentencias: *Mackenzie v. Whitworth* [1875] 45 L.J.Q.B. 233; *Uzielli & Co. v. Boston Marine Insurance Co.* [1884] 54 L.J.Q.B. 162; *Glasgow Assurance Corporation (Liquidators) v. Welsh Insurance Corporation* [1914] S.C. 320; *Forsikringsaktieselskabet National of Copenhagen v. AttorneyGeneral* [1929] 93 L.J.K.B. 679 y [1925] A.C. 639; *Toomey v. Eagle Star Insurance Co. Ltd.* [1994] 1 Lloyd's Rep. 516; *Re NRG Victory Insurance Ltd* [1995] 1 All ER 533.

Cierto sector doctrinal[38], sintetizando distintas definiciones, defiende que el reaseguro se caracteriza por representar un desplazamiento del riesgo asumido por el primer asegurador a otro asegurador, denominado por ello reasegurador. Con un sentido similar, se afirma que ambos contratos tienen por objeto el mismo riesgo, uno mediatamente, otro inmediatamente y que, sin embargo, ello no destruye su autonomía, ya que son dos contratos distintos porque diversos son los sujetos, las primas, las condiciones y diverso es, en fin, el volumen de riesgo, que suele ser asumido solamente en parte por el reasegurador[39].

Realmente existen tantas sinergias entre la causa del riesgo del reaseguro con el riesgo reasegurado mismo, que se llega a identificar ambos riesgos y a reconducir el reaseguro a la modalidad a la que pertenece el seguro reasegurado (incendios, robo, accidentes, marítimo, etc.). En este sentido se ha afirmado que «al reaseguro le imprime su carácter jurídico general privado el seguro principal, del cual es reaseguro. Es decir, que no es rama del seguro independiente en el mimo sentido que el seguro marítimo, el seguro de incendios, el seguro de vida, etcétera, sino que es o bien seguro marítimo, de incendios o de vida, y el contrato de reaseguro mismo estará sometido a las normas privadas de derecho objetivo válidas para la modalidad del seguro al que pertenece»[40].

En puridad, esta asimilación se debe a que el riesgo asegurado y el contrato de seguro son presupuestos jurídicos —y no necesariamente cronológicos— del riesgo del contrato de reaseguro, aunque se trate de dos riesgos distintos; de hecho, el acaecimiento del siniestro previsto en el contrato de seguro directo no representa un daño para el reasegurador, sino en cuanto representa el motivo determinante de la prestación del asegurador, cuyas consecuencias patrimoniales —si se dan las circunstancias previstas en el contrato de reaseguro— constituyen el riesgo reasegurado.

Aun cuando en el reaseguro el riesgo que se asegura es siempre de la misma clase —la posibilidad del nacimiento de una deuda—, sin embargo, se hace necesario la individualización y delimitación del riesgo, es decir, la determinación de las circunstancias que especifican concretamente los hechos cuya realización engendrará la acción de resarcimiento frente al reasegurador[41]. Pues bien, la individualización del riesgo reasegurado, en sen-

38 Véase Roca Guillén, J., «Estudio del reaseguro», *Revista de Derecho Mercantil*, n.º 19, 1949, p. 20.

39 Véase Vivante, C., «Degli obblighi del riassicuratore nel caso di fallimento e di successivo concordato dell'assicuratore», *cit.*, p. 311.

40 *Cfr.* Ehrenberg, V., *El reaseguro*, traducido por Navas Muller, Editorial Revista de Derecho Privado, 1941, 2.ª ed, Madrid, 1985, p. 84.

41 Sobre el principio de individualización del riesgo y su aplicación, véase Garrigues Díaz-Cañabate, J., *Contrato de seguro terrestre*, *cit.*, pp. 144 a 147; Broseta Pont, M., *El contrato de reaseguro*, *cit.*, pp. 99 y 100; Donati, A., *Trattato del Diritto delle Assicurazione*

tido positivo y negativo, vendrá determinada tanto por los datos consignados en el contrato de seguro reasegurado (ramo al que pertenece, asegurado o tomadores, riesgo, interés asegurado, número de la póliza, etc.), como en el contrato de reaseguro. Cuando el reaseguro es contratado por medio de un tratado, tal y como ocurre con las pólizas generales o flotantes, la individualización del riesgo reasegurado vendrá determinada por los datos que describan la categoría a la que deben pertenecer los contratos de seguro para poder ser objeto de la cobertura reasegurativa (ramo, categoría de interés, límite espacial o temporal de eficacia de las pólizas, suma asegurada que exceda del pleno en los reaseguros de excedente, la retención o franquicia del reasegurado sobre los siniestros en los de exceso de pérdida, etc.).

Precisamente en este marco de la individualización del riesgo reasegurado —sirva de ejemplo de la interrelación— es frecuente que se establezcan en las coberturas de exceso de pérdida, según la clase, entidad o calidad de los riesgos del seguro directo, diferentes escalones o prioridades sobre el pleno de retención del asegurador, bien para aplicar una prima de reaseguro distinta a cada una de esas capas, o bien para que la parte reasegurada sea distinta en cada caso —una única retención podría resultar extremadamente elevada para los riesgos de baja calidad o excesiva para los riesgos de buena calidad— o lo sea por reaseguradores distintos[42]. El escalonamiento de las prioridades según las calidades de los riesgos (cobertura por riesgos) es conocido bajo el nombre de «plan Carpenter». Es muy utilizado en los reaseguros concertados en el ámbito marítimo, estableciéndose la graduación de los riesgos contemplados en los seguros directos según el tamaño y la edad de los buques empleados para el transporte de mercancías[43].

El riesgo asegurado es el presupuesto del reasegurado, en tanto que su realización puede engendrar la obligación de indemnizar del reasegurado. Ahora bien, el acaecimiento del siniestro previsto en el seguro principal no conlleva automáticamente el nacimiento de la obligación de indemnizar del reasegurador, sino que habrá que atender a lo estipulado en el contrato de reaseguro, para determinar si ese concreto siniestro y la posible responsabilidad del asegurador constituyen uno de los riesgos cubiertos por el mismo.

Private, Vol. II, *cit.,* pp. 144 a 178, y en particular sobre el riesgo reasegurado, pp. 483 y 484; Brunetti, A., *Derecho Marítimo Privado*, T. III, Barcelona, 1951, pp. 435 a 437; Sotgia, S., «Considerazioni sulla "descrizione del rischio" nel contratto di assicurazione», *Assicurazioni,* Vol. 36, n.° 2, 1969, pp. 93 y 94; Ferrarini, S., «Sulla descrizione del rischio nella riassicurazione facoltativa», *Assicurazioni* 1959, II, n.° 6, pp. 318 a 322.

42 *Cfr*. Angulo Rodríguez, L., «Perfiles del reaseguro a fines del siglo XX», *cit.,* p. 2699.

43 Véase, sobre este tipo de cobertura, Gerathewohl, K., *Reaseguro. Teoría y práctica*, Vol. 1.°, *cit.,* pp. 98 y 99; Reinarz, R.C., *La gerencia del reaseguro*, *cit.,* pp. 98 a 100; Gedé, P., «Clause indice des traités en éxcedent de sinistre», *La réassurance*, n.° 471, 1957, pp. 113 a 116; n.° 473, 1957, pp. 226 a 228; n.° 478, 1957, pp. 401 a 409; Extracto de *The Policy Insurance Weekly*, «Tarificación de los contratos de exceso de pérdida. Aplicación de la escala móvil del método Carpenter», *Noticias de reaseguros*, n.° 8, 1957, pp. 7 a 9.

Es perfectamente posible, por ejemplo, que un contrato de reaseguro cubra un seguro concertado sobre un buque, pero sólo para el caso en que se produzca la pérdida total del mismo. Por ello, si se produjese una pérdida parcial, aun cuando se hubiese realizado el riesgo asegurado en la póliza reasegurada, no se habría producido el riesgo reasegurado. Por tanto, la naturaleza del evento previsto en ambos contratos de seguro y de reaseguro constituye uno, y el más importante, de los criterios delimitadores del riesgo reasegurado. Asimismo, en el contrato de reaseguro habrá de consignarse su modalidad, así como la suma reasegurada. En los supuestos, por ejemplo, de reaseguros de exceso de pérdidas, el acaecimiento del siniestro previsto en el seguro original no acarreará la realización del riesgo reasegurado en tanto que el daño no sobrepase una determinada cantidad; además, el riesgo reasegurado se concreta sólo sobre el exceso respecto a dicha pérdida. Por las mismas razones es relevante, en orden a la individualización del riesgo reasegurado, la determinación de la suma reasegurada, la cual puede ser igual o inferior a la asegurada en la póliza de seguro directo, o —en caso de que se trate de un tratado— podrá tener en consideración conjuntamente los riesgos asegurados en las diversas pólizas y sus respectivas sumas aseguradas, así como la delimitación temporal o duración del contrato de reaseguro.

En definitiva, el contrato de reaseguro depende del seguro reasegurado no sólo desde el punto de vista de su contenido, sino que también la obligación y, en su caso, la subsiguiente responsabilidad del reasegurador vendrá determinada por el alcance de la del asegurador en el seguro original, tanto en su extensión como en su propia existencia. El contrato de seguro ejerce una gran influencia sobre el de reaseguro[44] y ello porque, aunque son formalmente autónomos y gozan, dentro de unos límites, de vida propia, ambos contratos están relacionados de tal manera que la existencia o la suerte del negocio reasegurador va a depender de la existencia o de la suerte del negocio asegurador (así se conviene expresamente en la mayoría de los contratos o tratados de reaseguro). La validez, la eficacia y la propia ejecución del contrato de seguro van a influir en la del reaseguro. Todas las circunstancias que afecten al contrato de seguro o bien al riesgo asegurado están afectando al mismo presupuesto del reaseguro.

En este orden de cosas, la nulidad o la resolución del contrato de seguro conllevan la del reaseguro sobre él estipulado, debido a que desaparece la posibilidad del nacimiento de una deuda en el patrimonio del asegurador como consecuencia de ese concreto contrato. Sin riesgo reasegurado, el reaseguro devendría nulo. Además, la resolución del contrato de seguro conlleva la del

44 Véase Brunetti, A., *Derecho Marítimo Privado*, T. III, *cit.*, p. 348, afirma que «entre seguro y reaseguro existe una interferencia apreciable solamente a través de las cláusulas del último; por ello mientras la ejecución del primero es independiente de la del reaseguro en cuanto el asegurado no tiene relaciones con el reasegurador, el contrato de seguro es en cambio normativo para el de reaseguro; cuando menos lo es en cuanto a la determinación del riesgo asegurado y el conocimiento de éste, son elementos indispensables para medir la responsabilidad del reasegurador por la excedencia, por la cuota, etcétera».

reaseguro por una falta sucesiva de riesgo. En los casos en los que se concluya un contrato general o tratado, la nulidad o la resolución de una de las diversas pólizas reaseguradas conlleva su no aplicación a la concreta póliza de seguro afectada.

Asimismo, repercuten sobre el contrato de reaseguro aquellas circunstancias que, presupuesta no obstante la validez del contrato de seguro, determinan que no surja o que decaiga la obligación de indemnizar del asegurador, a pesar de haberse realizado el riesgo cubierto en el mismo. Ello puede ocurrir cuando el asegurado no ha satisfecho la prima (art. 425 LNM), cuando no existe el riesgo en el momento de la contratación (art. 422 LNM), cuando ha incurrido en dolo o culpa grave en el incumplimiento de sus deberes de información y minoración de las consecuencias del siniestro (arts. 424 y 427 LNM), en los supuestos en los que el siniestro obedezca a dolo o culpa grave del asegurado (art. 419 LNM), etc.

Tiene también una repercusión directa sobre el contrato de reaseguro cualquier ampliación o reducción en el importe de la suma asegurada, que llevará aparejada automáticamente una equivalente modificación en la suma reasegurada, en los casos en que ésta se determine a partir de aquélla. De hecho, hay que resaltar que en el seguro marítimo es muy habitual la fijación contractual del valor del interés asegurable, dadas las dificultades de su determinación *a posteriori* del siniestro. Dicha tasación convenida se lleva cabo entre tomador y asegurador a efectos de calcular la prima y el límite máximo de la cobertura, siendo eficaz entre ellos y con respecto al asegurado, al igual que tendrá repercusión en el eventual reaseguro de la póliza. Respecto al seguro de buques, embarcaciones y artefactos navales, la LNM (artículo 414, *Póliza estimada*), va más allá, presumiendo que el valor declarado en la póliza o con posterioridad a la celebración del contrato es un valor estimado, salvo dolo por parte del asegurado o cuando por error sea notablemente superior al valor del interés, declarándolo expresamente tan sólo vinculante para las partes del contrato, y añadiríamos, para el reasegurador, según lo prevenido en el contrato.

Igualmente, la aplicación de las previsiones legales (artículo 413 LNM) para las situaciones de infraseguro —aplicación de la regla proporcional, de tal modo que el asegurador indemniza el daño causado en la misma proporción en la que la suma asegurada cubre el interés asegurado— o sobreseguro —posibilidad de exigir la reducción de la suma asegurada y de la prima, debiendo el asegurador restituir el exceso de las primas recibidas—, incidirán directamente y en la misma medida sobre el contrato de reaseguro de las pólizas de seguro que en dicha situación se encuentren.

Por otra parte, cualquier vicisitud que sufra el riesgo asegurado, como elemento esencial que es del contrato, repercute sobre el reasegurado, ya que se delimita e individualiza a partir de aquél. Por tanto, la desaparición total del riesgo cubierto en el seguro originario provoca no sólo la nulidad o la resolución de éste, sino también la del reaseguro por falta de riesgo reasegurado. La consunción del riesgo asegurado hace decaer la posibilidad de que se produzca el evento dañoso previsto en el contrato de reaseguro. Del mismo modo, las disminuciones o los agravaciones del riesgo asegurado, así como las exoneraciones, repercuten directamente sobre el reaseguro, en tanto que modulan, en última instancia, el importe de la indemnización que habrá de abonar el asegurador, o determinan la propia existencia de dicha obligación de indemnizar.

El reasegurado, como asegurador que es del contrato de seguro directo, no ve alterado —o no debe ver alterado— su poder de gestión de la póliza de seguro por el hecho de haberla reasegurado; dentro del ámbito normal de dicha gestión, se incluye la facultad de alterar las condiciones pactadas en la misma. Por otro lado, existen circunstancias que suponen una agravación o una disminución del riesgo asegurado (vid. arts. 423.2 y 424 LNM), no dependientes de ninguna actuación por parte del asegurador-reasegurado. Pues bien, toda alteración del contrato de seguro, en tanto que puede traducirse en una variación en el *quantum* de la indemnización que eventualmente podría pagar el asegurador y, por consiguiente, ser relevante a los efectos del contrato de reaseguro, ha de ser comunicada por esta razón al reasegurador.

La dependencia del reaseguro respecto a los seguros reasegurados trae como consecuencia más relevante la posibilidad de que el reasegurador se oponga al pago de la indemnización de reaseguro alegando excepciones que traigan su causa en la póliza de seguro reasegurada. Otro momento relevante es el de la liquidación de los siniestros asegurados que determina, en su caso, no sólo la obligación de indemnizar del asegurador sino también —mediatamente— la del reasegurador, sin necesidad de realizar una nueva liquidación, mediante la aplicación de la regla matemática propia de la modalidad reaseguradora (cuota, porcentaje, excedente)[45].

En los contratos de reaseguro se recogen, por lo general, cláusulas que expresamente prevén la repercusión en el negocio reasegurador de todo cambio, aumento, reducción, anulación, etc., que sufra el negocio del asegurador, a la vez que establecen deberes de aviso de toda modificación por parte de la empresa aseguradora[46], y correlativamente un derecho de control del reasegurador. Y también es cada vez más frecuente encontrar cláusulas relativas a la intervención del reasegurador en la gestión de los siniestros cubiertos por las pólizas de seguro directo, así como en el abono de las indemnizaciones. Tanto unas como otras intensifican la relación jurídica entre el contrato de seguro marítimo y el

45 *Cfr*. PÉREZ MILLÁN, D., *Relaciones de colaboración en el contrato de reaseguro*, Fundación Mapfre, Madrid, 2012, p. 38.

46 En este sentido apunta PÉREZ MILLÁN, D., *Relaciones de colaboración en el contrato de reaseguro*, *cit.*, p. 21, que «puede suceder incluso que en tratados obligatorios, habiéndose valorado el riesgo en atención al previo historial de siniestralidad de los contratos de seguro directo, el reasegurador desconozca incluso el clausulado en concreto de las pólizas, por lo que únicamente un cambio significativo en la política de suscripción del reasegurado podría traducirse, en su caso, en un agravamiento del riesgo por el cual éste excediera de lo que cabría concluir que se había previsto contractualmente».

reaseguro sobre él concertado, invistiendo al reaseguro de las singularidades propias del seguro marítimo.

3.1. Cláusulas de sensibilización del contrato de reaseguro ante las vicisitudes que pueda sufrir el riesgo reasegurado

Principalmente, las cláusulas utilizadas para sensibilizar al contrato de reaseguro ante las vicisitudes que pueda sufrir el negocio reasegurado son las que estipulan que el reaseguro se contrata «según las condiciones y cláusulas del seguro original», las que establecen que «el reasegurador seguirá la suerte del reasegurado», así como las cláusulas *follow the settlements*, y la denominada *pay as may to be paid thereon*.

El reaseguro se contrata según las condiciones y cláusulas del seguro original

La dependencia del reaseguro respecto del seguro se ha sintetizado en una cláusula, frecuente en los tratados, que establece que el reaseguro se contrata *según las condiciones y cláusulas del seguro principal*[47], también denominada *back-to-back cover*. Es, principalmente, en los reaseguros estipulados a través de tratados donde esta cláusula adquiere más relevancia debido al número de pólizas que pueden ser reaseguradas en un mismo tratado —por ejemplo, todas las pertenecientes al ramo marítimo (o a alguna de sus modalidades, buques o mercancías, etc.)—. Salvo en los supuestos de estandarización, sería ciertamente difícil para el reasegurador conocer de manera pormenorizada el contenido exacto de las cláusulas y condiciones pactadas en cada uno de los contratos, ni el asegurador-reasegurado comunica, por lo general, el detalle de las cláusulas contractuales al reasegurador. En realidad, a través de la estipulación de una cláusula de este tipo se presume que el reasegurador asume la existencia y alcance de dichas cláusulas y condiciones —que no son sino las que, en última instancia, delimitan el riesgo asegurado y, por ende, el reasegurado— y que acepta que el riesgo reasegurado se determine y regule atendiendo también a esos términos establecidos en el seguro directo, los cuales, de este modo, son incorporados por referencia al contrato de reaseguro. Se pretende no sólo facilitar la redacción del acuerdo de reaseguro —en el que no se podrían reproducir todas las cláu-

47 Sobre la misma, véase BROSETA PONT, M., «Presupuestos técnicos y concepto del contrato de reaseguro», *Revista de Derecho Mercantil*, n.° 75 y 76, 1960, pp. 36 a 38; BUTLER, J. S. – MERKIN, R. M., *Reinsurance Law*, T. I, *cit.*, pp. B.1-01 a B.1.2-41; MERKIN, R. M., *Colinvaux's Law of Insurance*, 7.ª ed., Londres, 1997, pp. 244 y 245, quien afirma que *«the purpose of such wording is to ensure that the insurance and reinsurance agreement are back-to-back so that the liability of the reinsured is matched by that of the reinsurer»*; GÜRSES, Ö., *Reinsuring Clauses*, Lloyd's List, Londres, 2010, pp. 33 a 99; GÜRSES, Ö., *Marine Insurance Law*, 3.ª ed., Routledge, Taylor & Francis Group, Nueva York, 2023, pp. 472 a 478.

sulas, en especial las particulares, de cada una de las pólizas que se reaseguran en un sólo tratado— sino también ayudar a la interpretación del mismo[48].

La finalidad de la cláusula estriba en que las condiciones pactadas en la póliza de seguro, bien en el momento de su redacción, o bien aquéllas que resulten de una alteración posterior, en tanto que repercuten en la responsabilidad que eventualmente adquiera el asegurador-reasegurado, vinculen de la misma manera al reasegurador, lo cual no es óbice para que, si es necesario, se alteren las condiciones económicas del reaseguro concertado. Son susceptibles de incorporación únicamente aquellos términos de la póliza original que no resulten incompatibles con los propios términos del acuerdo de reaseguro, y que, además —requiriéndose, para ello, un cierto ejercicio de interpretación— sean apropiados al contexto en que se desarrolla este último contrato[49], así como que razonablemente pueda presumirse de ellos que las

48 En este sentido, consúltese el caso *Groupama Navigation et Transports v Catatumbo CA Seguros* [2000] 2 Lloyd's Rep 350, donde se afirma que «*the reinsurance is however a contract which in terms relates to and must be read in conjunction with the terms of the original insurance. The two contracts were clearly intended to be back to back. As regard the vessel(s) covered, its period, its terms and all decisions, settlements and agreements, the reinsurance expressly follows the original. In particular it provides under the head of "Conditions": "All terms, clauses, conditions, warranties, additional premiums, return premium, as original and to follow the decisions, settlements, agrements of the same in every respect". The nature of the reinsurance which was proportional and therefore they noted that in proportional reinsurance contracts there was a presumption that, in the absence of clear words to the contrary, the scope and nature of the cover afforded was the same as the cover afforded by the insurance. The "as original" wording carried through the presumption into the wording of the slip and the presumption and the "as original" wording incorporated the warranties in the insurance into the reinsurance*». Posteriormente la Corte de Apelación no encontró ninguna diferencia significativa entre las garantías de la póliza de seguro y el *slip*. Las dos *warranties* que contenía el reaseguro (es decir, la expresa y la incorporada) eran esencialmente las mismas. Por lo tanto, concluyó que las garantías incorporadas deben tener el mismo efecto en ambos contratos. Se sostuvo que la intención de las partes no era dar un efecto diferente a los términos del *slip*; si hubiera sido la intención, las partes deberían haberlo hecho claramente.
También es interesante el caso analizado en *Philadelphia Ins Co v Washington Ins Co* (23 Pa 250, 1854), la cuestión era si el reaseguro y las pólizas de seguro directo eran coextensivos a pesar de que el reaseguro era una póliza por viaje y el seguro original era una póliza de tiempo. La Corte Suprema de Pensilvania determinó que el seguro original tenía una vigencia de cinco meses y la aseguradora aseguraba cualquier riesgo que pudiera ocurrir durante ese período. El riesgo del reasegurador se refirió a un viaje específico, por lo tanto menor, e incluido dentro del reasegurado. El seguro se concertó contra peligros del mar, por lo que el reaseguro tenía que ser contra peligros del mar; pero si bien no podría ser contra más, podría ser contra menos peligros del mar que el seguro original. En la medida en que el reaseguro y el seguro original proporcionaran cobertura idéntica con respecto al viaje reasegurado, se determinó que las dos pólizas eran coextensivas. Véase, al respecto, HOFFMAN, W., «Facultative reinsurance contract formation, documentation, and integration», *Tort Trial & Insurance Practice Law Journal*, Vol. 38, No. 3 (Spring 2003), pp. 763 a 860.

49 Consúltense los casos *Joyce v Realm Marine Insurance Co Ltd* (1871-1872) LR 7 QB 580; *Lower Rhine and Würtemberg Association v Sedgwick* [1899] 1 QB 179; *Skips A/S Nordheim v Syrian Petroleum Co and Petrofi na SA, The Varenna* [1983] 2 Lloyd's Rep 592; *Forsikringsak-*

partes tenían la intención de incorporarlos. Por ello, se excluye, por ejemplo, que por medio de esta cláusula se incorporen al acuerdo de reaseguro términos inusuales no utilizados por lo general en las pólizas de seguro, o que la extensión temporal de la cobertura prestada por el reaseguro sea ampliada mediante la incorporación de los términos de una póliza que tenga una duración mayor[50], o que se intente derivar cobertura de pagos que no procedían legal o contractualmente[51], o incluso las cláusulas de sumisión a arbitraje, por ser de carácter accesorio y no el objeto propio del contrato cuyos términos se pretenden incorporar[52].

Cláusula de seguir la suerte o la fortuna

Este tipo de cláusula estaba destinado inicialmente a proteger al reasegurado en aquellos casos en los que éste había cometido algún error u omisión en el cumplimiento de su deber de informar a su reasegurador sobre todas las circunstancias atinentes a los riesgos, a las pérdidas y a las reclamaciones[53]. Se trata de crear, mediante su inclusión en los acuerdos de reaseguros, una especie de comunidad de intereses, de tal manera que, por un lado, la fortuna, buena o mala, que pueda acompañar al asegurador en el negocio de seguro la comparta, hasta el límite de su participación, el reasegurador, y por otro, que las decisiones que adopte el asegurador con relación a cualquier materia que, por afectar al seguro reasegurado, afecten también al acuerdo de reaseguro, sean seguidas por el reasegurador, incluso cuando éste no hubiese sido consultado.

---

tieselshapet Vesta v. Butcher, sobre el que existen diversos pronunciamientos —todos ellos a favor del reasegurado—, emitidos por Hobhouse J. [1986] 2 All ER 488; por la Court of Appeal [1988] 1 FTLR 78; y por la House of Lords [1989] 1 All ER 402. Más recientemente, *American International Marine Agency of New York Inc v Dandridge* [2005] Lloyd's Rep IR 643.

50 Al respecto consúltese el pronunciamiento contenido en *Municipal Mutual Insurance Ltd v Sea Insurance Co Ltd* [1998] CLC 957; *Dornoch Ltd v Mauritius Union Assurance Co Ltd* [2006] Lloyd's Rep IR 786. Y el caso referido al famoso buque *Titanic*, *Scottish National Insurance v Poole* (1912) Com Cas 9.

51 Véase el caso *American International Marine Agency v Dandridge* [2005] Lloyd's Rep IR 643.

52 *Bremer Vulkan Schiffbau und Maschinenfabrik v South India Shipping Corporation Ltd* [1981] AC 909; Heyman v Darwins [1942] AC 356; *Harbour Assurance Co (UK) Ltd v Kansa General International Insurance Co Ltd* [1993] QB 701.

53 Sobre la misma, Butler, J. S. – Merkin, R. M., *Reinsurance Law*, T. II, *cit.,* pp. C.1.4-01 a 07; Gürses, Ö., *Marine Insurance Law*, *cit.,* pp. 469 y 470; Margo R. D., *Aviation Insurance. The law and practice of aviation insurance, including hovercraft and spacecraft insurance*, 2.ª ed., London, 1989, pp. 349 y 350; Reinarz, R. C., *La gerencia del reaseguro*, *cit.,* pp. 13 y 14; Hagopian, M. – Laparra, M., *Aspectos teóricos y prácticos del reaseguro*, *cit.,* pp. 86 a 90; Gerathewohl, K., *Reaseguro. Teoría y práctica*, Vol. 1.°, *cit.,* pp. 519 a 521; Jaramillo Jaramillo, C. I., «Configuración y alcances de la "Comunidad de Suerte"» en el contrato de reaseguro: Generalidades, Justificación, Vigencia, Limitaciones básicas y Proyección Internacional», *Revista Iberolatinoamericana de Seguros*, n.° X, 1997, pp. 91 a 134; Astelarra, F., «La comunidad de suerte», *Revista Mercado Asegurador*, 1996, p. 44; Mayens, J., *Le partage de sort entre l'assurance et le reassureur*, Université Catholique de Louvain, Louvain- La - Neuve, 1980.

El propósito de esta cláusula, particularmente en los reaseguros proporcionales, es conseguir que la relación o proporción establecida en el momento de estipularse el contrato de reaseguro entre la responsabilidad del asegurador y la del reasegurador perdure durante toda la vida del mismo. Se pretende flexibilizar el contrato dentro de las condiciones y propósitos del mismo. Por ello, la virtualidad de esta estipulación se manifiesta principalmente en los supuestos de agravación o reducción del riesgo asegurado, de aumento o disminución de la suma asegurada, de prórroga o anulaciones de pólizas reaseguradas, etc., ya que gracias a su inclusión se llega al resultado de sensibilizar el contrato de reaseguro ante este tipo de variaciones del seguro principal. Asimismo, beneficia al reasegurador en los casos de liquidación mediante el sistema de abandono (arts. 433 y 434 LNM), ya que participará en proporción a la cuantía de su indemnización de lo que su reasegurado recupere mediante el mismo. Por idéntico motivo, cualquier cantidad que el reasegurado recobre de terceros responsables de los siniestros vía subrogación, serán recuperadas en la correspondiente proporción por el reasegurador.

Se persigue, en definitiva, que el reasegurador quede obligado ante su reasegurado, dentro de los límites previstos en el contrato de reaseguro, en los mismos términos que éste queda obligado ante su asegurado. Se trata, sin más, de mantener la proporción inicial de la eventual prestación del reasegurador, de modo que toda alteración de los criterios delimitadores de la obligación del reasegurado repercuta en la misma medida en la del reasegurador. El objetivo se centra en «seguir la *responsabilidad*»[54], pero no puede crearse mediante una simple interpretación de la misma una obligación nueva no prevista o incluso desvirtuada por las normas aplicables al seguro directo, en este caso la LNM, es decir, a través de una cláusula de seguir la suerte no se puede pretender que el reasegurador «siga» una obligación de cobertura legalmente inexistente[55]; esto es, asumir los denominados pagos *ex gra-*

54 De hecho, las formulaciones más recientes de esta cláusula utilizan el término «responsabilidad» antes que «suerte o fortuna». Véase, en este sentido, la citada por HOFFMAN, W., «On use and abuse of custom & usage in reinsurance contracts», *Tort & Insurance Law Journal*, Vol. 33, n.° 1, 1997, pp. 1 a 80: *«The liability of the Reinsurer shall follow that of the Company, subject in all respect to all of the terms, conditions, and limits of the Company's policy issued to the original insured, except as otherwise specifically provided herein».*

55 Véase, al respecto, lo dispuesto en la sentencia recaída en *Insurance Co. of America v. United States Fire Insurance Co.* 348 NYS 2nd 122 [1973]. *North America* suscribió una póliza abierta de seguro marítimo que cubría el cargamento de *anhydrous ammonia* y fertilizante mientras eran transportados desde Estados Unidos a Gran Bretaña, y concertó un reaseguro sobre el 25 % del riesgo. Después de conseguir la cobertura reasegurativa, *North America*, mediante el cobro de una prima adicional, negoció con el asegurado que el seguro cubriera, además, el transporte de las mercancías desde el interior de Estados Unidos hasta el puerto de partida. No obstante, estos cambios en la cobertura no fueron notificados al reasegurador. El cargamento de fertilizante fue destruido por un huracán mientras se estaban practicando las operaciones de embalaje en el almacén del interior. *North America*, habiendo pagado la indemnización a la que le obligaba el documento complementario de cobertura que suscribió, intentó recobrar el 25 % de su reasegurador,

tia[56]. El problema puede provenir del uso que, en ocasiones, se hace de dicha cláusula ya que, en muchas de ellas, se incluye la obligación del reasegurador de *seguir la suerte* de la reasegurada en aquellos siniestros que hayan sido aceptados voluntariamente por ella, junto a la enumeración de las circunstancias que suponen una variación del negocio reasegurado en cuestión. En estos casos, estamos ante dos estipulaciones diversas, una referida a los pagos *ex gratia,* y otra a las circunstancias que repercutan sobre el riesgo asegurado y, por ende, sobre el reasegurado. No pueden ser aglutinados los elementos que configuran una obligación con aquellas circunstancias que determinan su nacimiento. Esta es la idea que parece que subyace a la distinción que parte de la doctrina hace, a estos efectos, entre *fortuna técnica* y *fortuna comercial*, considerando que el reasegurador ha de seguir la primera pero no la comercial; es decir, que el reasegurador tiene que compartir la suerte del reasegurado en todo lo relacionado con las obligaciones contraídas por el asegurador frente a sus asegurados, en cuanto a los riesgos que son efectivamente objeto de cobertura por las pólizas y que entran dentro del ámbito de aplicación del convenio de reaseguro.

Por último, hay que destacar que es frecuente encontrar la cláusula *seguir la suerte* formando parte de la denominada *errores y omisiones*, mediante la que se acuerda que el reasegurado no se verá perjudicado por ningún error, omisión o demora involuntarios respecto al cumplimiento de los deberes asumidos en el contrato, o por un descuido en la aplicación a un tratado de una póliza que entraba dentro de su ámbito de cobertura. De esta manera, los errores, omisiones o demoras involuntarias no podrán tener como efecto el librar a una de las partes de los compromisos que se hubieran derivado del contrato si se hubiese procedido correctamente.

quien se negó alegando que *North America* había sufrido una pérdida no reasegurada. Ésta se defendió alegando ante la Corte lo que describió como una cláusula *follow the fortunes*, considerando al reasegurador responsable por aparecer en el acuerdo de reaseguro las palabras *«to pay as may be paid thereon liable or not liable»*. *North America* argumentaba que el efecto de esta cláusula era responsabilizar al reasegurador siempre que el reasegurado se considere obligado al abono de una indemnización y así haya pagado. La Corte, sin embargo, rehusó presumir que se trataba de una *follow the fortunes clause*, y estimó que la cuestión se centraba en determinar si el reasegurado estaba obligado legalmente a pagar al asegurado original. Considerando que las palabras *liable or not liable* no añadían nada a la cláusula, la Corte afirmó que sólo desde una interpretación muy retorcida se podría a través de la cláusula transcrita atribuir responsabilidades al reasegurador cuando con base en el reaseguro —según la redacción de póliza original— no lo era, aunque si lo fuese con base en los documentos firmados con posterioridad.

56 Los pagos *ex gratia* son definidos por Garner, B. A. (*Black's Law Dictionary*, 11.ª ed., Claitor S Pub Division, Londres, 2019, p. 514) como *«payment made by one who recognizes no legal obligation to pay but who makes payment to avoid greater expense as in the case of a settlement by an insurance company to avoid costs of suit. A payment without legal consideration»*.

Cláusula *follow the settlements*

La cláusula *follow the settlements* o *loss settlement*, derivada directamente del principio indemnizatorio, es tan antigua como los propios acuerdos de reaseguro. Éstos son contratos de indemnización, mediante los que el reasegurador se compromete a indemnizar al reasegurado por las sumas pagadas por éste —o por pagar— como consecuencia de su responsabilidad basada legalmente en una póliza de seguro. Por ello, cuando el reasegurado al que el asegurado reclama una indemnización no resulta responsable, según los términos de la póliza, del pago de la pérdida que éste había sufrido, el reasegurador tampoco está legalmente obligado a pagar. No obstante, en algunos casos es complicado determinar si el asegurador es o no responsable del pago de una indemnización, y consiguientemente si se produce o no la pérdida «reasegurada»; en otras ocasiones es más costoso el procedimiento judicial o arbitral que habría que seguirse para la determinación de la responsabilidad que el montante económico en que ésta pueda traducirse.

A través de una cláusula *loss settlement* el reasegurador admite ser responsable por aquellos pagos que el reasegurado pueda efectuar a su asegurado como consecuencia de una liquidación basada en la póliza original, pero sin que la responsabilidad de este último haya sido establecida legalmente[57]. Se pretende, de esta manera, proteger al reasegurado ante ciertos casos en los que el reasegurador podría rehusar el pago de una indemnización alegando que la responsabilidad del reasegurado no existe o no está demostrada según la póliza original. Cuando un reasegurador acepta vincularse a través de una cláusula *loss settlements*, se está obligando a seguir las *settlements actions* del reasegurado. No obstante, el deber del reasegurador de indemnizar derivado de esta cláusula queda condicionado a que la liquidación haya sido efectuada por el reasegurado de buena fe[58].

Las liquidaciones de siniestros basados en una dudosa responsabilidad del reasegurado según los términos de la póliza original constituyeron el pro-

57 Sobre esta cláusula, véase MERKIN, R. M., *Colinvaux's Law of Insurance*, *cit.*, pp. 251 y 252, 348 y 349; GERATHEWOHL, K., *Reaseguro. Teoría y práctica*, Vol. 1.°, *cit.*, pp. 525 a 529; MARGO, R. D., *Aviation Insurance*, *cit.*, pp. 348 y 349; LEWIS, S., «The Autonomy of Reinsurance Contracts and Allocation», *Insurance Review*, septiembre 1996, pp. 1 a 7; SURGEONER, «Follow the settlements: Are Reinsurers Bound to Respond to Claims by Reinsureds?», *Insurance Review*, septiembre 1996, pp. III y IV; HOFFMAN, W., «Common law of reinsurance loss settlement clauses: a comparative analysis of the judicial rule enforcing the reinsurer's contractual obligation to indemnify the reinsured for settlements», [1994] *LMCLQ*, 1-144, pp. 47 a 93; SHADLER, «Reinsurance - Follow settlements and claims co-operation clauses», [1986] *LMCLQ* Part 2, pp. 145 a 148.

58 En este sentido, véase *Mentor Ins (U.K.) Ltd. v. Norges Brankasse* [1993] 996 F. 2nd 506 2nd Cir., en donde se establece que esta cláusula *«simply requires payment where the cedent's good faith payment is at least arguably within the scope of the insurance cover that was reinsured»*.

blema que se quiso solventar a través de la cláusula *loss settlement*, y no el ocasionado por los pagos *ex gratia*, en los que queda demostrada legalmente la no responsabilidad del asegurador de efectuarlos. De hecho, el respeto al principio indemnizatorio es cuestionado en los casos de pagos *ex gratia*, mientras que la cláusula *loss settlement* no afecta a las exigencias de dicho principio. Las cláusulas que obligan al reasegurador a indemnizar por los pagos *ex gratia* se desvían del principio indemnizatorio en tanto que permiten que el reasegurado recobre, total o parcialmente, del reasegurador unas cantidades que satisfizo a su asegurado pero de cuyo pago no era ni responsable en ese momento ni potencialmente responsable en un momento posterior[59]. Sin embargo, la *loss settlement* respeta el mencionado principio dado que, aunque no se evidencia claramente la obligación y consiguiente responsabilidad del reasegurado, el arreglo o la transacción se efectúa con base en una razonable aunque dudosa responsabilidad[60].

Por otro lado, la cláusula *loss settlement* tampoco puede dar lugar a una extensión espacial o temporal de la cobertura pactada en el reaseguro, alegando una alteración de la naturaleza o la extensión del riesgo asegurado[61].

---

59 HOFFMAN, W. («Common law of reinsurance loss settlement clauses: a comparative analysis of the judicial rule enforcing the reinsurer's contractual obligation to indemnify the reinsured for settlements», *cit.*, p. 66, y «The use and abuse of custom & usage in reinsurance contracts», [1998] LMCLQ 1-44, *cit.*, p. 103) afirma que *«if the reinsured clearly had no liability to its insured, then any payment was made ex gratia and not in settlement. A "settlement" thus means that liability al least exists potentially or has not been established conclusively, or, if it has, that an extrajudicial allocation of liability or adjustement of the amount of damages is preferred. By using "settlement" as its operative term, a loss settlement clause not displace the underlying principle of indemnity because the reinsured must be at least potentially liable to the original insured. By inserting such a clause, the reinsurer does not waive its right to insist on proof of that liability, but does agree to pay its share of a settlement made with reasonable care for a loss for which the reinsured was potentially liable and which is reasonably whithin the scope of the insurance and of the reinsurance»*.

60 *Cfr.* BUTLER, J. S. – MERKIN, R. M., *Reinsurance Law*, T. II, *cit.*, pp. C.1.3-37 y 38; en el mismo sentido, ACHURRA, J. – CONTRERAS STRAUCH, O., «Las cláusulas de cooperación y de control en los contratos de reaseguro», *V Congreso Iberolatinoamericano de Derecho de Seguros*, T. I, Madrid, 1997, pp. 168; JARAMILLO JARAMILLO, C.I., «Configuración y alcances de la "Comunidad de Suerte" en el contrato de reaseguro...», *cit.*, p. 120.
En contra, consideran que el reasegurador debe indemnizar a su reasegurado por los pagos *ex gratia* que éste efectúe, cuando el contrato incluye la cláusula *follow the fortunes*, DOVER, V., *A Handbook to Marine Insurance*, 8.ª ed., Londres, 1975, revisada por BROWN, R. H. en 1982, p. 342; BROWN, R. H. – REED, P.B., *Marine Reinsurance*, *cit.*, p. 204; GROSSMANN, M., *Manuel de réassurance*, L'Argus, Paris, 1983, p. 55.

61 Véanse las sentencias dictadas en los casos *Insurance Co. of America v. United States Fire Insurance Co. 348 NYS 2nd 122* [1973], *Insurance Co. of Africa v. Scor (UK) Reinsurance Co. Ltd* [1985] I Lloyd's Rep. 312 y *Hill v. Mercantile and General Reinsurance Co. Plc.* [1996] LRLR 341.

Cláusula *to paid as may be paid thereon*

Esta cláusula, utilizada en la gran mayoría de los contratos celebrados por entidades pertenecientes al ámbito anglosajón[62], hace referencia a la obligación del reasegurador de pagar «según lo haya hecho su reasegurado en el contrato de seguro original». Se ha llegado a considerar que, cuando el contrato incluye una cláusula semejante, el reasegurador queda obligado ante su reasegurado desde el mismo momento en que éste le presente el justificante de haber procedido al pago del siniestro asegurado, sin tomar en consideración si era o no responsable en última instancia del pago del mismo.

Sin embargo, la finalidad de este tipo de estipulación es parecida a la que persigue la cláusula de *seguir la suerte*, que no es sino conseguir una correspondencia entre la responsabilidad del reasegurador y la del asegurador, siempre dentro de los límites financieros establecidos en el contrato de reaseguro, y en ningún caso liberar al asegurador de la carga de probar, no sólo que es legalmente responsable del pago de la indemnización satisfecha, sino que la deuda que genera dicha responsabilidad está cubierta por el contrato de reaseguro. No obstante, en ocasiones se ha interpretado esta cláusula considerando que a través de la misma se extiende la responsabilidad del reasegurador a aquellos casos en los que, aunque el riesgo no entraba dentro del ámbito de aplicación del reaseguro —no generando, pues, ninguna obligación al reasegurador—, el reasegurado sí era responsable ante su asegurado[63]. Esta

---

62 Como ejemplo, véase la «Free Particular Average Reinsurance Clause»: *«Being a Reinsurance of... and to pay as may be paid on the original policy or policies but only such claims as would be recoverable under the standard English form of marine policy with the Institute Cargo (F.P.A.) attached»*.

Sobre esta cláusula, Butler, J. S. – Merkin, R. M., *Reinsurance Law*, T. II, *cit.,* pp. C.1.2-01 a 13; Margo, R. D., *Aviation Insurance..., cit.,* pp. 347 y 348; Arnould, J., *Arnould's law of marine insurance and average*, 16.ª ed., revisada por Mustill, M.J. – Gilman, J., Sweet & Maxwell, Londres, 1981, pp. 276 a 278; Lambeth, R. J., *Templeman on Marine Insurance. Its principles and practice*, 6.ª ed., Londres, 1986, pp. 465 y 466; Halsbury, S. G., *Halsbury's Laws of England*, Vol. 25, 4.ª ed., revisada por Lord Hailsham of St. Marylebone, Londres, 1994, p. 129; Hoffman, W., «Common law of reinsurance loss settlement clauses: a comparative analysis of the judicial rule enforcing the reinsurer's contractual obligation to indemnify the reinsured for settlements», *cit.,* pp. 47 a 93; Lewis, S., «"Pay as Paid" and the Ultimate Net Loss Clause», *International Insurance Law Review*, n.º 3, 1995, pp. 1 a 9; Colinvaux, R., *The law of insurance*, Sweet & Maxwell, 6.ª Ed., Dublín, 1990, p. 201, quien considera que *«an insurer in not entitled to make a voluntary payment and then call upon the reinsurer to pay his proportion, even though the reinsurance policy expressly states that settlement on the original policy is to be made by the reinsured, or the reinsurer's concurrence to such a payment to protect himself, mere notice in not enough»*.

63 Así, Véanse la sentencia dictada en *Uzielli & Co. v. Boston Marine Insurance Co.* [1884] 54 L.J.Q.B. 162. No obstante, en sentencias posteriores se ha negado que la cláusula *pay as may be paid* produzca ese efecto de extender la responsabilidad del reasegurador a las liquidaciones por las que el reasegurado resulte responsable aun cuando él no lo era, según los términos del convenio de reaseguro; en este sentido, *Marten v. Steamship Owners' Underwriting Association Ltd.* [1902] 71 LJKB 718, y *Western Assurance Co. of Toronto v. Poole* [1903] 1 KB 376.

interpretación no puede admitirse por ser contraria al principio indemnizatorio, en tanto que el reasegurado recibiría una indemnización por las consecuencias dañosas de la realización de un riesgo por cuya cobertura, sin embargo, no ha satisfecho prima alguna, por lo que se enriquecería injustamente.

Por último, existe jurisprudencia inglesa, que interpretando la cláusula «pagar según se haya pagado» como «pagar según que haya sido debidamente pagado», consideran que si el asegurador realiza un pago *ex gratia* no tiene derecho a ser reembolsado por el reasegurador[64].

---

64 Véase las siguientes sentencias: *Chippendale v. Holt* [1895] 73 L.T. 472; *St. Paul Fire & Marine Company v. Morice* [1906] 22 T.L.R. 449; *Merchants Marine Insurance Co. v. Liverpool Marine & General Insurance Co.* [1928] 44 T.L.R. 512.
El primero de los casos citados —*Chippendale v. Holt*—, que sienta las bases en esta materia, hacía referencia a un reaseguro facultativo que contemplaba la responsabilidad del asegurador exclusivamente por pérdida total o pérdida total constructiva del buque asegurado. El buque encalló y el reasegurado, habiendo pagado a sus asegurados como si se tratase de una pérdida total constructiva, intentó recobrar la indemnización de su reasegurador, quien rehusó el pago de la misma alegando que el reasegurado no había demostrado que el encallamiento había ocasionado legalmente una pérdida total constructiva. La cuestión planteada estribó en si el reasegurado tenía que probar su responsabilidad ante su asegurado previamente a sustanciar una reclamación a su reasegurador. El argumento utilizado para su defensa por el reasegurado fue que el reasegurador era responsable, hasta el límite de su participación, de tanto como el reasegurado hubiera satisfecho realmente. Ante estos hechos, Mathew J. se pronunció como sigue: «*it was argued for the defendant that he was only bound to indemnify the plaintiffs against loss for which the plaintiffs were liable on their policy. It was said for the plaintiffs that the possibility that a fraudulent use might be made of the plaintiffs' option to pay would not enter into the contemplation either party and that it was not unreasonable that the reinsurers should trust to the honour and sound judgement of those whose liabilities they had taken upon themselves. But the contention of the plaintiffs would involve this result, that the clause must be read as if it ran: "To pay such an amount as the insurers might choose to pay whether liable or not". This seems to me altogether unreasonable. Such a contract would be a wager and not reinsurance. It was said that, unless the interpretation contended for were put upon the clause, no effect would be given to the final words "to pay as may be paid thereon"; for the identity of the obligations was differently provided for by the words show clearly what was meant. Further, it was suggested that the words might be applicable to cases where there was a foreign adjunct, or a compromise in respect of admitted liability. I see no ground for supposing that the forms of the clause were meant to create a liability out side the limits of the original policy. The words "to pay as may be paid thereon" would seem to assume the existence of liability, proved or admitted, in respect of the loss reinsured*».
En el mismo sentido, véase Dover, V. (*A Handbook to Marine Insurance*, *cit.*, p. 483) quien afirma que «*ex gratia payments [...] are not embraced by the words "to pay as may be paid thereon", although the reinsurer in practice will often meet the initial insurer when such settlements have beeen effected*»; Margo, R.D., *Aviation Insurance*, *cit.*, p. 347, sostiene que «*the reinsurer is only required to reimburse the reinsured in respect of payments which the reinsured itself was legally liable to make*». Por último, Butler, J.S. - Merkin, R. M., (*Reinsurance Law*, T. II, *cit.*, p. C.1.2-10) concluyen en este tema que «*it had become apparent that the words "to pay as may be paid thereon" were not capable in law of obbliging a reinsurer to indemnify a reinsured for ex gratia payments and compromises of doubtful liability. By the turn of the twentieth century, energy was being directed to finding an alternative formulation to be used in facultative agreements which would achieve these effects*».

3.2. Cláusulas relativas a la intervención del reasegurador en la liquidación de los siniestros cubiertos por las pólizas de seguro directo

Al erigirse el siniestro previsto en el contrato de seguro directo el presupuesto del siniestro reasegurado, es indudable el interés que despierta en el reasegurador la liquidación justa y exacta del primero, ya que el *quantum* de la indemnización que el asegurador se obliga a abonar a su asegurado constituye en los contratos de reaseguro proporcionales la medida de la obligación del reasegurador, en los que éste indemnizará en la proporción correspondiente que se calculará sobre aquella indemnización, y en los no proporcionales dicho montante de la indemnización determina el nacimiento de la obligación del reasegurador, en tanto que si las pérdidas finales (cuyo principal elemento lo constituye la indemnización del siniestro asegurado) que afectan al reasegurado sobrepasan la franquicia a su cargo, se activa la cobertura reaseguradora, estando el reasegurador obligado —hasta el límite pactado, en su caso— a indemnizar al reasegurado por el exceso.

El asegurador-reasegurado, a quien corresponde la obligación (y el derecho) de efectuar la liquidación del siniestro asegurado, al ajustar este siniestro está estimando también, en cierta forma, el alcance económico del siniestro reasegurado. Aunque el asegurador-reasegurado actúa en interés propio, su actuación despliega efectos directos sobre el reasegurador, quien no interviene —o no debe intervenir— en la liquidación y ajuste del siniestro asegurado en tanto que no estamos liquidando, en sentido estricto, el siniestro previsto en el contrato de reaseguro, sino el cubierto en un contrato de seguro del cual no es parte y, por lo tanto, en principio, no tiene sobre él ningún poder de gestión.

La liquidación del siniestro reasegurado tiene lugar cuando, como consecuencia de la finalización de la liquidación del siniestro asegurado, la deuda del asegurador deviene líquida y exigible. Es entonces cuando se puede proceder a la cuantificación del daño que ha sufrido el reasegurado (daño que no tiene por qué limitarse al importe de la indemnización de seguro directo, sino que puede englobar —según lo pactado en el contrato de reaseguro— otros conceptos, como los gastos de tramitación del expediente del siniestro asegurado; gastos judiciales; imposición de intereses moratorios; etc.) y, según la modalidad y límites del contrato de reaseguro, a la determinación de la cuantía de la indemnización de reaseguro. Aunque en los seguros en general la liquidación de los siniestros la efectúa el asegurador, en esta materia existe en el reaseguro una especialidad impuesta por la mecánica propia de estos contratos, en tanto que la liquidación del siniestro reasegurado —al margen de la intervención, colaboración o supervisión del reasegurador— la efectúa el reasegurado, debido a que es él, en definitiva, el contratante que dispone de toda la documentación e información necesaria para la determinación del *quantum* que le corresponde indemnizar al reasegurador, información que se refiere no sólo a las indemnizaciones de los siniestros asegurados y los gastos que de ellos se hayan derivado, sino sobre otros datos que influyen en la determinación final de la indemnización que corresponde al reasegurador (existencia de otros reaseguros en las coberturas de exceso de pérdidas; situaciones de correaseguro —por ejemplo, un tratado de excedente de plenos con participación de uno o varios reaseguradores en cada grupo de plenos—; etc.).

La atribución al reasegurado de la función de la liquidación del siniestro reasegurado tiene como contrapartida el derecho del reasegurador a impugnar las liquidaciones efectuadas por aquél cuando no se ajusten a las normas que la regulan o a lo convenido en el contrato de seguro principal o, cuando se impute dolosamente una excesiva responsabilidad al reasegurador. Por tanto, el reasegurador puede impugnar bien que la indemnización solicitada por el reasegurado no es efectivamente debida, según las condiciones y términos del contrato de reaseguro, o bien que la indemnización de seguro no se correspondía exactamente con los daños sufridos por el asegurado, habiendo participado, además, el reasegurado en la exageración de las pérdidas. Este «derecho de impugnación» no queda desvirtuado por la inclusión en el contrato de una cláusula por la que se vincule al reasegurador al resultado de la liquidación efectuada por el reasegurado. Dicha cláusula, que no es sino una manifestación de la confianza y el clima de colaboración que existe en dichas relaciones, tiene como finalidad dar celeridad a todo el procedimiento de liquidación. No obstante, su estipulación en un contrato de reaseguro, lejos de eliminar el derecho de impugnación del reasegurador, lo que hace es invertir la carga de la prueba, es decir, será el reasegurador el que tendrá que demostrar que la liquidación efectuada es errónea o que fue dolosamente efectuada. Si no se admitiese este derecho, se dejaría vacía de contenido la facultad que ostenta el reasegurador de inspeccionar los documentos originales de la operación reasegurada.

Es frecuente, debido a la repercusión que tanto la decisión de liquidar efectivamente un siniestro como el montante de la indemnización tienen sobre el reasegurador, encontrar en los contratos de reaseguro cláusulas relativas a la participación, supervisión o mera colaboración del reasegurador en la liquidación de los siniestros cubiertos por las pólizas de seguro directo. En este sentido, se ha apuntado que la obtención de resultados económicos aceptables depende precisamente del establecimiento de mecanismos de monitorización de la actividad del reasegurado[65].

El nivel de implicación del reasegurador varía de unas cláusulas a otras[66]. Las hay que establecen simplemente, en función del volumen de las pérdidas

---

65 *Cfr*. PORTELLANO DÍEZ, P., *El reaseguro: Nuevos Pactos, cit.*, p. 121.

66 Estas cláusulas han sido objeto de una especial atención por la doctrina. Véase, al respecto, SÁNCHEZ CALERO, F., «El reaseguro en la Ley española de Contrato de Seguro», *cit.*,

o las especiales características de los siniestros, un deber de información del asegurador al reasegurador de la forma y tramitación de la liquidación; otras facultan al asegurador para solicitar del reasegurador su asistencia técnica o imponen al reasegurado el deber de consultar al reasegurador, aunque la decisión de indemnizar recae sobre el asegurador que no pierde su poder de gestión. Otras cláusulas facultan al reasegurador a enviar inspectores propios para que presencien y le informen directamente de las liquidaciones efectuadas. Por último, es necesario hacer referencia a otro tipo de cláusulas que, excediendo el ámbito propio de las funciones del reasegurador para inmiscuirse en las del reasegurado, confieren al reasegurador un auténtico poder de gestión, en tanto que le atribuyen la facultad de designar a los peritos o técnicos que han de intervenir en la liquidación y en la defensa jurídica de las reclamaciones, e incluso someten a su aprobación previa la decisión del reasegurado de indemnizar un siniestro a su asegurado[67].

pp. 118 y 119; *idem*., «Artículo 77. Concepto y caracteres del contrato de reaseguro», en AA. VV., *Ley de Contrato de Seguro, cit.,* pp. 1.399 y 1.403; ANGULO RODRÍGUEZ, L., «Consideraciones preliminares sobre el reaseguro», *cit.,* pp. 47 y 48; *idem*, «La desnaturalización del reaseguro tradicional», *cit.,* pp. 252 y 253; MUÑOZ LÓPEZ, A., «Desnaturalización del contrato de reaseguro», *cit.,* pp. 195 a 198, también en «El reaseguro de los grandes riesgos», *cit.,* pp. 520 y 521; BATALLER GRAU, J., *La liquidación del siniestro en los seguros de daños*, Tirant lo Blanch, Valencia, 1997, pp. 115 a 117; JARAMILLO JARAMILLO, C. I., *Distorsión del reaseguro tradicional...*, cit.; ACHURRA, J. – CONTRERAS STRAUCH, O., «Las cláusulas de cooperación y de control en los contratos de reaseguro», *cit.,* pp. 165 a 224; IBÁÑEZ RODRÍGUEZ DE TORRES, A., «La Celebración del contrato de reaseguro. El broker y sus funciones. Cláusulas usuales en la práctica aseguradora y su significado», en AA. VV., *Curso sobre reaseguro*, SEAIDA, Madrid, 1998, pp. 9 a 12; VEIGA COPO, A. B., *El interés en el contrato de seguro. Ensayo dogmático sobre el seguro*, Civitas, Cizur Menor, 2018, pp. 587 a 591; BUTLER, J. S. – MERKIN, R. M., *Reinsurance Law*, T. II, *cit.,* pp. C.4.3-01 a 11; PENSIS, A., «L'influence de la réassurance sur les conditions d'assurance directe», *La réassurance*, n.° 654, 1974, pp. 45 a 56; MILLER, «Budgeting and controlling internal expenses», en AA. VV., *Reinsurance*, dir. por STRAIN, R. W., Nueva York, 1980, rev. 1997, pp. 592 a 594; MARGO, R. D., *Aviation insurance, cit.,* pp. 350 y 351; MERKIN, R. M., *Colinvaux's Law of Insurance, cit.,* pp. 254 y 255; GÜRSES, Ö., *Marine Insurance Law, cit.,* pp. 485 a 489; PÉREZ MILLÁN, D., *Relaciones de colaboración en el contrato de reaseguro, cit.,* pp. 37 a 57.

67 Sirva como ejemplo la siguiente cláusula: «*The reinsured shall give prompt notice to reinsurers of all incidents of which they become aware which could give rise to a claim under the Original Policy, and shall periodically advise Reinsurers hereon of any developments regarding such incidents. When it appears to Reinsurers hereon that an incident may result in a claim in excess of £ 100,000 (or equivalent in other currency) to the Original Policy then Reinsurers shall, upon notice to the Reinsured, have the right to take over the negotiation and management of that particular claim including the appointment of surveyors, lawyers, adjusters, experts, investigators, recovery agents, etc., and control all actions, proceedings, negotiations, offers, and settlements (including "ex-gratia") on behalf of the Reinsured, or in co-operation with the Reinsured, as the Reinsurers may decide.*

Where it appears that an incident will not give rise to a claim in excess of £ 100,000 to the Original policy, then the Reinsured shall control the negotiation and management of that particular claim including the appointment of surveyors, lawyers, adjusters, experts, investigators, recovery agents, etc., and control all actions, proceedings, negotiations, offers, and settlements (including "ex-gratia") and the Reinsurers hereon shall follow the Reinsured in

Cláusula claims co-operation

Las cláusulas que prevén la supervisión o la colaboración del reasegurador en la liquidación de los siniestros asegurados (las denominadas *claims co-operation*) recogen, en primer lugar, un deber de notificación del siniestro asegurado en el plazo más breve posible o, incluso, el deber de notificar la mera probabilidad de que el siniestro se produzca o el hecho de que se ha producido aun cuando esté pendiente de notificación por el asegurado directo *(notice of loss clause)*[68]; en segundo lugar, un deber de información de todas las circunstancias y consecuencias del siniestro y, en tercer lugar, un deber de colaboración, más o menos intenso, con el reasegurador en la liquidación y ajuste del mismo[69]. No suponen una derogación del poder de gestión del reasegurado como asegurador, pero sí confieren al reasegurador un legítimo instrumento de fiscalización[70]. Además, no puede negarse a los reaseguradores la posibilidad de interesarse en la liquidación de siniestros que, mediatamente, pueden determinar su propia obligación de indemnizar.

Encontramos supuestos en los que esta colaboración está justificada debido a que los siniestros que se liquidan no están cubiertos por la póliza original y, por tanto, tampoco por el reaseguro. Se trataría, en caso de proceder a su liquidación y abono, de pagos *ex gratia*, en cuyo caso es necesario estar a lo convenido por las partes, existiendo contratos de reaseguro que no admiten la negativa del reasegurador a indemnizar al reasegurado por estos pagos, siendo aconsejable por ello una colaboración en la liquidación del siniestro, sobre todo para no quebrar la confianza entre las partes. Otras liquidaciones, por su complejidad técnica o por estar situados los riesgos —o el siniestro haber tenido lugar— en el extranjero, requieren personal y medios cualificados, y careciendo el reasegurado de la infraestructura necesaria, pueden requerir una asistencia del reasegurador. En otras ocasiones, el objetivo de esta cláusula estriba en la vigilancia de las actuaciones del rea-

---

all such actions and settlement in every respect, and bear their respective proportions of all costs incurred by the Reinsured in such matters».

68 Véase, al respecto, PORTELLANO DÍEZ, P., *El reaseguro: Nuevos Pactos, cit.,* pp. 101 a 114.

69 Dice así una cláusula citada por ACHURRA, J. – CONTRERAS STRAUCH, O., «Las cláusulas de cooperación y de control en los contratos de reaseguro», *cit.,* p. 175: «Los reasegurados avisarán a los reaseguradores con celeridad inmediata respecto de cualquier siniestro o evento que probablemente involucre a los reaseguradores y les proporcionarán cabal información relacionada con el mismo. Los reasegurados, a través de sus representantes designados, tendrán derecho a cooperar con los reaseguradores en la defensa y/o liquidación de cualquier reclamo en los que puedan estar interesados. Sujeto a lo que antecede, y con el consentimiento de los reaseguradores respecto de la liquidación de cualquier siniestro que les concierna, los montos que correspondan a la participación de los reaseguradores serán pagados por ellos dentro de los quince días siguientes a la recepción de los documentos necesarios para verificar el siniestro».

70 *Cfr*. PORTELLANO DÍEZ, P., *El reaseguro: Nuevos Pactos, cit.,* p. 127. Véase sobre esta cláusula, para mayor amplitud, las pp. 127 a 133.

segurado y, en última instancia, el sometimiento de sus decisiones al criterio propuesto por el reasegurador. Y ello en tanto que se configura la facultad de cooperación del reasegurador como un derecho suyo y no del reasegurado, pudiendo obtener personalmente toda la información sobre la liquidación del siniestro.

Cláusula claims control

Las cláusulas que atribuyen al reasegurador un poder de gestión y decisión sobre el ajuste y la liquidación de los siniestros —las denominadas en el ámbito anglosajón *claims control clauses*[71]— han surgido en la práctica reaseguradora durante las dos últimas décadas como consecuencia de una serie de circunstancias y comportamientos de los reasegurados (insuficiente o nula retención de riesgo en las operaciones reaseguradas; participación del reasegurador en una proporción mucho mayor que la del reasegurado, incluso, llegándose al *fronting*; vulneración reiterada por parte de los reasegurados de cláusulas en relación con los siniestros que establecían deberes de comunicación y/o colaboración) que han ido minando la tradicional confianza que presidía las relaciones entre reasegurado y reasegurador reflejada en las cláusulas de «seguir la suerte» y «seguir las acciones», unido todo ello a un descenso generalizado de la rentabilidad de los contratos de reaseguro[72].

En los seguros directos de masa la licitud de estas cláusulas ha sido cuestionada tradicionalmente por suponer una invasión por el reasegurador de las funciones —y obligaciones— propias del reasegurado como asegurador directo y conllevar en este sentido una quiebra de la autonomía e independencia del seguro respecto del reaseguro sobre él concertado, y, por tanto, una *desnaturalización* del reaseguro tradicional[73], siendo considerados los

71 Podemos citar, a título de ejemplo, la siguiente cláusula *claims control*: «Con independencia de cualquier otra estipulación en contrario contenida en el presente contrato [por ejemplo una cláusula follow the actions], cualquier responsabilidad del reasegurador por este contrato, se encuentra supeditada a que:
a) Inmediatamente después de que el reasegurado hubiera tenido conocimiento de cualquier siniestro o suceso que pudiera generar una reclamación amparada por el presente contrato, deberá comunicarlo al reasegurador sin demora alguna.
b) El reasegurado facilite al reasegurador toda la información que conozca respecto a los siniestros o posibles siniestros notificados de acuerdo con el párrafo *a)*, manteniendo al reasegurador exhaustivamente informado, tan pronto se produzca cualquier incidencia, de la evolución de aquéllos.
c) El reasegurador pueda ejercitar en cualquier momento el derecho a asumir el control total de la investigación, peritación y liquidación de cualquier siniestro notificado conforme a los párrafos anteriores, pudiendo nombrar a cualquier persona o personas para que actúen en su nombre respecto los siniestros o reclamaciones, siendo vinculante para el reasegurado cualquier decisión del reasegurador referente a los mismos».

72 Véase, para mayor amplitud, IBÁÑEZ RODRÍGUEZ DE TORRES, A., «La Celebración del contrato de reaseguro...», *cit.,* p. 10.

73 *Cfr*. ANGULO RODRÍGUEZ, L., «Perfiles del reaseguro y régimen a fines del siglo XX», *cit.,* p. 2722.

contratos de reaseguro que incluyen este tipo de cláusulas de control de siniestros como contratos atípicos[74], por no responder a la naturaleza propia de la técnica reaseguradora.

Además, la situación del asegurador ante su asegurado cuando la reclamación, aun siendo justificada, es rechazada por el reasegurador o éste no se pronuncia a tiempo, deviene sumamente complicada, en tanto que si asume la reclamación, pierde la posibilidad de dirigirse contra el reasegurador —es condición precedente de su obligación el que el reasegurado siga sus indicaciones— y, en caso de que rechace el siniestro —normalmente en estos casos, suelen ser grandes siniestros—, tal actitud le perjudica comercialmente, quedando su defensa jurídica exclusivamente en manos del reasegurador, además de no poder alegar ante el asegurado el contenido de la cláusula de control que aparece en el contrato de reaseguro, en tanto que ante el asegurado dicha cláusula es cuestionable su eficacia. Éste, si discrepa de la liquidación y ajuste del siniestro, habrá de impugnar la misma y demandar a su asegurador, que es el legitimado pasivamente para ello[75]. Otra cuestión será, en el supuesto de que la reclamación del asegurado prosperase, el cobro de la diferencia por el asegurador de su reasegurador.

Los aseguradores, asimismo, se pueden encontrar ante numerosos problemas de compatibilidad entre los plazos y procedimientos previstos en las cláusulas de control para la liquidación del siniestro asegurado por el reasegurador y los previstos para dicha liquidación tanto en el contrato de seguro directo como en la normativa aplicable[76].

Estos problemas de incompatibilidad se han intentado solventar por los aseguradores —quienes, en definitiva, son los que responden del retraso que la intervención del reasegurador puede provocar en el pago de la indemnización del seguro— introduciendo en los contratos de seguro la denominada cláusula *simultaneous pay*, por la que el asegurador-reasegurado no asume

---

74 Distingue Gerathewohl, K. (*Reaseguro. Teoría y Práctica*, Vol. I, cit, p. 460) entre dos tipos de contratos de reaseguro, el tradicional y otro atípico señalando que «la diferencia existente entre el tipo normal del contrato de reaseguros utilizado únicamente para la aceptación de riesgos y el más insólito, "amplio" y "atípico" contrato de reaseguros, bajo el cual al reasegurador se le conceden derechos de co-dirección, de co-decisión y de control en los negocios del asegurador por encima de lo normal»; Prosperetti, M. - Apicella, E. A. (*La riassicurazione*, *cit.,* p. 237) que califican de atípicos los tratados *«che prevedono speciali poteri del riassicuratore consistenti nel diritto di controlare l'attività del primo assicuratore (c.d. "co-management")»*.

75 Véase, en relación con los efectos que sobre el asegurado despliega la existencia de una cláusula *claims control* en el contrato de reaseguro, lo dispuesto en la Sentencia del Tribunal Supremo de 27 de enero de 1999 (RJ 1999/325).

76 En este sentido, Carvallo Pardo, M., *Últimas Tendencias de la Jurisprudencia Internacional en Materia de Seguros*, Santiago de Chile, 1996, p. 3; Achurra, J. - Contreras Strauch, O., «Las cláusulas de cooperación y de control en los contratos de reaseguro», *cit.,* pp. 206 y 207.

la obligación de pagar el siniestro hasta tanto el importe de la indemnización de reaseguro que a él le corresponde no se le haya abonado, es decir, condiciona o suspende la exigibilidad de su obligación de indemnizar.

La situación, en relación con los seguros marítimos y también respecto a otros seguros que cubren grandes riesgos, cabe ser analizada desde otra perspectiva, partiendo del carácter dispositivo que, en relación con estos contratos, atribuyen tanto en el artículo 407 de la LNM como el artículo 44.2 LCS a la normativa en cada caso aplicable, particularmente cuando el asegurado conoce la identidad del reasegurador y acepta la cláusula *claims control*. Incluso se ha llegado a defender en estos supuestos que el contrato, aún denominándose de *reaseguro*, es en puridad un *coaseguro* —o, si se quiere, un reaseguro *externo*—, ostentando por tanto el asegurado acción directa contra el reasegurador para reclamarle la cuota que ha asegurado (*ex* art. 416.1 LNM y 33 LCS) y, pudiendo el asegurador oponer el contenido de la cláusula de control[77].

3.3. Cláusulas relativas al pago de la indemnización derivada de la realización del riesgo asegurado en el seguro directo

Cláusula simultaneous pay

Ante la existencia de una cláusula *claims control* en el contrato de reaseguro y para proteger al asegurador-reasegurado, es frecuente encontrar una cláusula en los contratos de seguro que vincula temporalmente el abono de la indemnización —total o parcialmente, según la parte reasegurada de la misma— debida por el asegurador a su asegurado con la efectividad de la indemnización de reaseguro *(simultaneous pay)*[78].

---

77 *Cfr.* Muñoz López, A., «Desnaturalización del contrato de reaseguro», *cit.,* pp. 197 y 198; en el mismo sentido, Sánchez Calero, F., «Artículo 77. Concepto y caracteres del contrato de reaseguro», en AA. VV., *Ley de Contrato de Seguro*, *cit.,* p. 1.403; Angulo Rodríguez, L., «Perfiles del reaseguro y régimen a fines del siglo XX», *cit.,* p. 2722, quien considera que este tipo de cláusulas, por las razones expuestas, desnaturalizan claramente el reaseguro tradicional; y añade que cuando pueda demostrarse que ha sido el asegurado quien ha impuesto un reaseguro con tales cláusulas de control total del siniestro por el reasegurador, en caso de reclamación del asegurado al asegurador podría apreciarse la existencia de *litis consocio* pasivo necesario.

78 Véase, sobre la misma, Sánchez Calero, F., «El reaseguro en la Ley española de Contrato de Seguro», *cit.,* p. 121; *idem*, «Artículo 77. Concepto y caracteres del contrato de reaseguro», en AA. VV., *Ley de Contrato de Seguro*, *cit.,* pp. 1404 y 1405; Angulo Rodríguez, L., «Consideraciones preliminares sobre el reaseguro», *cit.,* p. 49; *idem*, «La desnaturalización del reaseguro tradicional», *cit.,* pp. 253 a 255; Muñoz López, A., «Desnaturalización del contrato de reaseguro», *cit.,* pp. 201 y 202; Jaramillo Jaramillo, C. I., *Distorsión del reaseguro tradicional...*, cit.; Achurra, J. – Contreras Strauch, O., «Las cláusulas de cooperación y de control en los contratos de reaseguro», *cit.,* pp. 209 a 212; Pérez Millán,

En cuanto a la validez de esta cláusula respecto a los seguros que cubren riesgos de masa se distingue según se le atribuya la consideración de condición suspensiva, en cuyo caso nos encontraríamos ante una cláusula limitativa de los derechos del asegurado[79], o de condición constitutiva de la exigibilidad de la obligación del asegurador[80], en cuyo caso habría que atribuirle la consideración de cláusula lesiva para los derechos de los asegurados, con la consiguiente sanción de su nulidad (art. 3.° LCS).

Al ser el carácter imperativo de los preceptos de la LCS el fundamento de una posible ineficacia de estas cláusulas y al decaer dicho carácter respecto a los contratos de seguro marítimo y los seguros sobre grandes riesgos, hay que afirmar la posibilidad de que en estos contratos se incluya válidamente una cláusula *simultaneous pay*, la cual desplegará los efectos que las partes hayan querido otorgarle[81]. Es, además, frecuente que el asegurador en

---

D., *Relaciones de colaboración en el contrato de reaseguro*, *cit.*, pp. 59 a 61; Goñi Garrido, C., «Contrato de reaseguro y sus cláusulas principales», *Anuario de Derecho Comercial y Marítimo*, n.° 2, 2010, pp. 70 y 71, quien la denomina *cláusula de provisión de fondos*.

79 Como cláusula limitativa del derecho del asegurado, requiere en orden a dotarla de eficacia que sea destacada de modo especial en el contrato y específicamente aceptada por escrito por el tomador (art. 3.° LCS).
En este sentido, afirma Muñoz López, A., «Desnaturalización del contrato de reaseguro», *cit.*, pp. 201 y 202, que «estas cláusulas de pago simultáneo, incluidas en las pólizas de seguro directo y desconectadas de posibles cláusulas de control o de conexión desnaturalizadoras del contrato de reaseguro, resultan también admisibles en nuestro ordenamiento jurídico, ya que sólo contienen una condición suspensiva del derecho del asegurado a cobrar la indemnización. Tales cláusulas no tienen carácter lesivo para los asegurados».

80 *Cfr*. Achurra, J. – Contreras Strauch, O., «Las cláusulas de cooperación y de control en los contratos de reaseguro», *cit.*, p. 211, quienes señalan que si la cláusula *simultaneous pay* (a la que denominan «cláusula Z») «fuere una condición para el pago de la indemnización, nos veríamos frente al absurdo que ante un siniestro cubierto por una póliza legalmente emitida, bajo cuyo imperio el asegurado ha dado cumplimiento a todas las obligaciones y cargas que le corresponden, la compañía aseguradora se podría eximir absolutamente del pago de la indemnización por la circunstancia de no haber recolectado los fondos correspondientes al reaseguro».

81 En este sentido —aunque sin realizar un análisis jurídico profundo al respecto—, se declara la validez de una cláusula *simultaneous pay* en un seguro marítimo de responsabilidad civil derivada del transporte de mercancías, en la Sentencia de la Audiencia Provincial de A Coruña (Sección 4.ª) n.° 291/2013, de 22 julio (JUR 2013\296105), donde se afirma que «[O]pera, en consecuencia, la cláusula de pago simultáneo (f 143) de las condiciones particulares, de manera tal que a MAPFRE no se le puede exigir la parte de indemnización correspondiente al riesgo cedido en reaseguro a NAVIGATORS, en tanto no se reciba de sus reaseguradores el importe correspondiente a tal cesión» (FJ 4.°); declarando en el fallo «*A)* Que es objeto de cobertura por parte de MAPFRE, en virtud del contrato de seguro identificado bajo el número de póliza 76/10432, y, en los términos pactados en el mismo, el riesgo de nacimiento a cargo de ATLAS FORWARDING SOCIEDAD LIMITADA de la obligación de indemnizar a GAMESA y/o su compañía aseguradora, BANCO VITALICIO ESPAÑA COMPAÑÍA DE SEGUROS Y REASEGUROS, con motivo del siniestro sufrido el 21 de septiembre de 2007, en la descarga del buque Barbarossa en el puerto de Nápoles. *B)* Con la consiguiente obligación por parte de MAPFRE de abonar a la actora la indemni-

los casos en los que simplemente asume la posición de *fronting company*, incluso por imposición del propio asegurado, exija la inclusión en el contrato de seguro de una cláusula que le proteja ante la negativa o el retraso del reasegurador en el abono de la indemnización de reaseguro[82].

Cláusula cut-through

La denominada cláusula *cut-through* tiene por objeto conceder a los asegurados de las pólizas de seguro directo, el derecho a exigir el pago al reasegurador de la parte por la que resulte obligado según el contrato de reaseguro. Por tanto, aquéllos quedan, en virtud de la misma, legitimados para exigir no sólo el cumplimiento de la eventual prestación del reasegurador, sino también para percibir directamente el pago en que se concrete el cumplimiento de la misma, y todo ello aun cuando no son parte del contrato de reaseguro[83]. La inclusión de una cláusula *cut-through* puede tener como efecto ampliar la legitimación pasiva de la reclamación del asegurado, quien —siempre y en todo caso— conservará su derecho a dirigirse contra su asegurador, norma ésta que constituye un mínimo legal indisponible por las partes.

La cláusula en cuestión, que puede aparecer bien en el contrato de reaseguro (*cut-through clause*) o bien en el contrato de seguro directo (*cut-through endorsement*)[84], tiene como finalidad que el reasegurador, si se dan las cir-

---

zación a la que pudiera ser condenada en el procedimiento judicial promovido contra ella por mor del indicado siniestro, con sujeción a los límites indemnizatorios cuantitativos y franquicia pactada y con vigencia de la cláusula de pago simultáneo».

82 Sánchez Calero, F., «El reaseguro en la Ley española de Contrato de Seguro», *cit.,* p. 121; Jaramillo Jaramillo, C. I., *Distorsión del reaseguro tradicional..., cit.,* p. 163; Sánchez-Ramade Carrascosa, E. - Witzl Daza, A. J., «Las cláusulas de "atajo" y de "pago al cobro" en las pólizas de seguro y reaseguro y su admisión en el derecho español», *Revista Aranzadi Doctrinal*, n.º 3, 2020, p. 5.

83 Consideran la cláusula *cut-through* una estipulación a favor de tercero, Angulo Rodríguez, L., «La desnaturalización del reaseguro tradicional», *cit.,* p. 254; *idem*, «Perfiles del reaseguro y su régimen a fines del siglo XX», *cit.,* pp. 2722 y 2723, quien, en consecuencia, admite su validez en los contratos de reaseguro a los que resulte aplicable la legislación española; Pérez Millán, D., *Relaciones de colaboración en el contrato de reaseguro, cit.,* p. 64, respecto a las cláusulas de atajo que aparecen en el contrato de reaseguro; Ramella, A., *Trattato delle Assicurazione Private,* Società editrice libraria, Milán, 1937, p. 410; Cremieu, L., «De la réassurance. Essai d'une theorie generale», *Revue trimestrielle de droit civil*, T. VIII, 1909, pp. 68 y 69.

84 *Cfr*. Sánchez Calero, F., «Artículo 78. Posición jurídica del asegurado y deberes del asegurador-reasegurado», en AA. VV., *Ley de Contrato de Seguro, cit.,* pp. 1994 y 1995, quien, no obstante, señala que «aparece de esa manera una fórmula híbrida entre un reaseguro y un coaseguro atípicos, ya que el reasegurador al tiempo de ser responsable frente al asegurador-reasegurado en los términos del contrato de reaseguro, parece irrumpir en la ejecución del contrato de seguro original (del que no ha sido parte) otorgando al asegurado la facultad de pedirle parte de la indemnización, pero no de acuerdo con este contrato, sino con el de reaseguro, por lo que en tal caso difícilmente a nuestro juicio puede enmarcarse tal supuesto en el concepto del coaseguro al que se refiere el artículo 33».

cunstancias que en ella se establezcan, pague directamente al asegurado original la indemnización de reaseguro a cambio de un finiquito total que le exima de responsabilidades posteriores, facultando, además, al asegurado para formular una reclamación en dicho sentido. El fundamento de este pago «directo» lo encontramos no sólo en el deseo de ofrecer una especial protección a los asegurados cuyas pólizas han sido reaseguradas, sino en que, a través de la misma, se evitarían las dificultades que, por ejemplo, en caso de concurso de acreedores del reasegurado, pueden surgir con relación a la amplitud o alcance de la responsabilidad del reasegurador, o a la determinación de las personas con derecho a ser indemnizadas, o evitar la situación que tanto para el asegurado como para su asegurador se presenta cuando, habiéndose incluido en el contrato de seguro una cláusula *simultaneous pay*, el reasegurador rechace el pago de la indemnización de reaseguro. Lo más frecuente es que se incluyan bien en el contrato de seguro o bien en el de reaseguro debido a razones comerciales y presiones del asegurado directo —quien puede haber llegado a imponer al asegurador la contratación de la cobertura reasegurativa con un determinado reasegurador—, lo que no es inusual en los seguros que cubren grandes riesgos.

Aunque las cláusulas *cut-through* son frecuentes en los contratos de reaseguro norteamericanos, circunscrito al ámbito de los reaseguros marítimos, hay que destacar la previsión de la existencia de estos pactos que reconocen al asegurado directo derechos con relación al reaseguro en el art. 9.º 2 de la *Marine Insurance Act 1906* —«*Unless the policy otherwise provides, the original assured has not right or interest in respect of such* reinsurance»[85]—.

4. La maritimidad del reaseguro, un tema de fuentes. Consecuencias

Nuestro Código de comercio otorgaba tratamientos diversos a los seguros terrestres y a los marítimos. Con la entrada en vigor de la LCS, se derogaron los preceptos 380 a 438 del Código, dedicados a la regulación de los seguros terrestres, surgiendo entonces la cuestión del sistema de fuentes aplicable a los marítimos[86]. De la conjunción de la disposición final derogatoria y del

85 Al respecto, Brown, R. H. – Reed, P. B., *Marine Reinsurance*, *cit.,* p. 15; con mayor amplitud, Liu, T., *Direct Action in Marine Reinsurance*, McGill University, Montreal, 2002, pp. 27 a 75.

86 Véase, respecto las fuentes del seguro marítimo, Hernández Martí, J., *Contrato de Seguro Marítimo: La póliza de buques*, Godella, 1982, pp. 27 a 42; también en «La Ley del Contrato de Seguro y los seguros marítimos», en AA. VV., *Comentarios a la Ley de Contrato de Seguro*, T. I, *cit.,* pp. 251 a 262; Arroyo Martínez , I., «Algunas reflexiones sobre el seguro marítimo español», *Anuario de Derecho Marítimo*, Vol. V, 1988, pp. 235 a 243; Rodriguez Carrión, J. L., *Estudios de seguro marítimo*, Barcelona, 1992, pp. 21 a 44; *idem*, «Cuestiones de seguro marítimo. Algunas cláusulas inglesas de seguro de buques»,

artículo 2.° de la LCS, el cual dispone que «las distintas modalidades del contrato de seguro, en defecto de Ley que les sea aplicable, se regirán por la presente Ley», se deduce que, en materia de seguros marítimos, prevalecen las normas de la ley especial (en la actualidad recogidas en el Título VIII LNM), sobre las disposiciones de la LCS, como ley general[87]. Con mejor técnica legislativa, en el artículo 406 LNM se reclama la aplicación supletoria de la LCS en lo no previsto en la LNM.

Las consecuencias que se derivan de la concepción de la naturaleza marítima de los reaseguros estipulados sobre seguros marítimos se presentan, especialmente, en materia de fuentes. La atribución a una institución de la condición *jurídico-marítima* conlleva precisamente el sometimiento a un concreto régimen jurídico configurado según unas fuentes determinadas y diferenciadas de los *seguros terrestres*. Si concebimos que los reaseguros concluidos en el ámbito marítimo son seguros marítimos, les serían aplicable su propio sistema de fuentes. Resultaría, desde luego, un tanto contradictorio la existencia de un sistema de fuentes para los seguros marítimos y otro diverso para los reaseguros concertados sobre dichos seguros —piénsese, en particular en el sistema de reaseguro de los Clubes de Protección e Indemnización—; asimismo, hay que tener en cuenta que esta especialidad tan sólo la encontramos en el ámbito marítimo, pues para las demás modalidades de seguros el sistema de fuentes es el mismo que para los reaseguros de dichos contratos.

Partiendo, pues, de la concepción del reaseguro como una modalidad de seguro marítimo, serían aplicables en primer lugar al reaseguro «marítimo» las normas reguladoras de los seguros marítimos, esto es, la LNM. Dichas disposiciones ostentan carácter dispositivo (artículo 407 LNM), por lo que prevalece la autonomía de la voluntad. Por otro lado, nos encontramos con

---

en *Cuadernos de Derecho Judicial*, T. XII *(Derecho Marítimo)*, Madrid, 1993, pp. 47 a 60; MATILLA ALEGRE, R., *Introducción al Estudio del Seguro Marítimo*, Separata de «Estudios Deusto», Vol. XXXI/2, fasc. 71, pp. 414 y 415. Y, referido al Derecho marítimo en general, JIMÉNEZ SÁNCHEZ, G. J., «Las fuentes del Derecho marítimo», en AA. VV., *Estudios de derecho marítimo*, dir. por QUINTÁNS-EIRAS, M. R., DÍAZ DE LA ROSA, A., GARCÍA-PITA Y LASTRES, J. L., Cizur Menor, Aranzadi, 2012, pp. 79 a 92.

87 SÁNCHEZ CALERO, F., «Sobre la regulación del contrato de seguro marítimo», *RES* n.° 73 y 74, 1993, pp. 73 a 83; ALONSO SOTO, R., «Arts. 1.791 a 1.797. Del Contrato de Seguro», en AA. VV., *Comentario del Código civil,* dir. por PAZ-ARES, C. - DIEZ-PICAZO, L. – BERCOVITZ, R. – SALVADOR, P. T. II, Ministerio de Justicia, Madrid, 1991, pp. 37 y 38; RODRIGUEZ CARRIÓN, J. L., «Cuestiones de seguro marítimo. Algunas cláusulas inglesas de seguro de buques», *cit.,* pp. 53 a 58, y la doctrina que allí cita; MENÉNDEZ MENÉNDEZ, A, «Introducción al estudio de las Disposiciones Generales (Artículos 1.° a 4.°) de la Ley de Contrato de Seguro», *Revista Española de Seguros*, n.° 29, 1981, pp. 10 y 11; GÓMEZ SEGADE, J. A., «Rasgos fundamentales de la nueva Ley sobre el Contrato de Seguro», *Actualidad Jurídica*, 1981 (V), p. 32; HERNÁNDEZ MARTÍ, J., «La Ley de Contrato de Seguro y los seguros marítimos», en AA. VV., *Comentarios a la Ley de Contrato de Seguro*, T. I, dir. por VERDERA Y TUELLS, E., Madrid, 1982, pp. 257 y 258.

las normas de la LCS, tanto las generales como las específicas de los seguros contra daños y, especialmente, las que regulan el contrato de reaseguro (arts. 77 a 79 LCS). Dado que el carácter imperativo de la LCS decae con relación al reaseguro (vid. art. 79 LCS), al menos, en esta materia, no resultaría tan difícil la armonización de normas, por lo general, de carácter dispositivo, como son las de la LNM, con otras, las de la LCS, de carácter imperativo, en principio, aunque no en el ámbito de los reaseguros y de los seguros marítimos[88].

Teniendo en cuenta el carácter supletorio de las normas de la LCS respecto al seguro marítimo, serán aplicables también con ese carácter a los reaseguros marítimos. Ahora bien, no solo las disposiciones de la LNM excluyen la aplicación de las de la LCS, sino que también pueden ser excluidas, como se ha apuntado, tanto las de la LNM como las de la LCS, por los acuerdos y condiciones que estipulen las partes. A idéntica conclusión hay que llegar respecto de las normas de la LCS que aluden específicamente a la posición del asegurado en el seguro directo que fue reasegurado —*v. gr*. arts. 77.2 y 78.1—, de las cuales, si bien hay que predicar su imperatividad respecto al reaseguro *terrestre*, en relación al asegurado en la póliza de seguro marítimo tienen carácter dispositivo. En consecuencia, a diferencia de lo que ocurre en un reaseguro *terrestre* [salvo que se tratara de un seguro de los catalogados como gran riesgo, respecto a los cuales también decae la imperatividad de los preceptos de la LCS, *ex* art. 44.2. LCS y artículo 11 *a*) LOSSEAR —que incluye, por otra parte, la mayoría de los seguros marítimos], no sería cuestionable que en un contrato de reaseguro *marítimo* las partes estipularan cláusulas por las que se estableciese la posibilidad de que el reasegurador pagase directamente al asegurado directo la eventual indemnización de reaseguro, concediéndose correlativamente a éste una acción directa contra aquél para reclamarle el pago directo *(cut-through clause)*.

Efectivamente, en la práctica, y al margen de toda construcción doctrinal sobre la naturaleza jurídica del reaseguro, el reaseguro *marítimo* existe como tal y su regulación se halla presidida, al igual que el seguro marítimo, por el principio de la autonomía de la voluntad con un mayor margen de maniobra que el concedido al *terrestre*. De hecho, en los contratos de reaseguro marítimo es frecuente que las partes estipulen la posibilidad de un pago directo por parte del reasegurador, con la correlativa concesión de una acción directa al asegurado directo. Ello tiene su explicación, como se ha

88 No obstante, existen preceptos concretos que no pueden ser derogados por voluntad de las partes, no por su carácter imperativo o no en relación con el reaseguro terrestre o marítimo, sino porque se atentaría contra la propia naturaleza del contrato, como son aquéllos que contemplan los elementos esenciales del mismo o los que establecen principios fundamentales, como podría ser la cobertura de las acciones dolosas del asegurado (en este sentido, GIRGADO PERANDONES, P., «Contrato de seguro marítimo: disposiciones generales y disposiciones comunes a los distintos tipos de seguro marítimo», en AA. VV., *Comentarios sobre la Ley de Navegación Marítima*, dir. por EMPARANZA SOBEJANO, A. – MARTÍN OSANTE, J. M., Marcial Pons, Madrid, 2015, p. 630).

tenido ocasión de señalar, en la influencia que en este ámbito ejerce el Derecho marítimo inglés, en el cual se prevé la posibilidad de que en la póliza las partes en el contrato de reaseguro concedan derechos a los asegurados directos; dicha influencia se produce como consecuencia de que los contratos de reaseguro *marítimo*, de carácter mayoritariamente internacional, no son en general más que una reproducción de los contratos de reaseguro ingleses. La comunicación de las especialidades de los seguros marítimos a los reaseguros sobre ellos concertados se produce a través de las cláusulas de los propios contratos de reaseguro, los cuales habitualmente incorporan por referencia las condiciones y términos estipulados en las pólizas reaseguradas, *maritimizando* el régimen jurídico de los reaseguros[89]. El problema surge cuando aparecen conceptos —como el reconocimiento de una acción directa— que pueden tener su significación propia en el Derecho inglés pero que entran en contradicción con el español si se considerara que el sistema de fuentes aplicable a los reaseguros concluidos en este ámbito no es el propio de los seguros marítimos.

La aplicación de las normas rectoras de los seguros marítimos a sus respectivos reaseguros, desde la perspectiva de la afirmación de su *maritimidad*, nos conduce a compatibilizar su régimen jurídico con una mayor coherencia respecto a la propia realidad de este sector, caracterizado por su particularismo y su impronta propia. Y ello, tal y como invita el artículo 2.° de la LNM que, al establecer criterios para su interpretación, hace referencia a la conveniencia de promover la uniformidad en la regulación de las materias objeto de la misma. La propia Exposición de Motivos de la LNM apoya la imprescindible coordinación con el Derecho marítimo internacional y su adecuación a la práctica actual y, en particular, en el ámbito de los seguros, destaca que se han seguido, por razones prácticas, los modelos de pólizas y cláusulas de tipo anglosajón. No podemos desconocer respecto a los reaseguros que aquí también el contrato refleja los intereses de los contratantes y éstos siempre están determinados por la realidad que les circunda.

A modo ilustrativo —y sin intención de ser exhaustivos—, es necesario llamar la atención (más allá de lo expuesto acerca de la aplicación de las normas propias del reaseguro de la LCS), de la lógica invocación respecto al reaseguro de intereses marítimos de especialidades propias del seguro marítimo, algunas de ellas refrendadas legalmente en el texto de la LNM. No tendría sentido aplicar dichas especialidades al seguro directo y no al reaseguro del que trae causa, tal y como se constata se realiza generalmente en la práctica. En otras ocasiones, la ausencia de disposición contractual específica sobre alguna de las cuestiones reguladas en la legislación sobre seguros determinaría que la legislación aplicable fuera la especial del seguro marítimo (LNM), o la general de los seguros de daños (LCS), según la natu-

89 En este sentido, GARCÍA-PITA Y LASTRES, J. L., *El reaseguro marítimo, entre el Derecho español y el «Common Law»*, *cit.*, p. 153.

raleza que se le atribuya al reaseguro de seguros sobre intereses marítimos. Las consecuencias de la aplicación de un sistema de fuentes u otro se evidencian, particularmente, a la luz de los regímenes especiales propios del seguro marítimo en algunos ámbitos, a los cuales a continuación nos vamos a referir:

Principio de la universalidad de riesgos y riesgos excluidos

La especialidad y singularidad del seguro marítimo descansa esencialmente en el *principio de la universalidad del riesgo,* el cual proyecta su influencia en toda la disciplina. En virtud de este principio informador, los aseguradores indemnizarán los daños y perjuicios sufridos como consecuencia de cualquier evento dañoso relacionado con la navegación, cualquiera que sea su causa y sin necesidad de probarla, en consecuencia; se consagra en el artículo 417 LNM. Se dota así al seguro marítimo de un efecto expansivo en relación con la cobertura de siniestros[90], constituyendo una de las diferencias más relevantes que presenta respecto al seguro terrestre, basado en el criterio de la particularidad del riesgo[91].

No se trata, sin embargo, de un principio absoluto: admite tanto exclusiones convencionales (especialidad del riesgo) como excepciones legales. En este sentido, salvo pacto en contrario (como ejemplo de estos pactos, respecto a facultades, *Institute Strikes clauses* e *Institute War Clauses*; respecto a cascos, *War and Strikes Freight Time* y *War and Strikes Hulls Voyage*), quedan excluidos legalmente los siguientes riesgos: Guerra, declarada o no, civil o internacional, bloqueo y apresamientos derivados; captura, embargo o detención por orden de alguna autoridad nacional o extranjera; piratería, motín, terrorismo y las situaciones de alteración del orden público; huelgas y los cierres patronales; explosiones atómicas o nucleares, radiaciones y contaminaciones radioactivas (art. 418 LNM); daños debido a vicio propio o naturaleza intrínseca del objeto asegurado y los que tengan por causa el desgaste y uso natural (art. 420 LNM); y los vicios ocultos en seguro de cascos (art. 445 LNM).

Destacan también las particularidades de la cobertura en el seguro marítimo de la culpa personal del asegurado y de la *baratería* del capitán, patrón u otro miembro de la tripulación del buque, como peligro tradicional del mar. De hecho, se incluyó esta última en la cláusula *Inchmaree*, actualmente 6.2.2. ITHC, después del pronunciamiento a raíz del caso *Piermay Shipping CO. SA y Brandt's LTD. contra Chester (el «Michael»)* ([1979] 1 Lloyd's Rep

---

90 *Cfr.* López Bustabad, I. J., «El riesgo en el seguro marítimo», en AA. VV., *El derecho marítimo de los nuevos tiempos*, dir. por García-Pita y Lastres, J. L. – Quintans Eiras, M.ª R. – Díaz de la Rosa, A., Civitas, 2018, p. 1134.

91 Véase Arroyo Martínez, I. – Morral Soldevilla, R., «Sección 3.ª De los riesgos de la navegación», en AA. VV., *Comentarios a la Ley 14/2014, de 24 de julio, de Navegación Marítima*, dir. por Arroyo Martínez, I. – Rueda Martínez, J. A., Aranzadi, 2016, pp. 1304 y 1305.

55), donde el asegurado pudo reclamar el hundimiento intencional del buque por un ingeniero con el conocimiento de los propietarios.

Efectivamente, en nuestra legislación marítima, aunque se excluyen de la cobertura del seguro marítimo los daños causados por dolo del asegurado, sin embargo, se permite la cobertura de los daños causados por la culpa grave del asegurado[92] o por dolo o culpa grave de sus dependientes. Específicamente hace referencia a ello el artículo 419 LNM, que contempla distintos supuestos: *a)* dolo del asegurado: se excluye la cobertura de los daños causados al interés asegurado, sin que valga pacto en contrario; *b)* culpa grave del asegurado o dolo o culpa grave de sus dependientes que desempeñen en tierra funciones de gerencia o dirección de las que dependa el estado de conservación o de mantenimiento del objeto asegurado: se excluye la cobertura de los daños, pero es posible el pacto en contrario, quedando obligatoriamente al menos un diez por ciento del daño a cargo del asegurado; *c)* dolo o culpa de los demás dependientes del asegurado: el asegurador responderá de los siniestros en este caso[93]. El recurso a la subrogación del asegurador contra los dependientes del asegurado o personas relacionadas con él y contra los miembros de la dotación del buque que hayan actuado de forma

92 Dado el carácter aleatorio del seguro, no se permite al asegurado reclamar indemnización al asegurador cuando el daño se origina precisamente por su propia acción. No obstante, se permite a las partes extender la acción del seguro hasta las acciones culposas —no dolosas— del propio asegurado, como podrían ser los siguientes supuestos:

i) Cambio voluntario de derrota, de viaje o de buque, sin expreso consentimiento de los aseguradores.

ii) Separación espontánea de un convoy, habiéndose estipulado que iría en formación con él.

iii) Prolongación del viaje a un puerto más remoto que el designado en el seguro.

iv) Disposiciones arbitrarias y contrarias a la póliza de fletamento o al conocimiento de embarque, tomadas por orden del fletante, de los cargadores o de los fletadores.

93 Respecto a la baratería del capitán —acciones dolosas, no culposas— encontramos una novedad en relación con el régimen del Código de comercio. Si bien, en el artículo 756 del Código de comercio se liberaba a los aseguradores de responder de los daños y perjuicios que sobrevinieran a las cosas aseguradas por baratería del patrón, aun cuando no se hubieran excluido expresamente en la póliza, salvo que fueran objeto del seguro, en el régimen de la LNM, la baratería del capitán queda cubierta por el seguro. Ello se adecua mejor a la práctica pues la baratería del capitán o tripulantes del buque se incluye entre los riesgos cubiertos por las ITCH 83 (Clause 6.5), ITCH 95 (exclusivamente en la Modalidad A, Clause 6.2.4) y por las *American Institute Hulls Clauses*. En cuanto al seguro de mercancías, queda cubierta en la Modalidad A de las ICC, y sin embargo excluida en la B y C (Clause 4.7), salvo inclusión de la cláusula especial denominada «Daños intencionados».

Véase, al respecto, Rodríguez Carrión, J. L., *Los seguros marítimos..., op. cit.*, pp. 183 a 185, 340 a 344, 360, y 376. Sobre las interpretaciones y alcance del concepto de baratería, véase, además, Menéndez Menéndez, A., «La noción de baratería en el seguro marítimo», *Anuario de Derecho Civil*, Vol. 23, n.° 2, 1970, pp. 221 a 258; Ruiz Soroa, J. M., «Los riesgos asegurados en el Seguro Marítimo», *Anuario de Derecho Marítimo*, n.° 3, 1984, p. 230.

dolosa, corrige el equilibrio perdido con la cobertura por el asegurador de los siniestros causados dolosamente (arts. 437.5, párrafo tercero y 446 LNM)[94].

En virtud de este principio de universalidad de riesgos, en los términos y con los límites expuestos, un riesgo no excluido, quedará cubierto por el seguro marítimo y, por ende, indirectamente por el reaseguro; la carga de la prueba de que el riesgo causante de los daños se halla excluido, corresponde al (re)asegurador. El (re)asegurado habrá de alegar el daño y que su causa está relacionada con un riesgo que ha surgido con ocasión de la navegación. Es muy habitual, cuando los seguros marítimos incluyen cláusulas de exclusión de riesgos o de inclusión de riesgos excluidos legalmente, que éstas se reproduzcan textualmente en el reaseguro[95].

Principio de la realidad del riesgo

La regla general del art. 4.º LCS («El contrato de seguro será nulo, salvo en los casos previstos por la Ley, si en el momento de su conclusión no existía el riesgo o había ocurrido el siniestro») encuentra una excepción formulada en el propio precepto, que salva de la nulidad *los casos establecidos por la Ley*. Efectivamente, existen excepciones en el ámbito del seguro marítimo (art. 422 LNM), donde quiebra el denominado *principio de la realidad del riesgo, en virtud del riesgo putativo y del seguro sobre buenas o malas noticias*, haciendo depender la ley su validez del estado subjetivo de conocimiento que de todo ello tengan las partes (Exposición de Motivos LNM). En el ámbito marítimo es, por tanto, el conocimiento del acaecimiento del siniestro o de la cesación del riesgo y no el hecho en sí, objetivamente considerado, lo que determina la nulidad contractual[96].

En el supuesto de *riesgo putativo* el asegurador tiene la obligación de indemnizar el daño que ya existía en el momento de celebración del contrato, pero que las partes desconocían. Se admite, pues, la validez del seguro contra riesgos puramente *ficticios*, puesto que no existía riesgo en ese instante, al haberse producido ya el efectivo daño. Es decir, no se requiere una

94 Efectivamente, es necesario este recurso dado el principio general del derecho de los seguros de la inasegurabilidad del dolo, común a todo ramo y modalidad de seguro. Asegurar sin más los siniestros causados por dolo o mala fe sería contrario al orden público y a lo previsto en el artículo 1.102 del Código civil («la responsabilidad procedente del dolo es exigible en todas las obligaciones»).

95 Dice así una cláusula de un contrato de reaseguro simple (*Marine division*, Barcelona) que invoca las *ITC –Hulls Port Risks Clause including Limited Navigation*: *«Reinsurance hereunder shall be subject to all de clauses and conditions of the original insurance and shall cover all de the risks –including War risks as underwritting, varied or extended by the reassured»*.

96 Véase, al respecto, Rodríguez Carrión, J. L., «El "riesgo putativo" y el "seguro sobre buenas o malas noticias"», *Anuario de derecho marítimo*, n.º 9, 1991, pp. 223 a 239; Arroyo Martínez, I. – Morral Soldevilla, R., «Sección 3.ª De los riesgos de la navegación», en AA. VV., *Comentarios a la Ley 14/2014, de 24 de julio, de Navegación Marítima*, *op. cit.*, pp. 1302, 1303, 1319 y 1320.

incertidumbre objetiva, sino que es válida la incertidumbre subjetiva a los efectos del seguro. Se trata de proteger la buena fe de los contratantes, estableciendo una ficción legal: la existencia de un riesgo en el momento de la celebración del contrato. Su justificación se encuentra en la dificultad que tienen las partes de conocer la situación real del objeto sobre el que recae el interés asegurado. El riesgo, por lo tanto, es subjetivo, pues existe en la mente (y sólo allí) de los contratantes. La eventual nulidad del contrato de seguro exige la prueba del conocimiento cierto de la situación real del objeto asegurado. La carga de la prueba corresponde al asegurador, al cual le será muy difícil demostrar el conocimiento del asegurado, lo que se llevará a cabo mediante presunciones. En este sentido establece el artículo 422.1 LNM que se presume conocida dicha circunstancia en el caso de que la noticia de la misma fuera de público conocimiento en el lugar donde se celebró el contrato o en el que residen el asegurador o el tomador.

El *seguro sobre buenas o malas noticias* (actualmente en desuso por el avance de las comunicaciones) tiene en común con el riesgo putativo la posible inexistencia objetiva del riesgo, así como la incertidumbre subjetiva del mismo; se diferencian en que en el primero no admite presunciones de conocimiento de los contratantes: se exige la prueba positiva del conocimiento del siniestro por cualquiera de las partes en el momento de la celebración del contrato. En este caso el asegurador que inste la nulidad contractual habrá de demostrar que el tomador conocía, al momento de contratar el seguro, el acaecimiento del siniestro; y por el tomador que promueva tal nulidad, que el asegurador conocía la cesación del riesgo. Su régimen se contiene en el artículo 422.2 LNM; en las condiciones inglesas se establece un régimen equivalente a través de la denominada cláusula *lost or not lost*.

En todo caso, y a la vista de dichos regímenes legales y sus excepciones, no es razonable hacer depender la posible nulidad de una cobertura reaseguradora de criterios de marcado carácter objetivo (art. 4.° de la LCS), cuando el contrato de seguro marítimo objeto del mismo sea subjetivamente aleatorio (en tanto que los hechos y circunstancias que pudieran determinar la nulidad del contrato se fundamentan en el elemento cognoscitivo de las partes).

De hecho, dentro del mercado reasegurador también se ha recurrido a esta modalidad, encontrando supuestos de reaseguros sobre pólizas que cubren buques que no han llegado a puerto en la fecha prevista de arribada. Estos reaseguros pueden contratarse en cualquier momento desde la noticia del retraso hasta que se confirma o anuncia la pérdida o la llegada del buque, aumentando la prima en proporción al tiempo que el buque permanezca desaparecido[97].

Pactos contractuales de existencia de interés asegurado

El *interés* es la relación económica de una persona con una cosa que se encuentra sometida a un riesgo, en este caso, a los riesgos de la navegación

97 *Cfr.* CARTER, R. L., *El reaseguro*, *cit.*, p. 332.

en los términos ya expuestos. El momento relevante para determinar la existencia del interés asegurado es el del acaecimiento del siniestro; resulta, por ello, procedente la admisibilidad del aseguramiento de intereses futuros, tal y como se recoge en el artículo 408.1 LNM, en consonancia con lo dispuesto en el artículo 1.271 del Código Civil. El artículo 408.2 LNM admite los pactos contractuales en los que se establezca una presunción *iuris tantum* de existencia del interés. Tal admisión no se realiza de forma absoluta, pues pese a la existencia de dicho pacto, se admite la prueba en contrario de la inexistencia del interés asegurado.

En la práctica internacional se utilizan las cláusulas *PPI (Policy proof of interest),* considerándose como *honour policies* por ser pólizas sin interés asegurable[98], en cuya virtud, y a pesar de ello, el asegurador acepta que el asegurado tiene un interés asegurable, por lo que, ocurrido el siniestro, no lo investigará ni exigirá pruebas sobre la existencia de dicho interés. La licitud de esta cláusula suscitaba dudas en nuestro Ordenamiento, las cuales han sido superadas en la LNM, al considerar que su virtualidad es la de invertir la carga de la prueba.

No sería razonable admitir una presunción de la existencia del interés asegurado en el seguro directo y no proyectarla sobre su reaseguro, pues ello plantearía importantes dificultades para el asegurador directo.

Pólizas estimadas

La valoración del interés asegurado es una operación compleja que puede generar diversos conflictos durante la vigencia de un contrato de seguro, tanto en el momento de la contratación, como particularmente en el tiempo del acaecimiento del siniestro (momento de referencia para determinar las situaciones de infraseguro o sobreseguro). Por ello, es frecuente el recurso a un acuerdo negocial entre las partes para fijar su cuantía como valor de referencia o de sustitución[99]. En el seguro marítimo es, de hecho, muy habitual la fijación contractual del valor del interés asegurable, dadas las dificultades de su determinación *a posteriori* del siniestro, especialmente en los seguros de cascos. Dicha tasación convenida se lleva cabo entre tomador y asegurador a efectos de calcular la prima y el límite máximo de la garantía asumida por el asegurador (o reasegurador), siendo eficaz entre ellos y con respecto al asegurado (o reasegurado)[100]. Respecto al seguro de buques, embarcaciones y artefactos

---

98 Benito Rivero, J. A., *El reaseguro*, Fundación Mapfre Estudios, 2001, pp. 315 y 316.

99 Véase, al respecto, Girgado Perandones, P., *La póliza estimada. La valoración convencional de interés en los seguros de daños*, Marcial Pons, Ediciones Jurídicas y Sociales, Madrid, 2015.

100 *Cfr*. Díaz Moreno, A., *La disciplina de la póliza estimada en la Ley de Contrato de Seguro*, Cizur Menor (Navarra), 2008, p. 129. Véase, al respecto, además, Bochese, D., «Polizza stimata e inopponibilità al terzo responsabile», nota a la sentencia Cass. 4 dicembre 1992 n. 12919, *Diritto dei trasporti*, 1993, Vol. III, pp. 922 a 924; Hernández Martí, J., *Contrato de..., op. cit.,* p. 104 (nota n.° 19).

navales, la LNM (art. 414, *Póliza estimada*) —inspirada en este punto en el artículo 752 del Código de comercio y en el 28.2 LCS—, como se ha tenido ocasión de exponer, presume que el valor declarado en la póliza o con posterioridad a la celebración del contrato es un valor estimado, salvo dolo por parte del asegurado o cuando por error sea notablemente superior al valor del interés, declarándolo expresamente tan solo vinculante para las partes del contrato.

En particular encontramos, como ejemplo de la utilización de estas cláusulas, las denominadas pólizas *tonnage*, mediante las cuales se indemniza una cantidad fija por buque cuyo tonelaje supere ciertas dimensiones en caso de pérdida total. En ellas existe un elemento especulativo, ya que se exime al reasegurado de tener que demostrar el alcance económico de su interés asegurable, constituyendo una peculiaridad con origen en el mercado inglés.

Como se ha expuesto en relación con los pactos contractuales de existencia de interés, sería irrazonable no proyectar sobre el reaseguro la validez de la concreción de la indemnización del seguro a través de este sistema de estimación, dado que la determinación de la indemnización del seguro directo es presupuesto de la otra.

Aplicación de la suma asegurada en el seguro de cascos por accidente

El artículo 447 LNM, referido al seguro de buques y atendiendo a la práctica internacional que sigue el principio *por accidente y por viaje o tiempo*, contempla la reconstitución automática del capital asegurado tras el acontecimiento de cada siniestro, afirmando que «[L]a responsabilidad del asegurador alcanza a la totalidad de la suma asegurada en cada siniestro que se produzca durante la vigencia del contrato, sin perjuicio del derecho del asegurador a exigir después de cada siniestro el complemento de prima que haya sido pactado».

Es evidente la repercusión de esta especialidad en el reaseguro, no sólo en las posibles indemnizaciones, sino también en las primas a devengar, no pudiéndose desconocer esta realidad sobre la base de que el reaseguro se regula por la LCS, cuando no incorpore una cláusula *back-to-back cover*. Si no se aplicara la norma contemplada en el artículo 447 LNM también al reaseguro, el reasegurado no podría recuperar las indemnizaciones abonadas a su asegurado que superasen la suma asegurada inicial como consecuencia de la ocurrencia de varios siniestros[101].

Consecuencias del impago de la prima

El abono de la prima, como en cualquier otro contrato de seguro, constituye la obligación principal del reasegurado, obligación pecuniaria de suma que habrá de cumplirse en los términos, forma y medios previstos en el contrato.

---

101 Al respecto, Gabaldón García, J. L., *Curso de Derecho marítimo internacional…*, *cit.*, pp. 827 y 828.

La disciplina de la obligación del pago de la prima por el tomador del seguro que establece la LCS (art. 14) tiene, en buena parte, carácter dispositivo, remitiéndose expresamente, en cuanto a su régimen, a lo estipulado en la póliza. De igual modo, el artículo 425.1 LNM se remite a las condiciones estipuladas en la póliza o en el certificado. En ambos regímenes legales se establece que, si se han pactado primas periódicas, la primera de ellas será exigible una vez firmado el contrato —exigibilidad que hay que extender, como no puede ser de otro modo, a los supuestos de seguros de prima única—. Dado el carácter esencial de esta obligación, todos los contratos de reaseguro regulan el sistema de cálculo del precio de la cobertura reasegurativa, así como el régimen al que se somete su abono[102].

En cuanto a las consecuencias jurídicas del incumplimiento del pago de la prima, tanto en el régimen del seguro terrestre como en el marítimo, se distinguen dos ámbitos: las consecuencias sobre el abono de las indemnizaciones, de un lado; las consecuencias sobre la propia vigencia o eficacia del contrato, de otro.

102 En relación al abono de la prima o primas de reaseguro los contratos suelen incluir una cláusula donde se establece un pacto de cuenta corriente, regulándose el modo y el tiempo en que se realizará el abono de los distintos créditos recíprocos, incluidas las primas, que surgen de toda relación de reaseguro. No obstante, en algunos contratos se pacta expresamente el abono de la prima por anticipado, ya sea la prima única o las periódicas correspondientes a cada período de reaseguro. En los reaseguros simples ello es bastante frecuente, en tanto que el precio de la cobertura se determina en el momento de la conclusión del contrato y puede perfectamente pactarse su abono mediante una prima única —pagadera por anticipado o a plazos—, mediante primas periódicas correspondiéndose con cada período de cobertura —pagaderas de una sola vez o a plazos—, o bien recurrir al sistema de la cuenta corriente. En las coberturas no proporcionales, en las que se suele fijar una prima inicial, también es frecuente que la misma se abone, al menos parcialmente, al inicio de la cobertura reasegurativa. Sin embargo, al margen de la mencionada prima inicial, en los tratados de reaseguro no se establece al inicio de la cobertura el importe exacto de la misma, sino que, dado la variabilidad del riesgo reasegurado, lo que se pacta son los criterios de determinación de la misma, criterios muy diferentes según la modalidad de cobertura pactada. Así, en los tratados proporcionales tan sólo en la medida en que se vaya conociendo el importe de la prima debida por cada aplicación del tratado, será exigible su abono. Por ello, entre otras razones, el sistema de la cuenta corriente se presenta como el más adecuado para saldar las cuentas que continuamente surgen de una relación de reaseguro general. Lo mismo sucede con los pagos aplazados de la prima inicial de las coberturas no proporcionales, o con los pagos de las primas periódicas cuando la duración del contrato comprende —como es lo frecuente— varios períodos, así como con los reajustes posteriores a la verificación de la siniestralidad. En los reaseguros por tratados —excepto los mencionados anticipos o primas de depósito de las coberturas no proporcionales cuando no se prevé su pago a plazos— la prima constituye una partida más de la cuenta corriente, y el pago de la misma deviene, en la mayoría de las ocasiones, en una simple operación contable. La liquidación periódica (trimestral, semestral, etc.) de los saldos resultantes de la cuenta corriente guardará relación con el sistema elegido para el abono de la prima, en tanto que si se exige su abono mediante plazos trimestrales, los saldos de la cuenta corriente habrán de fijarse y abonarse cuatro veces al año.

En relación con el abono de las indemnizaciones, el artículo 15.1, *in fine*, LCS establece que, «salvo pacto en contrario, si la prima [refiriéndose a la prima única o a la primera prima de las periódicas] no ha sido pagada antes de que se produzca el siniestro, el asegurador quedará liberado de su obligación». A su vez, el artículo 425.2, *in fine* LMN indica que, «tratándose de la falta de pago de la prima única, de la primera fracción de prima o de la primera de las primas periódicas, el asegurador no responde de los siniestros acaecidos antes del pago, aunque todavía no haya mediado requerimiento de pago». Según contemplan ambas disciplinas, en principio, la prima aparece como una condición de la eficacia del contrato con relación a la obligación del (re)asegurador, en cuanto que el pago de la prima única (o de la primera prima o fracción, en caso de primas periódicas o fraccionadas) constituye el presupuesto necesario para que el (re)asegurador esté obligado al pago de su prestación si se produce el siniestro[103]. En puridad, las consecuencias derivadas del pago de la prima deben extenderse a los supuestos en los que el pago está en trámite, según lo estipulado en la propia póliza (por ejemplo, cuando el pago está pendiente de pago por estar el recibo domiciliado en una cuenta bancaria; cuando se utiliza el sistema de una cuenta corriente mercantil, etc.). Otro posicionamiento implicaría negar el carácter consensual al contrato de seguro y erigir el pago de la prima en requisito *constitutivo* de la existencia y eficacia del contrato.

Efectivamente, en un contrato de reaseguro en el que se utilice el sistema de cuenta corriente, puede ocurrir que el importe de la prima derivada de la aplicación de una póliza haya sido anotado en la cuenta, pero no abonado con anterioridad a la realización del siniestro. Sin embargo, ello no conlleva efectos exoneratorios de la responsabilidad del reasegurador, en tanto que, a efectos solutorios, el pago de los créditos queda aplazado hasta el momento de la determinación del saldo, momento en que se produce el efecto compensatorio propio del contrato de cuenta corriente y que es el relevante a la hora de comprobar el cumplimiento de las obligaciones recíprocas. El pago de la prima no es requisito indispensable para que surta efecto el contrato de reaseguro, a menos que la vigencia se supedite a la previa satisfacción del precio del reaseguro[104]. Dicho aplazamiento del pago hace que no pueda

103 *Cfr.* Sánchez Calero, F., «Artículo 14. Pago de la prima», en AA. VV., *Ley de Contrato de Seguro*, *cit.*, p. 240.

104 *Cfr.* Narváez Bonnet, J. E., «Aspectos generales del contrato de reaseguro», *Revista de Derecho económico*, n.° 13-14, 1991, p. 156. Véase, asimismo, Carro del Castillo, J. A., «El reaseguro en el procedimiento de liquidación de entidades aseguradoras por la CLEA», en AA .VV., *Comentarios a la liquidación de entidades aseguradoras por la CLEA*, Ministerio de Economia y Hacienda, Madrid, 1988, pp. 183 y 184, quien señala que «desde un punto de vista contable, hay pocas relaciones negociales con una administración más compleja que la del reaseguro, a lo que contribuye, desde luego, la propia naturaleza del contrato y su funcionamiento.[...] Todo ello produce una notable confusión en la formulación de las cuentas y múltiples discrepancias sobre las mismas, con la consiguiente necesidad de proceder a su conciliación. Consecuencia inmediata de esta situación es la produc-

hablarse de mora con relación a los créditos que se llevan a la cuenta. Lo relevante tanto para verificar el cumplimiento del reasegurado en lo que al pago de la prima se refiere, como el del reasegurador que ha de abonar la indemnización, no es tampoco el mero apunte contable, sino el pago efectivo del saldo resultante de la cuenta corriente en el plazo estipulado a contar desde el momento de su fijación definitiva. El cumplimiento de esa obligación en ese momento es el relevante a los efectos de aplicar las consecuencias previstas en el artículo 15.1, *in fine*, LCS o en el artículo 425.2, *in fine*, LNM.

En relación con las consecuencias del impago de las primas sobre la propia vigencia o eficacia del contrato, sí encontramos notables diferencias entre el régimen de la LCS y el régimen de la LNM.

En el régimen del seguro terrestre, producida la mora del reasegurado respecto a la prima única o la primera prima de las periódicas, el reasegurador puede optar por resolver el contrato[105] o exigir el pago de la prima por vía ejecutiva (art. 15 LCS párrafo primero). En el caso de impago de primas siguientes, el incumplimiento tiene como efecto la suspensión de la cobertura un mes después del día de su vencimiento. Durante la suspensión de la cobertura, el asegurador mantiene viva la facultad alternativa de resolver el contrato o reclamar judicialmente el pago de la prima periódica pendiente o de los plazos pendientes. Ahora bien, en su caso, su inactividad supone una causa de resolución *ex lege* del contrato. Se trata ésta de una norma protectora de los intereses del tomador, pues se limita el tiempo durante el cual el asegurador puede exigir el pago de la prima, aun cuando no cubra el riesgo; se pretende así no mantener vivo un contrato en condiciones perjudiciales para el tomador[106]. Para la reclamación del pago dispone, por tanto, el artículo 15.2 LCS un plazo de caducidad de seis meses desde el vencimiento de la prima, entendiéndose el contrato extinguido si el (re)asegurador no interpone en ese plazo dicha reclamación. Durante el período de suspensión de la cobertura, está puede ser reanudada en caso de que se abone, voluntaria o forzosamente, la prima debida (a las veinticuatro horas del pago).

---

ción de retrasos en los pagos, lo que unido al juego de la compensación interna de las distintas partidas de la cuenta —sobre todo de los siniestros contra las primas—, propicia que muchas veces los reaseguradores nunca tengan el saldo a su favor y, por tanto, no reciban nunca una remesa de dinero, viéndose constantemente abocados a pagar saldos permanentemente deudores. Es esta sospechosa situación, [...] la que lleva a reaseguradores a discutir la vigencia de las coberturas, en base a que, en definitiva y en realidad, el asegurador no está pagando las primas, que son lógico y necesario antecedente de toda la relación».

105 Véase, al respecto, SÁNCHEZ CALERO, F., «Artículo 15. Incumplimiento de pago de la prima», en AA. VV., *Ley de Contrato de Seguro*, *cit.,* p. 395, quien señala que la resolución del contrato se produce por una simple declaración del (re)asegurador, mediante el ejercicio de una facultad de denuncia, sin necesidad de declaración judicial.

106 *Cfr*. SÁNCHEZ CALERO, F., «Artículo 15. Incumplimiento de pago de la prima», en AA. VV., *Ley de Contrato de Seguro*, *cit.,* p. 396.

Por su parte, el artículo 425.2 LNM la falta de pago de la prima o de alguna de las fracciones de prima o de las primas periódicas permite igualmente al asegurador resolver el contrato o suspender sus efectos hasta que se abone. La resolución o suspensión se producirá, en su caso, un mes después de que el tomador haya sido requerido al pago de la prima.

La diferencia, por tanto, estriba por un lado en el *díes a quo* del plazo de suspensión de la cobertura, pues en el ámbito terrestre se inicia al mes del vencimiento de la prima, y en el ámbito marítimo, el plazo del mes comienza a contarse desde la fecha del requerimiento de pago. Por lo demás, en el ámbito marítimo no se prevé una extinción *ex lege* del contrato ligada a la inactividad del asegurador.

Régimen de la mora del asegurador

La demora en el abono de la indemnización del reasegurador, en los términos previstos en el contrato de reaseguro, debería poner en funcionamiento el régimen legal previsto, en caso de que las partes no hayan acordado otras consecuencias, dado su carácter dispositivo.

Desde la aprobación de la LNM, el seguro marítimo cuenta con un régimen propio de la mora del asegurador. En efecto, el artículo 437.1 LNM, referido a la liquidación del siniestro y pago de la indemnización, prevé que el asegurador hará efectiva la indemnización en el plazo de quince días desde que el asegurado haya manifestado su conformidad con esa liquidación. La demora en el pago obligará al asegurador al abono de los intereses legales calculados sobre el importe de la indemnización a partir del momento en que el asegurador manifestó su rechazo al abandono o la avería (art. 437.2 LNM), sistemas éstos propios de la liquidación de siniestros en el ámbito marítimo[107]. Se prevé, además, que, en el caso de divergencia entre el asegurador y el asegurado sobre la cuantía de la indemnización, el asegurado tenga derecho a la entrega, en el plazo de quince días, desde que el asegurado manifieste su falta de conformidad, de la cantidad fijada por el asegurador, sin que la percepción de esa cantidad impida al asegurado la reclamación judicial de la suma superior que, a su juicio, debería alcanzar la indemnización (art. 437.3 LNM)[108]. La indemnización por mora en el ámbito marítimo

107 A su vez, el artículo 437.1. LMN prevé un plazo previo para la liquidación del siniestro: un mes contado desde:
a) La aceptación expresa o presunta del abandono o de la declaración judicial de su validez.
b) La aceptación del siniestro por el asegurador en los casos de liquidación por la acción de avería. El asegurador, en el plazo de un mes contado desde que el asegurado aportó la prueba del daño y de sus causas, deberá aceptar el siniestro o manifestar que lo rechaza, a no ser que el procedimiento pericial requiera un plazo más amplio para la averiguación de las causas o que sea necesaria para la liquidación del siniestro la aportación de ulterior documentación por parte del asegurado.

108 *Véase, al respecto*, ARROYO, I. - RUEDA, J. A., «Artículo 437», en AA. VV., *Comentarios a la Ley 14/2014, de 24 de julio, de Navegación Marítima,* dir. por ARROYO, I. - RUEDA, J. A.,

se impone objetivamente como consecuencia del retraso, no procediendo el análisis de ninguna circunstancia exoneratoria ni tampoco se modula según el criterio subjetivo de la culpabilidad del asegurador.

La indemnización por los daños y perjuicios causados por la mora en el ámbito del seguro marítimo coincide con la prevista en el régimen general del incumplimiento de las obligaciones pecuniarias (art. 1.108 Código civil), esto es, salvo pacto en contrario, en el interés legal del dinero, difiriendo de forma sustancial de la prevista en el artículo 20 LCS, que por lo demás, ya no se aplica supletoriamente al seguro marítimo[109]. En el ámbito terrestre[110], sucintamente la indemnización por mora, durante los primeros dos años, ascendería al interés legal del dinero incrementado en un 50 %, aumentando a partir de los dos años a un interés que no podría ser inferior al 20 %. El término inicial del cómputo de dichos intereses es la fecha del siniestro, considerándose, además, producidos por días, sin necesidad de reclamación judicial. En caso de reclamación judicial, la indemnización por mora, en su

---

Civitas, Cizur Menor, 2016, pp. 1353 a 1355; LA CASA GARCÍA, R., «La mora del asegurador: estado de la cuestión, puntos críticos y problemas aún pendientes», en AA. VV., *El contrato de seguro y su distribución en la encrucijada*, dir. por GIRGADO PERANDONES, P., Aranzadi, Cizur Menor, 2018, pp. 427 a 430.

109 Tampoco este extremo resulta pacífico, aunque su análisis excede de los límites de este trabajo. Al no ser coincidentes los regímenes de la mora en otros extremos distintos de la cuantía económica de la indemnización, surgen dudas acerca de la aplicación supletoria, aunque parcial, del artículo 20 LCS a algunos aspectos de la demora en el pago de indemnizaciones derivadas de siniestros marítimos que no encuentren acomodo en el procedimiento previsto en el artículo 437.1 LNM, referido a la liquidación del siniestro y no al rechazo del siniestro. En este sentido, resulta ilustrativa la Sentencia n.º 310/2022, de 5 abril, de la Audiencia Provincial de Valencia (Sección 9.ª) (JUR 2022\223533), en cuyo FJ 6.º se afirma en relación con los intereses de mora que «[...] Dicho esto, y en lo que al régimen legal se refiere conforme a lo indicado en la póliza para el defecto de pacto, tampoco es aplicable el régimen benigno contemplado en el artículo 437.2 de la LNM a que se refiere la doctrina, dado que no nos encontramos ante el supuesto descrito en el precepto: mora del asegurador en el pago una vez aceptada la liquidación por el asegurado, practicada conforme a lo reglado en el apartado 1 del precepto.
La Sala, atendido el régimen convencional y legal supletorio resultante de la propia póliza, considera acertada la conclusión del Juzgador de Instancia en cuanto a la aplicación del artículo 20.4 de la LCS (supletoria de segundo grado, como hemos venido indicando a lo largo de toda nuestra fundamentación), ya que tampoco estamos propiamente ante el supuesto contemplado en el artículo 437.2 LNM. Los siniestros fueron expresamente rechazados por lo que no hubo liquidación del siniestro determinante del pago de una indemnización, ni exclusión de la aplicación del artículo 20 de la LCS a la que el contrato se refiere como supletoria.
Como lo que enjuiciamos son las consecuencias derivadas del rechazo de los siniestros y ulterior reclamación judicial, entendemos que el tenor de los artículos 1101 y 1008 del Código Civil (a que se refieren las partes) nos remiten al artículo 20.4 de la LCS que establece un interés legal sancionador de la mora que se impone —incluso de oficio—, por el órgano judicial».

110 Excepto el seguro de responsabilidad civil por circulación de vehículos a motor, que ostenta también un régimen específico.

caso, ha de imponerse de oficio por el órgano jurisdiccional. Finalmente, no habrá lugar a la indemnización por mora del asegurador cuando la falta de satisfacción de la indemnización o el pago del importe mínimo (*ex* artículo 18 LCS) esté fundado en una causa justificada o que no le fuere imputable. Ello es lógico si se atiende al fundamento del régimen de la mora del artículo 20 LCS, que tiene no solo una función de resarcimiento del daño económico causado por el retraso, sino particularmente una finalidad sancionadora y, en ese sentido, preventiva, de modo que el régimen incentive a las compañías de seguros para un pronto abono de las indemnizaciones. El problema en este caso se presenta cuando, estimándose que existe una causa que justifique el retraso, no sólo se releva al asegurador de la *sanción*, sino también del resarcimiento mínimo de los daños objetivos causados (interés legal del dinero, *ex* art. 1408 Código civil).

La radical divergencia entre el régimen actual de la mora en el ámbito del seguro marítimo y la prevista en el ámbito general (artículo 20 LCS para el resto de los contratos de seguro, tanto en el alcance económico de la indemnización, como en su *dies a quo*, y la valoración de posibles causas justificadas que pudieran motivar la no procedencia de la indemnización por mora en el ámbito del seguro *terrestre*), implica que sea esencial determinar la maritimidad del reaseguro como institución regulada en la LNM.

5. Conclusión

Entre los contratos que pertenecen al ámbito del seguro marítimo existen modalidades que cubren responsabilidades civiles, contractuales o extracontractuales, generalmente derivadas del ejercicio de la navegación, pero también encontramos otros que, si bien se califican de marítimos, no guardan relación técnica estricta con la navegación o los riesgos relativos a ella —como pudiera ser, por ejemplo, el seguro de los buques en construcción o el de reparadores de buques, o la extensión de *almacén a almacén* en los seguros de transporte de mercancías, en la parte no marítima—. Tampoco necesariamente depende directamente de la navegación el riesgo cubierto en los seguros de beneficio esperado o desembolsos y riesgos de buena llegada (que amparan los perjuicios derivados de la falta de explotación del buque), o la cobertura pactada de la responsabilidad civil derivada de daños ocasionados por los dependientes del asegurado que desempeñen en tierra funciones de gerencia o dirección. La dependencia de la navegación hay que entenderla, por tanto, en términos no estrictos, esto es, no como una dependencia directa sino tan solo relacionada. Igualmente hay que hacer notar que los seguros marítimos de responsabilidad civil (del naviero, del armador, del porteador, del responsable de daños de contaminación, etc.) son seguros de daños patrimoniales, pues el interés asegurable estriba en que los patrimonios de los asegurados puedan verse gravados por una deuda nacida con ocasión de la realización de un riesgo marítimo; no se cuestiona su maritimidad, aunque por sí mismos los intereses sobre los patrimonios personales como categoría jurídica no son marítimos[111]. Por ello, no resulta incoherente asimilar el patrimonio de una entidad aseguradora gravado con una deuda derivada de la cobertura de un riesgo marítimo al patrimonio de un sujeto responsable civilmente por la realización de riesgo marítimo. En ambos casos existe un patrimonio sometido a un riesgo marítimo que es objeto de cobertura por un seguro o reaseguro de la modalidad marítima. Tanto uno como otro se enmarcan sin fisuras en el ámbito de aplicación de la propia LNM, cuando afirma en su artículo 1.º que «el objeto de esta ley es la regulación de las situaciones y relaciones jurídicas nacidas con ocasión de la navegación marítima»[112]. En este sentido, se ha afirmado que en la LNM se produce una doble delimitación de los riesgos no simplemente de modo espacial —al distinguir a los riesgos que se producen en el mar de los que acontecen en tierra o en el aire— sino también, en cierto modo causal, al estar vinculados a la navegación marítima, aun cuando no se encuentren en el mar[113].

La maritimidad del reaseguro vendrá determinada en función de la relación o relaciones jurídicas objeto del seguro o seguros reasegurados; siendo éstas marítimas, dicha naturaleza inexorablemente se contagia al reaseguro. Y ello en virtud de la íntima relación que existe entre el seguro directo y el reaseguro, referidos ambos, en su caso, a intereses marítimos, uno directamente y otro mediatamente (relación de adyacencia económica o *back to back)*[114], tal y como se ha tenido ocasión de justificar. La maritimidad del reaseguro viene determinada por su relación de dependencia del seguro directo, siendo marítimo el reaseguro del seguro que cubre intereses marítimos, expandiendo dicha maritimidad al propio contrato de reaseguro. El artículo 409 de la LNM cuando delimita el objeto del seguro marítimo, se refiere a los intereses en buques, embarcaciones y artefactos navales, flete o cargamento, la responsabilidad civil que derive de la navegación, pero también a cualquier interés patrimonial legítimo, que se halle expuesto a riesgos de la navegación marítima, donde tendría su encuadre el contrato de reaseguro, que tiene como objeto cubrir el patrimonio del asegurador expuesto a deudas derivadas de la realización riesgos de la navegación marítima. En este sentido, sin duda, el reaseguro es marítimo cuando cubre seguros sobre riesgos marítimos, aun-

111 En este sentido, García-Pita y Lastres, J. L., *El reaseguro marítimo, entre el Derecho español y el «Common Law», cit.,* p. 147.

112 También López Bustabad, I. J., «El riesgo en el seguro marítimo», *op. cit.,* pp. 1124 y 1125.

113 *Cfr*. Sánchez Calero, F. - Tapia Hermida, A. J., «El contrato de seguro marítimo en la Ley de Navegación Marítima», *Revista de Derecho Mercantil*, n.º 295, enero - marzo 2015.

114 *Cfr*. García-Pita y Lastres, J. L., *El reaseguro marítimo, entre el Derecho español y el «Common Law», cit.,* p. 151, donde además justifica que «la propia *maritimidad* del reaseguro viene dada por su condición de seguro *«indirecto»* de unos riesgos e intereses que vienen anudados al contrato, por la realción *«back to back»* o adyacencia», destacando «la necesidad de polarizar el criterio de la atribución de la *«maritimidad»* del Reaseguro, en torno al objeto del contrato, y no —o más bien que— al objeto de la cobertura».

que esos riesgos afecten a intereses que no lo son, porque el riesgo marítimo es tan característico y posee tal *vis attractiva*, que comunica la maritimidad y la especialidad al interés [re]asegurado[115]. El reaseguro en el ámbito de los seguros marítimos ostenta pues naturaleza marítima, con independencia de la ausencia de reconocimiento legal explícito en la LNM.

Adicionalmente, hay que hacer notar que la LNM no enumera los riesgos de la navegación marítima, en virtud del tradicional principio de la universalidad de riesgos y de que éstos se delimitan en las pólizas vía pacto. El nacimiento de una obligación indemnizatoria, que surge en el patrimonio de una compañía de seguros marítimos, es un riesgo marítimo porque deriva del acaecimiento de un siniestro marítimo que trae su causa en el propio riesgo marítimo directo[116]. Por tanto, esos riesgos estarán vinculados a la navegación marítima, o bien nacerán con ocasión de la misma, utilizando la expresión que atrae las relaciones jurídicas al ámbito de aplicación de la LNM (art. 1.º). Y marítimo será en consecuencia el reaseguro sobre seguros que cubran riesgos marítimos.

Las peculiaridades del seguro marítimo determinaron la configuración de un Derecho del seguro marítimo independiente del Derecho del seguro terrestre, del que no se puede aislar al reaseguro marítimo, por compartir igualmente dichas singularidades. La prelación de la *lex specialis* hay que invocarla también respecto al reaseguro de los seguros sobre intereses marítimos, como norma que mejor da respuesta a las cuestiones que suscita este contrato especial del ámbito marítimo. De hecho, la propia exposición de motivos de la LNM afirma que, en el tratamiento del seguro marítimo, se han seguido, por razones prácticas, los modelos de pólizas y cláusulas de tipo anglosajón, los cuales, como se ha tenido ocasión de exponer, se encuentran, a su vez, íntimamente vinculados al reaseguro concertado sobre ellos.

6. Bibliografía

AA. VV., *Comentarios a la Ley 14/2014, de 24 de julio, de Navegación Marítima,* dir. por Arroyo, I. - Rueda, J. A., Civitas, Cizur Menor, 2016.

AA. VV., *Comentarios sobre la Ley de Navegación Marítima*, dir. por Emparanza Sobejano, A. – Martín Osante, J.M., Marcial Pons, Madrid, 2015.

115 *Cfr.* García-Pita y Lastres, J. L., *El reaseguro marítimo, entre el Derecho español y el «Common Law», cit.,* pp. 154 y 155. En este sentido, también, Ballesta Luque, G., «El reaseguro marítimo: Naturaleza jurídica y funciones principales», *Revista Española de Seguros*, n.º 195, 2023, p. 430.

116 *Cfr.* García-Pita y Lastres, J. L., *El reaseguro marítimo, entre el Derecho español y el «Common Law», cit.,* pp. 154 y 155.

AA. VV., *El derecho marítimo de los nuevos tiempos*, dir. por GARCÍA-PITA Y LASTRES, J. L. – QUINTANS EIRAS, M.ª R. – DÍAZ DE LA ROSA, A., Pamplona, Civitas, 2018.

AA. VV., *Estudios sobre el contrato de reaseguro*, Editorial Española de Seguros, MUSINI, D.L., Madrid,1997.

AA. VV., *Ley de Contrato de Seguro, Comentarios a la Ley 50/1980, de 8 de octubre, y a sus modificaciones*, dir. por SÁNCHEZ CALERO, F., 4.ª ed., Aranzadi, Cizur Menor, 2010.

ACHURRA, J. – CONTRERAS STRAUCH, O., «Las cláusulas de cooperación y de control en los contratos de reaseguro», *V Congreso Iberolatinoamericano de Derecho de Seguros*, T. I, Madrid, 1997, pp. 165 a 224.

ALONSO SOTO, R., «Arts. 1.791 a 1.797. Del Contrato de Seguro», en AA. VV., *Comentario del Código civil,* dir. por PAZ-ARES, C. - DIEZ-PICAZO, L. – BERCOVITZ, R. – SALVADOR, P. T. II, Ministerio de Justicia, Madrid,1991, pp. 1717 a 1720.

ANGULO RODRÍGUEZ, L., «Consideraciones preliminares sobre el reaseguro», en AA. VV., *Estudios sobre el contrato de reaseguro*, Madrid, Editorial Española de Seguros, MUSINI, D.L. 1997, pp. 21 a 69.

ANGULO RODRÍGUEZ, L., «Perfiles del reaseguro y régimen a fines del siglo XX», en AA. VV., *Estudios jurídicos en homenaje al profesor Aurelio Menéndez*, coord. por IGLESIAS PRADA, J. L., Vol. 3, 1996, pp. 2695 a 2728.

ARNOULD, J., *Arnould's law of marine insurance and average*, 16.ª ed., revisada por MUSTILL, M. J. – GILMAN, J., Sweet & Maxwell, Londres, 1981.

ARROYO MARTÍNEZ, I. – MORRAL SOLDEVILLA, R., «Sección 3.ª De los riesgos de la navegación», en AA. VV., *Comentarios a la Ley 14/2014, de 24 de julio, de Navegación Marítima*, dir. por ARROYO, I. - RUEDA, J. A., Civitas, Cizur Menor, 2016, pp. 1300 a 1314.

ARROYO MARTÍNEZ, I. – RUEDA MARTÍNEZ, J. A., «Artículo 437» en AA. VV., *Comentarios a la Ley 14/2014, de 24 de julio, de Navegación Marítima,* dir. por ARROYO, I. - RUEDA, J. A., Civitas, Cizur Menor, 2016, pp. 1349 a 1360.

ARROYO MARTÍNEZ, I., «Algunas reflexiones sobre el seguro marítimo español», *Anuario de Derecho Marítimo,* Vol. V, 1988, pp. 235 a 243.

ARROYO MARTÍNEZ, I., *Curso de Derecho Marítimo (Ley 14/2014, de Navegación Marítima),* Pamplona, 2015.

ASTELARRA, F., «La comunidad de suerte», *Revista Mercado Asegurador*, Buenos Aires, 1996.

BALLESTA LUQUE, G., «El reaseguro marítimo: Naturaleza jurídica y funciones principales», *Revista Esapñola de Seguros*, n.º 195, 2023, pp. 419 a 450.

BATALLER GRAU, J., *La liquidación del siniestro en los seguros de daños*, Tirant lo Blanch, Valencia, 1997.

BAWCUTT, P. A., *Captive Insurance Companies*, Woodhead-Faulkner, Cambridge, 1991.

BENÍTEZ DE LUGO, F., *Legislación y técnica de los seguros privados,* Madrid, 1930.

BENITO RIVERO, J. A., *El reaseguro*, Fundación Mapfre Estudios, Madrid, 2001.

BLANC, P. M., «Funcionamiento del reaseguro», *Noticias de reaseguros*, n.º 32, 1959, pp. 17 y 18.

BLANC, P. M., «La réassurance des captives», *L'assurance français*, 1979, pp. 394 a 399.

BOCHESE, D., «Polizza stimata e inopponibilità al terzo responsabile», nota a la sentencia Cass. 4 dicembre 1992 n. 12919, *Diritto dei trasporti*, 1993, Vol. III, pp. 917 a 924.

BROSETA PONT, M., *El contrato de reaseguro*, Aguilar, Madrid, 1961.

BROSETA PONT, M., «Presupuestos técnicos y concepto del contrato de reaseguro», *Revista de Derecho Mercantil*, n.º 75 y 76, 1960, pp. 7 a 38.

BROWN, R. H. – REED, P.B., *Marine Reinsurance*, Witherby, Londres, 1981.

BRUNETTI, A., *Derecho Marítimo Privado*, T. III, Barcelona, 1951.

BUTLER, J.S. – MERKIN, R. M., *Reinsurance Law*, TT. I y II, Reino Unido, Westlaw, 2015.

CANDELARIO MACÍAS, M. I., «El fronting: ¿transferencia alternativa de riesgos?», *Revista Española de Seguros*, n.º 123-124, 2005, pp. 739 a 760.

CAPOTOSTI, R., *La riassicurazione. Il contratto e l'impresa*, UTET, Torino, 1991.

CARRO DEL CASTILLO, J. A., «El reaseguro en el procedimiento de liquidación de entidades aseguradoras por la CLEA», en AA. VV., *Comentarios a la liquidación de entidades aseguradoras por la CLEA*, Ministerio de Economía y Hacienda, Madrid, 1988, pp. 180 a 184.

CARTER, R. L., *El reaseguro*, Editorial Mapfre, Madrid, 1979.

CARVALLO PARDO, M., *Últimas Tendencias de la Jurisprudencia Internacional en Materia de Seguros*, Santiago de Chile, 1996.

COLINVAUX, R., *The law of insurance*, Sweet & Maxwell, 6.ª Ed., Dublín, 1990.

COSTLE, E. - SCHAUER, K.A., «The captive alternative», *Journal of Insurance Regulation*, Vol. 19, Issue 2, 2000, p. 304.

CREMIEU, L., «De la réassurance. Essai d'une theorie generale», *Revue trimestrielle de droit civil*, T. VIII, 1909, pp. 1 a 69.

DANJON, D., *Tratado de Derecho Marítimo*, T. IV, Reus, 1934.

DÍAZ BRAVO, A., *Contratos mercantiles*, IURE Editores, 11.ª ed., 2017 (https://es.slideshare.net/RocoQuiroa/contratos-mercantilespdf).

DÍAZ MORENO, A., *La disciplina de la póliza estimada en la Ley de Contrato de Seguro*, Cizur Menor (Navarra), 2008.

DONATI, A., *Trattato del Diritto delle Assicurazione Private*, Vol. III, Giuffre Editores, Milán, 1956.

DOVER, V., *A Handbook to Marine Insurance*, 8.ª ed., Londres, 1975, revisada por BROWN, R.H. en 1982.

EHRENBERG, V., *El reaseguro*, traducido por NAVAS MULLER, Madrid, Editorial Revista de Derecho Privado, 1941, 2.ª ed, Madrid, 1985.

Extracto de *The Policy Insurance Weekly,* «Tarificación de los contratos de exceso de pérdida. Aplicación de la escala móvil del método Carpenter», *Noticias de reaseguros*, n.º 8, 1957, pp. 7 a 9.

FERRARINI, S., «La prescrizione dell›azione di risarcimiento nella riassicurazione», *Rivista di Diritto commerciale e del Diritto generale delle obbligazione*, 1934, II, pp. 35 a 41.

FERRARINI, S., «Sulla descrizione del rischio nella riassicurazione facoltativa», *Assicurazioni* 1959, II, n.º 6, pp. 316 a 322.

FLAHERTY, B. P. – TAYLOR, W.J., «Fronting: Problemas y soluciones para la compañía emisora», *Asociación Panamerciana de Fianzas,* 2004. (http://www.apfpasa.ch/index.php?p=articulos/flaherty_sp&sec=formacion&banner=b-formacion-articulosanteriores).

GABALDÓN GARCÍA, J. L., *Curso de Derecho marítimo internacional. Derecho marítimo internacional público y privado y contratos marítimos internacionales,* 2.ª ed., Marcial Pons, Madrid, 2024.

GARCÍA-PITA Y LASTRES, J. L., «El régimen del seguro marítimo en la Propuesta de Anteproyecto de Ley General de Navegación Marítima», *Revista Española de Seguros*, n.º 125, 1996, pp. 105 a 132.

GARCÍA-PITA Y LASTRES, J. L., *El reaseguro marítimo, entre el Derecho español y el «Common Law»*, Aranzadi, Pamplona, 2011.

Garner, B. A., *Black's Law Dictionary*, 11.ª ed., Claitor S Pub Division, Londres, 2019.

Garrigues Díaz-Cañabate, J., «Estudios sobre el contrato de seguro», *Revista de Derecho Mercantil,* III, n.º 114, 1969, pp. 427 a 500.

Garrigues Díaz-Cañabate, J., *Contrato de seguro terrestre*, Aguirre, Madrid, 1982.

Gedé, P., «Clause indice des traités en éxcedent de sinistre», *La réassurance*, n.º 471, 1957, pp. 113 a 116; n.º 473, 1957, pp. 226 a 228; n.º 478, 1957, pp. 401 a 409.

Gerathewohl, K., *Reaseguro. Teoría y práctica*, Vol. 1.º, Reaseguros Gil y Carvajal, Madrid, 1993.

Girgado Perandones, P., «Contrato de seguro marítimo: Disposiciones generales y disposiciones comunes a los distintos tipos de seguro marítimo», en AA. VV., *Comentarios sobre la Ley de Navegación Marítima*, dir. Por Emparanza Sobejano, A. – Martín Osante, J. M., Marcial Pons, Madrid, 2015, pp. 627 a 649.

Girgado Perandones, P., *La póliza estimada. La valoración convencional de interés en los seguros de daños*, Marcial Pons, Ediciones Jurídicas y Sociales, Madrid, 2015.

Golding, C.E., *The Law & Practice of Reinsurance*, 5.ª ed. rev., *KV Louw, M.Sc., FCII Witherby & Co. Ltd.*, Londres, 1987; 1.ª ed. trad. al castellano por Chapa, México, 1972.

Gómez Segade, J. A., «Rasgos fundamentales de la nueva Ley sobre el Contrato de Seguro», *Actualidad Jurídica*, 1981 (V), pp. 29 a 32.

Goñi Garrido, C., «Contrato de reaseguro y sus cláusulas principales», *Anuario de Derecho Comercial y Marítimo*, n.º 2, 2010, pp. 67 a 88.

Gramajo, S., «Algunas consideraciones prácticas sobre la problemática del fronting», *Revista Ibero-Latinoamericana de Seguros*, n.º 24, 2006, pp. 149 a 162.

Grossmann, M., *Manuel de réassurance*, L'Argus, Paris, 1983.

Gürses, Ö., *Marine Insurance Law*, 3.ª ed., Routledge, Taylor & Francis Group, Nueva York, 2023.

Gürses, Ö., *Reinsuring Clauses*, Lloyd's List, Londres, 2010.

Hagopian, M. – Laparra, M., *Aspectos teóricos y prácticos del reaseguro*, Editorial Mapfre, Madrid, 1996.

Halsbury, S. G., *Halsbury's Laws of England*, Vol. 25, 4.ª ed., revisada por Lord Hailsham of St. Marylebone, Londres, 1994.

Hernández Martí, J., «La Ley de Contrato de Seguro y los seguros marítimos», en AA. VV., *Comentarios a la Ley de Contrato de Seguro*, T. I, dir. por Verdera y Tuells, E., Madrid, 1982, pp. 251 a 262.

Hernández Martí, J., *Contrato de Seguro Marítimo: La póliza de buques*, Coop. de Artes Gráf. San José, Godella, 1982.

Hierro Anibarro, S. – Castillo Plaza, C.A., «El reaseguro cautivo» en AA. VV., *El régimen jurídico de los seguros terrestres y marítimos y su reforma legislativa*, dir. por Girgado Perandones, P., 2012, Comares, Granada, pp. 69 a 98.

Hierro Anibarro, S. – Castillo Plaza, C.A., «La sociedad cautiva de reaseguro», *Gerencia de Riesgos y Seguros*, n.º 110, 2011, pp. 34 a 45.

Hierro Anibarro, S. – Castillo Plaza, C.A., *Las sociedades cautivas de reaseguro*, Madrid, 2011.

Hill Prados, C., *El reaseguro*, Cuadernos de Derecho Privado, n.º 15, Bosch Editor, S.A., Barcelona, 1995.

Hoffman, W., «Common law of reinsurance loss settlement clauses: a comparative analysis of the judicial rule enforcing the reinsurer's contractual obligation to indemnify the reinsured for settlements», [1994] *LMCLQ,* 1-144, pp. 47 a 93.

Hoffman, W., «Facultative reinsurance contract formation, documentation, and integration», *Tort Trial & Insurance Practice Law Journal*, Vol. 38, No. 3 (Spring 2003), pp. 763 a 860.

Hoffman, W., «On use and abuse of custom & usage in reinsurance contracts», *Tort & Insurance Law Journal*, Vol. 33, n.º 1, 1997, pp. 1 a 80.

Ibáñez Rodríguez de Torres, A., «La Celebración del contrato de reaseguro. El broker y sus funciones. Cláusulas usuales en la práctica aseguradora y su significado», en AA. VV., *Curso sobre reaseguro*, SEAIDA, Madrid, 1998, pp. 8 a 12.

Jaramillo Jaramillo, C. I., «Configuración y alcances de la "Comunidad de Suerte" en el contrato de reaseguro: Generalidades, Justificación, Vigencia, Limitaciones básicas y Proyección Internacional», *Revista Iberolatinoamericana de Seguros*, n.º X, 1997, pp. 91 a 134.

Jaramillo Jaramillo, C. I., *Distorsión funcional del contrato de reaseguro tradicional. Su problemática actual*, Santafé de Bogotá, 1999, Reimpresión, 2005.

Jiménez Sánchez, G. J., «Las fuentes del Derecho marítimo», en AA. VV., *Estudios de derecho marítimo*, dir. por Quintáns-Eiras, M. R., Díaz de la Rosa, A., García-Pita y Lastres, J. L., Cizur Menor, Aranzadi, 2012, pp. 79 a 92.

Kerebel, P., «La captive de réassurance: une filiale bancaire à part entière», *Banque* n.º 566, 1996, pp. 38 a 40.

Kloman, F. – Rosenbaum, H., «The captive Insurance phenomenon: a cautionary tale?», *Geneve papers on Risk and Insurance*, n.º 20, 1982, pp. 29 a 40.

La Casa García, R., «La mora del asegurador: estado de la cuestión, puntos críticos y problemas aún pendientes», en AA. VV., *El contrato de seguro y su distribución en la encrucijada*, dir. por Girgado Perandones, P., Aranzadi, Cizur Menor, 2018, pp. 417 a 473.

LambertFaivre, I. – Leveneur, L., *Droit des assurances*, Dalloz, 14.ª ed., París, 2017.

Lambeth, R. J., *Templeman on Marine Insurance. Its principles and practice*, 6.ª ed., Londres, 1986.

Langle Rubio, E., *Manual de Derecho Mercantil*, T. III, Barcelona, 1959.

Lewis, S., «"Pay as Paid" and the Ultimate Net Loss Clause», *International Insurance Law Review*, n.º 3, 1995, pp. 1 a 9.

Lewis, S., «The Autonomy of Reinsurance Contracts and Allocation», *International Insurance Law Review*, 1996, pp. 1 a 7.

Liu, T., *Direct Action in Marine Reinsurance*, McGill University, Montreal, 2002.

López Bustabad, I. J., «El riesgo en el seguro marítimo», en AA. VV., *El derecho marítimo de los nuevos tiempos*, dir. por García-Pita y Lastres, J. L. – Quintans Eiras, M.ª R. – Díaz de la Rosa, A., Pamplona, Civitas, 2018, pp. 1123 a 1143.

Maquet, I. L., *Des primes d'assurance au financement des risques*, Bruselas, 1991.

Margo, R. D., *Aviation Insurance. The law and practice of aviation insurance, including hovercraft and spacecraft insurance*, 2.ª ed., London, 1989.

Martín Osante, J. M., «Disposiciones generales y comunes del Seguro Marítimo en el Anteproyecto de 2004», *Revista de Derecho Mercantil*, n.º 259, 2006, pp. 124 a 129.

Matilla Alegre, R., *Introducción al Estudio del Seguro Marítimo*, Separata de «Estudios Deusto», Vol. XXXI/2, fasc. 71.

Mayens, J., *Le partage de sort entre l'assurance et le reassureur*, Université Catholique de Louvain, Louvain- La - Neuve, 1980.

Menéndez Menéndez, A, «La noción de baratería en el seguro marítimo», *Anuario de Derecho Civil*, Vol. 23, n.° 2, 1970, pp. 221 a 258.

Menéndez Menéndez, A, «Introducción al estudio de las Disposiciones Generales (Artículos 1.° a 4.°) de la Ley de Contrato de Seguro», *Revista Española de Seguros,* n.° 29, 1981, pp. 5 a 22.

Merkin, R. M., *Colinvaux's Law of Insurance*, 8.ª ed., Sweet & Maxwell, Londres, 2006.

Miller, «Budgeting and controlling internal expenses», en AA. VV., *Reinsurance*, dir. por Strain, R. W., Nueva York, 1980, rev. 1997, pp. 592 a 594.

Muñoz López, A., «Desnaturalización del contrato de reaseguro», en AA. VV., *Estudios sobre el contrato de reaseguro*, Madrid, Editorial Española de Seguros, MUSINI, D.L., 1997, pp. 175 a 207.

Muñoz Paredes, J. M., *El coaseguro*, Civitas, Madrid, 1996.

Narváez Bonnet, J. E. «El "fronting" en el reaseguro y la cláusula "cut through"», *Revista Iberolatinoamericana de Seguros*, Bogotá (Colombia), n.° 30 (18), 2009, pp. 137 a 168.

Narváez Bonnet, J. E., «Aspectos generales del contrato de reaseguro», *Revista de Derecho Económico*, 1991, n.° 13 y 14, pp. 141 a 156.

Navas Muller, J. M., «Naturaleza jurídica del reaseguro», *Revista de Derecho Privado*, 1941, pp. 487 a 493.

Ongono, V., «Le fronting: mécanisme d'utilisation optimale des captives ou de contournement de l'obligation d'assurance?», *Insurance Speaker*, 8 de octubre 2014.

Padilla González, R., «Capítulo 1.° El contrato de transporte. Epígrafe III. Una aproximación inicial al Derecho de la Navegación», en AA. VV., *Derecho Mercantil*, Vol. 8, *Transportes mercantiles,* coord. por Díaz Moreno, A. - Jiménez Sánchez, G. J., Madrid, 2014, pp. 54 a 60.

Paire, E., «Les Sociétés Captives de Réassurance», *Scor, RTI*, París, 1987, p. 5.

Pardo Vivero, A., «Evolución de las cautivas», *Actualidad Aseguradora,* 20 de marzo de 1995, p. 11.

Pendón Meléndez, M. A. – Romero Matute, B., «Los seguros marítimos y aéreos», en AA. VV., *Derecho Mercantil*, Vol. 9, *Los Contratos de Seguro*, coord. por Díaz Moreno, A. - Jiménez Sánchez, G. J., Madrid, 2013, pp. 317 a 394.

Pensis, A., «L'influence de la réassurance sur les conditions d'assurance directe», *La réassurance*, n.° 654, 1974, pp. 45 a 56.

Pérez Millán, D., *Relaciones de colaboración en el contrato de reaseguro*, Fundación Mapfre, Madrid, 2012.

Persico, C., *La riassicurazione,* Padua, 1931.

Picard, M. - Besson, A., *Les assurances terrestres*, T. I (*Le contrat d'assurance*), 5.ª ed., Librairie générale de droit et de jurisprudence, París, 1982.

Piras, I., «La riassicurazione tra codice civile, codice delle assicurazioni e prassi», *Assicurazioni*, Fascicolo 2, 2023, pp. 199 a 240.

Portellano Díez, P., *El reaseguro: Nuevos Pactos*, Civitas, Pamplona, 2007.

Prosperetti, M. – Apicella, E.A., *La riassicurazione*, Giuffrè Editore, Milán, 1994.

Pulido Begines, J. L., *Instituciones de Derecho de la Navegación Marítima,* Tecnos, Madrid, 2009.

Ramella, A., *Trattato delle Assicurazione Private*, Società editrice libraria, Milán, 1937.

Reinarz, R. C., *La gerencia del reaseguro*, Londres, 1969, trad. por Cosmopolitan Translation Service, Editorial Mapfre, Madrid, 1978.

Roca Guillén, J., «Estudio del reaseguro», *Revista de Derecho Mercantil,* n.° 19, 1949, pp. 7 a 20.

Rodríguez Carrión, J. L., «El " riesgo putativo" y el "seguro sobre buenas o malas noticias"», *Anuario de Derecho Marítimo* n.° 9, 1991, pp. 223 a 239.

Rodriguez Carrión, J. L., «Cuestiones de seguro marítimo. Algunas cláusulas inglesas de seguro de buques», en *Cuadernos de Derecho Judicial*, T. XII (*Derecho Marítimo*), Madrid, 1993, pp. 47 a 60.

Rodriguez Carrión, J. L., *Estudios de seguro marítimo*, Barcelona, 1992.

Rodríguez Carrión, J. L., *Los seguros marítimos y aéreos*, T. 48, Vol. 5.° del *Tratado de Derecho mercantil*, dir. por Olivencia, M. – Fernández Novoa, C. – Jiménez De Parga, R., y coord. por Jiménez Sáchez, G., Madrid, 2003.

Romero Matute, B., *El reaseguro*, T. I y II, Pontificia Universidad Javeriana, Bogotá, 2001.

Ruiz Soroa, J. M., «Los riesgos asegurados en el Seguro Marítimo», *Anuario de Derecho Marítimo*, n.º 3, 1984, pp. 201 a 239.

Salandra, V., «I caratteri giuridici del contratto di riassicurazione e la Giurisprudenza della cassazione», *Assicurazioni*, 1934, I, pp. 315 a 321.

Salvator, M., «Les compagnies d'assurances captives», *Revue Générale Des Assurances Terrestres*, n.º 51, 1980, pp. 473 a 491.

Sánchez Calero, F. - Tapia Hermida, A. J., «El contrato de seguro marítimo en la Ley de Navegación Marítima», *Revista de Derecho Mercantil*, n.º 295, enero - marzo 2015, pp. 143 a 171.

Sánchez Calero, F., «El reaseguro en la Ley española de Contrato de Seguro», en AA. VV., *Estudios sobre el contrato de reaseguro*, Madrid, Editorial Española de Seguros, MUSINI, D.L. 1997, pp. 71 a 173.

Sánchez Calero, F., «Sobre la regulación del contrato de seguro marítimo», *Revista Española de Seguros*, núms. 73 y 74, 1993, pp. 73 a 83.

Sánchez-Ramade Carrascosa, E. - Witzl Daza, A. J., «Las cláusulas de "atajo" y de "pago al cobro" en las pólizas de seguro y reaseguro y su admisión en el derecho español», *Revista Aranzadi Doctrinal*, n.º 3, 2020.

Shadler, «Reinsurance - Follow settlements and claims co-operation clauses», [1986] *LMCLQ* Part 2, pp. 145 a 148.

Sotgia, S., «Considerazioni sulla "descrizione del rischio" nel contratto di assicurazione», *Assicurazioni*, Vol. 36, n.º 2, 1969, pp. 92 a 115.

Steinling, P., «Problemi Giuridici in Connesione col Cosiddetto "Fronting"», *Assicurazioni*, 1972, pp. 3 a 20.

Surgeoner, «Follow the settlements: Are Reinsurers Bound to Respond to Claims by Reinsureds?», *Insurance Review*, septiembre 1996, pp. III y IV.

Taylor, L. – Saunders, O. – Voice, T., *Guía práctica de DLA Piper para gestores de reclamaciones en 2022*, Parte 10 (https://www.dlapiper.com/en/insights/publications/practical-guide-for-claims-managers/2022/dla-pipers-practical-guide-for-claims-managers-in-2022-part-10).

Uría González, R. - Aparicio González, M. L., *Derecho mercantil*, Marcial Pons, Madrid, 2002.

URÍA GONZÁLEZ, R., «Reaseguro, quiebra y compensación (Consideraciones acerca de la posición del reaseguradorvida en la quiebra de la entidad cedente)», *Revista de Derecho Mercantil*, n.º 30, 1950, pp. 371 a 410.

VEIGA COPO, A. B., *El interés en el contrato de seguro. Ensayo dogmático sobre el seguro*, Civitas, Cizur Menor, 2018.

VIVANTE, C., «Degli obblighi del riassicuratore nel caso di fallimento e di successivo concordato dell'assicuratore», *Il Foro italiano,* 1925, pp. 310 a 321.

7

EL TRANSITARIO COMO ORGANIZADOR DE TRANSPORTES Y EL RÉGIMEN DE RESPONSABILIDAD POR EXTRAVÍO O PÉRDIDA DE LA MERCANCÍA

María Teresa Gómez Prieto
Prof.ª Contratada Doctora (acreditada a Profesora Titular de Universidad)
Universidad de Cádiz

Resumen: La figura del transitario, como mediador en la organización del transporte de su cliente, aparece como una constante en el sector del transporte marítimo de mercancías y, especialmente, en el transporte multimodal. Se trata de una figura de difícil calificación jurídica, ya que no se encuentra regulada y en la práctica aparece con diverso contenido obligacional, asumiendo tanto la organización del transporte como, en ocasiones, actividades complementarias como el almacenamiento de carga. Desde el punto de vista jurídico uno de los principales problemas que plantea esta figura es si más allá de una mera intermediación, asumen frente a un cargador, la condición de porteador y, sobre todo, si les puede ser aplicado el régimen de responsabilidad de aquel en caso de extravío o de pérdida total o parcial de la mercancía objeto del transporte.

1. Introducción

Decía el profesor Sánchez Calero que porteador es la persona que asume la realización del contrato de transporte, «todos los demás, son intermediarios»[1].

Aun cuando mantenemos la validez de esa definición, la contratación marítimo mercantil se caracteriza en la actualidad por la presencia de intermediarios entre porteadores y cargadores, entre fletantes y fletadores[2] .

La intermediación en la contratación no es una peculiaridad del tráfico marítimo mercantil, sino que es una constante en el ámbito negocial entre empresarios, al menos en la pequeña y mediana empresa[3].

La figura de un mediador en el transporte, el comisionista, aparecía ya en el artículo 232 del Código de comercio español de 1829[4], al que habitualmente conocemos como Código «Sáinz de Andino», antecedente de nuestro vigente Código de Comercio de 1885.

Como ha señalado la doctrina española, la consagración de los mediadores en el tráfico marítimo mercantil como los conocemos hoy en día, se sitúa a finales del siglo XIX, unido a las mejoras técnicas experimentadas en la industria de la navegación, el incremento del tráfico internacional de mercaderías y los avances comerciales; el empresario marítimo empieza a nece-

---

1 SÁNCHEZ CALERO, *El Contrato de Transporte Marítimo de Mercancías. Reglas de La Haya-Visby, Hamburgo y Rotterdam*, 2.ª ed, editorial Aranzadi-Thomson Reutters, Cizur Menor (Navarra), 2010, p. 160.

2 *Vid.* PENDÓN MELÉNDEZ, *La responsabilidad del consignatario del buque en el Derecho español*, ed. Gobierno Vasco, Bilbao, 2010, pp. 22 y 23; FERNÁNDEZ GUERRA, «Los contratos auxiliares de la navegación», en CAMPUZANO LAGUILLO y SANJUÁN MUÑOZ (Dirs.), *Comentarios a la Ley de Navegación Marítima*, ed. Tirant lo Blanch, Valencia, 2016, pp. 315 y 316; ARROYO MARTÍNEZ y RUEDA MARTÍNEZ, «Del contrato de consignación de buques: Artículo 324: Actuación como transitario», en ARROYO MARTÍNEZ y RUEDA MARTÍNEZ, *Comentarios a la Ley 14/2014, de 24 de julio, de navegación Marítima*, Cizur Menor, 2016, pp.. 1.017 a 1.019; BAENA BAENA, «El nuevo régimen jurídico del consignatario de buques y de su responsabilidad», en BAENA BAENA y LÓPEZ SANTANA (dirs.), AA. VV. *Estudios sobre la responsabilidad de los operadores de transporte en la Ley de Navegación Marítima*. ed- Aranzadi, Pamplona, 2017, pp. 364 y 365; BAENA BAENA, «La regulación del consignatario de buques. Estudio de la Ley de Navegación Marítima y del Derecho de formularios», *Revista de Derecho del Transporte. Terrestre. Marítimo. Aéreo y Multimodal*, núm. 20, 2017, pp. 11 a 46; BAENA BAENA, «La disciplina jurídica de la responsabilidad del consignatario de buques» en PETIT-LAVALL Y PUETZ (dirs.), *El transporte como motor del desarrollo socioeconómico*, Marcial Pons editores, 2018, pp. 181 a 195.

3 En la doctrina, *vid.*, por todos, ROJO, «La representación del empresario», en MENÉNDEZ Y ROJO (dirs.) AA. VV. *Lecciones de Derecho Mercantil*, Volumen I, 19.ª ed., Cizur Menor (Navarra), 2021, p. 217, quien señala que en el ámbito de la pequeña y mediana empresa «la mayoría de las relaciones jurídicas mercantiles no se establecen personalmente por el empresario, sino a través de representantes».

4 *Vid.* RUBIO GARCÍA-MINA, *Sainz de Andino y la Codificación Mercantil*, Madrid, 1958, pp. 142 y 143, en https://datos.bne.es/obra/XX2794177.html.

sitar auxiliares en tierra que realizaran las distintas tareas necesarias para la estancia del buque en puerto (trámites de despacho portuario, provisionistas, carga y descarga) antes de la llegada al mismo, por lo que estas funciones dejan de ser desempeñadas por el capitán pasando a ser realizadas por auxiliares apoderados del naviero como el consignatario y el transitario.

En una primera aproximación, el transitario puede ser definido como un intermediario que actúa entre el exportador o importador y las compañías transportistas, organizando y coordinando el transporte de mercancías de sus clientes. Ofrece servicios de transporte marítimo. El transitario dispone de servicios de logística y almacenaje, grupaje, transporte aéreo y terrestre[5]. El transitario puede gestionar la recogida, entrega, despacho de aduanas, almacenaje, embalaje, carga, estiba, seguro de transporte, pago de impuestos y tasas[6].

Una definición más precisa nos lleva a afirmar que el transitario es aquel empresario, persona física o jurídica que «interviene a requerimiento de sus clientes en la contratación de transportes. Pero, además, participa también en la organización y prestación de una serie muy amplia de servicios auxiliares y complementarios del transporte»[7].

La complejidad de funciones con que aparece esta figura en la práctica se evidencia en otras definiciones doctrinales: «empresarios que se dedican profesionalmente a la contratación de transportes por cuenta ajena, atendiendo a todo lo necesario para la estancia y expedición de las mercancías en el puerto de destino, origen o tránsito»[8].

Con frecuencia, el cliente del transitario requiere el transporte de pequeñas cantidades de carga, a menudo en un volumen o cantidad inferior a la capacidad de un contenedor, por lo que el transitario actúa como consolidador de cargas, permitiendo así disminuir los costes para el cliente[9].

Se configura así como un empresario de intermediación entre empresarios de transporte y personas que tienen una mercancía que transportar que opera en el ámbito del transporte de líneas regulares, normalmente en el transporte marítimo internacional y en el transporte multimodal.

---

5 Núñez y Davoli, «Las figuras del transitario y consignatario», https://timepx.blogspot.com/2015/11/las-figuras-del-transitario-y.html, publicado el 27 de noviembre de 2015.

6 «¿Qué es un agente de carga o transitario (freight forwarding)?», *CE Noticias Financieras*, Spanish ed.; Miami. 15 June 2020.

7 Llorente Gómez de Segura, «La regulación jurídico-privada de la actividad del transitario en el Derecho español. Un recordatorio», en *Estudios de Deusto: revista de Derecho Público*, vol. 55, Núm. 2, 2007, p. 158.

8 Ruiz Soroa, Zabaleta Sarásua y González Rodríguez, *Manual de Derecho del Transporte Marítimo*, Servicio Central de Publicaciones del Gobierno Vasco, Vitoria-Gasteiz, 2007, p. 386.

9 «¿Qué es un agente de carga o transitario (freight forwarding)?», cit.

La relevancia de la figura del transitario en la actualidad se evidencia en la existencia, desde 1926, de la Asociación Internacional de Transitarios, FIATA *(International Federation of Freight Forwarders Associations, Fédération Internationale des Associations de Transitaires et Assimilés)*, que engloba en la actualidad representantes de unas 40.000 empresas transitarias y de logística de transporte de distintos países[10].

Las funciones que asume el transitario frente a los cargadores llevan a plantear su condición de porteador y, en especial, su responsabilidad por daños a la mercancía transportada. En las conocidas como Reglas de Rotterdarm[11] el transitario resulta claramente englobable en el concepto de parte ejecutante marítima y el régimen de responsabilidad establecido para este en el articulado de las mismas[12]; sin embargo en el actual Derecho positivo español no resulta tan clara aquella calificación al menos en cuanto al concepto de porteador o asimilado, y queda sin aclarar la posible responsabilidad como tal al amparo de nuestra normativa; este último aspecto es el objeto de este trabajo a la luz de la jurisprudencia española.

2. Régimen jurídico del transitario en el derecho marítimo español

La doctrina que ha estudiado el estatuto jurídico del transitario coincide en señalar la ausencia de una regulación específica, al menos en el ámbito del Derecho marítimo, así como la necesidad de la misma[13].

Así se señala que los dos artículos que se vienen aplicando por analogía al transitario, ni siquiera parecen adecuados, al ser uno de ellos (artículo 275 del Código de comercio un artículo dedicado al contrato de comisión como representante del cargador, y «referido a un comisionista que no es de transporte» y el —entonces en vigor— artículo 379 del mismo Código por ser una norma de aplicación general al porteador contractual).

La Ley 16/1987, de 30 de julio, de Ordenación de los Transportes Terrestres (LOTT), «A los efectos de esta ley», considera transitarios «a las empresas especializadas en organizar, por cuenta ajena, transportes internacionales de

---

10 Https://fiata.org/about/

11 Convenio de las Naciones Unidas sobre el Contrato de Transporte Internacional de Mercancías Total o Parcialmente Marítimo (Nueva York, 2008) (https://uncitral.un.org/es/texts/transportgoods/conventions/rotterdam_rules).

12 El concepto de «parte ejecutante» se recoge en el artículo 1.6. de las citadas Reglas de Rotterdam.

13 *Vid.*, por todos, Ruiz Soroa, «Todavía a vueltas con el régimen de responsabilidad de los transitarios y consignatarios», *Revista de derecho del transporte: Terrestre, marítimo, aéreo y multimodal*, núm. 4, 2010, pp. 274 a 284.

mercancías, recibiendo mercancías como consignatarios o entregándolas a quienes hayan de transportarlas y, en su caso, realizando las gestiones administrativas, fiscales, aduaneras y logísticas inherentes a esa clase de transportes o intermediando en su contratación» (artículo 121 LOTT)[14], definición de la que destacamos su actuación «por cuenta ajena», pero —al mismo tiempo exige esta norma— en nombre propio (artículo 140, 31 LOTT)[15], Asimismo, artículo 197.36 del Real Decreto 1211/1990, de 28 de septiembre, por el que se aprueba el Reglamento de la Ley de Ordenación de los Transportes Terrestres[16]; la Ley 15/2009, de 11 de noviembre, del contrato de transporte terrestre de mercancías (LCTT)[17], en su artículo 5, apartado segundo, señala que «2. Los empresarios transportistas, las cooperativas de trabajo asociado dedicadas al transporte, las cooperativas de transportistas y sociedades de comercialización de transportes, los operadores y agencias de transporte, los transitarios, los almacenistas distribuidores, los operadores logísticos, así como cualesquiera otros que contraten habitualmente transportes o intermedien habitualmente en su contratación, sólo podrán contratarlos en nombre propio». En el apartado IV del Preámbulo de la LCTT se señala expresamente que pretende acogerse aquí la solución respecto a estos mediadores del transporte que aportaba el artículo 379 (derogado por la Disposición derogatoria única de la LCTT) del Código de comercio, que les imponía la actuación en nombre propio.

Queda así zanjada, al menos respecto del ámbito de aplicación de aquella normativa, la cuestión sobre el alcance del artículo 379 del Código de comercio que, para algún sector doctrinal, recogía un supuesto de comisión de transporte en el que se imponía al comisionista un deber legal de garantía a favor de su comitente[18] y quienes consideraban que el artículo 379 hacía referencia a la figura de un empresario de transporte que actuaba como porteador frente a su cliente, el cargador[19].

---

14 BOE núm. 182, de 31 de julio de 1987.

15 «Se reputarán infracciones muy graves [...] 31. La contratación de servicios de transporte terrestre de mercancías por parte de transportistas, agencias de transporte, *transitarios*, almacenistas distribuidores, operadores logísticos o cualquier otro profesional del *transporte incumpliendo la obligación de hacerlo en nombre propio*, así como la contratación de servicios públicos de transporte regular de viajeros de uso general en concepto de porteador por quien no se encuentre habilitado para ello» (énfasis añadido).

16 BOE núm. 241, de 8 de octubre de 1990.

17 BOE núm. 273, de 12 de noviembre de 1990.

18 *Vid.*, por todos, SÁNCHEZ CALERO y SÁNCHEZ-CALERO GUILARTE, *Instituciones de Derecho mercantil*, 29.ª ed., Madrid, 2006, pp. 213 y 438; RUIZ SOROA, ZABALETA SARÁSUA y GONZÁLEZ RODRÍGUEZ, *Manual de Derecho del Transporte Marítimo*, *cit.*, pp. 386 y 387, señalaba que «entre la calificación de "porteador" y la de mero intermediario irresponsable por ello de la ejecución del transporte, puede aplicarse en algunos casos la de comisionistas de transporte, tal como se regulan en el art. 379. del Código de comercio; es decir, con la consiguiente responsabilidad idéntica y cumulativa de la del transportista mismo».

19 *Vid.* DÍAZ MORENO, en JIMÉNEZ SÁNCHEZ (Coord.), *Derecho mercantil*, 11.ª ed., Barcelona 2006,

En el ámbito del transporte multimodal, cabe citar el Convenio de Ginebra de 24 de mayo de 1980 sobre transporte multimodal así como el Convenio de Viena de 1990 sobre operadores de terminales de transporte[20].

Por ello, la doctrina durante años sigue planteándose la naturaleza jurídica de la relación entre el transitario y su cliente, que podrá ser de comisión de transporte o de porteador, según se obligue a mediar en la organización del transporte o a realizar el transporte (con medios ajenos)[21].

La vigente Ley 14/2014, de 24 de julio, de Navegación Marítima[22] (LNM), en el Título IV, Capítulo II (Del contrato de fletamento), Sección novena («De la responsabilidad del porteador por pérdida, daños o retraso») hace referencia en el artículo 278 tanto al porteador contractual como al porteador efectivo, estableciendo un régimen de responsabilidad solidaria entre ambos[23]; indicando en el párrafo segundo respecto del porteador contractual: «2. En el primer caso estarán comprendidos los comisionistas de transportes, *tran-*

---

p. 613; igualmente, PADILLA GONZÁLEZ y CLAVERO TERNERO, «Transporte», en JIMÉNEZ SÁNCHEZ (Coord), *Lecciones de Derecho mercantil*, 11.ª ed., Madrid 2006, pp. 507 y 508; GARCÍA-AMIGO, «La relación contractual de transporte entre las agencias y sus usuarios: legislación y condiciones generales de la contratación», *Revista de Derecho Mercantil*, núm. 64, 1964, p. 311; SECO CARO, «El comisionista de transportes», *Revista de derecho Mercantil*, núm. 98, 1965, p. 237; LLORENTE GÓMEZ DE SEGURA, «La regulación jurídico-privada de la actividad del transitario en el Derecho español. Un recordatorio», *cit.,* pp. 164 y 165, con amplias referencias doctrinales; RUIZ SOROA, «Todavía a vueltas con el régimen de responsabilidad de los transitarios y consignatarios», *cit.,* pp. 274 a 284; MARTÍN CASTRO, «El empresario del transporte terrestre», en JIMÉNEZ SÁNCHEZ Y DÍAZ MORENO, en *Derecho Mercantil*, Vol. 8, *Transportes mercantiles*, 15.ª ed., Madrid-Barcelona-Buenos Aires- Sao Paulo, 2014, pp. 70 y 71.

20 *Vid.* sobre los mismos, MARTÍN CASTRO, «El empresario del transporte terrestre», *cit.,* pp. 70 y 71; LLORENTE GÓMEZ DE SEGURA, «El contrato de transporte multimodal internacional de mercancías» en CALVO CARAVACA Y FERNÁNDEZ DE LA GÁNDARA (dirs.) y BLANCO-MORALES LIMONES (Coord.), *Contratos internacionales*, Madrid 1997, pp. 583 a 648; MORÁN BOVIO, «La Unificación de responsabilidad de los empresarios de terminales de transporte (ETT) : una presentación», *Revista de Derecho Mercantil*, 1993, pp. 207 a 230; MORÁN BOVIO, «Responsabilidades en la terminal de transporte», en AA. VV., *El transporte terrestre nacional e internacional*, Cuadernos de Derecho Judicial, IX, 1997.

21 *Vid.* las consideraciones al respecto que se hacen en TOBÍO RIVAS, *Los transitarios en el transporte nacional e internacional: régimen jurídico privado*, Granada, 2008, pp. 1 a 423; TOBÍO RIVAS, «La responsabilidad del transitario tras la Ley de Navegación Marítima: ¿una cuestión abierta?», *Revista de Derecho del Transporte*, 2019, núm. 24, pp. 13 a 39; ARIAS VARONA, «Comentario de la Sentencia del Tribunal Supremo de 13 de septiembre de 2013 (4574/2013). Condición de porteador del transitario y aplicación del régimen aplicable al transporte marítimo en materia de prescripción», *Comentarios a las Sentencias de Unificación de Doctrina (Civil y Mercantil)*, Vol. 6: 2013-2014, pp. 763 a 776.

22 BOE núm. 180, de 25 de julio de 2014.

23 «La responsabilidad establecida en esta sección alcanza solidariamente tanto a quien se compromete a realizar el transporte como a quien lo realiza efectivamente con sus propios medios» (artículo 278.1 LNM).

sitarios y demás personas que se comprometan con el cargador a realizar el transporte por medio de otros [..]» (énfasis añadido).

En este artículo el legislador, dentro del ámbito de aplicación de la LNM, menciona expresamente al transitario como porteador contractual[24]; ahora bien, este precepto que pretende la protección del cargador estableciendo la responsabilidad de quién se ha comprometido con él a realizar el transporte de la mercancía[25]; pero esto no significa necesariamente que el transitario siempre sea porteador, ya que la LNM no define el concepto de transitario, ni establece cuál es la naturaleza de lo que podíamos llamar contrato de expedición, en definitiva no tipifica la relación contractual que mantiene el transitario con su cliente, por lo que difícilmente se puede establecer una causa única en la relación entre transitario y su contratante que sea asumir la obligación de transportar, lo que le convertiría en el porteador contractual. El tenor literal del citado precepto de la LNM engloba dentro del concepto de porteador contractual una serie de supuestos, ni siquiera con carácter taxativo[26] que permiten englobar figuras tan dispares como el transitario, el comisionista de transporte, e incluso figuras respecto de las cuales no hay un marco jurídico previo que permita calificar la naturaleza jurídica de las obligaciones asumidas como el supuesto, al que hacíamos referencia, del Operador de Transporte Multimodal (OTM)[27]. De hecho, ese tenor literal, «En el primer caso estarán comprendidos los comisionistas de transportes, transitarios y demás personas que se comprometan con el cargador a realizar el transporte», permite mantener que el transitario y esas demás personas, podrán ser considerados porteadores contractuales cuando «se comprometan», esto es, que no siempre asumen esa obligación contractual; del mismo modo que el propio precepto también incluye como porteador contractual a «los fletadores de un buque que contraten en la forma prevista en el artículo 207», esto es, que evidentemente los fletadores —salvo en ese supuesto de contratación en nombre propio de transportes en régimen de conocimiento de embarque con terceros— no tendrán esa consideración de porteador contractual[28].

24 *Vid*. comentario al respecto de Corte López, «La responsabilidad del porteador por pérdida, daños o retraso», en AA. VV. *Comentarios a la Ley de Navegación Marítima*, ed. Dykinson, Madrid, 2015, pp. 175 y 176.

25 Arroyo Martínez y Rueda Martínez, «Artículo 278: Porteador Contractual y porteador efectivo», en Arroyo Martínez y Rueda Martínez, *Comentarios a la Ley 14/2014, de 24 de julio, de navegación Marítima*, Cizur Menor, 2016, p. 906.

26 «En el primer caso estarán comprendidos los comisionistas de transportes, transitarios *y demás personas* que se comprometan con el cargador a realizar el transporte por medio de otros» (artículo 278.2 LNM; énfasis añadido).

27 Corte López, «La responsabilidad del porteador por pérdida, daños o retraso», en AA. VV. *Comentarios a la Ley de Navegación Marítima*, *cit.*, p. 176.

28 En el mismo sentido, Arroyo Martínez y Rueda Martínez, «Artículo 278: Porteador Contractual y porteador efectivo», *cit.*, p. 906.

La complejidad de la calificación de la naturaleza jurídica de la relación contractual del transitario con su cliente se evidencia en la Sentencia 125/2013 de la Audiencia Provincial de Cádiz, de 7 de mayo de 2013[29] en la que se mantiene lo siguiente: «El pacto existente entre las partes es un contrato atípico que participa como acertadamente declara la Juez de la instancia de un contrato de arrendamiento de servicios y de mandato, análogo al contrato de comisión y agencia de transportes. La parte demandante es un agente de transportes, transitario, que gestiona el trasporte internacional de mercaderías hasta ponerlas a disposición de la parte demandada en puerto determinado, y a fecha indicada con anterioridad, indicándole los días libres de demora para la recogida de la mercadería. La parte demandante en el Derecho Marítimo realiza la función de transitario de la mercadería, por cuenta de tercero, proyectando, coordinando y dirigiendo todas las operaciones para efectuar el transporte internacional de las mercaderías por cualquier medio, y presta los servicios complementarios necesarios para ultimar y llevar a buen fin las operaciones que le sean encomendadas. La diferencia del transitario con la comisión mercantil es el rasgo de permanencia de la relación contractual, pues la comisión denota temporalidad mientras que en la agencia de transportes y en el transitario las relaciones están configuradas como permanentes. La diferencia entre la agencia de transporte y el transitario viene determinada por lo que el transitario lleva a cabo una serie de trámites y operaciones, muchas de ellas de carácter técnico y profesional que realiza por su propia iniciativa y sin necesidad de expreso mandato de su cliente. El transitario no requiere instrucciones precisas y concretas, disponiendo de amplias libertades, debiendo tan solo atenerse a las instrucciones de destino de las mercaderías. Se trata "de cometidos mucho más amplios que lo que se encomienda a los agentes de transporte"». La Audiencia Provincial de Cádiz no se pronuncia sobre el régimen de responsabilidad aplicable al transitario, ya que se remite a la regulación del pago de demoras portuarias establecida en el contrato litigioso.

En el mismo sentido, se ha señalado que: «La calificación jurídica de esta figura por relación al contrato de transporte marítimo no es fácil de realizar con carácter general, dependiendo fundamentalmente de los rasgos concretos de su intervención en cada caso. En efecto, pueden merecer la calificación de "porteador" cuando hayan emitido sus propios conocimientos de embarque, a virtud de una previa relación de agencia o fletamento con el buque. O pueden ser calificados como meros intermediarios del transporte cuando se hayan limitado a acercar a cargador y porteador para que sean ellos quienes acuerden finalmente las condiciones contractuales del transporte»[30].

29 Cendo Roj: SAP CA 554/2013 - ECLI:ES:APCA:2013:554.

30 Ruiz Soroa, Zabaleta Sarásua y González Rodríguez, *Manual de Derecho del Transporte Marítimo*, *cit.*, p. 386.
En este sentido, creemos que puede interpretarse, en relación a las Reglas de La Haya-

Aun cuando consideramos que la afirmación sigue siendo cierta y que la práctica comparada evidencia supuestos en los que un transitario contrata el transporte de la mercancía de su cliente actuando en nombre ajeno, no parece que este sea el supuesto más frecuente en la actualidad. De hecho, en la doctrina posterior a la LNM se recoge la configuración del transitario como figura compleja, que puede ser reconducida a la figura de la intermediación del transporte, la Ley de Navegación Marítima: «En particular, se considera transitarios a las empresas especializadas recibiendo mercancías como consignatarios o entregándolas a quienes hayan de transportarlas y, en su caso, realizando las gestiones administrativas, fiscales, aduaneras y logísticas inherentes a esa clase de transportes o intermediando en su contratación»; pero matizando: «Y si atendemos a su forma de contratación observamos que los transitarios, como los demás intermediarios del transporte mencionados solo podrán contratar en nombre propio, tanto con el demandante del servicio como con el transportista que vaya a realizarlo»[31].

Como indicábamos, ningún artículo de la LNM tipifica el estatuto jurídico del empresario transitario ni las obligaciones que asume con su cliente, ya que la única referencia que aparece en este texto legal es el artículo 324 (posibilidad de que el consignatario de buques actúe como transitario)[32].

La complejidad de la figura del transitario se refleja en el artículo 336 de la LNM, en sede de manipulación portuaria de las mercancías: «Legitimación y acciones. La responsabilidad del operador portuario por daños o pérdidas de las mercancías manipuladas podrá ser exigida, en todo caso, por quien contrató con él las correspondientes operaciones. Además, el destinatario de las mercancías transportadas cuya manipulación haya sido asumida por el porteador, transitario o comisionista de transporte tendrá acción directa contra el operador para reclamar aquella responsabilidad, sin perjuicio de poder reclamarla también contra dicho porteador, transitario o comisionista». En este artículo se refleja la pluralidad de funciones que en la práctica puede

---

Visby, a Sánchez Calero, *El Contrato de Transporte Marítimo de Mercancías. Reglas de La Haya-Visby, Hamburgo y Rotterdam*, *cit.*, p. 160: «...a la hora de delimitar la figura del porteador [...] hemos de centrarla en la persona que asume el riesgo frente al cargador de trasladar unas mercancías de un lugar a otro. Sin olvidar el hecho de que en la ejecución de un determinado transporte marítimo —como sucede en otras clases de transportes que discurren por otros medios (terrestre o aéreo)— pueden participar no solo pluralidad de porteadores, sino otros intermediarios con diferentes funciones».

31 Campuzano Laguillo, «El consignatario de buques», en García Pita y Lastres, Quintáns Eiras, y Díaz de la Rosa (Dirs.), *El derecho marítimo de los nuevos tiempos*, 2018, pp. 504 y 505.

32 «Actuación como transitario .Cuando además de la consignación se lleven a cabo actuaciones como transitario o de otra naturaleza, a las obligaciones previstas para el consignatario se añadirán las propias de las prestaciones complementarias concretamente asumidas» (artículo 324 LNM).

asumir un transitario respecto de la mercancía de su cliente, y se distingue entre el porteador (no se especifica si contractual o efectivo) y el transitario.

Los artículos 211 y 212 así como el artículo 232 del Real Decreto Legislativo 2/2011, de 5 de septiembre, por el que se aprueba el Texto Refundido de la Ley de Puertos del Estado y de la Marina Mercante[33] configuran al transitario como representante de la mercancía, a efectos, respectivamente del pago de la tasa portuaria sobre la misma y por utilización de la zona de tránsito.

3. La responsabilidad del transitario en la jurisprudencia española

3.1. Jurisprudencia anterior a la Ley de Navegación Marítima

En relación a la responsabilidad del transitario cabe citar la Sentencia de la Audiencia Provincial de Santa Cruz de Tenerife, Sección primera, de 14 de enero de 2002[34], en la que se mantiene su responsabilidad como porteador, señalando que la función del transitario es la de organizar «... los transportes internacionales y en todo caso de aquellos que se efectúen en régimen de tránsito aduanero, caracterizándose tanto aquellas como éstos en principio por "contratar en nombre propio" tanto con el transportista como con el usuario o cargador, ocupando por tanto la posición de estos últimos frente al transportista y la de éste frente a aquéllos, de manera que según dicho precepto frente al cargador efectivo ocupa la posición de transportista...».

Asimismo, en relación a la responsabilidad del transitario, se pronuncia la Sección novena de la Audiencia Provincial de Valencia, en Sentencia de 10 de marzo de 2014[35], en la que —recogiendo pronunciamientos previos de diversos órganos juridiciales—, se analiza la figura del transitario marítimo y su responsabilidad El asunto que se plantea es la reclamación contra un transitario por el pago de «demoras» ya que —según la pretensión de la parte recurrente— «es un aspecto del flete, que se recoge en los conocimientos de embarque tal posibilidad de reclamación frente a todos, y, en definitiva, que también resulta así de la actual redacción del precepto que cita, en la Ley de Navegación Marítima, hoy vigente —no al tiempo de los hechos—».

---

33 BOE núm. 253, de 20 de octubre de 2011.

34 Cendo Roj: SAP TF 65/2002 - ECLI:ES:APTF:2002:65.

35 Cendo Roj: SAP V 1541/2014 - ECLI:ES:APV:2014:1541.

Señala el Tribunal que: «La Sentencia de la AP de Alicante de fecha 20 de octubre de 1999 (Pte. Sr. Segovia López) analiza la actividad y responsabilidades de quien actúa como transitario de transportes, en los siguientes términos: "El trabajo de una mercantil como mediador, comisionista o transitario de transportes, actividades todas ellas equiparadas jurisprudencial y legalmente arts. 244 y ss. del Código de Comercio, según SSTS de 26-1-1943 y 10-7-1984, merece el calificativo de obra de comisionista de transporte y con interés en el buen fin de la operación. Según la doctrina más autorizada la naturaleza jurídica de los transitarios es la de intermediarios entre los productores o exportadores de mercancías y los compradores, cuyo cometido básico consiste en planificar y evaluar a nivel de costes los movimientos de mercancías en los mercados extranjeros. Actúan en representación de los productores o exportadores, y negocian con uno o más armadores o porteadores marítimos o consignatarios de éstos, las condiciones del transporte de las mercancías, aparte de negociar con otras partes las demás condiciones requeridas, la documentación, gestión de trámites, contratación de transportistas terrestres, operadores portuarios, agentes de aduanas, etc. Sus funciones son claramente diferentes a las de los agentes consignatarios de buques, con quienes frecuentemente compiten en la localización y cierre de mercancías para su transporte. Los transitarios no representan por lo común a armador alguno, sino a productores o exportadores de carga cuyo transporte "de puerta a puerta" organizan, con el consiguiente alivio en el esfuerzo de organización y gestión de dichos productores y exportadores. Así pues, las obligaciones del transitario son mayores que la del porteador. Conforme con la Sentencia del Tribunal Supremo de 11 de octubre de 1986 que recoge la propia Sentencia recurrida, "dado que la comisión de transportes implica que el comisionista no se obliga a realizarlo por sí o por medio de sus dependientes, sino a contratarlo con un porteador o empresario que asume directamente la obligación de llevarlo a cabo; no tiene pues, el comisionista la condición de porteador, limitándose a cumplir la comisión, cuyo negocio ejecutivo es el contrato de transporte y no el transporte mismo, al recaer la realización de éste sobre el porteador efectivo, aunque nuestro Código, para proteger la posición del comitente, le permite dirigirse contra la persona del comisionista que es con quien él contrató, en vez de obligarle a buscar la responsabilidad de un porteador por él no elegido y conforme a otro contrato, el de transporte, cuyas condiciones tampoco él pactó, cláusula de garantía tácita e inderogable que impone al comisionista de transportes las mismas obligaciones y responsabilidades del porteador, subrogándose en su posición jurídica; según establece el artículo 397 citado". Y añade más adelante "... el transitario o comisionista del transporte, responde del buen fin del transporte, el cual finaliza con la entrega al consignatario de la carga de la cosa transportada, y para el transitario el transporte es de puerta a puerta, es decir debiéndose entregar al consignatario de la carga" ... "Ya hemos dicho que el transitario responde de todos los intermediarios, entre ellos el consignatario de buques, ... ", a lo que es de añadir que, como indica la Sentencia de la AP de Santa Cruz de Tenerife de 14 de enero de 2002, la función del transitario es la de organizar «... los transportes internacionales y en todo caso de aquellos que se efectúen en régimen de tránsito aduanero, caracterizándose tanto aquellas como éstos en principio por "contratar en nombre propio" tanto con el transportista como con el usuario o cargador, ocupando por tanto la posición de estos últimos frente al transportista y la de éste frente a aquéllos, de manera que según dicho precepto frente al cargador efectivo ocupa la posición de transportista..». Concluye el Tribunal absolviendo a la demandada, en su condición de mero transitario —no transportista— del pago de la cantidad requerida.

En un supuesto de hecho muy similar, en el mismo sentido, y recogiendo pronunciamientos de la citada Sentencia de la Audiencia Provincial de Valencia de 10 de marzo de 2014[36], se pronuncia la Sentencia de la Audiencia Provincial de Valencia de 21 de julio de 2015[37] si bien deja abierta la posibilidad de que en otros supuestos —cita un precedente judicial de Zaragoza, sin datos, y cuyas referencias de publicación no localizamos—, del análisis de los hechos resulte la responsabilidad del transitario como porteador[38]; «No se trata de reclamación de fletes, propiamente dicho —ya pagado previamente y todo incluido (*prepaid* y "*all in*")— sino de demoras por no recogida de la mercancía —supuesto distinto del analizado en la Sentencia de Zaragoza o en aquellos otros casos en que sí dependa la recogida de la entrega de los títulos al efecto en que pudiera intervenir, de algún modo el transitario—. La entidad aquí demandada con tal condición ni aparece en los títulos de transporte, ni venía obligada más allá del pago del transporte, ya producido con carácter previo. Razones económicas o de utilidad —falta de localización de la empresa vendedora u otras análogas— no pueden llevar a aplicar, a quien no tiene intervención en aquel documento, o extender la aplicación, de cláusulas que, aunque pudieran ser valoradas como habituales (cuestión que no vamos a analizar) no son obligatorias para dicha parte» (Fundamento jurídico segundo).

3.2. Sentencia del Tribunal Supremo 3139/2011, de 26 de mayo

En la STS 3139/2011, de 26 de mayo[39], el Tribunal Supremo, partiendo de la condición de porteador contractual del transitario, en un transporte marítimo, señala que otras obligaciones contractuales asumidas por la tran-

36 Cendo Roj: SAP V 1541/2014 - ECLI:ES:APV:2014:1541.

37 Cendo Roj: SAP V 3244/2015 - ECLI:ES:APV:2015:3244.

38 *Vid.* un resumen de esta jurisprudencia en CAMPUZANO LAGUILLO, «El consignatario de buques», *cit.,* pp. 505 y 506.

39 Cendo Roj: STS 3139/2011 - ECLI:ES:TS:2011:3139.

sitaria, en concreto el trincaje de la mercancía, estaban incluidas dentro de la responsabilidad como porteador y no implicaban una responsabilidad agravada: No obstante, la conjunción de las innovaciones tecnológicas con la creciente complejidad del transporte de mercaderías, ha puesto de manifiesto las ventajas de un tratamiento jurídico no fragmentado o segmentado, sino unitario de la operación en su conjunto, aunque en ella se empleen distintos modos o intervengan diversos sujetos. De esos factores dos concurren en el supuesto al que se refiere el recurso. Por un lado, el organizador, que contrata en nombre propio con el cargador la ejecución del transporte, el cual proyecta, organiza y controla, aunque no lo ejecute por sí, sino por medio de los llamados porteadores efectivos, con los que contrata también en nombre propio. Dicho organizador no sólo se obliga ante el cargador a la realización de todo el transporte, sino que, en lo que al recurso importa, asume la responsabilidad por la mercancía, desde el momento en que la recibe bajo su custodia, aunque fuera antes de ser entregada al porteador efectivo. Por otro lado, la implantación de la técnica del contenedor, que, al servir como embalaje y unidad de carga, facilita el transporte por varios modos, permitiendo la supresión del proceso de manipulación entre uno y otro. En nuestro sistema —el vigente cuando se interpuso la demanda: artículo 126, apartado 1, letra a), de la Ley 16/1987, de 30 de julio, que, aunque referido a los transportes terrestres, es aplicable a otros— los transitarios, cuando contratan en nombre propio, ocupan frente al cargador la posición de transportista. Y si el transporte se ejecuta con el empleo de distintos modos, como también ha sucedido en el caso, su responsabilidad se regirá —ante la ausencia de un régimen uniforme imperativo— por las normas que regulen la del porteador al que se equiparan y, en concreto, al que lo sea en la fase en que se produjo el hecho del que resulta el deber de indemnizar —sistema «de red» o «*network liability system*»—, como hoy establece expresamente el artículo 68 de la Ley 15/2009, de 11 de noviembre.

3.3. Sentencia del Tribunal Supremo 541/2013, de 13 de septiembre

En el supuesto objeto de esta resolución[40] la parte demandante hace constar que «se dedicaba a la ejecución de actividades auxiliares del transporte, como agencia de transportes o como transitaria» que había sido contratada por la demandada «en la referida condición de transitaria respecto de mercancías importadas por la misma desde el continente asiático. Que, en cumplimiento de ese contrato, (la demandante) contrató, a su vez, en su propio nombre, pero por cuenta de su cliente, la prestación por terceros de los servicios pertinentes para el transporte y la importación». La demandante alega que tiene relaciones habitua-

40 Sentencia del Tribunal Supremo, Sala de lo Civil, 541/2013, de 13 de septiembre (Roj STS 4574/2013 - ECLI:ES:TS:2013:4574).

les con la empresa naviera porteadora por lo que obtiene un descuento en el flete a cobrar, pero que esa diferencia de flete no debe repercutir en su cliente, quien debe pagar íntegramente el flete marcado por la naviera.

La parte demanda, alega que la demandante «había actuado como transitaria nacional, sin asumir responsabilidad alguna sobre el transporte marítimo, limitándose en cuanto al mismo a comunicarle las tarifas posibles y que, pese a ello, la demandante le había sobrefacturado los fletes».

Considera el Tribunal Supremo que la demandante asumió —por cuenta de su cliente— la función de organizadora y coordinadora de transportes internacionales de mercancías, encargándose no sólo de recibir la carga como consignataria y de realizar las gestiones administrativas, fiscales, aduaneras y logísticas complementarias, sino también de contratar en nombre propio el transporte marítimo. El Tribunal Supremo aplica el artículo 126, apartado 1, letra a), de la Ley 16/1987, que, al contratar el transporte, la transitaria pasa a ocupar frente a la demandada la posición de porteadora, no sólo a efectos de sus obligaciones y responsabilidades, sino también en cuanto a sus derechos —como también disponía el artículo 379 del Código de Comercio—. Mantiene el alto Tribunal que la demandante «no era comisionista, sino porteadora contractual». «Las alegaciones contenidas en los motivos segundo —en el que se destaca la actuación de la recurrente en la organización y coordinación de una compleja cadena logística de importación de mercancías—, tercero —en el que se afirma la diferencia existente entre porteador efectivo y comisionista de transportes—, cuarto —en el que se exige un tratamiento diferenciado de la reclamación de gastos y desembolsos respecto de la de los fletes—, quinto —en el que se pretende lo mismo respecto de la reclamación de la contraprestación o premio a que tiene derecho todo comisionista—, sexto —en el que se pone de manifiesto la multitud de prestaciones realizadas por la transitaria como organizadora y coordinadora de unas complejas operaciones de transporte internacional—, séptimo —en el que la recurrente insiste en la existencia de un contrato, en ningún caso negada por el Tribunal de apelación— y octavo —en el que, de nuevo, se señala la particularidad derivada de que la acción estuviera referida a fletes y a otros conceptos heterogéneos—, no bastan para declarar, respecto de quien estaba encargada de la organización del transporte y es calificada en la norma antes citada, por haber contratado aquel en su nombre, *una porteadora contractual*, mal aplicado el artículo 951 del Código de Comercio a una acción de cobro de fletes y de gastos inherentes a dicha compleja actividad» (énfasis añadido).

3.4. Jurisprudencia posterior a la Ley de Navegación Marítima

La Jurisprudencia posterior a la Ley de Navegación Marítima, coincide en señalar el carácter complejo del contrato que vincula al transitario con su cliente; si bien en un primer momento recurre a la calificación de comisionista de transporte (con base en una jurisprudencia anterior, en concreto las Sentencias del Tribunal Supremo de 26 de enero de 1943, de 10 de julio de 1984 y de 11 de octubre de 1986), al amparo del artículo 278 LNM, aplica el régimen de responsabilidad solidaria entre el porteador contractual (transitario) y el porteador efectivo.

En este sentido, se pronuncia el Juzgado de lo Mercantil número 2 de Bilbao, en Sentencia de fecha 20 de diciembre de 2017[41], reproduciendo y citando la Sentencia de la Audiencia Provincial de Alicante de 20 de octubre de 1999: «El trabajo de una mercantil como mediador, comisionista o transitario de transportes, actividades todas ellas equiparadas jurisprudencial y legalmente, arts. 244 y ss. del Código de Comercio, según SSTS de 26-1-1943 y 10-7-1984, merece el calificativo de obra de comisionista de transporte y con interés en el buen fin de la operación. Según la doctrina más autorizada la naturaleza jurídica de los transitarios es la de intermediarios entre los productores o exportadores de mercancías y los compradores, cuyo cometido básico consiste en planificar y evaluar a nivel de costes los movimientos de mercancías en los mercados extranjeros. Actúan en representación de los productores o exportadores, y negocian con uno o más armadores o porteadores marítimos o consignatarios de éstos, las condiciones del transporte de las mercancías, aparte de negociar con otras partes las demás condiciones requeridas, la documentación, gestión de trámites, contratación de transportistas terrestres, operadores portuarios, agentes de aduanas, etc. Sus funciones son claramente diferentes a las de los agentes consignatarios de buques, con quienes frecuentemente compiten en la localización y cierre de mercancías para su transporte. Los transitarios no representan por lo común a armador alguno, sino a productores o exportadores de carga cuyo transporte "de puerta a puerta" organizan, con el consiguiente alivio en el esfuerzo de organización y gestión de dichos productores y exportadores. Así pues, las obligaciones del transitario son mayores que la del porteador. Conforme con la Sentencia del Tribunal Supremo de 11 de octubre de 1986 que recoge la propia Sentencia recurrida, ´dado que la comisión de transportes implica que el comisionista no se obliga a realizarlo por sí o por medio de sus dependientes, sino a contratarlo con un porteador o empresario que asume directamente la obligación de llevarlo a cabo; no tiene pues, el comisionista la condición de porteador, limitándose a cumplir la comisión, cuyo negocio ejecutivo es el contrato de transporte y no el transporte mismo, al recaer la realización de éste sobre el porteador efectivo, aunque nuestro Código, para proteger la posición del comitente, le permite dirigirse contra la persona del comisionista que es con quien él contrató, en vez de obligarle a buscar la responsabilidad de un porteador por él no elegido y conforme a otro contrato, el de transporte, cuyas condiciones tampoco él pactó, cláusula de garantía tácita e inderogable que impone al comisionista de transportes las mismas

41 SJM BI 1098/2017 - ECLI:ES:JMBI:2017:1098.

obligaciones y responsabilidades del porteador, subrogándose en su posición jurídica; según establece el artículo 397 citado»; .y, con referencia expresa al fundamento jurídico segundo de la Sentencia 25/2017 de la Audiencia Provincial de Cádiz, Sección Quinta, de 13 de enero de 2017[42].

En esta misma línea, de identificación entre transitario y porteador contractual, parece situarse la Sentencia de la Audiencia Provincial de Málaga de 29 de septiembre de 2017[43], en la que si bien sin ningún análisis previo respecto de la figura del transitario, hace referencia a una relación jurídica «más intensa o estrecha que la que existe entre el porteador contratante, el transitario o la agencia de transporte con los porteadores subcontratados». La Sentencia 1307/2019 de la Audiencia Provincial de Valencia de 18 de noviembre de 2019[44], citando el Auto 324/2017 de la Audiencia Provincial de Pontevedra de 16 de octubre de 2017[45], mantiene la aplicación del régimen de responsabilidad solidaria del porteador efectivo al transitario. En la misma línea, aplicar la responsabilidad del porteador contractual al transitario, se pronuncia la Sentencia 244/2022 de la Audiencia Provincial de Cádiz de 17 de marzo de 2022[46].

La complejidad de las funciones asumidas por el transitario, así como la necesidad de un cuidadoso examen de cada caso para determinar su régimen de responsabilidad como transitario, se evidencia en la citada Sentencia de

---

42 «Recuérdese que la figura del "transitario" alude a quien, como empresario, se dedica en nombre propio a prestar servicios de intermediación en el transporte internacional de mercancías, entre el exportador o importador y las compañías de transporte, organizando el enlace entre los distintos transportistas para garantizar la continuidad del transporte a través de distintos medios o modos, y coordinando las operaciones administrativas relacionadas con el transporte internacional (trámites fiscales, aduaneros o sanitarios, créditos documentarios, seguros...). Su posición es análoga a las agencias de transporte: cargador frente al transportista, y transportista frente al cargador, asumiendo los derechos y obligaciones inherentes a ambas partes." Actualmente, el art. 278 LNM se refiere al porteador contractual y al porteador efectivo para extender a ambos de forma solidaria la responsabilidad establecida en la sección, comprendiendo en el primer caso a los transitarios. En este caso, la condición de transitario de la demandada resulta del doc.1 de la demanda antes referido y del doc. 4 T de la contestación, conocimiento de embarque emitido por el agente del porteador efectivo, en el que figura la demandada como cargador. En definitiva, de la documentación resulta la posición de transitario de la demandada y de cargador efectivo de la demandante, razón por la cual debe reconocerse la legitimación activa de esta última para accionar por responsabilidad contractual».
La Sentencia de la Audiencia Provincial de Cádiz 25/2017, Sección Quinta, de 13 de enero de 2017 aparece publicada en Cendo (referencia de publicación SAP CA 27/2017 - ECLI:ES:APCA:2017:27) si bien no hemos localizado publicado en Cendo literalmente ese contenido del fundamento jurídico segundo; tampoco en las bases de datos V-Lex y Aranzadi donde se recoge esta Sentencia..

43 Cendo Roj: SAP MA 3360/2017 - ECLI:ES:APMA:2017:3360.

44 Cendo Roj: AAP V 4632/2019 - ECLI:ES:APV:2019:4632A.

45 Cendo Roj: AAP PO 3336/2017- ECLI:ES:APPO:2017:3336.

46 Cendo Roj: SAP CA 404/2022 - ECLI:ES:APCA:2022:404.

la Audiencia Provincial de Santa Cruz de Tenerife, Sección primera, de 14 de enero de 2002[47]: «hay que partir de la última consideración transcrita de la parte apelada; ésta ha acumulado una serie de funciones en concordancia con los distintos tipos de relación que le une con la demandada (como comisionista o transitario y como agente de aduanas); es decir, no se trata de una relación jurídica única pero compleja y de la que se deriven varias obligaciones, sino de varias relaciones jurídicas cada una de las cuales impone una serie de obligaciones y funciones, con sus peculiaridades y con régimen jurídico diverso».

En esta línea, la Sentencia 25/2017, de la Audiencia Provincial de Cádiz, Sección Quinta, de 13 de enero de 2017, a la que hacíamos referencia previamente[48], muestra claramente la confusión que suscita la figura jurídica del empresario transitario, al señalar en el Fundamento Jurídico Tercero, como la parte actora manifiesta que la actuación de la demandada «en cuanto al referido transporte *fue la de una auténtica comisionista, mediador o transitaria* por lo que responde solidariamente de las obligaciones del porteador como si ella misma hubiera realizado el transporte» (énfasis añadido), si bien el Tribunal considera que en este caso las obligaciones de la demandada comienzan «con la llegada del buque al puerto», «y se limita a la tramitación de la documentación del despacho de Aduanas de la mercancía transportada», y que de la documentación presentada se deduce «sin lugar a dudas, que el cargador fue otra entidad distinta» así como «quien realizó el embarque y transporte de los remolques y las mercancías que los mismos contenían».

En los pronunciamientos judiciales más recientes, sin embargo, parece consolidarse la idea del transitario como porteador o, con más precisión, la aplicación del régimen de responsabilidad de este al transitario.

En este sentido, la Sentencia de la Audiencia Provincial de Valencia de 11 de octubre de 2022[49], reproduciendo considerandos de la Sentencia 348/2011, de 26 de mayo[50] y de la Sentencia número 566/2019 de la Audiencia Provincial de Castellón de 18 de noviembre de 2019[51], distingue entre transitario y agente de transportes[52], señalando que: «El transitario se encarga de gestionar

47 Cendo Roj: SAP TF 65/2002 - ECLI:ES:APTF:2002:65.

48 *Vid.* referencia de publicación *supra*, en nota a pie 42..

49 Cendo Roj: SAP V 3317/2022 - ECLI:ES:APV:2022:3317.

50 Cendo Roj: STS 3139/2011 – ECLI:ES:TS:2011:3139.

51 Cendo Roj: SAP CS 338/2019 - ECLI:ES:APCS:2019:338.

52 En contra se encuentran precedentes con base en la normativa anterior a la Ley de Navegación Marítima: «La Sentencia de la Sección 15 de Barcelona, de 5 de julio de 2018 (SAP B 6478/18, ECLI: ES: APB: 2018:6478) invocada por la Sentencia de esta Sección Novena de 13 de noviembre de 2018 (SAP V 5239/2018- ECLI:ES:APV:2018:5239) en cuanto a la responsabilidad de las entidades transitarias indica lo que sigue:
Las entidades transitarias, no reguladas en nuestro Derecho con respecto al transporte marítimo, tienen su regulación en la Ley 15/2009, de 11 de noviembre, de Transporte Terrestre, que dispone en su art. 5.2 que, los transitarios sólo podrán contratar en nombre

la prestación de los servicios necesarios para el traslado de las mercancías del lugar de origen al de destino» y que su responsabilidad «es la "regulada en los artículos 277 y ss. de la Ley de Navegación Marítima, que hacen responsable al porteador de todo daño o pérdida de las mercancías, así como del retraso en su entrega, sin que tengan efecto las cláusulas contractuales que pretendan directa o indirectamente atenuar o anular aquella responsabilidad en perjuicio del titular del derecho a recibir las mercancías (art. 277.1), siendo esta responsabilidad, que abarca desde que se hace cargo de las mismas en el puerto de origen hasta que las pone a disposición del destinatario o persona designada

---

propio, (en este sentido también Sentencia de este mismo Tribunal de fecha 23 de enero de 2007 (SAP B 2049/2007). Se trata de un operador de transporte que, aun cuando contrata y organiza las relaciones entre cargadores y porteadores, es considerado que contrata en nombre propio, esto es, que son cargadores o transportistas efectivos. Su posición como subrogado en el lugar de los porteadores ha tenido un reflejo jurisprudencial, entre otras, en la STS de2 de febrero de 1998 En derecho marítimo tal figura es llamada porteador no operador de buque *(non vessel operating common carrier)* que se caracteriza por ser un empresario marítimo que sin poseer flota propia promete a los titulares de la carga entregar las mercancías a su destino. Las Reglas de Hamburgo de 1978 (Convenio de las Naciones Unidas sobre el Transporte Marítimo) que, aunque no resulten de aplicación en las presentes actuaciones sí gozan de un innegable carácter orientativo, distinguen entre porteador y porteador efectivo siendo el primero aquel que celebra, por si o por medio de otra persona, un contrato de transporte marítimo de mercancías con un cargador mientras que el porteador efectivo es aquel a quien el porteador ha encomendado la ejecución del transporte, así como cualquier persona a quien se ha encomendado esa ejecución.

El " transitario" se dedica en nombre propio a prestar servicios de intermediación en el transporte internacional de mercancías, entre el exportador o importador y las compañías de transporte, organizando el enlace entre los distintos transportistas para garantizar la continuidad del transporte a través de distintos medios o modos, y coordinando las operaciones administrativas relacionadas con el transporte internacional (trámites fiscales, aduaneros o sanitarios, créditos documentarios, seguros...). *Su posición es análoga a las agencias de transporte*: cargador frente al transportista, y transportista frente al cargador, asumiendo los derechos y obligaciones inherentes a ambas partes" (énfasis añadido).

Asimismo que el transitario es —a tenor de los arts. 1 y 126 de la Ley 16/1987, de 30 de julio de Ordenación de los Transportes Terrestres; del art. 167 del Reglamento de la anterior ley, aprobado por Real Decreto 1211/1990, de 28 de septiembre(RCL 1990 072)—, un auxiliar del transporte, intermediario y organizador de transportes internacionales, un operador de transporte de mercancías, transportista de un cargador, asimilados a agentes de transportes, depositarios o almacenistas de mercancías procedentes de transporte, en definitiva realizador de actividades varias y similares en este orden auxiliar [Sentencias citadas en la Sentencia del Juzgado de lo Mercantil de Tarragona de 28 de julio de 2023 (JM T 2033/2023)]».

La Sentencia del Juzgado de lo Mercantil número 1 de Tarragona de 29 de junio de 2023 (Cendo Roj: SJM T 1524/2023 - ECLI:ES:JMT:2023:1524), identifica al transitario con un intermediador en el transporte: *«Operador de transporte de mercancías es el titular de una empresa que, ya sea bajo la denominación comercial de agencia de transporte, transitario, almacenista-distribuidor u operador logístico, se dedica a intermediar en la contratación del transporte de mercancías, actuando como organización interpuesta entre los cargadores y los porteadores que contrata en nombre propio tanto con los unos como con los otros»*, si bien se refiere al transporte terrestre sometido a una legislación distinta al transitario del ámbito marítimo.

por este en el puerto de destino (art. 279) exigible, de forma solidaria, tanto a quien se compromete a realizar el transporte como a quien lo realiza efectivamente con sus propios medios (art. 278.1), considerándose comprendidos en la primera categoría (porteador contractual) los comisionistas de transportes, transitarios y demás personas que se comprometan con el cargador a realizar el transporte por medio de otros (art. 278.2), sin perjuicio del derecho que se reconoce al porteador contractual a repetir contra el porteador efectivo las indemnizaciones satisfechas en virtud de la responsabilidad que para él se establece en este artículo (279.4)»; ello sin perjuicio de otras cantidades que pueda reclamar el transitario a su cliente en función de la relación contractual que les vincule[53].

La aplicación del régimen del porteador contractual al transitario que hace la vigente Ley de Navegación Marítima no está exenta de dificultades en su aplicación práctica.

La doctrina plantea el derecho del transitario a acogerse a los límites de responsabilidad establecidos para el porteador marítimo, en concreto el Convenio de Londres sobre limitación de responsabilidad por créditos marítimos[54], al que se remite el artículo 392 de la Ley de Navegación Marítima, El artículo 1 de este Convenio recoge el derecho a limitar la responsabilidad del «propietario» del buque (con las excepciones recogidas en el artículo 3) entendiendo como propietario «el propietario, el fletador, el gestor naval y el armador de un buque de navegación marítima» (párrafo segundo del artículo 1 LNM). El tenor literal de este artículo supone que el transitario no puede acogerse a derecho a limitar su responsabilidad como porteador, salvo en el supuesto de que, además de transitario, aparezca como «fletador» del buque en el que se lleva a cabo el transporte, supuesto este que no resulta frecuente ya que lo normal es que el transitario se limite a contratar los servicios de una línea regular que sea ésta quien realice en el envío de las mercancías sin asumir ningún tipo de control o disponibilidad sobre el buque, como corresponde al fletador; ahora bien, sí podría acogerse al derecho de limitación de responsabilidad que la normativa nacional e internacional contempla para el porteador (Ley de Navegación Marítima, Reglas de La Haya-Visby..)[55].

Otro aspecto problemático se plantea en relación al párrafo segundo del artículo 278 LNM (derecho de repetición del transitario como porteador con-

53 La Sentencia del Juzgado de lo Mercantil número 11 de Barcelona de 2 de octubre de 2023 (Cendo Roj: SJM B 3984/2023 - ECLI:ES:JMB:2023:3984) reconoce el derecho al cobro de los «servicios de transporte» o «servicios de transitario» prestados por este a la demandada.

54 Instrumento de ratificación por España con fecha 18 de diciembre de 1986 (BOE núm. 310, de 27 de diciembre de 1986).

55 *Vid*. las consideraciones que al respecto se hacen en Emparanza, «La responsabilidad del transitario en el transporte marítimo tras la promulgación de la ley de navegación marítima», en García Pita y Lastres, Quintáns Eiras, y Díaz de la Rosa (Dirs.), *El derecho marítimo de los nuevos tiempos*, 2018, pp. 657 y 658.

tractual frente al porteador efectivo) ya que puede darse el caso de que el transitario tenga que responder más gravosamente frente a su cliente de lo que frente a él responde el porteador marítimo causante directo del daño en las mercancías, ya que puede plantearse que el transitario pacte con el naviero, por exigencias de éste, un régimen de responsabilidad específico por el que este último responda de los daños que se produzcan durante el envío marítimo, conforme a un régimen no sea coincidente con el de las Reglas de La Haya Visby o la Ley de Navegación Marítima[56].

4. Consideraciones finales

En la actualidad, puede mantenerse la necesidad reiterada por la doctrina de una regulación específica del transitario en el Derecho español, al menos (con independencia de las variadas funciones relacionadas con su actividad) en cuanto a la cuestión principal de la definición legal de esta figura, de su naturaleza jurídica, y del régimen de responsabilidad aplicable por daños a la mercancía.

En ausencia de esta regulación la jurisprudencia viene manteniendo en ocasiones su naturaleza de intermediario y en otras la de porteador[57], en una solución similar a la que viene manteniendo en relación al transitario en el contrato de transporte terrestre[58].

Se trata, como viene haciendo nuestra jurisprudencia, de una tarea delicada que no debe llevar sin más a considerar porteador al transitario frente a su cliente[59], sino que caso por caso, a la luz del contenido del contrato y de las

56 *Cfr.* EMPARANZA, «La responsabilidad del transitario en el transporte marítimo tras la promulgación de la ley de navegación marítima», *cit.,* pp. 653 a 655; *vid.*, asimismo, en referencia al régimen anterior a la entrada en vigor de la Ley de Navegación Marítima, RUIZ SORA, «todavía a vueltas con el régimen de responsabilidad de los transitarios y consignatarios», *cit.,* pp. 280 y 281.

57 Señala EMPARANZA, «La responsabilidad del transitario en el transporte marítimo tras la promulgación de la Ley de Navegación Marítima», pp. 646 y 647, que «Por una parte, en la LNM a diferencia del art. 5 LCTTM, no se establece la presunción de que el transitario siempre actúa en nombre propio dentro de los sujetos que revisten la condición de porteador marítimo», lo que plantea la duda de si «es posible que le transitario pueda actuar en el tráfico marítimo como intermediario, es decir, contratando por cuenta ajena y no siendo, por tanto, calificado como porteador, sino como mero comisionista no responsable de los daños causados por el transporte marítimo», si bien se pronuncia en contra de esta posibilidad.

58 *Vid.* las consideraciones que se hacen en LÓPEZ RUEDA, *El régimen jurídico de la carga y descarga en el transporte de mercancías (terrestre, marítimo, aéreo y multimodal)*, Vitoria-Gasteiz, 2005.

59 Compartimos aquí las consideraciones de BAENA BAENA, «El nuevo régimen jurídico del consignatario de buques y de su responsabilidad», *cit.,* p. 391 en relación al régimen de responsabilidad del consignatario del buque en la jurisprudencia anterior a la LNM: «Se atendía así al interés práctico de sostener la responsabilidad personal del consignatario del buque, pues suponía contar con un responsable próximo, normalmente con solvencia y bienes conocidos con domicilio en el mismo Estado que el destinatario de la carga, en lugar de tener que recla-

obligaciones asumidas por el transitario, determine si nos encontramos ante un verdadero porteador (siquiera contractual) o un mero intermediario en la organización del transporte solicitado por su cliente[60], cuestión que también se plantea en el Derecho comparado[61].

mar a un porteador marítimo de difícil identificación y en ocasiones extranjero»; *vid.* también, BAENA BAENA, «La regulación del consignatario de buques. Estudio de la Ley de Navegación Marítima y del Derecho de formularios», cit.; BAENA BAENA, «La disciplina jurídica de la responsabilidad del consignatario de buques», cit.; y HILL PRADOS, «El agente consignatario de buques y la problemática planteada ante la ausencia de una regulación específica aplicable», en IGLESIAS PRADA (Dir.), *Estudios jurídicos en homenaje al profesor Aurelio Menéndez*, Vol. 3, ed. Civitas, Madrid, 1996, pp. 3.852 y 3.853.

60 En este sentido parece especialmente relevante la Sentencia 334/2023 de la Audiencia Provincial de Valencia de 7 de junio de 2023 (SAP V 1825/2023 - ECLI:ES:APV:2023:182): Esta Sala ha valorado con anterioridad que el cargador debe ser responsable en supuestos de demoras (así en Sentencia de 21 de julio de 2015, en rollo 308/15 en que se invoca, a su vez la de 10 de marzo de2014 (SAP V 1541/2014) Sentencia: 76/2014 | Recurso: 851/2013 |; «En cualquier caso, los hechos analizados en ambas resoluciones no son coincidentes y corresponden a un momento anterior a la entrada en vigor de la LNM, y las circunstancias específicas tenidas en cuenta en aquel momento no cabe extrapolarlas, sin más, a cualquier otro asunto similar, que no idéntico. Además, en Sentencia de la Sentencia sección 9 del 21 de diciembre de 2016 (Roj: SAPV 4022/2016 - ECLI:ES:APV:2016:4022) Sentencia: 993/2016 Recurso: 2030/2016, Ponente: PURIFICACIONMARTORELL ZULUETA sí expusimos que: ´Esta Sección de la Audiencia de Valencia, se ha pronunciado en diversas ocasiones en torno a la responsabilidad del transitario respecto a la reclamación de las demoras, apreciando que no le compete soportar el importe de las mismas, en situaciones en las que no tiene la posibilidad de acceder a la mercancía. Así se desprende de la Sentencias de 10 de marzo de 2014 (Roj: SAP V 1541/2014- ECLI:ES:APV:2014:154 , Pte. Sra Gaitón Redondo), o de la de 21 de julio de 2015 (Roj: SAP V 3244/2015;Pte. Sra. Andrés Cuenca) en las que con cita de la Sentencia de la Audiencia Provincial de Alicante de 20 de octubre de 1999 , la del Tribunal Supremo de 11 de octubre de 1986 y la de la Audiencia de Tenerife de 14 de enero de 2002 , se confirman los pronunciamientos absolutorios dictados en la instancia respecto del transitario al considerar que "la entidad actora está reclamando no por el concepto de fletes o cualquier otro relativo al transporte marítimo realizado, —lo que ha de ponerse en relación con el hecho de que la responsabilidad solidaria del transitario respecto de su comitente permite garantizar las posibilidades de cobro por parte del efectivo porteador—, sino por los conceptos de demoras y demás gastos asociados a la destrucción de la mercancía que finalmente hubo de acordarse; el segundo dato, en directa relación con el anterior, es que el obligado al pago de tales gastos es, obviamente, el propietario de la mercancía en tanto los mismos no son consecuencia del transporte realizado...´ Más recientemente en la Sentencia de 5 de octubre de 2016 , en un supuesto en el que la transitaria no aparecía en el conocimiento de embarque ni como cargador ni como destinatario, se mantuvo el mismo criterio apuntado en las resoluciones precedentes y de la de 22 de julio de 2015 en el mismo sentido, afirmando que la Sala ha adoptado una línea interpretativa para estos casos " estimando que la transitaria, no interviniente en el conocimiento de embarque ni poseedora de tal título, no responde frente a la naviera (porteadora) de los gastos por demora ocasionados por causa que no le resulta imputable ." Por tanto, consideramos pertinente que responda asimismo por los gastos de demora producidos, en cuanto le vinculan las cláusulas contenidas en los conocimientos de embarque, además de la por las circunstancias concretas concurrentes, ya expuestas».

61 En el Derecho norteamericano, a la luz de la reciente reforma de la Ley de Transporte Marítimo (OSRA 2022), la Asociación Internacional de Transitarios (FIATA), en un docu-

Sin olvidar que, en la pluralidad de funciones asumidas por los transitarios, pueden haber sido históricamente e incluso en la actualidad puedan considerarse colaboradores independientes del naviero[62]. Y que en otros casos nos encontraremos con un consignatario del buque que, además de esta función, asuma para su cliente tareas propias de un transitario, en cuyo caso entraremos en el ámbito del artículo 324 LNM, por lo que se aplicará el régimen jurídico del consignatario del buque y —según el tenor literal de este precepto legal— «las prestaciones complementarias concretamente asumidas»[63], en el que se evidencia por una parte, la complejidad que puede presentar la práctica marítimo mercantil (consignatario del buque desempeñando funciones de transitario; transitario que asume la manipulación de la carga y/o descarga de la mercancía ex artículo 336 LNM)[64], sino, además, la inexistencia de una tipificación previa de cuáles sean esas tareas asumidas como transitario («prestaciones complementarias concretamente asumidas» según el artículo 324 LNM). En este sentido, cabe concluir citando la Sentencia 13/2019 de la Audiencia Provincial de Melilla, Sección Séptima, de 6 de febrero de 2019[65]. en la que se señala, en el Fundamento Jurídico Primero que la demandante-apelante es «una empresa transitaria que se dedica a gestionar el transporte marítimo de mercancías por cuenta de otras personas y/o entidades», en este caso, «actuando por cuenta y beneficio de una tercera persona, encargó el transporte de determinada mercancía —dos contenedores— que fue traída hasta Melilla por la transportista»; la labor del consignatario «finaliza su cometido cuando el contenedor es depositado en puerto, siendo de cuenta del destinatario —por medio del transitario correspondiente— cumplimentar los requisitos para poder «levantar» la mercancía, cargándola en el transporte terrestre correspondiente» y —considera

---

mento explicativo de las mismas, parece distinguir entre el porteador y el transitario: *«It also prohibits common ocean carriers, marine terminal operators, or ocean transportation intermediaries from unreasonably refusing cargo space when available or resorting to other unfair or unjustly discriminatory and retaliatory methods»*.

62 Baena Baena, «El nuevo régimen jurídico del consignatario de buques y de su responsabilidad», *cit.*, p. 364; Baena Baena, «La regulación del consignatario de buques. Estudio de la Ley de Navegación Marítima y del Derecho de formularios», cit.; Baena Baena, «La disciplina jurídica de la responsabilidad del consignatario de buques», cit.

63 *Vid.* las consideraciones que al respecto de este supuesto, consignatario del buque y transitario, se hacen en Campuzano Laguillo, «El contrato de consignación de buques», en Emparanza Sobejano y Martín Osante (Dirs.), *Ley de Navegación Marítima: balance de su aplicación práctica*, ed. Marcial Pons, Madrid, 2019, pp. 440 a 442.

64 Puede citarse al respecto un relativamente reciente pronunciamiento judicial, la Sentenciade la *Cour d'Appel* de Papeete de 27 de mayo de 2002 (*vid.* en extracto en Delebecque, «Le Droit posit français en 2021», *Le Doit Maritime Français*, núm. 26, 2022, pp. 66 y 67): *«La distinction entre l'activité de commissionaire et de transitaire est souvent mise à l'pruebe. Il faut dire que les intérets d'une telle distinction sont loin d'etre négligeables, en termes de respponsabilité ou encore de prescripition []. C'est touteois à l'intermediarie qui agit de prouver que son intervention a présenté les caractéristiques d'une prestation de transitaire»*.

65 Cendo Roj: SAP ML 19/2019 - ECLI:ES:APML:2019:19.

la Audiencia Provincial— que esta obligación se ha cumplido por lo que no procede la responsabilidad de la transitaria y sí su derecho a recibir el reintegro de las cantidades abonadas en concepto de demoras[66].

Ello sin olvidar que, como adelantábamos, en la práctica actual el transitario aparece generalmente vinculado al transporte multimodal donde asume la obligación de transportar la mercancía de su cliente, emitiendo el documento de transporte multimodal y por tanto, debe incluirse —en la línea de la LNM— como porteador contractual asumiendo la responsabilidad como tal, según se recoge en un reciente pronunciamiento judicial[67]; sin obviar que, en algún supuesto concreto, pueda llegarse a una solución distinta.

5. Bibliografía y webgrafía

Bibliografía

Arias Varona, Francisco Javier: «Comentario de la Sentencia del Tribunal Supremo de 13 de septiembre de 2013 (4574/2013). Condición de porteador del transitario y aplicación del régimen aplicable al transporte marítimo en materia de prescripción», *Comentarios a las Sentencias de Unificación de Doctrina (Civil y Mercantil)*, Vol. 6: 2013-2014, pp. 763 a 776.

Arroyo Martínez Ignacio y **Rueda Martínez, José Alejo**: «Artículo 278: Porteador Contractual y porteador efectivo», en Arroyo Martínez, Ignacio y Rueda Martínez, José Alejo, *Comentarios a la Ley 14/2014, de 24 de julio, de Navegación Marítima*, Cizur Menor, 2016, pp. 905 y 906.

Arroyo Martínez Ignacio y **Rueda Martínez, José Alejo**: «Del contrato de consignación de buques. Artículo 324: Actuación como transitario», en Arroyo Martínez, Ignacio y Rueda Martínez, José Alejo, Comentarios a la Ley 14/2014, de 24 de julio, de navegación Marítima, Cizur Menor, 2016, pp. 1.017 a 1.028

66 La Sentencia del Juzgado de lo Mercantil número 11 de Barcelona de 2 de octubre de 2023 (Cendo Roj: SJM B 3984/2023 - ECLI:ES:JMB:2023:3984) hace referencia a los «servicios de transporte» o «servicios de transitario».

67 «El contrato de transporte multimodal entre un expedidor y un operador se plasma en un único documento de transporte multimodal que emite generalmente un transitario y que cubre toda la cadena logística y los diferentes modos de transporte que se utilicen. Por esta razón, será el operador de transporte multimodal quien emita el documento unificado de todos los medios y modos de transporte utilizados, asumiendo las responsabilidades de la ejecución del contrato» [Sentencia 185/2024. de la Audiencia Provincial de Murcia, sección 4.ª, de 8 de febrero de 2024 (Roj: SAP MU 357/2024 ECLI:ES:APMU:2024:357)].

BAENA BAENA, Pedro J.: «La regulación del consignatario de buques. Estudio de la Ley de Navegación Marítima y del Derecho de formularios», *Revista de Derecho del Transporte. Terrestre. Marítimo. Aéreo y Multimodal*, núm. 20, 2017, pp. 11 a 46.

BAENA BAENA, Pedro J.: «El nuevo régimen jurídico del consignatario de buques y de su responsabilidad», en BAENA BAENA, Pedro J. y LÓPEZ SANTANA, Nieves (Dirs.*), Estudios sobre la responsabilidad de los operadores de transporte en la Ley de Navegación Marítima*. ed- Aranzadi, Pamplona, 2017, pp. 361 a 402.

BAENA BAENA, Pedro J.: «La disciplina jurídica de la responsabilidad del consignatario de buques», en PETIT-LAVALL, M. Victoria y PUETZ, Achim (Dirs.), *El transporte como motor del desarrollo socioeconómico*, ed. Marcial Pons, 2018, pp. 181 a 195.

CAMPUZANO LAGUILLO, Ana Belén: «El consignatario de buques», en GARCÍA PITA Y LASTRES, J. L., QUINTÁNS EIRAS, M. R. Y DÍAZ DE LA ROSA, A. (Dirs.), *El derecho marítimo de los nuevos tiempos*, 2018, pp. 501 a 524.

CAMPUZANO LAGUILLO, Ana Belén: «El contrato de consignación de buques», en EMPARANZA SOBEJANO, Alberto y MARTÍN OSANTE, José Manuel (Dirs.), *Ley de Navegación Marítima: balance de su aplicación práctica*, ed. Marcial Pons, Madrid, 2019, pp. 437 a 457.

CORTE LÓPEZ, Javier (del): «La responsabilidad del porteador por perdida, daños o retraso», en AA. VV. *Comentarios a la Ley de Navegación Marítima*, ed. Dykinson, Madrid, 2015, pp. 167 a 182.

DELEBECQUE, Philippe: «Le Droit posit francais en 2021», *Le Doit Maritime Francais*, núm. 26, 2022, pp. 66 y 67.

DÍAZ MORENO, Alberto, **JIMÉNEZ SÁNCHEZ GUILLERMO J.**, (Coords.), *Derecho mercantil*, 11.ª ed., Barcelona 2006, p. 613.

EMPARANZA SOBEJANO, «La responsabilidad del transitario en el transporte marítimo tras la promulgación de la ley de navegación marítima», en GARCÍA PITA Y LASTRES, J. L., QUINTÁNS EIRAS, M. R. y DÍAZ DE LA ROSA, A. (Dirs.), *El derecho marítimo de los nuevos tiempos*, 2018, pp. 637 a 636.

FERNÁNDEZ GUERRA, Ramón: «Los contratos auxiliares de la navegación», en CAMPUZANO LAGUILLO, Ana Belén y SANJUÁN MUÑOZ, Enrique (Dirs.), *Comentarios a la Ley de Navegación Marítima*, ed. Tirant lo Blanch, Valencia, 2016, pp. 303 a 349.

GARCÍA-AMIGO, Manuel: «La relación contractual de transporte entre las agencias y sus usuarios: legislación y condiciones generales de la contratación», *Revista de Derecho Mercantil*, núm. 64, 1964, pp. 311 a 368.

HILL PRADOS, M.ª Concepción: «El agente consignatario de buques y la problemática planteada ante la ausencia de una regulación específica aplicable», en IGLESIAS PRADA, Juan Luis (Dir.), *Estudios jurídicos en homenaje al profesor Aurelio Menéndez*, Vol. 3, ed. Civitas, Madrid, 1996, pp. 3.829 a 3.874.

LLORENTE GÓMEZ DE SEGURA, Carlos: «El contrato de transporte multimodal internacional de mercancías», en CALVO CARAVACA, A. L. y FERNÁNDEZ DE LA GÁNDARA, L. (Dirs.) y BLANCO-MORALES LIMONES, Pilar (coord.), *Contratos internacionales*, Madrid 1997, pp. 583 a 648

LLORENTE GÓMEZ DE SEGURA, Carlos: «La regulación jurídico-privada de la actividad del transitario en el Derecho español. Un recordatorio», en *Estudios de Deusto: revista de Derecho Público*, Vol. 55, núm. 2, 2007, pp. 157 a 183.

LÓPEZ RUEDA, Francisco Carlos: *El régimen jurídico de la carga y descarga en el transporte de mercancías (terrestre, marítimo, aéreo y multimodal)*, Servicio de Publicaciones del Gobierno Vasco, Vitoria-Gasteiz, 2005.

MARTÍN CASTRO, M.ª Paz: «El empresario del transporte terrestre», en JIMÉNEZ SÁNCHEZ Y DÍAZ MORENO, *Derecho mercantil*, Vol. 8, *Transportes mercantiles*, 15.ª ed., Madrid-Barcelona-Buenos Aires- Sao Paulo. 2014, pp. 70 y 71.

MORÁN BOVIO, David: «La Unificación de responsabilidad de los empresarios de terminales de transporte (ETT): una presentación», *Revista de Derecho Mercantil*, 1993, pp. 20 a 230.

MORÁN BOVIO, David: «Responsabilidades en la terminal de transporte», en AA. VV., El transporte terrestre nacional e internacional, Cuadernos de Derecho Judicial, IX, 1997.

NÚÑEZ, Miriam y **DAVOLI, Pedro**: «Las figuras del transitario y consignatario», https://timepx.blogspot.com/2015/11/las-figuras-del-transitario-y.html, publicado el 27 de noviembre de 2015.

PADILLA GONZÁLEZ, Rafael y **CLAVERO TERNERO, Manuel**: «Transporte», en JIMÉNEZ SÁNCHEZ (Coord.), *Lecciones de Derecho mercantil*, 11.ª ed., Madrid 2006.

PENDÓN MELÉNDEZ, Miguel Ángel: *La responsabilidad del consignatario del buque en el Derecho español*, ed. Gobierno Vasco, Bilbao, 2010.

ROJO, Ángel: «La representación del empresario», en MENÉNDEZ, Aurelio y ROJO, Ángel (Dirs.) AA. VV. Lecciones de Derecho Mercantil, Volumen I, 19.ª ed., Cizur Menor (Navarra), 2021, pp. 217 a 236.

RUBIO GARCÍA-MINA, Jesús: *Sainz de Andino y la Codificación Mercantil*, Madrid, 1958, pp. 142 y 143, en https://datos.bne.es/obra/XX2794177.html

Ruiz Soroa, J. S., Zabaleta Sarásua, S. y González Rodríguez, M.: *Manual de Derecho del Transporte Marítimo*, Servicio Central de Publicaciones del Gobierno Vasco, Vitoria-Gasteiz, 2007.

Ruiz Soroa, José María: «Todavía a vueltas con el régimen de responsabilidad de los transitarios y consignatarios», *Revista de derecho del transporte: Terrestre, marítimo, aéreo y multimodal*, núm. 4, 2010, pp. 274 a 284.

Sánchez Calero, Fernando: *El Contrato de Transporte Marítimo de Mercancías . Reglas de La Haya-Visby, Hamburgo y Rotterdam*, 2.ª ed, Aranzadi-Thomson Reutters, Cizur Menor (Navarra), 2010,

Sánchez Calero, Fernando y **Sánchez-Calero Guilarte, Juan**: *Instituciones de Derecho mercantil*, 29.ª ed. Madrid, 2006.

Seco Caro, Enrique: «El comisionista de transportes», *Revista de Derecho Mercantil*, núm. 98, 1965, pp. 237 a 270.

Tobío Rivas, Ana María: *Los transitarios en el transporte nacional e internacional: régimen jurídico privado*, Comares, Granada, 2008, pp. 538-541.

Tobío Rivas, Ana María: «La responsabilidad del transitario tras la Ley de Navegación Marítima: ¿una cuestión abierta?», *Revista de Derecho del Transporte*, 2019, núm. 24, pp. 13 a 39.

«¿Qué es un agente de carga o transitario (freight forwarding)?», CE Noticias Financieras, Spanish ed.; Miami. 15 June 2020.

Webgrafía

- Https://uncitral.un.org/es/texts/transportgoods/conventions/rotterdam_rules
- Https://fiata.org/about/
- Https://fiata.cdn.prismic.io/fiata/4dc9570f-b699-4d2f-887d-06df4f10cc1f_The_US_Ocean_Shipping_Reform_Act_2022_A_guide_for_FFs.pdf

8

LA CLÁUSULA HIMALAYA 2014 (BIMCO/IG P&I CLUBS)

Esperanza Pendón Pérez
Contratada predoctoral de la Universidad de Cádiz
esperanza.pendon@uca.es

Resumen. Una de las cuestiones que tradicionalmente ha suscitado mayor debate en el ámbito de los transportes es la limitación de la responsabilidad del porteador y la posibilidad de su extensión a otros sujetos que colaboran estrechamente en el transporte. Se reconoció este privilegio, en el ámbito del transporte marítimo de mercancías, en el marco de las Reglas de La Haya-Visby; siendo corregido su ámbito subjetivo en las Reglas de Hamburgo y las Reglas de Rotterdam. Al margen de los estados, la práctica ha venido definiendo un régimen adecuado a las necesidades profesionales, la cláusula Himalaya que, en su versión de 2014, parece gozar de una madurez sólida.

Abstract. One of the issues that has traditionally given rise to most debate in the field of transport is the limitation of the carrier's liability and the possibility of its extension to other parties that closely collaborate in the transport. This privilege was recognised, in the field of maritime transport of goods, in the framework of the Hague-Visby Rules; its subjective scope was corrected in the Hamburg Rules and the Rotterdam Rules. Apart from the states, practice has been defining a regime suited to professional needs, the Himalaya clause, which, in its 2014 version, seems to enjoy a solid maturity.

Palabras clave: transporte marítimo de mercancías, conocimiento de embarque, porteador, limitación de la responsabilidad, agente, empleado, contratista independiente.

Keywords: maritime carriage of goods, bill of lading, carrier, limitation of liability, agent, servant, independent contractor.

Sumario. 1. Presentación de la cláusula Himalaya. 2. La recepción de la «doctrina Himalaya» en el Convenio de Bruselas de 1924. 3. La cláusula Himalaya 2014 (International Group of P&I Clubs/BIMCO Himalaya Clause for Bills of Lading and other contracts 2014). 3.1. Presentación. 3.2. Análisis de la cláusula. 3.2.1. El apartado *a)* de la Cláusula Himalaya 2014. La determinación (o indeterminación) del ámbito subjetivo («cobertura» de la cláusula). 3.2.2. El apartado b) de la Cláusula Himalaya 2014. 3.2.3. El apartado c) de la Cláusula Himalaya 2014. 3.2.4. El apartado d) de la Cláusula Himalaya 2014. Cláusula de indemnización circular. 3.2.5. El apartado e) de la cláusula Himalaya 2014. Anexo. Bibliografía.

Summary. 1. Presentation of the Himalaya clause. 2. The reception of the «Himalaya doctrine» in the 1924 Brussels Convention. 3. The Himalaya Clause 2014 (International Group of P&I Clubs/BIMCO Himalaya Clause for Bills of Lading and other contracts 2014). 3.1. Presentation. 3.2. Review of the clause. 3.2.1. Subparagraph (a) of the Himalaya Clause 2014. The determination (or indeterminacy) of the subjective scope («coverage» of the clause). 3.2.2. Subparagraph (b) of the Himalaya Clause 2014. 3.2.3. Paragraph (c) of the Himalaya Clause 2014. 3.2.4. Sub-clause (d) of the Himalaya Clause 2014. Circular Indemnity Clause. 3.2.5. Paragraph (e) of the Himalaya Clause 2014. Appendix. Bibliography.

1. Presentación de la Cláusula Himalaya

Definición y origen

La cláusula Himalaya tiene su origen en el caso de *Adler v. Dickson* (The Himalaya)[1]. Toma su nombre del buque P & O SS Himalaya (Peninsular & Oriental Steam Navigation Company, Steam Ship Himalaya). El 16 de julio de 1952, la señora Adler (cuyo viaje, en primera clase, se inició en Southampton) estaba embarcando en el buque en Trieste, un puerto de la línea en su ruta hacia Australia. Cruzando la pasarela colocada horizontalmente a tal efecto, que unía el pórtico del muelle con el buque, aquella cedió (al parecer, no estaba correctamente sujeta al pórtico), cayendo la señora Adler sobre el muelle, resultando gravemente lesionada (la caída fue de 16 pies, casi 5 metros, sufriendo la ruptura de costillas, pelvis y una pierna). En su reclamación, la señora Adler alegó negligencia en la colocación de la pasarela. Conociendo la limitación de la responsabilidad del porteador (*non-responsability clause,* que constaba en su billete), no se dirigió contra la empresa de transportes, sino contra el capitán (Dickson) y el contramaestre del Himalaya, a quienes reprochó no haber verificado la correcta sujeción de la pasarela: no siendo partes del contrato de transporte, no podían beneficiarse de la cláusula de limitación de responsabilidad. El Tribunal de Apelación inglés consideró que había concurrido negligencia, causa del accidente; y declaró

1 ADLER V. DICKSON *(The Himalaya)* [1954] 2 Lloyd's Rep 267, [1955] 1 QB 158.

responsable al capitán Dickson, puesto que efectivamente el *ticket* de pasajero de la señora Adler no contenía ninguna cláusula que beneficiara con la exención o la limitación de la responsabilidad a sujetos distintos del porteador. El Tribunal determinó que, en el transporte de pasajeros, tal y como ocurre en el transporte de mercancías, la ley permitiría al porteador estipular (de forma expresa o implícita) la exención de la responsabilidad no solo para sí mismo, sino también para aquellos a los que encarga la ejecución del contrato. El único requisito sería que el pasajero prestara su consentimiento, que podría ser expreso o implícito; en todo caso, debería prestarlo antes de quedar sujeto. Se formularon, pues, los requisitos básicos e iniciales de una cláusula que, desde entonces, incorporarían las empresas de transporte marítimo en los títulos del pasaje, billetes o tiques (en los viajes de crucero y en el transporte de pasajeros) e, inmediatamente, en el transporte de mercancías, en el conocimiento de embarque *(bill of lading)*. Su contenido supone extender la limitación de la responsabilidad propia de los porteadores a todos aquellos sujetos que colaboran con él en el desarrollo del transporte marítimo[2]. Durante décadas, se han ido delimitando los extremos de esa «colaboración», sucediéndose distintas versiones de la cláusula hasta la que ahora se analiza.

Consecuencias de la sentencia

La incorporación de esas cláusulas Himalaya a los conocimientos de embarque puso de manifiesto rápidamente el problema esencial que plantea este tipo de cláusula. Se trata de una cláusula que beneficia a un tercero, que no es parte del contrato de transporte de mercancías y que, además, en muchas ocasiones, actúa fuera de los términos del contrato (es decir, actúa fuera del periodo de responsabilidad del porteador[3], ya sea antes de la carga o después de la descarga de la mercancía del buque). Si el porteador ya no es responsable en esas fases, la extensión de la limitación de la responsabilidad a los sujetos que desarrollan operaciones durante las mismas implicaría «ampliar los hechos y la ley más allá de su significado natural»[4].

---

2 TETLEY, W., «The Himalaya Clause, "stipulation pour autrui". Non-Responsibility Clauses and Gross Negligence under the Civil Code», en *Les Cahiers de droit,* 20(3), 1979, pp. 449-483; PAMEL P. G., WILKINS R. C., «Bills of Lading vs Sea Waybills, and The Himalaya Clause», Ottawa, 2011, pp. 17-19; BAZGHADZE, T., «Himalaya clause – exclusion and limitation of third parties' liability in international contract of carriage and bill of lading», 2021, *Journal of Polish-Georgian Law* N.º 1 (2021), pp. 118-120.

3 Como se expondrá de forma más detallada en el siguiente apartado, el Convenio de Bruselas de 1924 (la referencia al convenio se hará más adelante) establece un periodo de responsabilidad del porteador que se extiende desde la carga de las mercancías a bordo del buque hasta la descarga. Por tanto, todas aquellas actividades que se realizan antes de la carga o después de la descarga no son susceptibles de afectar a la responsabilidad del porteador.

4 *Cfr.* TETLEY, W., «The Himalaya Clause, "stipulation pour autrui"...», *cit.,* p. 455.

Efectivamente, la cláusula beneficia a un tercero que no es parte del contrato de transporte, puesto que ni el cargador ni el destinatario han pactado con él. Esto implicaba la vulneración de uno de los principios esenciales de la teoría de los contratos, en los ordenamientos tanto del *civil law* (el principio de relatividad de los contratos, artículo 1.257 C.c.) como del *common law (principle of privity of contract)*. Si bien se trata de un principio que existe en todos los ordenamientos, las jurisdicciones del *civil law* tuvieron menos complicaciones para comprender y aceptar los principios en los que se basaba la cláusula Himalaya y las consecuencias de la misma. En estas jurisdicciones, en efecto, el principio de relatividad de los contratos ya había sido revisado y precisado, de forma que su interpretación permitía superar los eventuales conflictos con estipulaciones como la cláusula Himalaya[5]. En cambio, en el *common law*, el principio de *privity of contract* se considera un principio fundamental, por lo que ha constituido el principal obstáculo para el pleno reconocimiento de la cláusula Himalaya. La solución para compatibilizar ambas cuestiones, exigencias prácticas con principios del ordenamiento, vino de la mano de la jurisprudencia. En *Scruttons Ltd.* v *Midland Silicones Ltd*[6], el caso más relevante que revisó este principio, el Tribunal adoptó una decisión que permitía mantener el principio de la *privity of contract* al tiempo que se reconocía y favorecía las prácticas contemporáneas del transporte marítimo de mercancías[7]. Así, el Tribunal concluyó que la forma más aceptable de extender la limitación de la responsabilidad a los terceros que habían participado en el desarrollo del transporte era a través de la denominada *teoría de la agencia*[8]. Esta teoría fue ratificada y completada por los tribu-

---

5 Así, por ejemplo, en el derecho francés ya existía el principio de estipulación para otro *(stipulation pour autrui)*. *Vid.* sobre esta cuestión TETLEY, W., «The Himalaya clause – Revisited», 2003. En nuestro Ordenamiento, la estipulación (o el contrato) por (en favor) de tercero encuentra acomodo en el artículo 1.257 C.c., párrafo segundo. Las propuestas más modernas de revisión del Derecho de los contratos formulan expresamente esta posibilidad: artículos 72 y ss. del Código Europeo de Contratos (Proyecto de Pavía); artículo 6:110 de los Principios de Derecho Europeo de los Contratos; Libro II, capítulo 9.°, sección 3.ª, normas II.–9:301 y ss. del Borrador del Marco Común de Referencia (Draft Common Frame of Reference, DCFR), entre otros textos. Cabe destacar, no obstante, que TETLEY concluye en sus trabajos que la cláusula Himalaya no cumple todos los requisitos para considerarse una estipulación para otro, al menos por las siguientes razones. En primer lugar, porque la cláusula Himalaya no confiere un beneficio (como si lo hace la estipulación para otro), sino más bien derecho negativo; el derecho a no ser responsable. En segundo lugar, la tercera parte no está determinada y en muchas ocasiones ni siquiera es determinable. En tercer lugar, el tercero no manifiesta expresamente su consentimiento. Por último, la estipulación para otro constituye en todo caso una excepción, por lo que se trata de un principio que debe ser interpretado restrictivamente. Para el análisis de la cuestión desde la perspectiva del derecho alemán y otros países *vid.* ZELLER, B., *The Himalaya Clause,* Australia, 2020, *passim*.

6 [1961] UKHL 4, [1962] AC 446.

7 *Vid.* REIF, L. C., «A comment on ITO LTD. V. MIIDA ELECTRONICS INC. The Supreme Court of Canada, privity of contract and the Himalaya clause», VOL. XXVI, N.° 2, 1988, pp. 379 y ss.

8 La teoría de la agencia establecía cuatro requisitos esenciales para que una cláusula

nales en *New Zealand Shipping Co. Ltd.* v. *A.M. Satterthwaite & Co. Ltd.* («The Eurymedon»)[9]. Como consecuencia de ambas sentencias, se concluyó que una cláusula Himalaya sería válida siempre que (1) se exprese de forma clara en el conocimiento de embarque que se pretende proteger al tercero; (2) se exprese de forma clara en el conocimiento de embarque que el porteador, además de contratar para sí mismo, contrata en nombre del tercero; (3) el porteador tiene «autoridad» para hacerlo o bien cuenta con ratificación posterior del tercero y (4), que exista contraprestación del tercero. Cumpliendo esos requisitos, se entendía que existía un contrato «unilateral» entre el cargador y el estibador; contrato que surgía como consecuencia de la relación de agencia entre el porteador y el tercero, reconducible a una relación de agencia (3). El porteador podía contratar con el cargador en nombre del tercero. Y con todo ello, el tercero se consideraba parte del contrato, por lo que no se vulneraba el principio de *privity of contract.*

Precisamente la teoría de la agencia enunciada en estos casos, conjuntamente con la presunción del beneficio que supone la cláusula Himalaya para el comercio y, por tanto, para la sociedad[10], constituyen los argumentos principales de los defensores de la cláusula Himalaya[11]. Sin cuestionar estas reflexiones (probablemente, sea preciso en el sistema anglosajón «crear» *ad hoc* una teoría conceptual para revisar principios legales y permitir el progreso jurídico acorde con la realidad), la razón última de la redacción actual de la cláusula Himalaya y la aplicación de la «doctrina Himalaya» obedece a la necesidad de coordinar la norma con la práctica y la realidad técnica actuales. La complejidad de las operaciones y contratos que confluyen alrededor del transporte marítimo, particularmente en los puertos y en las terminales de transporte, impide (o, quizás, hace innecesaria) la separación ideal de los sujetos, actividades y contratos. La auténtica «confusión» de profe-

---

Himalaya fuese válida: «I can see a possibility of success of the agency argument if (first) the bill of lading makes it clear that the stevedore is intended to be protected by the provisions in it which limit liability, (secondly) the bill of lading makes it clear that the carrier in addition to contracting for these provisions on his own behalf, is also contracting as agent for the stevedore that these provisions should apply to the stevedore, (thirdly) the carrier has authority from the stevedore to do that, or perhaps later ratification by the stevedore would suffice, and (fourthly) that any difficulties about consideration moving from the stevedore were overcome. And then to affect the consignee it would be necessary to show that the provisions of the Bills of lading Act, 1855, apply».

9 [1974] 1 Lloyd's Rep. 534. La sentencia resolvió las dudas acerca de la contraprestación que se exigía al tercero en el cuarto requisito de la teoría de la agencia. Así, se concluyó que la contraprestación del estibados consistía en la descarga de las mercancías en beneficio del cargador. *Vid.* más extensamente en BAZGHADZE, T., «Himalaya clause – exclusion and limitation...», *cit.,* p. 120.

10 Esta valoración «fáctica» no formula una postura que quede exenta de críticas. En este sentido *vid.* TETLEY, W., «The Himalaya...», *cit.,* pp. 5 y 6.

11 Para un estudio completo del argumento del beneficio para el comercio y la sociedad, así como para una revisión y crítica de la posición de TETLEY, *vid.* por todos ZELLER, B., *The Himalaya Clause*, cit.

sionales exige una nueva visión del principio y el fin del transporte (no tanto quizás del viaje). Y en ese nuevo modelo de actividad marítima, la separación o la interacción de los contratos no pueden quedar constreñidas por normas y principios decimonónicos, concebidos en unas circunstancias sociales y técnicas muy alejadas del momento actual[12].

Con el paso del tiempo, la cláusula Himalaya ha evolucionado y se ha ampliado para incluir nuevos beneficiarios y también beneficios adicionales. Ahora bien, la extensión de ese beneficio, así como los sujetos que se consideran incluidos en el concepto de «tercero» que recibe ese beneficio, varían en función del Convenio Internacional que se aplique al conocimiento de embarque.

2. La recepción de la «Doctrina Himalaya» en el Convenio de Bruselas de 1924

El *Convenio Internacional para la Unificación de Ciertas Reglas en Materia de Conocimientos de Embarque*[13], aprobado en Bruselas el 25 de agosto de 1924 (en adelante, Convenio de Bruselas) sigue siendo en la actualidad el instrumento más importante para la reglamentación y unificación de ciertas cuestiones en el ámbito del transporte marítimo. Precisamente por ello, la mayoría de los modelos de cláusula Himalaya actuales se remiten al Convenio de Bruselas.

El Convenio de Bruselas se encargó de recoger las llamadas *Reglas de La Haya*, de 1921 (por ello, es habitual en la doctrina anglosajona referirse al Convenio de Bruselas como «Reglas de La Haya»), con el objetivo de garantizar la aplicación de las mismas por mandato normativo (rango de convenio internacional). De esta forma, se lograba el establecimiento de unos mínimos imperativos en el transporte marítimo, mediante la aprobación de una norma uniforme, en lugar de acudir a la vía privada (como implicaba el empleo exclusivo de las Reglas de La Haya originales). En cualquier caso, en tanto que el Convenio de Bruselas supone acoger los principios e ideas de las Reglas de La Haya, parte de una concepción plenamente inglesa. En este sentido, se basa igualmente en la idea de lograr la unificación por medio de un conocimiento de embarque tipo, para que las partes voluntariamente asumieran aquellas normas; sin regular sistemática y expresamente el contrato de transporte marítimo de mercancías bajo modalidad *liner* (documentado en un *bill of lading*, u otro documento similar) como modalidad distinta al transporte *tramp* (documentado en póliza de fletamento). No se pretendía,

12 *Vid.* algunas reflexiones más sobre este tema en Pendón Meléndez, M. A., «Documentos del transporte marítimo (y multimodal) en los INCOTERMS 2020. Los puertos como punto de entrega», en *Puertos: historia, evolución de la navegación y su reglamentación*, obra colectiva, directores Luis López-Molina, Teresa Pontón Aricha, y María Vázquez-Fariñas, Dykinson, Madrid, 2023, pp. 17-102.

13 El Convenio de Bruselas fue publicado en la *Gaceta de Madrid* del 31 de julio de 1930.

por tanto, regular por completo el transporte marítimo de mercancías, más que indirecta y parcialmente; sino que se trataba de definir el marco para un documento uniforme, el conocimiento de embarque[14].

El Convenio de Bruselas fue objeto de modificación por los Protocolos de 1968 (Protocolo de 23 de febrero de 1968, que concretó las denominadas «Reglas de La Haya-Visby») y de 21 de diciembre de 1979 (Protocolo de los DEG, *Derechos Especiales de Giro* o SDR, *Special Drawing Rights*)[15]. Este trabajo se centrará en el análisis de algunos artículos introducidos en el Convenio de Bruselas por el Protocolo de 1968, que se refieren a extremos sustanciales relativos a la responsabilidad del porteador y la Cláusula Himalaya. En tanto que España ha ratificado estos dos Protocolos, en adelante, cuando se haga referencia al Convenio de Bruselas de 1924, debe entenderse que se trata del Convenio modificado por los Protocolos de 1968 y de 1979.

Protocolo de 1968

La doctrina Himalaya fue aceptada internacionalmente y consagrada legalmente en el Protocolo de 1968[16]; aunque con un ámbito subjetivo más reducido que el actual, pues solo contemplaba los empleados y agentes del porteador.

En los *Trabajos Preparatorios del Protocolo*[17] (CMI 1963 *Stockholm Conference Report of the Committee on Bill of Lading Clauses*) se debatió ampliamente sobre la Cláusula Himalaya, reconociéndose por mayoría[18] la impor-

---

14 Se puede consultar el proceso de aprobación del Convenio de Bruselas con más detalle en SÁNCHEZ CALERO, F., *El Contrato de Transporte Marítimo de Mercancías. Reglas de La Haya-Visby, Hamburgo y Rotterdam*, 2.ª ed., Aranzadi, Navarra, 2010, pp. 42 a 54; y algunas reflexiones en PENDÓN MELÉNDEZ, M. A., *Los títulos representativos de la mercancía*, Marcial Pons, Madrid, 1994, *passim*.

15 El *Instrumento de Ratificación* de los dos Protocolos modificativos del Convenio de Bruselas es de fecha de 16 de noviembre de 1981; fueron publicados conjuntamente en el *BOE* núm. 36, de 11 de febrero de 1984.

16 *Vid.* CORCIONE, C., *Third party protection in shipping*, Oxon-Nueva York, 2020.

17 Se utiliza el trabajo para el Comité Maritimo Internacional realizado por BERLINGIERI, F., *The Travaux Préparatoiresof the Hague Rules and of The Hague-Visby Rules*, Amberes.

18 La recomendación se adoptó por 17 votos a favor, 2 en contra y 1 abstención. Ello, a pesar de que inicialmente la Asociación Alemana, la Asociación Neerlandesa, la Asociación Española y la British Maritime Law Association no consideraban necesario introducir en el Convenio el artículo 4 bis, referido a la cláusula Himalaya. Así, el representante de Gran Bretaña puso de manifiesto las dificultades que implicaba para el *common law* la inclusión de esta cláusula, que suponía una vulneración de uno de los principios fundamentales del Derecho de los Contratos Inglés, el *privity of contract,* en tanto que beneficiaba a un sujeto que no formaba parte del conocimiento de embarque (ni, con ello, del contrato de transporte). Asimismo, advertía del riesgo de admitir una excepción a ese principio fundamental solo en relación con un pequeño grupo de sujetos. Sin embargo, concluía apoyando la propuesta de incorporación de la doctrina Himalaya al Convenio, consciente de que «actions against servants or agents of the shipowner are in practical effect against the carrier himself». Ahora bien, la limitación de la responsabilidad sólo debía extenderse a los agentes y empleados del porteador, pero no a los contratistas independientes. También en

tancia de reconocer los principios de la «doctrina Himalaya» en el Convenio. Se trataba de esta forma de combatir la práctica consistente en demandar extracontractualmente a otros sujetos distintos del porteador, eludiendo de esta forma la limitación de la responsabilidad prevista en el Convenio para éste[19].

Como consecuencia, el Protocolo de 1968 extiende por primera vez la exención y la limitación de la responsabilidad propias del porteador a otros sujetos: los empleados o agentes del porteador[20]. Así lo dispone el artículo 4 bis del Convenio[21], en su apartado segundo: «Si se ejerce tal acción contra un empleado o agente del porteador, tal empleado o agente podrá prevalerse de las exoneraciones y limitaciones de responsabilidad que el porteador puede invocar conforme al presente Convenio».

Sujetos incluidos en los conceptos de «empleado y agente del porteador»

Tras un amplio debate, la versión definitiva del artículo 4 bis del Convenio de Bruselas extendió la limitación de la responsabilidad del porteador a los agentes y empleados del mismo (en la versión española). En la versión francesa del texto[22], se hace referencia al «*preposé du transporteur*»; mientras que en la versión inglesa se habla de «*servant or agent of the carrier (such servant or agent not being an independent contractor)*».

Si bien es evidente que la voluntad era la proteger a estos sujetos[23], los términos escogidos en la Conferencia siguen generando mucho debate en

contra de la inclusión, la Asociación Neerlandesa consideraba que las Reglas de La Haya eran cláusulas en un contrato celebrado entre los titulares de los bienes (las mercancías a transportar) y el porteador, por lo que la inclusión de una cláusula concediendo derechos a un tercero, alteraría sustancialmente su naturaleza.

19 En este sentido, Berlingieri, F., *The Travaux Préparatoires..., cit.,* pp. 596-598.

20 Hasta ese momento, el Convenio de Bruselas de 1924, en su redacción original solo reconocía en su artículo 4 la limitación de la responsabilidad del porteador.

21 El artículo completo en español dispone: «Artículo 4 bis. 1. Las exoneraciones y limitaciones de responsabilidad establecidas en el presente Convenio serán aplicables a toda acción ejercida contra el porteador para la indemnización de las pérdidas o daños sufridos por mercancías que sean objeto de un contrato de transporte, se funde la acción en responsabilidad contractual o en responsabilidad extracontractual. 2. Si se ejerce tal acción contra un empleado o agente del porteador, tal empleado o agente podrá prevalerse de las exoneraciones y limitaciones de responsabilidad que el porteador puede invocar conforme al presente Convenio. 3. El total de las cantidades que hayan de pagar el porteador y sus empleados y agentes no excederá en ese caso del límite establecido en el presente Convenio. 4. No obstante, el empleado o agente del porteador no podrá prevalerse de las disposiciones del presente artículo si se demuestra que los daños se deben a una acción u omisión del empleado o agente que ha tenido lugar, ya con intención de provocar daños, ya temerariamente y a sabiendas de que probablemente se producirían».

22 La versión auténtica, el texto oficial del Convenio, es el francés, como se expresa en Berlingieri, F., *The Travaux Préparatoires..., cit.,* p. 618.

23 Si bien en principio, un conocimiento de embarque es (la prueba de un contrato) de transporte

relación con los sujetos que realmente se benefician de la limitación de la responsabilidad en virtud del artículo 4 bis del Convenio, en tanto que no existen equiparaciones exactas entre jurisdicciones, especialmente entre el *civil law* y el *common law*[24]. En la Conferencia, no obstante, no se ofrecieron más concreciones en relación con esta cuestión, concluyéndose que no debían existir excesivos problemas en usar estos términos genéricos: ya se habían empleado en numerosos Convenios Internacionales, por lo que quedaba claro que «*agents and servants*» equivalía a «*preposés*»[25] en francés. Con estos términos se designa a las personas que son empleadas regularmente por el porteador; distinguiéndose así de las personas empleadas como contratistas independientes para realizar un trabajo concreto.

No es fácil coordinar, con la suficiente precisión, la correspondencia de instituciones entre ordenamientos que responden a principios y formulaciones muy diferentes (el «conflicto» *civil law versus common law*); máxime cuando, tras la lectura de las actas de las sesiones, se evidenciaba la voluntad de algunos delegados (particularmente, el representante de la Gran Bretaña) de «eludir» el debate en el texto convencional, a pesar de la insistencia de otras delegaciones en la necesidad de precisar esos términos, y la consideración del presidente de que se trataba sólo de una cuestión de traducción entre las versiones, sobre las que no cabía entrar[26]. La cuestión subyacente era la de utilizar una expresión genérica para determinar los

---

que rige únicamente entre el cargador y el porteador, todos los representantes nacionales presentes en la Conferencia coincidían en que los agentes y empleados del porteador debían estar necesariamente protegidos. Proteger a los agentes y empleados del porteador equivale a proteger al porteador. El porteador es responsable no solo de sus actos, sino también de los actos y de la negligencia de sus agentes y empleados. Así lo expresó M. Prodromidès, representante francés; en Berlingieri, F., *The Travaux Préparatoires..., cit.,* pp. 609 y 610.

24 Ya en los Trabajos Preparatorios, el representante de Canadá, Tetley, propuso que se elaborara una lista de los sujetos que estarían incluidos en la extensión de la limitación de la responsabilidad, en lugar de referirse a «servant or agent», términos muy vagos, especialmente si era necesaria la traducción a otras lenguas y jurisdicciones. No obstante, se descartó la idea por la complejidad de elaborar dicha lista, además de no considerarse necesaria. Así se explica en Berlingieri, F., *The Travaux Préparatoires..., cit.,* pp. 611 y 612.

25 No se trata, por tanto, de traducir literalmente el término «agent» al francés, pues en ese caso, podría referirse a trabajadores autónomos que puede dar subcontratos a otros trabajadores autónomos. El término «preposé» se refiere a la persona que realiza un acto o desempeña una función bajo la «subordinación» de otra (llamada principal). Lo esencial es la relación de subordinación (sometimiento a las instrucciones y el control) en la ejecución del contrato.

26 «Il n'est pas question de mettre aux voix ici, des questions de pure rédaction. [...]. Nous n'allons pas voter ici sur des questions de rédaction. En ce qui concerne la traduction des mots "servants" et "agents", c'est la même chose. Dans les autres conventions internationales, les mêmes termes sont employés, il y a des termes équivalents en français, c'est une question de rédaction qui est particulièrement simple, en ce qui concerne ce point. Ce serait perdre le temps de la commission et lui manquer d'égards que de lui demander de procéder à des délibérations sur une telle question» (*cfr.* Berlingieri, F., *The Travaux Préparatoires..., cit.,* p. 617).

sujetos cubiertos por el nuevo mandato *(«servant or agents»)* o, ante las dificultades de su traducción (particularmente al francés; por extensión, igualmente al español, entre otros idiomas), sustituirla por una relación de sujetos (y/o contratos); esta era la propuesta de la delegación del Canadá, a la que se sumaban otros países. En la época, en el *civil law* la figura del *agent* carecía de regulación *ad hoc*, por lo que solía traducirse por «mandatario»; el término en inglés sí haría referencia a la representación continuada o habitual, no puntual[27]. El tiempo acabaría valorando la oportunidad de esas posturas, pues requirió en el *common law* la elaboración de la «teoría de la agencia», por un lado, para explicar esa relación de los *servants* y *agents* con el principal; y ha culminado en la redacción de una cláusula Himalaya que opta por una relación completa (aunque flexible, y sometida a interpretación) de sujetos, relaciones y contratos que quedarían incluidos en su ámbito de aplicación.

En cambio, el Convenio de Bruselas no contempla a los contratistas independientes en el artículo 4 bis[28]. Así se acuerda en los Trabajos Preparatorios y se pone de manifiesto claramente en la redacción final del artículo: en la versión francesa por el significado del término «preposé»[29] y en la versión

27 «The phrase "servants and agents" has been used in many, many conventions. It has been used in the Limitation of Liability Convention, it is used, if I remember rightly, in the Nuclear Ship Convention. It is the way we designate persons who are employed by the shipowner, distinguishing persons employed regularly by the shipowner in contradistinction to those employed as independent contractors to do one particular job. No-one could possibly argue that your servants or domestic staff are not your preposés, but when you come to build a house you employ in the loose sense of the word a contractor to build it and you pay him for it. No-one could say that he is a servant, he is an independent contractor. Like the elephant it is very difficult to define, but you know it when you see it. And the worst possible thing we could do, gentlemen, would be to start to put into this Convention a list of people who would be included under servants or agents. I should hand over one of our textbooks on the law of agency and say write the whole thing out in the Convention, and I would say many other lawyers would say I shall have to do the same thing» (Mr. C. Miller, Great Britain); *cfr*. Berlingieri, F., *The Travaux Préparatoires..., cit.,* p. 614.

28 La mayoría de los representantes consideraba que los contratistas independientes son totalmente ajenos al porteador y que desempeñan un papel en la economía que es totalmente independiente del porteador, desarrollando su actividad en tierra, no viéndose afectado por los riesgos marítimos. Además, los contratistas independientes tienen su propio estatuto personal, por lo que se rigen por sus propias normas. *Vid.* en este sentido Berlingieri, F., *The Travaux Préparatoires..., cit.,* pp. 608-618.

29 En este sentido *vid*. Berlingieri, F., *The Travaux Préparatoires..., cit.,* pp. 611 y 612, en la que Tetley, el representante de Canadá expresa lo siguiente: «the Canadian delegation has not only added the words "stevedores" but we have added the words "Master and crew", because we believe the wording of para. (2) is too vague to be of any use whatsoever, particularly in translation. If you strike out the words "sub-contractor or independent contractor" and leave in the word "agents" which is translated into French "agents", the "agents" would certainly include the ship agents ashore who may hire their own stevedores. The "agents" will probably be the stevedores too, may be the pilot too as has been pointed out».

inglesa con la inclusión expresa de la aclaración «*such servant or agent not being an independent contractor*».

En relación con los estibadores, parece que la voluntad era considerarlos incluidos en el concepto de contratistas independientes, y, por tanto, excluirlos del ámbito de aplicación del Convenio. Sin embargo, no se llega a debatir expresamente sobre esta cuestión, de manera que no parece quedar claro si toda clase de estibadores está excluida o si, por el contrario, el tratamiento sería distinto si se establece la diferencia entre estibadores que son independientes y los que son de la misma empresa[30].

Periodo temporal de responsabilidad del porteador

Además de determinar los sujetos que forman parte de los conceptos de «agente» y de «empleado», para analizar por completo la extensión del beneficio de la responsabilidad a sujetos distintos del porteador, es necesario ponerlo en relación con el ámbito temporal de responsabilidad del porteador que contempla el Convenio de Bruselas de 1924.

El Convenio de Bruselas no define expresamente el período de responsabilidad del porteador, sino que lo remite al concepto de transporte. Así, el artículo 1.*e)* del Convenio de Bruselas define el contrato de transporte como sigue: «Transporte de mercancías comprende el tiempo transcurrido desde la carga de las mercancías a bordo del buque hasta su descarga del buque»; esos momentos se vinculan precisamente a la emisión del conocimiento de embarque (que expresa que la mercancía ha sido embarcada, *shipped on board*) y su rescate tras la entrega de la mercancía al destinatario *(consignee)*. El Convenio de Bruselas define el transporte en sentido estricto, entendido como el mero traslado de mercancías de un lugar a otro, estando las mercancías bajo la custodia del porteador (o su representante a bordo, el capitán). Por ello, se definen así el período de la responsabilidad del porteador: las actividades comprendidas en la fase temporal desde que se cargan hasta que se descargan las mercancías del buque. Se excluye de esta manera la responsabilidad del porteador en las actividades portuarias anteriores y posteriores al transporte por mar en sentido estricto. El alcance temporal de la responsabilidad del porteador se base en el principio de «gancho a gancho» (o en inglés, *«tackle to tackle»)*[31]. Por tanto, salvo que exista un acuerdo entre las partes del contrato para extender la responsabilidad del porteador en virtud del artículo 7 del Convenio, no existirá responsabilidad del porteador por daños o pérdidas experimentadas por la mercancía en un momento anterior a la carga de las mercancías en el buque o en un momento

30 Sobre esta cuestión manifiesta sus dudas el representante de Canadá, Tetley, en Berlingieri, F., *The Travaux Préparatoires..., cit.,* pp. 611 y 612.

31 Emparanza Sobejano, A., «La responsabilidad del porteador marítimo», en *Comentarios sobre la Ley de Navegación Marítima,* obra colectiva, directores Alberto Emparanza Sobejano y José Manuel Martín Osante, Marcial Pons, Madrid, 2015, p. 386.

posterior a la descarga del buque (se encuentran fuera de su custodia, al no haberla recibido a bordo del buque).

Esta definición del transporte y, por tanto, de la extensión de la responsabilidad del porteador se corresponden con la naturaleza misma del Convenio de Bruselas. Este Convenio solo pretendía definir el marco para el conocimiento de embarque y no regular por completo el transporte marítimo de mercancías. Efectivamente, el requisito para aplicar el Convenio de Bruselas es la emisión de un conocimiento de embarque, una vez que se ha verificado la carga de las mercancías a bordo del buque. Se trata de una opción conforme con el modelo de comercio del siglo XX.

La cláusula Himalaya en el Convenio de Bruselas de 1924

La aprobación del Protocolo de 1968 significa un gran avance en la extensión de la limitación de la responsabilidad a otros sujetos distintos del porteador. Con esta modificación del Convenio de Bruselas de 1924 se garantiza la protección de todos los empleados y agentes del porteador que desempeñan sus actividades dentro del periodo de responsabilidad del porteador (definido por el concepto de transporte de mercancías, desde que la mercancía está cargada en el buque hasta el momento anterior a que se inicie la descarga del buque).

En este contexto, la cláusula Himalaya permite extender el beneficio de la limitación de la responsabilidad a aquellos que se consideran «terceras partes» de acuerdo con el Convenio de Bruselas. En la práctica, en la mayoría de los casos, la cláusula se dirigirá a extender este beneficio a las empresas de estiba y los operadores de terminal[32], en el marco de lo que, en la actualidad, al amparo de nuestra Ley de Navegación Marítima, denominaríamos «manipulación portuaria» o las actividades que se realicen en la «terminal de transportes» (Terminal Handling Charge, THC).

Otras alternativas e iniciativas internacionales

En la actualidad, la cláusula Himalaya es reconocida en la mayoría de las jurisdicciones y aplicada por los profesionales en el desarrollo de su actividad en el tráfico marítimo. Parece, en definitiva, que, en la práctica, resuelve los problemas derivados de la falta de protección de todos los sujetos, en principio ajenos al conocimiento de embarque (contrato de transporte), que colaboran de forma esencial en el desarrollo del transporte marítimo de mercancías.

A pesar de ello, no está exenta de críticas, pues aún hoy es difícil encontrar una base legal para la cláusula Himalaya. Algunos autores reflexionan en este sentido sobre otras vías más legitimas de extender el beneficio de la limitación de la responsabilidad a terceros; puesto que se trata de terceros que bajo el Convenio de Bruselas no pueden ser considerados ni agentes

---

32 Así se explica en TETLEY, W., «The Himalaya...», *cit.,* pp. 3 y 4.

ni empleados del porteador. En este sentido, cabe destacar la propuesta de TETLEY[33], que considera que dos son las posibles soluciones.

En primer lugar, la modificación de la norma *(Amend the law)*, ya sea mediante enmiendas al Convenio de Bruselas o bien mediante la elaboración de una nueva normativa internacional. Esa modificación debería contemplar al menos las dos cuestiones más problemáticas. Así, debería extender el periodo de responsabilidad del porteador incluyendo aquellas actividades anteriores a la carga y posteriores a la descarga, que son precisamente las que asumen habitualmente los estibadores y los operadores de terminal. Con ello, se podría extender la limitación de la responsabilidad prevista en el Convenio de Bruselas a los estibadores y los operadores de terminal. En este sentido, se analizarán a continuación las novedades incluidas en otros Convenios Internacionales distintos del Convenio de Bruselas de 1924.

La segunda solución consistiría en una modificación de los contratos por los propios porteadores incluyendo a los estibadores (u operadores de terminal) como partes del contrato; se trata de una solución procurada por los profesionales del transporte. No obstante, en ocasiones los profesionales de este sector pudieran no estar dispuestos a asumir las nuevas obligaciones que se derivarían de este compromiso (un transporte marítimo que profesionalmente desconocen). El tercero se podría incluir como empleado *(servant)* del porteador (lo que implicaría para el porteador asumir responsabilidad por la actuación del empleado) o bien el porteador podría contratar como un agente del estibador en su nombre (lo que supondría, en la práctica, ampliar su periodo de responsabilidad)[34].

Siendo este el estado de la cuestión, la necesidad de revisar y actualizar el régimen del transporte marítimo, adaptándolo a las exigencias técnicas y económicas de los nuevos tiempos, se ha plasmado hasta ahora en dos nuevos textos de carácter internacional, concebidos para superar un régimen con una vigencia de un siglo: las Reglas de Hamburgo, de 1978[35] y las

---

33 *Vid.* TETLEY, W., «The Himalaya...», *cit.,* pp. 6 y 7.

34 Esta segunda solución no parece realista para el autor puesto que «In effect the carrier and the stevedore (or the terminal operator) wish to add the stevedore to the contract in only one respect: to enable the stevedore to limit its responsibility», TETLEY, W., «The Himalaya...», *cit.,* p. 6.

35 *Convenio de las Naciones Unidas sobre el Transporte Marítimo de Mercancías de 1978*, conocido como «Reglas de Hamburgo» actual. *Vid.*, por todos, SÁNCHEZ CALERO, F., *El contrato de Transporte Marítimo de Mercancías...*, cit, *passim*. La información relevante del Convenio, incluida su situación actual (ratificaciones por los estados) puede consultarse en la página web de la CNUDMI (*Comisión de las Naciones Unidas para el Derecho Mercantil Internacional*; UNCITRAL, *United Nations Commission On International Trade Law*), https://uncitral.un.org/es/texts/transportgoods/conventions/hamburg_rules, donde se ofrece además otros recursos adicionales.

Reglas de Rotterdam, de 2008[36]. Los dos intentos, desde perspectivas distintas: Hamburgo, fiel al régimen del transporte marítimo en sentido estricto, las Reglas de Rotterdam, adecuada a las técnicas actuales, contemplando la multimodalidad y los modelos de profesiones y contratos vinculados al comercio marítimo; en los dos casos, asumieron los redactores la necesidad de extensión del régimen protector del porteador a sus operadores y colaboradores y a unos «momentos» más extensos que la carga y la descarga del buque. La referencia pasa a ser el puerto, las actividades que en él se realizan y la terminal de carga (o de transporte). Asumido el beneficio de la limitación de la responsabilidad a otros sujetos distintos del porteador, disminuye en esos textos la conveniencia (o la utilidad) de la cláusula Himalaya, ya que no sólo se amplió el ámbito subjetivo de la limitación de la responsabilidad, sino que también se amplió el periodo de responsabilidad del porteador.

En las Reglas de Hamburgo, se aprecia una evolución, en buena medida sólo formal, en los términos empleados para delimitar el ámbito subjetivo de la limitación de la responsabilidad. Los nuevos términos se aprecian menos en la versión española (versión oficial), aunque quizás no fuera necesaria en nuestro Ordenamiento, y más en las francesa e inglesa (versiones auténticas)[37]. Con todo ello, desde el punto de vista subjetivo, las Reglas de Hamburgo al igual que el Convenio de Bruselas de 1924, extienden la limitación de la responsabilidad del porteador a los empleados y agentes del porteador

36 *Convenio de las Naciones Unidas sobre el Contrato de Transporte Internacional de Mercancías Total o Parcialmente Marítimo* (Nueva York, 2008), «Reglas de Rotterdam». La información relevante del Convenio, *travaux preparatoires,* una selección de fuentes bibliográficas y documentales, incluida su situación actual (firmas y ratificaciones por los estados) puede consultarse en la página *web* de la CNUDMI https://uncitral.un.org/es/texts/transportgoods/conventions/rotterdam_rules.

37 El artículo 7.° 2 de la versión española de las Reglas de Hamburgo se refiere únicamente a los «empleados» y «agentes» del porteador. La versión hace referencia a los *«preposés»* y a los *«mandataires»* (recuérdese que en el Convenio de Bruselas solo se contemplaba al «preposé», una especie de «mandataire» que designa a la persona que realiza un acto o desempeña una función bajo la subordinación de otra, la principal). En definitiva, parece que ambos términos podrían equipararse con el «representante» en el Derecho español. La incorporación de los «mandataires» en la versión francesa de las Reglas de Hamburgo parece aclarar y reforzar aún más el criterio ya establecido en el Convenio de Bruselas, aunque consideramos que no amplía el ámbito de los sujetos que se beneficiarían de la limitación de la responsabilidad.
Por otro lado, la versión inglesa mantiene la referencia a los *«servant or agent of the Carrier»*; y si bien no incluye el requisito de *«such servant or agent not being an independent contractor»* (mención esencial del Convenio de Bruselas, pues llevaba necesariamente a la exclusión de los contratistas independientes de su ámbito de protección), añade *«if he proves that he acted within the scope of his employment»*. Estas modificaciones llevan a algunos autores interpretan que la ausencia de este requisito en las Reglas de Hamburgo son un reflejo de la decisión de incluir a los «independent contractors» en el ámbito de protección. *Vid.* en este sentido BLASKOVIC, I., «Certain legal aspects of the Himalaya clause in the contract of international carriage of goods by sea. A critical perspective on legal challenges raised by the clause under international uniform law and general contract law principles», 2013.

(a todos aquellos que son contratados por el porteador y actúan facilitando en ejecución de ese contrato) y mantienen la exclusión de los contratistas independientes. Y así, por ejemplo, los estibadores y los operadores de la terminal estarían incluidos en la protección siempre que sean contratados por el porteador[38], pues el período de responsabilidad se determina *port to port*[39], ampliando la obligación de custodia y conservación del porteador a las operaciones anteriores y posteriores al transporte que se desarrollen en el puerto[40]. En definitiva, la ampliación del periodo de responsabilidad del porteador supone la mejora en la protección de los sujetos distintos del porteador que colaboran en el desarrollo del transporte, porque su estrecha relación con la operación de transporte se reconoce a los efectos de su responsabilidad[41].

Las Reglas de Rotterdam adoptan una perspectiva distinta de los anteriores convenios analizados anteriormente: su artículo 4 extiende la limitación de la responsabilidad al «porteador o una parte ejecutante marítima; el capitán, algún miembro de la tripulación o cualquier otra persona que preste servicios a bordo del buque; y a los empleados del porteador o de una parte ejecutante marítima»; estableciendo una relación de los sujetos a los que se extiende la protección superando el empleo de conceptos que provocan cierta confusión (*«servant»* y *«agent»* del porteador) y superando el problema de su compatibilidad con los *«independent contractors»*. La referencia a las *performing parties*[42], exige diferenciar entre «parte ejecutante marítima» *(maritime*

38 Probablemente este efecto ya se conseguía para los países del *civil law* puesto que se trata en definitiva de todos aquellos conceptos englobados en los términos «preposé» y «mandataire», esto es, el contrato de mandato y la representación. Sin embargo, en el derecho anglosajón posiblemente fuera necesaria esta nueva aclaración para poder ampliar el ámbito subjetivo de la limitación de la responsabilidad.

39 Las Reglas de Hamburgo, a diferencia del Convenio de Bruselas, dedican un artículo a delimitar el periodo de responsabilidad del porteador (artículo 4.°): «La responsabilidad del porteador por las mercancías en virtud del presente Convenio abarca el período durante el cual las mercancías están bajo la custodia del porteador en el puerto de carga, durante el transporte y en el puerto de descarga».

40 *Vid.* para más detalles sobre el periodo de responsabilidad del porteador SERRANO FERNÁNDEZ, M., «La responsabilidad del porteador marítimo en la nueva Ley 14/2014, de 24 de julio de navegación marítima. Un análisis comparativo con las Reglas de La Haya-Visby, las Reglas de Hamburgo y las Reglas de Rotterdam» en *Revista de Derecho del transporte. Terrestre, marítimo, aéreo y multimodal*, n.° 15, 2015, p. 76.

41 Con el Convenio de Bruselas, la responsabilidad del porteador solo se considera de «gancho a gancho», lo que no ha impedido el recurso profesional a la cláusula Himalaya en los conocimientos de embarque, extendiendo la limitación de la responsabilidad a sujetos (dependientes e independientes) que realizan actividades antes de la carga y después de la descarga. Como ya se exponía, se ha cuestionado la legitimidad de esta extensión.

42 El artículo 1.° 4 dispone que «a) Por "parte ejecutante" se entenderá la persona, distinta del porteador, que ejecute o se comprometa a ejecutar alguna de las obligaciones del porteador previstas en un contrato de transporte respecto de la recepción, la carga, la

perfoming party) —protegida por las Reglas de Rotterdam[43]— y «parte ejecutante no marítima» *(non maritime performing party)*, fuera de su ámbito[44]. El artículo 19[45] confirma la extensión de la limitación de la responsabilidad a la parte ejecutante marítima, es decir, a todos aquellos sujetos que ejecutan o colaboran en la ejecución de alguna de las obligaciones del porteador, con el único requisito de que esas actividades se desarrollen desde la llegada de las mercancías al puerto hasta su salida del puerto de descarga.

Ahora bien, el periodo de responsabilidad de la parte ejecutante marítima no se corresponde necesariamente con el periodo de responsabilidad del porteador. En principio, salvo que se acuerde otra cosa en el conocimiento de embarque, el periodo de responsabilidad del porteador se basa en el principio de *puerta a puerta* (*«door to door»,* en *inglés*). Así, lo dispone el artículo 12.° 1 de las Reglas de Rotterdam, estableciendo el periodo de responsabilidad más amplio de los analizados.

3. La Cláusula Himalaya 2014 (international group of P&I CLUBS/BIMCO Himalaya Clause for Bills of Lading and other contracts 2014)

3.1. Presentación

Una vez presentados los aspectos más relevantes del régimen de la limitación de la responsabilidad en el transporte marítimo de mercancías, y apuntadas las cuestiones más relevantes en relación con la conveniencia de su extensión a los colaboradores del porteador, podemos analizar con mayor profundidad el significado y el alcance de la cláusula en el momento actual y en relación con la normativa internacional vigente. Como se ha expuesto,

---

manipulación, la estiba, el transporte, la conservación, el cuidado, la descarga o la entrega de las mercancías, en la medida en que dicha persona actúe, directa o indirectamente, a instancia del porteador o bajo su supervisión o control».

43 Definida en el artículo 1.° 6 de la siguiente forma «se entenderá toda parte ejecutante en la medida en que ejecute o se comprometa a ejecutar alguna de las obligaciones del porteador durante el período que medie entre la llegada de las mercancías al puerto de carga de un buque y su salida del puerto de descarga de un buque. Un transportista interior o terrestre sólo será considerado parte ejecutante marítima si lleva a cabo o se compromete a llevar a cabo sus actividades únicamente dentro de una zona portuaria».

44 Para profundizar en el régimen de las Reglas de Rotterdam, *vid.* CMI, *Yearbook 2010 Annuaire,* 2010, que se puede consultar en el siguiente enlace: https://comitemaritime.org/wp-content/uploads/2018/06/Yearbook-2010.pdf, pp. 133 y ss.

45 Artículo 19.° 1. Toda parte ejecutante marítima quedará sujeta a las obligaciones y responsabilidades impuestas al porteador con arreglo al presente Convenio y gozará de las exoneraciones y los límites de la responsabilidad que el Convenio reconoce al porteador.

la evolución de la práctica internacional (plasmada en la cláusula) ha corrido paralela a la elaboración de los distintos convenios internacionales. Esa experiencia compartida de todos los interesados en el comercio marítimo, finalmente, confluye en la versión actual de la cláusula Himalaya (sobre las distintas versiones que se apuntarán). Sobre estas bases, se exponen a continuación los extremos más significativos de la cláusula Himalaya 2014[46], refrendada conjuntamente por BIMCO y el *International Group of P&I Clubs*.

La cláusula Himalaya 2014 es la versión vigente y última de una cláusula cuyas primeras versiones normalizadas se encuentran en documentos redactados en los últimos años del milenio pasado[47]. No obstante, su definición ha supuesto un complejo proceso, que ha exigido la revisión de principios legales bien asentados en los ordenamientos, resoluciones judiciales y posiciones doctrinales que condujeran esa revisión y, sobre todo, el empuje de los profesionales que exigían soluciones a sus nuevas formas de actuación (generalmente «impuesta» por la técnica). Como se ha señalado más arriba, la cláusula toma su nombre del buque en el que se desarrollaron los sucesos y reclamaciones resueltos en el *case Adler v. Dickson (The Himalaya)*. Otras sentencias posteriores en la jurisdicción inglesa fueron aportando el substrato legal necesario para su delimitación; en particular, como ya se ha adelantado, el *case Midland Silicones* v *Scruttons*[48], ante la House of Lords, en la que se establecían algunas consideraciones sobre los requisitos que serían necesarios para que los estibadores pudieran invocar con éxito la cláusula de limitación de responsabilidad del porteador contenida en el conocimiento de embarque frente los destinatarios de las mercancías sobre la base del (posteriormente) denominado «*argumento o teoría de la agencia*» (que no era parte del fallo, desestimatorio para las pretensiones de los estibadores, sino que se encontraba en el *obiter dicta* del juez).

46 La cláusula Himalaya 2014 puede consultarse en la página oficial de BIMCO: https://www.bimco.org/contracts-and-clauses/bimco-clauses/current/international_group_of_pi_clubs_himalaya_clause.

47 Como se expondrá a continuación, algunos modelos de documentos de BIMCO ya contenían una primera versión estandarizada, aunque preliminar, de cláusula destinada a incorporar el efecto de la «doctrina Himalaya», si bien con las diferencias en relación con la versión actual o por razón del régimen del contrato en el que se insertaban. Así, entre otras, la cláusula número 14 de WRECKFIXED 1999 («Himalaya Clause»), la cláusula número 12.5 de CREWMAN A 1999 («Himalaya») y, la cláusula número 15 del CONLINEBILL 2000 («Defences and Limits of Liability for the Carrier, Servants and Agents»).

48 [1962] AC 446 (HL), 474. Un bidón de productos químicos se cayó durante la descarga, por una actuación negligente de los estibadores, resultando dañando su contenido. El contrato de transporte estaba sometido a la Carriage of Goods by Sea Act 1936 de los Estados Unidos, que establecía el límite de la responsabilidad del porteador en 500$ por bulto. Aunque los estibadores invocaron la cláusula de limitación de la responsabilidad, la Cámara de los Lores concluyó que no cabía la posibilidad de su aplicación, al no ser los estibadores parte del contrato de transporte y debiendo aplicar estrictamente la teoría de la *privity of contract* (relatividad subjetiva de los contratos).

Más directamente, el origen inmediato de la cláusula en su versión de 2014 se encuentra en una primera versión, publicada el 17 de septiembre de 2010 en la Circular Especial de BIMCO N.° 6 (*BIMCO Special Circular N.° 6*)[49]. Este «antecedente» fue revisado posteriormente, con la finalidad de incluir expresamente entre los sujetos que se beneficiaban de la limitación de la responsabilidad a los «gestores navales» *(ship managers)* en el ámbito de aplicación de la cláusula. Esa necesaria modificación obedeció a la necesidad de adaptar la cláusula a las exigencias de algunos ordenamientos nacionales, en particular el norteamericano[50]; pues algunas de las exigencias de ese ordenamiento no encontraron acogida en los modelos elaborados hasta entonces. La falta de mención al gestor naval en la cláusula propició que en los EE.UU. se interpusieran demandas contra ellos [que, naturalmente, tampoco estaban cubiertos en materia de limitación de responsabilidad su norma nacional, la *Carriage of Goods by Sea Act* (COGSA)]; superando de esta manera la limitación de la responsabilidad que sí se contemplaba en la cláusula para los otros sujetos relacionados con el porteador.

La edición de 2014 de la cláusula permitiría corregir esa «incertidumbre», incluyendo expresamente en su ámbito de aplicación subjetivo a los gestores navales, con las consecuencias que más adelante se señalarán. Un comunicado informativo remitido por los P&I Clubs con ocasión de la publicación de la Cláusula Himalaya 2014[51] ya menciona que probablemente, desde el punto de algunas jurisdicciones (especialmente desde el punto de vista de los países del *civil law*), no hubiera sido precisa esta revisión, puesto que los gestores navales se habrían entendido incluidos en la enumeración de sujetos que contemplaba la versión de 2010 y, por tanto, se encontrarían protegidos por la cláusula Himalaya sin necesidad de la nueva adición. No obstante, desde la perspectiva del derecho anglosajón se consideró necesaria la revisión de la cláusula, para superar con la mayor certidumbre posible las sentencias que cuestionaban la protección que se quería conferir del gestor naval.

La versión actual de la cláusula fue publicada en la página *web* oficial de BIMCO en noviembre de 2014. Evidenciando la colaboración entre las dos «instituciones»; paralelamente cada uno de los Clubs de P&I publicó un

49 Puede verse el contenido de esta primera versión de la cláusula Himalaya en la circular que, al efecto, remitió a sus asociados el UKP&I Club, en la siguiente dirección: https://www.ukpandi.com/news-and-resources/circulars/2010/circular-1510-september-2010-revised-himalaya-clause-for-bills-of-lading-and-other-contracts/.

50 Entre las que suele citar la doctrina destacan las siguientes: Steel Coils Inc v M/V Captain Nicholas I (2002) 197 F. Supp. 2d 560 (ED La); Steel Coils Inc v M/V Lake Marion (2003) 331 F.3d 422; 2003 AMC 1408 (USCA, 5th Cir); Fortis Corporate Insurance SA v Viken Ship Management (2008) 579 F.3d 784; 2010 AMC 609 (USCA, 6th Cir).

51 En este sentido, por ejemplo, puede consultarse el comunicado publicado por The Britannia Steam Ship Insurance Association Limited en el siguiente enlace: Revised-Himalaya-Clause-for-bills-of-lading-and-other-contracts-Nov-2014-v2.pdf (britanniapandi.com).

comunicado dirigido a sus asegurados, para promocionar su conocimiento, sus extremos precisos y su «adopción» por el club, a los efectos de proyectar su eficacia sobre sus miembros[52].

3.2. Análisis de la cláusula

La cláusula que se analiza, «INTERNATIONAL GROUP OF P&I CLUBS/ BIMCO HIMALAYA CLAUSE FOR BILLS OF LADING AND OTHER CONTRACTS 2014», se estructura en cinco apartados, de la letra a) a la e), presentando el apartado d) dos sub-apartados (i y ii).

Iniciaremos el análisis de la cláusula partiendo de la denominación misma, que ofrece ya, entre otros aspectos, alguna información sobre su finalidad y sus objetivos.

Denominación

El nombre de la cláusula identifica a los dos redactores materiales de la misma, y refuerzan la idea de colaboración entre navieros (y otros profesionales del sector marítimo) y las aseguradoras por excelencia de los empresarios de la navegación. El reclamo a los responsables de la cláusula Himalaya 2014 ofrece certidumbre sobre su origen y aceptación a sus usuarios, sin que tengan que revisar su uso en los contratos que firmen si expresa el contenido acordado; la referencia expresa a la denominación supone una garantía en este sentido. Se expresa con ello el logro que supone la contribución, y el resultado conseguido, entre las dos «instituciones» representativas de los dos colectivos, el *International Group of P&I Clubs* y BIMCO, fruto de la estrecha colaboración mantenida entre los dos sectores profesionales. Como se señala en su página *web* oficial[53], el *International Group of P&I Clubs* es una asociación internacional que representa e integra a los doce Clubs de Protección e Indemnización[54] —P&I Clubs— que operan en la actualidad. Estos

---

52 En una clara acción conjuntada, se emitió un comunicado similar, sencillo (dando noticia del acuerdo y del contenido de la cláusula) por todos los clubes. Se puede consultar el comunicado publicado, por ejemplo, por el American Steamship Owners Mutual Protection and Indemnity Association, Inc. (*Circular* n.º 35/14) en el siguiente enlace: chrome-extension://efaidnbmnnnibpcajpcglclefindmkaj/https://www.american-club.com/files/files/cir_35_14.pdf.

53 La página *web* oficial del International Group of P&I Clubs se puede consultar en el siguiente enlace: https://www.igpandi.org/.

54 Los doce Clubs de P&I que conforman el IG son los que se relacionan a continuación: American Steamship Owners Mutual Protection and Indemnity Association, Inc. (http://www.american-club.com/), The Britannia Steam Ship Insurance Association Limited (http://www.britanniapandi.com/), Gard P.&I. (Bermuda) Limited (http://www.gard.no/), The Japan Ship Owners' Mutual Protection & Indemnity Association (https://www.piclub.or.jp/), NorthStandard Limited (https://north-standard.com/), The London Steam-Ship Owners' Mutual Insurance Association Limited (http://www.londonpandi.com/), The

Clubs proporcionan cobertura de responsabilidad (protección e indemnización) para el 90 % del tonelaje marítimo mundial aproximadamente[55].

Como es sabido, los P&I Clubs constituyen una especialidad en materia aseguradora en el ámbito profesional marítimo, y presentan un régimen particular sumamente especializado. Cada Club se organiza esencialmente en forma de mutua de seguros independiente y sin ánimo de lucro, que cubre la responsabilidad civil de sus miembros («propietarios» o arrendatarios de buques) derivada del uso y de la explotación de los buques[56]. La *protection* hace referencia a la responsabilidad personal y por daños a la propiedad, mientras que la *indemnity* cubre la responsabilidad derivada del transporte. En relación con su funcionamiento y organización, las relaciones entre la mutua y sus miembros son dobles, tanto derivadas del contrato de seguro (relación que viene regulada por el reglamento del club) como del contrato de sociedad (regulado por los estatutos sociales)[57]. Internamente, los órganos de la asociación gestionan la actividad, las decisiones técnicas, etc., con especial protagonismo del comité de directores. La valoración de los siniestros y reclamaciones que se presentan al Club son gestionados por especialistas del mercado asegurador marítimo, juristas especializados y otros profesionales del sector marítimo, generalmente, a través de los *corresponsales*; si bien, las reclamaciones más complejas son resueltas por el comité de dirección, en el que se integran representantes de los armadores.

La membresía de los Clubs en el *International Group of P&I Clubs* les permite compartir el riesgo ante grandes pérdidas (es el propio concepto de mutualidad y cobertura recíproca), así como conocimientos y experiencia[58]; ese es el fin del *Grupo* que, de esta manera, puede coordinar una actuación uniforme de todos sus miembros, mejorando la representación de sus intere-

Shipowners' Mutual Protection & Indemnity Association (Luxembourg) (http://www.shipownersclub.com/), Assuranceforeningen Skuld (Gjensidig) (http://www.skuld.com/), The Steamship Mutual Underwriting Association (Bermuda) Limited (http://www.steamshipmutual.com/), Sveriges Ångfartygs Assurans Förening / The Swedish Club (http://www.swedishclub.com/), The West of England Ship Owners Mutual Insurance Association (Luxembourg) (http://www.westpandi.com/), y The United Kingdom Mutual Steam Ship Assurance Association Limited (http://www.ukpandi.com/).

55 *Vid.* para más detalles su página web oficial: https://www.igpandi.org/.

56 *Vid.* una primera aproximación en Rodríguez Carrión, J. L., «Los seguros marítimos y aéreos», en *Tratado de Derecho mercantil, vol. 5.°, Derecho de la navegación,* obra colectiva, directores Manuel Olivencia, Carlos Fernández-Nóvoa y Rafael Jiménez de Parga; coordinador Guillermo Jiménez Sánchez, Marcial Pons, Madrid, 2003, pp. 473 y ss.; Pendón, M. A., Romero Matute, B., «Seguros marítimos y aéreos», en *Derecho mercantil,* en *Volumen 9.°, Los contratos de seguro*, coordinadores Guillermo J. Jiménez Sánchez y Alberto Díaz Moreno, 15.ª ed., Marcial Pons, Madrid, 2013, pp. 317 y ss.

57 *Vid.* Clavero Ternero, M., *Clubs de P&I*, Madrid, 1992; Hazelwood, S. J., Semark, D., *P&I Clubs - Law and Practice*, 4.ª ed., Londres, 2010.

58 *Vid.* para más detalles su página *web* oficial: https://www.igpandi.org/.

ses al actuar todos con una sola voz, a través del Grupo. Por ello, la colaboración con BIMCO se articuló precisamente con el *International Group*.

Por su parte, el Consejo Marítimo Internacional y del Báltico (en inglés, *Baltic and International Maritime Council*; BIMCO) es la mayor asociación naviera internacional en el mundo. Integra a más de 2.000 miembros, de alrededor de 130 países, que representan el 62 % del tonelaje mundial[59]. Entre los servicios ofrecidos a sus miembros, cabe destacar la oferta de modelos de cláusulas y contratos, para regular las relaciones profesionales entre sus miembros y, en su caso, de éstos con terceros. El empleo habitual de estos modelos por los diversos profesionales en el tráfico internacional ha permitido lograr una notable uniformidad en la práctica internacional, por la difusión global de tales modelos contractuales y de cláusulas. Puesto que el Derecho marítimo es, en buena medida, un «Derecho de formularios»[60], se evidencia el relevante papel que desarrolla BIMCO, puesto que sus modelos contractuales son sin duda los más utilizados por la práctica profesional internacional[61], al tratarse de modelos permanentemente actualizados, equilibrados y «honestos», que no priorizan la protección de unos profesionales frente a otros y ofrecen certidumbre jurídica a todos los usuarios de sus modelos. Con todo ello, se contribuye a reducir la *litigiosidad* en el ámbito marítimo, dotando las relaciones profesionales de mayor seguridad.

Como se ha expuesto más arriba, la Cláusula Himalaya 2014 nace en el ámbito del transporte marítimo, vinculada esencialmente al conocimiento de embarque. Responde a una tendencia, constante desde hace tiempo, de redactar un conocimiento de embarque (definir los términos contractuales) incluyendo una cláusula que asegure la eficacia de la limitación de la responsabilidad del porteador frente a terceros a la relación allí documentada[62]. Desde su concepción, ha experimentado una evolución progresiva, adaptándose, en cada caso, para responder a los problemas que se derivaban de su aplicación y evaluar la conveniencia de su ampliación, subjetiva u objetiva. Tras casi una década en vigor, parece que los retos que se planteaban en su

---

59 *Vid.* para más detalles su página *web* oficial: https://www.bimco.org/.

60 *Vid.*, por todos, Padilla, R., Pendón, M. A., Clavero, M., «El contrato de transporte», en *Derecho mercantil. Volumen 8.°, Transportes mercantiles*, coordinadores Guillermo J. Jiménez Sánchez y Alberto Díaz Moreno, 15.ª ed., Marcial Pons, Madrid, 2014, pp. 27 y ss.

61 *Vid.*, por todos, Pendón Meléndez, M. A., «La incidencia del Covid-19 en el transporte marítimo. Notas a propósito de la BIMCO COVID-19 CREW CHANGE CLAUSE FOR TIME CHARTER PARTIES 2020». en *El derecho mercantil y la pandemia: algunos problemas del pasado, la crisis coyuntural y las perspectivas futuras. Libro homenaje a Agustín Madrid Parra*, obra colectiva, directores María Jesús Guerrero Lebrón, Lucía Alvarado Herrera, coordinador María Jesús Blanco Sánchez, COLEX, A Coruña, 2023, pp. 777-795.

62 *Cfr.* Aikens, R., Lord, R., Bools, M., *Bill of lading*, 2.ª ed., Oxon, 2016: «This stems less from altruism than from an attempt to avoid the possibility of claims for indemnity from those who might otherwise be liable to the party that has suffered a loss as a result of acts or defaults by the third party to the bill of lading».

aplicación se han resuelto, pues desde 2014 no ha requerido nuevas revisiones o modificaciones. En general, puede afirmarse que su validez y utilidad está siendo admitida en todas las jurisdicciones y que la doctrina científica valora positivamente los resultados que se consiguen con su aplicación. Téngase en cuenta, además, que la «solución» que procura la cláusula parece adecuadamente coordinada con las tendencias más recientes en torno a la regulación del transporte marítimo, tal y como la conciben la práctica y los intentos de convenios internacionales (Hamburgo y Rotterdam, como se ha expuesto más arriba). Su utilidad justifica su extensión a otros muchos contratos, como se expondrá; en general, precisamente, a los referidos a los riesgos que suelen cubrir los clubs de P&I.

Atendiendo a su origen y el ámbito en el que se redactó, la cláusula destaca en su propia denominación su voluntad y finalidad de aplicarse particularmente cuando existe un contrato de transporte marítimo[63]. De ahí el reclamo en la propia denominación de la cláusula al conocimiento de embarque, que es el documento por excelencia del transporte marítimo[64]. En efecto, en los modelos de conocimiento de embarque para transporte en línea regular *(liner)* más usuales (así, CONLINEBILL 2016, de BIMCO) se contiene, en su reverso, la cláusula con el número 15, bajo la denominación ya expresada y con el contenido literal que se analiza (véase anexo a este trabajo). Una cláusula «similar» (nos referimos a su finalidad, no a sus términos) se contenía ya en la edición CONLINEBILL 2000, si bien bajo una denominación distinta *(«Defences and limits of liability for the carrier, servants and agents»)* y un contenido que difiere en parte del de la versión actual de la cláusula, en correspondencia con el tiempo en el que se redactó y se utilizaba y la experiencia derivada de su aplicación[65].

---

63 Nuestra Ley de Navegación Marítima dispone en su artículo 203 («Concepto») que «Por el contrato de transporte marítimo de mercancías, también denominado fletamento, se obliga el porteador, a cambio del pago de un flete, a transportar por mar mercancías y entregarlas al destinatario en el puerto o lugar de destino». No obstante, precisando con más detalle, la modalidad del transporte relevante a nuestros efectos se regula en su artículo 205 («Fletamento para el transporte de mercancías determinadas en régimen de conocimiento de embarque»), a cuyo tenor («El fletamento también puede referirse al transporte de mercancías determinadas por su peso, medida o clase. En este caso, las condiciones del contrato podrán figurar en el conocimiento de embarque u otro documento similar»). El precepto nos conduce al Convenio de Bruselas de 1924, ya analizado.

64 *Vid.* RECALDE CASTELLS, A., *El conocimiento de embarque y otros documentos del transporte: función representativa*, Civitas, Madrid, 1992; PENDÓN, M. A., *Los títulos representativos de la mercancía, cit., passim;* AIKENS, R., LORD, R., BOOLS, M., *Bill of lading.*, cit.; DEBATTISTA, CH., *Bills of Lading in Commodities Trade*, 4.ª ed., Londres, 2021.

65 Así, por ejemplo, la versión de la cláusula en este modelo de bill of lading no menciona expresamente entre los sujetos que quedarían «beneficiados» por su régimen al gestor naval; lo que suponía en algunas jurisdicciones los problemas de extensión subjetiva que se mencionaron más arriba y que condujeron su revisión: «(a) It is hereby expressly agreed that no servant or agent of the Carrier (which for the purpose of this Clause includes every independent contractor from time to time employed by the Carrier) shall in any circum-

Por otra parte, los modelos de conocimiento de embarque emitidos en virtud de una póliza de fletamento *(to be used with charter parties)* ya recogen en su edición más reciente la cláusula, con su denominación y sus términos literales actuales; por ejemplo, CONGENBILL 2016 y CONGENBILL 2022 (ambos, de BIMCO), conocimientos de embarque que se emiten en los términos de la póliza de fletamento *(charter party)* GENCON 2022[66].

El transporte marítimo, particularmente en su «modalidad» *liner* (que, en general, reconduce al transporte «en régimen de conocimiento de embarque») es, susceptible de documentación en otros «títulos» distintos del *bill of lading*[67]; también esos otros documentos son «objetivo» natural de la cláusula Himalaya. En otras «modalidades» de transporte, de complejos perfiles (y en la que, por razón de su dificultad técnica, no convienen detenerse en

---

stances whatsoever be under any liability whatsoever to the Merchant under this Contract of carriage for any loss, damage or delay of whatsoever kind arising or resulting directly or indirectly from any act, neglect or default on his part while acting in the course of or in connection with his employment. (b) Without prejudice to the generality of the foregoing provisions in this Clause, every exemption from liability, limitation, condition and liberty herein contained and every right, defence and immunity of whatsoever nature applicable to the Carrier or to which the Carrier is entitled, shall also be available and shall extend to protect every such servant and agent of the Carrier acting as aforesaid. (c) The Merchant undertakes that no claim shall be made against any servant or agent of the Carrier and, if any claim should nevertheless be made, to indemnify the Carrier against all consequences thereof. (d) For the purpose of all the foregoing provisions of this Clause the Carrier is or shall be deemed to be acting as agent or trustee on behalf of and for the benefit of all persons who might be his servants or agents from time to time and all such persons shall to this extent be or be deemed to be parties to this Contract of carriage». Esta y otras diferencias serán apuntadas en las páginas siguientes.

66 La propia *charter-party* dispone en cláusula número 23 (que se refiere simultáneamente a varias cláusulas típicas del fletamento): «Protective Clauses. The New Jason Clause, Both-to-Blame Collision Clause and International Group of P&I Clubs/BIMCO Himalaya Clause for Bills of Lading and Other Contracts 2014 as contained in CONGENBILL 2022 shall be deemed incorporated and form part of this Charter Party and shall be expressly incorporated in any bill of lading issued under this Charter Party».
Para el contrato de fletamento por tiempo (artículo 204 LNM) o *time charter*, el modelo de póliza más usual es GENTIME 1999, de BIMCO; la fecha de la última edición del documento no permitía recoger más que una versión «inicial y simplificada» de la cláusula que asumiese la «doctrina Himalaya»; *vid.* la cláusula *D* del Appendix A – Protective clauses del formulario.

67 Por ejemplo, el contrato de transporte marítimo «en línea regular» (que, a los efectos que interesan en este trabajo, equivale al transporte en régimen de conocimiento de embarque: en ambos casos, por mandato «legal» —aplicación *per se* del Convenio— o por disposición de las partes, quedan sometidos al régimen del Convenio de Bruselas de 1924; véase a estos efectos la cláusula 10 del LINEWAYBILL 2016, que en definitiva no es más que una cláusula *Paramount* que reclama la aplicación del citado régimen internacional) puede expresarse en las denominadas «cartas de porte marítimo» (artículos 268 y ss. LNM) o *sea waybill*. Estos documentos recogen igualmente la cláusula Himalaya 2014 en sus términos literales. Similares reflexiones pueden hacerse en relación con el documento «equivalente» en el transporte bajo póliza de fletamento: véase cláusula 3 del GENWABILL 2016, recogiendo literalmente la cláusula Himalaya 2014.

estos momentos)[68], el resultado es similar cuando aflora el régimen propio del transporte en régimen de conocimiento de embarque; por ello, igualmente la utilidad de la cláusula sería manifiesta. Nos referimos al denominado «transporte multimodal» que, a los efectos que ahora interesan, quedan con frecuencia (y en su mayor parte) sometidos al régimen del Convenio de Bruselas de 1924 (y sus protocolos modificativos, en su caso), bien por virtud de la cláusula *Paramount* que incorporan los formularios al uso más utilizados (véase en este sentido el FBL, FIATA Multimodal Transport Bill of Lading, cláusula número 7)[69], bien porque buena parte del régimen del transporte (en particular, los extremos más relevantes de la responsabilidad del denominado *operador de transporte multimodal*, transitario[70] —esto es, porteador «contractual»— y su limitación) se someten a las reglas de La Haya-Visby (véase cláusula número 11 del MULTIDOC 2016, de BIMCO)[71] o así lo ordena la legislación nacional (artículo 209 LNM)[72]. Por ello, también el documento

---

68 *Vid.*, por todos, Martín Castro, M. P., «Transporte multimodal», en *Derecho mercantil. Volumen 8.°, Transportes mercantiles*, coords. Jiménez Sánchez, G. J., Díaz Moreno, A., 15.ª ed., Madrid, 2014, pp. 503 a 547; *idem*, *El transporte multimodal: concepto y sujetos*, Puerto Real (Cádiz), 2001; *idem*, «Transporte multimodal: del Convenio de Ginebra de 1980 a las Reglas de Rotterdam», ADM núm. 32, 2015, pp. 169-220.

69 Cuyo apartado segundo dispone: «The Hague Rules contained in the International Convention for the unification of certain rules relating to Bills of Lading, dated Brussels 25th August 1924, or in those countries where they are already in force the Hague-Visby Rules contained in the Protocol of Brussels, dated 23rd February 1968, as enacted in the Country of Shipment, shall apply to all carriage of goods by sea and also to the carriage of goods by inland waterways, and such provisions shall apply to all goods whether carried on deck or under deck».
Las siglas FIATA responden a International Federation of Freight Forwarders Associations, asociación que reúne y representa los intereses de los transitarios (freight forwardes) en la escena internacional. *Vid.* la información completa en su página *web*, https://fiata.org/.

70 En los términos del artículo 1.° del *Convenio de las Naciones Unidas sobre el Transporte Multimodal Internacional de Mercancías* (Ginebra, 1980), «2. Por «operador de transporte multimodal» se entiende toda persona que, por sí o por medio de otra que actúe en su nombre, celebra un contrato de transporte multimodal y actúa como principal, no como agente o por cuenta del expedidor o de los porteadores que participan en las operaciones de transporte multimodal, y asume la responsabilidad del cumplimiento del contrato»; para el régimen de responsabilidad (que difiere, en especial en su importe, del de Bruselas), *vid.* artículos 14 y ss. del Convenio, en particular el artículo 18 para su limitación.

71 *Vid.* Martín Castro, M. P., «Transporte multimodal», *cit.*, p. 535. Como advierte la autora, las notas explicativas a las *reglas de la UNCTAD y la CCI relativas a los documentos de transporte multimodal* (documento TD/B/FAL/INF.117, de 9 de julio de 1991; *vid.* https://unctad.org/es/system/files/official-ocument/tradewp4inf.117_corr.1_es.pdf) destacan que se trataba de ofrecer a los operadores de este tráfico especializado un régimen de responsabilidad que les resultara «familiar» (Bruselas 1924), por su elevado grado de aceptación y difusión internacional (prácticamente universal).

72 El artículo dispone: «Si el contrato de transporte comprendiera la utilización de medios de transporte distintos del marítimo, las normas de este capítulo se aplicarán sólo a la fase marítima del transporte, regulándose las demás fases por la normativa específica que les corresponda siempre que esta tenga carácter imperativo».

MULTIDOC 2016 incorpora literalmente la cláusula Himalaya 2014, en su cláusula número 16; mientras que el FBL, de FIATA, no habiendo participado esa federación internacional (al menos, directamente o que se haya documentado) en la redacción de la cláusula, no la prevé en sus documentos; aunque el formulario citado contemple un régimen en muchos aspectos similar, aunque menos detallado (y, en todo caso, destinado a extender el beneficio de la limitación de la responsabilidad del porteador) en su cláusula número 10 *(Liability of Servants and other Persons)*. La limitación del ámbito de representación de intereses que asume FIATA justifica ese régimen «menor» (que ni contempla a tantos sujetos ni se extiende a tantas relaciones como las previstas en la cláusula Himalaya 2014, aunque comparta una misma *ratio*)[73].

La propia cláusula Himalaya 2014 advierte, *in fine,* que es también aplicable a otros contratos distintos del de transporte marítimo de mercancías en sentido estricto, aunque sin especificar cuáles (pues se hace referencia más a sujetos y funciones que a modalidades contractuales). En las siguientes líneas, identificaremos algunos de estos contratos, recurriendo bien a los propios términos de la cláusula (así, entre otros, la referencia al *manager,* que nos conduce al modelo SHIPMAN 2009, de BIMCO), bien a otras modalidades contractuales en las que el elemento que reclama y justifica la aplicación de la cláusula (en última instancia, el transporte marítimo) se encuentre presente en algún momento de la relación (así, en la citada póliza SHIPMAN 2009 se puede confiar al gestor naval, o no, la *Comercial Management* del buque, que implica la participación en el transporte de mercancías). La extensión de la cláusula Himalaya 2014 a otros contratos encuentra su justificación en el aprovechamiento de la experiencia y los logros en materia de limitación de la responsabilidad alcanzadas alrededor del transporte, para aplicar el mismo «beneficio» en otras operaciones. Como se ha señalado, algunas de estas otras operaciones estarían estrechamente vinculadas con el transporte (así, la estiba, la actividad de los *terminal operators*, etc.), mientras que otras parecen, *a priori,* más alejadas. Por otra parte, debe tenerse en cuenta que la participación del *International Group* en la definición de la cláusula Himalaya 2014 obedece no sólo al interés propio en colaborar con BIMCO en la regulación de los modelos del transporte, sino que, lógicamente, buscaría además la mejor atención de los intereses de sus miembros en otros frentes. Y, por ello, la experiencia en la cobertura de riesgos de los clubs de P&I buscaría también el amparo de la cláusula, si fuera posible, en otros contratos.

De esta manera, encontramos versiones de esta cláusula, de diferente contenido según el formulario en el que se insertan y la fecha de su redacción

---

73 Similares reflexiones a las formuladas más arriba, con ocasión de la carta de porte marítima *(waybill)*, referidas a su carácter de «no negociable» y el carecer de naturaleza de título-valor pueden realizarse en este mismo ámbito, pues la necesidad comercial de eludir la emisión de un *bill of lading* también concurre en el transporte multimodal. En este sentido, *vid.* los formularios FWB (FIATA WAYBILL) y MULTIWAYBILL 2016.

(por lo tanto, más o menos «evolucionadas» o actualizadas), en varios modelos de contratos de la actividad marítima que, por razón de la actividad que suponen, «interesan» a los clubes. Todas esas «versiones» se corresponden en sus fundamentos y en su formulación con la «doctrina Himalaya». Así, por ejemplo, el *International Group* solicitó a BIMCO colaboración para la revisión del formulario WRECKHIRE 1999 (modelo de acuerdo internacional para la retirada de buques, pecios y otros restos, junto con la eventual prestación de otros servicios marítimos, sobre la base del pago de un alquiler diario por los equipos utilizados); resultando la versión actual denominada WRECKHIRE 2010. La revisión de este modelo supuso la revisión, paralela, de los formularios WRECKFIXED y WRECKSTAGE. La versión actual de los modelos de «remoción de restos»[74] es de 2010, aunque BIMCO ha anunciado una nueva revisión, terminada en 2022, que debiera ver la luz en fechas próximas[75], fruto de la colaboración entre BIMCO, la *International Salvage Union* (ISU)[76] y el *International Group*. Todos los modelos, en diferentes cláusulas, contienen una versión «primera» de la cláusula Himalaya, correspondiente con la fecha de redacción del modelo. Igualmente; sus términos concretos obedecen además a las especialidades del contrato y son, por ello, mucho más breves y adaptadas que la que estamos analizando, de ámbito más amplio. Similares consideraciones, en torno a la especialidad y la brevedad, cabe hacer en relación con las correspondientes cláusulas Himalaya en los contratos de remolque, modelos TOWCON 2021, que contempla una suma global por la actividad, y TOWHIRE 2021, que contempla la estipulación de un «alquiler» o renta estimada por días; ambos formularios son de BIMCO y se refieren a remolques «oceánicos» (esto es, no portuarios) y, por ello, no sometidos al régimen de Derecho público propio de los puertos[77].

---

74 Utilizamos la expresión genérica «remoción de restos» para mantener la referencia de los formularios, sin entrar en este momento ni pronunciarnos sobre las distinciones (y sus consecuencias) en la normativa nacional. A este respecto, téngase en cuenta la diferencia entre el régimen de las extracciones (artículos 369 y ss. LNM, en relación con los buques naufragados o hundidos, u otros bienes; es la perspectiva «privada» de las operaciones, que atiende esencialmente a intereses particulares) y el de las remociones (artículo 304 del Real Decreto Legislativo 2/2011, de 5 de septiembre, *por el que se aprueba el Texto Refundido de la Ley de Puertos del Estado y de la Marina Mercante*, *BOE* núm. 253, de 20 de octubre; en este caso, el interés tutelado es esencialmente público, relacionado con la seguridad de la navegación). En cualquier caso, el artículo 379 LNM contempla la celebración de contratos para realizar las operaciones necesarias (incluidas las de salvamento), debiendo solicitar las correspondientes autorizaciones ese profesional, no propietario del buque o los restos.
Sobre los formularios citados *vid*. GASKELL, N., FORREST, C., *The Law of Wreck*, Informa Law from Routledge, Londres, 2019.

75 *Vid.* https://www.bimco.org/insights-and-information/contracts/20221027-wreck-removal.

76 *Vid*. https://www.marine-salvage.com/.

77 La dualidad del remolque queda recogida en nuestra legislación, como «servicio portuario» (artículos 127 y concordantes de la LPEMM) y como actividad privada (objeto de los formularios citado, artículos 301 y ss. LNM. *Vid.* PULIDO BEGINES, J. L., *Los contratos de*

La relación de formularios citados no agota todos los modelos contractuales que desean aprovechar el régimen de la «doctrina Himalaya» en las relaciones entre profesionales de diversos sectores del tráfico marítimo, aunque permite apreciar una idea significativa de su utilidad y su relevancia. Es, además, una evidencia de la íntima conexión que existe entre esas actividades, sus profesionales y sus modelos contractuales y, por ello, los representantes de los sectores, con especial protagonismo de BIMCO y del *International Group*.

Sin embargo, esa «extensión» del ámbito de la cláusula (y, con ello, de la limitación de la responsabilidad) puede cuestionarse según el contrato en particular o el país en el que se ejecute, si se estimase que faltara la «conexión» que justificara suficientemente el contrato en cuestión y la participación de los interesados en su ejecución con lo dispuesto en el Convenio de Bruselas de 1924 (como se ha insistido, referido en sentido estricto solo al transporte). Así se advierte expresamente, por ejemplo, en el formulario conjunto de BIMCO y FONASBA[78], General Agency Agreement, 2017, un acuerdo general de agencia (documentando una relación duradera de representación) para articular la representación del naviero. Así, en el comentario/presentación del modelo se advierte sobre la posibilidad de que la cláusula Himalaya del contrato [la número 19 *b)*] puede no ser universalmente aceptada en todas las jurisdicciones[79].

Por último, debe recordarse que el verdadero origen de la doctrina Himalaya surge con ocasión de una reclamación presentada en el seno de un contrato de transporte de pasajeros [el *case Adler* v *Dickson* (The Himalaya), comentado más arriba]. Conviene, por lo tanto, hacer una referencia básica a la situación actual de la cláusula en este contexto, apuntando dos cuestiones. La *primera*, que se ofrecen dos «formas» de cláusula, una abreviada (y de más fácil lectura, aunque la información que ofrece sea, por ello, más difícil de precisar en todos sus extremos y consecuencias)[80]; y otra más extensa, cuyo contenido es igualmente de difícil lectura, por lo técnico y farragoso de

remolque marítimo, J. M. Bosch Editor, Barcelona, 1996; Rainey, S., *The Law of tug and tow*, 2.ª ed., Informa Law from Routledge, Londres, 2002.

78 FONASBA es el acrónimo de *The Federation of National Associations of Ship Brokers and Agents*, cuyos datos más relevantes pueden verse en su página *web*: https://www.fonasba.com/.

79 «*Himalaya*. In order to prevent third parties attempting to circumvent limits of liability by taking direct action against employees or subcontractors, the Himalaya Clause extends defences available under the contract to the Agent's employees and subcontractors. However, while the clause operates as intended in many jurisdictions, it may not be universally effective. Advice should be taken in the event of any doubt»; *cfr*. Explanatory Notes, en https://www.bimco.org/-/media/bimco/contracts-and-clauses/contracts/explanatory-notes/explanatory-notes-general--agency-agreement.ashx?rev=28489568b71240cda9dc42eb305e3ac5.

80 «All limitations, exceptions and conditions herein contained as to the liability of the Carrier shall apply also to the liability, if any, of his agents, vessels, employees and other representatives, and also to the liability, if any, of the owners, vessels, agents, employees and other representatives of any substituted vessel».

su redacción[81]. La *segunda*, que se trata de una cláusula (la única de las mencionadas) que está destinada a surtir efectos en la relación que surge entre un profesional (el porteador) y un particular (el pasajero). Estas circunstancias conducirán previsiblemente a la aplicación de la normativa protectora de los consumidores y usuarios; planteando escenarios de valoración de la legalidad de la cláusula, control de inclusión (recuérdese que está destinada a figurar en el ticket que recibe el pasajero, prueba documental del contrato celebrado), etc., que exceden de la oportunidad de este trabajo[82].

En definitiva, las distintas redacciones de las cláusulas Himalaya obedecen a una evolución que ha buscado la corrección de la cláusula «básica» (la que estudiamos) y la adaptación (el «aprovechamiento») de la doctrina resultante para otros modelos contractuales. No obstante, desde el año 2014 no nos constan casos en los que se haya cuestionado su utilidad (ni, de momento, su validez), ni de la una ni de las otras. Por tanto, parece que no se plantea la necesidad de una nueva revisión o modificación de esta versión de la cláusula Himalaya 2014 (por extensión, de las otras), más de las que se realicen aprovechando la revisión de algunos contratos especiales. Todo ello parece

---

81 «By accepting or receiving this ticket, each passenger agrees without prejudice to its other provisions and both on his or her behalf and on behalf of any person or child travelling with him or her or in his or her care that neither the Captain, Officers, Crew and other personnel of the vessel named in this ticket or of any vessel owned or in the service of the Company nor any person employed by the Company at any time before, during or after the contemplated voyage shall be liable in respect of anything he may negligently do or omit to do in the course of or in connection with his employment which shall cause loss, damage or injury (whether fatal or otherwise) to the person and/or property of such passenger, person or child as aforesaid. For the purpose of the agreement expressed in this Clause, the Company shall be deemed to contract on behalf of and for the benefit of all persons who are or may be its servants or agents from time to time and all such persons shall to this extent be or be deemed to be parties to the Contract contained in or evidenced by this ticket».

82 Alguna reflexión al respecto ya se hace en la sentencia del case *Adler* v. *Dickson* (The Himalaya), si bien, desde otra perspectiva (la actuación del particular, no el régimen legal) y, por razón de su fecha (y de la inexistencia del concepto de consumidor en la época), y sin atender al régimen tuitivo que protege a los usuarios: «I am much more shocked by the extreme width of this exemption clause which exempts the Company from all liability whatsoever to the passenger. It exempts the Company from liability for any acts, default or negligence of their servants under any circumstances whatsoever, which includes, I suppose, their wilful misconduct. And this exemption is imposed on the passenger by a ticket which is said to constitute a contract but which she has no real opportunity of accepting or rejecting. It is a standard printed form upon which the Company insist and from which they would not depart, I suppose, in favour of any individual passenger. The effect of it is that, if the passenger is to travel at all, she must travel at her own risk. She is not even given the option of travelling at the Company's risk on paying a higher fare. She pays the highest fare, first-class, and yet has no remedy against the Company for negligence. Nearly 100 years ago Mr Justice Blackburn in a memorable Judgment said that a condition exempting a carrier wholly from liability for the neglect and default of their servants was unreasonable, see Peek v. North Staffs Railway Company (1863) 10 House of Lords Cases at page 511. I think so too».

poner de manifiesto el acierto en la redacción de la cláusula, lo que le ha permitido gozar hasta ahora de una amplia estabilidad.

3.2.1. El apartado a) de la Cláusula Himalaya 2014. La determinación (o indeterminación) del ámbito subjetivo («cobertura» de la cláusula)

Como primera precisión, de orden menor, debe advertirse que en lenguaje jurídico inglés se utilizan indistintamente en determinados contextos los términos «clause» y «contract»; en particular, haciendo referencia a un «contract» que en nuestro ordenamiento calificaríamos en todo caso de «estipulación contractual» o «cláusula». La diferencia de terminología es, por lo tanto, irrelevante en este contexto.

En relación con el ámbito subjetivo, la cláusula contempla expresamente diversas figuras, incluidas en su ámbito de protección como consecuencia de la evolución de la cláusula. Si bien inicialmente el beneficio de la limitación de la responsabilidad estaba destinado al porteador, todo el proceso de evolución de la cláusula Himalaya ha consistido en extenderlo a otros muchos sujetos. Son tantas y tan variadas las situaciones, contratos y operaciones (sean cuales sean los contratos que las sustentan) que están involucradas en una operación de transporte, que se consideró que el desarrollo de la cláusula pasaría por incluirlas a todas ellas, si fuera posible; pues de otra forma podrían revertir las consecuencias de otras acciones sobre el porteador (comunicándole reclamaciones por otros contratos que supusieran eludir la limitación responsabilidad). Se trata, en definitiva, de incorporar al ámbito de la cláusula a figuras cercanas, conectadas con la actividad de transporte en sentido estricto, o bien, al servicio de la correcta ejecución del transporte por el porteador. En definitiva, la voluntad de los redactores de la cláusula es ampliar la protección que procura a cualquier caso que pudiera «revertir» sobre el porteador, a todos los casos, a todos los contratos, a todas las relaciones[83].

83 Esta voluntad expansiva es consecuente con la actuación de los clubs de P&I, que valoran la posibilidad de asumir la cobertura de cualquier tipo de responsabilidad civil de sus asegurados, aunque inicialmente no estuviera prevista en las reglas y contratos; y que tal cobertura cuente con el beneficio de la limitación de la responsabilidad. En definitiva, los clubes (en los que, descriptivamente, se afirma que sus miembros son, a la vez, asegurados y aseguradores) aspiran a valorar y atender cualquier incidencia que afecte a la responsabilidad de sus asegurados, y protegerles. Prueba de esta voluntad de ampliar al máximo la cobertura de los navieros es la denominada «regla ómnibus». Más allá del detalle (casi «casuismo») con el que los clubes definen la cobertura que conceden a sus miembros, en virtud de la regla ómnibus el comité de directores puede, discrecionalmente (ni siquiera se exige unanimidad, bastando sólo una «predominante» mayoría) abonar a cualquier miembro (recuérdese que la esencia de estos seguros es la de indemnizar por los desembolsos realizados) cualquier coste, responsabilidad en la que incurra, gastos incidentales, etc. derivados del empleo o la gestión del buque, siempre que consideren que se correspondan con los objetivos del club. *Vid.* más detalles en HAZELWOOD, S. J.,

Con esta finalidad, la cláusula contiene en su primer apartado una relación de «situaciones contractuales». Pero previamente a esa relación se utiliza una categoría general, la de «*Servant*», que pretende incluir en una denominación cuasi-coloquial todas esas relaciones y sujetos diversos a los que hemos hechos referencia.

En definitiva, el término «*Servant*» da entrada a una relación claramente flexible de contratos y de relaciones; tiene vocación de aplicarse a todos aquellos que sean necesarios para la correcta ejecución del transporte por el porteador. Se trata de una categoría general, flexible, que evidencia la voluntad de no cerrar la relación, sino más bien incluso de revisarla y ampliarla eventualmente. En particular, se citan relaciones y sujetos que podemos considerar sobre la base de tres momentos o relaciones distintos:

a) Relaciones ajenas al transporte (o excluidos o al margen del transporte)

- El *owner*

El término «owner» no puede traducirse, coloquial y aparentemente, de manera literal como «propietario», pues en el ámbito del derecho comercial marítimo anglosajón su significado no coincide como el propio de nuestro sistema de derecho del *civil law*. En la mayoría de los casos, la traducción equivalente sería la de naviero; aunque según la modalidad contractual de que se trate la traducción puede conducir a otros conceptos, tanto el de armador[84] como el de naviero. En todo caso, no parece que sea una cuestión

---

SEMARK, D., *P&I Clubs - Law and Practice*, *cit.*, pp. 277-284; CLAVERO TERNRO, M., *Los clubs de P&I*, *cit.*, pp. 467 y ss.

84 En los términos del artículo 145 LNM, «Es armador quien, siendo o no su propietario, tiene la posesión de un buque o embarcación, directamente o a través de sus dependientes, y lo dedica a la navegación en su propio nombre y bajo su responsabilidad»; en el mismo precepto se dispone que «Se entiende por naviero o empresa naviera la persona física o jurídica que, utilizando buques mercantes propios o ajenos, se dedique a la explotación de los mismos, aun cuando ello no constituya su actividad principal, bajo cualquier modalidad admitida por los usos internacionales». Las posibles aclaraciones que se contienen en la exposición de motivos no permiten aclarar la situación, porque en muchos casos el armador será naviero y el naviero, a su vez, armador. La situación tampoco se aclara demasiado si recurrimos a lo dispuesto en la Ley de Puertos del Estado y de la Marina Mercante, no solo porque suele utilizar, sin distinción (quizás, sin diferencias) uno y otro término (salvo para el armador de buques de pesca), sino porque la finalidad de la norma es, en general, determinar el sujeto pasivo de los impuestos y tasas que correspondan, sin entrar en las cuestiones comerciales marítimas (menos aún, las de carácter internacional o uniforme). Algunos autores justifican la inclusión del armador en la LNM (figura que, en los términos regulados, puede suscitar algunas dudas sobre su verdadera utilidad, sin definir los contratos de la práctica marítima en los que podría reportar utilidad su consideración) por la propuesta de ANAVE (Asociación de Navieros Españoles; *vid.* Su página *web* en https://anave.es/) al proyecto de Ley (*vid.* CARLIER DE LAVALLE, M., CELDRAN QUECEDO, E., «Aportaciones de ANAVE a la Ley de Navegación Marítima», en *Comentarios a la Ley de Navegación Marítima*, obra colectiva, directores Alberto EMPARANZA SOBEJANO y José Manuel MARTÍN OSANTE, Marcial Pons, Madrid, 2015, pág 61).
Para un reflexión sobre la evolución de estas figuras, bajo el régimen del Código de Comercio (y de la *Ley de 22 de diciembre de 1949 sobre unificación de reglas para los conocimientos de*

que pueda (o incluso, que merezca) ser resuelta de forma general, sino caso por caso[85]. En este ámbito preciso, sin embargo, atendiendo a los conceptos elaborados por la Ley de Navegación Marítima, quizás en el Derecho español lo más correcto sea equiparar el concepto de «owner» al de armador, conceptuado en la LNM como la figura principal de la actividad marítima.

- *Managers*

La referencia genérica al «Servant» en la cláusula Himalaya 2014 menciona expresamente en su ámbito de aplicación *(shall include)* al *manager*. La especialidad de las actividades que englobaría la cláusula Himalaya 2014, que reclama igualmente la especialidad de las figuras citadas, nos conduciría a concluir que no se está haciendo referencia a un gestor o «gerente» genérico (el *gestor del naviero* regulado en nuestro Código de comercio, hoy derogado)[86] sino, más específicamente, al «gestor naval». Se trata de una figura (o modalidad contractual) relativamente reciente (al parecer, surgida en la década de los años 60 y 70 del siglo pasado)[87] que, en las pólizas al uso de BIMCO (la citada

---

embarque en los buques mercantes (derogados ambos por el LNM) *vid.* SÁNCHEZ-CALERO, *El contrato de transporte marítimo...*, cit..; RODRÍGUEZ CARRIÓN, J. L., «El fletador-porteador de los artículos 2 y 3 de la ley española de 22 de diciembre de 1949 sobre el transporte marítimo de mercancías», en *Anuario de Derecho Marítimo,* núm. 1, 1982, pp. 361 y ss.; PADILLA GONZÁLEZ, R., PENDÓN, M.A., GUERRERO LEBRÓN, M. J., CLAVERO TERNERO, M. P, MARTÍN CASTRO, M. P., «Empresarios del transporte y auxiliares», en *Derecho mercantil. Volumen 8.º, Transportes mercantiles*, coordinadores Guillermo J. JIMÉNEZ SÁNCHEZ y Alberto DÍAZ MORENO, 15.ª ed., Marcial Pons, Madrid, 2014, pp. 65 y ss.; ARROYO MARTÍNEZ, I., *Curso de Derecho Marítimo*, 3.ª ed., Civitas, Cizur Menor, 2015; ARROYO MARTÍNEZ, I., RUEDA MARTÍNEZ, J. A., *Comentarios a la Ley 14/2014, de 24 de julio, de Navegación Marítima*, Thomson Reuters Aranzadi, Cizur Menor, 2016.

85 Así, por ejemplo, el *owner* de la mercancía (o del cargamento, más centrado en las operaciones propias del transporte marítimo) puede ser, además del propietario, cualquiera que disponga de «título» (legitimación) para ejercer derechos sobre la misma (generalmente, de naturaleza real: por ejemplo, el poseedor, que puede ejercer ciertas acciones posesorias). Piénsese que en esta medida el porteador o cualquiera de los que colaboran en el transporte, en el marco de la manipulación portuaria, siendo poseedores para la ejecución de sus propios contratos, pueden equipararse al *owner* de la mercancía. Igualmente, en el contrato de *time-charter* el fletante se define como *owner* frente al fletador *(charterer)*; mientras que en el contrato de gestión naval (sobre el que volveremos más adelante, brevemente), las partes son el *manager* y el *owner*, siendo éste generalmente la persona que explota el buque (esto es, el naviero).

86 Con cierta confusión terminológica, el Código de Comercio regulaba la figura del «naviero gestor», quizás induciendo a error sobre la verdadera naturaleza jurídica de su actuación: la de auxiliar o dependiente del naviero. Su régimen se encontraba disperso en varios apartados del Código de comercio (en el Libro III, *Del comercio marítimo*): artículos 594 y siguientes, con ocasión de la copropiedad naval; artículos 597 y 598, en relación con la organización de un viaje (para lo que, salvo pacto en contrario, no gozaba de plena autonomía); y un régimen específico de actuación: entre otras, la (dudosa) inscripción en la matrícula de comerciante de la provincia mercantil (artículo 595).

87 *Vid.* más ampliamente RODRÍGUEZ DOCAMPO, M. J., *El contrato de gestión naval: concepto y naturaleza jurídica*, Aranzadi, Cizur Menor, 2018; *idem*, «Contrato de gestión naval: con-

SHIPMAN 2009), se denomina *manager* o *shipmanager*. El contrato de gestión naval se regula en los artículos 314 a 318 de la LNM[88] que, como en otras ocasiones, prefiere la autonomía de la voluntad antes que la imposición legal para regular las relaciones entre las partes (el artículo 317 LNM dispone, en relación con el régimen aplicable al contrato, que «Las relaciones entre el armador y su gestor se regirán por lo establecido en el contrato de gestión y, en su defecto, por las normas reguladoras del contrato de agencia o de comisión mercantil, según se trate o no de una relación duradera»). El gestor naval es un empresario independiente, que gestiona uno o varios buques (incluso, la flota completa) de un naviero por encargo de éste. Siendo un empresario independiente, por tanto, su actuación es la de colaboración, sin vínculo laboral alguno con el naviero o el armador (prestación de servicios)[89]. La gestión se extiende a algunos, o a todos, los aspectos que implica la explotación del buque; identificando (o clasificando) la LNM, en su artículo 314, los siguientes: «la gestión comercial, náutica, laboral o aseguradora del buque». El modelo SHIMPMAN 2009 recoge expresamente la Technical Management (*box* 6), Crew Management and Crew Insurance Management (boxes 7 y 10), Commercial Management (box 8), entre otras, junto con las cláusulas que más adelante, en el propio modelo, desarrollan esos extremos. Coindice por tanto el modelo profesional práctico con la clasificación que procura nuestra Ley.

Tal y como dispone el artículo 318 LNM, la responsabilidad (extracontractual, solidaria con el porteador), se fija «sin perjuicio del derecho de uno y otro a limitar la responsabilidad en los términos establecidos en el título VII de esta ley». El formulario SHIPMAN incluye en su estipulación 17 *(Responsibilities)*, en su letra *d)*, una cláusula Himalaya, simplificada y *ad hoc*, correspondiente en su formulación con la fecha en la que se redactó el formulario, que no obstante recoge la filosofía de la cláusula Himalaya actual[90].

---

cepto y características principales», en *El Derecho marítimo de los nuevos tiempos*, obra colectiva, coordinadores José Luis García-Pita y Lastres, María-Rocío Quintáns-Eiras y Angélica Díaz de la Rosa, Thomson Reuters-Civitas, Madrid, 2018, pp. 279-310; Mata Garrido, V., «El contrato de gestión naval», en *Los contratos sobre el buque en Derecho español. Análisis práctico*, obra colectiva, Dykinson, Madrid, 2018, pp. 281-302.

88 La exposición de Motivos de la LNM no ofrece información detallada sobre este «nuevo contrato», aunque sí la suficiente para identificar sus extremos legales más relevantes (precisamente, en relación con su responsabilidad), afirmando que «La gestión naval proporciona a los propietarios auxilio en materia comercial, náutica, laboral y aseguradora. En el caso de que el gestor no indique el nombre de su armador o naviero al celebrar los contratos, responderá solidariamente con él, aunque tal responsabilidad puede limitarse».

89 *Vid.* más precisiones en Arroyo, *Curso de Derecho Marítimo, cit.,* p. RB-15.17; Arroyo, I., Rueda Martínez, J. A., *Comentarios a la Ley 14/2014, de 24 de julio, de Navegación Marítima, cit.,* p. RL-1.49; Quintáns Eiras, M. R., «La naturaleza jurídica del contrato de gestión naval», en *Estudios de Derecho Marítimo*, obra colectiva, director José Luis García-Pita y Lastres, Aranzadi, Pamplona, 2012, pp. 468 y ss.

90 Los modelos de BIMCO CREWMAN A [Standard Crew Management Agreement, (Cost Plus FEE)] y CREWMAN B (Standard Crew Management Agreement, (Lump Sum)], for-

- Operators of vessel

A continuación del gestor naval, la cláusula Himalaya 2014 relaciona la figura de los «*operators of vessels*». No resulta sencilla la traducción de esta figura a una conocida en nuestro ordenamiento, o a una categoría profesional definida y única en la práctica internacional o, incluso, en el ordenamiento anglosajón. Se trata de un concepto amplio, susceptible de englobar diversas formas contractuales y «empleos» (profesionales). En efecto, según el contexto, puede referirse, entre otros, al «*owner*» (en su posible doble acepción en nuestro derecho: propietario y/o armador e, incluso, naviero) del buque, un fletante «by demise» (arrendatario de buque) y, quizás, otras fórmulas de charter. Se trata de una relación que no es exhaustiva, y que en el futuro podrá añadir nuevas posiciones contractuales. Así, el concepto de operator of vessel aparece vinculado, más recientemente, a la interpretación y la aplicación del Convenio sobre limitación *de la responsabilidad nacida de reclamaciones de Derecho marítimo, hecho en Londres el 19 de noviembre de 1976*[91], cuyo artículo 1.° 2, en sede definiciones de los sujetos relevantes, dispone que «2. Por propietario [del buque] se entenderá el propietario, el fletador, el gestor naval y el armador de un buque de navegación marítima» (en inglés, «the term "shipowner" shall mean the owner, charterer, manager and operator of a seagoing ship»). La base de estas nuevas reflexiones en el Derecho inglés se ha formulado en el *case* Splitt Chartering APS & Ors *v* Saga Shipholding Norway AS & Ors[92]. Se concluye en la actualidad que los *ships operators* (utilizamos el plural porque

---

mas especializadas (por razón de su ámbito específico, limitado a las tripulaciones) son también modalidades de gestión naval. Las dos modalidades contemplan la cláusula Himalaya simplificada, correspondiente literalmente (*mutatis mutandi*, por referencia a la tripulación y, en su caso, a la numeración de las cláusulas, que difieren en cada modelo) con la cláusula en el formulario SHIPMAN 2009: cláusula 14 *e)* y 13 *e)*, respectivamente. Algunas reflexiones sobre estos formularios pueden verse en Ruiz Lima, B., «Los contratos de gestión naval para la dotación del buque», en *Los contratos sobre el buque en Derecho español.* Análisis práctico, Dykinson, 2018, pp. 261-279.

91 Instrumento de Ratificación de 18 de diciembre de 1986, *BOE* núm. 310, de 27 de diciembre (con varias enmiendas que, en su momento, fueron ratificadas por España); téngase en cuenta, no obstante, que mediante Nota Verbal, de 26 de octubre de 2006, España denunció el citado Convenio; surtiendo efecto la denuncia desde el 1 de noviembre de 2007 (*BOE* núm. 22, de 25 de enero de 2007), quedando entonces sometido al Convenio en su versión modificada en 1996 (Instrumento de Adhesión de España al Protocolo de 1996 que enmienda el Convenio sobre limitación de la responsabilidad nacida de reclamaciones de Derecho Marítimo, 1976, hecho en Londres el 2 de mayo de 1996, en *BOE* núm. 50, de 28 de febrero de 2005). *Vid.* más ampliamente Martín Osante, J. M., «Limitación de la responsabilidad prevista en la Ley de Navegación Marítima: luces y sombras tras sus primeros años de vigencia», en *Ley de Navegación Marítima: balance de su aplicación práctica*, obra colectiva, directores Alberto Emparanza Sobejano y José Manuel Martín Osante, Marcial Pons, Madrid, 2019, pp. 569 y ss.

92 Splitt Chartering APS & Ors v Saga Shipholding Norway AS & Ors [2021] 2 Lloyd's Rep 307, [2021] 1 All ER (Comm) 257.

son posibles varios modelos contractuales, en ocasiones superpuestos o mezclados) se califican por asumir una serie de funciones (algunas o todas, según los casos y los términos del concreto contrato) en relación con el empleo del buque (adoptar las decisiones sobre el viaje en cada caso, velar por el cumplimiento de los requisitos legales y documentales exigidos para el correcto empleo del buque, cuidar las operaciones de carga y descarga de estiba y desestiba; todo ello, sin invadir las competencias propias del armador o, en su caso, de un gestor naval correctamente definido) o su atención en las terminales portuarias de contenedores (selección del buque y circunstancias de la operación de consolidación y carga de la mercancía, por ejemplo).

En definitiva, el término *operator vessel* reclama cierta flexibilidad para su correcta definición, y su contenido podrá variar en cada caso. La cláusula Himalaya 2014, por tanto, no contempla una relación cerrada o una redacción definitiva de contratos y relaciones que lo agoten, sino que muestra su disposición a su propia revisión, a medida que lo aconseje la práctica profesional.

Esa relación inicial de sujetos se cierra con una «coletilla», que advierte que se trata en todo caso (y por eso puede revisarse la relación propuesta) de sujetos «*other than the Carrier*» (distintos del porteador). Con ello, se insiste nuevamente en la «elasticidad» de la cláusula, apta para incluir en su ámbito de aplicación la actuación de sujetos que colaboran estrechamente en la actividad propia y más cercana del porteador, sin ser formalmente parte del contrato de transporte (sí lo es, además del propio *carrier*, quien firme el conocimiento de embarque *as agent*, expresando esa circunstancia en el propio título —véase CONLINEBILL 2016—, en el lugar reservado para la firma del porteador o el emisor del título). Naturalmente, el porteador y sus auxiliares están protegidos por el Convenio de Bruselas de 1924; por lo que, si estos sujetos tuvieran la consideración de porteadores, también estarían cubiertos por el Convenio. La voluntad de la cláusula es, pues, extender el beneficio del porteador a estos sujetos que mantienen relaciones «ajenas» al transporte, sea cual sea la efectiva vinculación con la actividad del *carrier*.

b) Con ocasión del transporte

En el ámbito subjetivo, la cláusula contempla expresamente diversas figuras que como se señala en las páginas anteriores, son el reflejo de la evolución de la cláusula y contempla figuras vinculadas o conectadas con el transporte en sentido estricto, esto es, directamente al servicio de la correcta ejecución del transporte por el porteador, puesto que no podría asumirlas el porteador sin disponer de medios propios y especializados. Así puede apreciarse cuando se hace referencia a los «porteadores efectivos» *(underlying carriers)*[93], las empresas de carga y estiba *(stevedores)*[94] y los operadores portuarios en la terminal *(terminal operators)*[95]. Estas modalidades de relaciones o contratos no necesitan mayores aclaraciones en el contexto de la cláusula Himalaya 2014, pues se trata de actividades bien conocidas en la práctica, y de fácil «traducción»; en ocasiones cuentan con regulación específica en nuestra normativa y, en todo caso, realizadas bajo formas estandarizadas, según nuestros propios sistemas contractuales.

---

93 En los términos del artículo 1.2 de las reglas de Hamburgo de 1978, «Por "porteador efectivo" se entiende toda persona a quien el porteador ha encomendado la ejecución del transporte de las mercancías, o de una parte del transporte, así como cualquier otra persona a quien se ha encomendado esa ejecución»; mientras que su artículo 10.2 dispone que «2. Todas las disposiciones del presente Convenio por las que se rige la responsabilidad del porteador se aplicarán también a la responsabilidad del porteador efectivo respecto del transporte que éste haya ejecutado [...]» (también, igualmente, respecto de su limitación de la responsabilidad). De esta forma, el régimen de las Reglas de Hamburgo extiende la protección al porteador efectivo; por lo tanto, más allá de las previsiones del Convenio de Bruselas de 1924; limitación que es, precisamente, la que pretende superar la cláusula Himalaya 2014 (que, por ello, es menos necesaria en el ámbito en el que rijan las Reglas de Hamburgo).

94 *Vid.* artículos 218 LNM («Operaciones de carga y estiba») y 227 LNM («Operaciones de desestiba y descarga») para el régimen legal en España de tales operaciones. Recuérdese que, tal y como contempla la citada Ley, tales operaciones se realizan siempre por cuenta y riesgo del porteador, salvo pacto en contrario en el marco de un contrato de transporte en régimen de conocimiento de embarque (*liner*, en general). *Vid.* Arroyo, *Curso de Derecho Marítimo*, *cit.*, p. RB-15.17; Arroyo, I., Rueda Martínez, J. A., *Comentarios a la Ley 14/2014...*, *cit.*, p. RL-1.35; Pulido Begines, J. L., *Curso de derecho de la navegación marítima*, cit.

95 Bajo la fórmula genérica (e imprecisa, por la amplitud y diversidad de figuras contractuales susceptible de comprender, más allá de las que se relacionan expresamente en el precepto) de «contrato de manipulación portuaria», los artículos 329 a 338 LNM (y alguno más, de forma especial: véase artículo 323 LNM, para ciertas actuaciones del consignatario de buques) se agrupan un conjunto muy heterogéneo de actividades profesionales y formas contractuales (artículo 330 LNM: «puede incluir las operaciones de carga, descarga, estiba y desestiba a bordo de los buques, así como las de recepción, clasificación, depósito y almacenamiento en muelle o almacenes portuarios, y las de transporte intraportuario. Igualmente, podrá incluir las operaciones materiales similares o conexas a las anteriores»), ninguna de las cuales pierde su sustantividad («Todas ellas se ejecutarán de conformidad con la normativa vigente que les sea de aplicación, *ibidem*»), aunque pueda verse alterado el régimen de responsabilidad (artículos 333 y ss. LNM); siendo el único punto en común de tales actividades el realizarse al servicio («posibilitar») del transporte. Por su parte, es necesario tener en cuenta que nuestra LNM sigue esencialmente en este punto (en particular, en cuanto a la responsabilidad de estos profesionales) lo previsto el *Convenio de las Naciones Unidas sobre la Responsabilidad de los Empresarios de Terminales de Transporte en el Comercio Internacional* (Viena, 1991; recuérdese que el texto no está en vigor, pues ha sido ratificado sólo por cuatro estados, siendo necesario un mínimo de 5, en los términos de su artículo 22). Así, el artículo 1.° *d)* del Convenio dispone: «La expresión "servicios relacionados con el transporte "comprende servicios como el almacenamiento, el depósito, la carga, la descarga, la estiba, el arrumaje, el entablado y el trincado;» y artículos 5 (Fundamento de la responsabilidad), 6 (Limitación de la responsabilidad) y ss.

Sí cabe hacer una pequeña reflexión, en cuanto a la utilidad de la cláusula en nuestro sistema jurídico y, en particular, en este ámbito específico de las actividades portuarias. La amplitud de «situaciones» y actividades con que nuestra ley define el contrato (*sic*: en realidad, son varios contratos distintos) de manipulación portuaria (artículo 329 LNM: «...todas o alguna de las operaciones de manipulación de las mercancías en puerto previstas en esta ley u otras de similar naturaleza»; artículo 330 LNM: «Igualmente, podrá incluir las operaciones materiales similares o conexas a las anteriores») excluye la necesidad de una enumeración *ad hoc* de actividades como las que procura la cláusula Himalaya 2014. Mientras que en el sistema del *common law* la relación de contratos parece una necesidad («listas completas y cerradas») de la estipulación contractual, en los sistemas del *civil law* el mandato amplio de una Ley y su interpretación, adecuada a las circunstancias del tiempo en que la norma deba ser aplicada (criterio teleológico), permite extender su efectivo ámbito de aplicación más allá de su tenor literal y de las actividades que expresamente relaciona. La norma es deliberadamente abierta en su formulación, precisamente, buscando ese efecto expansivo.

Por otra parte, el artículo 334 LNM emplea una técnica, quizás inapropiada, para conseguir un efecto similar al que procura la cláusula Himalaya 2014 (sin duda, porque los redactores del texto conocían la cláusula y su indudable utilidad): extender el «beneficio de la limitación de la responsabilidad del porteador por pérdida o daño de las mercancías prevista en el artículo 4.5.e) del Convenio Internacional para la Unificación de Ciertas Reglas en Materia de Conocimientos de Embarque» al operador de manipulación portuaria: ese complejo y heterogéneo conjunto de profesionales que confluyen alrededor del transporte, en las terminales de transporte. En definitiva, a todo participante directo o indirecto en el transporte. Obviamente, no se trata de modificar el ámbito de aplicación del Convenio de Bruselas de 1924, ampliándolo a situaciones y relaciones que no se encuentran dentro de sus objetivos y su ámbito de aplicación propios (lo cual no es jurídicamente posible); sino sólo de aprovechar un mandato que se considera positivo y correspondiente con la práctica actual para su consagración legal, con alguna otra especialidad. En este sentido, siendo el rango del precepto naturalmente «legal», sólo en la medida en que no se oponga a la norma de rango superior (en la actualidad o en futuras revisiones, por ejemplo, del Convenio) será válido (es preciso, por tanto, determinar que el Convenio de Bruselas de 1924 admitiría esa posibilidad, al menos, para los supuestos de concurrencia de ambas normas). En definitiva, se «eleva a rango legal» la cláusula Himalaya 2014 (con otras adiciones), de modo que cuando sea aplicable la LNM no precisa su previsión en un conocimiento de embarque. Si como técnica parece cuestionable (bastaba con obviar la referencia a Bruselas, documentando el mandato aparentemente *ex novo*), más lo es en el ámbito de la LNM, que (indebidamente, parece) ha puesto demasiadas expectativas en la posible (futura) aprobación de las Reglas de Rotterdam (disposición final primera LNM); lo que en su caso supondría cuestionar el mandato que remitiría a un convenio entonces «derogado» (salvo que se articule una modificación legal).

c) Otros «sujetos» y operaciones incluidos en la cláusula Himalaya 2014

Este primer apartado de la cláusula Himalaya 2014 ([apartado *a)*] se cierra con una relación formal de «sujetos», actividades y relaciones jurídicas que deben valorarse de forma conjunta. Como primera aproximación deben precisarse dos ideas: *primera*, contemplan relaciones que se reconducen a la representación, directa o indirecta, del porteador y a la actuación de sus colaboradores auxiliares, que en los sistemas del *civil law* se encuentran, en general, resueltas, mientras que en el *common law* suelen ser objeto de debate en cada caso (de ahí la necesidad de su expresa previsión contractual); *segunda*, amplía definitivamente el ámbito de la cláusula Himalaya 2014 a todos los terceros cuyos servicios o equipos se hayan utilizado para ejecutar el contrato de transporte.

De esta forma, el conjunto del apartado *a)* de la cláusula, y en particular esta relación amplia de sujetos garantiza la correcta aplicación de la cláusula Himalaya 2014 a todas las situaciones para las que ha sido concebida, pues quedan cubiertos tales sujetos en los términos previstos en la letra *e)* de la cláusula. Téngase en cuenta que, en buena medida (si no siempre), estos sujetos relacionados *in fine* ya estaban, en el marco de los sistemas del *civil law*, probablemente cubiertos por la limitación de la responsabilidad prevista en el Convenio de Bruselas de 1924. El interés de ese último apartado, por tanto, parece ser el de superar los posibles debates en el ámbito del *common law*.

3.2.2. El apartado b) de la Cláusula Himalaya 2014

El apartado *b)* de la Cláusula Himalaya 2014 deja constancia de forma expresa de que ningún «servant», bajo ninguna circunstancia de cualquier naturaleza, asume responsabilidad frente al «merchant» por daños, retrasos o pérdidas de cualquier clase, que deriven de su propia actuación, negligencia o incumplimiento, que se produzca durante la ejecución de este contrato.

Aparentemente, es complicado determinar el alcance y el significado de este apartado de la cláusula. Sin embargo, cobra pleno sentido cuando se lee en el seno de un conocimiento de embarque y del régimen del contrato de transporte que este incorpora.

A estos efectos, recuérdese que la cláusula 1 del CONLINEBILL define el concepto de «merchant» de la forma siguiente «Includes the shipper, the receiver, the consignor, the consignee, the holder of the Bill of Lading, the owner of the cargo and any person entitled to possession of the cargo». Se trata de una relación de sujetos que es un poco más amplia que la prevista en la Cláusula Himalaya 2014 que recoge los siguientes sujetos «shipper, consignee, receiver, holder, or other party to this contract». Las figuras jurídicas que allí se enumeran son difíciles de traducir literalmente o trasplantar a nuestro ordenamiento, porque no se corresponden esas situaciones (a veces fácticas) con las depuradas categorías jurídicas del *civil law.* No obstante, podemos concluir que hacen referencia al destinatario (en general, por estar identificado en el propio *bill of lading*) o a cualquier tenedor legitimo del conocimiento de embarque que puede ejercer derechos sobre la base de este título[96], sea cual sea las circunstancias de transmisión del conocimiento de embarque (por ejemplo, endosos plenos o limitados, si se trata de un conocimiento de embarque negociable, emitido a la orden). En la medida en que el cargador es idealmente el primero que obtienen el conocimiento de embarque, tras la carga de la mercancía a bordo, se menciona igualmente al *shipper*. Se trata, por tanto, de toda persona que va a ejercer un derecho derivado del conocimiento de embarque. Igualmente, la citada cláusula englobaría cualquier otro sujeto que puede ejercer derechos reales sobre el cargamento o sobre la mercancía, vinculados a la propiedad misma o a situaciones posesorias (que habrá que analizar caso por caso). Se atiende más, entonces, a la negociación sobre la mercancía que a su transporte (y operaciones «conexas»).

El apartado *b)* de la cláusula Himalaya 2014 lo que establece entonces, es que esos «servants» no asumen ninguna responsabilidad frente a cualquiera de esos sujetos (en sentido amplio, como se ha indicado, el poseedor legítimo del conocimiento de embarque) por sus propias actuaciones en ejecución del contrato del porteador; porque corresponde al porteador asumir esa responsabilidad. Si bien esta perspectiva atiende a la idea de que el contrato de transporte es mucho más que el desplazamiento, comprendiendo también todas esas actividades imprescindibles para su correcto desarrollo (con independencia de quien la realice expresamente y la naturaleza de la relación que vincule a las partes), el apartado ha sido igualmente criticado, con acierto, por algún sector doctrinal, porque «liberando» a esos colaboradores de reclamaciones o limitándolas, quizás se esté propiciando un transporte menos diligente o profesional[97].

---

96 Plantea algunas cuestiones en relación con los documentos emitidos en forma «nominativa» (artículo 250 LNM), cuyo régimen en el derecho anglosajón (que desconoce la teoría de los títulos-valores, según los parámetros del *civil law*) ocasiona ciertas dificultades. También con los emitidos «al portador», modelo que al parecer ha sido excluido por la práctica profesional; y, especialmente, con los documentos emitidos «en blanco». Todos estos aspectos, relacionados con el régimen propio del conocimiento de embarque (que atribuye a su titular el derecho a la entrega de las mercancías, artículo 252 LNM; su naturaleza de título ejecutivo, artículo 253 LNM, entre otros) confluyen en su naturaleza como título representativo de la mercancía.

97 *Vid.* Tetley, W., «The Himalaya...», *cit.,* p. 5: «the problem is exaggerated when the clause not only allows the stevedores to benefit by the package limitation but allows the stevedores to avoid liability altogether by a non-responsability clause».

3.2.3. El apartado c) de la Cláusula Himalaya 2014

El apartado *c)* de la Cláusula Himalaya 2014 implica que todo «beneficio» referido a la responsabilidad del porteador se extenderá al «servant». La expresión «beneficio» se correspondería, a los efectos que nos interesan, con el concepto de «exención de la responsabilidad» (aunque en el derecho anglosajón pueda diferenciarse entre *exemption, limitation, condition o liberty*, según los casos).

Es importante resaltar lo previsto en la segunda parte de este apartado b) que dispone que se incluye «the right to enforce any jurisdiction or arbitration provision contained herein». Mientras que el resto de la cláusula se refiere al transporte (en sentido amplio: servicios complementarios), en esa frase se aborda una cuestión distinta de la limitación de la responsabilidad, puesto que ni la jurisdicción ni el arbitraje se incluyen (más que indirectamente, para su valoración, en caso de alegación) en el marco de la responsabilidad o su limitación. Se trata del conocimiento y la resolución de las disputas que se produzcan. Quizás, por ello, no se justifique sistemáticamente su ubicación *in fine* del apartado, sino que podría disfrutar de un nuevo apartado *ad hoc* (aunque ello supusiera una redacción más larga sería, a la vez, más ordenada).

Además, es una inclusión que puede ser problemática desde el punto de vista de nuestro Derecho, teniendo en cuenta que la Ley de Navegación Marítima expresamente excluye (declarando su nulidad) que la cláusula de jurisdicción o de arbitraje de los conocimientos de embarque (por extensión, también de otros títulos del transporte *liner*, como se ha indicado más arriba) se aplique a los terceros que no las negociaron individualmente[98]; lo que, en la práctica, significa cualquier tercero de buena fe (sin ánimo de eludir una jurisdicción o tribunal arbitral) que haya adquirido un conocimiento de embarque «estandarizado» en el seno de una transacción (por ejemplo, una compraventa marítima CIF)[99] o, incluso, el destinario «original» de la mercancía (*consignee*), expresamente identificado en el título desde el principio de su emisión. Sin perjuicio de que la opción de la LNM nos parezca

98 Así, el Artículo 468 de la LNM (Cláusulas de jurisdicción y arbitraje) dispone que «Sin perjuicio de lo previsto en los convenios internacionales vigentes en España y en las normas de la Unión Europea, serán nulas y se tendrán por no puestas las cláusulas de sumisión a una jurisdicción extranjera o arbitraje en el extranjero, contenidas en los contratos de utilización del buque o en los contratos auxiliares de la navegación, cuando no hayan sido negociadas individual y separadamente.
En particular, la inserción de una cláusula de jurisdicción o arbitraje en el condicionado impreso de cualquiera de los contratos a los que se refiere el párrafo anterior no evidenciará, por sí sola, el cumplimiento de los requisitos exigidos en el mismo».

99 *Vid*. Pendón Meléndez, M. A., *La compraventa CIF*, Madrid, 2011, *passim*.

inapropiada[100], no parece compatible ese extremo de la cláusula Himalaya 2014 con nuestro Derecho[101].

El segundo efecto de este apartado *c)* de la Cláusula es el que se deriva de la frase «who shall be entitled to enforce the same against the Merchant», que dispone expresamente que esos sujetos podrán alegar el beneficio que derive de la responsabilidad frente al «merchant». Es consecuencia de la primera parte de este apartado, en la que se reconocía el beneficio para el «servant»; a efectos prácticos, considerándolo parte del contrato (por cualquiera de los cauces a los que hemos hecho referencia en las páginas anteriores; probablemente, al amparo de la teoría de la agencia) y, por ello, pudiendo contemplar el conocimiento de embarque relaciones (obligaciones y derechos) entre ambos. En tanto que el sujeto «servant» está cubierto por la limitación de la responsabilidad, está legitimado para ejercer este derecho; en tanto que no es un «tercero ajeno» (en sentido estricto) frente al «merchant», puede oponer a sus reclamaciones las excepciones posibles en el marco de su relación.

3.2.4. El apartado d) de la Cláusula Himalaya 2014. Cláusula de indemnización circular

Es frecuente que la cláusula se combine o se complete con una *circular indemnity clause* («cláusula de indemnización circular»), en cuya virtud se estipula que el titular de la mercancía (en el sentido ya indicado) no podrá dirigir reclamación alguna contra los agentes dependientes estibadores, operadores de terminal y subcontratados del porteador; y que, en el caso de presentarse alguna reclamación, el «propietario» de la mercancía indemnizará al porteador de todas las consecuencias que para él deriven de tales reclamaciones.

Como se ha expuesto más arriba, la cláusula Himalaya constituye en la actualidad el principal instrumento para la protección de los «terceros» que participan habitualmente en el desarrollo del transporte internacional de mercancías, pero que en sentido estricto no forman parte del ámbito subjetivo de protección que, para el porteador, confieren lo convenios internacionales que

---

100 Muy someramente, porque la uniformidad internacional de los modelos de conocimiento de embarque no puede ser cuestionada sólo por una, o algunas, normas nacionales, sino que exige una acción internacional conjunta y coordinada, que incluya a estados, organismos internacionales y representantes de los sectores profesionales implicados. Alguna iniciativa ya se ha abordado en este sentido. La reciente línea jurisprudencial del TJUE (dictada, precisamente, a propósito de cuestiones prejudiciales planteadas por tribunales españoles) plantea la oportunidad de revisar el mandato de nuestra LNM.

101 Téngase en cuenta que la «versión nacional legal» de la cláusula Himalaya, contenida en el artículo 334 LNM (a la que someramente nos hemos referido más arriba) no se pronuncia (consideramos que es lo apropiado) sobre esta cuestión.

se encuentran en vigor. Ahora bien, para garantizar una protección completa a esos terceros, es habitual que en la práctica la cláusula Himalaya aparezca acompañada de otras cláusulas complementarias en los conocimientos de embarque[102]; una de esas cláusulas complementarias es la cláusula de indemnización circular[103]. Lo dispuesto en ese apartado *d)*, por tanto, no es un contenido esencial y necesario de una cláusula Himalaya en sentido estricto, aunque asegura la eficacia de la extensión de la limitación de la responsabilidad del porteador, al «sancionar» la iniciativa de reclamación contra esos «terceros colaboradores». Tiende a evitar, en definitiva, una repetición de los hechos resueltos en el *case* The Himalaya[104].

Una cláusula de indemnización circular contiene dos mandatos fundamentales, que se corresponden en este caso con los dos sub-apartados de la cláusula. *En primer lugar* [correspondiéndose con el sub-apartado (i)], se impone al «merchant» la obligación de no demandar a ninguno de los sujetos que quedan incluidos en la definición de «servant». Este apartado establece una «cláusula de prohibición de demanda»[105], en virtud de la cual el «merchant» se compromete a no interponer ninguna reclamación o alegación (ya sea contractual, extracontractual, sobre cualquier base jurídica) contra cualquiera de los agentes, empleados, estibadores, operadores de terminal o subcontratistas del porteador[106]. Tal y como se indica expresamente en la redacción de la cláusula, los terceros se verán beneficiados por estas previsiones incluso aunque la posible reclamación venga motivada por una actuación negligente; es indiferente, por tanto, que la reclamación del «merchant» se fundamente o no en un acto de negligencia de dicho «servant»[107].

---

102 Además de la cláusula de indemnización circular, existen otras cláusulas que pueden aparecer junto a la cláusula Himalaya, influyéndose recíprocamente. Entre otras, pueden ser relevantes la *demise clause*, la posibilidad de declarar un valor de la mercancía (que desplaza el límite de responsabilidad establecido en el Convenio de Bruselas, sustituido por el valor declarado si fue aceptado por el porteador; artículo 4, párrafo 5 del Convenio de Bruselas de 1924), la cláusula que establece un derecho aplicable (o, en los términos indicados más arriba, una jurisdicción o un arbitraje aplicable), de denominada «separability clause», etc.; *vid.* más ampliamente CORCIONE, C., «Third party...», cit.

103 En el caso The «Elbe Maru» (*Nippon Yusen Kaisha* v. *International Import and Export Co. Ltd.* [1978] 1 Lloyd's Rep. 206, se confirmó la validez de la cláusula de indemnización circular en el ordenamiento anglosajón, aunque igualmente se declaraba que este tipo de cláusula podría quedar sin validez en caso de un incumplimiento esencial del porteador o de alguno de los terceros que hubiesen intervenido en el transporte.

104 *Vid.* en este sentido BLASKOVIC, I., «Certain legal aspects of the Himalaya clause in the contract of international carriage of goods by sea. A critical perspective on legal challenges raised by the clause under international uniform law and general contract law principles», pp. 6-7.

105 *Vid.* Con más detalle en PAMEL P. G., WILKINS R.C., «Bills of Lading...», *cit.,* pp. 20-23.

106 *Vid.* más ampliamente TETLEY, W. «The Himalaya...», *cit.,* pp. 27-29.

107 En el mismo sentido *vid.* PAMEL P. G., WILKINS R. C., «Bills of Lading...», *cit.,* p. 20-23.

En segundo lugar [correspondiéndose con el apartado (ii)], el «merchant» se compromete a indemnizar íntegramente al porteador contractual en el caso de que, en contra de la obligación asumida en virtud del primer apartado, interponga cualquier tipo de reclamación o alegación contra el «servant». De esta forma, el «merchant» deberá asumir los costes y las consecuencias de su propia reclamación.

Este tipo de cláusula ha sido habitual en la práctica del transporte marítimo, hasta la revisión de los documentos que incorporan la cláusula Himalaya 2014, que la hizo innecesaria, por esencialmente reiterativa (cláusula 15, *Defences and Limits of Liability for the Carrier, Servants and Agents* en el CONLINEBILL 2000); igualmente, en algunos documentos del transporte combinado (véase COMBICONBILL, de BIMCO, de 1995; la edición 2016 contiene la cláusula Himalaya 2014) y, *mutatis mutandis*, en el transporte multimodal (versiones MULTIDOC 95 y MULTIDOC 2016, respectivamente). Algunos autores cuestionan su validez al amparo del artículo 3.° 8 del Convenio de Bruselas de 1924, al igual que sucede con la cláusula Himalaya[108]. Desde una perspectiva más atenta a la realidad, constatando su uso en la práctica profesional y su utilidad, se acepta su validez; expresando, además, las diferencias entre las dos «modalidades» de cláusulas antes de la última revisión de 2014[109]. En cualquier caso, los autores coinciden en que, para garantizar su correcta aplicabilidad, esta cláusula debe cumplir una serie de requisitos[110]. En primer lugar, la cláusula deber ser clara en su redacción, así como en la intención que persigue de extender este beneficio a los terceros. En segundo lugar, debe especificar claramente los sujetos a los que se quiere beneficiar (a los «estibadores» y los «operadores de terminal»). Por último, el porteador debe tener autoridad para establecer este tipo de disposiciones, ya sea en virtud de una relación de agencia o de fideicomiso.

---

108 *Vid.* entre otros, CORCIONE, C., «Third party...», cit.; TETLEY, W. «The Himalaya...», *cit.*, pp. 27-29.

109 *Vid.* MARTÍN CASTRO, M. P., *El transporte multimodal...*, *cit.*, pp. 289 y ss., en particular p. 292: «[...] mientras que la cláusula "Himalaya" constituye un mecanismo preventivo, en cuanto ofrece a los auxiliaries del porteador la posibilidad de aducir frente a la reclamación realizada por el acreedor del transporte los mismos beneficios de los que goza el porteador, la *circular inmdenity clause* posee sin embargo un efecto reparador. Esto es, la inserción de dicha cláusula en el documento de transporte no evita que el auxiliar deba hacer frente a la reclamación que contra él pueda dirigir el acreedor del transporte, sin que pueda además aquel beneficiarse de las ventajas que atribuye al porteador el contrato celebrado entre éste y el expedidor».

110 *Vid.* TETLEY, W. «The Himalaya...», *cit.*, pp. 27-29; PAMEL P. G., WILKINS R. C., «Bills of Lading...», *cit.*, p. 22.

3.2.5. El apartado e) de la Cláusula Himalaya 2014

El apartado *e)* define la relación existente entre el porteador y los sujetos comprendidos en el término «servant»: el porteador actúa como un agente o fideicomiso *(agent o trustee)* de los terceros. La teoría de la agencia, como ya se ha expuesto anteriormente, es la fórmula empleada desde el principio por la jurisprudencia[111] para garantizar la correcta aplicación y funcionamiento de una cláusula Himalaya.

En su virtud, el porteador actúa como un agente del «servant» (el principal), por lo que puede contratar en su nombre con el titular de la mercancía. De esta forma, se garantiza que el tercero se considere parte del contrato, superando así la principal limitación de la cláusula Himalaya (beneficiar a un tercero que no es parte del contrato de transporte de mercancías). Ahora bien, la relación de agencia no se aplica a todo el contrato[112], sino solamente en relación con la cláusula de limitación de la responsabilidad del porteador[113].

Anexo

(a) For the purposes of this contract, the term «Servant» shall include the owners, managers, and operators of vessels (other than the Carrier); underlying carriers; stevedores and terminal operators; and any direct or indirect servant, agent, or subcontractor (including their own subcontractors), or any other party employed by or on behalf of the Carrier, or whose services or equipment have been used to perform this contract whether in direct contractual privity with the Carrier or not.

(b) It is hereby expressly agreed that no Servant shall in any circumstances whatsoever be under any liability whatsoever to the shipper, consignee, receiver, holder, or other party to this contract (hereinafter termed «Merchant») for any loss, damage or delay of whatsoever kind arising or resulting directly or indirectly from any act, neglect or default on the Servant's part

111 En *Scruttons Ltd. v Midland Silicones Ltd.* [1962] el Tribunal concluyó que la forma más aceptable de extender la limitación de la responsabilidad a los terceros que había participado en el desarrollo del transporte era a través de la *teoría de la agencia*. Esta teoría fue confirmada y completada por los tribunales en *New Zealand Shipping Co. Ltd. v. A.M. Satterthwaite & Co. Ltd. (The «Eurymedon»)* [1974] 1 Lloyd's Rep. 534.

112 Reif, L.C., «A comment on ITO LTD. V. MIIDA ELECTRONICS INC. The Supreme Court of Canada, privity of contract and the Himalaya clause», *cit.*, p. 375.

113 Tetley, W. «The Himalaya...», cit. En este sentido Tetley *(ibid.)* afirma: «In effect the carrier and the stevedore (or the terminal operator) wish to add the stevedore to the contract in only one respect: to enable the stevedore to limit its responsibility. Calling the stevedore a party to the contract under a Himalaya clause is thus, at best, a fiction».

while acting in the course of or in connection with the performance of this contract.

(c) Without prejudice to the generality of the foregoing provisions in this clause, every exemption, limitation, condition and liberty contained herein (other than Art III Rule 8 of the Hague/Hague-Visby Rules if incorporated herein) and every right, exemption from liability, defence and immunity of whatsoever nature applicable to the carrier or to which the carrier is entitled hereunder including the right to enforce any jurisdiction or arbitration provision contained herein shall also be available and shall extend to every such Servant of the carrier, who shall be entitled to enforce the same against the Merchant.

(d)

(i) The Merchant undertakes that no claim or allegation whether arising in contract, bailment, tort or otherwise shall be made against any Servant of the carrier which imposes or attempts to impose upon any of them or any vessel owned or chartered by any of them any liability whatsoever in connection with this contract whether or not arising out of negligence on the part of such Servant. The Servant shall also be entitled to enforce the foregoing covenant against the Merchant; and

(ii) The Merchant undertakes that if any such claim or allegation should nevertheless be made, he will indemnify the carrier against all consequences thereof.

(e) For the purpose of sub-paragraphs (a)-(d) of this clause the carrier is or shall be deemed to be acting as agent or trustee on behalf of and for the benefit of all persons mentioned in sub-clause (a) above who are his Servant and all such persons shall to this extent be or be deemed to be parties to this contract.

Bibliografía

Aikens, R., Lord, R., Bools, M., *Bill of lading*, 2.ª ed., Informa Law from Routledge, Oxon, 2016.

Arroyo Martínez, I., *Curso de Derecho Marítimo*, 3.ª ed., Civitas, Cizur Menor, 2015.

Arroyo Martínez, I., Rueda Martínez, J. A., *Comentarios a la Ley 14/2014, de 24 de julio, de Navegación Marítima*, Thomson Reuters Aranzadi, Cizur Menor, 2016.

Bazghadze, T., «Himalaya clause – exclusion and limitation of third parties' liability in international contract of carriage and bill of lading», en *Journal of Polish-Georgian* Law, N.º 1, 2021, pp. 111-128.

Berlingieri, F., *The Travaux Préparatoires of the Hague Rules and of The Hague-Visby Rules*, Amberes.

BLASKOVIC, I., «Certain legal aspects of the Himalaya clause in the contract of international carriage of goods by sea. A critical perspective on legal challenges raised by the clause under international uniform law and general contract law principles», 2013.

CARLIER DE LAVALLE, M., CELDRAN QUECEDO, E., «Aportaciones de ANAVE a la Ley de Navegación Marítima», en *Comentarios a la Ley de Navegación Marítima*, obra colectiva, directores ALBERTO EMPARANZA SOBEJANO y JOSÉ MANUEL MARTÍN OSANTE, Marcial Pons, Madrid, 2015, pp. 61-70.

CLAVERO TERNERO, M., *Clubs de P&I*, IEEM, Madrid, 1992.

CMI, *Yearbook 2010 Annuaire*, 2010.

CORCIONE, C., *Third party protection in shipping*, Informa Law from Routledge, Oxon-Nueva York, 2020.

DEBATTISTA, CH., *Bills of Lading in Commodities Trade*, 4.ª ed., Bloomsbury Publishing, Londres, 2021.

EMPARANZA SOBEJANO, A., «La responsabilidad del porteador marítimo», en *Comentarios sobre la Ley de Navegación Marítima*, obra colectiva, directores ALBERTO EMPARANZA SOBEJANO Y JOSÉ MANUEL MARTÍN OSANTE, Marcial Pons, Madrid, 2015, pp. 375-399.

GASKELL, N., FORREST, C., *The Law of Wreck*, Informa Law from Routledge, Londres, 2019.

HAZELWOOD, S. J., SEMARK, D., *P&I Clubs - Law and Practice*, 4.ª ed., Informa Law from Routledge, Londres, 2010.

MARTÍN CASTRO, M. P., *El transporte multimodal: concepto y sujetos*, EDICIP, Puerto Real (Cádiz), 2001.

MARTÍN CASTRO, M. P., «Transporte multimodal», en *Derecho mercantil. Volumen 8.º. Transportes mercantiles*, obra colectiva, coordinadores GUILLERMO J. JIMÉNEZ SÁNCHEZ Y ALBERTO DÍAZ MORENO, 15.ª ed., Marcial Pons, Madrid, 2014, pp. 503-547.

MARTÍN CASTRO, M. P., «Transporte multimodal: del Convenio de Ginebra de 1980 a las Reglas de Rotterdam», en *Anuario de Derecho Marítimo*, núm. 32, 2015, pp. 169-220.

MARTÍN OSANTE, J. M., «Limitación de la responsabilidad prevista en la Ley de Navegación Marítima: luces y sombras tras sus primeros años de vigencia», en *Ley de Navegación Marítima: balance de su aplicación práctica*, obra colectiva, directores ALBERTO EMPARANZA SOBEJANO y JOSÉ MANUEL MARTÍN OSANTE, Marcial Pons, Madrid, 2019, pp. 569-590.

Mata Garrido, V., «El contrato de gestión naval», en *Los contratos sobre el buque en Derecho español. Análisis práctico*, obra colectiva, Dykinson, Madrid, 2018, pp. 281-302.

Padilla, R., Pendón, M. A., Clavero, M., «El contrato de transporte», en *Derecho mercantil. Volumen 8.º. Transportes mercantiles*, obra colectiva, coordinadores Guillermo J. Jiménez Sánchez y Alberto Díaz Moreno, 15.ª ed., Marcial Pons, Madrid, 2014, pp. 27-63.

Padilla González, R., Pendón, M.A., Guerrero Lebrón, M. J., Clavero Ternero, M. P, Martín Castro, M. P., «Empresarios del transporte y auxiliares», en *Derecho mercantil. Volumen 8.º. Transportes mercantiles*, obra colectiva, coordinadores Guillermo J. Jiménez Sánchez y Alberto Díaz Moreno, 15.ª ed., Marcial Pons, Madrid, 2014, pp. 65-136.

Pamel P. G., Wilkins R. C., «Bills of Lading vs Sea Waybills, and The Himalaya Clause», Ottawa, 2011.

Pendón Meléndez, M. A., *Los títulos representativos de la mercancía*, Marcial Pons, Madrid, 1994.

Pendón Meléndez, M. A., *La compraventa CIF*, Civitas, Madrid, 2011.

Pendón, M. A., Romero Matute, B., «Seguros marítimos y aéreos», en *Derecho mercantil. Volumen 9.º. Los contratos de seguro*, obra colectiva, coordinadores Guillermo J. Jiménez Sánchez y Alberto Díaz Moreno, 15.ª ed., Marcial Pons, Madrid, 2013, pp. 317-394.

Pendón Meléndez, M. A., «Documentos del transporte marítimo (y multimodal) en los INCOTERMS 2020. Los puertos como punto de entrega», en *Puertos: historia, evolución de la navegación y su reglamentación*, obra colectiva, directores Luis López-Molina, Teresa Pontón Aricha y María Vázquez-Fariñas, Dykinson, Madrid, 2023, pp. 17-102.

Pendón Meléndez, M. A., «La incidencia del Covid-19 en el transporte marítimo. Notas a propósito de la BIMCO COVID-19 CREW CHANGE CLAUSE FOR TIME CHARTER PARTIES 2020» en *El derecho mercantil y la pandemia: algunos problemas del pasado, la crisis coyuntural y las perspectivas futuras. Libro homenaje a Agustín Madrid Parra*, obra colectiva, directores María Jesús Guerrero Lebrón, Lucía Alvarado Herrera, coordinador María Jesús Blanco Sánchez, COLEX, A Coruña, 2023, pp. 777-795.

Pulido Begines, J. L., *Los contratos de remolque marítimo*, J. M. Bosch Editor, Barcelona, 1996.

Quintáns Eiras, M. R., «La naturaleza jurídica del contrato de gestión naval», en *Estudios de Derecho Marítimo*, obra colectiva, director José Luis García-Pita y Lastres, Aranzadi, Pamplona, 2012, pp. 445-468.

Rainey, S., *The Law of tug and tow*, 2.ª ed., Informa Law from Routledge, Londres, 2002.

Recalde Castells, A., *El conocimiento de embarque y otros documentos del transporte: función representativa*, Civitas, Madrid, 1992.

Reif, L. C., «A comment on ITO LTD. V. MIIDA ELECTRONICS INC. The Supreme Court of Canada, privity of contract and the Himalaya clause», VOL. XXVI, N.º 2, 1988, pp. 379-387.

Rodríguez Carrión, J. L., «El fletador-porteador de los artículos 2 y 3 de la ley española de 22 de diciembre de 1949 sobre el transporte marítimo de mercancías», en *Anuario de Derecho Marítimo*, núm. 1, 1982, pp. 361-368.

Rodríguez Carrión, J. L., «Los seguros marítimos y aéreos», en *Tratado de Derecho mercantil, vol. 5.º, Derecho de la navegación*, obra colectiva, directores Manuel Olivencia, Carlos Fernández-Nóvoa y Rafael Jiménez de Parga, coordinador Guillermo Jiménez Sánchez, Marcial Pons, Madrid, 2003.

Rodríguez Docampo, M. J., *El contrato de gestión naval: concepto y naturaleza jurídica*, Aranzadi, Cizur Menor, 2018.

Rodríguez Docampo, M. J., «Contrato de gestión naval: concepto y características principales», en *El derecho marítimo de los nuevos tiempos*, obra colectiva, coordinadores José Luis García-Pita y Lastres, María-Rocío Quintáns-Eiras y Angélica Díaz de la Rosa, Thomson Reuters-Civitas, Madrid, 2018, pp. 279-310.

Ruiz Lima, B., «Los contratos de gestión naval para la dotación del buque», en *Los contratos sobre el buque en Derecho español. Análisis práctico*, Dykinson, Madrid, 2018, pp. 261-279.

Sánchez-Calero, F., *El Contrato de Transporte Marítimo de Mercancías. Reglas de La Haya-Visby, Hamburgo y Rotterdam*, 2.ª ed., Aranzadi, Navarra, 2010.

Serrano Fernández, M., «La responsabilidad del porteador marítimo en la nueva Ley 14/2014, de 24 de julio de navegación marítima. Un análisis comparativo con las Reglas de La Haya-Visby, las Reglas de Hamburgo y las Reglas de Rotterdam» en *Revista de derecho del transporte. Terrestre, marítimo, aéreo y multimodal*, n.º 15, 2015, pp. 63-96.

TETLEY, W., «The Himalaya Clause, "stipulation pour autrui". Non-Responsibility Clauses and Gross Negligence under the Civil Code», en *Les Cahiers de droit*, 20(3), 1979, pp. 449-483.

TETLEY, W., «The Himalaya clause – Revisited», 2003.

ZELLER, B., *The Himalaya Clause*, Australia, 2020.

COLECCIÓN

COMERCIO MARÍTIMO

COLEX

TÍTULOS PUBLICADOS

1. El comercio marítimo. Nuevas perspectivas jurídicas y de la práctica profesional
2. El contrato de salvamento marítimo

Made in the USA
Middletown, DE
05 November 2026

36599644R00276